modern FURNITURE
150 Years of Design

MEUBLES modernes
150 ans de design

moderne MÖBEL
150 Jahre Design

© 2009 Tandem Verlag GmbH
h.f.ullmann is an imprint of Tandem Verlag GmbH

Book concept and design: Fremdkörper® Designstudio, Andrea Mehlhose & Martin Wellner

Project coordination: Dania D'Eramo

Editing of the original German texts: Nazire Ergün

Translation into English: Margaret Buchanan
Translation into French: Marie Piontek
Translation into German of the articles by Max Borka and Charlotte van Wijk: Christina Mützelburg

Printed in China

ISBN 978-3-8331-5049-4
ISBN 978-3-8331-5629-8
ISBN 978-3-8331-5628-1

10 9 8 7 6 5 4 3 2 1
X IX VIII VII VI V IV III II I

If you like to be informed about forthcoming h.f.ullmann titles, you can request our newsletter by visiting our website
www.ullmann-publishing.com or by emailing us at: newsletter@ullmann-publishing.com.
h.f.ullmann, Im Mühlenbruch 1, 53639 Königswinter, Germany
Fax: +49(0)2223-2780-708

modern FURNITURE
150 Years of Design

MEUBLES modernes
150 ans de design

moderne MÖBEL
150 Jahre Design

Fremdkörper

Volker Albus
Thomas S. Bley
Max Borka
Michael Erlhoff
Karianne Fogelberg
Andrea Gleiniger
Anke von Heyl
Günter Horntrich
Otakar Máčel
Andrea Mehlhose
Marco Siebertz
Kathrin Spohr
Martin Wellner
Charlotte van Wijk

h.f.ullmann

Contents Sommaire Inhaltsverzeichnis

6 Foreword Préface Vorwort

8 today–2000

20 Rocking Postmodernism - *Myto* by Konstantin Grcic
Un porte-à-faux postmoderne - *Myto* de Konstantin Grcic
Postmodernes Schwingen - *Myto* von Konstantin Grcic

56 Limited Editions - Unlimited Possibilities
Éditions limitées - Possibilités illimitées
Limitierte Editionen - Grenzenlose Möglichkeiten

131 1999–1990

168 Sustainable Design
Design durable
Nachhaltiges Design

190 A Short History of Design Fairs and Events
Brève histoire des foires d'exposition et autres manifestations consacrées au design
Kurze Geschichte der Designmessen und -veranstaltungen

208 Bundled Drawers - Tejo Remy's *Chest of drawers*
Un bouquet de tiroirs - Le *Chest of drawers* de Tejo Remy
Gebündelte Schubladen - Tejo Remys *Chest of drawers*

221 1989–1980

252 How do we sit? From the *Well Tempered Chair* to the *Big Easy* by Ron Arad
S'asseoir : qu'est-ce que cela signifie ? De la *Well Tempered Chair* à *Big Easy* de Ron Arad
Was heißt eigentlich „sitzen"? Vom *Well Tempered Chair* bis zum *Big Easy* von Ron Arad

262 Andrea Branzi's *Animali Domestici* - Post-Apocalyptic Survival Props
Les *Animali Domestici* d'Andrea Branzi - Accessoires de survie post-apocalyptiques
Andrea Branzis *Animali Domestici* - Postapokalyptische Überlebenshilfen

270 Natural Urban Gemütlichkeit - New German Design in the 1980s
Confort *naturbain* - Le Nouveau Design allemand des années 1980
Naturbane Gemütlichkeit - Das Neue Deutsche Design der 1980er-Jahre

282 Agent provocateur - Philippe Starck's Chair *Costes*
Le fauteuil *Costes* de Philippe Starck
Der Stuhl *Costes* von Philippe Starck

292 Memphis - Surpassing Mere Representation
Au-delà de l'objet
Über das Gegenständliche hinaus

302 White and Ubiquitous - Monobloc Chairs
Blanche et universelle - Un monobloc uniforme
Weiß weltweit - Uniform Monoblock

306 1979–1970

310 Simply *Billy*
Billy, tout simplement
Einfach *Billy*

336 Domestic Landscapes
Paysages intérieurs
Wohn-Landschaften

	358	Ettore Sottsass Jr. and His *Mobili Grigi* - A Tomb for Modernism
		Ettore Sottsass Jr. et ses *Mobili Grigi* - Le tombeau du modernisme
		Ettore Sottsass Jr. und seine *Mobili Grigi* - Das Grab des Modernismus
362 **1969-1960**	422	An Unpretentious Icon - Robin Day's Polyprop Chair
		Une star qui ne fait pas de manières - La chaise en polypropylène de Robin Day
		Star ohne Allüren - Der Polypropylen-Stuhl von Robin Day
	438	Arne Jacobsen - *Swan & Egg*
		Le *Cygne* & l'*Œuf*
		Schwan & Ei
441 **1959-1950**	456	Castiglioni - Focusing on Individual Objects
		L'objet et lui seul
		Das Objekt im Mittelpunkt
	494	Particleboard
		Le contreplaqué
		Die Spanplatte
505 **1949-1940**	536	A Thoroughly Modern Material - Ray and Charles Eames' Plywood Experiments
		Un matériau moderne - Les expériences en contreplaqué de Ray et Charles Eames
		Ein modernes Material - Die Sperrholz-Experimente von Ray und Charles Eames
552 **1939-1930**	554	The History of Design in a Nutshell - Into a Natural Network
		Brève histoire du design - Vers un réseau naturel
		Designgeschichte kurz und bündig - Hin zu einem natürlichen Netzwerk
	590	Erich Dieckmann - Nature's Own Steel
		Un acier naturel
		Der Stahl der Natur
611 **1929-1920**	630	The Cantilever Chair
		La chaise en porte-à-faux
		Der Freischwinger
	642	*Neues Bauen*, New Forms of Living, New Man - Furniture from the Bauhaus Workshops
		Neues Bauen, un habitat et un homme nouveau - Le mobilier des ateliers du Bauhaus
		Neues Bauen, neues Wohnen, neuer Mensch - Die Möbel der Bauhaus-Werkstätten
	650	The Chair as a Manifesto
		Un siège comme manifeste
		Der Stuhl als Manifest
654 **1919-1900**	660	Josef Hoffmann - *Sitzmaschine*
676 **1899-1859**	678	The History of Art-Nouveau Furniture
		L'histoire du mobilier Art nouveau
		Die Geschichte der Jugendstilmöbel
	688	Michael Thonet's Bentwood Furniture
		Le mobilier en bois courbé de Michael Thonet
		Die Bugholzmöbel von Michael Thonet
	692	Index Register
	698	Credits Crédits photographiques Bildnachweis
	700	Authors & Acknowledgment Auteurs & Remerciements Autoren & Danksagung

Foreword Préface Vorwort

Do you know furniture?
Êtes-vous amateur de mobilier ?
Kennen Sie sich mit Möbeln aus?

With this question, the following book project was born. Now, almost a decade later, as visitors, exhibitors and invited participants of national and international furniture trade fairs, we can answer this question with a resounding 'Yes!'
Issues concerning different pieces of furniture, styles, varieties of production technology, and materials were extremely important to us, as was the realization of the considerable research involved. Above all, however, we were motivated by the question 'How?' Obviously, several comprehensive, informative and beautiful works on furniture already exist. How does this work differ from other titles?

Cet ouvrage est né de cette question, à laquelle nous avons sans hésitation répondu par l'affirmative, après avoir été pendant plus d'une décennie visiteurs, exposants et invités assidus de salons du meuble nationaux et internationaux.
Après avoir répondu : « oui », c'est davantage le « comment » qui retint notre attention que la question de la diversité des meubles, des styles, des technologies et des matériaux. Il existe déjà quelques beaux livres complets et informatifs sur le marché. En quoi cet ouvrage est-il différent des autres ?
L'actualité du meuble est au centre de *Meubles modernes*. C'est la raison pour laquelle nous avons inversé le sens de la chronologie et

Mit dieser Frage nahm dieses Buchprojekt seinen Anfang. Und nach nicht weniger als einem Jahrzehnt als Besucher, Aussteller und eingeladene Teilnehmer nationaler und internationaler Möbelmessen haben wir diese Frage ohne Zögern mit „Ja" beantwortet.
Aber mehr als die Frage nach unterschiedlichen Möbeln, Stilrichtungen, Produktionstechnologien und Materialen sowie die Erkenntnis, dass damit eine unglaubliche Recherchearbeit beginnen würde, beschäftigte uns im Anschluss an das „Ja" das „Wie?". Offenkundig sind bereits einige, auch umfangreiche, informative und schöne Möbelbücher publiziert worden. Wie unterscheidet sich dieses Buch von anderen?

> Netto, Fremdkörper, 2004
Negative cutout of a bookshelf filled with books.
Une étagère remplie de livres, impression en négatif.
Negativausschnitt eines mit Büchern gefüllten Regals.

Modern Furniture focuses on current design, which is why we have chosen to stray away from the generally more common chronological approach and instead begin by presenting the most contemporary pieces of furniture. Well-known classics are also included, yet discussed later in the work, and not at the beginning. Historical connections and contexts, developments in materials and form languages thus might only become evident later on, yet clarity never suffers. We also asked known and lesser-known ingenious authors to contribute by writing apposite articles. Such informative digressions allow for greater insight into individual pieces of furniture, designers, design periods and points of intersection.

Spanning over 150 years of modern furniture history, this work is bound to occasionally include subjective points of view. Yet, we never intended this book to be exhaustive, which in itself would be difficult for a book of 700 pages. Some of the pieces of furniture lacked high-quality images, while for other images copyright could not be clearly determined. In the latter case, we decided not to use any images at all. At times, the copyright owners had no interest in contributing to this project with images or text material. Some readers might miss certain pieces that we deemed less important. Also, in spite of dealing extensively with this subject, we have probably failed to include certain pieces of furniture that passed us by.

While working on *Modern Furniture*, we have developed a greater understanding for various developments within the history of furniture, which has allowed us to put them in context. In addition, we have discovered or rediscovered our preferences for individual pieces of furniture, designers and manufacturers. Ultimately, we learned yet even more about furniture.

We would like *Modern Furniture* to introduce you to interesting insights, new experiences and discoveries as well. Enjoy.

débutons par les meubles les plus modernes. Les grands classiques sont bien évidemment présents, mais ils n'occupent pas les premières pages de cet ouvrage. Les connexions historiques, les évolutions en termes de matériaux et de formes ne sont peut-être ainsi pas tout de suite perceptibles ; elles sont toutefois clairement identifiables. Nous avons par ailleurs fait appel à des auteurs connus et moins connus, tous compétents. Leurs contributions permettent au lecteur de se pencher de manière plus approfondie sur un meuble en particulier, un designer, une époque, une interface.

Ce livre illustre 150 ans d'histoire du meuble moderne. Le choix des ouvrages présentés est vaste et évidemment parfois subjectif. Nous ne prétendons pas à l'exhaustivité, ce qui, même avec un ouvrage comprenant 700 pages, serait difficilement réalisable. Nous ne possédons pas, pour certains meubles, de reproductions de qualité. Pour quelques images, c'était la question de la propriété intellectuelle qui posait problème. Dans les deux cas, nous avons donc renoncé à la présentation des pièces. Parfois les détenteurs de droits ne souhaitaient pas apporter leur contribution à cet ouvrage. Quelques lecteurs relèveront certainement l'absence de tel ou tel meuble. Malgré tous les efforts déployés, certains ouvrages ont simplement échappé à notre vigilance.

Meubles modernes nous a permis d'approfondir notre connaissance des évolutions de l'histoire du mobilier, notre connaissance du meuble tout simplement. Dans le cadre de la préparation de ce livre, nous avons redécouvert ou même découvert certaines de nos préférences.

Nous souhaitons au lecteur tout autant de plaisir et de découvertes à la lecture de *Meubles modernes*.

Bei *Modernen Möbeln* liegt der Schwerpunkt auf Aktualität, was erklärt, dass wir die gemeinhin übliche Chronologie umkehren und die aktuellsten Möbel zuerst präsentieren. Selbstverständlich sind auch bekannte Klassiker in diesem Buch vertreten, nur eben weiter hinten und nicht am Anfang. Dadurch werden geschichtliche Bezüge und Verknüpfungen sowie Materialentwicklungen und Formensprachen eventuell erst später erkennbar, aber nicht minder deutlich. Zudem haben wir bekannte und weniger bekannte, kluge Autoren und Autorinnen gebeten, Beiträge zu schreiben. Diese informativen Exkurse erlauben einen tieferen Einblick beispielsweise zu einzelnen Möbeln, Designern, Epochen und Schnittstellen.

Und wir haben 150 Jahre moderne Möbelgeschichte umfassend, selbstverständlich gelegentlich auch subjektiv illustriert. Wir erheben keinen Anspruch auf Vollständigkeit, was selbst mit einem 700 Seiten starken Buch schwer zu realisieren ist. Mitunter waren von einigen Möbeln keine qualitativ guten Abbildungen vorhanden, oder auch die Urheberrechte an bestimmten Bildern waren nicht eindeutig zu klären, sodass wir auf einen Abdruck verzichtet haben. Manchmal hatten die Rechteinhaber auch kein Interesse, sich mit Bild- oder Textmaterial an diesem Projekt zu beteiligen. Gewiss wird der eine oder andere Leser auch dieses oder jenes Möbel vermissen, das nicht unsere Wertschätzung fand. Und trotz intensiver Beschäftigung mit der Thematik sind uns bestimmt Möbel entgangen.

Durch die Arbeit an *Modernen Möbeln* sind uns einzelne Entwicklungen innerhalb der Möbelgeschichte klarer oder verständlicher geworden. Zudem haben wir unsere Vorliebe für einzelne Möbel, Designer und Hersteller wieder- oder grundsätzlich neu entdeckt, sodass wir am Ende noch manches mehr über Möbel erfahren haben.

Interessante Erkenntnisse, neue Erfahrungen und Entdeckungen mit *Modernen Möbeln* wünschen wir auch Ihnen. Viel Vergnügen.

Andrea Mehlhose & Martin Wellner

2009

< **Reinterpretation No. 14**
James Irvine
Muji manufactured by Thonet

For the 150-year anniversary of the world-famous bentwood chair *No. 14*, Thonet worked together with the Japanese retail chain Muji to manufacture James Irvine's re-interpretation of the iconic chair. The collection *Muji manufactured by Thonet* also includes tubular steel designs by Konstantin Grcic and is characterized by a formally stylized simplification of Thonet icons.

À l'occasion du 150e anniversaire de la chaise n° 14, Thonet s'est associé à la marque japonaise Muji pour présenter une nouvelle version de sa célèbre chaise en bois courbé, conçue par James Irvine. La collection *Muji manufactured by Thonet* comprend également des créations en acier tubulaire de Konstantin Grcic, et se caractérise par un travail sur les formes reprenant les classiques de Thonet.

Thonet kooperiert mit dem japanischen Handelshaus Muji und präsentiert zum 150. Geburtstag von *Nr. 14* eine Neuinterpretation des berühmten Bugholzstuhls von James Irvine. Die Kollektion *Muji manufactured by Thonet* umfasst zudem Stahlrohrentwürfe von Konstantin Grcic und zeichnet sich durch eine formale Reduzierung der Thonet-Ikonen aus.

∨ **Dekka**
FurnID
Fredericia

Solid mill-cut aluminum was used for this daybed's frame, which weighs around 150 kg (around 330 pounds). Each frame takes forty hours of labor to complete. The stunning padding is made by hand.

La structure de cette chaise longue (ou banquette) pèse 150 kg et est fraisée en aluminium massif. Ce procédé dure 40 heures pour chaque exemplaire. Le molletonage est ensuite réalisé manuellement.

Der 150 kg schwere Rahmen der Liege wird aus massivem Aluminium gefräst. Für einen einzigen Rahmen dauert dies 40 Stunden. Das Polster wird anschließend per Hand angefertigt.

∧ Oscar
Piero Lissoni
Glas Italia

Oscar's slender base seems almost fragile, considering the table's impressive size of 1.90 x 0.90 meters (around 6.2 feet). A special chemical tempering treatment of the glass ensures that the table is solidly stable.

Le piétement paraît particulièrement mince par rapport aux 190 x 90 cm de la table. Toutefois, un traitement chimique spécial appliqué au verre pendant sa solidification donne au matériau la résistance requise.

Das Gestell des Tischs scheint bei der immensen Größe von 190 x 90 cm sehr dünn, aber eine spezielle chemische Behandlung während der Härtung des Glases ermöglicht die notwendige hohe Widerstandsfähigkeit.

2009

∨ **A1**
Fremdkörper

Specially designed for the exhibition *Nullpunkt. Nieuwe German Gestaltung* (Zero point. New German Design) at the museum MARTa Herford, Germany, this side table, designed by Fremdkörper, celebrates one of Germany's most famous designs: the Autobahn *A1* (highway).

Avec cette table d'appoint, spécialement conçue pour l'exposition *Nullpunkt. Nieuwe German Gestaltung*, présentée au musée MARTa Herford, Fremdkörper rend hommage à un grand classique du design allemand : l'autoroute.

Mit diesem Beistelltisch, speziell für die Ausstellung *Nullpunkt. Nieuwe German Gestaltung* im Museum MARTa Herford angefertigt, feiert Fremdkörper einen großen Klassiker des deutschen Designs: die Autobahn.

2009

V cs1
Carine Stelte
object design solutions

Made from cement, sand, fibers and water, the fine concrete used for *cs1* allows this light and airy form to be cast in one piece, boasting a material thickness of only 25 mm (around 0.9 inches). Critical members of the cooperation believe that production of this design would hardly have been possible had classical concrete been used.

Cet objet aux lignes filiformes de 25 mm d'épaisseur a pu être réalisé en moulant du béton fin renforcé de fibre de verre, malgré les doutes de certains partenaires pensant cette technique impossible pour un tel meuble.

Mit faserverstärktem Feinbeton ist es möglich, diese filigrane Form mit einer Materialstärke von nur 25 mm in einem Guss zu fertigen – auch wenn skeptische Kooperationspartner meinten, der Entwurf sei in Beton nicht umsetzbar.

2008

> **Kayra**
Adnan Serbest
Adnan Serbest Furniture

For the past 25 years, the Turkish company Adnan Serbest Furniture has produced industrially made furniture. In 2003, owner and designer Adnan Serbest began his modern, minimalist collection, which merges his passion for detailed craftsmanship, natural material and formal clarity.

La société turque Adnan Serbest Furniture produit depuis 25 ans des meubles de style industriel. Le designer Adnan Serbest, propriétaire de la société, a toutefois créé depuis 2003 une collection moderne et minimaliste qui témoigne de sa passion pour l'artisanat, les matériaux naturels et la simplicité des formes.

Die türkische Firma Adnan Serbest Furniture produziert seit 25 Jahren Möbel im industriellen Stil. Seit etwa 2003 leistet sich Designer und Inhaber Adnan Serbest eine modern-minimalistische Kollektion, in der er seine Leidenschaft für handwerkliche Details, natürliche Materialien und formale Klarheit auslebt.

2008

> **Chassis**
Stefan Diez
Wilkhahn

Chassis's frame is deep-drawn from sheet steel in car body production, which results in a highly resistant chair frame weighing only 2.6 kg (around 5.7 pounds) and featuring an overall thickness of 1mm (around 0.04 inches). The pre-formed core-leather seat is simply glued on.

Chassis possède une structure en tôle d'acier d'un millimètre d'épaisseur, consolidée selon un procédé d'emboutissage et qui ne pèse que 2,6 kg. La coque en cuir moulé est collée sur ce bâti.

Das Gestell von *Chassis* besteht aus tiefgezogenen 1 mm dünnen Stahlblechen, die quasi eine Karosserie in Stuhlform bilden, und wiegt nur 2,6 kg. Die Sitzfläche aus vorgeformten Kernleder ist aufgeklebt.

> **Vegetal Chair Blooming**
Ronan & Erwan Bouroullec
Vitra

In 19th-century North America, a technique was sometimes used to shape young growing trees over the course of many years until they formed chairs. Ronan and Erwan Bouroullec's interest in this practice and their passion for organic forms led them to design a seemingly 'grown' chair. In this case, however, injection-molding technology was used to produce the *Vegetal Chair*, which is made out of dyed, fiber-reinforced polyamide.

Au XIXe siècle, aux États-Unis, une technique consistait à faire pousser de jeunes arbres en leur donnant la forme de chaises. Ces créations, répondant à l'intérêt de Ronan et Erwan Bouroullec pour les formes organiques, conduisirent les designers à concevoir une chaise qui semble avoir poussé telle une plante. La *Vegetal Chair* en polyamide teinté est réalisée par injection.

Im 19. Jahrhundert wurde in Nordamerika eine Technik praktiziert, junge Bäume in die Form von Stühlen wachsen zu lassen. Verbunden mit ihrem Interesse für organische Formen, brachte dies Ronan und Erwan Bouroullec auf die Idee, einen Stuhl zu entwickeln, der wie gewachsen aussieht – gefertigt wird der *Vegetal Chair* aber im Spritzgussverfahren aus durchgefärbtem Polyamid.

2008

V **Nobody**
Komplot Design
Hay

Nobody evokes a simple piece of cloth, laid over a chair. Made from two layers of thermo-pressed Pet felt—a recyclable material made from plastic bottles—it requires no further form of reinforcement. The one-piece molded shell is self-supporting; no frame is needed.

Nobody fait penser à une étoffe posée sur une chaise. Le siège est en feutre PET recyclable, fabriqué à partir de bouteilles en plastique et moulé d'un seul bloc. Cette « enveloppe » est autoportante, et ne nécessite aucun châssis.

Nobody erinnert an ein Stück Stoff, dass über einen Stuhl gelegt wurde. Der Stuhl wird hergestellt aus einem aus Plastikflaschen recyceltem PET-Filz, der in zwei Lagen formgepresst wird. Diese aus einem Guss gefertigte Hülle trägt sich selbst und benötigt kein stützendes Gestell.

2008

∧ Chiku
Nick Rennie
Porro

Freestanding bookshelves generally rely on the diagonals between the bottom and top shelves and the side supports for stability. For the bookshelf *Chiku* by the Australian designer Nick Rennie, the traditional side supports are replaced with strategically placed diagonal poles.

Sur ce type d'étagère autoportante, les traverses diagonales fixées entre montants et plateaux sont habituellement les garants de la stabilité de l'ensemble. Dans le modèle *Chiku* du designer australien Nick Rennie, elles assurent également la fonction de montants.

Bei frei stehenden Regalen sorgen gemeinhin Diagonalen zwischen Böden und Stützen für Stabilität. Bei dem Regal *Chiku* des australischen Designers Nick Rennie übernehmen die versteifenden Diagonalen auch gleich die Funktion der Stützen.

> Plopp
Oskar Zieta
Hay

Two very thin steel plates are cut into shape, welded on the corners and subjected to bursts of air under pressure. Each stool thus created is unique, for its shape is more or less left to chance.

Deux fines plaques de métal découpées sont soudées au niveau des bords. De l'air est injecté entre les plaques pour donner le jour à un tabouret dont les rondeurs varient d'un siège à l'autre.

Zwei sehr dünne, gestanzte Stahlblechformen sind an den Kanten miteinander verschweißt und werden mit Druckluft aufgeblasen. Auf diese Weise entstehen Hocker, bei denen die Ausformung der Wölbungen dem Zufall überlassen wird.

2008

∧ Ghisa
Ricardo Blumer & Matteo Borghi
Alias

Cast iron possesses a certain charm, both in terms of its history and the material itself. Riccardo Blumer and Matteo Borghi have re-vamped it in their flexible, modular creation, Ghisa. Different units can be joined in straight benches, in circular or wavy configurations.

La fonte possède un charme historique et matériel. Ricardo Blumer et Matteo Borghi donnent ici une interprétation nouvelle de ce matériau. Des éléments de formes différentes sont assemblés et composent des bancs rectilignes ainsi que des ensembles arrondis ou ondulants.

Gusseisen besitzt mitunter einen historischen und materiellen Charme, der mit Ghisa von Ricardo Blumer und Matteo Borghi neu interpretiert wurde. Verschiedene Elemente können hier zu geraden Bänken oder kreis- und wellenförmigen Konfigurationen zusammengestellt werden.

17

2008

∨ **Layers Rhino**
Richard Hutten

Richard Hutten described his hand-made furniture collection *Layers* as 'punk.' The individual objects are layered in different ways so as to hide any traces of the man-made production.

Richard Hutten qualifie de « punk » *Layers*, sa collection de mobilier faite à la main. Les objets sont réalisés à partir de couches superposées de divers matériaux. Les imperfections nées de la fabrication artisanale ne font pas l'objet de retouches.

Richard Hutten bezeichnet seine handgefertigte Möbelkollektion *Layers* als „Punk". Die einzelnen Objekte werden auf unterschiedliche Weise in Schichten aufgebaut, ohne dass die Spuren der manuellen Fertigung kaschiert werden.

> **Stack**
Raw Edges & Shay Alkalay
Established & Sons

Generally, a chest of drawers includes a fixed frame and inserted drawers, which open in one direction. *Stack* consists of drawer units, which can be built up in height, stacked one upon the other. They do not need an outer frame and can be moved to two sides. The number of drawers used determines the height of a tower of drawers.

Les commodes sont habituellement composées d'une structure aux dimensions déterminées et de tiroirs qui s'ouvrent sur un seul côté. *Stack* présente des tiroirs posés les uns sur les autres qui s'ouvrent des deux côtés et qui ne sont pas encastrés. Les dimensions de l'objet dépendent du nombre de tiroirs.

Gewöhnlich bestehen Kommoden aus einem in der Größe festgelegten Korpus und eingesetzten Schubkästen, die einseitig zu öffnen sind. *Stack* besteht aus aufeinander platzierten Schubkästen, die ohne äußere Hülle auskommen und sich zu zwei Seiten aufschieben lassen. Die Höhe wird durch die Anzahl der Schubkästen bestimmt.

2008

V Iris
Barber Osgerby
Established & Sons, Limited Editions

The series *Iris* comprises five round tables of different shapes and different color spectrums. The geometrical bodies consist of individually dyed and anodized aluminum segments, which are connected together by hand. A particularly clear sheet of glass is placed on top, completing the table.

Iris est une série qui comprend cinq tables rondes de formes et de couleurs différentes. Les formes géométriques sont fabriquées à partir de segments en aluminium anodisé colorés, qui sont assemblés manuellement et recouverts d'un plateau composé d'une plaque de verre transparente.

Die Serie *Iris* besteht aus fünf runden Tischen von unterschiedlicher Form mit verschiedenen Farbspektren. Die geometrischen Körper werden aus individuell farblich anodisierten Aluminiumsegmenten hergestellt, die in Handarbeit miteinander verbunden werden und eine besonders klare Glasscheibe als Tischplatte erhalten.

19

Rocking Postmodernism
Myto by Konstantin Grcic

Un porte-à-faux postmoderne
Myto de Konstantin Grcic

Postmodernes Schwingen
Myto von Konstantin Grcic

Kathrin Spohr

Every year, countless new chairs flood the market. Yet, few have attracted as much attention in the recent past as *Myto*, developed by the internationally acclaimed German designer Konstantin Grcic (born 1965). *Myto*, graceful, elegantly casual and balanced on inclined legs, is an all-plastic cantilever chair. This masterpiece was made possible thanks to the unique characteristics of a new plastic, Ultradur High Speed, developed by the German chemical company BASF. The material's high degree of flowability and extreme strength permit a smooth transition from thick to thin cross-section. With a supportive frame and net-like perforation in seating and backrest, this stacking cantilever chair differs radically from prominent predecessors, such as Marcel Breuer's *Cesca Chair*, Mies van der Rohe's *Cantilever Chair* from the 1920s or Verner Panton's plastic *Panton Chair* from the 1960s.
By reducing material to the bare minimum and exploring material characteristics

Nombreuses sont les chaises qui arrivent sur le marché chaque année. Mais rares sont celles à avoir récemment éveillé autant l'attention que le modèle *Myto* du designer allemand Konstantin Grcic (né 1965). Ce siège élancé et élégant, reposant avec nonchalance sur ses pieds en biais, est une chaise en porte-à-faux tout en plastique. Cet ouvrage exceptionnel a pu être réalisé grâce aux propriétés d'un nouveau plastique, l'Ultradur High Speed, mis au point par BASF. Ce plastique à haute fluidité et d'une grande résistance permet un dialogue élégant entre les transversales épaisses et minces. Ce cantilever empilable, dont le dossier et l'assise rappellent les mailles d'un filet, possède une élégance tout autre que ses célèbres prédécesseurs, les sièges en porte-à-faux en tube d'acier des années 1920 signés par Marcel Breuer ou Mies van der Rohe, ou encore la *Panton Chair* en plastique de Verner Panton créée dans les années 1960.

Jährlich kommen zahlreiche neue Stühle auf den Markt. Aber kaum einer hat in der jüngeren Vergangenheit so viel Aufsehen erregt wie *Myto* von dem deutschen Designer Konstantin Grcic (geb. 1965). Denn der Stuhl *Myto*, der schlank, elegant und lässig auf seinen schräg gestellten Beinen ruht, ist ein Freischwinger aus Vollkunststoff. Möglich wurde dieses Masterpiece durch die besonderen Materialeigenschaften des neuen Kunststoffs Ultradur High Speed von BASF. Die hohe Fließfähigkeit des Kunststoffs und seine extreme Festigkeit ermöglichen einen eleganten Wechsel von dickem und dünnem Querschnitt. So hat dieser stapelbare Freischwinger – bestehend aus tragender Rahmenkonstruktion mit netzartiger Sitz- und Rückenfläche – eine völlig andere Anmutung als seine prominenten Vorgänger, etwa Marcel Breuers oder Mies van der Rohes Stahlrohr-Freischwinger aus den 1920er-Jahren oder Verner Pantons Plastikstuhl, *Panton Chair*, aus den 1960er-Jahren.

∧ Myto, Konstantin Grcic, Plank & BASF, 2008

needed for proper function, an extremely innovative piece of furniture imposing new esthetics was born—*Myto*. "The chair's flexibility combined with its unusual strength was only possible with this material," explains Grcic, recipient of countless international design awards, "It gives me completely new freedom for the design."

Ultradur High Speed's unique properties are fascinating: When melted, it flows twice as far as traditional plastic. Production is thus cheaper and more energy efficient. This new master material was therefore given an eco-efficiency seal, an increasingly important award in our life and times.

Myto was the result of exceptionally successful teamwork between the designer Konstantin Grcic, the Italian furniture manufacturer Plank and the German chemical company BASF. The ambitious project was developed and completed in the record period of just under a year.

Dans le cadre de la réalisation, on utilise un minimum de matériau. Ce sont les propriétés du matériau associées à la fonction qui donnent à *Myto* une esthétique nouvelle et en font une pièce de mobilier très innovante. « La structure en filigrane et la stabilité du siège sont dus au matériau utilisé », assure Konstantin Grcic, son concepteur, qui a remporté plusieurs prix internationaux. « Ce matériau me laisse une grande liberté en termes de design. »

Qu'est-ce qui fait la particularité de l'Ultradur High Speed ? À l'état liquide, ce dernier pénètre deux fois plus vite dans les moules que le plastique habituel. Les coûts de production sont moins élevés, tant pour le matériau que pour la consommation énergétiques. C'est pourquoi ce plastique a été primé par les acteurs du respect de l'environnement qui lui ont attribué le label d'éco-efficience, une reconnaissance d'importance et particulièrement tendance.

Die Reduktion beim Material auf das Nötigste und das Ausloten von Materialeigenschaften im Hinblick auf die Funktion geben *Myto* eine neue Ästhetik und machen ihn zu einem äußerst innovativen Möbelstück. „Die filigrane Struktur und Festigkeit des Stuhls sind durch dieses Material erst möglich geworden", sagte der vielfach mit internationalen Designpreisen ausgezeichnete Grcic. „Es gibt mir eine ganz neue Freiheit für das Design."

Das Besondere an Ultradur High Speed: Im geschmolzenen Zustand fließt es doppelt so weit wie herkömmlicher Kunststoff. Das macht die Herstellung sowohl kostengünstiger als auch energieeffizienter. Dafür ist der neue Werkstoff mit dem Ökoeffizienz-Siegel ausgezeichnet worden, eine Anerkennung, die im heutigen Lifestyle besonders wichtig ist.

Myto ist aber auch Resultat einer herausragenden Zusammenarbeit zwischen dem Designer Konstantin Grcic, dem italienischen Möbelhersteller Plank und dem Industrie-

> Miura, Konstantin Grcic, Plank, 2005

Miura, the barstool Konstantin Grcic designed when he began working with Plank, exemplifies Konstantin Grcic's continuation of his sensational design language, which he developed with his *Chair One*, designed for Magis in 2004.

Lors de la première collaboration avec Plank, Konstantin Grcic conçut le tabouret de bar *Miura* dans la lignée du langage des formes créé en 2004 dans le cadre de la *Chair One* éditée par Magis, laquelle avait particulièrement retenu l'attention.

Bei der ersten Zusammenarbeit mit Plank bot sich Konstantin Grcic mit dem Barhocker *Miura* die Möglichkeit, die Aufmerksamkeit erregende Formensprache des 2004 für Magis gestalteten *Chair One* fortzusetzen.

Project *Myto* began in the summer of 2006, when BASF invited four renowned designers, including Grcic, to a workshop in Ludwigshafen, Germany, in order to research the creative potential of the Ultra range of technical plastics. Together with Grcic, BASF decided to use the unique qualities of the Ultradur High Speed plastic for an industrially made design product. All agreed that designing and manufacturing a cantilever chair out of plastic would represent the greatest design challenge for a piece of furniture out of this material.

Myto has quickly become a design icon — shortly after its debut, it was included in the permanent collection of the MoMA in New York.

Mais *Myto* est également le résultat d'une fructueuse collaboration entre le designer Konstantin Grcic, le fabricant de meubles italien Plank et la société BASF. Ce projet a vu le jour et a été réalisé en un temps record (une année).

L'aventure *Myto* a débuté durant l'été 2006, lorsque quatre designers de renom, dont Grcic, répondirent à l'invitation de BASF. Il s'agissait, dans le cadre d'un atelier, de se pencher sur le potentiel esthétique de l'« Ultra ». C'est en étroite collaboration avec Grcic que l'idée de créer une pièce design produite en série grâce aux propriétés du plastique Ultradur High Speed voit le jour. Ce sera un siège en porte-à-faux. Pour un meuble en plastique, cette forme représente un challenge en termes de réalisation et de conception.

Myto est désormais une icône du design. Elle est entrée, peu de temps après sa diffusion, dans les collections permanentes du MoMA à New York.

unternehmen BASF. In einer Rekordzeit von nur einem Jahr konnte das ambitionierte Projekt entwickelt und abgeschlossen werden.

Das Projekt *Myto* begann im Sommer 2006, als BASF vier namhafte Designer, darunter auch Grcic, zu einem gemeinsamen Workshop nach Ludwigshafen einlud, um das kreative Potenzial der „Ultras", der technischen Kunststoffe, zu erforschen. Gemeinsam mit Grcic entstand dann die Idee, die besonderen Eigenschaften des Kunststoffs Ultradur High Speed für ein industriell gefertigtes Designprodukt zu nutzen. Eine Sitzgelegenheit, und zwar ein Freischwinger – darin war man sich schnell einig – ist die größte Herausforderung für ein Möbelstück aus Kunststoff. Nicht nur in der Herstellung, sondern auch im Entwurf.

Schon jetzt ist *Myto* zur Designikone avanciert: Nur kurze Zeit nach der Markteinführung wurde der Stuhl in die permanente Kollektion des MoMA in New York aufgenommen.

2008

∧ **Rokumaru**
Nendo
De Padova

Rokumaru is the connection of two Japanese words. 'Roku' means six and 'maru' means zero, or round. Seen from above, the six outward extending members describe an imaginary circle.

Rokumaru associe deux mots japonais : « roku » signifie « six » et « maru » décrit un zéro ou un rond. Les six branches de ce portemanteau forment, vu de haut, un cercle imaginaire.

Rokumaru ist die Verbindung von zwei japanischen Wörtern: „Roku" bedeutet sechs, „maru" steht für null oder rund. Die sechs Streben des Garderobenständers bilden von oben betrachtet einen imaginären Kreis.

2008

> **Crate-Series**
Jasper Morrison
Established & Sons

Jasper Morrison was inspired by the elementary properties of a wine crate when he created this furniture series, which includes a closet, a bookshelf, an armchair and differently sized side tables. The solid pine furniture is reminiscent of his earlier works.

Jasper Morrison s'inspira d'une caisse de vin pour créer une série de meubles qui comprend une armoire, une étagère, un fauteuil et plusieurs dessertes. Ce mobilier réalisé en pin rappelle ses premières créations.

Jasper Morrison ließ sich von einer Weinkiste zu dieser Möbelserie inspirieren, die Schrank, Regal, einen Sessel und verschieden große Beistelltische umfasst. Die aus Kiefernholz gefertigten Möbel erinnern an seine frühen Arbeiten.

2008

> **My Beautiful Backside**
V **Principessa**
Nipa Doshi & Jonathan Levien
Moroso

An old fairy tale from the first half of the 19th century, or even a miniature painting of a maharani sitting on the floor of her palace, can be the source of inspiration for modern design.

Même un conte datant de la première moitié du XIXe siècle peut servir de source d'inspiration au design moderne.

Selbst ein altes Märchen aus der ersten Hälfte des 19. Jahrhunderts kann Inspirationsquelle für modernes Design sein.

2008

＾ **Bouquet**
Tokujin Yoshioka
Moroso

The seat of this swivel armchair is made out of a bouquet of countless, square, folded pieces of cloth, which are individually sewn onto the seat shell.

L'assise se compose d'innombrables morceaux de tissu carrés, pliés et cousus un par un sur la coque.

Die Sitzfläche besteht aus unzähligen, viereckigen, gefalteten Stoffstücken, die einzeln auf einer Schale vernäht werden.

2008

> **Confluences**
Philippe Nigro
Ligne Roset

Armchairs inserted into each other yield intersections, as indicated by the different colors of the upholstery covers.

Des fauteuils encastrés l'un dans l'autre forment une découpe au sein de laquelle les couleurs se mélangent également.

„Ineinandergeschobene" Sessel bilden Schnittmengen, in denen sich die Farben der Polsterbezüge auch mischen.

2008

< Ooch
Sam Sannia
BBB emmebonacina

The four pillows are stacked in the barely upholstered frame and can be arranged so as to achieve the desired sitting, lounging or sleeping position.

Les quatre coussins ne sont pas fixés dans la mince structure rembourrée, et peuvent être utilisés en fonction de la position recherchée.

Die vier Kissen sind nur lose in den dünn gepolsterten Rahmen eingelegt und können der gewünschten Sitzposition entsprechend arrangiert werden.

2008

∧ Lester
Soda Designers
Wittmann

Wittmann gave Soda Designers the opportunity to develop their own project for the *Vienna Design Week*. Using the deckchair as point of departure, they designed a sophisticated variant featuring classic deep-buttoned leather upholstery and a chrome frame.

À l'occasion de la *Vienna Design Week*, Wittmann donna à Soda Designers carte blanche pour réaliser une pièce de mobilier. Les designers proposèrent une nouvelle interprétation de la chaise longue, créant une version luxueuse avec structure chromée et cuir capitonné.

Für die *Vienna Design Week* bekamen Soda Designers von Wittmann die Möglichkeit, ein freies Projekt zu entwickeln. Hierfür interpretierten sie das Thema Liegestuhl und schufen mit klassisch geheftetem Leder und Chromgestell eine exklusive Variante.

> xarxa
Martí Guixé
Danese

When a designer is quick to call five cushions a piece of sitting furniture, it should come as no surprise that he refers to himself as a product designer who hates objects.

Cinq coussins superposés sont ici qualifiés de siège. Il n'est alors guère surprenant que Martí Guixé se décrive lui-même comme un designer industriel qui déteste les objets.

Wenn jemand fünf Kissen ungeniert als Sitzmöbel bezeichnet, ist es nicht verwunderlich, dass er sich selbst als einen Produktdesigner beschreibt, der Objekte hasst.

2008

V **Re-Trouvé**
Patricia Urquiola
Emu

Patricia Urquiola re-discovered the decorative metal garden furniture from the 1950s, but added her own unique humorous twist. Modern CNC manufacturing techniques were used for her re-interpretation of old-fashioned icons.

Patricia Urquiola a redécouvert les arabesques du mobilier de jardin des années 1950. Elle donne avec un certain humour une interprétation moderne de ce design quelque peu suranné. Le fauteuil est réalisé à l'aide d'une technique de fabrication moderne, le CNC.

Patricia Urquiola hat die gewundenen Gartenmöbel der 1950er-Jahre wiederentdeckt. Mit einer Spur Humor möchte sie ihren Entwurf als eine Reinterpretation dieses altmodischen Designs verstanden wissen, das aber mithilfe moderner CNC-Fertigungstechniken realisiert wird.

2008

> **Wire Chair**
\> **Rubber Band**
Tom Dixon

In 2002, Tom Dixon and David Begg founded a design and manufacturing company so that they could produce and market Dixon's designs on their own.

En 2002, Tom Dixon a créé, en collaboration avec David Begg, la société Tom Dixon afin de fabriquer et de distribuer ses propres créations.

Tom Dixon gründete 2002 mit seinem Partner David Begg die Firma Tom Dixon, um eigene Entwürfe produzieren und vermarkten zu können.

2007

> **Strings Stool**
V **Strings Chair**
Shin Azumi
Magis

Production of this barstool is relatively simple, as only two pre-fabricated bent metal wires for the frame and the wire frame for the seat are required. The components are then simply welded together.

La fabrication de ce tabouret de bar s'avère relativement simple puisqu'il se compose de deux tiges métalliques courbées préfabriquées pour la structure portante, et d'un treillis pour l'assise. Les éléments sont tout simplement soudés les uns aux autres.

Die Produktion dieses Barhockers ist relativ unaufwendig, denn er besteht aus nur zwei vorgefertigten gebogenen Metalldrähten für das Gestell sowie einem Drahtgitter für den Sitz und kann einfach zusammengeschweißt werden.

> **Heaven**
Jean Marie Massaud
Emu

Steel wire was woven into netting in this furniture series in a single, automated welding process that rendered it supple and smooth.

Le fil d'acier est tressé lors d'un processus de soudure automatisé unique, qui rend la structure particulièrement souple.

Der Stahldraht wird bei dieser Möbelserie in einem einzigen automatisierten Schweißvorgang zu einem Gewebe geflochten, wodurch er geschmeidig und weich wirkt.

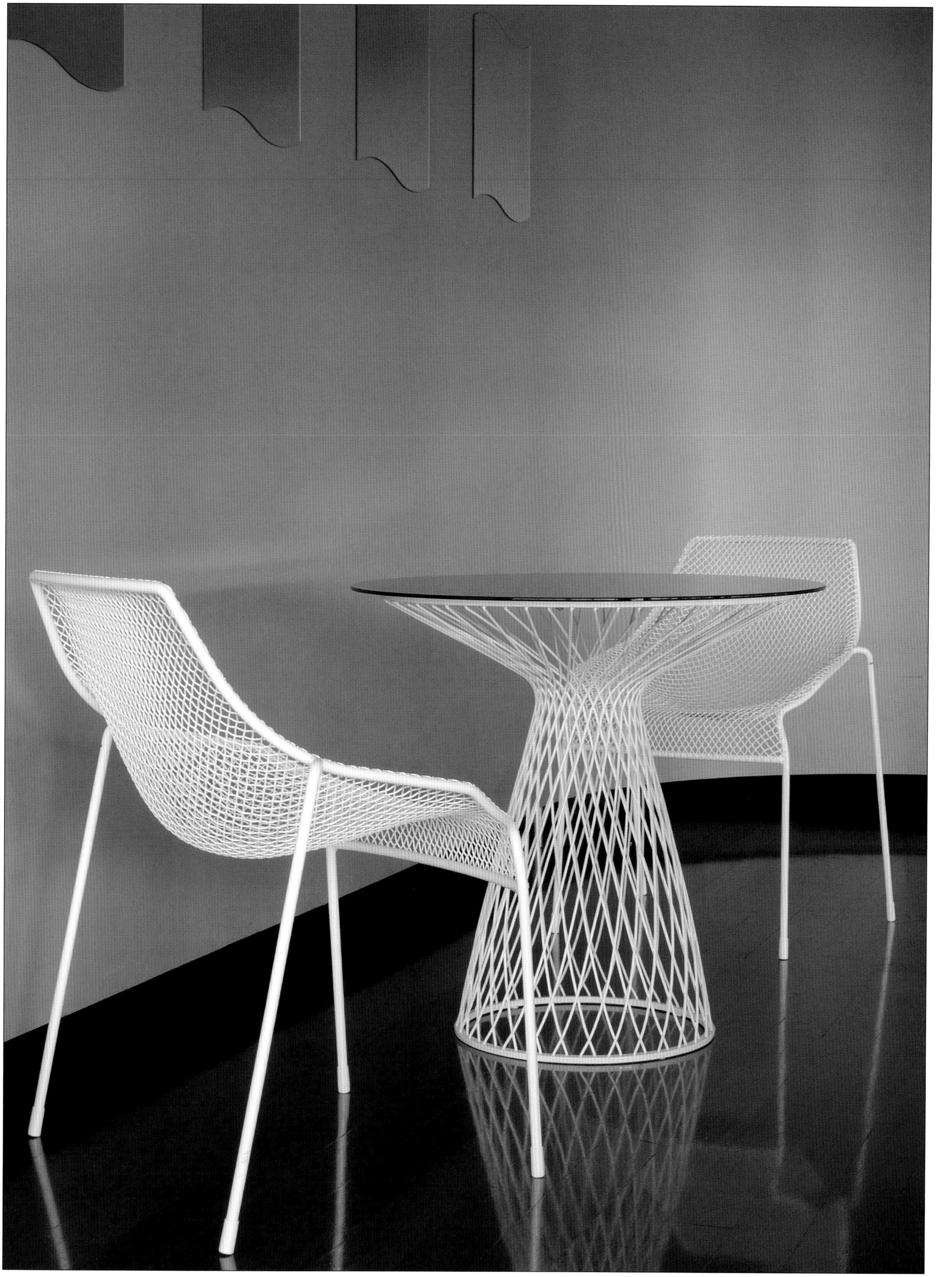

2007

∨ **Micado**
Kazuhiko Tomita
Moroso

Micado is a swivel barstool out of powder-coated steel with a solid seat out of polyurethane foam.

Voici un tabouret de bar amovible en acier verni, avec une assise rigide en mousse de polyuréthane.

Ein drehbarer Barhocker aus pulverbeschichtetem Stahl mit einer festen Sitzfläche aus Polyurethanschaum.

> **Saturn**
Barber Osgerby
ClassiCon

This clothes stand is created from six identical loops out of solid wood, which are connected together in the middle.

Ce portemanteau est réalisé à partir de six arceaux identiques en bois massif reliés en leur centre.

Dieser Garderobenständer wird mit sechs identischen Bögen aus Massivholz erstellt, die mittig miteinander verbunden sind.

2007

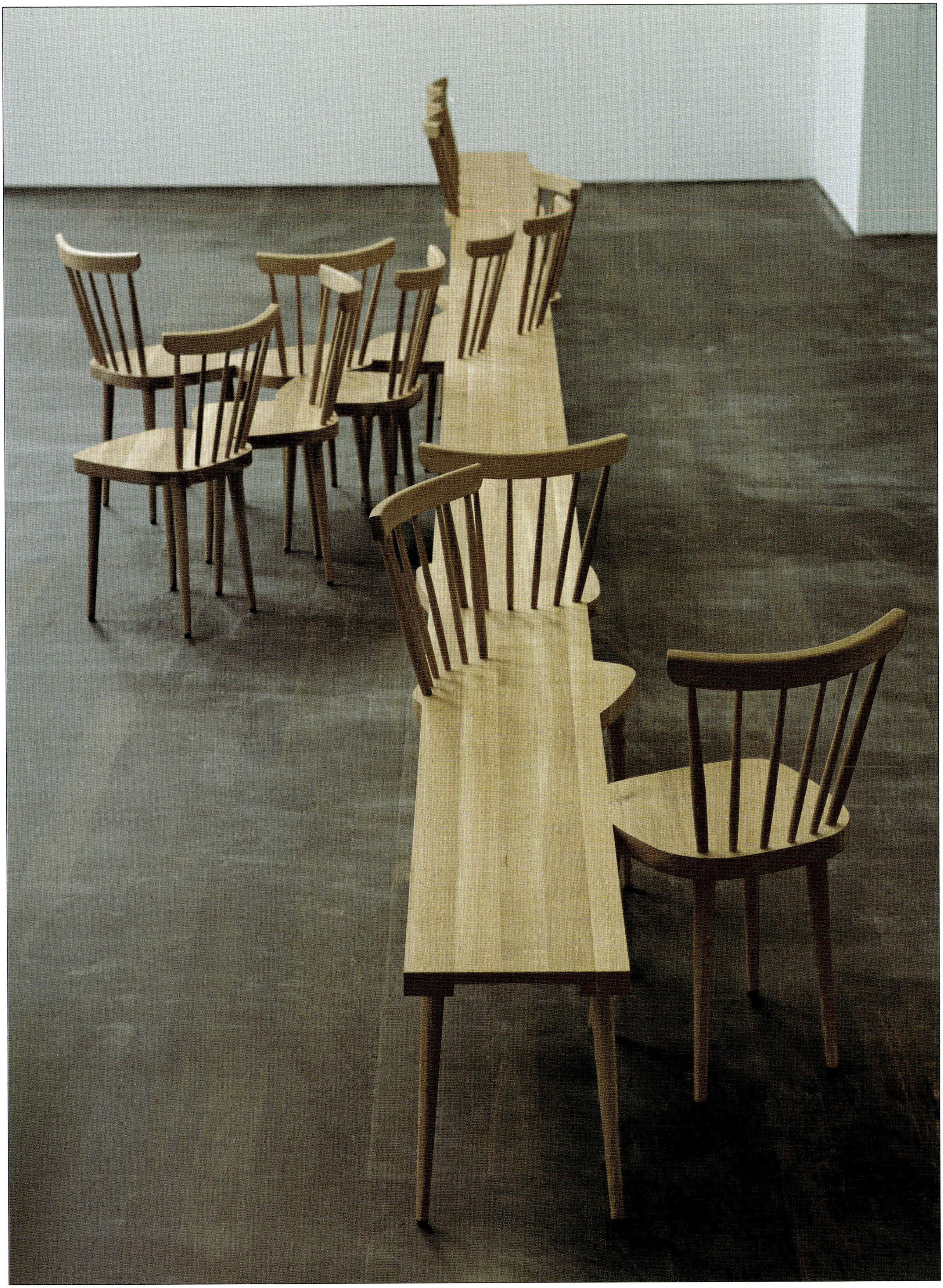

2007

< **Stuhlhockerbank**
Kraud

A slightly disorganized row of chairs merges seamlessly with an immobile constellation. This bench out of various well-known chair elements is unexpected and surprising due to the unusual use of the common seating items.

Des chaises, rangées à la suite l'une de l'autre de manière quelque peu désordonnée, fusionnent pour donner vie à un ensemble hors du commun. Ce banc réalisé à partir des composantes classiques d'une chaise surprend en raison de l'utilisation inhabituelle d'un objet du quotidien.

Eine leicht ungeordnete Reihe von Stühlen verschmilzt zu einer unveränderbaren Konstellation. Diese Bank aus vertrauten Stuhlelementen überrascht aufgrund des ungewöhnlichen Einsatzes eines Alltagsgegenstandes.

∨ **Charpoy**
Nipa Doshi & Jonathan Levien
Moroso

The Indian-British designer couple took their inspiration for *Charpoy* from the traditional daybed used in India, known under the same name.

Le couple de designers anglo-indien s'est inspiré d'un siège indien traditionnel portant le même nom, et ayant la même fonction.

Als Vorlage für *Charpoy* diente dem indisch-britischen Designerpaar ein traditionelles indisches Sitzmöbel gleichen Namens und gleicher Funktion.

2007

∧ **Tosca**
Richard Sapper
Magis

The stacking armchair is made out of polyamides using gas-injection molding and is ideal for indoor and outdoor use.

Ce fauteuil empilable est réalisé en polyamide selon le procédé d'« air moulding » et convient aux espaces extérieurs.

Der stapelbare Armlehnenstuhl wird im Gaseinspritzverfahren aus Polyamid hergestellt und ist für den Außenbereich geeignet.

2007

> **Cup**
Eric Degenhardt
Richard Lampert

Architect and designer Eric Degenhardt took an architectural point of view in his analysis of armchair and sofa components, subsequently dissolving them into individual surfaces.

L'architecte et designer Eric Degenhardt s'est penché sur le thème du fauteuil et du canapé, considérant ces deux éléments de manière architectonique, et les a réunis au sein de ce siège.

Der Architekt und Designer Eric Degenhardt hat das Thema Sessel und Sofa architektonisch betrachtet und beides in Einzelflächen aufgelöst.

< **Gregory**
Gregory Lacoua
Ligne Roset

The 120 x 120 cm (about 47 x 47 inches) large rug features 17 quilted panels. When you pull the button in the center of the rug, it folds into a stool.

Ce tapis de 120 x 120 cm présente 17 sections et un bouton central sur lequel on peut tirer pour transformer le tapis en tabouret.

Der 120 x 120 cm große Teppich weist 17 abgesteppte Felder und einen Knopf in der Mitte auf. Zieht man am Knopf, faltet sich der Teppich zum Hocker auf.

2007

∧ **Wogg 42**
Jörg Boner
Wogg

An upholstered cover falls around the wooden frame like a dress, thus creating the form of a chair.

Un revêtement rembourré habille la structure en bois et donne sa forme à la chaise.

Ein Polsterbezug legt sich wie ein Kleid um das Holzgestell und ergibt so die Form des Stuhls.

> **Bookinist**
Nils Holger Moormann

The mobile armchair is based on the principle of the wheelbarrow and can be wheeled around. Shelves for books and a lamp highlight *Bookinist*'s purpose, namely, providing a place to read.

Ce fauteuil mobile reprend le principe de la brouette et peut être déplacé. La lampe et les compartiments pour ranger les livres en font un fauteuil de lecture.

Der mobile Sessel ist dem Prinzip der Schubkarre nachempfunden und kann herumgerollt werden. Die Lampe und die Fächer für Bücher charakterisieren ihn als Leseplatz.

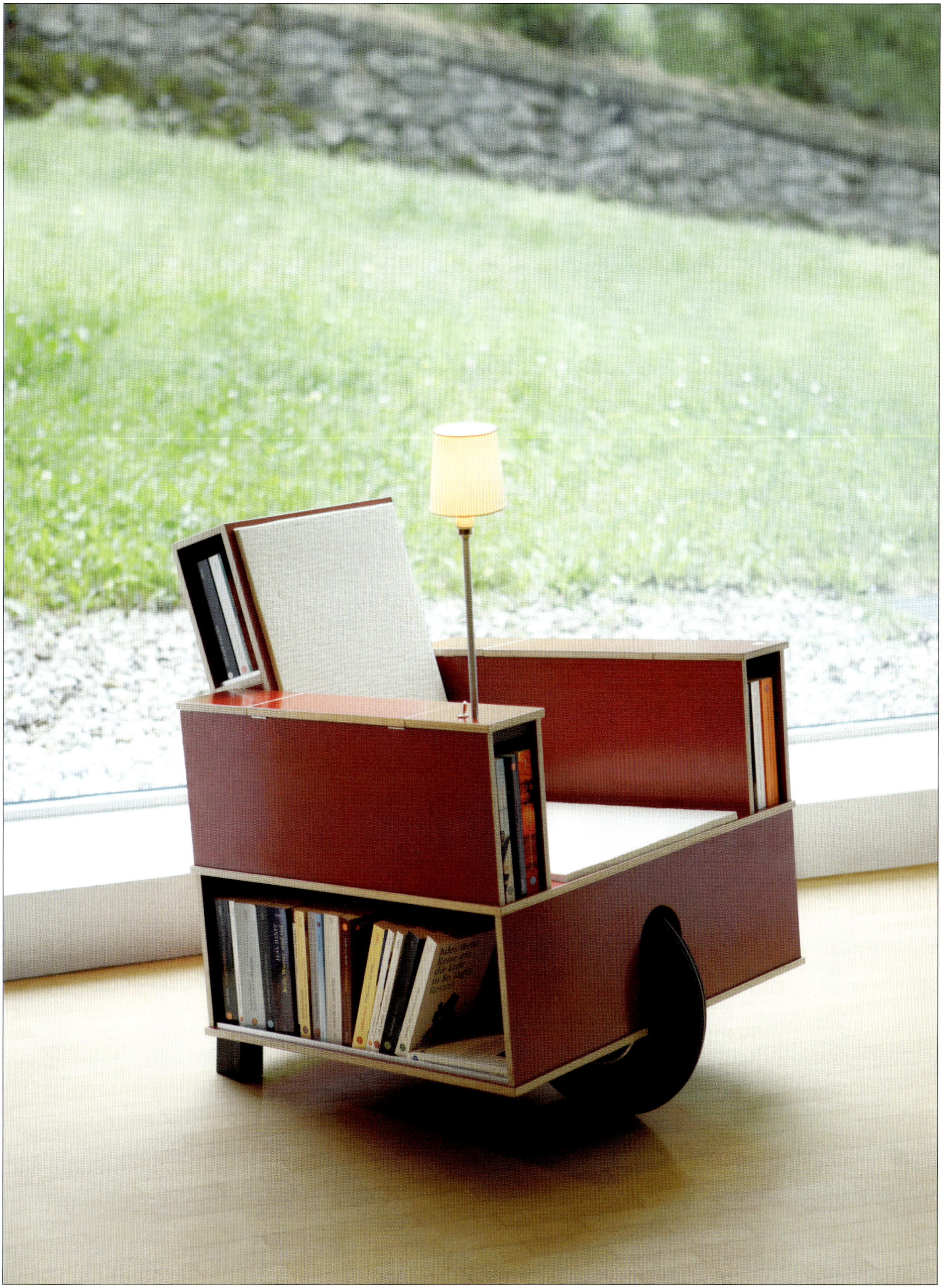

2007

∨ **Wrongwoods**
Sebastian Wrong & Richard Woods
Established & Sons

One could think that the last names of both designers were a clever marketing strategy. In fact, designer Sebastian Wrong asked artist Richard Woods to print his furniture with comic-like woodprints.

L'association des deux noms des designers est en soi un programme. En effet, le designer Sebastian Wrong demanda à l'artiste Richard Woods d'habiller ses meubles d'impressions sur bois qui rappellent l'univers de la bande dessinée.

Man könnte meinen, die beiden Nachnamen von Sebastian Wrong und von Richard Woods seien Programm. Tatsächlich bat der Designer Wrong den Künstler Woods, seine Möbel mit comicartigen Holzdrucken zu versehen.

> **Drückeberger**
Silvia Knüppel

Traditional in appearance, the wardrobe *Drückeberger* (scrimshanker) is one solid foam block. Incisions into the foam are made, into which various objects can then be inserted.

L'armoire *Drückeberger*, de forme traditionnelle, est entièrement réalisée à partir d'un bloc de mousse. Les objets sont « rangés » dans des encoches créées en fonction des besoins.

Der Schrank *Drückeberger* in traditioneller Optik besteht komplett aus einem massiven Schaumstoffblock. Gegenstände werden in eingeschnittenen Schlitzen verstaut.

2007

45

# 2007

∧ **Bent**
Christophe De La Fontaine &
Stefan Diez
Moroso

Bench, chair and table are folded out of aluminum sheets. Perforated fold lines indicate where the metal should be bent.

Le banc, la chaise et la table sont pliés à partir d'une seule feuille de tôle. Les arêtes ou lignes de pliure de ces volumes sont perforées.

Bank, Stuhl und Tisch werden aus einem Blech gefaltet, deren Faltkanten durch eine Perforation vorgegeben sind.

∧ Living Systems
Jerszy Seymour

Over a period of weeks in the middle of Berlin, Jerszy Seymour conducted an experiment on the possibilities of living an autonomous, self-supporting life using renewable resources. During this experiment he used organic plastics, made from potatoes, to create basic furniture and design products.

Jerszy Seymour a expérimenté les possibilités d'une vie en complète autonomie pendant une semaine, au centre de Berlin. Durant cette expérience, il a fabriqué lui-même les éléments de son intérieur à partir de plastique biologique à base de pommes de terre.

In einem mehrwöchigen Experiment mitten in Berlin hat Jerszy Seymour die Möglichkeiten eines autonomen Lebens als Selbstversorger untersucht. Während dieses Experimentes hat er die Grundelemente seiner Inneneinrichtung aus Biokunststoff, gewonnen aus Kartoffeln, selbst hergestellt.

V **Olma**
Jörg Boner

Both shelves use colorless fiberglass material, feature a large cross section and are open to both sides. Sold as a pair and manufactured as a limited edition, these shelving elements can be used on their own, stacked or even unattached.

Ces étagères, dont la texture est en fibre de verre non colorée, présentent, vues de profil, une cavité et sont ouvertes sur les côtés. Réalisés en édition limitée, les deux éléments qui forment un lot sont utilisables séparément ou superposés.

Die beiden Regalböden aus farblosem Glasfasergewebe haben einen hohlen Profilquerschnitt und sind zu den Seiten offen. Dabei sind die als Paar in limitierter Stückzahl ausgeführten Elemente lose, einzeln oder gestapelt einsetzbar.

2007

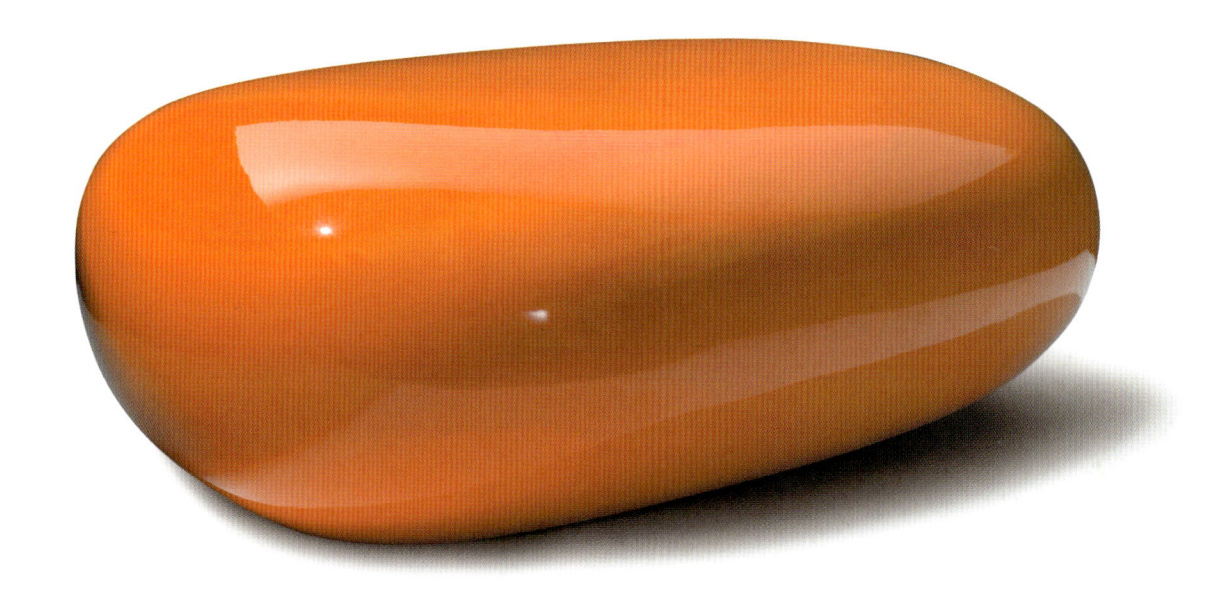

∧ **Koishi**
Naoto Fukasawa
Driade

This amorphous bubble out of shiny, varnished fiberglass is 40 cm (around 16 inches) high and ideal for indoor seating.

Cette bulle informe en fibre de verre laquée et brillante est haute d'à peine 40 cm, et fait office de siège.

Die amorphe Blase aus glänzend lackiertem Fiberglas hat eine Höhe von knapp 40 cm und eignet sich als Sitzmöglichkeit.

2007

< Nimrod
Marc Newson
Magis

Nimrod, mass-produced by Magis out of polyethylene and replete with cushion, also exists in a more exclusive version out of polished aluminum, known as the *Zenith Chair*.

Ce fauteuil existe comme produit de série en polyéthylène avec coussins chez Magis, et en version exclusive en aluminium poli : la *Zenith Chair*.

Den „kleinen Trottel" gibt es neben dem Serienprodukt von Magis aus Polyethylen mit Polsterkissen auch in exklusiver Ausführung als *Zenith Chair* in poliertem Aluminium.

2007

> Déjà-vu Chair
Naoto Fukasawa
Magis

Even though the form resembles that of a common chair, the *Déjà-vu Chair* is completely made out of aluminum.

Ce modèle de chaise aux formes plutôt habituelles est entièrement réalisé en aluminium.

Der einem gewöhnlichen Stuhlmodell ähnelnde *Déjà-vu Chair* besteht vollständig aus Aluminium.

∧ Chair
Naoto Fukasawa
Vitra Edition

Naoto Fukasawa created a sitting object for Vitra Edition that is humble, unaffected and subdued. Indeed, it almost seamlessly melts into the surroundings through its materiality.

Naoto Fukasawa a conçu pour Vitra Edition un objet pour s'asseoir qui, de par sa matérialité, se fond presque dans son environnement et occupe l'espace avec discrétion et retenue.

Naoto Fukasawa gestaltete für die Vitra Edition ein Objekt zum Sitzen, das sich durch seine Materialität in seinem Umfeld nahezu auflöst, bescheiden erscheint und nicht dominiert.

2007

> **Mesa**
Zaha Hadid
Vitra Edition

By twisting and stretching forms and spaces, Zaha Hadid creates organic buildings and furniture that jut out of their allotted space, resembling sculptures.

Zaha Hadid étire et tord les formes et les espaces dans tous les sens. Constructions et meubles dominent leurs environnements à la manière de sculptures.

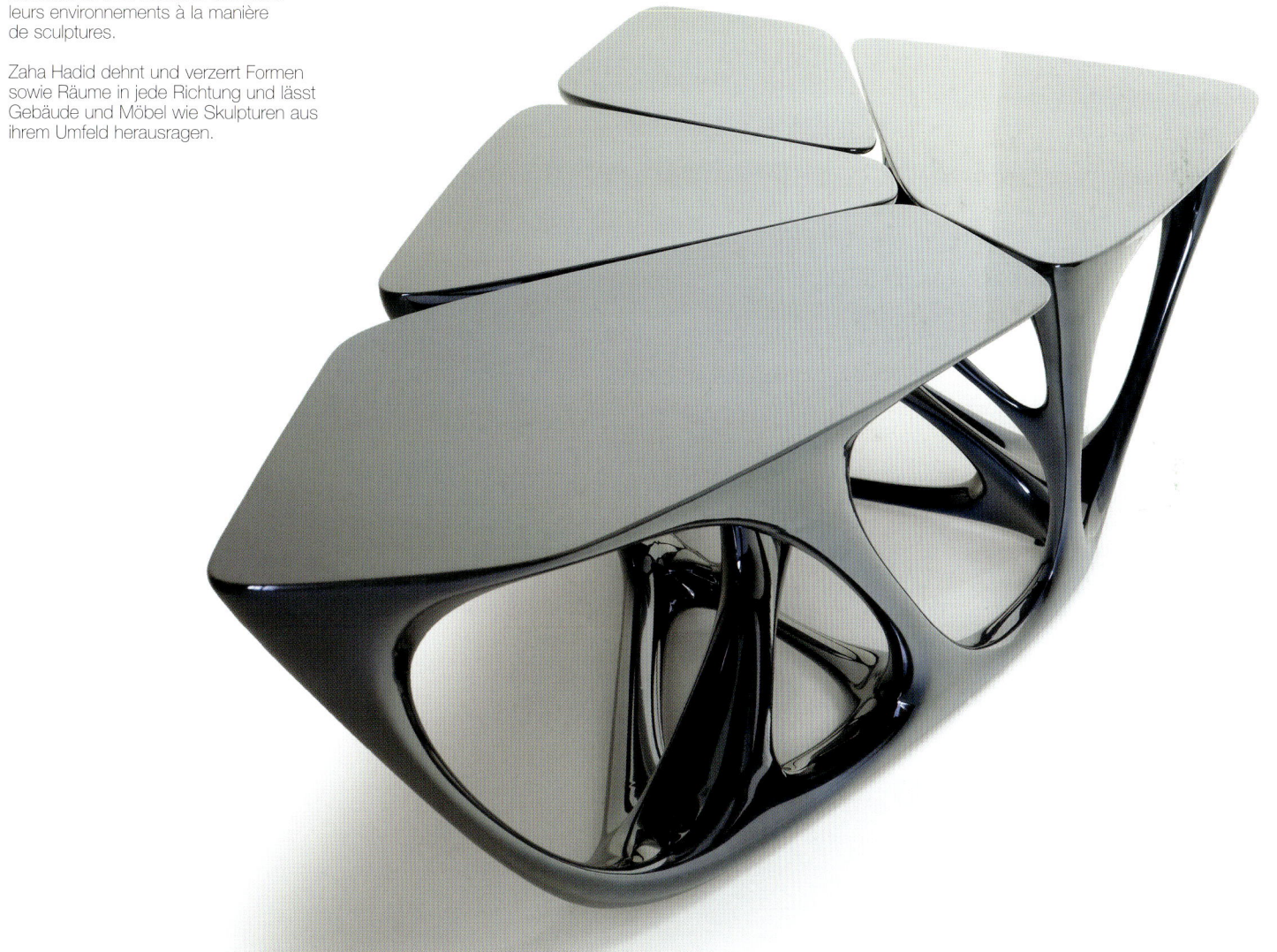

Zaha Hadid dehnt und verzerrt Formen sowie Räume in jede Richtung und lässt Gebäude und Möbel wie Skulpturen aus ihrem Umfeld herausragen.

2006

∨ Bonechair
Joris Laarmann

The distances between seat, backrest and the floor were calculated using software that simulates bone growth.

Les éléments reliant l'assise et le dossier et formant le piétement ont été conçus par un programme qui simule la croissance des os.

Die Verbindungen zwischen Sitzfläche, Rückenlehne und Boden wurden mittels einer Software errechnet, die den Wachstum von Knochen simuliert.

> Sketch Furniture
Front

All of the *Sketch Furniture* truly looks as if it had been quickly sketched. In fact, this is how they were created—design group Front drew free-hand sketches of furniture in the air and recorded the pen movement. Converted into three-dimensional digital files, the initial line is materialized into a real object with the help of a process used to produce prototypes, Rapid Prototyping.

Les *Sketch Furniture* ont l'air d'avoir été dessinés dans les airs. Rien de surprenant puisqu'ils ont vu le jour de cette manière. Les designers de Front ont esquissé les formes des meubles dans l'air, de manière à capturer le mouvement. En les digitalisant en parallèle, un objet réel naît de cette expérience grâce à un procédé de fabrication de prototype.

Die *Sketch Furniture* sehen aus, als wären sie in die Luft gekritzelt. Und genau auf diese Weise sind sie entstanden: Die Designgruppe Front skizziert die Möbel in die Luft und zeichnet die Bewegung auf. Umgewandelt in ein virtuelles dreidimensionales Speicherformat, wird aus der Linie mithilfe eines Verfahrens zur Prototypenherstellung ein reales Objekt.

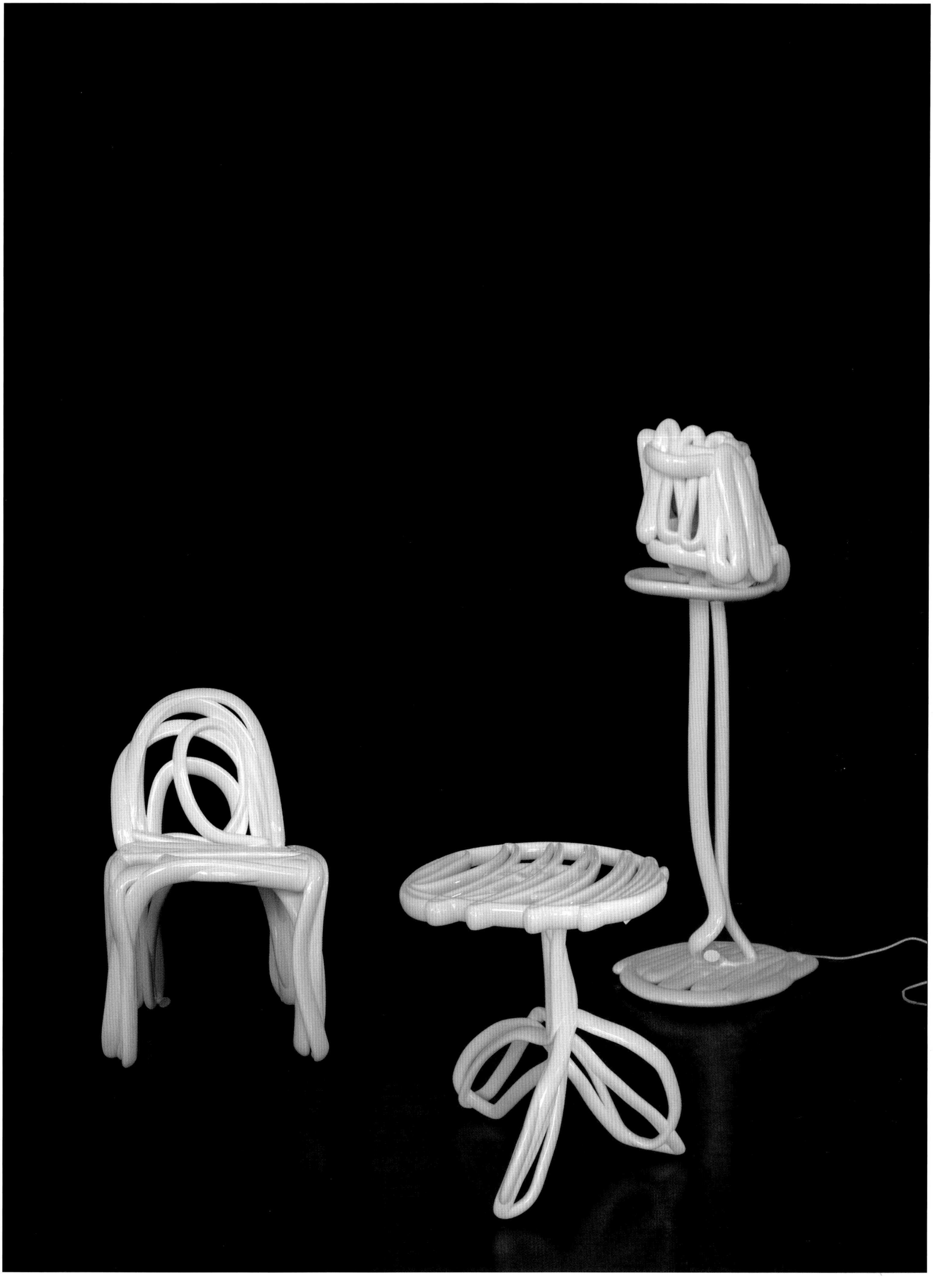

Limited Editions
Unlimited Possibilities

Éditions limitées
Possibilités illimitées

Limitierte Editionen
Grenzenlose Möglichkeiten

Kathrin Spohr

In the past, it was standard procedure for furniture to be produced in limited edition series. No other alternative existed, for with the production facilities available, limitation was mandatory. Indeed, furniture from the 19th century still testifies to excellent craftsmanship. Industrial mass production, perfected in the 20th century, took over and stood forthwith for the democratization of design— for the positive idea that well-made, high-quality products should be accessible and affordable to as many people as possible. One of the negative consequences of mass production, however, was the development of a society where consumerism played an increasing focal role.

In the 1980s the Italian design group Memphis, led by the designer Ettore Sottsass, harshly criticized this development. One of the first large-scale international counter-movements, Memphis introduced edgy, provocative concepts, craftsmanship and limited series, all of which stood in direct contrast to the plethora of industrially made products.

From the mid-1990s onwards, the number of design galleries surged. Many collectors appreciate the limited number of modern design classics, such as pieces by Mies van der Rohe or Le Corbusier. The general valuation

Il fut un temps où c'était la norme de produire des meubles en petit nombre. Il était tout simplement impossible de faire autrement. Les techniques de production imposaient en quelque sorte cette restriction. Au XIXe siècle, l'artisanat était au centre de la production. Les techniques industrielles – et donc de production en série –, qui furent perfectionnées au XXe siècle, ont mis un terme à ce procédé et ont amené une démocratisation du design, apportant une réponse à cette idée positive de mettre des produits de qualité bien conçus à la portée du plus grand nombre. La production de masse eut cependant des conséquences néfastes, créant une culture au sein de laquelle la consommation prit une part de plus en plus importante dans notre vie.

Dans les années 1980, le groupe de designers italiens Memphis, avec à sa tête Ettore Sottsass, a critiqué cette évolution. Ce mouvement d'opposition, figurant parmi les premiers groupes contestataires au niveau international, prônait à l'aide de concepts révolutionnaires et affectifs le retour de l'artisanat et de la production en petite série. Depuis le milieu des années 1990, le nombre des galeries spécialisées dans le design va croissant. Le nombre d'exemplaires de ces grands classiques de la modernité que sont par

Es gab Zeiten, da war es Norm, dass Möbel in kleinen Auflagen produziert wurden. Es ging gar nicht anders. Denn die Produktionsmöglichkeiten machten die Limitierung quasi zur Pflicht. Im 19. Jahrhundert stand das Handwerk im Mittelpunkt. Die industrielle Massenproduktion, die im 20. Jahrhundert perfektioniert wurde, löste diesen Prozess ab und stand fortan für die Demokratisierung von Design – für die positive Idee, gut gestaltete Qualitätsprodukte für möglichst viele Menschen zugänglich und bezahlbar zu machen. Als negative Folge kreiert die Massenproduktion aber auch eine Kultur, in der Konsum immer mehr ins Zentrum des Lebens rückt.

Kritik an dieser Entwicklung übte in den 1980er-Jahren bereits die italienische Designgruppe Memphis um den Designer Ettore Sottsass – eine der ersten großen, internationalen Gegenbewegungen, die mit revolutionären, emotionalisierenden Konzepten Handwerk und Kleinserien anstelle industriell gefertigter Produkte wieder aufs Podium brachte.

Seit Mitte der 1990er-Jahre steigt die Anzahl der Designgalerien weltweit an. Die begrenzte Zahl an Klassikern der Moderne, Möbelstücke von Mies van der Rohe oder Le Cor-

> Most expensive design object: Marc Newson's *Lockheed Lounge Chair* from 1986, of which only a few exist, has stunned the market of design collectors. In 2007, Christie's sold it at auction for USD 1.5 million.

> La pièce de design la plus chère. La *Lockheed Lounge Chair*, réalisée en 1986 par Marc Newson, n'existe qu'en très peu d'exemplaires. Elle a fait sensation en 2007 sur le marché du design, adjugée à 1,5 millions de dollars chez Christie's.

> Teuerstes Designobjekt: Marc Newsons *Lockheed Lounge Chair* von 1986, von dem es nur wenige Exemplare gibt, setzt Zeichen im Design-Sammlermarkt: Er wurde 2007 für 1,5 Millionen Dollar bei Christie's versteigert.

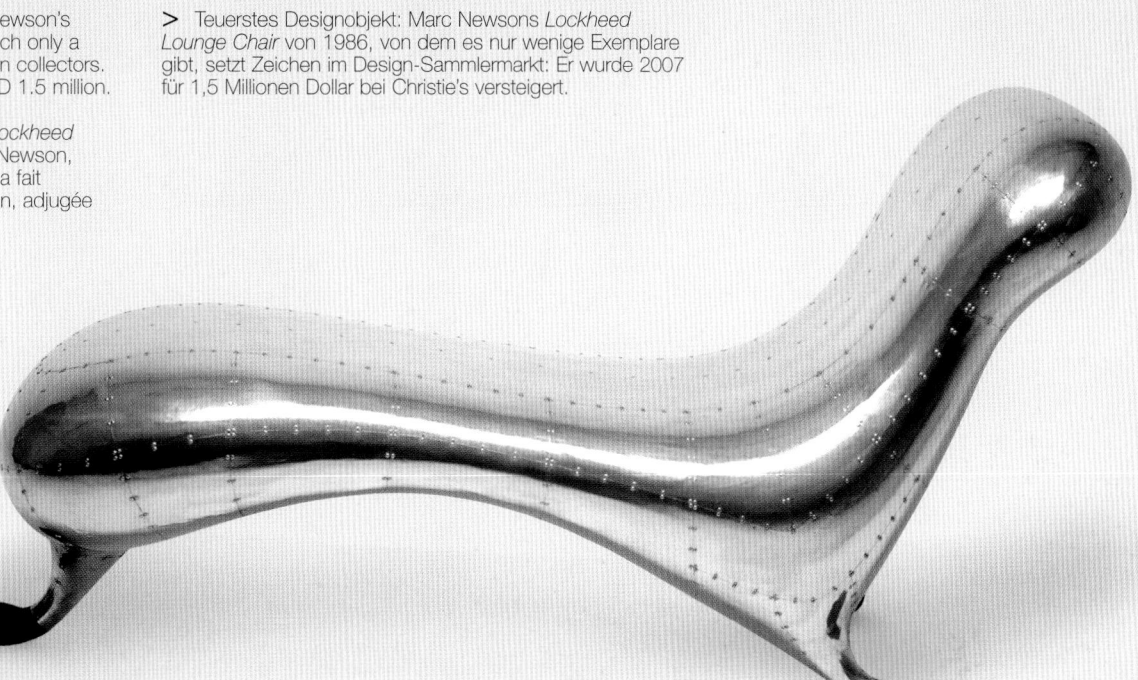

of design and its importance in cultural contexts is increasing. Galerie Kreo in Paris exemplifies this trend. In 1999 it focused exclusively on design classics and has since increasingly established itself in production. Currently, it regularly produces pieces by select designers in a limited edition series of twelve—as is common with prints in the world of photography. Meanwhile, Galerie Kreo produces 50 to 60 pieces annually in order to satisfy the need for new design objects.

Yet, it was only in the year 2000 when globalization contributed to the tipping point. In a world where all products and furniture are available all around the globe, individuality and boundaries play an increasingly important role. It is therefore only logical for limited edition series to be highly appealing in an oversaturated market, wherein consumers have everything and need nothing. The very fact that the production of the series is limited guarantees the objects' rarity in terms of long-term valuation while increasing their communicative value.

exemple les pièces de mobilier de Mies van der Rohe ou Le Corbusier est limité, phénomène particulièrement apprécié des collectionneurs. L'estimation du design est en hausse et son rôle prépondérant dans le domaine culturel. À Paris, la galerie Kreo illustre bien ce phénomène. Lors de son ouverture en 1999, cette dernière s'est tout d'abord consacrée aux grands classiques du design puis s'est fait peu à peu un nom en tant qu'« exposant-producteur » dans le cadre d'une collaboration régulière avec des designers sélectionnés, et l'édition d'objets limitée à 12 exemplaires, pratique courante en photographie. Actuellement, Kreo produit de 50 à 60 pièces par an, afin de répondre à la demande en nouveautés design.

Avec l'an 2000, les heures de gloire de la globalisation (le fait que tous les objets soient disponibles sans limites de temps ou d'espace) marquèrent un tournant décisif, signalant le besoin de restrictions. Aussi, il n'est pas étonnant que sur un marché saturé, dans un monde où le consommateur peut tout avoir et n'a besoin de rien, l'édition de meubles en série limitée connaisse un nouvel attrait. En termes de valeur, cet aspect est à longue échéance le garant d'une certaine rareté et accroît la portée communicative de l'objet.

busier, war und ist bei vielen Kunstsammlern beliebt. Die allgemeine Wertschätzung von Design und seine Bedeutung im kulturellen Kontext nehmen zu. Dies verdeutlicht zum Beispiel die Galerie Kreo in Paris, die sich 1999 zunächst den Designklassikern widmete, sich dann aber immer mehr als Produzentengalerie etablierte, die regelmäßig mit ausgewählten Designern experimentelle, limitierte Editionen von zwölf Stück – so wie es etwa auch in der Fotografie üblich ist – auflegt. Inzwischen produziert Kreo 50–60 Stücke pro Jahr, um den Bedarf an neuen Designobjekten zu bedienen.

Aber eigentlich markieren erst die Heydays der Globalisierung um das Jahr 2000 – und damit die Tatsache, dass fast alle Produkte und Möbel überall auf der Welt gleichzeitig verfügbar sind – einen klaren Wendepunkt: das Bedürfnis nach Abgrenzung. Kein Wunder also, dass in einem übersättigten Markt, in dem Konsumenten alles haben und nichts brauchen, die limitierte Möbeledition neue Begehrlichkeiten wecken kann. Denn die Limitierung garantiert den Aspekt der Rarität im Sinne langfristiger Wertschätzung und, nicht zu vergessen, steigert darüber hinaus den Kommunikationswert des Objekts.

> Assemblage 4, Ronan & Erwan Bouroullec, Galerie Kreo, 2004

v North Console, Future Systems, Established & Sons, 2008

Fleeing Forwards: Free from the Conventions of the Furniture Industry

Limited edition series are launched for various reasons. The industrial production of the global world is under enormous pressure due to a number of factors, such as price, performance, production technology and also various legal requirements. At times, the margin for designing and creating truly innovative and exceptional products seems negligible.

In order to escape this dilemma, in 2007 the Swiss design and manufacturing company Vitra launched Vitra Edition, a catalog comprising limited edition series of furniture by outstanding designers such as Ron Arad, Ronan and Erwan Bouroullec, Konstantin Grcic, Zaha Hadid, Hella Jongerius and also Jerszy Seymour. Rolf Fehlbaum, CEO of Vitra, sees Vitra Edition as a laboratory which gives architects and designers the necessary freedom to dream up experimental furniture and design objects, without any of the restrictions usually associated with the market and production. Given complete freedom of choice in regards to materials, techniques, areas of use and formal concepts, and supported by the manufacturer with technical expertise, designers have thrived. Surprising solutions and radical concepts are the result of work under such idyllic conditions. Yet, even when a manufacturer such as Vitra claims that it is primarily interested in design research and progressive positions, seen from a commercial point of view, a limited edition series remains a clever and effective marketing tool.

Another brand, Established & Sons, is dedicated to the promotion of British designers and talents. This British manufacturer of innovative and high-quality furniture has gained increasing fame with its limited edition series. Intended for collectors and museums, these pieces combine best craftsmanship, innovative technologies and high-quality materials. The pieces thus continually strengthen the brand's leading position in the design market.

Aller de l'avant : à l'encontre des conventions de l'industrie du meuble

Les séries limitées sont lancées pour diverses raisons. Dans un monde global, la production industrielle doit répondre à des contraintes très fortes en prenant en compte des facteurs comme le prix, la productivité, les techniques de production et une législation qui diffère d'un pays à l'autre. La marge de manœuvre pour des créations véritablement innovantes et hors du commun est parfois très étroite.

Le fabricant suisse Vitra a contourné la difficulté en présentant en 2007 la ligne Vitra Edition : des meubles édités en petite série et conçus par des designers réputés tels Ron Arad, Ronan et Erwan Bouroullec, Konstantin Grcic, Zaha Hadid, Hella Jongerius ou Jerszy Seymour. À la tête de Vitra, Rolf Fehlbaum souhaite faire de cette ligne un laboratoire donnant aux architectes et designers la liberté nécessaire pour créer des objets expérimentaux, tout en faisant fi des restrictions imposées par le marché et la production. Ce qui veut dire : libre choix du matériau, des techniques, de la fonction et de la forme, et le soutien du fabricant pour ce qui est du savoir-faire technique. Ce sont des conditions de travail paradisiaques pour les designers et l'on comprend que, dans ce contexte, on puisse aboutir à de surprenantes solutions et à des idées radicalement nouvelles. Toutefois, même lorsqu'un fabricant de la veine de Vitra prétend qu'il s'agit ici de recherches et d'avancées en matière de design, une édition limitée est évidemment, en toute objectivité, une opération de communication très efficace.

La marque Established & Sons s'est également spécialisée dans la promotion de designers britanniques talentueux. Le fabricant anglais de meubles à la fois innovants et de très grande qualité doit sa célébrité aux éditions limitées. Ces pièces, conçues pour les collectionneurs et les musées, sont réalisées à l'aide des technologies et des matériaux les plus innovants par les meilleurs artisans, afin de consolider une position de pionnier sur le marché du design.

Flucht nach vorn: ohne die Konventionen der Möbelindustrie

Limitierten Editionen werden aus unterschiedlichen Beweggründen gelauncht. Die industrielle Produktion der globalen Welt steht aufgrund von Faktoren wie Preis, Leistung, Produktionstechnik und unterschiedliche gesetzliche Vorgaben stets unter starkem Druck. Der Spielraum für wirklich innovative, außergewöhnliche Produkte erscheint zuweilen verschwindend gering.

Um diesem Dilemma zu entfliehen, präsentierte der Schweizer Hersteller Vitra 2007 seine Vitra Edition – Kleinserienmöbel von herausragenden Designern wie Ron Arad, Ronan und Erwan Bouroullec, Konstantin Grcic, Zaha Hadid, Hella Jongerius oder auch Jerszy Seymour. Rolf Fehlbaum, Chairman von Vitra, versteht die Vitra Edition als Laboratorium, das Architekten und Designern den nötigen Freiraum gibt, experimentelle Möbelobjekte zu entwerfen, ganz ohne markt- und produktionsbedingte Restriktionen. Mit der freien Wahl der Materialien, Techniken, Einsatzbereiche und formalen Konzepte und mit Unterstützung des Herstellers durch technisches Know-how. Das klingt nach paradiesischen Zuständen für Designer. Klar, dass es so zu überraschenden Lösungen und radikalen Konzepten kommt. Doch auch wenn ein Hersteller wie Vitra anführt, dass es ihm um Designforschung und fortschrittliche Positionen geht, eine limitierte Edition ist selbstverständlich und ganz nüchtern betrachtet auch immer eine schöne, effektive PR-Maßnahme.

Auch die Marke Established & Sons hat sich zur Aufgabe gemacht, britische Designer und Talente zu promoten. Der britische Hersteller innovativer, hochwertiger Möbel ist vor allem durch seine limitierten Editionen bekannt geworden. Sie sind für Sammler und Museen konzipiert, wobei bestes Handwerk und innovativste Technologien und Materialien eingesetzt werden – als Möglichkeit, die eigene Vorreiterposition im Designmarkt immer wieder zu stärken.

> Pewter Stool, Max Lamb, Caerhays Beach, Cornwall

Paradise for Experiments

One typical sign of a stagnating economy is the industry's unwillingness to take risks. Designer Konstantin Grcic explained in an interview with Galerie Kreo: "The Gallery offers a different level of freedom. You can work exclusively and experimentally. New materials, such as composite materials and compounds, are too expensive for serial production, as they still need to be made by hand. Working with the design gallery allows me to experiment with carbon fiber and learn about it. The future industry will benefit from this type of experiment."

Slow Design: Discovering Regional Craftsmanship and Individual Techniques

Some designers see limited edition series as a necessary evil, for the fantastic world of progressive technology sometimes requires limited furniture production. One example is Laser Sintering, which creates a product by creating layer after layer of hardened powder, resulting in completely new forms and shapes. This innovative process is so expensive that so far only exclusive limited

Un paradis pour l'expérimental

La prise de risques minime dont fait preuve l'industrie est l'un des signes caractéristiques de fluctuation économique. Le designer Konstantin Grcic parle en ces termes de la galerie Kreo : « La galerie offre un autre seuil de liberté. On peut travailler de manière expérimentale et exclusive. Un exemple : les nouveaux matériaux tels les composites sont trop chers pour une production en série, car ils requièrent toujours à l'heure actuelle, une habileté manuelle. La collaboration avec la galerie me permet de travailler un matériau comme la fibre de carbone et de progresser. L'industrie pourra profiter de ces travaux expérimentaux. »

Slow design : mettre en avant l'artisanat local et les techniques individuelles

Pour quelques designers, c'est un sujet de contrariété : le monde fabuleux du progrès technologique oblige à réaliser des meubles en édition limitée. Le procédé SPS (Spark Plasma Sintering), qui permet de créer un produit, couche après couche, à partir de poudres densifiées et d'obtenir des formes totale-

Paradies für Experimente

Ein typisches Zeichen stagnierender Wirtschaft ist die geringe Bereitschaft der Industrie, Risiken einzugehen. Designer Konstantin Grcic erklärt im Interview mit der Galerie Kreo: „Die Galerie bietet eine andere Ebene von Freiheit. Man kann exklusiv und experimentell arbeiten. Zum Beispiel sind neue Materialien wie Verbundstoffe zu teuer für die serielle Fertigung, weil sie derzeit noch handgefertigt werden. Mit der Designgalerie zu arbeiten befähigt, mich mit Carbon Fibre zu experimentieren und darüber zu lernen. Von dieser Art Experiment kann die Industrie künftig profitieren."

Slow Design: lokales Handwerk und individuelle Techniken entdecken

Für einige Designer mag es auch ein notwendiges Leid sein, denn die Wunderwelt fortschrittlichster Technologien zwingt teilweise dazu, Möbel in begrenzter Auflage herzustellen: Das Laser Sintering etwa, bei dem Schicht für Schicht ein Produkt aus gehärtetem Pulver entsteht und völlig neue Formen herausbringt, ist derzeit noch so innovativ

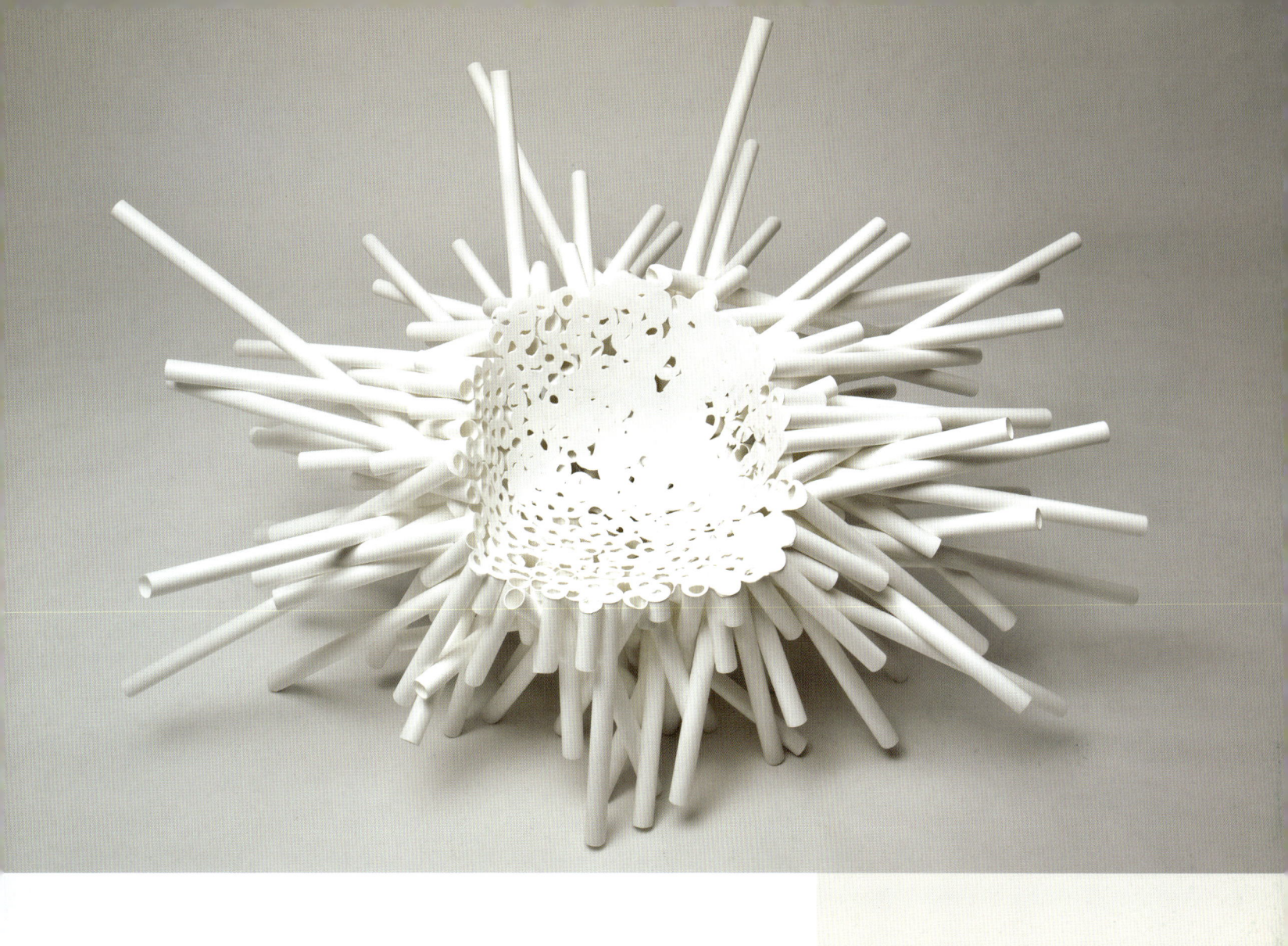

∧ Meltdown Chair PP Tube, Tom Price, 2008

< Meltdown Chair Cable Tie, Tom Price, 2008

61

edition series are possible. In addition, many young talents produce limited edition series because they have developed a highly individual and extremely experimental manufacturing technique. British designer Tom Price, for example, melts the same seat shell in a variety of plastic objects. The results are known as *Meltdown Chairs*. Price refers to the production process as "controlled chaos."

Newcomers often trigger new impulses by using craftsmanship and regional production to develop their concept. *Big Knot*, the white stool conceived by the German design group Hüttner in Karlsruhe, clearly demonstrates this. The stool consisted of a gigantic traditional fisherman's knot and was filled with PS rigid foam (polystyrene). Yet, making a piece of furniture out of an XXL-sized rope proved to be a challenge even for a southern German ropeyard boasting eight generations of experience and expertise. It took two master rope makers 18 hours to knot over 87 yards (80 meters) of rope.

Signature Editions

In addition to economic and technical factors, ecological, cultural and social factors have also influenced the ubiquitous trend of limited edition series for furniture and design objects. For some manufacturers it is simply a marketing tool, such as with Esprit home, the interior design label of the fashion brand Esprit, who used the company's 40-year anniversary to present a limited, numbered and exclusively designed bathroom sink—a successful premiere for a limited edition for bathrooms. Other brands, such as the furniture house Habitat, use their in-house design teams for their products and then sporadically hire star designers to create signature editions. Editions are thus used as a clever strategy to effectively publicize a brand.

---

ment nouvelles, est si novateur et coûteux qu'il ne peut être utilisé que pour des séries limitées exclusives. Nombre de jeunes talents travaillent dans le cadre de l'édition limitée parce qu'ils ont eux-mêmes créé leur propre technique expérimentale. Le Britannique Tom Price illustre bien ce phénomène. Ce dernier prend toujours le même moule (un siège) pour réaliser divers objets en plastique : les *Meltdown Chairs*. Price qualifie son procédé de réalisation de « chaos contrôlé ».

Les petits nouveaux, qui élèvent le savoir-faire artisanal et la production locale au rang de concept, donnent un nouvel élan à la création. Le *Big Knot*, un pouf blanc du collectif Hüttner de Karlsruhe, en est un bon exemple. *Big Knot* est en fait un traditionnel nœud de marin de format XXL, rembourré de mousse en polystyrol. La réalisation d'une pièce de mobilier d'un tel format à partir de corde fut également un défi pour la corderie artisanale qui a collaboré au projet, dans le sud de l'Allemagne. Deux maîtres cordiers ont noué 80 mètres de corde pendant 18 heures.

Éditions signées

Les éditions limitées de meubles sont donc des phénomènes courants dans l'univers du design, en raison des facteurs économiques et techniques mais également écologiques, culturels ou sociaux. Pour certains fabricants, elles sont tout simplement devenues un instrument de marketing commercial. C'est le cas pour Esprit Home, la ligne « maison » de la marque de vêtements Esprit qui célébra les 40 ans de l'entreprise en éditant, en série limitée et numérotée, une vasque pour la salle de bains au design exclusif : une grande première en termes d'édition limitée pour la salle de bains et un succès. Le fabricant de meubles et d'accessoires Habitat possède une équipe de designers maison mais ne manque pas de faire appel aux services de designers de renom pour réaliser des séries limitées signées, usant de cette stratégie pour attirer l'attention du public.

---

und kostenaufwendig, dass sich nur exklusive Kleinserien herstellen lassen. Und viele junge Talente arbeiten mit limitierten Editionen, weil sie selbst eine sehr eigenwillige, experimentelle Herstellungstechnik ins Leben gerufen haben. Wie etwa der Brite Tom Price, der immer ein und dieselbe Sitzschale in verschiedenste Plastikobjekte hineinschmelzt. Daraus werden die *Meltdown Chairs*. Price nennt seinen Herstellungsvorgang das „controlled chaos".

Viele Impulse für Editionen kommen von Newcomern, die Handwerk und lokale Produktion zum Konzept machen. Der weiße Hocker *Big Knot* der Karlsruher Designgruppe Hüttners ist ein gutes Beispiel: *Big Knot* ist ein traditioneller Seemannsknoten im Supersize-Format, gefüllt mit PS-Schaum. Doch ein Möbel aus Seil in XXL-Größe zu kreieren, war auch für die Seilerei in Süddeutschland, die bereits in achter Generation ihr Handwerk ausübt, völliges Neuland: Zwei Seilermeister knoteten hierfür 18 Stunden lang 80 m Seil.

Signature Editions

Es sind also wirtschaftliche und technische, aber auch ökologische, kulturelle oder soziale Faktoren, die dazu geführt haben, dass Möbeleditionen fast schon wieder zum Designalltag gehören. Für manche Hersteller ist es schlicht ein Marketinginstrument, wie beispielsweise bei Esprit home, der Interior-Linie der Modemarke Esprit, die 2008 das 40-jährige Firmenjubiläum nutzte, um fürs Bad einen limitierten, nummerierten Waschtisch im exklusiven Design auf den Markt zu bringen – die erfolgreiche Premiere einer Limited Edition für ein Bad. Es gibt aber auch Marken, wie das Möbelhaus Habitat, das seine Produkte gewöhnlich vom eigenen In-House-Designteam gestalten lässt und Stardesigner ins Boot holt, um Signature Editionen gestalten zu lassen. Hier wird also die Edition wieder als Strategie genutzt, um sich öffentlichkeitswirksam ins Gespräch zu bringen.

∧ Where There's Smoke ..., design classics Smoke collection, Maarten Baas, Gallery Moss, 2004

< Big Knot, Hüttners, 2008

Trade Fairs for Limited Edition Series

Hardly coincidental, in 2005 *Design Miami/Basel* sprung up, leaning heavily on the art trade fairs *Art Miami* and *Art Basel*. Design Miami/Basel focuses on international design galleries that deal in modern classics, current one-off furniture design and limited edition series. Furthermore, Artnet, an international platform for art and art dealers, has included an index for design products of the 20th and 21st centuries. Whether or not design should be seen as art—given the current market developments—remains in the perception of the designer or the viewer.

Des foires dédiées à l'édition limitée

C'est dans ce contexte que le *Design Miami/Basel* a vu le jour en 2005 dans le sillage des manifestations *Art Miami* et *Art Basel*. Organisée en collaboration avec les grandes galeries de design, cette foire est dédiée au marché que représentent désormais les pièces de mobilier uniques, les petites séries et les grands classiques. De la même manière, le forum internet Artnet, marché international de l'art en ligne, comprend une catégorie réservée aux pièces design des XXe et XXIe siècles et donc aux séries limitées. La question de savoir si le design, en raison de cette évolution sur le marché, peut être qualifié d'art reste cependant ouverte.

Messe für Editionen

Und so ist es fast kein Zufall, dass die *Design Miami/Basel* im Jahr 2005, angegliedert an die Kunstmessen *Art Miami* und *Art Basel*, ins Leben gerufen wurde – eine Messe, die sich mit internationalen Designgalerien dem Handel von aktuellen Möbelunikaten und Kleinserien sowie modernen Klassikern verschrieben hat. Ebenso hat Artnet, die internationale Plattform für den Kunsthandel, einen Index für Designprodukte des 20. und 21. Jahrhunderts – und damit eben auch Editionen – aufgelegt. Die Antwort auf die viel diskutierte Frage, ob Design angesichts dieser Entwicklungen auf dem Markt nun Kunst ist, bleibt trotzdem dem Créateur oder Betrachter überlassen.

2006

PrettyPretty
Dejana Kabiljo

The barstools look like beautiful heads and play with the erotic appeal of long hair.

Ces tabourets de bar jouent avec l'attrait érotique des cheveux longs.

Die Barhocker erscheinen wie schöne Köpfe und spielen mit dem erotischen Reiz langer Haare.

2006

∨ **Crochet Chair**
Marcel Wanders
Personal Edition

Marcel Wanders created his *Crochet Tables* in the same way he did this expansive armchair in this limited edition of 20 pieces.

Marcel Wanders a réalisé en édition limitée ces fauteuils confortables, semblables à ses *Crochet Tables*.

Auf gleiche Weise wie seine *Crochet Tables* hat Marcel Wanders in limitierter Edition ausladende Sessel geschaffen.

2006

V 404
Stefan Diez
Thonet

Young designer Stefan Diez re-interpreted the bentwood technique with his creation *404*. The bent chair legs converge with the backrest support underneath the seat. Reinforced in the middle, it becomes progressively thinner around the edges. When you lean back on the backrest, a slight suspension effect is noticeable.

Un jeune designer donne une interprétation nouvelle de la technique du bois courbé. Le piétement et les accoudoirs courbés se rejoignent sous l'assise. Cette dernière est de ce fait renforcée en son milieu mais s'affine de manière marquée sur les bords. Le dossier répond avec souplesse à la charge.

Ein junger Designer interpretiert die Bugholztechnik neu. Die gebogenen Stuhlbeine und Armlehnen laufen unter der Sitzfläche zusammen. Diese ist hierfür in der Mitte verstärkt, verjüngt sich aber stark zu den Rändern. Die Lehne federt leicht nach.

2006

< Clip Chair
Blasius Osko & Oliver Deichmann
Moooi

A small foldable basket at a Bulgarian market served as the inspiration for this chair. Individual wooden slats were strung up on rope so that two surfaces emerged, which could fold open to form a round object.

Un petit panier provenant d'un marché bulgare a servi de modèle à cette chaise. Des lattes en bois furent glissées le long d'une corde, créant deux surfaces qui s'assemblent pour former un objet rond.

Ein keiner Korb von einem bulgarischen Markt war die Vorlage zu diesem Stuhl. Einzelne Holzleisten wurden an einem Seil aufgefädelt, sodass zwei Flächen entstanden, die zu einem runden Objekt aufgeklappt werden konnten.

∧ Follies
Ralf Bender, Sven-Anwar Bibi &
Eric Degenhardt

The three designers describe *Follies* as generally senseless, useless and frivolous design. They play with elements taken from the world of furniture, such as upholstery, while the unusual position challenges traditional functions.

Les trois designers décrivent *Follies* comme un pur objet de plaisir, sans but ni sens apparents. Ils jouent avec des éléments de mobilier tels les rembourrages dont la disposition inhabituelle remet en question la fonction usuelle.

Die drei Designer beschreiben *Follies* als weitgehend sinnlose und zweckfreie Lustbauten. Sie spielen mit Elementen aus der Möbelwelt wie Polsterungen, ihre ungewöhnliche Positionierung stellt aber ihre gewöhnlich zugeschriebene Funktion in Frage.

2005

V **Jeanette**
Fernando & Humberto Campana
Edra

The chair's backrest consists of around 900 flexible metal rods, which are covered with stiff PVC-tubes.

Le dossier de cette chaise se compose de 300 tiges de métal flexibles, qui sont entourées de PVC rigide.

Die Rückenlehne dieses Stuhls besteht aus etwa 900 flexiblen Metallstäben, die mit starren PVC-Röhrchen umschlossen sind.

2005

< Random
Neuland Industriedesign
MDF

The relatively thin material of the shelves is made possible because the grid has been substantially narrowed. Books can therefore never fall completely on their side.

L'emploi d'un matériau relativement fin pour les plateaux est possible en raison de montants particulièrement rapprochés. Les livres ne peuvent ainsi jamais tomber complètement sur le côté.

Die relativ dünne Materialstärke der Böden wird ermöglicht durch die geringen Abstände der Stützen. Als Nebeneffekt freut man sich darüber, dass Bücher so nie komplett umfallen können.

> Facett
Ronan & Erwan Bouroullec
Lignet Roset

Reminiscent of a template, the quilted bands establish straight lines and surfaces. When the bands of fabric are folded over a foam core, a monolithic piece of furniture is created.

Les revêtements matelassés font penser à un origami et se composent de bandes droites. Le cœur de ces fauteuils aux arêtes prononcés est en mousse.

Die abgesteppten Bezüge sind einem Schnittbogen ähnlich und bestehen aus geraden Flächen. Über einen Schaumkern gefaltet, ergibt sich das kantenbetonte Sitzmöbel.

2005

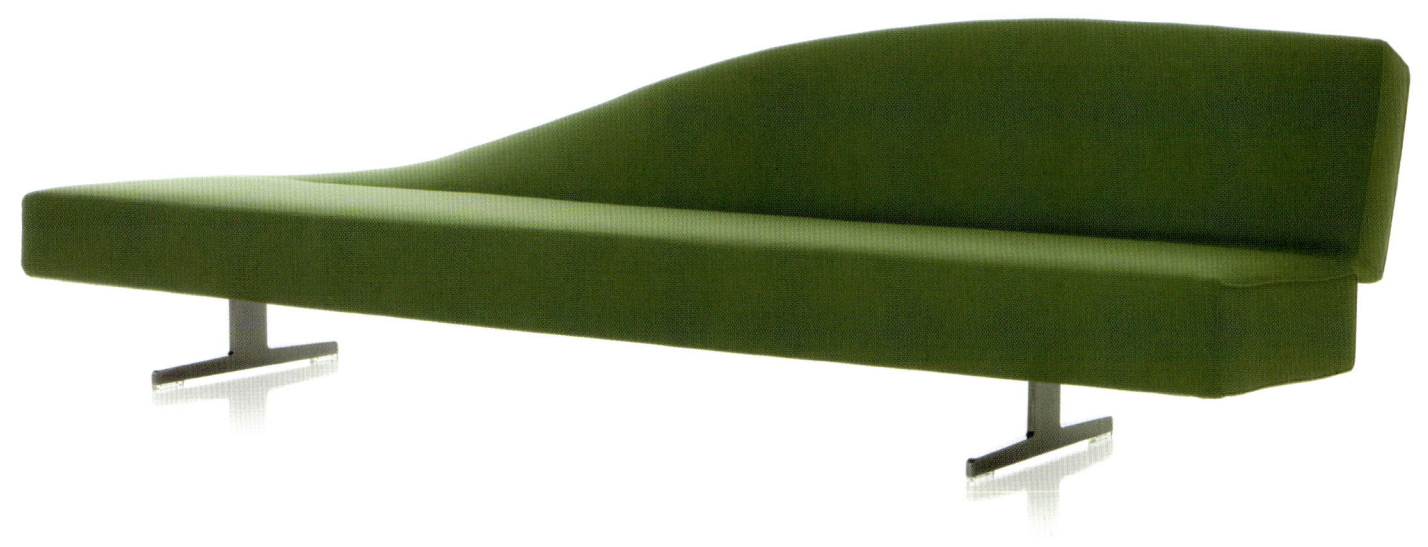

∧ Aspen
Jean-Marie Massaud
Cassina

The backrest slides seamlessly into the seat. A second reverse variant exists, so that when the two are placed together, a continuously fluid backrest is created.

Le dossier semble se dévisser de l'assise. Il existe une variante avec effet inversé. Lorsque les deux éléments sont placés côte à côte, on obtient un dossier en continu.

Die Lehne erhebt sich förmlich aus der Sitzfläche. Es gibt eine zweite, spiegelverkehrte Variante, sodass man, wenn man beide nebeneinanderstellt, eine symetrisch geformte, durchgehende Lehne erhält.

2005

∨ **Baghdad**
Ezri Tarazi
Edra

Assembled out of industrial aluminum profiles, this tabletop depicts the city map of the Iraqi capital, Baghdad.

Le plateau est assemblé à partir de profilés d'aluminium fabriqués industriellement. Il recrée le plan de la capitale irakienne.

Die Tischplatte ist aus industriellen Aluminiumprofilen zusammengesetzt und gibt den Stadtplan der irakischen Hauptstadt wider.

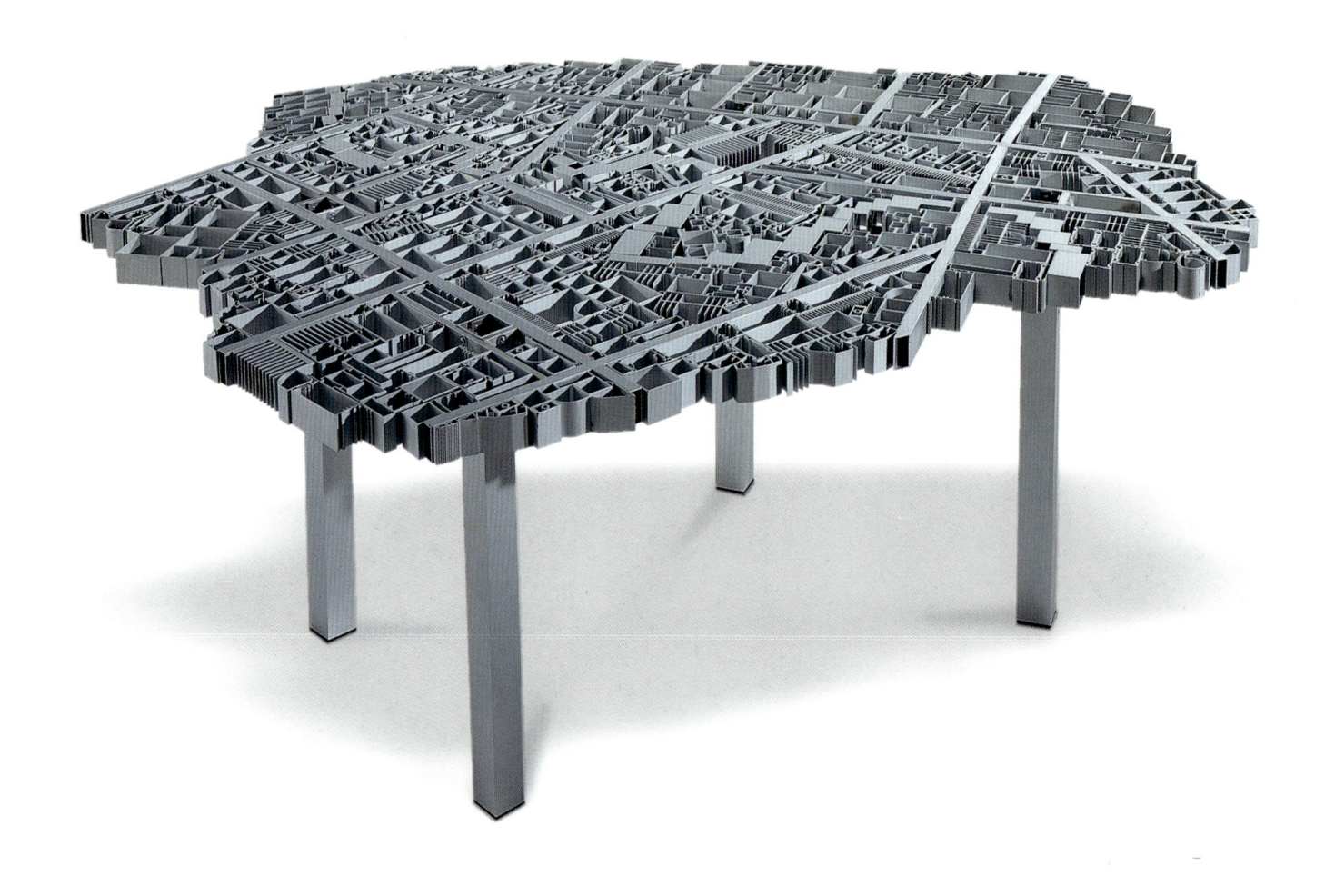

2005

∧ Cinderella
Demakersvan

Drawings of old furniture were scanned into the computer and then transferred into a three-dimensional building plan to create this table. This entire process was only made possible through digital media.

Des dessins de meubles anciens ont inspiré cette table. Les données ont été digitalisées, puis traitées de manière à créer des plans de construction en trois dimensions, dont la réalisation fut rendue possible grâce à des moyens numériques.

Für diesen Tisch wurden Zeichnungen von alten Möbeln in den Computer eingegeben und in eine dreidimensionale Bauzeichnung übersetzt, deren Umsetzung erst durch digitale Medien ermöglicht wurde.

∧ **Leaf**
Lievore Altherr Molina
Arper

In contrast to many other pieces of wire furniture, the *Leaf* series does not feature straight lines. Instead, it mirrors a leaf's asymmetrical structure.

Les éléments de traverse de la série *Leaf* sont disposés de manière asymétrique, à l'image des nervures d'une feuille, et non de manière régulière comme c'est le cas pour d'autres meubles en fil d'acier.

Bei der *Leaf*-Serie verlaufen die Verstrebungen nicht wie bei manch anderen Drahtmöbeln regelmäßig, sondern, vergleichbar den Adern eines Blatts, asymmetrisch.

2005

∨ **The red chair**
Alexander Lervik
Limited edition

The red chair is made from seven lacquered steel sticks bent into loops. It was initially presented in the exhibition *Five playful chairs* held by Gallery Pascale Cottard-Ohlsson.

The red chair se compose de sept tiges d'acier courbé. Elle fut présentée la première fois au public lors de l'exposition *Five playful chairs* organisée par la galerie Pascale Cottard-Ohlsson.

The red chair besteht aus sieben zu Schlaufen gebogenen Stahlstäben. Er wurde erstmals präsentiert in der Ausstellung *Five playful chairs* der Galerie Pascale Cottard-Ohlsson.

2004

V **Corallo**
Fernando & Humberto Campana
Edra

This steel wire bundle is bent to form a man-made armchair. The Campana brothers refer to *Corallo* as a three-dimensional sketch, which resembles the coral reefs off the Brazilian coast.

Cette pelote de fil de fer transformée en fauteuil est pliée à la main. Les frères Campana décrivent *Corallo* comme un croquis en trois dimensions, qui s'apparente aux récifs coralliens bordant les côtes brésiliennes.

Dieser zum Sessel gewordene Stahldrahtknäuel ist von Hand gebogen. Die Campana-Brüder bezeichnen *Corallo* als dreidimensionale Skizze, die den Korallenriffen vor der Küste Brasiliens ähnelt.

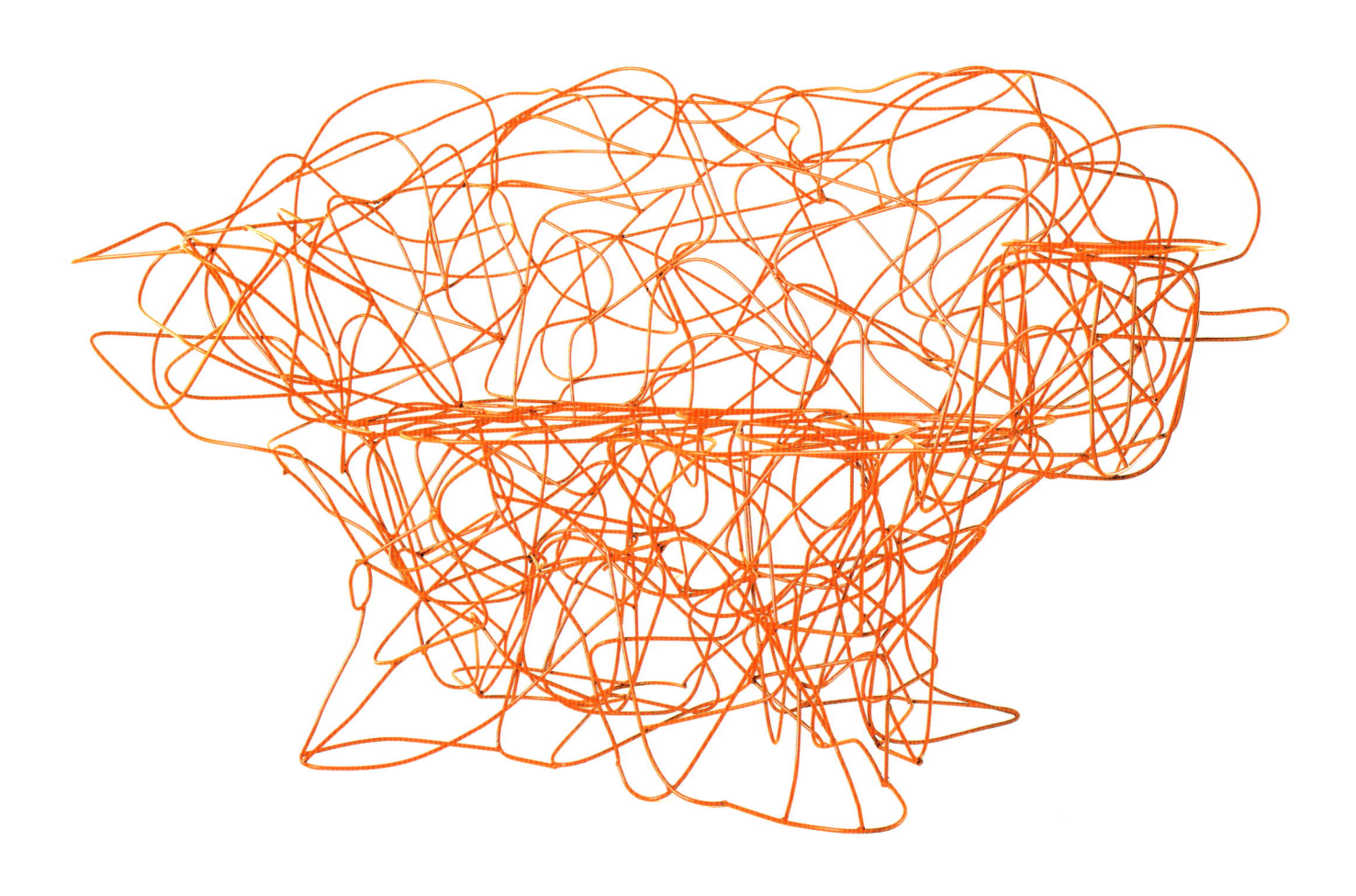

2004

∨ **Osorom**
Konstantin Grcic
Moroso

Read backwards, Moroso is *Osorom*. When designing this piece of furniture, material and production were only considered at the end of the design process and not, as is usually the case, at the beginning. The object was formally designed at the computer, without taking these aspects into consideration.

Moroso lu à l'envers donne *Osorom*. Les questions de matériaux et de techniques de fabrication n'ont pas été considérées au début, mais à la fin du processus de conception du siège. Les formes de cet objet ont été créées sur ordinateur, sans tenir compte de ces aspects.

Moroso rückwärts gelesen ergibt *Osorom*. Bei diesem Sitzobjekt wurde die Frage nach Material und Fertigungstechnik nicht wie üblich von Anfang an in den Gestaltungsprozess mit einbezogen, sondern erst zum Schluss geklärt. Das Objekt wurde formal am Computer entwickelt, ohne diese Aspekte zu berücksichtigen.

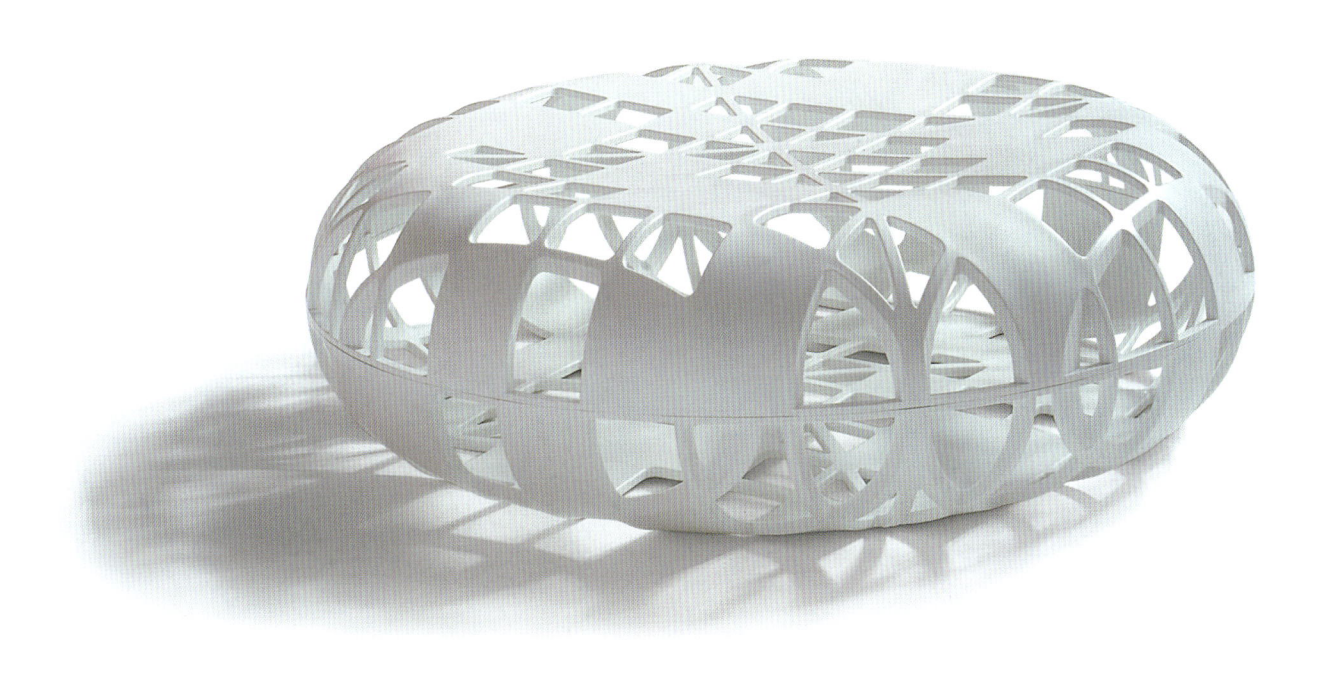

2004

< **Chair One**
< **Stool One**
Konstantin Grcic
Magis

The chair shell is constructed like a soccer ball. All individual surfaces are placed at an angle to each other and thus create a three-dimensional form.

La coque de la chaise est conçue comme un ballon de football. Les surfaces sont disposées en angle, afin de composer une forme en trois dimensions.

Die Schale des Stuhls ist wie ein Fußball konstruiert. Die einzelnen Flächen stehen im Winkel zueinander und bilden so eine dreidimensionale Form.

2004

< **Moving**
Gabriele Pezzini
Max Design

This "bucket" no longer needs to be turned around so that it can be used as a stool.

Ce « seau » n'a pas besoin d'être retourné pour servir de siège.

Dieser „Eimer" muss nicht mehr umgedreht werden, um ihn als Sitz nutzen zu können.

∧ **Easy Chair**
Jerszy Seymour
Magis

Easy Chair is Jerszy Seymour's formal interpretation of the ubiquitous monobloc chair.

Easy Chair est une interprétation formelle du traditionnel monobloc de jardin en plastique.

Easy Chair ist Jerszy Seymours formale Interpretation des weitverbreiteten gewöhnlichen Monoblocks.

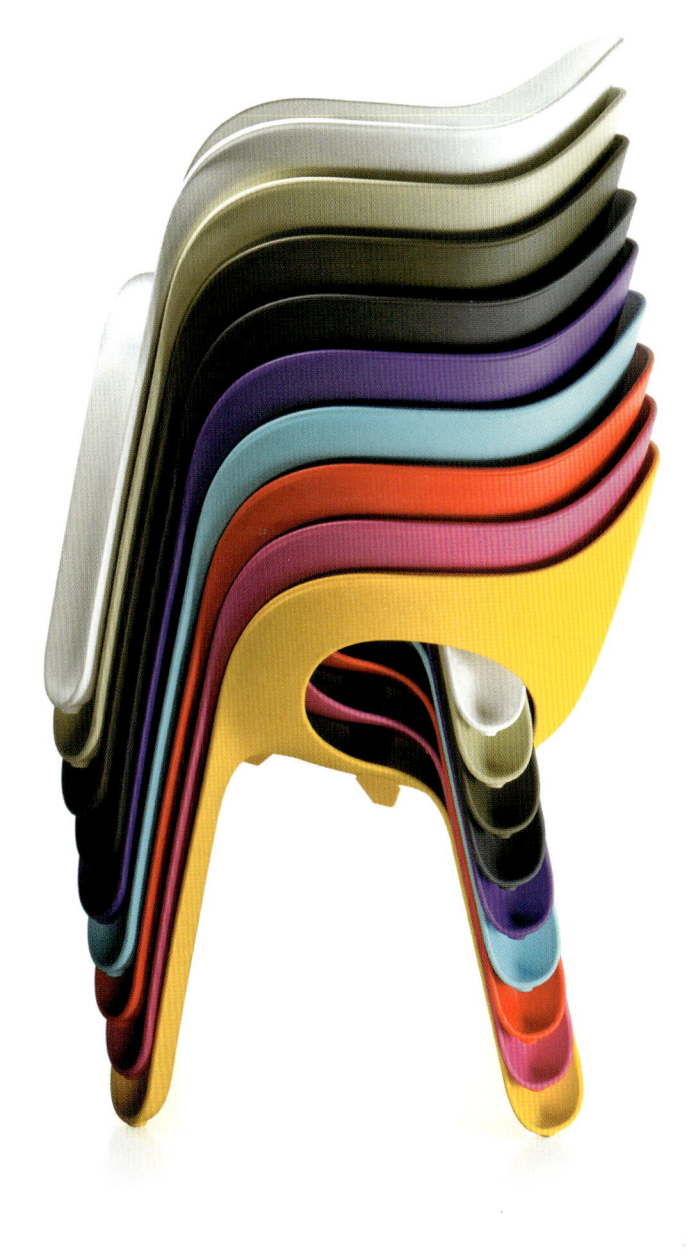

2004

∧ **DoNuts**
Dirk Wynants
Extremis

This three-legged table and an inflated tube of nylon ballistic are big enough for up to six people.

Une table à trois pieds, associée à une chambre à air d'un pneu de camion, donne le jour à un ensemble autour duquel six personnes au plus peuvent prendre place.

Der dreibeinige Tisch in Kombination mit einem Lkw-Schlauch ergibt einen Sitzkreis für bis zu sechs Personen.

2003

> Suicide Air Stool
Jerszy Seymour
Kreo Gallery

Taking an original Motocross Kawasaki seat, Seymour created a stool which greatly resembles the concept of Achille Castiglioni's bicycle seat stool, *Sella*.

Un tabouret est créé à partir d'une selle de moto de cross Kawasaki. L'objet rappelle en termes de conception le tabouret *Sella* à selle de vélo d'Achille Castiglioni.

Aus einem Original Motocross-Kawasaki-Sitz entsteht ein Hocker, der im Konzept dem Fahrradsattel-Hocker *Sella* von Achille Castiglioni ähnelt.

2003

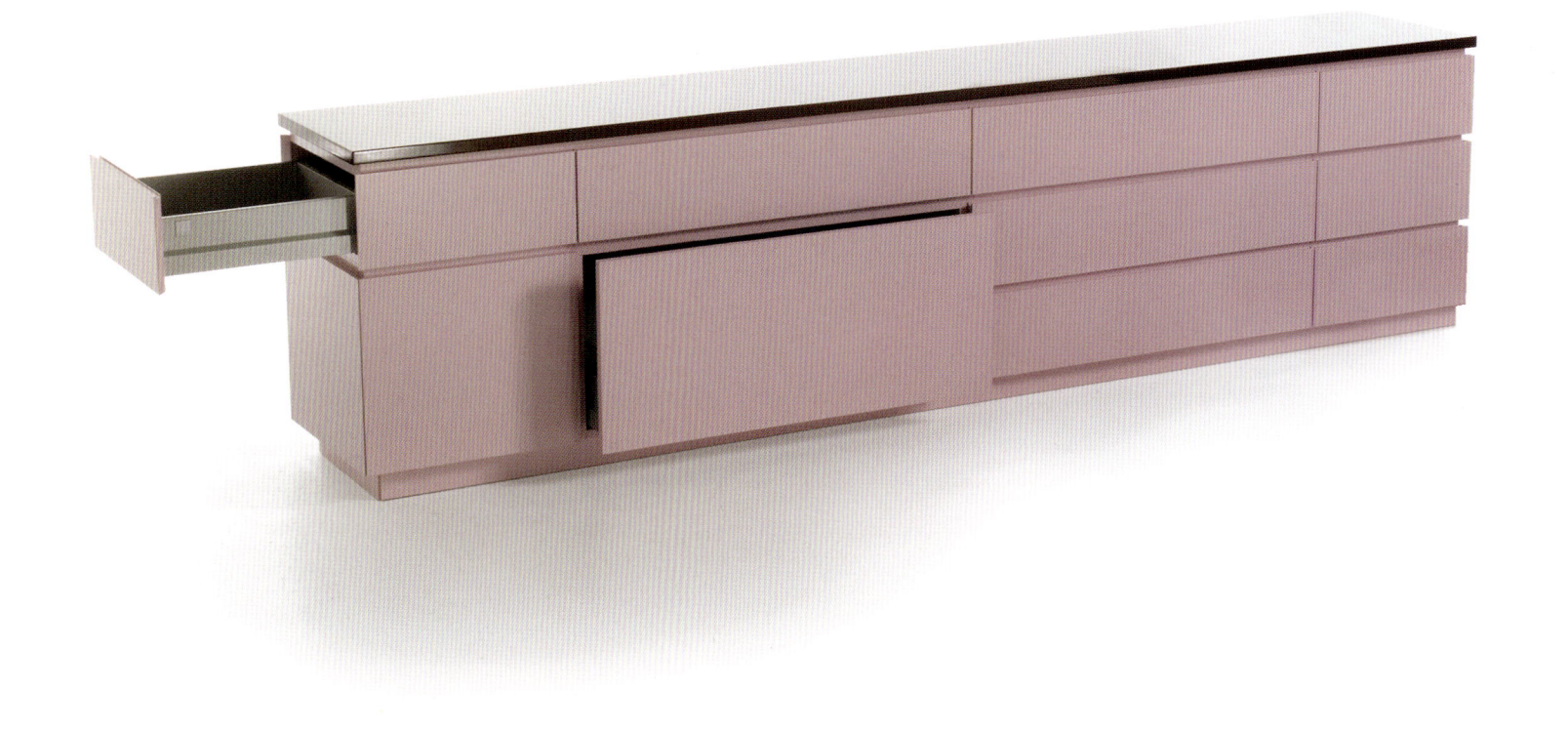

∧ **Cube**
Werner Aisslinger
Interlübke

In addition to other, more conventional uses, the sideboard *Cube* can be accessed from both sides and is thus also suitable as a room divider.

Ce buffet, traditionnel dans sa fonction, peut être utilisé des deux côtés et convient particulièrement bien pour séparer les espaces.

Das Sideboard *Cube* bietet neben konventionellen Funktionen die Möglichkeit, beidseitig genutzt zu werden, und eignet sich somit als Raumteiler.

2003

V Brosse
Inga Sempè
Edra

This storage element hides its contents behind a hairy curtain. In order to get to the hidden objects, you have to reach past the brushes. All sides are freely accessible.

Ce meuble de rangement cache son contenu derrière un rideau de poils de brosse. Pour atteindre les objets rangés dans ce meuble, il faut passer la main à travers le rideau, ce qui est possible de tous les côtés.

Der Container verbirgt seine Inhalte durch einen haarigen Vorhang. Um an die abgestellten Gegenstände zu gelangen, muss man durch die Bürsten greifen – was von allen Seiten möglich ist.

2003

V **Favela**
Fernando & Humberto Campana
Edra

Influenced by the favelas in their home city São Paulo, the two brothers took wood waste and glued and nailed it together to make a chair. Each chair is unique, as Edra commissioned these to be made by hand.

Originaires de São Paulo, les frères Campana se sont inspiré des favelas de leur ville pour composer un siège à partir de débris de bois collés et cloués. Edra produit ce siège artisanalement, de manière à ce que chaque exemplaire soit unique.

Inspiriert durch die Favelas ihrer Heimatstadt São Paulo, haben die Campana-Brüder Holzabfälle zu einem Stuhl zusammengeleimt und genagelt. Edra lässt sie in Handarbeit produzieren, sodass jedes Exemplar anders aussieht.

2002

∧ Earchair
Jurgen Bey

Jurgen Bey designed this interpretation of an armchair for the lobby of the insurance agency Interpolis in Tilburg. By moving several *Earchairs* together, separate communication areas are created, which provide for the necessary privacy on the one hand, while still keeping the possibility of open communication on the other.

Diese Interpretation des Ohrsessels gestaltete Jurgen Bey für den Eingangsbereich der Versicherungsagentur Interpolis in Tilburg. Durch die Kombination mehrerer *Earchairs* lassen sich Räume schaffen, die einerseits offen sind, andererseits der Anforderung, diskrete Besprechungen zu ermöglichen, Rechnung trugen.

Jurgen Bey a conçu cette variante du fauteuil à appui-tête pour le hall d'entrée des assurances Interpolis à Tilburg (Pays-Bas). L'association de plusieurs *Earchair* permet de créer des espaces multifonctionnels qui, ouverts d'un côté, sont également propices à la discrétion lorsqu'il s'agit de parler affaires.

2002

V Europalette
Fremdkörper

The *Europalette* out of tropical wood won the first prize for the best piece of Hi-Fi furniture in the competition *Design for Europe* organized by *interieur 02* in Kortrijk, Belgium. When he saw the object, jury member Richard Hutten commented that it would be an ideal place for a television.

L'*Europalette* en bois précieux remporta le prix du meilleur meuble de hi-fi lors du concours *Design for Europe* de *interieur 02* de Courtrai. Richard Hutten, membre du jury, remarqua à propos de l'objet qu'il s'adaptait particulièrement bien à un téléviseur.

Die *Europalette* aus Edelholz gewann beim Wettbewerb *Design for Europe* der *interieur 02* in Kortrijk, Belgien, den Preis für das beste Hi-Fi-Möbel. Das Jurymitglied Richard Hutten kommentierte das Objekt mit der Bemerkung, man könne doch wunderbar einen Fernseher daraufstellen.

2002

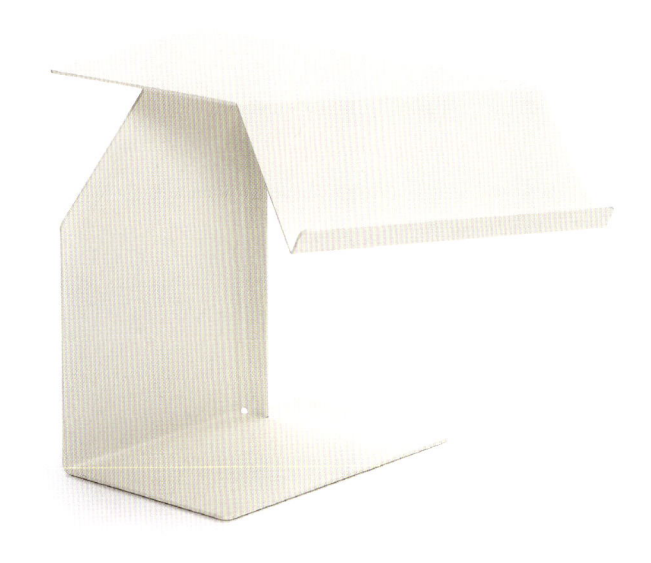

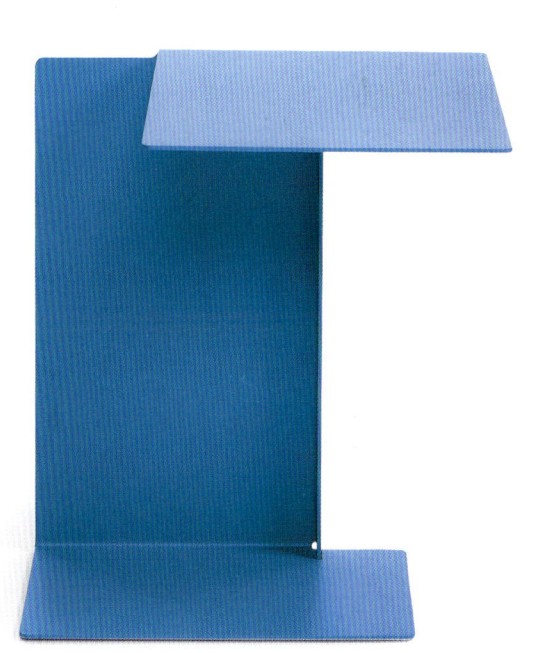

∧ Diana
Konstantin Grcic
ClassiCon

Constructed out of various canted steel sheets, these side tables are powder-coated in diverse colors.

Ces tables d'appoint sont fabriquées à partir de tôle pliée dont les arêtes diffèrent d'un modèle à l'autre. Elles sont peintes par poudrage et disponibles en plusieurs couleurs.

Die Beistelltische werden aus verschieden gekanteten Stahlblechen hergestellt, die in diversen Farben pulverlackiert sind.

≫ Boa
Fernando & Humberto Campana
Edra

Over 90 meters (around 98 yards) of tubular velvet is looped and twisted, akin to a boa constrictor all curled up.

Le boyau en velours est long de 90 mètres, et entrelacé comme un boa constrictor.

Der Schlauch ist 90 m lang und in sich verschlungen wie eine Boa constrictor.

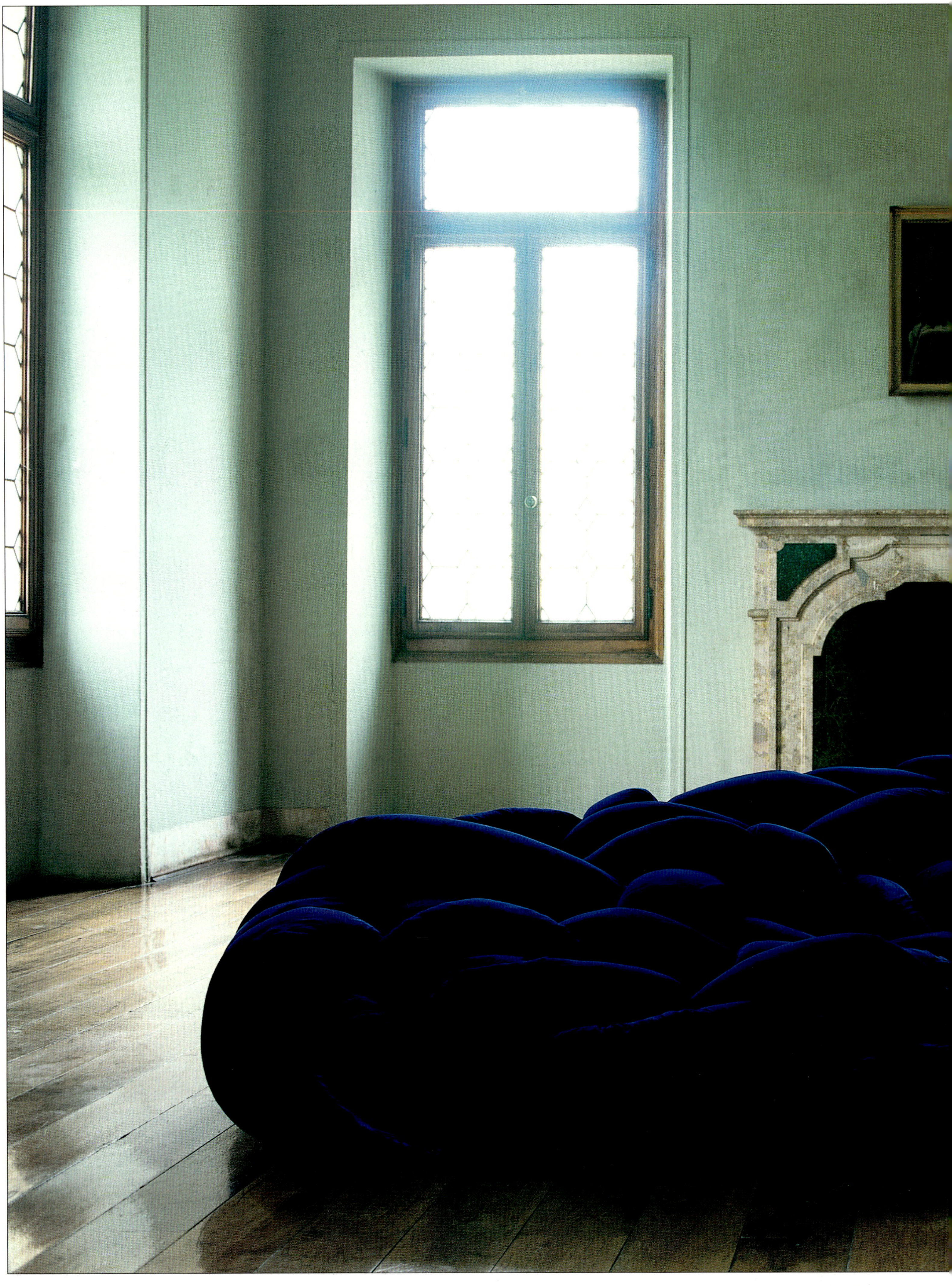

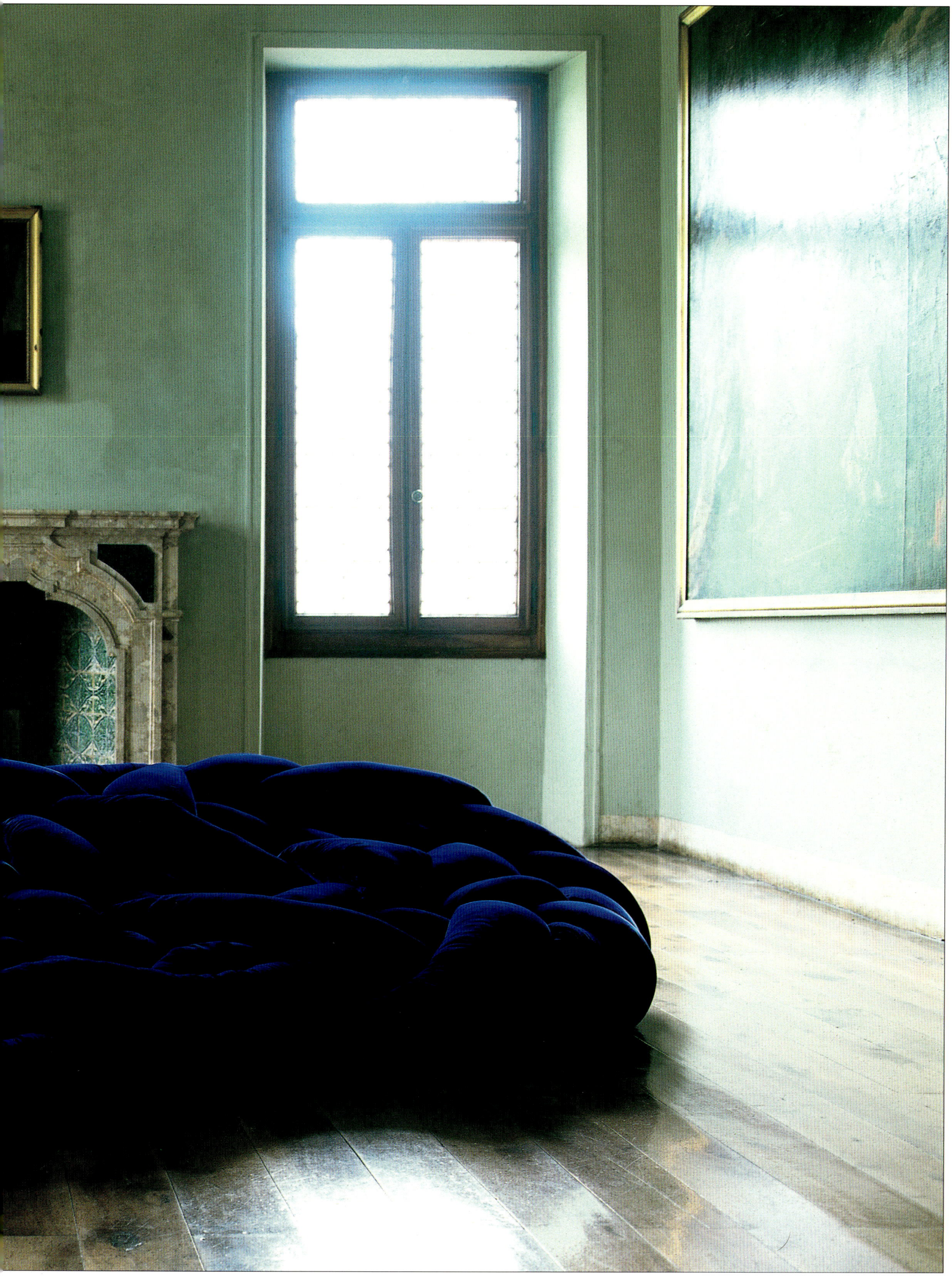

2002

> Big Bin
Stefan Diez
Authentics

When on its side, the conical square box can be stacked to become a shelf, held in place by the handles on each side of the unit.

Les boîtes de rangement peuvent s'assembler pour former une étagère, grâce à un système de languettes placées sur deux côtés.

Die sich konisch verjüngende Box lässt sich liegend zum Regal stapeln, gehalten allein durch Laschen an zwei Seiten jedes Behälters.

2002

> **Butterfly**
Ronan & Erwan Bouroullec
Cappellini

One large box contains several small ones, which, in turn, offer boundless storage space.

Des petites boîtes sont disposées dans une grosse boîte. Les possibilités de rangement sont ainsi multiples.

In einer großen Kiste liegen diverse kleine, und auf diese Weise ergeben sich vielfältige Abstellmöglichkeiten.

∨ **Samourai**
Ronan & Erwan Bouroullec
Cappellini

The seat of the *Samourai* consists of several broad bands, which are flexible to a varying degree, depending on their function.

L'assise de ce siège se compose de larges bandes de formes différentes, dont la flexibilité varie selon les fonctions.

Die Sitzfläche des *Samourai* besteht aus verschiedenen, breiten Bändern, die je nach Funktion unterschiedlich flexibel sind.

2002

V **Dodo**
Claesson Koivisto Rune
E&Y

Dodo combines a modern office chair of Western origins with the traditional Japanese "Zaisu" chair without legs.

Dodo est né de l'association entre un siège de bureau occidental moderne et une chaise traditionnelle japonaise sans pieds, la « zaisu ».

Dodo ist eine Kombination aus modernem Bürostuhl westlicher Herkunft und dem traditionellen japanischen beinlosen „Zaisu"-Stuhl.

2002

> **Easy Rider**
Danny Venlet
Bulo

The seat merges into an expansive continuous armrest, which can also be used as a table surface. For those customers who are afraid of speedy furniture, *Easy Rider* also comes without wheels. *Easy Rider* then resembles a UFO, which still allows for an imaginary ride.

L'assise est entourée d'un système d'accoudoirs en arc de cercle qui peut également servir de pupitre. *Easy Rider* est également disponible sans roulettes pour les clients qui préfèrent le mobilier fixe. Le siège ressemble alors plutôt à un ovni, mais les promenades à califourchon sont toujours possibles en imagination.

Die Sitzfläche geht in eine breite umlaufende Armlehne über, die auch als Tischfläche genutzt werden kann. *Easy Rider* ist für Kunden mit Furcht vor herumrasendem Mobiliar auch ohne Räder erhältlich. Das Sitzmöbel gleicht dann eher einem Ufo, womit die Ausritte dann immerhin noch imaginär möglich sind.

2002

> **Korb an Hocker**
Fremdkörper
DIM

> **Hillock**
Veronika Becker & Judith Seng
DIM

V **Donut**
Volker Albus
DIM

Oliver Vogt and Hermann Weizenegger were inspired to launch an imaginary manufacturing company. To do so, they approached the Berlin Institute for the Blind to see if it would be willing to update its more traditional program of brushes and baskets, made by the blind and mentally challenged employees working there. More than 75 young designers contributed with new designs. Countless accessories out of brushes were thus realized and many designers also drew up plans for wicker furniture.

La manufacture imaginaire a vu le jour à l'initiative d'Oliver Vogt et d'Hermann Weizenegger. Ils proposèrent à une institution d'aveugles de Berlin de rafraîchir la gamme de brosses et d'objets en osier, fabriqués par les personnes handicapées travaillant au sein de cette institution, par des créations de jeunes designers. Plus de 75 designers prirent part à cette action. De nombreux accessoires, réalisés à partir de brosses et diverses créations en osier, furent ainsi élaborés.

Die imaginäre Manufaktur entstand auf Initiative von Oliver Vogt und Hermann Weizenegger. Sie schlugen der Berliner Blindenanstalt vor, ihr traditionelles Programm von Bürsten und Korbwaren, hergestellt von dort arbeitenden behinderten und blinden Menschen, durch Entwürfe junger Designer aufzufrischen. Über 75 Designer haben an der Aktion teilgenommen, und neben vielen Accessoires aus Bürsten sind diverse Entwürfe zu Korbmöbeln entstanden.

2002

∨ **Ayu**
Roderick Vos
Driade store

In the 1990s, Roderick Vos spent six years in Indonesia. His experiences there greatly influenced his wicker furniture designs.

Roderick Vos a vécu six ans en Indonésie pendant les années 1990. Les formes de ses créations en rotin sont empreintes de cette expérience.

Roderick Vos hat in den 1990ern sechs Jahre in Indonesien verbracht. Die dort gemachten Erfahrungen flossen in seine späteren Rattandesigns ein.

2002

< Smoke Chair
Maarten Baas
Moooi

By taking a Bunsen burner to more traditional pieces of furniture, Maarten Baas ends up with objects featuring scorched burn marks as a decorative element. Setting the pieces of furniture in the series *Smoke* alight, he purposefully lets them burn until they are sufficiently charred. Once the fire has subsided, the scorched furniture is varnished so as to preserve nature's mark.

Maarten Baas apporte une dernière touche à ses meubles avec un bec Bunsen. Les brûlures sont traitées comme des surfaces décoratives. Il enflamme les meubles et les laisse se consumer de manière contrôlée. Les surfaces carbonisées sont conservées à l'aide de vernis.

Maarten Baas gibt den Möbeln den letzten Schliff mit einem Bunsenbrenner und macht Brandstellen zur dekorativen Oberfläche. Er zündet Möbel an und lässt sie gezielt abbrennen. Die angekohlten Bereiche werden nach dem Löschen mit Klarlack konserviert.

> LCP
Marten van Severen
Kartell

LCP stands for *Low Chair Plastic*. The armchair consists of a methacrylate sheet, which is exceptionally springy and pliable due to the specific technology used.

L'abréviation *LCP* signifie *Low Chair Plastic*. Ce fauteuil est réalisé à partir d'une plaque de méthacrylate aux propriétés particulièrement résistantes et élastiques.

LCP steht für *Low Chair Plastic*. Der Sessel besteht aus einer Methacrylat-Platte, die aufgrund einer besonderen Technologie elastisch und widerstandsfähig ist.

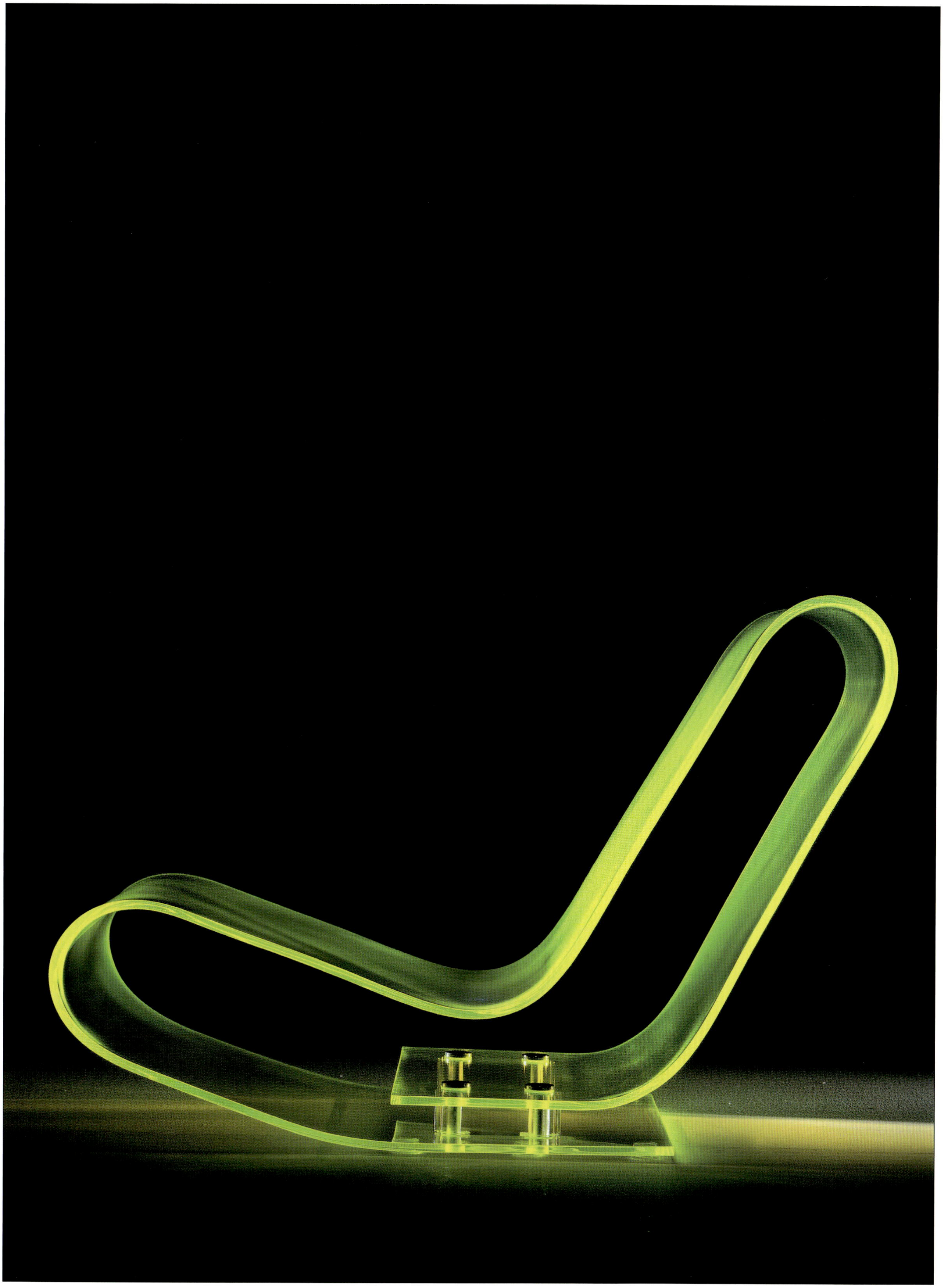

2002

∧ **PicNik**
Dirk Wynants & Xavier Lust
Extremis

PicNik is a table-seat combination for indoor and outdoor use. Only half of a 10 mm (0.39 inches) thick standard aluminum sheet was used to cut and fold PicNik, so as to avoid wasting material.

PicNik est un ensemble table-sièges conçu pour l'intérieur et l'extérieur. Il est découpé dans une demi-plaque d'aluminium standard de 10 mm d'épaisseur, puis plié de manière à produire le moins de restes possible.

PicNik ist eine Tisch-Sitz-Kombination für den Innen- und Außenbereich. Sie ist aus einer halben, 10 mm dicken Aluminiumstandardplatte geschnitten und gefaltet, sodass kaum Verschnitt entsteht.

> **Take away**
Beat Karrer

This small desk with integrated drawers folds together—easily and compactly.

Cette petite table de travail avec rangements intégrés est pliante.

Dieser kleine Arbeitstisch mit integrierten Fächern lässt sich kompakt zusammenklappen.

2002

> **Polygon Chair**
Fuchs+Funke

The *Polygon Chair* consists of a tubular steel frame and two symmetrical tin shells, whose six even polygons create the seat shell.

Ce fauteuil se compose d'une structure en acier tubulaire et de deux coques en tôle symétriques dont les six plans forment l'assise.

Der *Polygon Chair* besteht aus einem Gestell aus Stahlrohr und zwei symmetrischen Blechschalen, deren gemeinsame sechs plane Flächen die Sitzschale ergeben.

2002

> Oblique
Marcel Wanders
Moooi

Oblique is an exceptionally narrow bookshelf, which is particularly well suited for the display of books and magazines.

Oblique est une étagère très étroite, qui convient tout particulièrement à la présentation de livres et de magazines.

Oblique ist ein ungewöhnlich schmales Regal, das sich besonders zur Präsentation von Büchern und Magazinen eignet.

2002

> **Crown**
Stefan Schöning
Desalto

Crown is made from steel and available in chrome, white, black or red. The coat rack's hooks take the abstracted shape of a crown.

Les crochets de ce portemanteau en fil d'acier semblent former une couronne.

Die abstrahierte Form einer Krone bildet die Haken dieser Garderobe, die ausschließlich aus Stahldraht gefertigt ist.

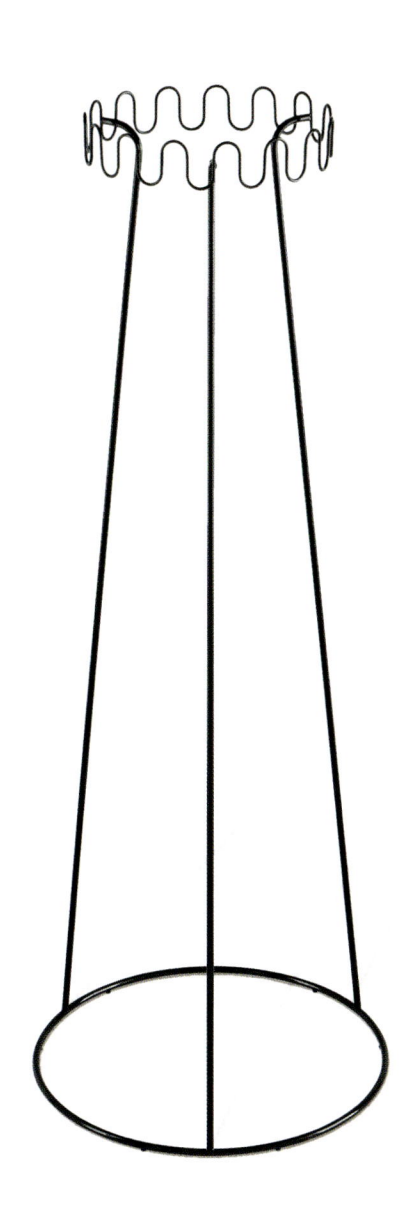

< **Papermaster**
Torbjørn Anderssen, Norway Says
Swedese

Norway Says took the international stage for the first time at the Salone Satellite in Milan in April 2000. Two years later, manufacturers began producing her first designs.

En 2000, Norway Says présentait pour la première fois ses travaux à une échelle internationale à l'occasion du Salone Satellite de Milan. Il fallut attendre deux ans pour que ses créations soient éditées par des fabricants de meubles.

Norway Says hatte sich im April 2000 erstmals international auf dem Salone Satellite in Mailand präsentiert. Es dauerte dann noch zwei Jahre, bis ihre ersten Entwürfe von Möbelfirmen produziert wurden.

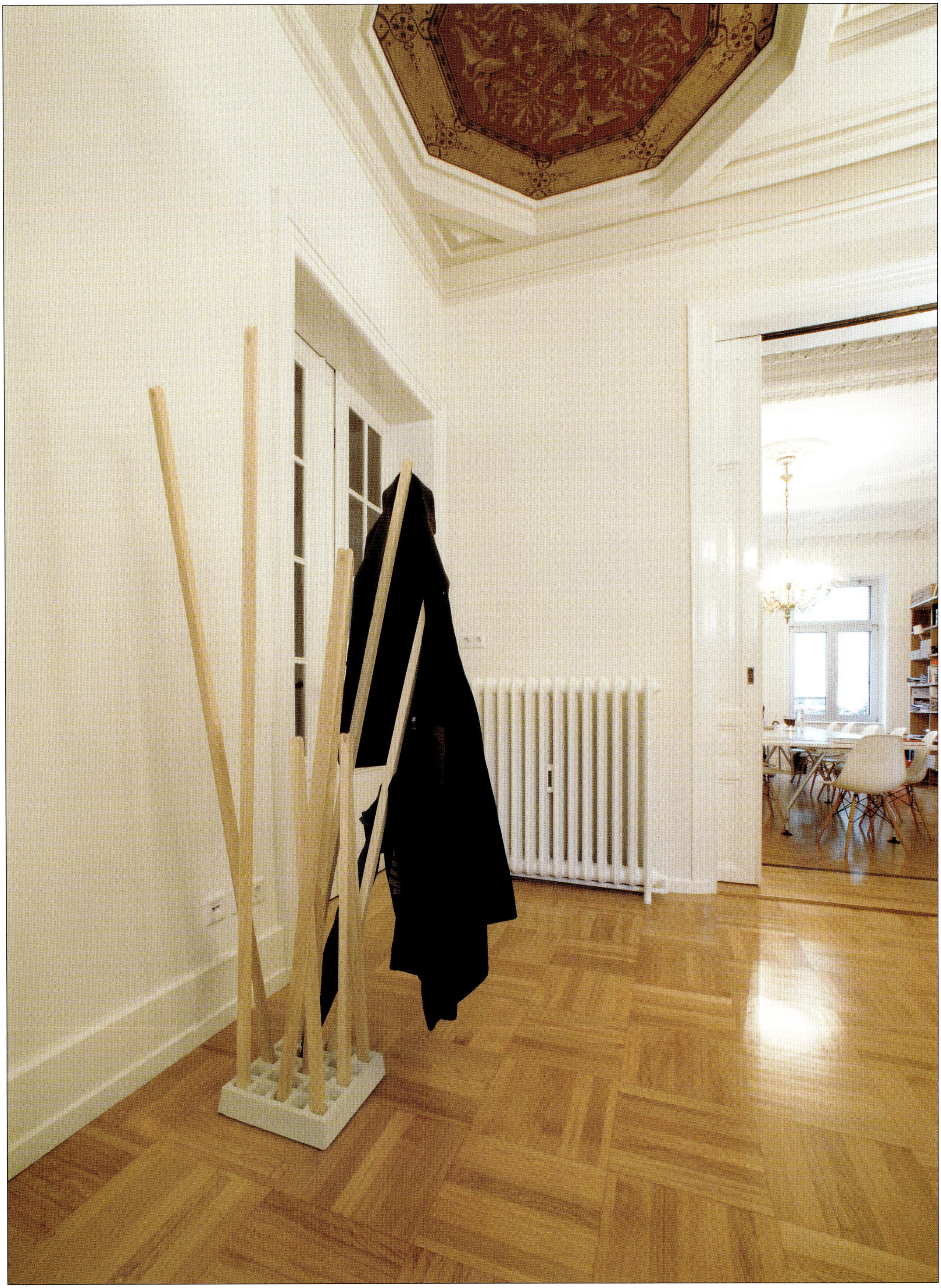

2002

< ready
Nadine Meisel & Moritz Willborn

This small, mobile piece of furniture can house quite a few books and newspapers. The diagonal shape prevents them from falling down.

Ce petit meuble mobile peut par exemple contenir des livres et des journaux. La position inclinée les empêche de tomber.

In dem kleinen mobilen Möbel können zum Beispiel Bücher und Zeitschriften untergebracht werden. Die Schräglage verhindert das Umfallen.

> Kant
Patrick Frey & Markus Boge
Nils Holger Moormann

Just by simply folding the working surface to create a groove, Patrick Frey & Markus Boge designed a desk that facilitates order and organization.

Un simple pli effectué dans la table et le bureau est toujours rangé.

Ein simpler Knick in der Arbeitsplatte bietet die Möglichkeit, ganz einfach für Ordnung auf dem Schreibtisch zu sorgen.

< Pincoat
Oliver Bahr
Nils Holger Moormann

An arbitrary amount of rods is loosely placed in the square base, thus creating a coat rack. Children's jackets and long coats can be easily hung up thanks to the different lengths of the rods.

Des baguettes de bois, dont le nombre est variable à volonté, sont enfoncées dans un socle de forme carrée et forment ainsi un portemanteau. Les baguettes de tailles diverses conviennent aussi bien aux vestes d'enfants qu'aux manteaux.

Eine beliebig wählbare Anzahl von Stäben steckt lose in einem quadratischen Sockel und bildet so eine Garderobe. Dank der verschieden hohen Stäbe sind Kinderjacken ebenso gut aufgehoben wie lange Mäntel.

2002

> **Fjord**
Patricia Urquiola
Moroso

Originally from Spain, Patricia Urquiola studied architecture at the Polytechnic of Milan and later participated in Achille Castiglioni's classes. She worked together with Vico Magistretti in De Padova and subsequently headed her own design department of Atelier Lissoni Associati. In 2001 she founded her own studio. Her designs for Moroso, among others, have increased her growing popularity.

Originaire d'Espagne, Patricia Urquiola a étudié l'architecture à l'École polytechnique de Milan, où elle fut assistante de conférences d'Achille Castiglioni. Elle a travaillé avec Vico Magistretti chez De Padova avant de diriger le département design de Lissoni Associati. Elle a ouvert sa propre agence en 2001, réalisant entre autres des créations pour Moroso.

Die Spanierin Patricia Urquiola studierte Architektur am Mailänder Polytechnikum und assistierte anschließend in Kursen von Achille Castiglioni. Bei De Padova arbeitete sie mit Vico Magistretti zusammen, um später die Designabteilung des Atelier Lissoni Associati zu leiten. 2001 eröffnete sie ihr eigenes Atelier und startete unter anderem mit Entwürfen für Moroso ihre Karriere.

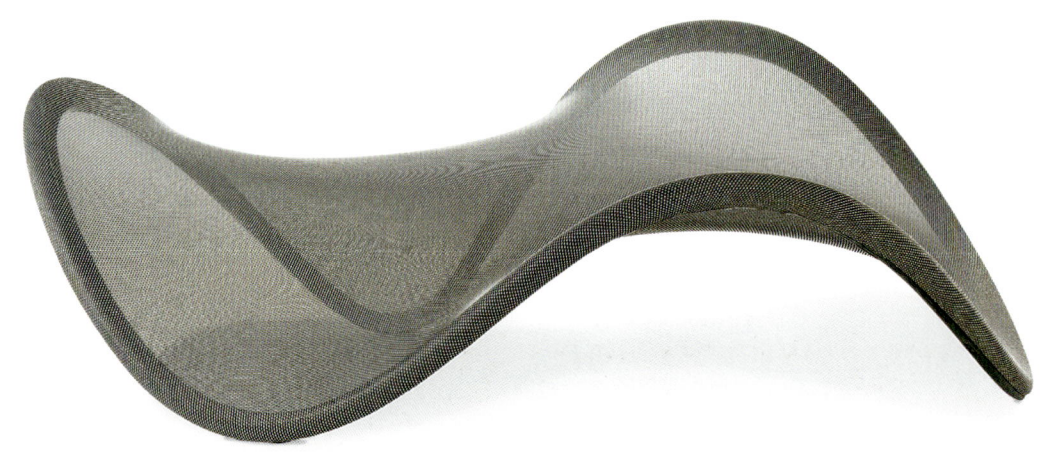

∧ Tolozan
Eric Jourdan
Ligne Roset

Tolozan's solidly mounted wooden footrest is unexpected. When not in use as a footrest, the surface can also be used as a low table.

Tolozan étonne avec son repose-pieds en bois intégré à la structure du fauteuil. Le repose-pieds peut également servir de petite table basse.

Tolozan überrascht mit einem fest montierten Fußteil aus Holz. Stellt man die Füße neben den Sessel, eignet sich diese Fläche auch als niedriges Tischchen.

< Fly
Mark Robson
Zanotta

Draped over a carbon frame lays a transparent, elastic piece of material, on which you can lie down. Even if the shape of the frame seems precarious, it is securely stable, for there are three points of contact with the ground.

Une matière transparente et élastique est tendue sur une structure en carbone sur laquelle il est possible de s'allonger. Même si la forme de la structure suggère le mouvement, ses trois points d'appui assurent sa stabilité.

Über einen Karbonrahmen ist ein transparenter, elastischer Stoff gespannt, in den man sich hineinlegen kann. Auch wenn die Form des Rahmens Bewegung suggeriert, steht er stabil auf drei Punkten.

2001

< **Plus Unit**
Werner Aisslinger
Magis

Individual drawer units can be connected with a cross-shaped profile. The system allows for an infinite number of configurations.

Les tiroirs sont assemblés par un système de glissières en forme de croisillons. Le meuble de rangement peut varier à l'infini.

Die einzelnen Schubkästen können mit einem kreuzförmigen Profil verbunden werden, sodass sich das System endlos erweitern lässt.

2001

∨ **Anemone**
Fernando & Humberto Campana
Edra

Fernando and Humberto Campana always strive to find creative solutions with everyday objects. *Anemone* is no exception, for garden hoses are used to create a comfortable armchair.

Fernando et Humberto Campana ne se sont pas limités à associer objets du quotidien et esthétique. Les tuyaux d'arrosage font d'*Anemone* un fauteuil vraiment confortable.

Fernando und Humberto Campana hatten nicht nur bei diesem Möbel den Vorsatz, gestalterische Lösungen mit Alltagsprodukten zu finden. Bei *Anemone* werden Gartenschläuche zu einem bequemen Sessel.

2001

2001

< Tree
Michael Young
Swedese

Michael Young was the guest of honor at the *interieur 02* in Kortrijk, Belgium, where he displayed forests composed of countless Tree clothes stands.

À l'occasion de la biennale *interieur 02* de Courtrai, Michael Young créa des forêts tout entières à l'aide de ce portemanteau.

Auf der Sondershow von Michael Young zur *interieur 02* in Kortrijk, Belgien, baute der Designer mit dieser Garderobe ganze Wälder auf.

V Lip Table
Eva Schildt

This garden table collects rainwater for a small impromptu birdbath.

Cette table de jardin collecte l'eau de pluie pour les oiseaux.

Dieser Gartentisch sammelt das Regenwasser für ein kleines Vogelbad.

2001

< Crochet
Marcel Wanders
Moooi

Just like his *Knotted Chair*, Marcel Wanders took the material, drenched it in polyester resin, and let it harden into a rigid piece of furniture. In this case, a crocheted lace tablecloth takes over the function of a side table.

Comme pour la *Knotted Chair*, Marcel Wanders a trempé un tissu dans de la résine afin de réaliser un meuble rigide. La dentelle se transforme ici en petite table.

Wie bei seinem *Knotted Chair* hat Marcel Wanders ein Gewebe in Kunstharz getränkt, das ausgehärtet ein Möbel ergibt. In diesem Fall wird die Spitzendecke selbst zum Tisch(chen).

2001

V Sinterchair
Vogt + Weizenegger

Initially, sintering under pressure was only used in the car and airplane industry to create prototypes. Various layers of nylon powder are hardened layer for layer with a laser beam, which draws a second-dimensional shape. Layer by layer, a third-dimensional object is thus built. Oliver Vogt and Hermann Weizenegger used this process to realize commissioned one-offs for clients. The *Sinterchair* was created as a display model, for its hive structure would be impossible to make using solely the classical processes of plastic production.

La technique du frittage fut d'abord utilisée dans l'industrie automobile et l'aéronautique dans le cadre de la fabrication de prototypes. On dépose de fines couches de poudre de polyamide, qui sont solidifiées sous l'action d'un laser traçant une forme en deux dimensions. Un objet en trois dimensions voit le jour couche après couche. Oliver Vogt et Hermann Weizenegger ont utilisé ce procédé afin de créer des pièces uniques réalisées à la demande du client. Ils ont élaboré la *Sinterchair* comme modèle de présentation. La structure en alvéoles ne pourrait être réalisée dans le cadre du procédé classique de production plastique.

Das Sinterverfahren fand zunächst in der Auto- und Flugzeugindustrie zur Erstellung von Prototypen Verwendung. Nylonpulver wird in feinen Schichten aufgetragen und von einem Laser erhärtet, der eine zweidimensionale Form zeichnet. Ein dreidimensionales Objekt baut sich so Schicht für Schicht auf. Oliver Vogt und Hermann Weizenegger setzten dieses Verfahren ein, um Einzelstücke auf Kundenwunsch zu realisieren. Als Anschauungsmodell haben sie den *Sinterchair* entwickelt, dessen Wabenstruktur mit den klassischen Verfahren der Kunststoffproduktion nicht realisierbar wäre.

2001

< **Pebbles seating islands**
Claesson Koivisto Rune
Cappellini

The design of *Pebbles* is aimed at modern architectural spaces, where conventional arrangements, such as armchairs, would be out of place.

La conception de cet ensemble émane de considérations spatiales et architectoniques modernes. Les agencements de fauteuils conventionnels n'y ont pas leur place.

Die Gestaltung von *Pebbles* zielt auf moderne architektonische Raumgebilde ab, in denen konventionelle Arrangements von Armsesseln fehl am Platz wirken.

2001

< Rive Droite
Patrick Norguet
Cappellini

Fashion designer Emilio Pucci designed the covers for Patrick Norguet's armchair, Rive Droite.

Les fauteuils conçus par Patrick Norguet sont habillés d'un revêtement tissu créé par Emilio Pucci.

Für den von Patrick Norguet gestalteten Sessel hat der Modedesigner Emilio Pucci Bezugsstoffe entworfen.

> Chaos
Konstantin Grcic
ClassiCon

Konstantin Grcic deliberately wanted his first upholstered piece of furniture to be an uncomfortable chair. *Chaos* therefore seems rather unusual, but actually provides several positions that allow for a comfortable sitting experience.

Le premier fauteuil rembourré de Konstantin Grcic fut délibérément conçu comme un siège inconfortable. C'est la raison pour laquelle *Chaos* présente des formes inhabituelles qui offrent toutefois confort et diverses positions à son utilisateur.

Konstantin Grcic wollte sein erstes Polstermöbel bewusst als unkomfortablen Stuhl entwickeln. *Chaos* sieht daher entsprechend ungewöhnlich aus, man kann aber in verschiedenen Positionen sehr bequem darauf sitzen.

2001

V **Brasilia**
Claesson Koivisto Rune
Swedese

Brasilia consists of molded veneer layers. Claesson Koivisto Rune were inspired by the shape of the building of the Congresso Nacional in Brasília, which was designed by the same man who designed most of the city—Oscar Niemeyer.

Brasilia est en lamellé-collé et son modèle, la chambre des députés du congrès national brésilien, est située dans la capitale conçue par Oscar Niemeyer.

Brasilia besteht aus schichtverleimtem Holz, und sein formales Vorbild, die Abgeordnetenkammer des Nationalkongresses von Brasilien, befindet sich in der von Oscar Niemeyer gestalteten Hauptstadt Brasiliens.

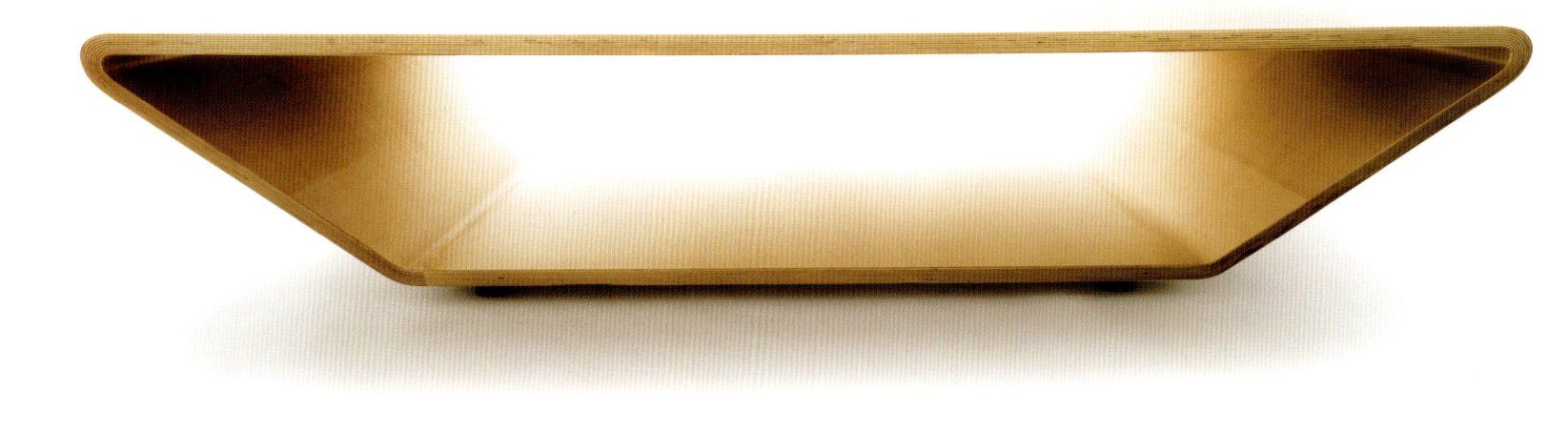

2000

V **Hula**
Barber Osgerby
Cappellini

This small piece of furniture consists of 23 solid wood loops, which are glued together with 44 further intermediary pieces.

Ce petit meuble se compose de 23 anneaux en bois massif collés à 44 pièces de jonction.

Dieses Kleinmöbel besteht aus 23 massiven Holzschlaufen, die mit 44 weiteren Zwischenstücken verleimt werden.

∧ HP01 Tafel
Hans de Pelsmacker
e15

Initially, this table-chair combination for two people was produced in aluminum. Only later was it then produced in e15's favorite material, solid oak wood.

Cet ensemble table-sièges, conçu pour deux personnes, fut dans un premier temps réalisé en aluminium puis en chêne massif, matériau caractéristique pour e15.

Diese Tisch-Sitz-Kombination für zwei Personen wurde zunächst in Aluminium und später erst in dem für e15 typischen, massiven Eichenholz produziert.

> Agung
Roderick Vos
Driade store

In his spare time, Roderick Vos' great-grandfather wove seats for simple wicker furniture. Vos obtained his personal knowledge in Indonesia. *Agung* is a design out of a series of wicker furniture that Driade included in their list.

L'arrière grand-père de Roderick Vos tressait déjà des assises pour des sièges rustiques. Vos acquit son savoir-faire en Indonésie. *Agung* est une création qui faisait partie d'une série de meubles en rotin figurant dans le catalogue de Driade.

Schon Roderick Vos' Urgroßvater hat in seiner Freizeit Sitzflächen für Bauernmöbel geflochten. Seine eigenen Kenntnisse erwarb Vos in Indonesien. *Agung* ist ein Entwurf aus einer Reihe von Rattanmöbeln, die Driade in seinem Programm hatte.

2000

> **Rocking Chair**
Fuchs+Funke

By folding down the cross-bar, this 'ordinary' wooden chair is transformed into a rocking chair.

Une chaise en bois « normale » se transforme en chaise à bascule en rabattant les traverses diagonales situées au niveau du piétement.

Durch das Umklappen der diagonalen Verstrebung wird aus dem „normalen" Holzstuhl ein kleiner Schaukelstuhl.

2000

< Little Joe
Jan Eisermann

Folded to create the silhouette of steel, this canted steel sheet is surprisingly comfortable—it bounces gently to each side.

Cette tôle pliée pour reproduire la silhouette d'un tabouret offre un confort pour le moins surprenant. Le siège répond avec souplesse à la charge.

Das zur Silhouette eines Hockers gekantete Stahlblech bietet erstaunlichen Sitzkomfort: Es federt sanft zu den Seiten.

2000

< Yuyu
Stefano Giovannoni
Magis

This stool is made from reinforced fiberglass polypropylene and produced using the molded injection process. Differing degrees of thickness could thus be achieved, varying from 4.5 to 8 mm (around 0.17 to 0.31 inches), which ensures the stool is given the necessary stability.

Ce tabouret est réalisé en polypropylène renforcé à la fibre de verre selon le procédé d'« air moulding ». L'épaisseur des parois peut ainsi varier de 4,5 à 8 mm, en fonction de la stabilité requise.

Dieser Hocker wird mit glasfaserverstärktem Polypropylen im Gaseinspritzverfahren produziert. So können unterschiedliche Wandstärken von 4,5–8 mm und die damit verbundene nötige Stabilität erreicht werden.

∨ Hole
Ronan & Erwan Bouroullec
Cappellini

The seemingly simple chair *Hole* is made from lasered steel sheets, in which grooves, fold and cant lines are punched. After this, the metal sheet is folded to form a chair, welded and lacquered.

Simple à première vue, *Hole* est réalisée à partir d'une feuille d'aluminium découpée au laser. Les éléments sont ensuite pliés, soudés et laqués.

Der scheinbar einfache Stuhl *Hole* wird aus einem ausgelaserten Aluminiumblech gefertigt, in das Knickkanten, Mulden und Umkantungen gestanzt sind. Anschließend wird das Blech zum Stuhl gefaltet, gelötet und lackiert.

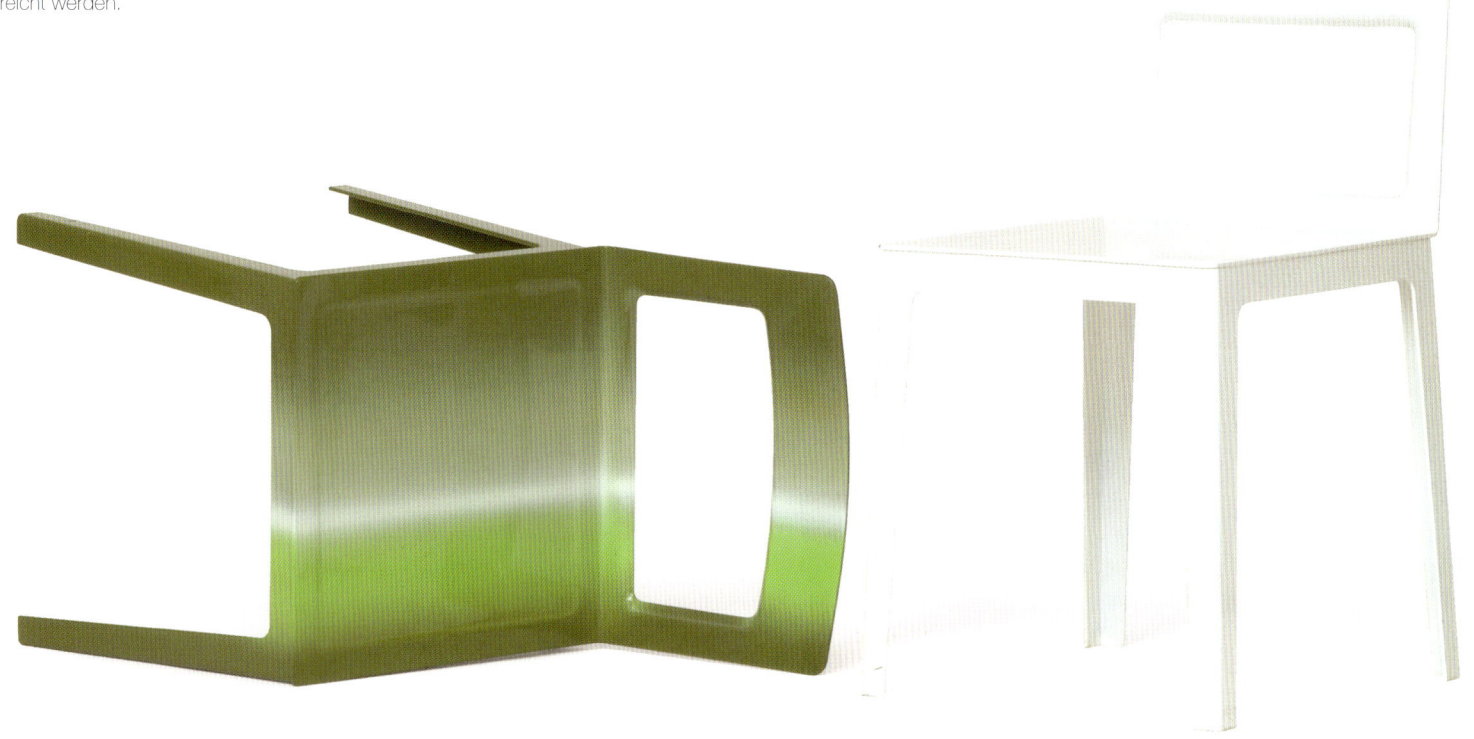

2000

∨ **Flap**
Francesco Binfarè
Edra

This upholstered piece of furniture has nine moveable components, which enable you to move the chair from a horizontal position to a vertical one, with varying inclinations in between.
This piece of furniture can be used in countless ways, whether you are lying down or sitting.

Ce canapé possède neuf éléments mobiles, qui se rabattent en dossier selon des inclinaisons variables. Ainsi les possibilités d'utilisation de ce meuble, que l'on soit allongé ou assis, sont multiples.

Dieses Polstermöbel hat neun bewegliche Elemente, die sich aus der Horizontalen in unterschiedlichen Neigungen zu Lehnen hochklappen lassen.
Es ergeben sich somit eine Vielzahl von Möglichkeiten, das Möbel liegend oder sitzend zu nutzen.

2000

∧ Smala
Pascal Mourgue
Ligne Roset

Back and armrests can be folded down, which transforms the sofa into a bed that is 1.3 m (around 4.3 feet) wide.

Les accoudoirs et les dossiers s'abaissent de manière à transformer le canapé en lit de 130 cm de large.

Arm- und Rückenlehnen lassen sich herunterklappen, um aus dem Sofa ein 1,3 m breites Bett zu machen.

# 2000

∧ **Decompression Chaise**
Matali Crasset

For the exhibition *Flat-flat* at the *interieur 2000* in Kortrijk, Belgium, Matali Crasset used an inflatable cover to transform a simple wooden chair into a voluminous armchair.

Pour l'exposition *Flat-flat* présentée à la biennale *interieur 2000*, Matali Grasset métamorphosa une simple chaise en bois en un fauteuil volumineux à l'aide d'une housse gonflable.

Anlässlich der Ausstellung *Flat-flat* auf der *interieur 2000* verwandelte Matali Crasset einen einfachen Holzstuhl mithilfe eines aufblasbaren Bezugs in einen voluminösen Sessel.

2000

∨ **Kloc**
Kristian Gavoille
Ligne Roset

For people who like to work, sit and relax on the floor, this rug features a built-in stool or neckrest.

Pour ceux qui aiment s'asseoir par terre, un tabouret – ou plutôt un appui-tête – est intégré à ce tapis.

Für Leute, die gern auf dem Boden sitzen, ist in diesen Teppich der Hocker beziehungsweise die Nackenstütze schon eingearbeitet.

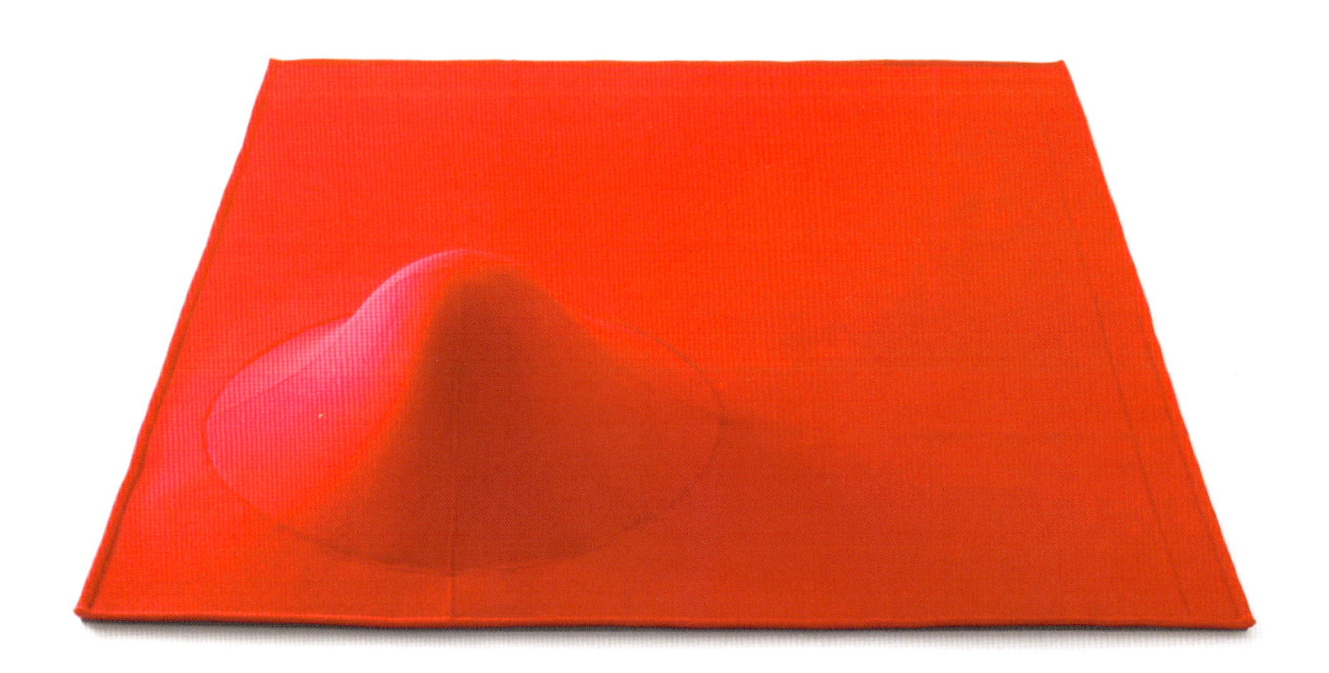

2000

> **Air One**
Ross Lovegrove
Edra

Air is produced using the same process as the one to make Styrofoam. Pressed polypropylene is foamed in an aluminum container. The entire production process only takes around five minutes and the result is a stacking, waterproof armchair that only weighs 4.5 kg (around 10 pounds).

Air est réalisé selon un procédé qui permet également de fabriquer les emballages en polystyrène. La mousse de polypropylène est travaillée dans un moule en aluminium. Le processus dure à peu près 5 minutes. Au final, un fauteuil, qui ne pèse que 4,5 kg, voit le jour. Il est empilable et résistant à l'eau.

Air wird in einem Verfahren hergestellt, in dem auch Styroporverpackungen entstehen. Polypropylen wird in einer Aluminiumform aufgeschäumt. Der Prozess dauert etwa fünf Minuten, und das Ergebnis ist ein Sessel, der nur 4,5 kg wiegt, stapelbar und wasserfest ist.

< **Oto**
Peter Karpf
Iform

Peter Karpf experimented with plywood for over 30 years, striving to create furniture that was reduced to the bare minimum out of a single piece of molded plywood. His first design was finally manufactured in the early 1990s.

Peter Karpf a pendant plus de trente ans effectué des recherches afin de créer des meubles aux formes réduites à l'essentiel, et fabriqués à partir d'une seule plaque suivant le procédé de mise en forme du lamellé-collé. Le premier modèle vit le jour au début des années 1990.

Über 30 Jahre hat Peter Karpf experimentiert, um durch Verformung von Schichtholz auf das Wesentliche reduzierte Möbel aus einer einzigen Platte zu schaffen. Anfang der 1990er-Jahre wurde dann der erste Entwurf realisiert.

2000

∧ **Marumaru**
Kazuyo Sejima
Driade

Kazuyo Sejima studied architecture at the Japan Women's University and has worked together with Ryue Nishizawa since 1995. Her Tokyo-based architecture studio Sanaa has undertaken projects for the New Museum in New York, the Dior department store in Tokyo and the Zollverein School of Management and Design in Essen.

Kazuyo Sejima a étudié l'architecture à la Japan Women's University et travaille depuis 1995 avec Ryue Nishizawa. Leur agence, Sanaa, a réalisé entre autres le New Museum à New York, la boutique Dior à Tokyo et la Zollverein School of Design à Essen.

Kazuyo Sejima hat Architektur an der Japan Women's University studiert und arbeitet seit 1995 mit Ryue Nishizawa zusammen. Ihr Büro Sanaa hat unter anderem das New Museum in New York, das Dior-Kaufhaus in Tokyo und den Zollverein School of Design in Essen realisiert.

＃ 2000

2000

< **V.I.P. chair**
Marcel Wanders
Moooi

The *V.I.P. chair* was specifically designed for the world exhibition, *Expo 2000*, in Hanover. Forty-four of these, in different colors, stood in the Royal Wing Room on the roof of the Dutch pavilion.

La *V.I.P. chair* fut conçue spécialement pour l'Exposition universelle de Hanovre en 2000. 44 exemplaires de couleur différente ornaient la Royal Wing Room sur les toits du pavillon néerlandais.

Der *V.I.P. chair* wurde speziell für die *Expo 2000* in Hannover gestaltet. In individueller Farbgebung standen 44 Exemplare im Royal Wing Room auf dem Dach des niederländischen Pavillons.

∨ **Victoria and Albert**
Ron Arad
Moroso

The Victoria and Albert Museum in London gave Ron Arad a solo exhibition in June 2000. Arad thanked them by designing *Victoria and Albert*.

Le Victoria and Albert Museum de Londres consacra une exposition à Ron Arad en juin 2000. Arad conçut le fauteuil *Victoria and Albert* en retour.

Das Victoria and Albert Museum in London widmete Ron Arad im Juni 2000 eine Einzelausstellung. Arad revanchierte sich mit *Victoria and Albert*.

< **Libel**
René Holten
Artifort

Joining elements help transform these individual pieces of furniture into sitting rows. Tables and armrests can be inserted between the chair units.

Grâce à des éléments de jonction, tables ou accoudoirs, les chaises peuvent s'assembler pour former une suite de sièges.

Mithilfe von Kupplungselementen können aus dem Einzelmöbel Sitzreihen zusammengefügt werden. Zwischen die Sitzelemente können sowohl Tische wie auch Armlehnen montiert werden.

2000

∨ **Soft Chaise**
Werner Aisslinger
Zanotta

The lounge seat of *Soft Chaise* consists of a gel mattress, which was laid down on the strap, which, in turn, is pulled tautly around the frame. This was the first time gel was ever used industrially to make a piece of furniture.

L'assise de la *Soft Chaise* se compose d'un matelas en gel qui repose sur un système de courroies fixées au niveau de la structure. Cet objet représente la première utilisation de gel dans l'industrie du meuble.

Die Liegefläche des *Soft Chaise* besteht aus einer Gelmatte, die auf im Rahmen verspannten Riemen aufliegt. Sie stellt die erste industrielle Anwendung von Gel für ein Möbel dar.

> **Italic**
Pool products

The shelf only comprises two components. The shelves were connected by bent steel rods, which are gummed at both ends.

L'étagère ne se compose que de deux éléments. Les plateaux sont reliés entre eux par des tiges d'acier, pliées et protégées par du caoutchouc aux extrémités.

Das Regal setzt sich aus nur zwei Elementen zusammen. Die Regalböden werden durch gebogene Stahlstäbe verbunden, die an den Enden gummiert sind.

2000

> Tennis
Andreas Engesvik, Norway Says

This delicate chair resembles a slightly low referee chair, which probably has nothing at all to do with the passion Andreas Engesvik feels for car races.

Ce siège aux formes graciles ressemble à une chaise d'arbitre basse. Il n'y a pas forcément de liens avec la course automobile, dont Andreas Engesvik est grand amateur.

Dieser grazile Stuhl mutet wie ein tiefer gelegter Schiedsrichterstuhl an, was nicht unbedingt mit der aktiven Begeisterung von Andreas Engesvik für Autorennen zusammenhängen muss.

2000

< **Rainbow Chair**
Patrick Norguet
Cappellini

The chair comprises meta-acrylate plates in different colors, joined by ultrasound.

La chaise est composée de plaques de méthacrylate de couleurs différentes, collées par ultrasons.

Der Stuhl besteht komplett aus verschiedenfarbigen Acrylglasplatten, die mithilfe von Ultraschallwellen verbunden werden.

1999

< .03
Maarten Van Severen
Vitra

The chair .03 is the first result of Maarten Van Severen's work with Vitra. As Maarten Van Severen was already producing furniture by himself more or less semi-industrially, this step gave him the opportunity to develop his furniture for industrial production.

La chaise .03 fut le premier meuble réalisé dans le cadre de la collaboration entre Maarten Van Severen et Vitra, l'occasion pour le designer d'accéder à la production en série après avoir créé des meubles sur une base semi-industrielle.

Der Stuhl .03 ist das erste Ergebnis der Zusammenarbeit von Maarten Van Severen mit Vitra. Für Maarten Van Severen bot dieser Schritt die Möglichkeit, seine schon in eigener Produktion auf halbindustrieller Basis hergestellten Möbel zu Serienprodukten weiterzuentwickeln.

1999

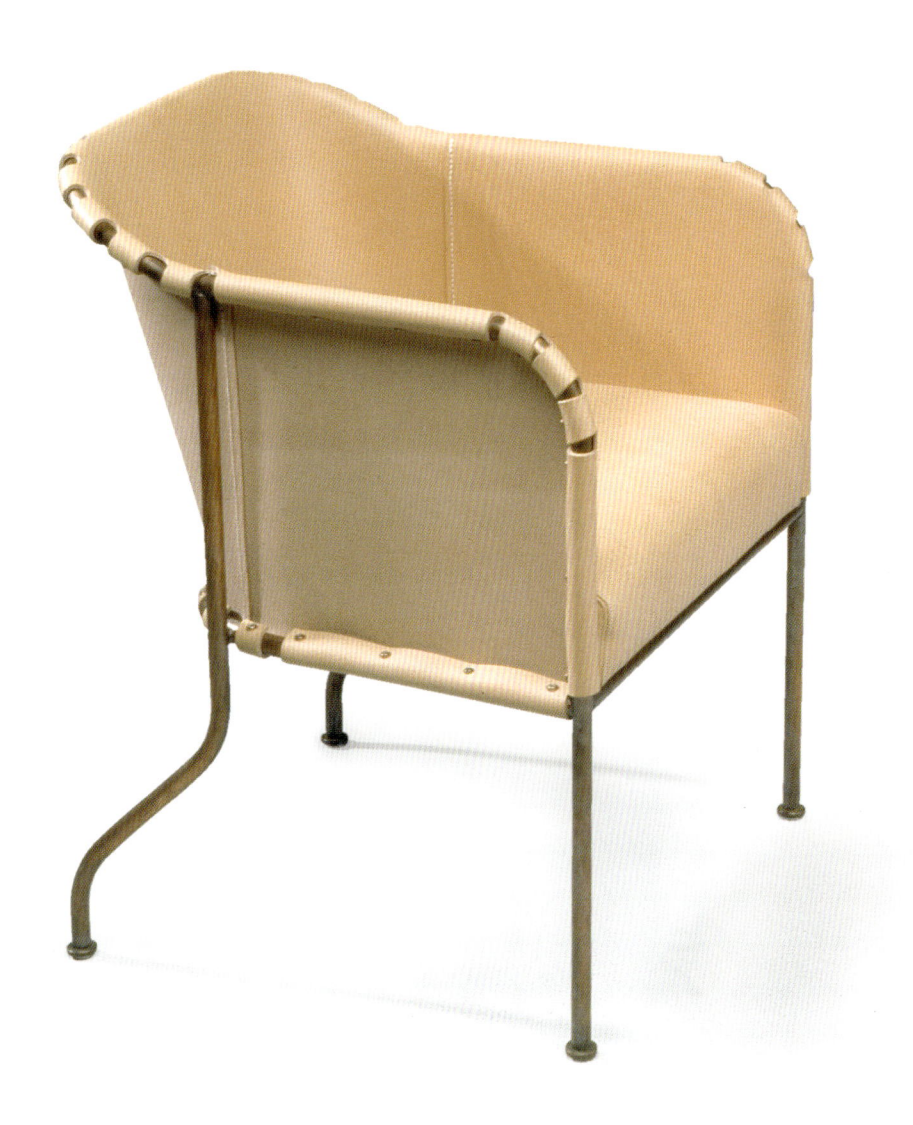

< Ambassad
Mats Theselius
Källemo

Mats Theselius is one of the more unconventional designers and his designs do not always reveal his Swedish heritage. Similarities are extremely apparent between his armchair *Ambassad* for Källemo and its predecessors, *Rex* created in 1995, *Bruno* in 1997 and *El Rey* in 1998 (some were only ever made in limited editions). The same type of armchair is used for the more sophisticated man-made one-offs, dedicated to nations or other topics.

Mats Theselius figure parmi les designers qui se distinguent par leur travail peu conventionnel. Ses origines suédoises ne sont pas tout de suite identifiables dans ses objets. Les liens de parenté entre le fauteuil *Ambassad* réalisé pour Källemo et ses prédécesseurs *Rex* (1995), *Bruno* (1997) et *El Rey* (1998), qui firent pour certains l'objet d'éditions limitées, sont visibles. Ces réalisations hors série, exigeantes en termes de fabrication, reposent sur le même type de fauteuil et sont dédiées à des nations ou à d'autres thèmes.

Mats Theselius gehört zu den eher unkonventionellen Designern, und bei seinen Entwürfen ist der schwedische Ursprung nicht gleich auszumachen. Beim Sessel *Ambassad* für Källemo ist die Verwandtschaft zu seinen Vorgängern *Rex* von 1995, *Bruno* von 1997 und *El Rey* von 1998 (teilweise nur in limitierten Auflagen erschienen) ablesbar. Auf dem gleichen Sesseltypus beruhen die aufwendigen Einzelanfertigungen, die Nationen oder anderen Themen gewidmet sind.

1999

V ©hair
Vogt + Weizenegger
DIM

From an etymological point of view, it is not truly important that the word 'chair' contains that of 'hair.' Yet, it is this connection that provoked Oliver Vogt and Hermann Weizenegger to use horsehair for their chair's upholstery. When finished, the seat resembled one concave brush.

Il n'est pas usuel d'associer l'étymologie de « chair » et de « hair ». Pourtant Oliver Vogt et Hermann Weizenegger ont fait ce rapprochement en créant un siège à garniture en crin.

Für die Etymologie des Worts „chair" ist es unerheblich, dass sich das Wort „hair" in „chair" verbirgt. Doch diese Verbindung veranlasste Oliver Vogt und Hermann Weizenegger, für ihren Stuhl eine bürstenartige Polsterung aus Rosshaar zu entwerfen.

> Toy
Philippe Starck
Driade store

The glut of the frequently despised monobloc chair led to diverse designers' attempts to develop more esthetically pleasing alternatives. Yet, even Philippe Starck's version could never compete with the monobloc chair's quantitative level of success.

L'afflux des sièges monoblocs en plastique à l'esthétique ordinaire, voire repoussante, a conduit divers designers à créer des modèles plus attrayants. Mais même la version de Philippe Starck ne peut atteindre le succès quantitatif rencontré par son modèle.

Die Schwemme des von vielen als hässlich bezeichneten Monoblocks hat dazu geführt, dass diverse Designer versucht haben, schönere Modelle zu entwickeln. Aber auch die Version von Philippe Starck reicht nicht an die quantitativen Erfolge der Vorlage heran.

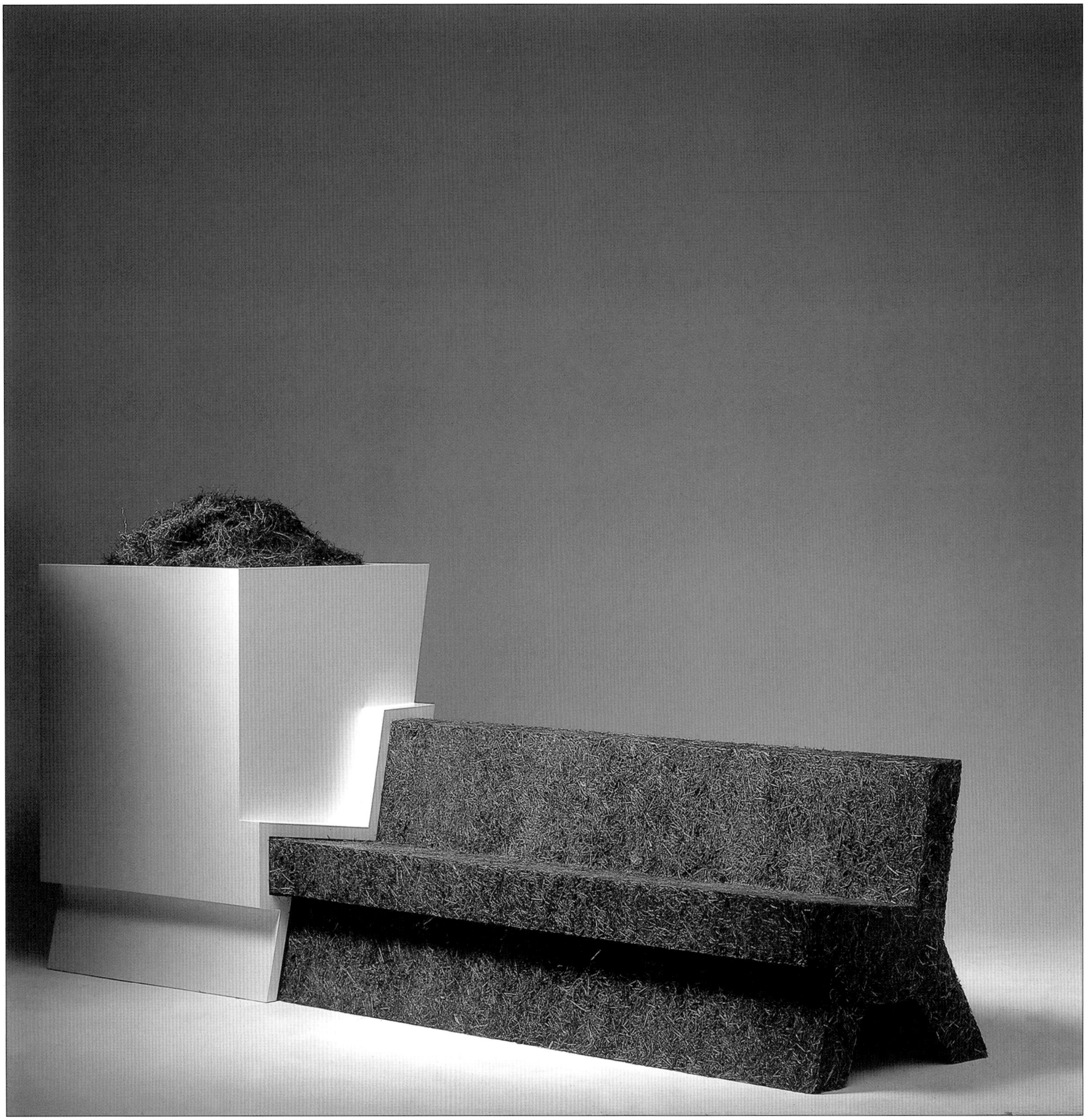

1999

< Gardening Bench
Jurgen Bey
Droog

With an extrusion press, garden mulch was compacted into endless, if short-lived benches. Any length was possible.

Les déchets de jardin peuvent, quelle que soit la saison, être transformés en banc grâce au procédé de moulage par extrusion : on obtient ainsi un meuble de jardin à durée de vie limitée, et de longueur variable.

Die verschiedenen saisonalen Gartenabfälle können mithilfe einer Strangpressmaschine zu endlos langen, aber nicht dauerhaften Bänken gepresst werden, die auf jede beliebige Länge gekürzt werden können.

∨ Kokon
Jurgen Bey
Droog

Synthetic, elastic fiber material covered a skeleton of chairs. The smooth skin lets these chairs shine, completely changing their appearance.

Un squelette de chaise est enveloppé de fibres synthétiques et élastiques. Cette peau à l'aspect souple donne une tout autre dimension à ces sièges.

Ein „Skelett" aus Stühlen wurde von einem synthetischen, elastischen Faserstoff umhüllt. Diese geschmeidige Haut lässt die Stühle in einem vollkommen veränderten Licht erscheinen.

1999

1999

< Tree Trunk Bench
Jurgen Bey
Droog

By combining a tree trunk with various antique chair backrests, a new garden bench was created. The bronze backrests transform the tree into a piece of furniture.

Ce banc de jardin est né de l'association entre des dossiers de chaises anciennes et un tronc d'arbre. Les dossiers de couleur bronze font de ce banc-tronc un meuble.

Durch die Kombination eines Baumstammes mit verschiedenen antiquiertre Stuhllehnen entstand eine neue Gartenbank. Die bronzenen Rückenlehnen werten den Baum zum Möbel auf.

∨ Gnomes
Philippe Starck
Kartell

These three nice creatures can easily be used as stools or small tables. Several young designers were quite jealous of Philippe Starck, as he was Kartell's star designer at the time and was thus in the position to realize this design.

Ces trois sympathiques objets peuvent également être utilisés comme tabourets ou tables. Nombreux furent les jeunes designers qui envièrent Philippe Starck de pouvoir en tant que star du design, réaliser cet ouvrage pour Kartell.

Diese drei sympathischen Figuren können auch wirklich als Hocker oder Tischchen benutzt werden. Nicht wenige junge Designer blickten neidisch auf Philippe Starck, weil er als Stardesigner diesen Entwurf für Kartell realisieren konnte.

1999

< ES
Konstantin Grcic
Nils Holger Moormann

Generally speaking, furniture should not wobble. The ES shelf is an exception. Initially, the components are merely loosely pushed into one another and thus are considerably unstable. Only after the four shelves and nine poles are canted is it solidly secure.

D'ordinaire, les meubles ne doivent pas être chancelants. L'étagère ES est assemblée sans attaches, et vacille dangereusement jusqu'à ce que les quatre plateaux soient fixés avec les neuf tiges. Dans cette position, le meuble est stable.

Möbel haben gemeinhin nicht zu wackeln. Das Regal ES ist lose zusammengesteckt und schwankt bedenklich – bis die vier Böden mit den neun Stangen verkanten. In dieser Position steht es stabil.

∨ AVL Shaker chair
Joep van Lieshout
Moooi

Inspired by Shaker furniture, this chair is of the same high-quality craftsmanship for which the Shaker designs are famous. From a formal point of view, however, the design is creatively contemporary.

Les meubles des shakers furent une source d'inspiration pour ce siège. Il fut fabriqué selon des critères de qualité caractéristiques de ces meubles. Les formes sont toutefois contemporaines.

Dieser Stuhl ist von den Möbeln der Shaker inspiriert. Er wurde mit der gleichen Qualität, die für die Shaker-Entwürfe charakteristisch ist, gefertigt, allerdings formal in die heutige Zeit übertragen.

1999

V modular system
gruppe RE

Recycled closet doors with different surfaces of laminate, varnish and veneer were used for open or closed shelving elements. With such a choice of material, each unit becomes a unique piece of furniture. All units are based on the same measurements and can be loosely stacked one upon the other.

Des portes d'armoire de récupération avec des surfaces en laminé, laque ou placage sont utilisées pour créer des éléments de rangement fermés ou ouverts. Les pièces ainsi conçues sont donc uniques. Les dimensions des différents éléments sont harmonisées de manière à pouvoir les superposer.

Recycelte Schranktüren mit unterschiedlichen Oberflächen aus Laminat, Lack oder Furnier werden für offene oder geschlossene Regalelemente verwendet. Bedingt durch die Materialwahl entstehen so Einzelstücke, die auf einem einheitlichen Maß basieren und lose aufeinandergestapelt werden.

1999

< **Draw**
Morgen Studio
Morgen

This piece of furniture is based on a single box of drawers and can be assembled at whim.

Ce meuble se compose de tiroirs qui peuvent être assemblés de diverses manières.

Dieses Möbel basiert auf einer einzelnen Schubladenkiste und kann beliebig zusammengestellt werden.

1999

> Hole shelf
Erwan & Ronan Bouroullec
Cappellini

Erwan and Ronan Bouroullec began working together with Giulio Cappellini for the *Hole Collection*. This collaboration played a large role in the Bouroullec brothers' rise to fame.

La collaboration entre les frères Bouroullec et Giulio Cappellini débuta avec la *Hole Collection*. Elle contribua de manière essentielle à la carrière des deux artistes.

Mit der *Hole Collection* begann für Erwan und Ronan Bouroullec die Zusammenarbeit mit Giulio Cappellini. Diese Verbindung hat wesentlichen Anteil an der Karriere der Brüder.

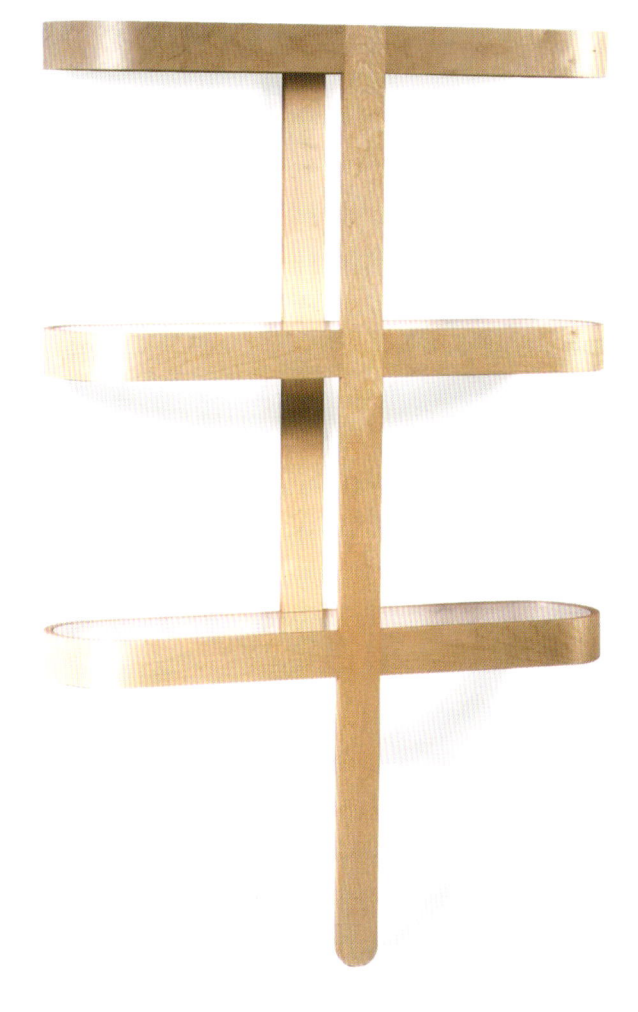

< Bend
Mårten Claesson; Claesson, Koivisto & Rune
Swedese

The *Bend* chair consists of an S-shaped sheet of plywood and two identical back legs, held together by eight screws. The designers described this design as a practice in restraint.

Le siège *Bend* se compose d'une plaque de lamellé-collé en forme de S, et de deux pieds arrière identiques qui sont fixés à l'aide de huit vis. Les designers ont conçu cet objet comme un exercice de style minimaliste.

Der *Bend*-Stuhl besteht aus einer S-förmigen Schichtholzplatte und zwei identischen Hinterbeinen, die mit acht Schrauben zusammengehalten werden. Die Designer beschreiben diesen Entwurf als eine Übung in Minimalisierung.

141

1999

∧ **Plan**
< **Low Pad**
Jasper Morrison
Cappellini

Cappellini is one of the most renowned furniture manufacturers known to support young designers. Even Jasper Morrison's fame surged after working with Cappellini.

Cappellini figure parmi les fabricants de meubles de renom qui font appel aux jeunes designers. Cette collaboration représenta un tournant dans la carrière de Jasper Morrison.

Die Firma Cappellini gehört zu den renommierten Möbelproduzenten, die junge Designer fördert. Auch Jasper Morrison erfuhr so einen Karriereschub.

> **Paesaggi Italiani**
Massimo Morozzi
Edra

This closet combination, designed by Edra's Art Director Massimo Morozzi, is one of the company's long sellers and it is continuously supplemented with shapes and colors.

Cet ensemble de rangement, conçu par le directeur artistique d'Edra, Massimo Morozzi, est le plus grand succès de cet éditeur. Les formes et les couleurs sont continuellement renouvelées.

Die Schrankkombination, gestaltet von Edras Artdirector Massimo Morozzi, ist der Dauerbrenner von Edra und wird kontinuierlich um Formen und Farben ergänzt.

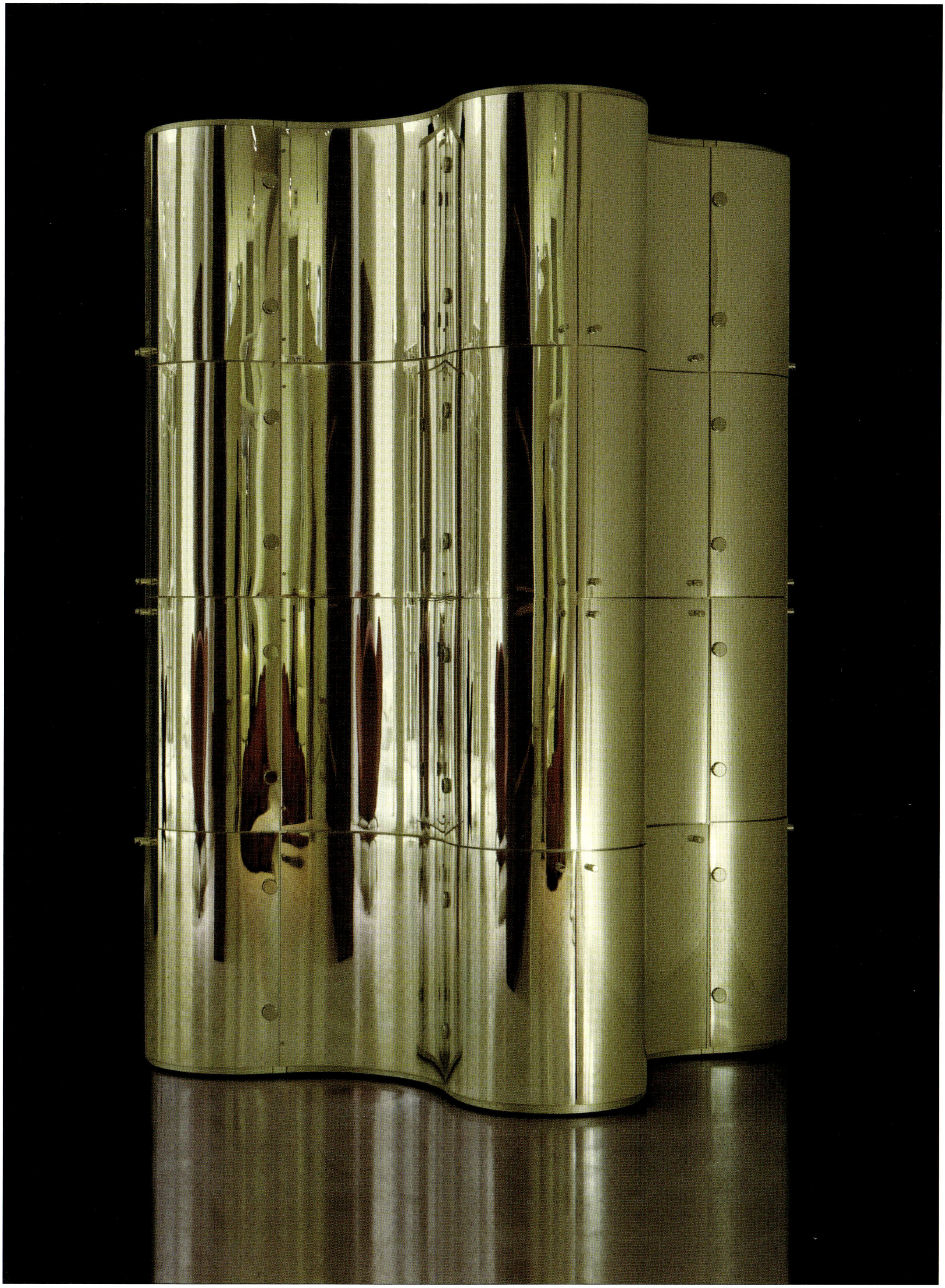

1999

∧ **Primary**
Arne Quinze
Quinze & Milan

Quinze & Milan took Gufram's technique and further developed it. No cover is necessary thanks to the gummed foam.

Quinze & Milan a repris la technique de Gufram et l'a améliorée. La mousse de caoutchouc n'a plus besoin de housse.

Quinze & Milan hat die Technik von Gufram aufgegriffen und weiterentwickelt. Der gummierte Schaumstoff kann auf einen Bezug verzichten.

> **Sax**
Christoph Böninger
ClassiCon

Sax can be adjusted to varying heights in a slightly unexpected manner. The legs are attached to the rails along the corner of the table. When they are moved, the height of the table adjusts accordingly.

La hauteur de la table basse Sax peut varier grâce à un procédé inhabituel. Les pieds sont fixés sur des rails et peuvent coulisser le long du plateau, modifiant ainsi la hauteur de celui-ci.

Sax ist auf ungewöhnliche Weise höhenverstellbar. Die Beine sind an Schienen entlang der Tischkante befestigt und lassen sich verschieben, wodurch die Tischhöhe variiert werden kann.

1999

> **Wheels**
Richard Hutten
Hidden

Hidden, a Dutch manufacturing company, strove to establish itself by manufacturing works by young, promising designers, but never managed to obtain long-term success.

La société néerlandaise Hidden souhaitait se faire un nom en collaborant avec de jeunes designers au talent prometteur. Elle ne put toutefois se maintenir sur le marché.

Die niederländische Firma Hidden startete mit dem Anspruch, sich mit jungen vielversprechenden Designern zu etablieren, konnte sich aber nur kurzfristig am Markt halten.

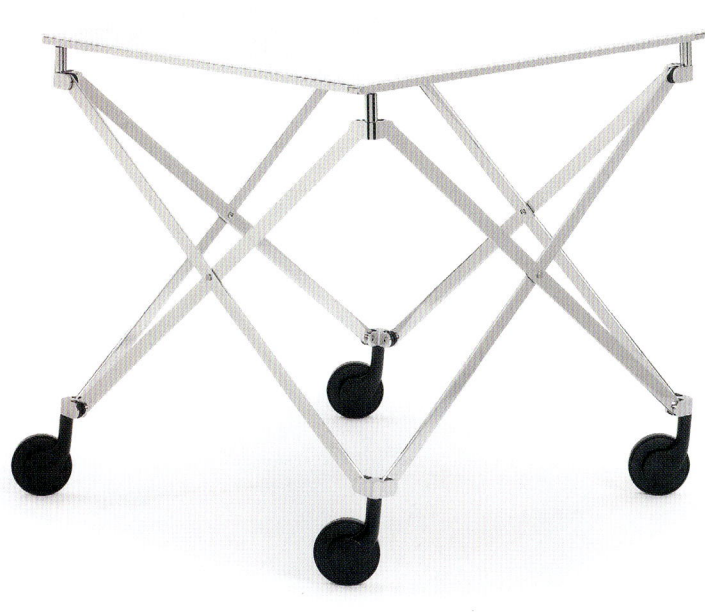

1998

< Circo
Peter Maly
cor

Circo is a chair, armchair and table program, of which all elements feature the distinctive circular base.

Circo est une gamme composée de chaises, de fauteuils et de tables, dont l'élément principal est rond.

Circo ist ein Stuhl-, Sessel- und Tischprogramm, das konsequent auf einer runden Grundfläche beruht.

1998

\> **Zahrada**
∨ **Liana**
Bohuslav Horak
Anthologie Quartett

All of the objects by Czech designer Bohuslav Horak are man-made without exception, as he refuses to subject his design language to any of the limitations of industrial production.

Les objets créés par le Tchèque Bohuslav Horak sont tous fabriqués manuellement ; en effet, leurs formes ne s'adaptent guère aux contraintes de la production industrielle.

Die Objekte des Tschechen Bohuslav Horak werden ausnahmslos handgefertigt, da er sich in seiner Formensprache keinen industriellen Produktionszwängen unterwirft.

1998

V Op-La Table
Jasper Morrison
Alessi

Jasper Morrison transformed a tray into a small table for the world-renowned Italian manufacturer of kitchen accessories, Alessi.

Jasper Morrison transform un plateau en table pour le célèbre fabricant d'ustensiles de cuisine italien.

Für den bekannten italienischen Hersteller von Küchenutensilien funktionierte Jasper Morrison ein Tablett zum Tischchen um.

1998

∧ **Loop Desk**
Barber Osgerby
Cappellini

In 1997, Barber Osgerby designed their first piece of furniture—the *Loop Table*, which was originally created for Isokon Plus. Later, while working for Cappellini, they developed a small collection, of which all elements featured the rounded wooden band of their first design.

Le premier meuble conçu par Barber Osgerby fut la *Loop Table* (1997), une table basse avec espace de rangement sous le plateau, initialement fabriquée par Isokon Plus. En collaboration avec Cappellini, une petite collection de meubles possédant tous le ruban de bois arrondi vit ensuite le jour.

Das erste Möbelstück, das Barber Osgerby gestalteten, war 1997 der *Loop Table*, ein flacher Couchtisch mit Stauraum unter der Tischplatte, der ursprünglich von Isokon Plus gefertigt wurde. Daraus entwickelte sich bei Cappellini eine kleine Kollektion, deren Bestandteile alle auf dem abgerundeten Holzband aufbauen.

1998

V   **Centraal Museum Chair**
Richard Hutten
Droog

This chair is named for the Centraal Museum in Utrecht, as the chair was designed for the museum's restaurant. Inspired by the history of the museum building, a former monastery, Richard Hutten wished to design a monastery chair for the 21st century. His children's chair *Bronto* from 1997 served as a model.

Cette chaise porte le nom du musée d'Utrecht dont elle orne la salle de restaurant. Richard Hutten se laissa guider par l'histoire du Centraal Museum, qui occupe l'enceinte d'un ancien couvent, et souhaitai réaliser une chaise monacale pour le XXIe siècle. Le siège d'enfant *Bronto*, datant de 1997, servit de modèle.

Dieser Stuhl ist nach dem Centraal Museum in Utrecht benannt, für dessen Restaurant der Stuhl entworfen wurde. Richard Hutten ließ sich von der Geschichte des Museums leiten, das in einem ehemaligen Klostergebäude untergebracht ist, und hatte bei seiner Gestaltung einen Klosterstuhl für das 21. Jahrhundert im Sinn. Vorlage war sein Kinderstuhl *Bronto* aus dem Jahr 1997.

1998

∧ Pouf
Matali Crasset
Domodinamica

At the *Salone Satellite* in Milan in 1998, Matali Crasset created sitting possibilities out of simple, calico-patterned cloth bags, which were filled with foam blocks. Edra initially produced the blocks, without changing their appearance in any way. The new version by Domodinamica now features a resistant, mono-colored cover.

Matali Grasset présenta en 1998, lors du *Salone Satellite* de Milan, des sièges composés de blocs de mousse insérés dans des sacs en plastique à carreaux. Edra reprit dans un premier temps l'idée en conservant l'esthétique initiale. La version de Domodinamica possède des housses unies résistantes à l'usure.

Auf dem *Salone Satellite* 1998 in Mailand präsentierte Matali Crasset Sitzmöglichkeiten aus einfachen karierten Kunststoff-Tragetaschen, in die Schaumstoffblöcke gesteckt wurden. Diese Idee wurde zunächst in gleicher Optik von Edra produziert. Die Version von Domodinamica besitzt nun einen einfarbigen strapazierfähigeren Bezug.

1998

∧ **Passepartout**
Dante Donegani & Giovanni Lauda
Edra

When you cut a comfortable armchair out of a block of polyurethane foam, the remaining negative shape proves to be equally comfortable.

Un fauteuil confortable a été découpé dans un bloc de mousse de polyuréthane, pour obtenir des formes inversées d'un confort équivalent.

Schneidet man aus einem Block Polyurethanschaum einen bequemen Sessel, erhält man seine nicht minder komfortable Negativform.

1998

V **Vermelha**
Fernando & Humberto Campana
Edra

Five hundred meters (around 547 yards) of rope were hand-woven around a metal frame in order to create the multi-layered, looped upholstery.

Cinq cents mètres de cordes sont enroulés à la main autour d'une structure en métal, afin de composer une garniture formée de nœuds lâches.

500 m Seil werden in Handarbeit erst um ein Metallgestell gewebt, um dann in mehreren Schichten aus großzügigen Schlaufen das Polster zu bilden.

153

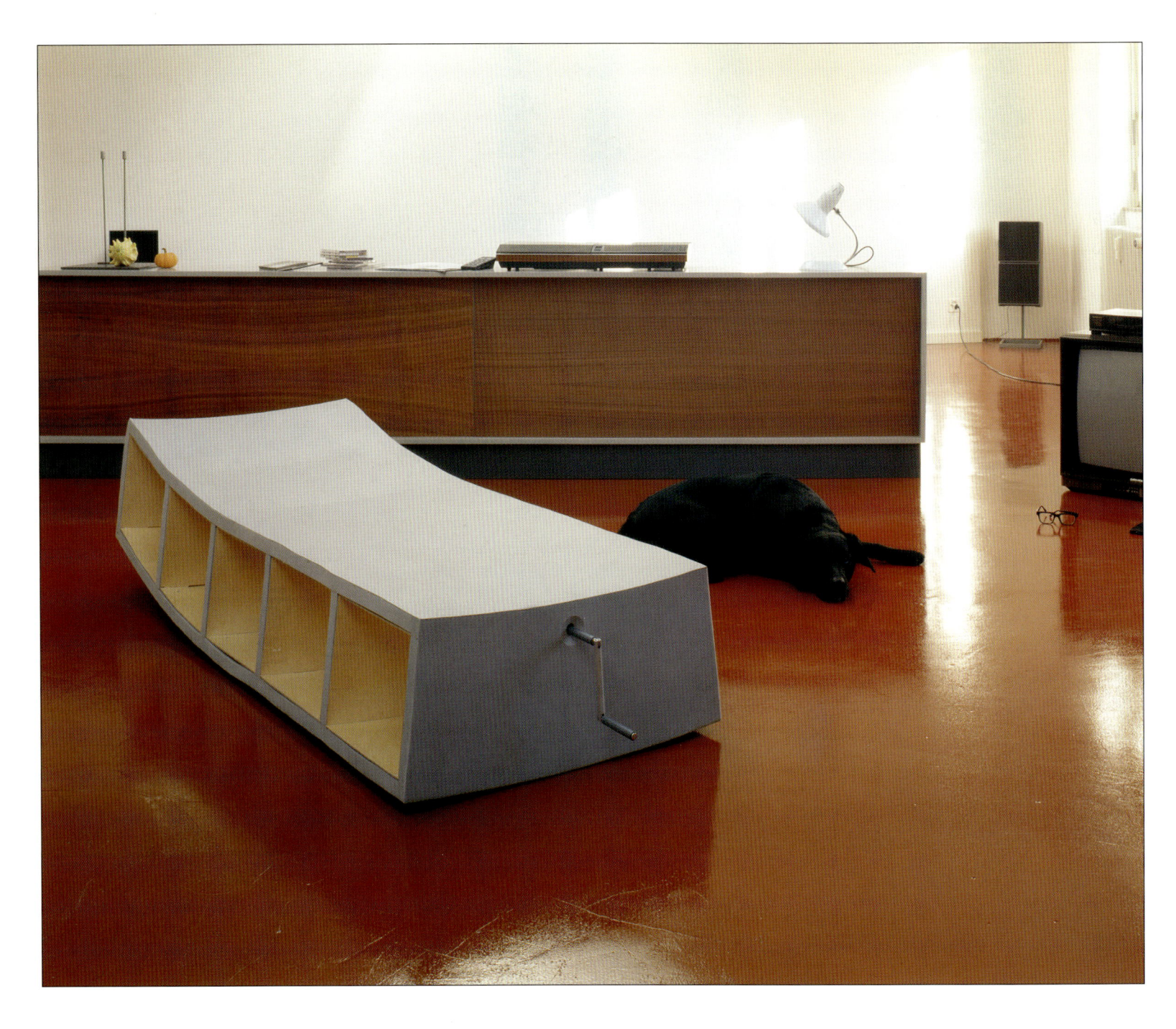

∧ **Wegtauchen**
N2

If you wind the crank at the foot of this piece of furniture the headrest is raised — of course, only, should you wish to dive back up.

Lorsque l'on tourne la manivelle au niveau des pieds, la tête se redresse.

Dreht man an der Kurbel am Fußende, hebt sich das Kopfteil – sofern man auftauchen möchte.

1998

> **Marylin, I Can See Your Knickers**
V **Mind the Gap**
El Ultimo Grito
Trico, Hidden

Originally from Madrid, Roberto Feo and Rosario Hurdado studied furniture and product design in London and founded their creative studio El Ultimo Grito in 1997. The creative and witty title for this chair highlights the character and sense of humor with which they develop their ideas.

Originaires de Madrid, Roberto Feo et Rosario Hurdado ont fait leurs études de design à Londres et ont créé en 1997 l'agence El Ultimo Grito. Ce nom original souligne bien le caractère ludique de leurs idées.

Die Madrilenen Roberto Feo und Rosario Hurdado haben in London Möbel- und Produktdesign studiert und 1997 ihr Kreativstudio El Ultimo Grito gegründet. Die originelle Namensgebung unterstreicht das Wesen und vor allem den Humor ihrer Ideen.

1998

< **La Tourette Chair**
Jasper Morrison
Hubert Weinzierl, Paris

The French convent Sainte-Marie de la Tourette commissioned this chair. Hubert Weinzierl produced one hundred of them out of European oak.

Ce siège a vu le jour à la demande du couvent Sainte-Marie-de-la-Tourette. Hubert Weinzierl en fabriqua cent exemplaires en chêne européen.

Dieser Stuhl ist im Auftrag des französischen Klosters Sainte-Marie de la Tourette entstanden. 100 Exemplare wurden von Hubert Weinzierl in Europäischer Eiche hergestellt.

1997

> **B20**
Tecta
Tecta

Using Jean Prouvé's application of the constructive principle 'tube aplati,' Tecta developed a variant of the stacking cantilever chair.

Reprenant le principe du « tube aplati » de Jean Prouvé, Tecta a créé son propre modèle de porte-à-faux.

Unter Anwendung des konstruktiven Prinzips „Tube aplati" von Jean Prouvé hat Tecta seine Variante des stapelbaren Freischwingers entwickelt.

< **Wood Chair**
Michael Young
Sawaya & Moroni

From the moment they founded their company, William Sawaya and Paolo Moroni focused on developing a pluralist style, by giving their designers the freedom to design as they saw fit.

Depuis la création de leur société, William Sawaya et Paolo Moroni laissent libre cours à l'imagination des designers auxquels ils font appel, et misent ainsi sur un style pluraliste.

Seit der Gründung der Firma setzten William Sawaya und Paolo Moroni auf einen pluralistischen Stil, indem sie den Designern, die sie beauftragten, freie Hand ließen.

1997

< **Vega**
Jasper Morrison
Artifort

Two round cushions connected by a metal band and metal frame is all that's needed to create this small chair by Artifort that can be described as comfortable, even if not excessively so.

Deux coussins, reliés par une tige et un piétement en métal, composent ce petit fauteuil confortable certes, mais sans exagération pour reprendre la description qu'en donne Artifort.

Zwei runde Kissen verbunden durch ein Metallband und einen Metallrahmen ergeben diesen kleinen Sessel, der von Artifort als bequem, ohne übermäßig komfortabel zu sein, beschrieben wird.

1997

< **Wembley**
Thomas Bernstrand
Bernstrand & Co.

Wembley represents a tribune from which you can watch others in the arena of daily life. The seat calls to mind stadium stairs.

Wembley est une tribune à partir de laquelle on peut observer les passants. On s'assied sur ce banc comme sur les marches d'un monument public.

Wembley ist die Tribüne, um anderen in der Arena des täglichen Lebens zuzuschauen. Man sitzt wie auf öffentlichen Treppen.

∨ **Il Capriccio di Ugo**
Matali Crasset
Domodinamica

The armchair's armrests can be folded down and used as a side table.

Les accoudoirs de ce fauteuil s'abaissent, et peuvent alors servir de desserte.

Die Armlehnen des Sessels lassen sich herunterklappen und können dann als Abstellflächen genutzt werden.

159

1997

˅ Loop Table
Barber Osgerby
Cappellini

Isokon Plus manufactured Barber Osgerby's first furniture pieces. These later were included in Cappellini's collection and were finally integrated in the permanent exhibition of the Victoria & Albert Museum in London.

Le premier meuble réalisé par Barber Osgerby fut initialement produit par Isokon Plus. Il figura ensuite dans le catalogue de Cappellini et fait désormais partie des collections du Victoria & Albert Museum de Londres.

Das erste Möbel von Barber Osgerby wurde ursprünglich von Isokon Plus produziert, landete in der Kollektion von Cappellini und wurde schließlich in die permanente Ausstellung des Victoria & Albert Museum in London aufgenommen.

> Step
Konstantin Grcic
Nils Holger Moormann

Step is a handy library ladder with a practical storage space for books. *Step*'s backside is covered with felt, so that it can be placed against any bookshelf without risking any damage.

Step est une échelle de bibliothèque pratique, disposant d'un pupitre pour poser les livres. Il est recouvert de feutre au dos, ce qui permet une utilisation sans risque sur tous les types d'étagère.

Step ist eine handliche Bibliotheksleiter mit einer praktischen Ablagefläche für Bücher. Die Rückseite ist mit Filz beschichtet, sodass sie bedenkenlos an jedes Regal angelehnt werden kann.

< Hut ab
Konstantin Grcic
Nils Holger Moormann

The clothes rack *Hut ab* easily folds together when not in use.

Le portemanteau *Hut ab* (Chapeau bas) peut se replier en un tour de main.

Der Garderobenständer *Hut ab* lässt sich mit einem Griff zusammenklappen.

160

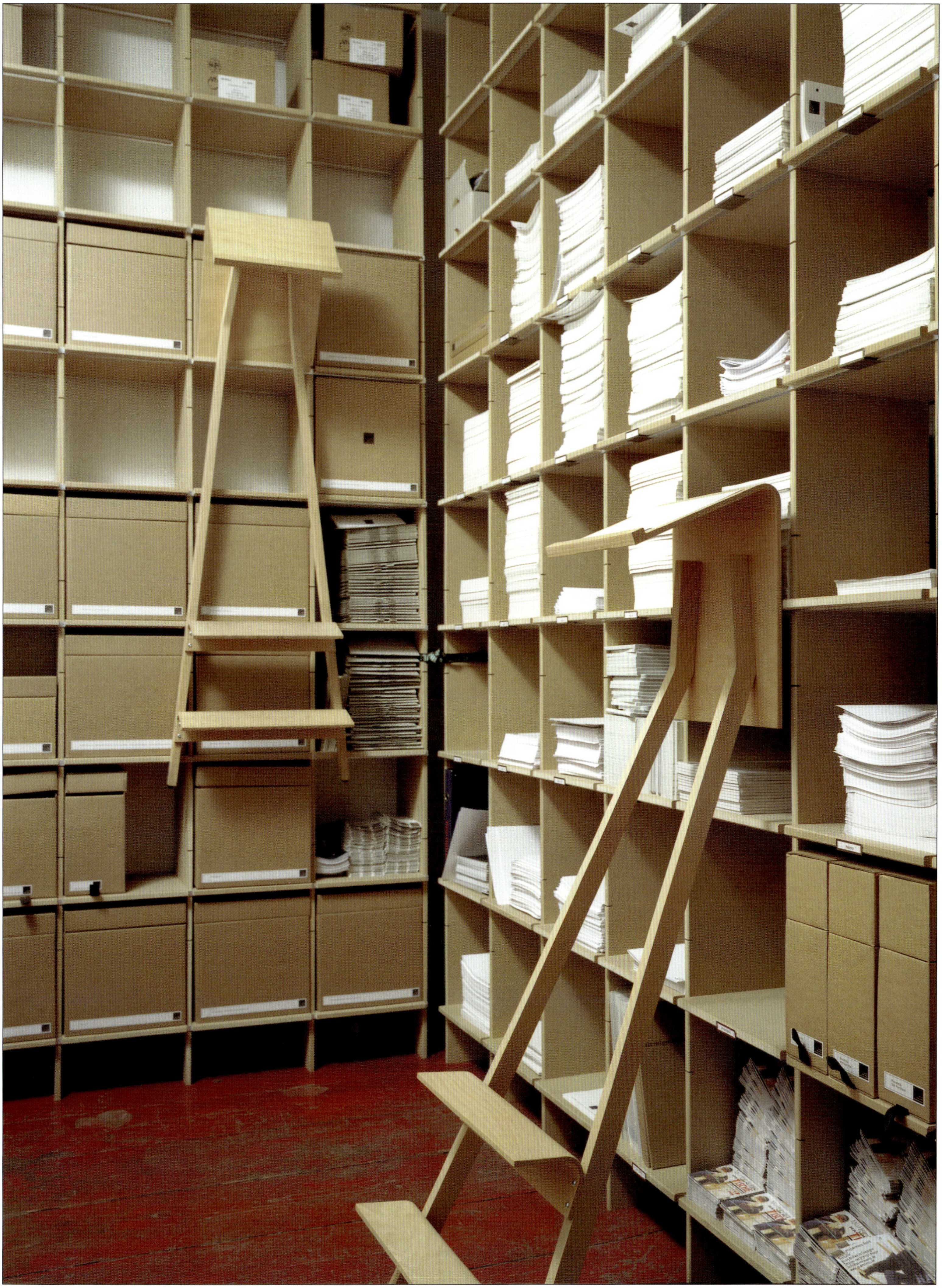

1997

> **FPE**
Ron Arad
Kartell

FPE is the abbreviation of Fantastic Plastic Elastic. A single, curved sheet of plastic was inserted into two parallel aluminum frames, so that the chair was stable, and yet showed flexibility when subjected to stress.

L'abréviation *FPE* signifie « Fantastic Plastic Elastic ». Un panneau en plastique est inséré le long de deux profilés en aluminium parallèles, de manière à rendre le siège stable mais suffisamment flexible pour supporter la charge.

Die Abkürzung *FPE* steht für „Fantastic Plastic Elastic". Eine einzelne gebogene Kunststoffplatte ist in zwei parallele Aluminiumrahmen eingefügt, sodass der Stuhl stabil steht, auf Belastung aber flexibel reagiert.

> **Wait**
Matthew Hilton
Authentics

From the late 1980s onwards, the company Authentics met with great success selling accessories for the home out of translucent plastic. Using this material, Matthew Hilton designed his first pieces of furniture for Authentics.

Avec ses accessoires en plastique translucide, Authentics connut un grand succès dès la fin des années 1980. Matthew Hilton utilisa ce matériau pour réaliser le premier meuble de ce fabricant.

Die Firma Authentics feierte ab Ende der 1980er-Jahre Erfolge mit Wohnaccessoires aus transluzentem Kunststoff. Unter Verwendung dieses Materials entwarf Matthew Hilton das erste Möbel für Authentics.

1997

∨ **Bluebell**
Ross Lovegrove
Driade store

Bluebell can be seen as a new interpretation of the *DAF* chair by George Nelson from the year 1956. Ross Lovegrove used modern production techniques, which he believed to be a method of improving the efficiency and functionality of the designs.

Bluebell peut être considérée comme une interprétation nouvelle de la chaise *DAF* de George Nelson, créée en 1956. Ross Lovegrove utilisa des techniques de fabrication modernes afin d'améliorer la rentabilité et la fonctionnalité de l'ouvrage.

Bluebell kann man als Neuinterpretation des *DAF*-Stuhls von George Nelson aus dem Jahr 1956 betrachten. Ross Lovegrove setzte auf moderne Verfahrenstechniken, die seiner Ansicht nach eine Methode waren, um die Effizienz und Funktionalität von Entwürfen zu verbessern.

1997

V **Bambo**
Stefano Giovannoni
Magis

This height-adjustable barstool features a gas-piston. The characteristic *Bambo* series, which also includes chairs and tables, has been widely copied and imitated.

Ce tabouret de bar est réglable en hauteur grâce à l'action d'un levier sur un piston à gaz. La série *Bambo*, à laquelle appartiennent également une chaise et une table, fut souvent copiée et imitée.

Mithilfe einer Gasfeder ist dieser Barhocker höhenverstellbar. Die charakteristische *Bambo*-Serie, zu der noch Stuhl und Tisch gehören, wurde oft kopiert und imitiert.

1996

< Menos
Peter Maly
Behr

Menos a classical drawer unit, continued to evolve over the years.

L'élément à tiroirs, de facture plutôt classique, fut étoffé au cours des années.

Das im Kern klassische Schubladenelement *Menos* wurde im Laufe der Jahre immer weiter ausgebaut.

> Neoz
Philippe Starck
Driade

Neoz is a virtually complete furniture program with sofas, tables, a bed and chairs. The rather romantic furniture line features wheels, so that all elements can be easily moved.

Neoz est une gamme de mobilier presque exhaustive comprenant des canapés, des tables, un lit et des chaises. Les meubles de cette série aux lignes quelque peu romantiques sont dotés de roulettes, et peuvent être aisément déplacés.

Neoz ist ein nahezu komplettes Möbelprogramm mit Sofas, Tischen, Bett und Stühlen. Die leicht romantisch wirkende Möbellinie ist mit Rollen ausgestattet, sodass alle Elemente leicht verschoben werden können.

1996

∧ **Lima**
Jasper Morrison
Cappellini, Thonet Vienna

The seat and backrest consist of polyurethane struts, which are inserted in a metal frame. The backrest can be folded down to allow several chairs to be stacked on top of each other.

L'assise et le dossier se composent de bandes en polypropylène moulé, fixées à un cadre en aluminium anodisé. Le dossier se rabat afin de pouvoir empiler les sièges les uns sur les autres.

Sitzfläche und Rückenlehne bestehen aus geschäumten Polyurethan-Streben, die in einem Metallrahmen eingespannt sind. Um mehrere Stühle aufeinanderzustapeln, lässt sich die Lehne nach vorn klappen.

> Knotted Chair
Marcel Wanders
Droog, Cappellini

Marcel Wanders received countless awards for this design, which unites craftsmanship with industrial technology. A rope out of aramide fibers, braided around a carbon core, is carefully knotted into the shape of a chair. The limp heap is soaked in Epoxy resin and then hung in a frame to dry and harden.

Cette création de Marcel Wanders, qui fut récompensée à plusieurs reprises, associe artisanat et technologie industrielle. Une corde tressée en fibres d'aramide et de carbone est nouée de manière à former une chaise. L'ensemble lâche est trempé dans de la résine époxyde et étendu sur une structure, de manière à le rigidifier.

Dieser mehrfach preisgekrönte Entwurf von Marcel Wanders verbindet Handwerk mit industrieller Technologie. Ein Seil aus Aramidfasern, die um einen Karbonkern geflochten sind, wird zur Stuhlform geknotet. Der schlaffe Knäuel wird mit Epoxydharz getränkt und zum Aushärten in einen Rahmen gehängt.

Sustainable Design
Design durable
Nachhaltiges Design

Günter Horntrich

In the years following the unrestrained design euphoria of the 1960s, sober realization set in. The oil crisis in 1973 as well as the increasing number of reports on environmental catastrophes caused by humans shook society—and societal values—to the core. The affluent society slowly became aware that a high price was attached to the search for progress and continuous economic growth, a price that nature ended up paying. A crusade against the throwaway mentality of consume-oriented societies ensued, and anything deemed as 'unnatural' was vehemently rejected. Environmentally conscious members of society began to demonize plastic, bestowing upon it a stigma which in turn directly affected design esthetics. Bright garish colors, playful forms and artificial material did not fit in with this critical worldview. Granted, the avant-garde underground of the early 1980s briefly revived the use of plastic and groups such as Memphis and Alchimia with their funky plastic-covered objects rebelled against the legacy of New Objectivity. Yet, these innovative pieces of furniture remained exotic and sales were minimal.

Zeitgeist or Change in Values?

Today's globally linked society prefers an easily digested way to be environmentally conscious—Energy stars and other logos on environmentally friendly products have significantly sensitized the general public for environmentalism. Solutions for environmental problems are not found by heeding the call of 'back to nature,' but instead through the development of intelligent technologies.

À l'euphorie suscitée par le design dans les années 1960 succéda une période de désenchantement. La crise pétrolière de 1973 et les annonces toujours plus fréquentes de catastrophes écologiques, dont la responsabilité revenait à l'homme, firent vaciller les valeurs existantes. La société d'abondance prit conscience du prix de ses aspirations à la croissance illimitée et au progrès, et de ses répercussions sur la nature. Une croisade s'engagea contre le « tout-jetable » de la société de consommation, et l'on combattit avec véhémence ce qui n'était pas naturel. Le plastique devint l'ennemi de l'homme soucieux de l'environnement. Avec la mise au placard de ce matériau, la manière d'envisager l'esthétique se modifia. Les couleurs vives, les formes facétieuses et les matières synthétiques n'étaient plus conformes à cette nouvelle vision du monde. Les matières naturelles, les couleurs feutrées et les formes sobres prirent de plus en plus d'importance. Au début des années 1980, le plastique connut certes une période de résurrection au sein des avant-gardes. Des groupes tels Memphis et Alchymia se rebellèrent contre ce style dépouillé en confectionnant des pièces en plastique laminé, aux formes peu conventionnelles. Toutefois, ces meubles très novateurs en restèrent au stade expérimental et ne se vendirent quasiment pas.

L'air du temps ou un changement des valeurs

La société de réseaux actuelle favorise une forme de conscience écologique prête à l'emploi : le point vert, les sacs de tri sélectif

Auf die ungebremste (Design-)Euphorie der 1960er-Jahre folgte die Ernüchterung: Die Ölkrise 1973 sowie zunehmende Meldungen über von Menschenhand verursachte Umweltkatastrophen brachten die bestehenden Werte ins Wanken. Der Wohlstandsgesellschaft wurde bewusst, dass das Streben nach Fortschritt und stetigem Wirtschaftswachstum einen Preis hat, den die Natur bezahlen muss. Ein Kreuzzug gegen die Wegwerfmentalität der Konsumgesellschaft folgte, und alles „Unnatürliche" wurde vehement bekämpft. Plastik wurde zum Feindbild des umweltbewussten Zeitgenossen. Mit der Stigmatisierung von Kunststoff änderte sich auch das Verständnis von Ästhetik: Schrille Farben, verspielte Formen und künstliche Materialien passten nicht länger zum neuen kritischen Weltbild. Auf dem Vormarsch waren natürliche Materialien, zurückhaltende Farbtöne sowie schlichte Formen. Im avantgardistischen Underground der frühen 1980er-Jahre lebte Kunststoff zwar wieder kurz auf, und Gruppierungen wie Memphis und Alchimia rebellierten mit ihren schrägen kunststoffbeschichteten Objekten gegen die Neue Sachlichkeit. Doch die innovativen Möbel blieben Exoten und verkauften sich kaum.

Zeitgeist oder Wertewandel

Die global vernetzte Gesellschaft favorisiert eine leicht konsumierbare Form des Umweltbewusstseins: Grüne Punkte, gelbe Säcke, rote Artenschutzlisten und blaue Engel haben die breite Öffentlichkeit für das Thema Ökologie nachhaltig sensibilisiert. Kein Wort mehr von „zurück zur Natur" – heutzutage werden

Environmentally friendly materials have increasingly become the material of choice for furniture, which, however, is then transported across the world to be brought home in a gas-guzzling car. Being green or ecologically alert is now seen as a positive quality, as opposed to the air of ascetic sacrifices with which it was connoted in earlier decades. Environmentalism has become a way of life. Problems only become apparent when the phenomenon is observed a little more thoroughly. On an average, modern-day furniture is past its prime and thrown away after ten years, sometimes because it is broken and sometimes because it is no longer seen as attractive. Sometimes furniture is even designed for short-term use, deliberately conceived without timeless appeal, but instead tailored to the current decade's tastes. At the local dump, this furniture pollutes the environment, even if it is no longer visible to the previous owner. Environmentalism and design do not co-exist in harmony. Design stimulates production of new objects, whereas environmentalism focuses more on limiting consumption. Seen from a general point of view, environmentalism encourages people to save. Truly environmentally friendly products do not exist, yet design gives us the chance of sensibly incorporating environmentally friendly aspects in the planning process.

Bionics—Learning from Nature

Compared to human way of life, nature has one leading advantage—time is on its side. Financial limitations do not play a role in nature's workshops and factories. Nature's design opts for only slight modifications from generation to generation and tests the changes for suitability for daily use over an extended period of time. No waste is produced during this process—nature's recycling cycles are perfect. An additional advantage consists in the fact that all nature's efforts serve the sole purpose of securing the survival of the own species. Humans, however, have liberated themselves somewhat from nature using human intelligence—for highly useful reasons. Heating makes our winters more comfortable, air conditioning ensures hot summers are tolerable. At the same time, cultural techniques have become increasingly sophisticated over the centuries, developing a specific set of rules of seduction. The game of seduction and being seduced depends on the objects we surround ourselves with,

jaunes, la liste rouge des espèces protégées ont durablement sensibilisé l'opinion publique sur le thème de l'environnement. Mais il n'est désormais plus question de « retour à la nature ». De nos jours, on s'appuie sur les technologies intelligentes pour répondre à la question de l'environnement. Les meubles, confectionnés de plus en plus à partir de matériaux écologiques, font ensuite le tour de la terre pour rejoindre leur domicile d'adoption, transportés dans le coffre d'un 4x4 particulièrement gourmand en consommation d'essence. L'écologie est perçue de manière positive, elle est devenue une évidence, mais s'est éloignée de l'esprit de sacrifice et du renoncement ascétique d'autrefois.

Un examen plus attentif soulève d'autres questions. En moyenne, les meubles d'aujourd'hui sont, après une période de dix ans, ou détériorés ou ne plaisent plus et sont jetés. Souvent, ils sont conçus de telle sorte qu'ils ne puissent guère plaire plus de dix ans, les goûts évoluant de manière fondamentale dans un tel laps de temps. S'accumulant dans les décharges, ils pèsent ensuite sur l'environnement – un processus que ne perçoit pas leur ancien propriétaire. Le design et l'écologie ne paraissent ainsi pas compatibles. Le design crée sans cesse de nouveaux produits. L'écologie est au sens le plus large synonyme de restrictions, d'économie naturelle. Il n'y a pas de produits qui préservent l'environnement. En revanche, le design peut être une chance lorsqu'il intègre des considérations d'ordre écologique à la conception du produit.

Bionique et les leçons de la nature

La nature possède un net avantage par rapport à notre manière de vivre : le temps. Dans ses ateliers et ses fabriques, on ne calcule pas au centime d'euro près. La nature ne modifie que légèrement ses créations de génération en génération, et réagit à long terme. Ce qui ne fonctionne pas dans la vie quotidienne, reste à l'état d'ébauche ou n'est pas renouvelé. Un tel procédé n'engendre pas de déchets : en termes de recyclage, les cycles de la nature sont parfaits. Autre avantage, tous les efforts mis en œuvre n'ont qu'un seul objectif : assurer la survie de l'espèce. Les hommes, à l'inverse, se sont affranchis de l'autorité de la nature à l'aide de leur intelligence, pour des raisons pratiques : le chauffage adoucit les rigueurs de l'hiver, la climatisation rend les étés agréables… Parallèlement, la culture et ses techniques ont

intelligente Technologien zur Lösung von Umweltproblemen propagiert. Und die einmal um die Welt transportierten Möbel – immer häufiger hergestellt aus ökologischen Materialien – werden im Kofferraum eines Sprit fressenden Geländewagens ins heimische Wohnzimmer transportiert. Ökologie wird als positives Selbstverständnis im Gegensatz zu dem asketischen Verzicht früherer Zeiten wahrgenommen. Sie hat sich zu einem Lebensgefühl gewandelt.

Ein genauerer Blick zeigt die Probleme: Im Durchschnitt sind die heutigen Möbel nach zehn Jahren entweder kaputt, oder sie gefallen nicht mehr und werden weggeworfen. Oftmals sind sie so gestaltet, dass sie gar nicht länger als ein Jahrzehnt gefallen können, weil sich der Geschmack in diesen Jahren grundlegend ändert. Und danach belasten sie die Umwelt – meist für den ehemaligen Besitzer unsichtbar – auf Müllhalden. Design und Ökologie vertragen sich nicht. Design bewirkt immer neue Produkte, Ökologie hat etwas mit Einschränkung, mit Sparen im weitesten Sinne zu tun. Umweltfreundliche Produkte gibt es nicht, aber Design ist die Chance, ökologische Aspekte sinnvoll in die Produktplanung einzubringen.

Bionik und das Lernen von der Natur

Die Natur hat gegenüber unserer Lebensweise einen entscheidenden Vorteil: Sie hat Zeit. In ihren Werkstätten und Fabriken wird nicht mit Centbeträgen kalkuliert: Die Natur modifiziert ihre Entwürfe von Generation zu Generation nur leicht und überprüft die Änderungen in langen Zeiträumen auf Alltagstauglichkeit. Was nicht funktioniert wird nicht weiterverfolgt. In diesem Prozess entsteht kein Abfall: Die Recyclingzyklen der Natur sind perfekt. Ein weiterer Vorteil: All ihre Anstrengungen dienen dem einzigen Zweck, das Überleben der eigenen Spezies zu sichern. Dagegen haben wir Menschen uns mithilfe unserer Intelligenz von der Natur emanzipiert, aus durchaus sinnvollen Gründen: Heizungen machen unsere Winter beschaulich und Klimaanlagen unsere Sommer angenehm. Gleichzeitig haben die über Jahrhunderte entwickelten Kulturtechniken eine Raffinesse entwickelt, in der das Verführen und Verführtwerden in großem Maße davon abhängt, mit welchen Objekten wir uns umgeben, was wir gerne sein möchten und wie wir wahrgenommen werden. Und man schaue sich die Möbelstücke an, die in

how we would like to be perceived and who we would like to be. All pieces of furniture presented in this book testify to this—they are masterpieces of seduction! With these objects, we can present and reveal ourselves, we can hide, set boundaries, seduce, boast, preside, sprawl, relax and reveal. In other words, we can show how cultivated and refined we are. Just like nature herself.

Sensual Refinement

Each generation gives rise to an outlook on life using projections, interpretations and thus designs to materialize the worldview. We therefore need strategies that combine both, sensual furniture for pleasure and intelligent sustainability strategies with which our long-term survival is secured. Even though some pieces of furniture are several decades old, they continue to fascinate us. Timeless elegance and dignity characterize these items, even in old age. Other pieces of furniture, bought last year, already seem boring to us and will surely be disposed of in the year to come. They are a form of visual pollution, qualitatively inferior, both in terms of esthetics and material. Such furniture uses unsuitable colors and completely disregards human sensibilities for a harmonious approach. Well-designed furniture does not clamor for attention. On the contrary, it is restrained, waiting patiently for the right moment to show its true colors. In this way, it resembles nature—a sunflower does not bloom in the winter, for bees do not fly in this season. Energy is thus used wisely and not wasted.

Culture's Poetry

Every object has an obvious function—a simple wooden church bench is designed to encourage humility, an armchair is intended to convey a sense of security, while a living room chair strives to emphasize the owner's social status. Function and form are obscurely intertwined at all times. Our society, ever focused on two-dimensional television screens, has converted design into an empty and

développé, au cours des siècles, le culte du raffinement : le fait de séduire et d'être séduit dépend en grande partie des objets qui nous entourent, de ce que nous aimerions être et de la manière dont nous sommes perçus. Regardons de plus près les objets rassemblés au sein de cet ouvrage : ce sont des éléments de séduction particulièrement éblouissants ! On se présente, se préserve, séduit, se vante, se cache, trône, se vautre, se repose, se dévoile, bref on se cultive, à la manière d'une belle plante. Exactement comme la nature.

Raffinement sensuel

Les manières de vivre de chaque génération créent des projections, des interprétations et donc des designs qui matérialisent cette vision du monde. Nous avons besoin de stratégies associant le besoin de meubles chaleureux, qui expriment la joie de vivre, mais également de stratégies de développement durable intelligentes, qui assurent notre survie à long terme. Il existe des pièces de mobilier qui ont des dizaines d'années et qui nous fascinent encore. Elles se distinguent par une élégance intemporelle et vieillissent dans la dignité. Et il y a des meubles qui sont ennuyeux un an après leur acquisition, et dont on se débarrassera l'année suivante. C'est une forme de gaspillage esthétique, des meubles bas de gamme en termes de qualité et d'aspect. Les couleurs ne sont pas appropriées et le sens de l'harmonie est bafoué. Les meubles bien conçus ne jurent pas, au contraire, ils se tiennent à distance et attendent le moment propice pour dévoiler leurs qualités. Ils sont à l'image de la nature : une fleur de tournesol n'éclôt pas en hiver, car il n'y a pas d'abeilles en cette saison... Le tournesol ne gaspille pas son énergie.

Poésie de la culture

Chaque objet possède une fonction manifeste : un banc d'église est au service de notre dévotion, un fauteuil doit procurer une sensation de sécurité et une chaise de salle à manger souligne notre statut social. La forme

diesem Buch versammelt sind: Es sind Glanzstücke der Verführung! Man präsentiert sich, grenzt ab, verführt, gibt an, versteckt, thront, fläzt, ruht, enthüllt, kurz: Man ist kultiviert. Genau wie die Natur.

Sinnliche Kultiviertheit

Das Lebensgefühl jeder Generation schafft Projektionen, Interpretationen und damit Designs, mit denen die Sicht auf die Welt materialisiert wird. Wir brauchen also Strategien, die beides verbinden: Sinnliche Möbel für die Freude am Leben und intelligente Nachhaltigkeitsstrategien, mit denen unser Überleben langfristig gesichert wird. Es gibt Möbelstücke, die viele Jahrzehnte alt sind und uns immer noch faszinieren. Sie zeichnen sich durch zeitlose Eleganz aus und altern in Würde. Und es gibt Möbel, die im letzten Jahr gekauft, schon in diesem Jahr langweilen und sicherlich im nächsten Jahr weggeworfen werden. Sie sind eine optische Umweltverschmutzung, dabei qualitativ minderwertig und das sowohl ästhetisch als auch materiell: Die Farben sind unangemessen, und natürliche Harmonieempfindungen werden sträflich missachtet. Gut gestaltete Möbel schreien nicht. Im Gegenteil, sie halten sich zurück und warten den Moment ab, an dem es sich lohnt, die eigenen Qualitäten zu zeigen. Hier sind sie wie die Natur: Eine Sonnenblume blüht nicht im Winter, denn zu dieser Jahreszeit sind keine Bienen zu erwarten. Sie verschwendet ihre Energien nicht.

Die Poesie der Kultur

Jedes Objekt hat eine offensichtliche Seite: Eine Kirchenbank soll unsere Demut fördern, ein Sessel soll uns ein Gefühl von Sicherheit vermitteln und ein Wohnzimmerstuhl unseren gesellschaftlichen Status unterstreichen. Zwischen Funktion und Form besteht zu jeder Zeit eine schwer durchschaubare Verrechnung. In unserer auf zweidimensionale Bildschirme konzentrierten Gesellschaft verkommt das Design zum bunten Schein, zu einem Spektakel. Die Geste des Designers

brightly colored spectacle. A designer's task resembles that of a stylist who obeys a rapidly changing Zeitgeist—opinion makers acting on a global level dictate the taste *du jour*. Fair enough; after all, a peacock uses the same strategy. Peacocks, however, use fewer materials and less energy, and therefore show a more intelligent approach.

Esthetics and Inner Values

How would nature construct a piece of furniture? Unfortunately, nature does not need chairs, tables, closets or kitchen cabinets. Designers need to listen to their imagination—in nature every tree needs to grow in a way that will ensure it is stable enough to supply itself with water and light. A chair, however, needs to be comfortable and fulfill humans' ergonomic requirements. In addition, it should also be stable enough to support the person using it. This is a chair's natural purpose. Nature is a wonderful teacher—wonderful constructions surround us. Plant structure and bones show how construction problems have been successfully resolved and tested over several centuries. True sustainable design incorporates its intrinsic values and properties: it is unfashionable, useful, sensuous and intelligently made using materials that can be returned to the respective cycles. The most important aspect, however, is that of use: furniture is not used up, it is used. The value of a piece of furniture lies in its utility value.

et la fonction s'équilibrent de façon subtile. Dans une société dont l'attention est fixée sur des écrans bidimensionnels, le design est perçu comme une manifestation bigarrée, comme un spectacle. Le geste du designer est semblable à celui du styliste qui saisit l'air du temps et ses modifications de plus en plus rapides. Ceux qui façonnent l'opinion à travers le monde dictent le goût. Un paon use de la même stratégie, mais avec moins de dépenses matérielles et énergétiques, et plus d'intelligence.

Esthétique et valeurs

Comment la nature construirait-elle un meuble ? Elle n'a nul besoin de chaises, de tables, d'armoires ou de placards. C'est au designer de laisser libre cours à sa fantaisie. Un arbre se développe au sein d'un environnement qui lui donne la stabilité nécessaire pour se ravitailler en eau et en lumière. Une chaise, à l'inverse, doit répondre aux besoins ergonomiques de l'homme et être confortable. Elle doit par ailleurs être suffisamment stable pour pouvoir nous porter. C'est sa fonction première. Nous pouvons ici progresser en observant la nature : elle regorge de constructions idéales. Nos problèmes sont parfaitement résolus dans les os ou dans les structures végétales, et ces solutions ont été testées avec succès depuis des siècles. Le véritable design durable se manifeste par les valeurs suivantes : intemporalité, utilité, chaleur, production intelligente à partir de matériaux recyclables. Mais le plus important, c'est la fonction, qui reste la valeur première d'une pièce de mobilier, et non son statut d'objet de consommation.

gleicht der eines Stylisten, der den sich immer schneller ändernden Zeitgeist bedient: Den Geschmack diktieren global agierende Meinungsmacher. Dagegen ist nichts einzuwenden, ein Pfau bedient sich der gleichen Strategien. Nur mit weniger Aufwand an Material und Energie, und damit intelligenter.

Ästhetik und innere Werte

Wie also würde die Natur ein Möbelstück konstruieren? Bedauerlicherweise benötigt sie keine Stühle, keine Tische, keine Garderoben und keine Küchenschränke. Die Fantasie des Designers ist also gefragt: Jeder Baum muss sich in seinem Umfeld so entwickeln, dass er stabil genug ist, um sich ausreichend mit Wasser und Licht zu versorgen. Ein Stuhl hingegen sollte den ergonomischen Bedürfnissen des Menschen entsprechen und bequem sein. Er sollte darüber hinaus so stabil sein, dass er unser Gewicht tragen kann. Das ist sein natürlicher Zweck. Hier können wir von der Natur lernen: Ideale Konstruktionen finden wir dort überall. In Knochen oder im Aufbau von Pflanzen sind alle unsere Konstruktionsprobleme bereits ideal gelöst und über Jahrtausende getestet. Denn echtes nachhaltiges Design trägt seine Werte in sich: unmodisch, nützlich, sinnlich, intelligent produziert und aus Materialien, die in die entsprechenden Kreisläufe zurückgeführt werden können. Aber noch viel wichtiger ist seine Nutzung: Möbel werden nicht verbraucht, Möbel werden benutzt. Denn der vorrangige Wert eines Möbelstücks ist sein Gebrauchswert.

1996

< Mikado
Johannes Foersom &
Peter Hiort-Lorenzen
Fredericia

This chair follows the classical construction principle for which the legs and the backrest support are attached to the seat. More unusual, however, is the choice to have the backrest consist solely out of the upward supports, without the usual comb. The effect is reminiscent of Mikado sticks before they fall to the ground.

Cette chaise repose sur un principe de construction classique : les pieds et les baguettes du dossier sont fixés à l'assise. Le dossier n'est pourtant composé que d'éléments horizontaux sans traverse, ce qui s'avère assez inhabituel.

Der Stuhl folgt einem klassischen Konstruktionsprinzip, bei dem die Beine und die Streben der Lehne an der Sitzfläche befestigt sind. Ungewöhnlich ist, dass die Lehne ausschließlich aus Streben gebildet wird und auf einen Querabschluss verzichtet.

1996

< **Backenzahn**
Philipp Mainzer
e15

This stool or side table comprises four identical heartwood legs.

Ce tabouret, également table d'appoint, se compose de quatre pieds identiques retaillés dans le cœur du bois.

Dieser Hocker oder Beistelltisch besteht aus vier gleichen Beinen, die aus dem Kernholz eines Baums gefertigt werden.

∧ **Scrittarello**
Achille Castiglioni
De Padova

Maddalena Corti De Padova and her husband Fernando began to import Scandinavian furniture to Italy in 1956 and founded their own company in 1958, where they manufactured licensed furniture from Herman Miller. From the mid-1980s onwards, they presented their own collection, for which they were able to sign on renowned designers.

Maddalena Corti De Padova et son époux Fernando commencèrent à importer du mobilier scandinave en Italie en 1956. En 1958, la société qu'ils venaient de créer fabriquait des meubles d'Herman Miller sous licence. À partir du milieu des années 1980, ils présentèrent leur propre collection, pour laquelle ils firent appel à des designers prestigieux.

Maddalena Corti De Padova und ihr Mann Fernando begannen 1956, skandinavische Möbel nach Italien zu importieren, und fertigten ab 1958 mit ihrer neu gegründeten Firma Möbel von Herman Miller in Lizenz. Ab Mitte der 1980er-Jahre präsentierten sie eine eigene Kollektion, für die sie angesehene Designer gewinnen konnten.

1995

V When Jim Comes to Paris
Matali Crasset
Domeau & Peres

When Jim comes to Paris, you would still like to offer him a comfortable place to sleep, even despite the slightly cramped quarters. During the day, the bed is rolled up into a column.

Lorsque Jim vient à Paris, il faut lui offrir un coin confortable pour dormir, malgré le peu de place dont on dispose. De jour, la couchette est repliée et décore l'espace à la manière d'une colonne.

Wenn Jim nach Paris kommt, kann man ihm trotz beengter Wohnverhältnisse einen komfortablen Platz zum Schlafen anbieten. Tagsüber steht die Schlafstätte zusammengefaltet als Säule im Raum.

1995

< Los Muebles Amorosos
Javier Mariscal
Moroso

Javier Mariscal strayed away from straight lines with his 'furniture of love,' opting instead for more organic forms. A known comic book artist, this designer preferred to focus more on the pictorial design of the furniture than on its functionality.

Pour composer ses « meubles de l'amour », Javier Mariscal s'est soustrait à la ligne droite, se laissant inspirer par les formes organiques. Ce designer, également connu comme auteur de bande dessinée, a créé un siège dont l'esthétique prime sur la fonctionnalité.

Bei den „Möbeln der Liebe" ist Javier Mariscal vor geraden Linien geflüchtet und hat sich von organischen Formen inspirieren lassen. Der auch als Comiczeichner bekannte Designer hatte beim Entwurf mehr die bildhafte Gestaltung im Blick als die Funktionalität eines Möbels.

> Miss Tripp
Philippe Starck
Kartell

The combination of wood and plastic is not frequently found. This chair is delivered in six separate components. In order to assemble them, the beech wood legs and the plywood backrest are simply stuck into the seat shell.

L'association du bois et du plastique n'est pas très courante. La chaise est livrée en six pièces détachées. Les pieds en hêtre massif et le dossier en lamellé-collé s'insèrent dans l'assise.

Die Kombination aus Holz und Kunststoff findet sich nicht häufig. Geliefert wird der Stuhl in sechs Einzelteilen. Um ihn aufzubauen, steckt man die Beine aus Buchenholz und die Lehne aus Schichtholz einfach in die Sitzschale.

1995

< **Rocket**
Eero Aarnio
Artek

Eero Aarnio was famous for his plastic furniture. While working with plastic, he developed a design language which he then transferred to wood when designing this stool.

Eero Arnio est connu pour ses meubles en plastique. Le langage des formes, qui vit le jour dans le cadre du travail avec ce matériau, est utilisé pour ce tabouret réalisé en bois.

Bekannt ist Eero Aarnio für seine Kunststoffmöbel. Seine durch den Einsatz von Kunststoff herausgebildete Formensprache hat er hier auf einen Hocker aus Holz übertragen.

1994

∧ **Europa**
Ron Arad
Draenert

Chrome-nickel steel sheet with the strength of merely 1 mm (around 0.039 inches) was used for *Europa*. Stability was achieved by closing the open edges.

Ron Arad a utilisé pour réaliser ce canapé une feuille d'acier nickel-chrome de 1 mm d'épaisseur. En reliant les bords des ouvertures frontales, il obtint la stabilité requise.

Für dieses Sofa ist nur 1 mm starkes Chrom-Nickel-Stahlblech verwendet worden. Die Stabilität wird durch das flächige Schließen der Stirnseiten erreicht.

1994

< Folienschrank
Kurt Thut
Thut Möbel

Made from beech slats and airplane plywood, this closet's frame is subsequently covered with sailcloth. The simple construction ensures the closet is very light.

Faite de toile servant à fabriquer les voiles de bateau tendue sur une armature composée de baguettes de bois et de contreplaqué de modélisme, cette armoire est très légère.

Um einen Rahmen aus Holzleisten und Flugzeugsperrholz ist eine Hülle aus Segeltuch gespannt. Aufgrund dieser Konstruktion ist der Schrank sehr leicht.

1994

< **Lyra Stool**
Design Group Italia
Magis

Even though the *Lyra Stool* never received any design awards, it has long been one of the bestselling pieces of furniture manufactured by Magis.

Ce tabouret n'a remporté aucun prix, mais il est depuis des années l'objet le plus vendu de Magis.

Dem *Lyra Stool* fehlen Designpreise, dafür ist er seit Langem der Verkaufsschlager von Magis.

∨ **Lord Yo**
Philippe Starck
Driade

This polypropylene armchair can be stacked and is therefore highly popular in outdoor cafés and restaurants.

Ce fauteuil en polypropylène est empilable, et de ce fait particulièrement apprécié pour meubler les terrasses de restaurants ou de cafés.

Dieser Sessel aus Polypropylen ist stapelbar und daher in gastronomischen Außenbereichen beliebt.

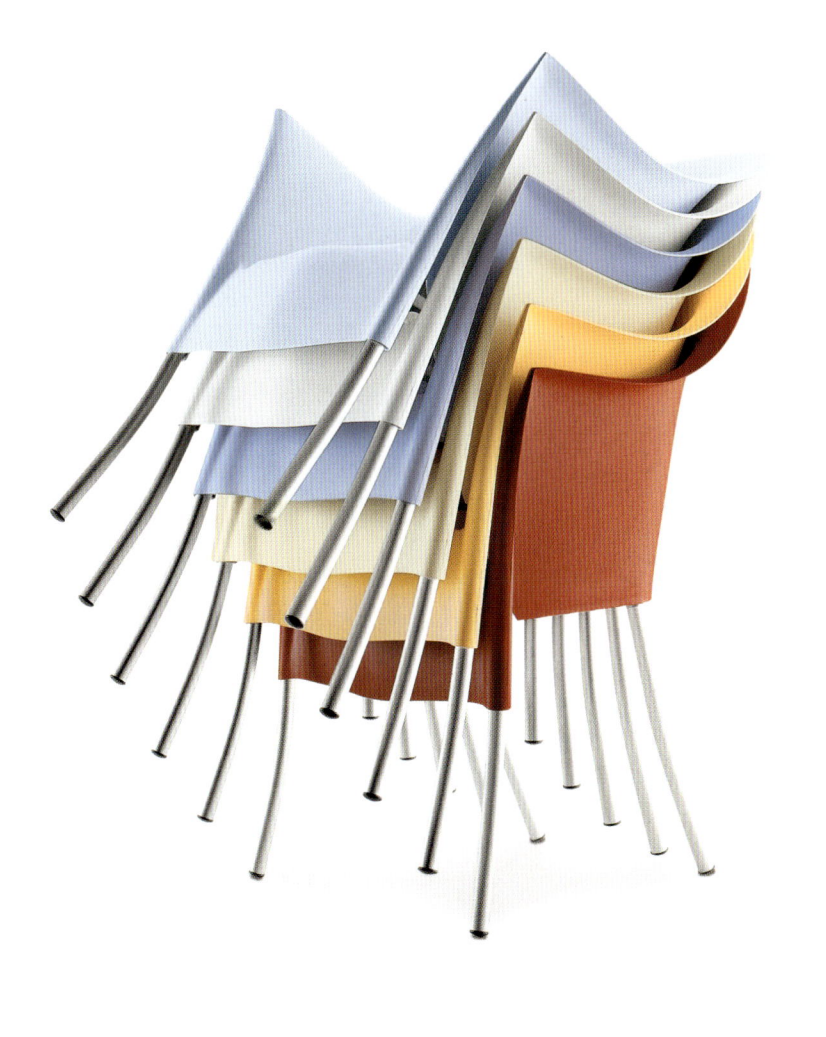

1994

∨ **2 piece suit**
Rolf Sachs

The seat is only loosely placed on the frame. By placing the frame on its side, you can adjust the height of the chair.

L'assise-dossier est simplement posée sur le piétement. La hauteur du siège varie, puisque l'on peut ou non utiliser le piétement.

Der Sitz ist nur lose auf das Fußgestell aufgelegt. Die Sitzhöhe lässt sich variieren, indem man das Gestell auf die Seite legt.

> **The Cross**
Richard Hutten
Droog

This bench was designed for the exhibition *Viaggio in Italia* at the trade fair *Abitare il Tempo* in Verona. The cross alluded to Italian Catholicism, which in Richard Hutten's eyes was a breeding ground for corruption, abuse of power and Fascism. A second, black bench took the shape of a Swastika.

Ce banc fut conçu dans le cadre de l'exposition *Viaggio in Italia*, présentée au salon *Abitare il Tempo* de Vérone. L'élément en forme de croix fait référence au catholicisme italien, lequel est selon Richard Hutten le foyer de la corruption, des abus de pouvoir et du fascisme. Un deuxième banc de couleur noire avait la forme d'une croix gammée.

Diese Bank wurde für die Ausstellung *Viaggio in Italia* auf der Messe *Abitare il Tempo* in Verona gestaltet. Die Kreuzform bezog sich auf den italienischen Katholizismus, der nach Richard Huttens Auffassung eine Brutstätte der Korruption, des Machtmissbrauchs und des Faschismus ist. Eine zweite schwarze Bank hatte die Form eines Hakenkreuzes.

1994

> **Poef-pouff**
Richard Hutten
Droog

Only after a certain amount of pressure will the foam cube change its shape. The soft seat can thus also be used as a side table.

Ce cube en mousse est particulièrement rigide, et peut être également utilisé comme table d'appoint.

Der Schaumstoffquader gibt nur bei einer gewissen Belastung nach. Der „weiche" Sitz ist somit auch als Beistelltisch nutzbar.

181

1994

> **Pandora**
Konstantin Grcic
ClassiCon

After Pandora's box was opened, the world was initially filled with all evils of mankind. Hope only escaped towards the end. With this myth in mind, *Pandora* is quite an apt title for a home bar unit.

En ouvrant le couvercle de la jarre, Pandore répandit tous les maux sur Terre. Puis l'espoir revint… Un nom qui peut paraître approprié pour un meuble de bar.

Nachdem die Büchse der Pandora geöffnet worden war, brach über die Welt zunächst alles Schlechte herein, später konnte auch die Hoffnung entweichen – wenn man so möchte, eine treffende Namensgebung für einen Barschrank.

1993

< Ponte TA01
Philipp Mainzer
e15

When e15 started out in 1995, it exclusively used solid oak wood.

À ses débuts, en 1995, e15 s'était spécialisé dans le travail du chêne massif.

In seinen Anfängen 1995 hatte sich e15 ganz der Verwendung von massivem Eichenholz verschrieben.

∨ PA03 Alex
Philippe Allaeys
e15

Ever since the company e15 was founded in 1995, their characteristic trademark has been restrained furniture made from solid oak wood. Bought as a set, these three side tables exemplify e15's design.

Depuis la création de l'entreprise, les petits volumes réalisés en chêne massif sont l'emblème du fabricant e15. Ce lot de trois tables d'appoint ne déroge pas à la règle.

Reduzierte Möbel aus massiver Eiche sind seit der Gründung des Unternehmens 1995 das Markenzeichen von e15. Diese drei im Set erhältlichen Beistelltische machen da keine Ausnahme.

1993

V Blaupause
Vogt + Weizenegger

Imitations and unlicensed copies of designer furniture are a source of never-ending discussions concerning designers' copyrights. Oliver Vogt and Hermann Weizenegger's reaction to this conflict was to directly offer their furniture so that it could be rebuilt. The manufactured furniture, however, was never supplied, only their designs—the blueprints, hence the name.

Le copyright des designers et les copies de meubles design sont des thèmes récurrents. Oliver Vogt et Hermann Weizenegger proposent, en guise de réponse à ce problème, des meubles à construire soi-même et livrent les plans de construction (Blaupausen) plutôt que des objets fabriqués.

Das Copyright des Designers beziehungsweise Fälschungen von Designmöbeln sind ein allgegenwärtiges Thema. Oliver Vogt und Hermann Weizenegger antworteten darauf, indem sie ihre Möbel direkt zum Nachbau anboten. Dabei wurden nicht die fertig produzierten Möbel ausgeliefert, sondern nur ihre Baupläne – die Blaupausen.

1993

> **Taurus**
Jörg Sturm & Susanne Wartzeck
Nils Holger Moormann

This trestle table does not wobble, as the flexibility of the stainless steel sheets ensures that all four legs always remain on the ground.

Ces tréteaux ne basculent pas, car la flexibilité des chambranles en acier permet aux quatre pieds de toucher le sol quelle que soit la régularité de ce dernier.

Dieser Tischbock kippelt nicht, da sich die Edelstahlzarge verwinden kann und somit immer alle vier Füße auf dem Boden stehen.

< **Toothpick Cactus Table**
Larry Laske
Knoll International

Desert cacti inspired Larry Laske to make this table. In spite of the partially crossed legs, which do indeed resemble spindly toothpicks, the table is generally very sturdy.

Larry Laske s'inspira des cactées peuplant les zones désertiques pour confectionner cette table. Elle est particulièrement stable, malgré un piétement dont les éléments, qui font penser à des cure-dents, s'entrecroisent.

Bei diesem Tisch ließ sich Larry Laske von Wüstenkakteen inspirieren. Trotz der teilweise über Kreuz verlaufenden Tischbeine, die auch an Zahnstocher erinnern, gilt er als ungemein stabil.

1993

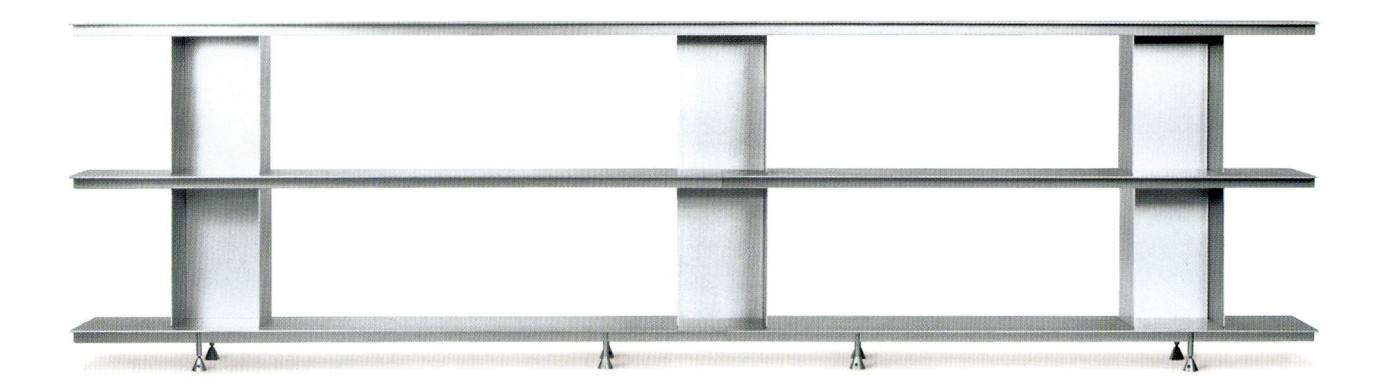

∧ **Zoll D**
Lukas Buol & Marco Zünd
Nils Holger Moormann

This bookshelf consists exclusively of canted aluminum sheets and can be built without tools. Differently sized boxes can be inserted into the shelves.

Cette étagère est entièrement construite en aluminium anodisé et se monte sans outils. Des boîtes de différentes dimensions s'insèrent entre les plateaux.

Das Regal besteht ausschließlich aus gekanteten Aluminiumblechen und lässt sich ohne Werkzeug aufbauen. In die Böden können verschieden hohe Boxen variabel eingesteckt werden.

< **Jamaica**
Pepe Cortés
Amat-3, Knoll International

Originally designed for a Spanish club, this aluminum barstool features a 360° turn radius and would be equally suitable for the open loft kitchens that were so popular in the 1990s.

Ce tabouret fut initialement conçu pour aménager une discothèque espagnole. Mais grâce à son assise amovible sur 360°, réalisée ici en aluminium, il s'adapta particulièrement bien aux espaces cuisine des lofts des années 1990.

Ursprünglich für eine spanische Diskothek entworfen, passte der Hocker mit seiner um 360 Grad drehbaren Sitzfläche, hier in Aluminium, ebenso gut an die Tresen der offenen Loftküchen der 1990er-Jahre.

1993

V Tour
Gae Aulenti
Fontana Arte

The 15 mm (around 0.5 inches) thick float ground glass top is attached to four rotating Pivot wheels by four stainless steel plates. Fontana Arte has a long tradition of glass craftsmanship and this unusual design made excellent use of their expertise.

Le plateau en verre, d'une épaisseur de 15 mm, est porté par quatre roues montées sur pivot. Cette création inhabituelle souligne le savoir-faire de Fontana Arte dans le travail du verre.

Die 15 mm starke Glasplatte wird von vier Pivot-Rädern getragen. Der ungewöhnliche Entwurf macht sich die Expertise von Fontana Arte zu eigen, deren Wurzeln in der Glasverarbeitung liegen.

187

1993

< **Revers**
Andrea Branzi
Cassina

Andrea Branzi's chair took the design world by storm. *Revers'* daringly curved band of solid beech wood simultaneously constituted the backrest and armrests.

Andrea Branzi fit fureur avec ce siège. Le ruban en hêtre massif, aux courbes élégantes, sert à la fois de dossier et d'accoudoirs.

Mit diesem Stuhl machte Andrea Branzi Furore. Das kühn geschwungene Band aus massivem Buchenholz dient bei *Revers* zugleich als Arm- und Rückenlehne.

1993

< Gluon
Marc Newson
Moroso

Seat and backrest consist of steel-cov–ered polyurethane foam. The sides are out of gray-lacquered rigid polyurethane.

L'assise et le dossier sont en mousse injectée à froid, et insérés dans une structure en acier. Les profils sont en polyuréthane rigide.

Sitz und Rückenlehne bestehen aus kaltgeschäumtem Schaumstoff, der um ein Stahlgestell gelegt wurde, die Seiten sind aus hartem Polyurethanschaum.

∧ Mobil
Antonio Citterio & Glen Oliver Löw
Kartell

Kartell continued its successful venture in plastic furniture with *Mobil*. The sturdy office container on wheels made with top-grade surfaces and bright colors looks equally at home in households as it does in offices.

Le succès rencontré par les meubles en plastique de Kartell se confirma avec *Mobil*. Les éléments de rangement sur roulettes destinés, à l'ameublement de bureau, peuvent également être utilisés pour la maison en raison de leurs nobles surfaces et de leurs couleurs vives.

Mit *Mobil* setzte die Firma Kartell den Siegeszug ihrer Kunststoffmöbel fort. Die stabilen Büro-Rollcontainer mit den hochwertigen Oberflächen und flotten Farben wirkten selbst in Wohnräumen nicht fehl am Platz.

A Short History of Design Fairs and Events

Brève histoire des foires d'exposition et autres manifestations consacrées au design

Kurze Geschichte der Designmessen und -veranstaltungen

Max Borka

Same, Same

Fairs are to design what museums are to art — the perfect platform. The British civil servant Henry Cole was one of the first — if not the first — to use the word design as a quality label for objects that originated from the First Industrial Revolution in his *Journal of Design and Manufactures*, launched in 1849. In between his innumerable other activities, Cole was also the driving force behind the success of the *Great Exhibition* at Crystal Palace in London two years later, when more than 14 000 exhibitors gathered to display examples of the latest technologies at what became the mother of all fairs. Many of these objects and tools were no longer hand- but machine-made. The mass-production and competition that resulted needed a large distribution network. The exhibitions for which the one at Crystal Palace set the pace proved to be an ideal display. And they still are. Despite the internet, the most important and celebrated design display is still a fair: the Milan *Salone del Mobile*.

La seule et l'unique

Les foires d'exposition sont au design ce que les musées sont à l'art : une plate-forme parfaite. Le fonctionnaire anglais Henry Cole fut l'un des premiers — si ce n'est le premier — à utiliser en 1849 le terme « design » dans son *Journal of Design and Manufactures*, en tant que label de qualité pour les objets produits dans le sillage de la première révolution industrielle. Cole était un homme engagé dans des activités multiples. C'est à lui que l'on doit le succès de *l'Exposition universelle* de Londres en 1851. 14 000 exposants présentèrent au Crystal Palace, dans le cadre de cette première grande exposition, les réalisations émanant des technologies nouvelles. Nombre des objets et des instruments exposés n'étaient plus fabriqués artisanalement mais mécaniquement. La production en série, et la concurrence résultant de cette industrialisation, avaient besoin de grands réseaux de distribution. Les manifestations de l'ampleur de celle du Crystal Palace s'avérèrent être des plates-formes idéales.

Le *Salone*

En 1961, Tito Armellini, directeur de la Federlegno Arredo, regroupement des fabricants de meubles italiens, et 14 grands industriels

Ein und dasselbe

Messen sind für das Design das, was Museen für die Kunst sind – die perfekte Plattform. Der britische Beamte Henry Cole war einer der Ersten – wenn nicht sogar der Erste – der das Wort Design als Qualitätsmerkmal für die durch die erste industrielle Revolution hervorgebrachten Gegenstände in seiner 1849 herausgegebenen Zeitschrift *Journal of Design and Manufactures* benutzte. Cole war an unzähligen Aktivitäten beteiligt, so war er auch die treibende Kraft hinter dem Erfolg der Londoner Weltausstellung im Crystal Palace zwei Jahre später, als über 14 000 Aussteller zusammenkamen, um Beispiele der neuesten Technologien bei dieser Messe aller Messen zu präsentieren. Viele der Ausstellungsobjekte und Werkzeuge wurden nicht mehr von Hand, sondern maschinell gefertigt. Die Massenproduktion und der dadurch bedingte Wettbewerb erforderten ein großes Vertriebsnetz. Ausstellungen wie die Messe im Crystal Palace erwiesen sich als ideales Forum. Und sie sind es noch heute. Trotz Internet ist das wichtigste und bekannteste Designforum immer noch eine Messe, der Mailänder *Salone del Mobile*.

< Fiera Milano, New fairgrounds, Parc des exposition, neues Messegelände, 2006
∨ Crystal Palace, London, 1851-1936

The *Salone*

Founded in 1961 by Tito Armellini, director of the Italian furniture federation Federlegno Arredo, and some 14 leading industrialists in the sector, the Salone was an offspring from the local National Exhibition, which already since 1881 had one section dedicated to furniture and furnishings. The first edition opened on 24 September with 328 exhibitors, and spread over two pavilions of the old *Fiera Campionaria*, on a surface of 12 000 square meters. The local furniture on show mainly offered a good workmanship that was still traditional in style, and was a far cry from Italian design as we know it today. It was an industry in crisis, as one of the best Italian designers of that time, Gio Ponti, had already indicated in 1958 in his essay *Crisi del mobile, produttori, architetti* (The Crisis of Furniture, Producers and Architects). The solution, he added, while pointing at Denmark and Sweden, the countries that ruled the roost in the field of furniture, was the five-letter word "design." The organizers of the *Salone* were not deaf to this plea. A first qualitative leap came in 1965, when on the initiative of one of the founding fathers, Franco Cassina, 24 important design firms were gathered

de la branche créèrent le *Salone*. La manifestation était un enfant de l'Exposition nationale italienne, laquelle possédait depuis 1881 une section consacrée au mobilier et à la décoration. La première édition ouvrit ses portes, à Milan, le 24 septembre 1961 avec 328 exposants et occupait, avec ses deux pavillons situés sur la *Fiera Campionaria*, une superficie équivalant à 12 000 m². Les meubles exposés étaient de bonne qualité mais de style traditionnel, très éloigné du design italien que nous connaissons aujourd'hui. L'industrie du meuble traversait une crise, comme l'avait énoncé en 1958 l'un des meilleurs designers italiens de cette époque, Gio Ponti, dans un essai intitulé *Crisi del mobile, produttori, architetti* (Meubles, fabricants et architectes en crise). Il stipulait que la solution au problème se trouvait dans le terme « design » et montrait en exemple le Danemark et la Suède, chefs de file dans ce domaine. Les organisateurs du *Salone* ne se rangèrent pas à son avis. Une première amélioration significative en termes de qualité fit son apparition en 1965, lorsqu'à l'initiative de l'un des fondateurs, Franco Cassina, 24 éditeurs de design furent rassemblés dans le pavillon 30, où était présentée une exposition célébrant 20 ans d'histoire du design.

Der *Salone*

Im Jahr 1961 gründeten Tito Armellini, der Direktor der italienischen Möbelvereinigung Federlegno Arredo, und 14 führende Hersteller der Branche den *Salone*. Die Messe war ein Ableger der lokalen Nationalausstellung, die schon seit 1881 Möbel und Einrichtungsgegenstände präsentierte. Der erste *Salone* öffnete am 24. September seine Pforten: 328 Aussteller belegten in zwei Pavillons der alten *Fiera Campionaria* eine Gesamtfläche von 12 000 m². Die ausgestellten lokalen Möbel waren meist von guter Qualität, aber noch in traditionellem Stil, das heißt von italienischem Design, wie wir es heute kennen, noch weit entfernt. Die Branche befand sich in einer Krise, wie einer der besten italienischen Designer jener Zeit, Gio Ponti, schon 1958 in seinem Aufsatz *Crisi del mobile, produttori, architetti* (Möbel, Hersteller und Architekten in der Krise) aufzeigte. Er bemerkte, dass die Lösung des Problems in dem Wort „Design" läge, und wies auf Dänemark und Schweden als Marktführer auf diesem Gebiet hin. Die Organisatoren des *Salone* verschlossen sich dieser Aufforderung nicht. Das Jahr 1965 brachte eine erste größere qualitative Veränderung, als auf Initiative eines Gründungsmitglieds, Franco Cassina, 24 wichtige

Guest of honour Michael Young, *interieur 02*, Kortrijk, Belgium, 2002

in pavilion 30, together with a special exhibition featuring the history of twenty years of design.

Older and Colder

The initiative was an instant success. Already in 1970, the event attracted over 1 500 exhibitors and 50 000 visitors, all professionals, which resulted in export worth 65 billion lire, five times the estimate of 1964. Parallel to the market boom, figures kept exploding in the following years. In 1974, the biennial *Eurocucina* (International Kitchen Furniture Exhibition) was added to the *Salone*, followed by *Euroluce* (International Lighting Exhibition), *Eimu* (International Office Furniture Exhibition) and, in 1989, the *Salone del Complemento d'Arredo* (International Furnishing Accessories Exhibition). In 1991, the *Salone* abandoned September for April, thus positioning itself more and more as a threat to the only competitor that was bigger and older, but also much colder, since it was organized in January, the *Internationale Möbelmesse imm* in Cologne. Milan won. In 2000, it became the most important trade fair, with a total surface area of 320 000 square meters, more than 2000 exhibitors and over 200 000 visitors.

Plus ancien et plus froid

Cette initiative fut un succès immédiat. Dès 1970, la manifestation attira plus de 1500 exposants et 50 000 visiteurs, tous professionnels de la branche, se soldant par une recette à l'export de plus de 65 milliards de lires, cinq fois plus qu'en 1964. Ces chiffres explosèrent au cours des années suivantes, parallèlement à l'évolution de ce marché en pleine expansion. En 1974, l'*Eurocucina* (salon international de la cuisine) vint, tous les deux ans, se greffer au *Salone*, suivie de l'*Euroluce* (salon international des luminaires), de l'*Eimu* (salon international du meuble de bureau) et en 1989, du *Salone del Complemento d'Arredo* (Salon international de la décoration). En 1991, le *Salone* n'ouvrit plus ses portes en septembre mais en avril, et devint une menace de plus en plus sérieuse pour son seul concurrent, plus important et plus ancien, mais aussi plus froid : le salon international du meuble *imm* de Cologne, qui avait lieu en janvier. Milan remporta la victoire. En 2000, le Salone devint la foire d'exposition la plus importante de la branche, avec une surface d'exposition de 320 000 m², plus de 2000 exposants et 20 000 visiteurs.

Designfirmen im Pavillon 30 zusammenkamen und eine Ausstellung über 20 Jahre Designgeschichte präsentiert wurde.

Älter und kälter

Diese Initiative war ein unmittelbarer Erfolg. Schon 1970 zog die Veranstaltung über 1 500 Aussteller und 50 000 Besucher an, alles Fachleute, was zu einem Exporterlös von 65 Milliarden Lira führte, fünfmal mehr als 1964 erwartet. Entsprechend dem boomenden Markt, explodierten die Zahlen auch in den folgenden Jahren. Im Jahr 1974 wurde die alle zwei Jahre stattfindende *Eurocucina* (internationale Küchenmöbelausstellung) dem *Salone* eingegliedert, gefolgt von *Euroluce* (internationale Lichtausstellung), *Eimu* (internationale Büromöbelausstellung) und 1989 vom *Salone del Complemento d'Arredo* (internationale Ausstellung für Einrichtungsgegenstände). Im Jahr 1991 wurde der *Salone* von September auf April verlegt und so eine immer größere Bedrohung für den einzigen Konkurrenten, der größer und älter, aber auch viel kälter war, nämlich die im Januar in Köln stattfindende *Internationale Möbelmesse imm*. Mailand gewann. Der *Salone* wurde im Jahr 2000 die wichtigste Handelsmesse mit einer Gesamtfläche von

192

Imagination and Money

With the thousands of design events that beg for our attention today, it may be hard to imagine that a few decades ago, and together with the *Salone* and *imm cologne*, there was only one showcase that was of a certain importance to the design world: the *Interieur Biennale* in Kortrijk, a small Belgian town that was at the heart of a thriving furniture industry. While Cologne and Milan remained a sort of rather undiscriminating commodities bazaar, open to any kind of furniture, from classic to avant-garde, Kortrijk was the first event that claimed to be 100 % design. Compact and selective, it also handled a formula that was totally unique. The commercial stands were mixed with thematic exhibitions that focused on a guest of honor or the "Design for Europe" competition and other events that were more critical in approach. In a way, it could also be considered to be businessman's response to the May 1968 revolt: "Power to the Imagination, yet as long as it's lucrative." While essentially being a fair, the initiative also revisited and revived a tradition of socially engaged exhibitions that originated with the Deutscher Werkbund and other turn-of-the-century movements, and that had gradually lost in popularity after the Second World War. It also explains why *Interieur*, in contrast to Milan and Cologne, was not only open to professionals, but also to the general public. Somehow, the merging of the commercial and cultural into one single event seemed much closer to the ambivalent nature of design, which claims to differ from other commodities because of an added value that can be purely functional or ergonomic, but can in the best of cases transform an object into a totem, a sign of the times. The Kortrijk fair turned into a lasting success, while its formula was copied by numerous other events, not only newcomers, but even major events such as the *imm cologne* or the *Salone*.

Imagination et argent

Aujourd'hui, des milliers de manifestations de design sollicitent notre attention, mais il y a quelques décennies, une seule exposition d'importance avait trouvé sa place aux côtés du *Salone* et de l'*imm* : la biennale Intérieur à Courtrai, une petite ville belge, centre florissant de l'industrie du meuble. Pendant que Cologne et Milan restaient de grands bazars ouverts à tous les styles de meubles, du classique à l'avant-garde, Courtrai revendiquait le label 100 % design en créant un salon compact et sélectif, une formule qui était unique. Des stands à vocation commerciale côtoyaient des expositions qui se penchaient sur un invité d'honneur, sur le concours de design européen ou sur d'autres thèmes avec une approche plutôt critique. C'était d'une certaine manière une réponse commerciale à la révolte de mai 1968 : « L'imagination au pouvoir, pour autant qu'elle soit lucrative. » Il s'agissait, pour l'essentiel, d'une foire d'exposition, mais cette initiative renouait également avec les expositions socialement engagées, dont les origines remontaient au Deutscher Werkbund et aux autres mouvements du début du XXe siècle, lesquels avaient peu à peu perdu de leur importance après la Seconde Guerre mondiale. Cette filiation expliquait également pourquoi la biennale Intérieur n'était pas seulement réservée aux professionnels, mais aussi ouverte au grand public. L'union du commerce et de la culture au sein d'une même manifestation semblait conforme au caractère ambivalent du design. Ce dernier revendique une différence, en raison d'une plus-value qui peut être certes purement fonctionnelle ou ergonomique, mais qui peut, dans le meilleur des cas, transformer l'objet en totem, en témoin d'une époque. La biennale de Courtrai est devenue un grand succès au fil des années, et sa formule a été reprise par bon nombre de manifestations actuelles, celles apparues récemment mais aussi les anciennes et les plus importantes, tels l'*imm cologne* ou le *Salone*.

320 000 m², mehr als 2000 Ausstellern und über 200 000 Besuchern.

Fantasie und Geld

Da heute Tausende von Designveranstaltungen um unsere Aufmerksamkeit ringen, ist es schwer vorstellbar, dass es vor einigen Jahrzehnten außer dem *Salone* und der *imm cologne* nur eine Messe gab, die für die Designwelt wichtig war: die *Interieur Biennale* in Kortrijk, einer kleinen belgischen Stadt, dem Zentrum einer aufblühenden Möbelindustrie. Während Köln und Mailand ein vielfältiger Warenbasar blieben, offen für jede Art von Möbeln, von Klassik bis Avantgarde, beanspruchte Kortrijk, die erste hundertprozentige Designmesse zu sein. Die kompakte und gut sortierte Messe präsentierte ein einzigartiges Konzept. Kommerzielle Stände wechselten sich ab mit thematischen Ausstellungen, die sich auf einen Ehrengast oder den europäischen Designwettbewerb oder andere Themen mit kritischen Ansätzen konzentrierten. In gewisser Weise konnte dies als unternehmerische Antwort auf die Mairevolte 1968 gesehen werden: „Macht der Fantasie, aber nur so lange es einträglich ist." Obwohl es sich im Wesentlichen um eine Messe handelte, belebte diese Initiative die Tradition sozial engagierter Ausstellungen, deren Anfänge beim Deutschen Werkbund und anderen Bewegungen der Jahrhundertwende lagen und die nach dem Zweiten Weltkrieg allmählich an Bedeutung verloren. Dies erklärt auch, warum die Messe in Kortrijk im Gegensatz zu Mailand und Köln nicht nur für Fachleute, sondern auch für das allgemeine Publikum geöffnet war. Die Verbindung von Kommerz und Kultur innerhalb einer einzigen Veranstaltung scheint dem ambivalenten Charakter des Designs eher zu entsprechen. Denn Design erhebt den Anspruch, sich von anderen Gebrauchsgütern aufgrund des Mehrwerts zu unterscheiden, der nur funktional oder ergonomisch sein kann, aber im Idealfall einen Gegenstand in ein Totem, ein Zeichen der Zeit, verwandeln kann. Die

Ghost Town

Cosmit, short for the *Comitato Organizzatore del Salone del Mobile Italiano*, the organizing committee of the *Salone*, was also forced to adapt its formula because of another phenomenon: the rapidly expanding flurry of events that were mainly organized by young designers, in galleries and lofts, factories and workshops, all over town. Their success can be easily explained by the fact that the distinguishing architectural characteristic of a fair is also its major drawback. A fair is a ghost town, erected in no time, only to disappear a few days later. For convenience's sake it is also built along the only paradigm of urban planning that can be labeled as truly 20th century: the rectangular grid, with a center that is nowhere and everywhere.

A Necessary Evil

But times change. So does design. Parallel to the way in which contemporary design moved from the rational functionalism that ruled modernism, and from the clean and clear lining of a chessboard pattern that was at the center *La Ville Radieuse* (The Crystalline City), a rigid grid lost its appeal as a mode of display. For many of the 270 000 visitors of the *Milano Design Week*, a visit to the fairground has become little more than a necessary evil before they rush off to the myriad of events that spread over the city center, to wheel and deal, meet and greet, think and drink, and — if time is left — to discover the latest in design. The new fair complex, built by one of the world's leading architects, Massimiliano Fuksas, may be very impressive, but did not change the tide. This evolution might seem exciting, especially since almost all other design events, from Seoul to Miami, have quickly followed the *Salone*'s example, combining a fair with arty spots in the city center, and blending culture and commerce, in a formula that looks much more creative. Unfortunately, most of these new design events can hardly offer 20 % of the 100 % design they promise, while even in the Milan center

Ville fantôme

Cosmit, le comité organisateur du *Salone*, fut contraint de changer sa formule pour une autre raison : le nombre croissant des manifestations organisées, pour la plupart, par de jeunes designers, dans les galeries et les lofts, les fabriques et les ateliers de Milan. Leur succès peut s'expliquer par la particularité architectonique d'une foire d'exposition, laquelle est également son plus grand défaut. Une foire d'exposition est une ville fantôme, surgie en un temps record et disparaissant quelques jours plus tard. Pour des raisons pratiques, elle est construite en suivant le modèle type de l'urbanisme du XXe siècle : un quadrillage rectangulaire, dont le centre est à la fois partout et nulle part.

Un mal nécessaire

Mais les temps changent. Et le design aussi. Le design contemporain s'est affranchi du fonctionnalisme rationnel, qui dominait le modernisme, et des lignes propres et rigoureuses de l'échiquier, un modèle qui était au centre de la *Ville Radieuse*. De la même manière, le quadrillage rigide a perdu de son attrait comme mode d'exposition. Pour nombre des 270 000 visiteurs du *Milano Design Week*, leur présence à la foire d'exposition est comme un mal nécessaire auquel il faut se soumettre avant de se rendre en vitesse aux innombrables manifestations, qui ont lieu dans tout le centre-ville, afin de parler affaires, rencontrer des gens, discuter, boire un verre et, lorsqu'ils en ont le temps, découvrir des nouveautés en matière de design. Le nouveau parc d'exposition, conçu par un architecte de renommée internationale, Massimiliano Fuksas, est certes très impressionnant. Il n'a pu cependant freiner cette tendance. Cette évolution paraît palpitante, surtout depuis que presque toutes les autres manifestations, de Séoul à Miami, ont, dans le sillage du *Salone*, cherché à allier foire d'exposition et événements artistiques en ville : une fusion entre culture et commerce pour une formule qui paraît plus créative.

Messe in Kortrijk entwickelte sich zu einem dauerhaften Erfolg, während ihr Konzept von zahlreichen anderen Veranstaltern, nicht nur von Newcomern, sondern auch von wichtigen Veranstaltern wie der *imm cologne* oder dem *Salone*, kopiert wurde.

Geisterstadt

Cosmit (*Comitato Organizzatore del Salone del Mobile Italiano*), das Organisationskomitee des *Salone*, wurde auch wegen eines anderen Phänomens zur Änderung seines Konzepts gezwungen: dem sich schnell vergrößernden Reigen von Veranstaltungen, im Wesentlichen von jungen Designern organisiert, in Galerien und Lofts, Fabriken und Workshops der Stadt. Ihr Erfolg kann leicht dadurch erklärt werden, dass die wichtigste architektonische Eigenart einer Messe auch zugleich ihr größter Nachteil ist. Eine Messe ist eine Geisterstadt, schnell errichtet und ein paar Tage später wieder verschwunden. Aus praktischen Gründen wird sie auch nach dem einzigen für das 20. Jahrhundert typischen urbanen Modell aufgebaut, nämlich dem rechteckigen Raster, dessen Zentrum nirgendwo und überall ist.

Ein notwendiges Übel

Doch die Zeiten ändern sich. So auch das Design. Genau wie das gegenwärtige Design sich vom rationalen Funktionalismus, der den Modernismus beherrschte, fortentwickelte und ebenso von dem sauberen und klaren Linienwerk eines Schachbretts – das im Zentrum von *La Ville Radieuse* (die strahlende Stadt) stand, so hat ein starres Raster auch seine Attraktion als Ausstellungskonzept verloren. Für viele der 270 000 Besucher der Mailänder Designwoche ist ein Besuch des Messegeländes wenig mehr als ein notwendiges Übel, bevor sie zu den unzähligen Veranstaltungen wegeilen, die sich über das Stadtzentrum ausbreiten, und ihre Geschäfte erledigen, Leute treffen, Gedanken austauschen, etwas trinken und – wenn es die Zeit erlaubt – Designneuigkeiten entdecken.

< Special exhibition, Exposition spéciale, Sonderschau, *ideal house, imm cologne*, Zaha Hadid, 2007

the young and furious have been quickly outnumbered by regular fair exhibitors that jumped on the bandwagon. The result looks all too often *same, same but different*, with two presentations, one commercial and the other one somehow more politically and culturally correct, that sell exactly the same. As is all too often the case in present furniture design, the only difference is to be found in marketing.

Malheureusement, la plupart de ces manifestations ne sont en mesure d'offrir que 20 % des 100 % design annoncés. Pendant ce temps, les plus jeunes et les plus audacieux du centre de Milan sont vite rattrapés par les exposants qui ont suivi le mouvement. Le résultat est souvent le même ; certes les modes de présentation diffèrent, l'une est commerciale, l'autre plutôt politique et culturelle, mais elles vendent la même chose. Comme c'est souvent le cas dans le mobilier design contemporain, la seule différence, c'est le marketing.

Der neue Messekomplex, von einem weltweit führenden Architekten, Massimiliano Fuksas, erbaut, ist sicher sehr eindrucksvoll, konnte aber den Trend nicht stoppen. Diese Entwicklung erscheint aufregend, vor allem da fast alle anderen Designveranstaltungen, von Seoul bis Miami, dem Beispiel des *Salone* gefolgt sind und eine Messe mit Kunstspots in der Innenstadt verbinden; eine Verschmelzung von Kultur und Kommerz in einem Konzept, das viel kreativer wirkt. Leider können die meisten dieser neuen Designveranstaltungen nicht einmal 20 Prozent der versprochenen 100 Prozent Design bieten, während sogar im Mailänder Zentrum die Jungen und Wilden schnell von den regulären Messeausstellern übertroffen wurden, die diesem Trend folgten. Das Ergebnis ist oft dasselbe; dasselbe, aber verschieden durch zwei Präsentationen, eine kommerziell, die andere eher politisch und kulturell korrekt, doch sie verkauft das Gleiche. Wie es allzu oft der Fall ist beim gegenwärtigen Möbeldesign, ist der einzige Unterschied im Marketing zu finden.

1992

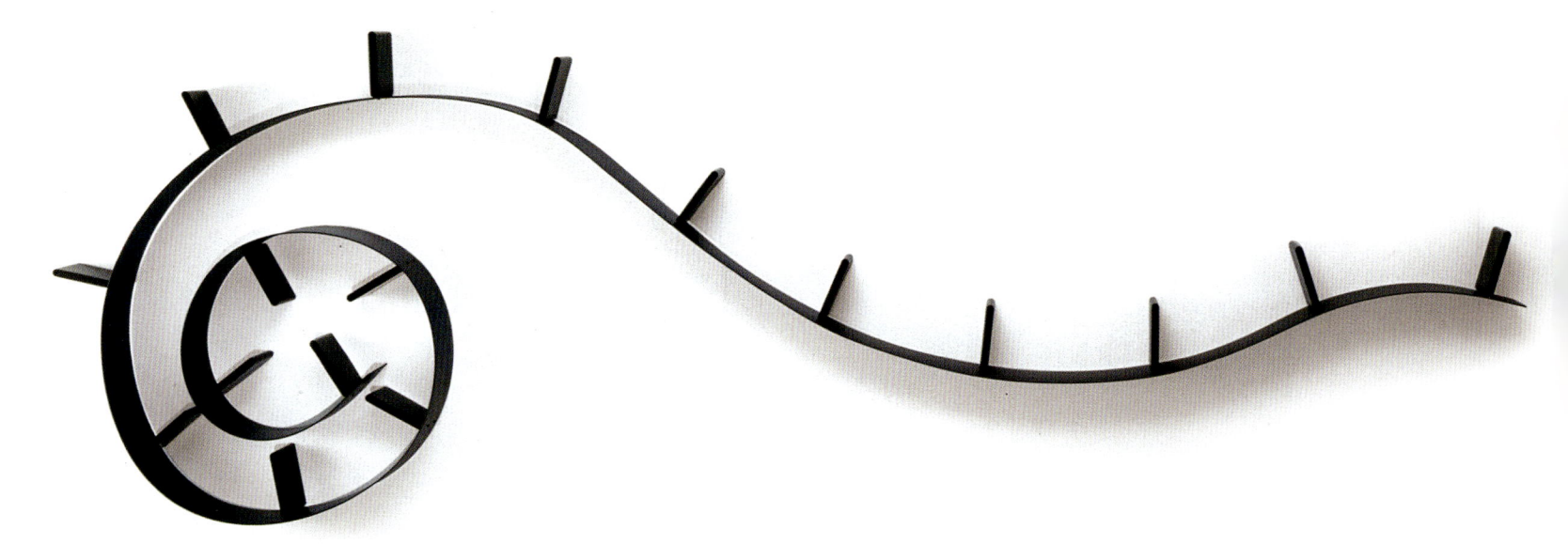

∧ Bookworm
Ron Arad
Kartell

In comparison to this creative design, straight bookshelves seemed downright boring. After all, this flexible shelf can describe a wave on the wall. The greater the curves are, the higher the tension in the material, and, thus, the greater the load capacity.

Les bibliothèques rectilignes apparurent soudain bien vieilles lorsque cette création vit le jour. Cette étagère modulable se fixe au mur en suivant un tracé sinueux. Plus les courbes sont prononcées, et plus la résistance du matériau à la charge est grande.

Geradlinige Bücherregale sahen neben diesem Entwurf mit einem Mal alt aus. Das biegsame Regal lässt sich kurvenförmig an der Wand befestigen: je stärker die Kurven, desto größer die Materialspannung und somit die Belastbarkeit.

1992

∨ **543 Broadway**
Gaetano Pesce
Bernini

The spring-cushioned legs allow the chair to rock gently back and forth. The seat and backrest are out of epoxy resin and feature a variety of colors, including a transparent iridescent option.

Les pieds de ce siège montés sur ressort donnent à l'utilisateur l'impression d'être bercé. Le décor de l'assise et du dossier en résine époxyde est marbré avec des effets de couleurs et de transparence.

Die gefederten Füße erlauben es, auf diesem Stuhl sanft hin und her zu wiegen. Die Sitzfläche und Lehne aus Epoxidharz sind unterschiedlich farblich bis transparent marmorisiert gestaltet.

1992

∧ **Big Mama**
Massimo Iosa Ghini
Moroso

A wooden frame and a core of polyurethane foam and polyester cotton hide under the sofa's expansive proportions. Massimo Iosa Ghini's designs are easily recognizable due to his preference for curves and ellipses.

Les belles proportions de ce canapé dissimulent une structure en bois recouverte de mousse de polyuréthane et de ouate de polyester. Avec leurs lignes sinueuses et elliptiques, les créations de Massimo Iosa Ghini sont reconnaissables entre toutes.

Unter den ausladenden Proportionen des Sofas verbirgt sich ein Holzrahmen mit einem Kern aus Polyurethanschaum und Polyesterwatte. Massimo Iosa Ghinis Entwürfe haben einen hohen Wiedererkennungswert, der seiner Vorliebe für Kurven und Ellipsen zuzuschreiben ist.

1992

> Hotel Zeus TV-Möbel
Ron Arad
Zeus Noto

Intended for hotel rooms, this television console was successful for many years until flat screen televisions appeared on the scene. Gummed mounts offer support to the freestanding television screen and are typical of the sense of industrial esthetics which Zeus Noto strongly upheld.

Ce meuble de télévision, conçu pour les chambres d'hôtel, rencontra un grand succès avant de devenir obsolète avec l'apparition des écrans plats. Les supports, entourés d'une protection de caoutchouc et qui soutiennent l'écran, sont caractéristiques de l'esthétique industrielle du fabricant.

Das für Hotelzimmer konzipierte Fernsehmöbel war viele Jahre erfolgreich, bis mit dem Einzug der Flachbildschirme der Umsatz wegbrach. Die gummierten Halterungen, die dem frei stehenden Fernsehbildschirm Halt geben, sind typisch für die industrielle Ästhetik, die der Hersteller kultiviert.

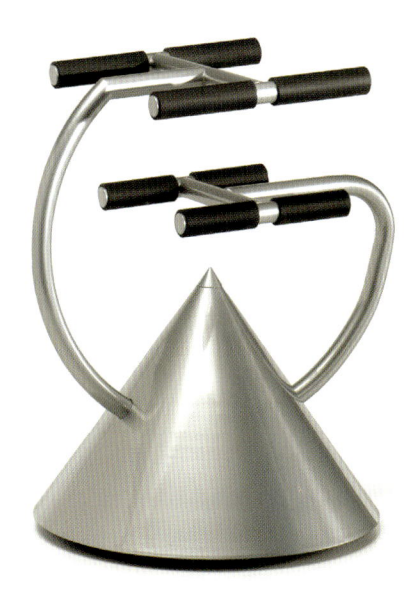

∧ Cirrus
Peter Maly
cor

With a backrest that features a 90° turn radius and an extendable seat, this lounge chair easily adapts to changing needs. Peter Maly's trademark is his geometrical design language.

Le dossier peut s'incliner jusqu'à 90°, permettant à l'assise également réglable de répondre à de nombreux besoins. Les lignes géométriques sont caractéristiques des créations de Peter Maly.

Mit der um 90 Grad schwenkbaren Rückenlehne und der ausziehbaren Sitzfläche passt sich die Sitzliege den jeweiligen Bedürfnissen an. Die geometrische Formensprache gilt als Peter Malys Markenzeichen.

199

# 1992

V **Last Minute**
Hauke Murken
Nils Holger Moormann

When needed, this table is ready for last-minute assistance. Until then, it waits patiently, either folded together on the sidelines or hung on the wall. Only one quick gesture is needed to pull it out.

Voici une table d'appoint au vrai sens du terme, qui se déplie à la dernière minute en un tour de main. En attendant sa mise en service, elle est accrochée au mur.

In letzter Minute, so legt es der Name des Tisches nahe, steht er zu Diensten: Bis dahin wartet er bündig zusammengeklappt und an die Wand gehängt auf seinen Einsatz. Ausfalten lässt er sich dann mit nur einem Handgriff.

> **Q-Bus**
Rolf Sachs

Multi-density fiberboard was only produced in large amounts from the 1980s onwards. The advantage to the particleboard is the homogenous material structure, as surfaces and corners are thus easily varnished. Rolf Sachs used 38 mm (around 1.5 inches) strong fiberboard for his open cube and opted to leave it untreated.

Le MDF, panneau de fibres à moyenne densité, fut produit en grande quantité à partir des années 1980. Comparé au panneau de bois, il a l'avantage de posséder une structure homogène qui facilite l'application de la laque sur les surfaces comme sur les bords. Rolf Sachs utilisa des panneaux de 38 mm pour réaliser ses cubes ouverts, et laissa le matériau à l'état brut.

MDF, die mitteldichte Faserplatte, wurde erst ab den 1980er-Jahren in großen Mengen produziert. Ihr großer Vorteil im Vergleich zur Spanplatte ist ihre homogene Materialstruktur, sodass Flächen und Kanten ohne größeren Aufwand lackiert werden können. Rolf Sachs verwendete 38 mm starkes Plattenmaterial für seine offenen Quader und ließ es unbehandelt.

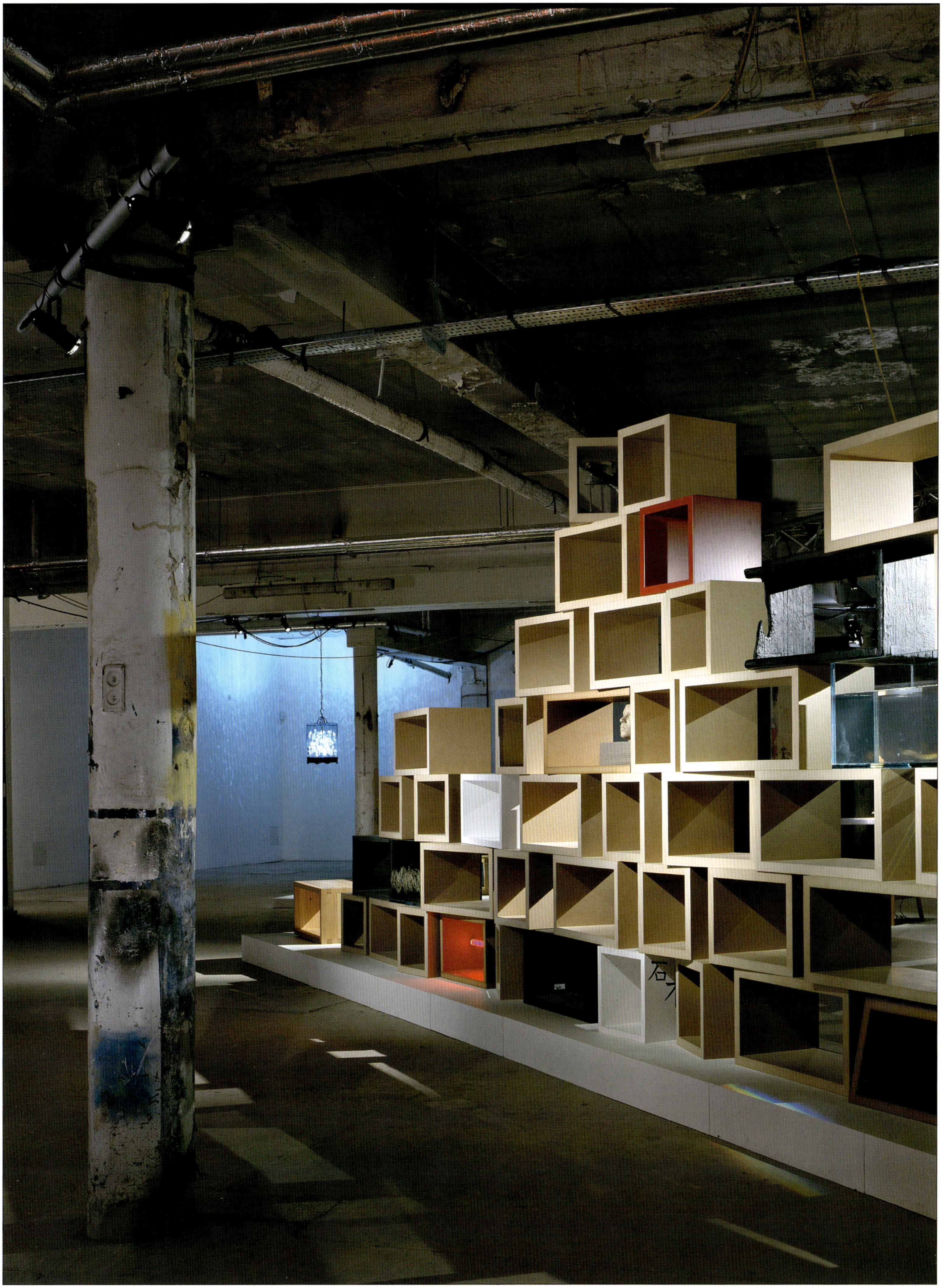

1992

< Uragano
Vico Magistretti
De Padova

Vico Magistretti loved to refine and modify already existing objects. In this case, he chose to take a simple chair frame out of solid beech wood and cover it with woven Rattan. The chair is thus simultaneously unusual and invitingly familiar.

Vico Magistretti aimait tout particulièrement transformer avec délicatesse les objets du quotidien. Ici, il a habillé une simple chaise en hêtre massif de jonc de rotin, composant un fauteuil classique et original à la fois.

Vico Magistretti verfeinerte mit Vorliebe bestehende Objekte. Hier hat er einem schlichten Stuhlrahmen aus massiver Buche ein zeitloses Rattangeflecht übergezogen. Damit wirkt der Armlehnstuhl ungewohnt und vertraut zugleich.

1992

< Cross Check Chair
Frank O. Gehry
Knoll International

Frank O. Gehry experimented for years on his designs, before he succeeded in braiding furniture out of long strips of maple wood. The strips are bound together in a way that ensures no frame is required, for they harden into shape on their own. Fruit crates from his childhood gave him the idea, while the name refers to Frank O. Gehry's favorite sport—ice hockey.

Il fallut des années de travail et d'expérimentation à Frank O. Gehry pour réaliser des meubles à partir de longues bandes de bois d'érable tressées. Les bandes de bois sont assemblées de manière à assurer la rigidité de la structure. Les cagettes de fruits de son enfance ont été une source d'inspiration pour Frank O. Gehry. Le nom des meubles fait toutefois référence au sport préféré de l'architecte : le hockey sur glace.

Jahrelanges Experimentieren ging diesem Entwurf voraus, bis es Frank O. Gehry gelang, aus langen Ahornholzbändern Möbel zu flechten. Dabei sind die Bänder so miteinander verbunden, dass sie sich selbst versteifen und ohne Rahmen auskommen. Inspiriert hatten ihn dazu die Obstkisten aus seiner Kindheit. Die Namen der Möbelserie allerdings sind eine Referenz an Frank O. Gehrys Lieblingssportart – Eishockey.

1992

> **Louis 20**
Philippe Starck
Vitra

Starck demonstrated environmentally friendly foresight with this chair. The seat and front legs are out of polypropylene, the back legs are out of aluminum, and both materials are recyclable. The two components screw into each other and can be just as easily separated.

Avec cette chaise, Starck fit preuve de prévoyance en matière d'écologie. L'assise et les deux pieds avant sont en polypropylène, le piétement arrière en aluminium, deux matériaux recyclables. Les deux éléments qui composent ce siège sont vissés l'un à l'autre et se démontent aisément.

Mit diesem Stuhl bewies Starck ökologische Voraussicht: Sitzfläche und die vorderen Beine sind aus Polypropylen, die hinteren Beine aus Aluminium; beide Materialien lassen sich wiederverwerten. Die beiden Komponenten sind miteinander verschraubt und lassen sich im Handumdrehen voneinander lösen.

1991

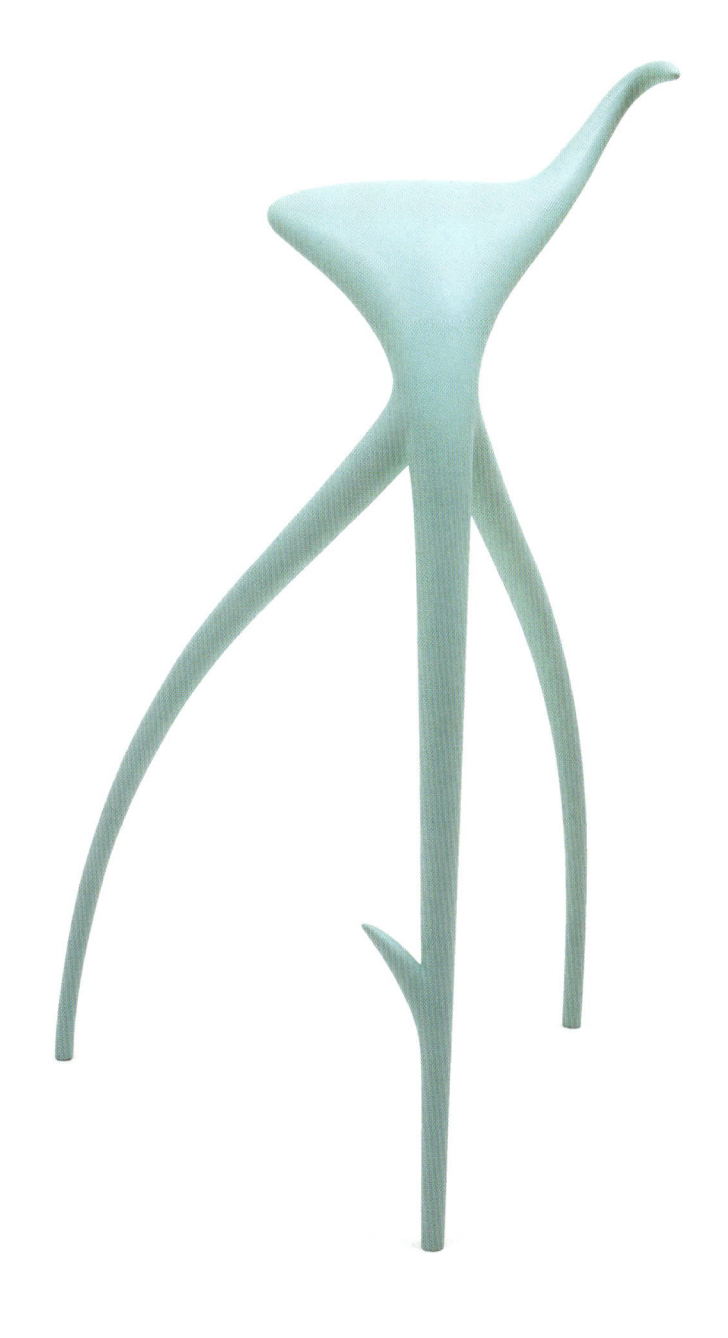

∧ W.W. Stool
Philippe Starck
Vitra

Starck designed this sculptural stool for the German movie director Wim Wenders as a component of some equally exceptional office surroundings. The fragile lines are reminiscent of a delicate plant, whose roots could be compared to the legs, which sprout out of its core, the seat.

Ce tabouret aux formes sculpturales fut conçu pour le réalisateur Wim Wenders comme élément d'un environnement de bureau insolite. Les lignes particulièrement délicates forment une métaphore végétale. Le piétement compose la racine, et l'assise le bulbe de la plante en train de germer.

Diesen skulpturalen Hocker hat Starck für den Filmregisseur Wim Wenders als Teil einer ebenso außergewöhnlichen Büroumgebung entworfen. Die filigrane Linienführung erinnert an ein zartes Gewächs, dessen Wurzeln die Beine bilden und dessen Keim aus der Sitzfläche emportreibt.

1991

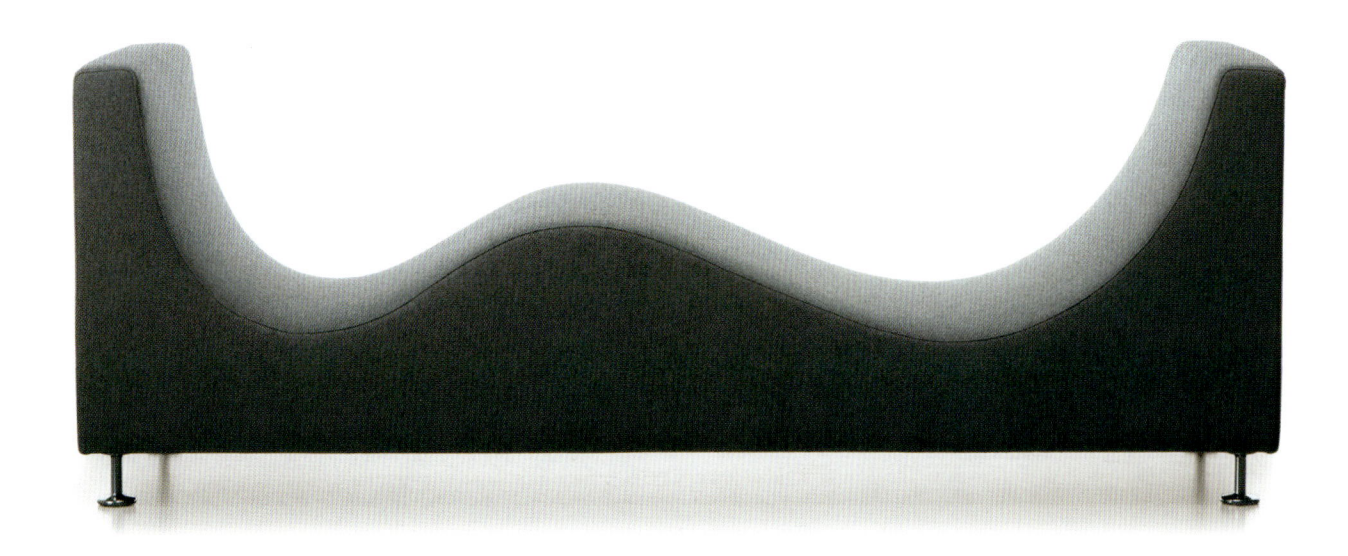

∧ **Three Sofa De Luxe TSA/6**
Jasper Morrison
Cappellini

The wavy seat, to which the depicted sofa and chaise longue testify, marks this entire sofa collection. Normally known for his otherwise very sober sense of esthetics, Morrison is bound to have felt this design was extremely expressive.

L'assise aux formes ondulantes est caractéristique de cette gamme de sièges de salon, à l'image du canapé et de la chaise longue. Ces lignes sont particulièrement expressives, pour un designer plutôt connu pour son esthétique sobre.

Das Merkmal dieses Sofaprogramms ist die wellenförmige Sitzfläche, wie hier bei der Chaiselongue. Für Morrison, der sonst für eine nüchterne Ästhetik bekannt ist, erscheint diese Linienführung regelrecht expressiv.

1991

∧ **Royalton Dormeuse**
Philippe Starck
Driade

Philippe Starck has transformed more hotels into sites of popular interest than any other designer. One of these was The Royalton in New York City, for which Starck spent two years, from 1988 to 1990, converting it into a new hotel experience. The chairs that were designed for the hotel lobby at the time have since become a solid part of the *Driade* collection. In fact, they even survived their site of origin—the lobby was recently redecorated, even if not by Starck.

Philippe Starck excelle dans l'art de métamorphoser les hôtels, qui deviennent après son travail de véritables attractions. Il en est ainsi du Royalton de New York, rénové entre 1988 et 1990 et transformé en un hôtel d'un genre nouveau. Les sièges conçus pour aménager le hall sont toujours édités par *Driade*, et connaissent une longévité qui dépasse celle du lieu pour lequel ils furent créés. Le hall de l'hôtel a été récemment réaménagé par un autre designer que Starck.

Philippe Starck hat bereits mehr Hotels in Sehenswürdigkeiten verwandelt als jeder andere Designer. So auch das Royalton in New York, das er zwischen 1988 und 1990 zu einem neuartigen Hotelerlebnis umformte. Die damals für die Lobby entworfenen Sitzmöbel sind seither fester Bestandteil der *Driade*-Kollektion und haben ihren Ursprungsort sogar überdauert: Die Lobby wurde kürzlich neu gestaltet, allerdings nicht von Starck.

Bundled Drawers
Tejo Remy's *Chest of drawers*

Un bouquet de tiroirs
La *Chest of drawers* de Tejo Remy

Gebündelte Schubladen
Tejo Remys *Chest of drawers*

Kathrin Spohr

Tejo Remy (born 1960) wrote design history with his *Chest of drawers 'You can't lay down your memories'*, which the Dutch design collective Droog has produced since 1993. Included in the permanent collection of the MoMA in New York, the *Chest of drawers* has sold for five-figure sums in world-renowned auction houses. This piece of furniture represents a new, experimental, intelligent and also humorous approach to design, which was mainly initiated by Droog.
Design historian Renny Ramakers and product designer Gijs Bakker founded Droog in

Tejo Remy (né 1960) a apporté sa propre contribution à l'histoire du design avec la *Chest of drawers 'You can't lay down your memories'*, la commode éditée depuis 1993 par le label néerlandais Droog. Certes, ce meuble fait désormais partie des collections permanentes du MoMA à New York et se négocie dans les salles de ventes les plus prestigieuses pour un montant très élevé. Mais son succès ne s'explique pas par ce seul constat. Cette pièce symbolise une manière nouvelle, expérimentale, intelligente et facétieuse de penser et d'appréhender le design, un phénomène initié principalement par Droog.

Mit dem Schubladenschrank *Chest of drawers 'You can't lay down your memory'*, der von dem niederländischen Label Droog seit 1993 vertrieben wird, hat Tejo Remy (geb.1960) Designgeschichte geschrieben. Nicht nur weil der Schubladenschrank inzwischen in die permanente Kollektion des MoMA in New York aufgenommen wurde und in den großen Auktionshäusern für fünfstellige Summen gehandelt wird. Das Möbelstück steht für eine neue, experimentelle, intelligente und auch humorvolle Denk- und Herangehensweise an das Design, die maßgeblich von Droog initiiert wurde.

∧ Chest of drawers 'You can't lay down your memory', No. 84, Tejo Remy

209

> Tennis Ball Bench, Tejo Remy & Rene Veenhuizen, Museum Boymans van Beuningen - Digital Depot, Rotterdam, 2006

1993. During the Milan furniture fair, the *Salone del Mobile*, of that same year, Droog's first international presentation consisting of 14 products inspired waves of enthusiasm. Droog has worked together with various design talents, including Tejo Remy, Hella Jongerius, Marcel Wanders and Richard Hutten, all of whom have since become Dutch masters of contemporary design.

Droog, which in English translates as "dry," aptly describes the design collective's products and humor. All of the label's design objects are based on clear concepts that are produced with equally clear simplicity and practicality. Droog products are innovative, sampled, recycled—and always minimalist. They irritate and surprise, for they decode our habits and common perceptions of the world, while giving us new perspectives on our use of daily objects.

Chest of drawers testifies to this. Made from 20 used drawers, it combines a variety of materials used for each of the drawers—wood, metal, plastic. Remy built a customized wooden housing around each drawer, stacked the drawers in a seemingly random fashion and bundled the structure together with thick cord. Then he signed and numbered each drawer. Each single element of this piece of furniture thus looks different and is unique—unique elements of a unique whole.

In many ways, Droog's *Chest of drawers* is an exciting piece of furniture and an exemplary product of the label's philosophy. Tejo Remy has given a second life to discarded, seemingly too old-fashioned or unused drawer elements. Yet, this design represents much more than merely recycling objects and

Le label créé par l'historien du design Renny Ramakers et le designer Gijs Bakker fit sensation dès son entrée sur la scène internationale avec les 14 travaux présentés au *Salone del Mobile* de Milan en 1993. Droog s'est assuré dès le début la collaboration de designers au talent divers : Tejo Remy mais aussi Hella Jongerius, Marcel Wanders ou Richard Hutten. Tous sont désormais considérés comme des stars sur la scène du design.

Droog signifie littéralement « sec », et les pièces produites par ce collectif le sont : elles reposent sur des études claires qui sont également réalisées de manière claire. Les produits Droog sont inédits, recyclés et toujours minimalistes. Ils ont l'art d'agacer et d'étonner, décodante nos habitudes tant dans la fonction que visuellement, et remettant en cause notre manière d'aborder les objets du quotidien.

La *Chest of drawers* illustre bien ce phénomène. Cette commode peu ordinaire est réalisée à partir de 20 tiroirs recyclés en bois, en métal ou en plastique. Tejo Remy a réalisé un nouvel encastrement en bois pour chaque tiroir, puis les a assemblés en les posant les uns sur les autres comme bon lui semblait. L'ensemble est fixé par une ceinture en tissu. Tous les tiroirs sont numérotés et signés par Tejo Remy. Chaque élément de ce meuble diffère et compose donc une pièce unique : une pièce unique dans un ensemble unique.

La *Chest of drawers* est à bien des égards une pièce de mobilier fascinante, et un excellent exemple de la philosophie du label Droog. Tejo Remy a donné une seconde vie à des tiroirs à l'aspect vieillot, ou qui n'avaient

Droog, von der Designhistorikerin Renny Ramakers und dem Produktdesigner Gijs Bakker gegründet, löste direkt bei der ersten internationalen Präsentation von 14 Produkten während des *Salone del Mobile* 1993 in Mailand Begeisterungsstürme aus. Von Anfang an arbeitet Droog mit verschiedenen Designtalenten zusammen, zu denen neben Tejo Remy auch Hella Jongerius, Marcel Wanders oder Richard Hutten gehören, die längst zu Stars der Designszene avanciert sind.

Droog heißt trocken, und so sind die Produkte, die das Kollektiv vertreibt: Sie basieren auf klaren Konzepten, die ebenso klar umgesetzt werden. Droog-Produkte sind neuartig, gesampelt, recyceld, immer minimalistisch. Sie irritieren und überraschen, weil sie unsere Gebrauchs- und Sehgewohnheiten dekodieren und neue Perspektiven im Umgang mit Alltagsgegenständen eröffnen.

So auch der *Chest of drawers*. Der ungewöhnliche Schubladenschrank ist aus 20 gebrauchten Schubladen zusammengesetzt, die aus unterschiedlichsten Materialien – Holz, Metall, Plastik – bestehen. Um jede Schublade baute Remy ein neues Holzgehäuse, stapelte die Schubladen irgendwie und hielt das Ganze mit einem Textilgurt zusammen. Jede Schublade ist nummeriert und von Tejo Remy signiert. Jedes Element dieses Möbels sieht somit anders aus und ist ein Einzelstück – ein Unikat im großen Unikat.

In vielerlei Hinsicht ist der *Chest of drawers* ein spannendes Möbelstück und ein beispielhaftes Produkt für die Philosophie des Labels Droog. Tejo Remy hat gebrauchten, zu altmodisch aussehenden oder auch ungenutzten Schubladenelementen ein zweites-

materials to create a new, different product. This process also implies reusing ideas and concepts to reinterpret the chest of drawers as a piece of furniture.

In addition, Remy never conceived a solid form for his *Chest of drawers*. At any time, anybody can adjust and readjust the secured chest according to personal need or desire. This drawer construction can also be complemented with other products or objects, which can also be secured and bundled with the thick cord. The user is thus actively involved in the design process.

plus d'utilité. Mais ce travail ne se résume cependant pas au seul recyclage d'objets et de matériaux pour confectionner un nouveau produit. Il s'agit également de réutiliser des idées et des formes et de donner une nouvelle interprétation du meuble « commode ».

Par ailleurs, Tejo Remy n'a pas conçu ici un objet avec une forme définitive. Chacun peut assembler les éléments de la commode en fonction de ses besoins ou de ses goûts. De la même manière, on peut rajouter des objets au sein de cet assemblage de tiroirs, et entourer le tout de la ceinture. L'utilisateur est un acteur à part entière du design de cette pièce.

Leben gegeben. Doch geht es um mehr als nur das Recyceln von Objekten und Materialien in irgendein neues, anderes Produkt. Es geht ebenso um das Wiederverwenden von Ideen und Konzepten, um die Neuinterpretation des Möbels Kommode.

Darüber hinaus hat Remy für den *Chest of drawers* keine feste Form vorgesehen. Jeder kann die gebündelte Kommode nach seinen persönlichen Bedürfnis oder Geschmack immer wieder so zusammenstellen, wie er sie gerade braucht. Genauso kann dieses Arrangement von Schubladen mit anderen Gegenständen oder Objekten ergänzt werden, die ebenso mit dem Gurt zusammengehalten werden können. Der Nutzer wird also aktiv in das Design einbezogen.

1991

V **Rag chair**
Tejo Remy
Droog

Rag chair is not only a place to sit. The body of old clothes evokes the painfully few possessions of immigrants and the homeless. The neatly stacked pile of clothes is held together with metal bands. Each chair is unique.

La *Rag chair* est plus qu'un simple siège. Cette forme composée de vêtements usagés évoque le peu de ci chesses des sans-abri ou des réfugiés. Les fripes posées les unes sur les autres et formant un ballot sont maintenues par des liens en métal. Chaque siège est unique.

Der *Rag chair* ist nicht nur eine Sitzgelegenheit. Der Korpus aus Altkleidern erinnert an die gebündelten Habseligkeiten von Obdachlosen und Flüchtlingen. Zusammengehalten wird der ordentlich gestapelte Kleiderstoß durch Metallbänder. Jeder Stuhl ist ein Einzelstück.

1991

∧ Chair with holes No. 2
Gijs Bakker

In 1989, Gijs Bakker drilled holes in a cubic chair, intending to render it lighter—both physically and visually. The pattern of the holes in the seat shell has its origins in the four holes for the legs.

En 1989, Gijs Bakker perça des trous dans une chaise en forme de cube. L'artiste souhaitait rendre la chaise plus légère, tant au niveau du poids que de son apparence. Le décor perforé de cette coque reprend celui formé par les quatre orifices percés pour fixer les pieds.

1989 bohrte Gijs Bakker Löcher in einen kubisch aufgebauten Stuhl. Der Stuhl sollte so physisch, aber auch optisch leichter gemacht werden. Das Lochmuster dieser Sitzschale hat seinen Ursprung in den vier Löchern für die Beine.

1991

∧ **Table-chair**
< **Table-upon-table bar stool**
Richard Hutten
Droog

In 1991 Hutten graduated from the renowned Dutch Design Academy Eindhoven. That same year he designed the piece of combination furniture called *Table-chair*, which many museums have since included in their permanent collection. Two archetypical tables were re-designed to create an armchair. The same principle was used for the bar stool, which consists of two differently sized tables. Simple changes thus give way to completely new objects.

Richard Hutten acheva ses études à la célèbre académie de Design d'Eindhoven en 1991. Il conçut la même année le meuble *Table-chair*, qui figure depuis dans les collections de nombreux musées. Il s'agit de deux modèles de table qui, associées l'une à l'autre forment un fauteuil. Le tabouret de bar suit un principe identique, puisqu'il naît de la superposition de deux tables. Ainsi, après quelques modifications, de nouveaux objets voient le jour.

1991 machte Hutten seinen Abschluss an der renommierten Design Academy Eindhoven. Im gleichen Jahr gestaltete er das Kombinationsmöbel *Table-chair*, das seitdem viele Museen in ihre Sammlung aufgenommen haben. Dabei handelt es sich um zwei archetypische Tische, die er so umgestaltete, dass sie zusammen einen Armlehnstuhl ergeben. Auf dem gleichen Prinzip beruht der Barhocker, der sich aus zwei unterschiedlich großen Tischen zusammensetzt. Durch kleine Eingriffe entstehen so neue Objekte.

∨ **Fold**
Lora Zingg
wb engros

Swiss designer Willy Guhl discovered the advantages of working with cement fiber bond back in the 1950s. Even today this material requires hand-made precision. The table, *Fold*, is formed out of a cement fiberboard. Highly durable and resistant to various elements, the material can be used in inner and outer areas.

Le Suisse Willy Guhl découvrit le fibres-ciment et ses applications au niveau de la fabrication de meubles. Ce matériau se travaille aujourd'hui encore de manière artisanale. La table basse *Fold* est formée à partir d'une couche de fibres-ciment. Ce matériau, très résistant, peut être utilisé pour créer des objets destinés aussi bien aux espaces intérieurs qu'extérieurs.

Bereits in den 1950er-Jahren entdeckte der Schweizer Willy Guhl Faserzement für den Möbelbau. Damals wie heute erfordert der Werkstoff bei solchen Anwendungen Handarbeit. Der Tisch *Fold* wird aus einer Faserzementmatte geformt. Dank seiner Unempfindlichkeit kann das Material sowohl in Innenräumen wie in Außenbereichen eingesetzt werden.

1991

∨ **Turtle**
Lukas Buol & Marco Zünd
wb engros

The *Turtle* consists of two plywood shells, which can change when needed to transform the couch into a bed. The mattress is kept between the two components, which are stacked on top of each other.

Turtle se compose de deux coques en contreplaqué. Selon les besoins, le canapé peut se transformer en lit. Le matelas est rangé entre les deux éléments superposés.

Das Stapelbett besteht aus zwei Sperrholzschalen, die bei Bedarf von der Couch zum Bett umgebaut werden können. Die Matratze findet zwischen den übereinandergestapelten Elementen Platz.

1990

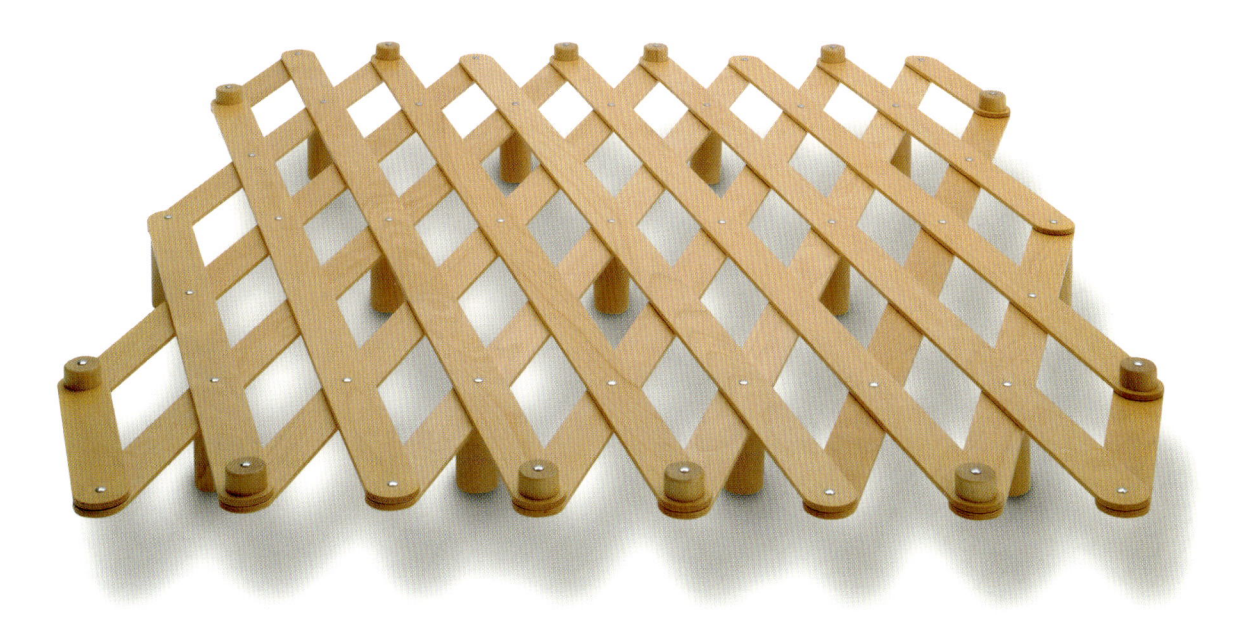

∧ **Scheren-Bett 990**
Kurt Thut
Thut Möbel

Thut often finds constructive solutions for challenges, such as limited living spaces. This bed exemplifies this: the extendable scissor-action lattice can be gradually pulled out to the desired length and fits all commercial mattresses.

Thut apporte des solutions constructives à des problèmes d'espace, à l'image de ce lit dépliant dont les lattes du sommier sont conçues comme une barrière rétractable en bois. La largeur du lit est réglable de manière continue, ce qui permet l'utilisation de matelas classiques.

Thut begegnet Herausforderungen wie begrenztem Wohnraum mit konstruktiven Lösungen. So auch bei diesem Bett: Der als Scherengitter konzipierte Lattenrost lässt sich stufenlos auf die gewünschte Breite ausziehen und erlaubt die Verwendung herkömmlicher Matratzen.

> **471**
Christoph Zschocke
Thonet

This wooden chair is ideal for large-scale use, for the hole in the backrest is much more than merely a decorative detail. It keeps the chair light, uses less material and allows light to trickle through in rooms packed with chairs.

Une chaise en bois pour de grands besoins : le décor du dossier, marqué d'orifices, n'est pas un simple ornement. Il associe économie de matériel et légèreté, allégeant l'impression d'ensemble émanant des salles remplies de chaises.

Ein Holzstuhl für den Großeinsatz: Das Lochdekor der Rückenlehne ist mehr als nur schmückendes Detail: Es verbindet Materialersparnis mit Leichtigkeit und schafft in dicht bestuhlten Sälen Durchblicke.

1990

< **Getsuen**
Masanori Umeda
Edra

A complex frame of molded steel lies underneath the delicate blossom. The green-fluorescent furniture wheels resemble those of inline skates and contrast with the plush velvet cover.

Sous cette fleur aux aimables contours se cache une structure en acier moulée. Les roulettes d'un vert fluorescent, semblables à celles fixées sur des patins, contrastent avec le revêtement en velours.

Unter der lieblichen Blütenform verbirgt sich ein komplexer Rahmen aus formgepresstem Stahl. Die grün fluoreszierenden Möbelrollen erinnern an die Rollen von Inlineskatern und kontrastieren mit dem plüschigen Samtbezug.

1990

> Rose
Masanori Umeda
Edra

Yet another floral-shaped armchair by the Japanese designer, Masamori Umeda—the heart-shaped shell is upholstered with cushion layers, which resemble the delicate petals of a rose.

Un autre fauteuil du Japonais Umeda qui évoque une fleur. La coque qui forme le cœur est garnie à l'aide de coussins superposés qui font penser aux pétales d'une rose.

Ein weiterer Sessel des Japaners Umeda in Blütenform: Die herzförmige Sitzschale ist mit übereinanderliegenden Kissenschichten ausgepolstert, die an die Blütenblätter einer Rose erinnern.

1990

> **National Geographic**
Mats Theselius
Källemo

Exactly 25 annual editions of the magazine *National Geographic* fit in this bookshelf and the yellow color is identical to that of the cover of the magazine.

Cette armoire offre un espace de rangement pour exactement 25 ans de numéros de la revue *National Geographic*. La couleur jaune du meuble est celle de la couverture du magazine.

In diesen Schrank passen exakt 25 Jahrgänge der Zeitschrift *National Geographic*, und seine gelbe Farbe entspricht den Umschlägen des Magazins.

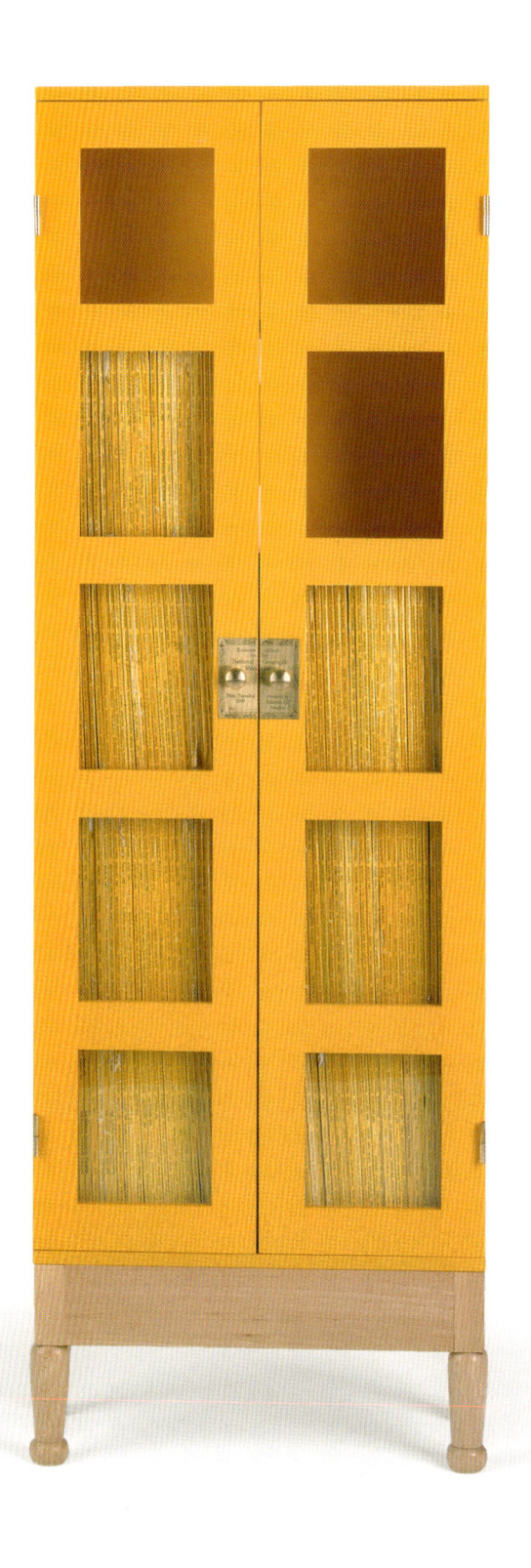

220

1989

V SoftLight
Alberto Meda
Alias

For this incredibly light chair Alberto Meda, engineering expert among Italian designers, used an elastic material that simulated the qualities of a spring. The chair is thus extremely comfortable despite being such a lightweight.

Une chaise poids plume : ingénieur de formation parmi les designers italiens, Alberto Meda utilisa pour ce siège un matériau élastique dont les propriétés sont semblables à celles des ressorts. Cette chaise est ainsi particulièrement confortable, en dépit de sa légèreté.

Stuhl mit Fliegengewicht: Der Ingenieur unter den italienischen Designern benutzt für den Sitz ein elastisches Material, das die Eigenschaften einer Springfeder simuliert – so ist der Stuhl trotz seiner Leichtigkeit besonders komfortabel.

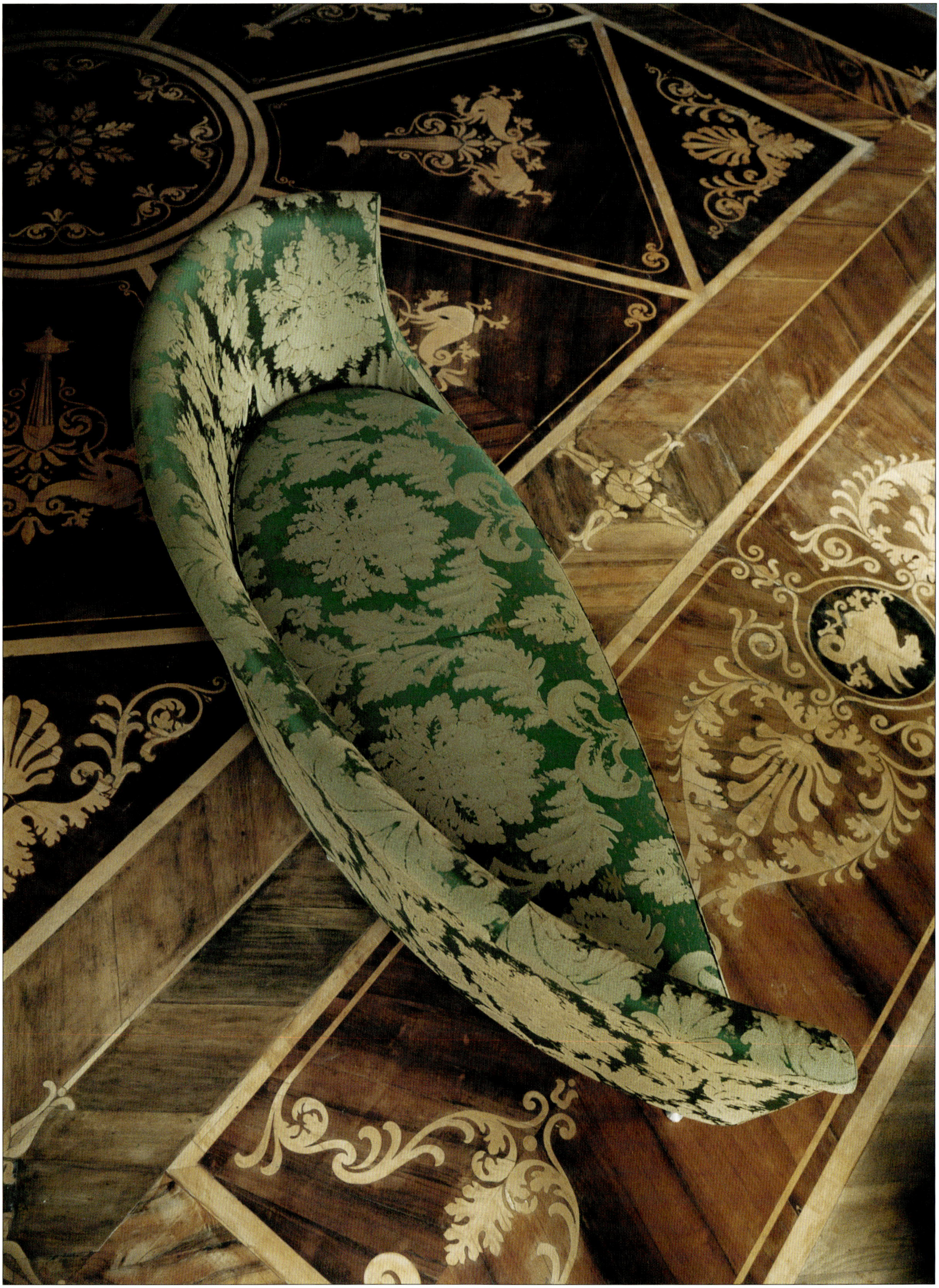

1989

V Saruyama
Toshiyuki Kita
Moroso

Resembling small islands, these sitting objects were intended to be placed together in any room and in any configuration so as to create an archipelago of *Saruyama* sitting furniture.

Ces sièges aux lignes similaires, qui font penser à de petits îlots, devaient s'assembler pour former un ensemble de salon.

Die ähnlich geformten Sitzmöbel, die wie kleine Inselobjekte aussehen, lassen sich zu einer Sitzgruppe zusammenstellen.

< Newtone
Massimo Iosa Ghini
Moroso

The former comic book illustrator's furniture resembles a three-dimensional version of his illustrations. Massimo Iosa Ghini's sassy and dynamic line, Newtone, unites differently shaped and colored sofas in his collection, as if they were puzzle pieces that needed to be put together.

Les meubles de cet ancien dessinateur de bande dessinée ressemblent à ses dessins, à la seule différence qu'ils sont en trois dimensions. Avec audace et dynamisme, Massimo Iosa Ghini crée une collection de canapés aux couleurs et formes diverses, à l'image de pièces de puzzle à assembler.

Die Möbel des ehemaligen Comiczeichners sehen aus wie seine Zeichnungen nur in dreidimensionaler Form. In einer frechen, dynamischen Linie stellt Massimo Iosa Ghini bei *Newtone* verschieden geformte und gefärbte Sofas zu einer Kollektion zusammen, als seien es Puzzlestücke, die zusammengesetzt werden müssen.

1989

V Multy
Claude Brisson
Ligne Roset

Simple to use, the sofa bed has a continuous mattress and a slatted bed frame. *Multy*, alternatively a bed, chaise longue or sofa, offers the possibilities of sitting, lounging and sleeping on the same piece of furniture.

Ce convertible, composé d'un matelaser d'un sommier à lattes facile à manier, permet de s'asseoir, de se détendre et de dormir.

Das Schlafsofa mit durchgängiger Matratze, einem Lattenrost und einer einfachen Bedienung ermöglicht drei Positionen – Sitzen, Relaxen, Schlafen.

1989

∧ FNP
Axel Kufus
Nils Holger Moormann

This shelving system fits in almost any corner of the room thanks to the simple, yet intelligent construction. The structure comprises side panels and shelves, joined by aluminum rails. Even though incredibly sturdy, the shelving system seems light and airy.

Ce système d'étagères peut s'adapter à presque toutes les contraintes spatiales en raison d'un principe de construction simple et intelligent. La structure repose sur des montants et plateaux reliés par un système de rails en aluminium. Malgré une grande capacité de résistance à la charge, l'ensemble se distingue par son aspect léger.

Durch die einfache und intelligente Konstruktion kann dieses Regalsystem an nahezu jede Gegebenheit eines Raums angepasst werden. Wangen und Böden im Verbund mit den eingesteckten Aluminiumschienen bilden die Struktur. Das Erscheinungsbild bleibt trotz hoher Belastbarkeit filigran.

1989

∨ Orgone Lounge
Marc Newson
Cappellini

This chaise longue is made out of pressed fiberglass plastic. The biomorphic form is characteristic for Marc Newson and can be situated somewhere between a surfboard and the streamlined American form of the 1950s.

La chaise longue est réalisée en résine de verre moulée. À mi-chemin entre la planche de surf et le Streamline américain des années 1950, ses formes organiques sont caractéristiques du style de Marc Newson.

Die Chaiselongue ist aus gepresstem Glasfaserkunststoff. Die biomorphe Form ist typisch für Marc Newsons Stil und steht irgendwo zwischen Surfboard und amerikanischer Stromlinienform der 1950er-Jahre.

> S-Chair
Tom Dixon
Cappellini

Tom Dixon is a self-taught furniture designer, who initially also made his furniture out of metal himself. The *S-Chair* marks the transition from man-made manufacturing to designs for serial production.

Autodidacte, Tom Dixon débuta d'abord par la conception de meubles en métal qu'il réalisait lui-même. La *S-Chair* marque une étape, puisque le designer passa avec ce modèle de l'artisanat à la production en série.

Tom Dixon begann, autodidaktisch hauptsächlich Möbel aus Metall zu gestalten und eigenhändig anzufertigen. Der *S-Chair* markiert den Schritt von der Eigenproduktion zu Entwürfen für die Serienfertigung.

1989

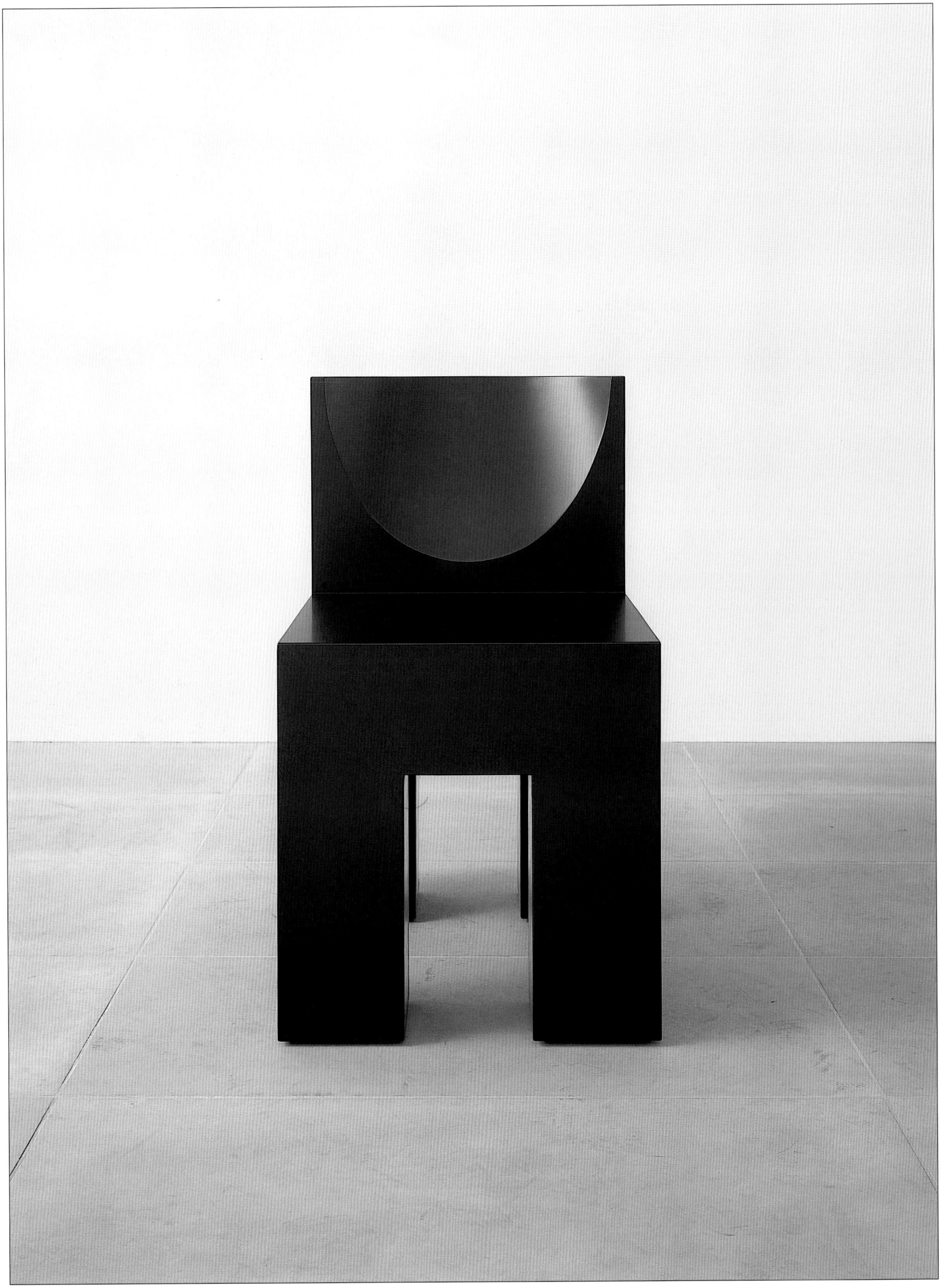

1988

> **Bench for Two**
Nanna Ditzel
Fredericia

Bench For Two is rather untypical for the otherwise neutral Nordic design world. Danish designer Nanna Ditzel played with post-modern design elements, such as the maple veneer and printed plywood.

Atypique pour le design scandinave d'ordinaire plutôt neutre, l'artiste danoise joue avec des éléments postmodernes, à l'image de cette banquette en érable massif et contreplaqué avec impressions.

Untypisch für die sonst eher sachliche, nordische Designwelt: Die dänische Gestalterin spielt mit postmodernen Gestaltungselementen wie bei dieser Bank aus massivem Ahorn und bedrucktem Sperrholz.

< **x1**
Oswald Mathias Ungers
Draenert

Architect Oswald Mathias Ungers' buildings are characterized by strict geometrical lines and by elementary shapes, such as squares, circles, cubes and orbs. Even with this limited furniture series, he remained true to his principles.

Les ouvrages de l'architecte Oswald Mathias Ungers se caractérisent par leur composition géométrique et leurs formes élémentaires, telles que le carré et le cercle, ou le cube et la sphère. Il demeura fidèle à ses principes pour cette série de meubles en édition limitée.

Die Bauten des Architekten Oswald Mathias Ungers zeichnen sich durch strenge, geometrische Ordnungsraster und durch elementare Formen wie Quadrat und Kreis oder Kubus und Kugel aus. Auch für diese limitierte Möbelserie blieb er seinen Prinzipien treu.

> **Chair with holes**
Gijs Bakker
Droog

Gijs Bakker, co-founder of Droog, designed a huge series of products with holes. This acorn wood chair, *Chair with holes*, features a consistent hole pattern in the entire frame. The holes, which vary in size depending on how much stress the chair is exposed to, reduce the weight of the chair by a third.

Gijs Bakker, membre fondateur de Droog, a conçu toute une série de produits perforés. Ce siège en érable est tout entier percé d'orifices. Le diamètre des perforations varie selon les contraintes statiques, qui diffèrent d'un endroit à un autre. Le poids de la chaise est ainsi réduit d'un tiers.

Gijs Bakker, Mitbegründer von Droog, hat eine ganze Serie von Produkten mit Löchern entworfen. Bei diesem Ahornstuhl *Chair with holes* zieht sich das Lochmuster durch den kompletten Rahmen. Die Bohrungen, die je nach statischer Beanspruchung größer oder kleiner sind, reduzieren das Gewicht des Stuhls um etwa ein Drittel.

1988

> **Tatlin**
Mario Cananzi & Roberto Semprini
Edra

Vladimir Tatlin's *Constructivist tower*, built for the Comintern, originally inspired the spiral shape of this piece of furniture. The *Tatlin* sofa cannot be pushed against the wall, but instead demands its own privileged space in the room.

Ce siège est inspiré du monument constructiviste en forme de spirale conçu par Vladimir Tatline pour la IIIe Internationale communiste. Il ne peut s'adosser au mur, et requiert une place privilégiée dans la pièce.

Das von der Spiralenform Vladimir Tatlins konstruktivistischem Turm zur III. Kommunistischen Internationale inspirierte Sitzmöbel kann nicht an die Wand geschoben werden, sondern beansprucht einen privilegierten Platz im Raum.

> **Ota Otanek**
Borek Sípek
Vitra

This sculptural piece of sitting furniture with the dramatically hammered backrest out of copper unites traditional craftsmanship and industrial production.

Ce siège aux formes sculpturales, pourvu d'un extravagant dossier en cuivre martelé, associe artisanat traditionnel et production industrielle.

Dieses skulpturale Sitzmöbel mit seiner auffälligen, gehämmerten Rückenlehne aus Kupfer verbindet traditionelle Handarbeit mit industrieller Produktion.

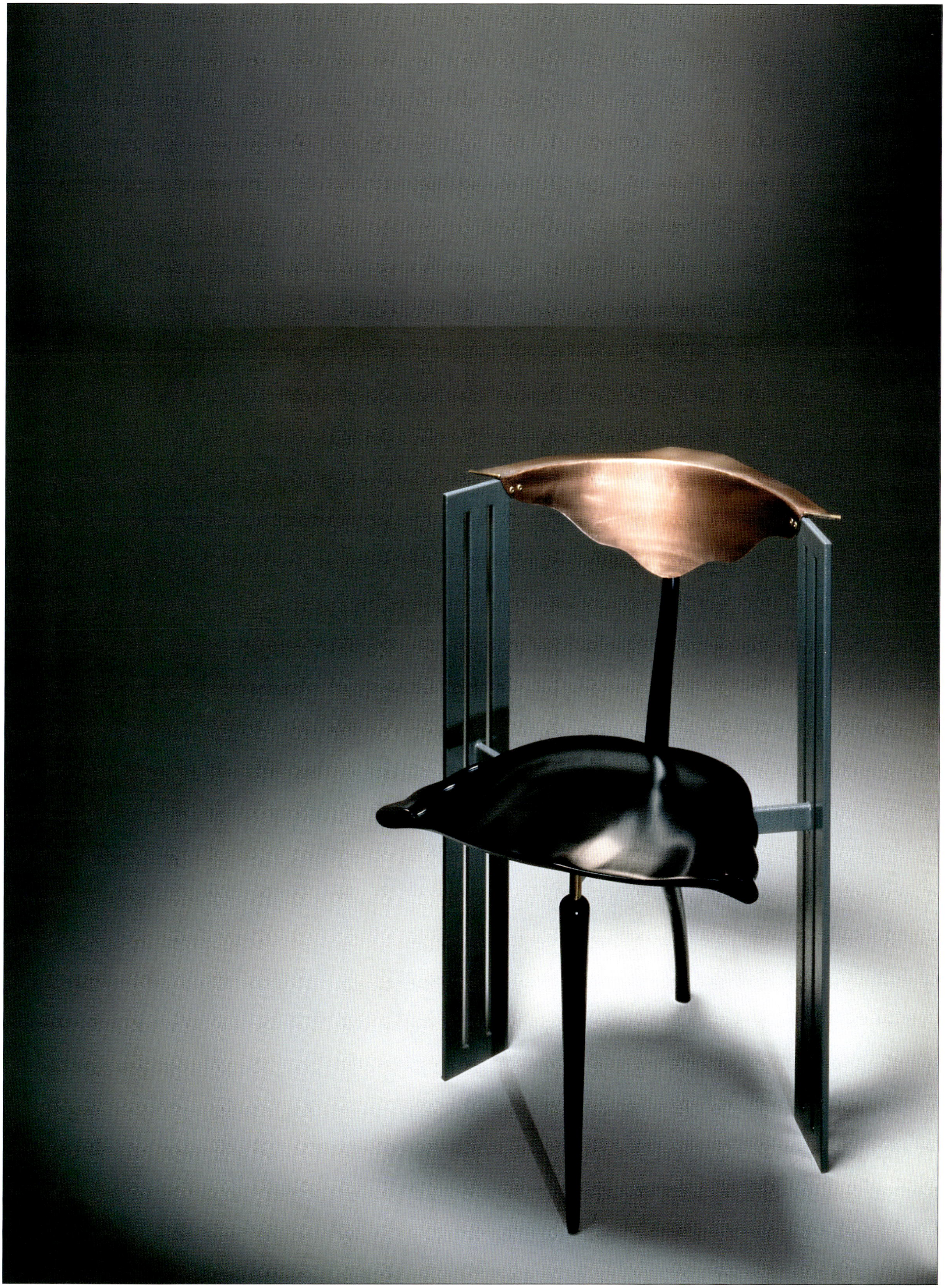

1988

> **Embryo Chair**
Marc Newson
Cappellini

This biomorphic lounge chair stands on only three legs and is covered with an elastic material that resembles neoprene.

Cette chaise longue aux lignes organiques ne repose que sur trois pieds, et est recouverte d'une matière élastique semblable au néoprène.

Dieser biomorphe Loungesessel steht nur auf drei Beinen und ist mit einem elastischen Stoff, ähnlich dem Neopren, überzogen.

1988

< **Silla Garriri**
Javier Mariscal
Akaba

Silla Garriri clearly expressed the optimism of the Spanish post-Franco era. This chair represented a persiflage of Mickey Mouse and was created by the Spanish artist and designer who later designed the mascot for the Barcelona Summer Olympics 1992.

Expression d'optimisme dans l'Espagne d'après Franco : le siège de l'artiste et du designer Javier Mariscal, lequel dessinera également la mascotte pour les Jeux olympiques de Barcelone en 1992, est une parodie sur le thème de Mickey Mouse.

Ausdruck des Optimismus in der Post-Franco-Ära: Der Stuhl des spanischen Künstlers und Designers, der später auch das Olympia-Maskottchen für Barcelona 1992 entwarf, ist eine Mickey-Mouse-Persiflage.

< **Wood Chair**
Marc Newson
Cappellini

Slatted beech wood strips were bent to form a double curve, thus presenting a lounge chair that differed radically from the bentwood chairs of the past.

Des baguettes de bouleau, que l'on a courbées de manière à obtenir une boucle, forment une chaise longue qui ne ressemble en rien aux premières chaises en bois courbé.

Schlaufenförmig gebogene Birkenholzstäbe werden hier zu einem Loungesessel verformt, der sich von historischen Bugholzstühlen weit entfernt hat.

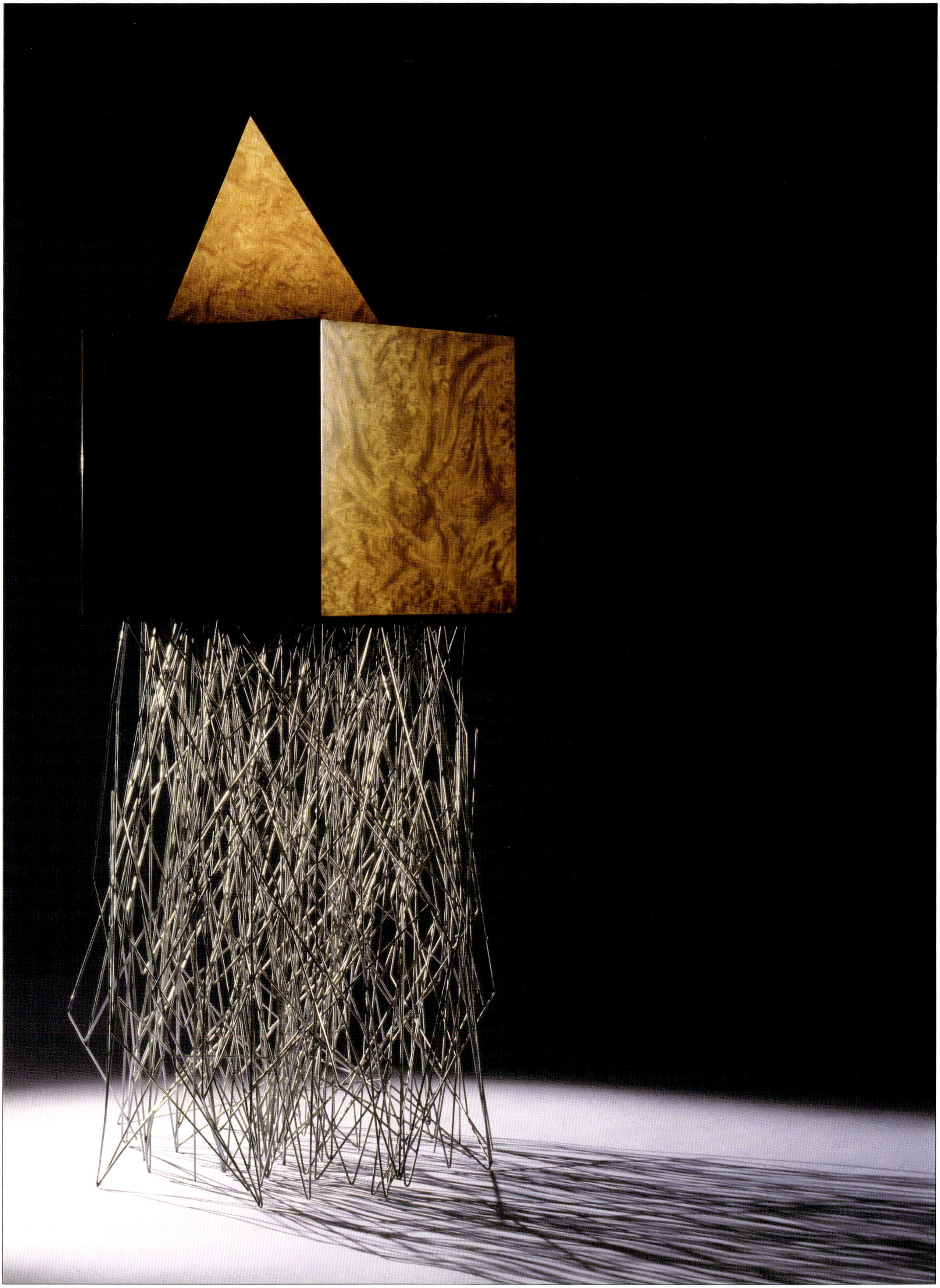

1988

∧ Veldi
< Baphomet
Atsushi Kitagawara

In 1973, while still a student at the Tokyo University of Arts, architect Atsushi Kitagawara won the international design competition *The Japan Architect*. He was also busy in the areas of urban and landscape planning, set design as well as furniture design.

L'architecte Atsushi Kitagawara remporta en 1973, alors qu'il était encore étudiant à l'University of Arts de Tokyo, *The Japan Architect*, un concours de design international. Il travaille par ailleurs dans les domaines de l'urbanisme et du paysagisme, dans le design scénique et dans la conception de mobilier.

Der Architekt Atsushi Kitagawara gewann 1973, als er noch an der Tokyo University of Arts studierte, den internationalen Designwettbewerb *The Japan Architect*. Er ist zudem in den Bereichen Städte- und Landschaftsplanung, Bühnendesign und auch im Möbeldesign tätig.

1988

∧ Miss Blanche
Shiro Kuramata
Ishimaru Co.

This chair was named *Miss Blanche* for the protagonist in Tennessee Williams' *A Streetcar Named Desire*. Diverse models with different artificial Japanese flowers of this chair were created, giving the general impression of floating flowers in space.

Le siège *Miss Blanche* doit son nom au personnage principal du roman de Tennesse William, *Un tramway nommé Désir*. Les modèles de cette chaise furent réalisés avec diverses fleurs artificielles japonaises. Elles devaient créer l'illusion de flotter dans l'air.

Für den Stuhl *Miss Blanche*, der seinen Namen der Hauptfigur aus Tennessee Williams Drama *Endstation Sehnsucht* verdankt, wurden diverse Modelle mit verschiedenen japanischen Kunstblumen erstellt. Sie sollten die Illusion vermitteln, dass die Blumen im Raum schweben.

V Ply-Chair
Jasper Morrison
Vitra

The light appearance of the *Ply-Chair* is based on very simple production methods. The few items Jasper Morrison used to build this chair included a saber saw and a few pieces of wood.

Ce siège vit le jour selon des principes de production particulièrement simples, qui expliquent l'impression de légèreté qui en émane. Jasper Morrison exécuta en effet lui-même l'objet à l'aide d'une scie à guichet électrique et de quelques morceaux de bois.

Das leichte Erscheinungsbild des *Ply-Chair* geht auf das sehr einfache Produktionsverfahren zurück. Jasper Morrison baute ihn eigenhändig zusammen, und zwar mit einer elektrischen Stichsäge als einzigem Werkzeug und einigen Holzstücken.

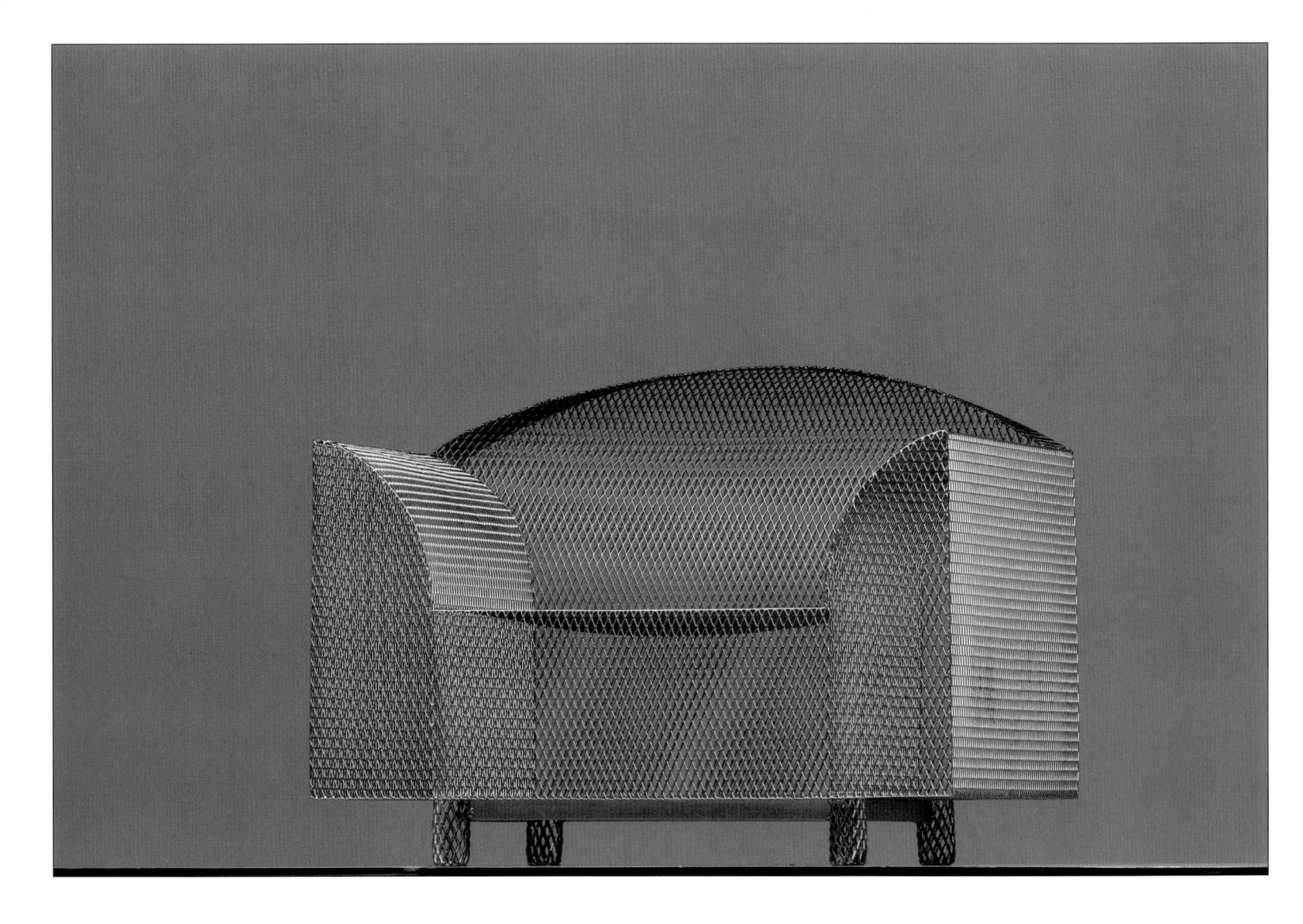

∧ **How High The Moon**
Shiro Kuramata
Vitra

Backrest, armrests and seat are reduced to simple cubist forms and out of nickel-plated expanded metal. The shimmering, dematerialized surface evokes pale glowing moonlight—the name was inspired by one of Duke Ellington's songs.

Les formes cubiques du dossier, des accotoirs et de l'assise en métal déployé sont réduites à leur plus simple expression. La surface brillante et dématérialisée évoque la pâle clarté de la lune. Le nom de ce fauteuil est inspiré d'une composition de Duke Ellington.

Rückenlehne, Armlehnen und Sitzfläche sind auf einfache, geometrische Formen reduziert und in Streckmetall umgesetzt. Die schimmernde, dematerialisierte Oberfläche erinnert an leuchtend blasses Mondlicht – der Name ist einem Stück von Duke Ellington entlehnt.

1987

V Tankette
Paolo Pallucco & Mireille Rivier
Pallucco

This side table can be easily rolled away. Any objects on the tabletop, however, should first be removed.

Cette table d'appoint à plateau déroulant se déplace facilement. Il faut toutefois, dans un premier temps, ôter les objets du plateau.

Dieser Beistelltisch lässt sich wegrollen. Gegenstände sollte man aber zuvor von der Tischfläche entfernen.

1987

V Tabula rasa
Ginbande

This piece of furniture easily adapts to a varying number of guests. *Tabula rasa*, a combination of table and bench, can be gradually pulled out to a length of 5 m (around 16 feet).

Ce meuble s'adapte au nombre d'invités. *Tabula rasa* est un ensemble composé d'une table et de deux bancs, étirables sur une longueur de 5 m.

Dieses Möbel passt sich immer der Anzahl der Gäste an. *Tabula rasa*, eine Kombination aus Tisch und Bank, lässt sich bis zu einer Länge von 5 m stufenlos ausziehen.

∧ **German Living Room**
Andreas Brandolini

German living room was Brandolini's contribution to the exhibition *Documenta 8* in Kassel, Germany, and intended to ironically comment on idyllic domesticity. Several sofas were grouped around a sausage-shaped table under which a rug was placed, depicting a burning fire.

German living-room fut présenté à l'occasion de la *Dokumenta 8* à Kassel. L'ensemble parodiait avec ironie le foyer idyllique. Plusieurs canapés entouraient la table basse en forme de saucisse. Elle reposait sur un tapis orné de flammes ardentes.

German living room war Brandolinis Beitrag zur *Dokumenta 8* in Kassel und stellte auf ironische Weise häusliche Idylle dar. Mehrere Sofas waren um einen wurstförmigen Tisch gruppiert, unter dem ein Teppich mit aufgedrucktem loderndem Feuer lag.

1987

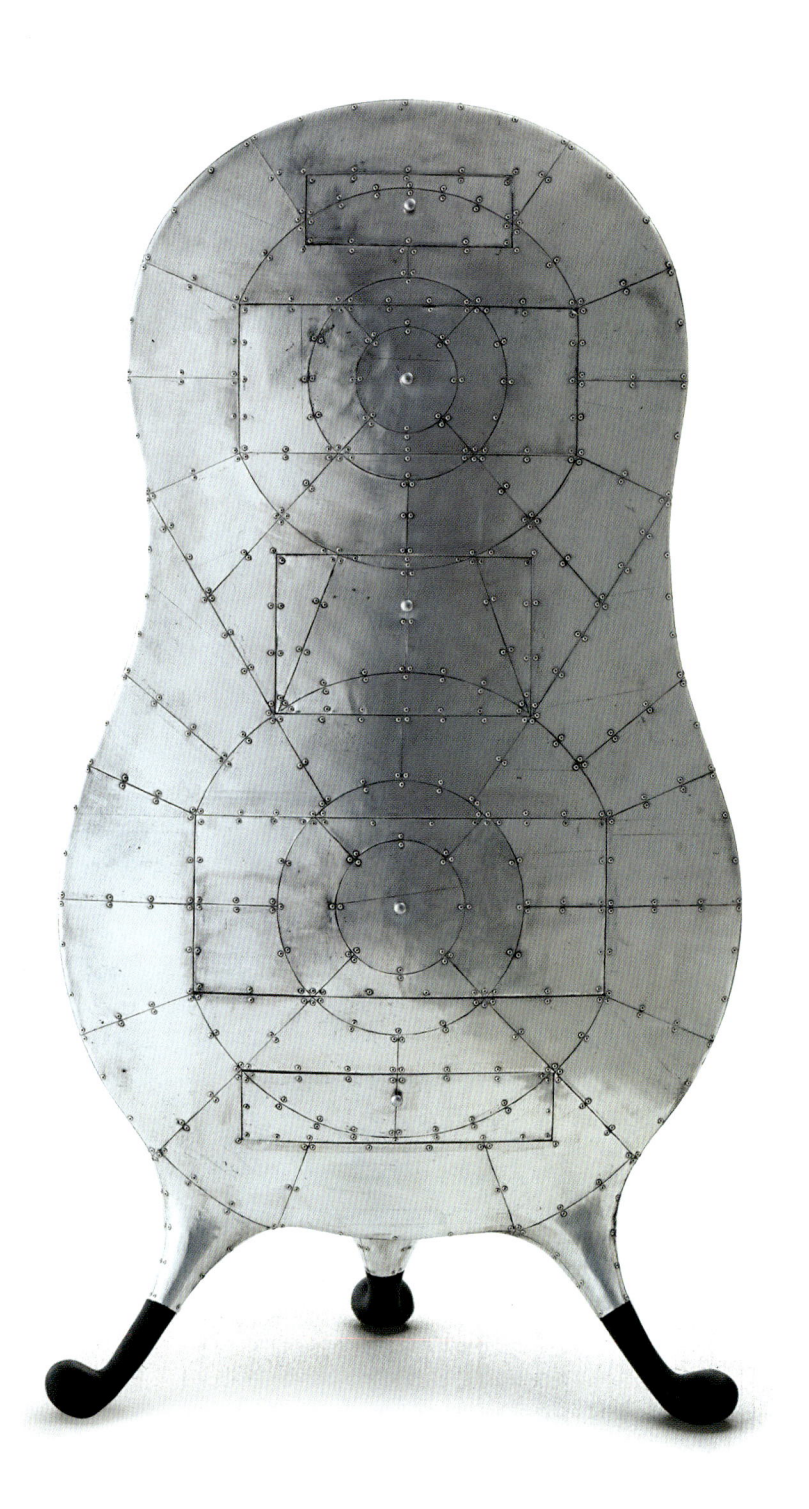

< **Pod of Drawers**
Marc Newson

Made using industrial materials—fiberglass and riveted sheet aluminum—and painstakingly produced in a limited edition of twelve, this curved chest of drawers parodied airplane esthetics.

Cette commode, réalisée en quelques exemplaires à partir de matériaux industriels tels que la fibre de verre et la feuille d'aluminium, parodie avec ses courbes l'esthétique de l'aéronautique.

Aus Industriematerialien – Fiberglas und genietetem Aluminium – aufwändig in limitierter Auflage hergestellt, parodiert diese kurvige Kommode die Flugzeugästhetik.

1987

V **Ed Archer**
Philippe Starck
Driade

Ed Archer is one of the most elegant chair designs which Philippe Starck created in the 1980s. The frame is out of tubular steel, the back leg out of polished cast aluminum and the cover could be out of black or Russian red leather.

Cette chaise se compose d'armatures en acier tubulaire, d'un revêtement en cuir noir ou en cuir de Russie et d'un piétement arrière en fonte d'aluminium polie. Il figure parmi les sièges les plus élégants créés par Philippe Starck dans les années 1980.

Dieser Stuhl mit Gestell aus Stahlrohr, Bezug aus schwarzem oder Juchtenleder und einem hinterem Bein aus poliertem Aluminiumguss ist einer der elegantesten Stuhlentwürfe von den vielen, die Philippe Starck in den 1980er-Jahren produzierte.

1987

∧ **Cannaregio**
Gaetano Pesce
Cassina

Cannaregio seating consists of ten different sitting elements with different shapes, volumes and sizes. They can be used individually, be linked together, stand next to each other or huddle together in a group.

Le canapé *Cannaregio* se compose de dix modules dont la forme, le volume et la taille diffèrent d'un élément à l'autre. Ces éléments peuvent être disposés séparément ou former un ensemble.

Das Sofa *Cannaregio* setzt sich aus zehn unterschiedlichen Sitzelementen mit unterschiedlichen Formen, Volumen und Größen zusammen, die einzeln, nebeneinander oder zusammen in einer Gruppe aufgestellt werden können.

< **Feltri**
Gaetano Pesce
Cassina

Felt is an unusual material to be used for a piece of sitting furniture. Here, after being impregnated with thermosetting resin to guarantee stiffness and resistance, it was used as a protective and supportive backrest.

L'utilisation de feutre est inhabituelle pour un siège. Ce matériau est ici imprégné de résine, afin de le rendre rigide et de réaliser un dossier possédant les qualités de soutien requises.

Das für ein Sitzmöbel ungewöhnliche Material Filz wird durch Imprägnierung mit Kunstharz gehärtet und so zur schützenden und stützenden Lehne.

1987

V **Vidun**
Vico Magistretti
De Padova

Vidun is the first table in De Padova's collection. *Vidun* means screw in the Milanese dialect. The table is thus a tribute to this useful object of daily life, which is shown oversized and made from colorful wood.

Vidun est la première table éditée par De Padova. En dialecte milanais, *Vidun* signifie « vis ». L'ouvrage est un hommage coloré à cet objet du quotidien.

Vidun ist der erste Tisch in der Kollektion von De Padova. *Vidun* bedeutet im Mailänder Dialekt „Schraube". So ist der Tisch ein Tribut an das kleine nützliche Alltagsprodukt, überdimensioniert und in farbigem Holz ausgeführt.

1987

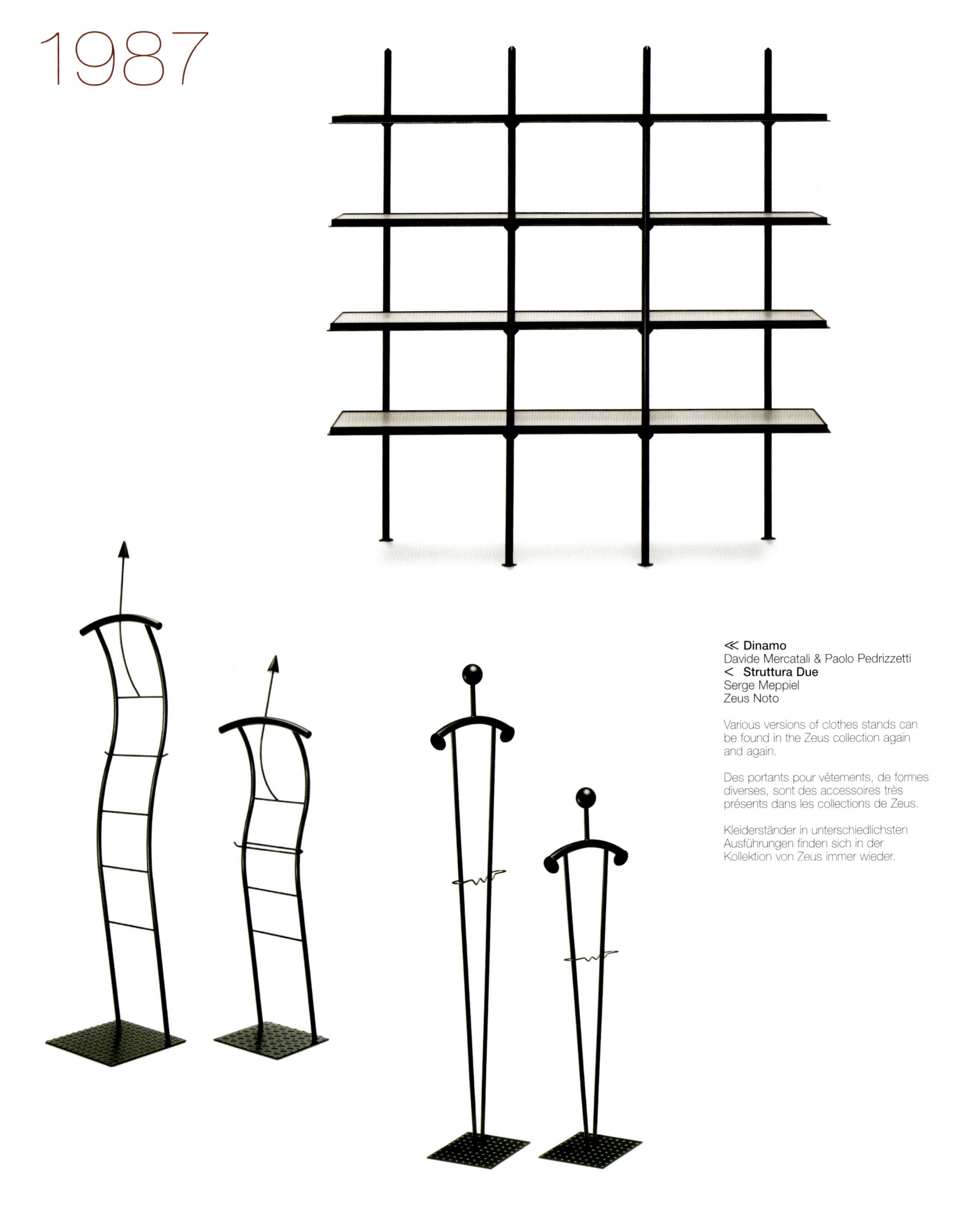

≪ Dinamo
Davide Mercatali & Paolo Pedrizzetti
< Struttura Due
Serge Meppiel
Zeus Noto

Various versions of clothes stands can be found in the Zeus collection again and again.

Des portants pour vêtements, de formes diverses, sont des accessoires très présents dans les collections de Zeus.

Kleiderständer in unterschiedlichsten Ausführungen finden sich in der Kollektion von Zeus immer wieder.

1986

< **Dama**
Maurizio Peregalli
Zeus Noto

These easily disassembled wall bookshelves were made out of black-varnished steel angle rods and white-laminated wooden shelves. In 2007, its successor followed, featuring vertical rods of chromed square tube and particularly light aluminum alveolar shelves covered on both sides with silver anodized aluminum.

Cette étagère démontable, présentant des profilés cornière laqués noirs et des plateaux en bois blanc, fut remplacée en 2007 par un modèle composé de tubes profilés chromés, ainsi que de plateaux en alliage d'aluminium particulièrement légers.

Dieses zerlegbare Wandregal aus schwarz lackiertem Winkelprofilstahl und weiß beschichteten Holzböden erhielt 2007 einen Nachfolger aus verchromtem Vierkantrohr mit besonders leichten Böden aus Aluminiumverbundplatten.

V **Day Bed**
Maurizio Peregalli & Sergio Calatroni
Zeus Noto

This *Day Bed* is actually quite uncomfortable and more reminiscent of a camp bed.

Ce lit de jour n'est pas particulièrement confortable, et fait plutôt penser à un lit de camp.

Dieses *Day Bed* ist keine bequeme Angelegenheit und erinnert eher an Feldbetten.

1986

< **Aluminiumschrank**
Kurt Thut
Thut Möbel

The aluminum closet can even stand on its head, depending on whether the doors open to the left or right. The individual closet components indicate their function from the outside – the deeper areas offer space for clothes hangers, the less profound areas correspond to the size of folded shirts.

Cette armoire en aluminium peut être utilisée avec ouvertures des portes vers la gauche ou vers la droite. Les deux types de compartiments ont une fonction visible de l'extérieur : les plus profonds font office de penderie, tandis que les autres sont conformes aux dimensions d'une chemise pliée.

Der Aluminiumschrank kann auch kopfstehen, je nachdem, ob sich die Türen nach links oder rechts öffnen sollen. Die einzelnen Schrankabschnitte lassen ihre Funktion schon von außen erkennen: Die tieferen Bereiche bieten Platz für Kleiderbügel, die weniger tiefen Bereiche entsprechen der Größe gefalteter Hemden.

1986

> **Sarapis**
Philippe Starck
Driade

This stool with an anthracite gray tubular steel frame and a steel-mesh seat became famous as a typical piece of designer furniture.

Ce tabouret, réalisé en acier tubulaire gris anthracite et doté d'une assise composée d'un filet en acier, fut considéré comme un meuble design typique.

Dieser Hocker aus anthrazitgrauem Stahlrohr und einer Sitzfläche aus Stahlnetz machte sich als typisches Designermöbel einen Namen.

< **Toledo**
Jorge Pensi
Amat

Argentinean designer Jorge Pensi went to Barcelona in 1977 and founded his own design studio in 1984. His armchair *Toledo* was inspired by older chairs in Spanish street cafés. The seat is made from thermo-treated polished cast aluminum and the legs from anodized polished tubular aluminum.

Originaire d'Argentine, Jorge Pensi s'installa à Barcelone en 1977 et créa sa propre agence de design en 1984. Le fauteuil *Toledo* est réalisé en fonte et tube d'aluminium, et s'inspire des chaises meublant les terrasses des cafés espagnols.

Der Argentinier Jorge Pensi ging 1977 nach Barcelona und gründete 1984 sein eigenes Designbüro. Sein Stuhl *Toledo* wird im Aluminiumgussverfahren mit Aluminiumrohr hergestellt und hat seine Vorbilder in älteren Bestuhlungen spanischer Straßencafés.

1986

> Lola Mundo
Philippe Starck
Driade

The backrest can be folded down on the seat, which transforms the chair into a stool.

Le dossier peut se replier sur l'assise pour former un tabouret.

Die Lehne lässt sich auf die Sitzfläche herunterklappen, und so wird aus dem Stuhl ein Hocker.

> D 5 (Ruegenberg-Sessel)
Sergius Ruegenberg
Tecta

Sergius Ruegenberg worked in Ludwig Mies van der Rohe's studio in the late 1920s and 1930s and was responsible for the design of the *Barcelona* armchair. In the late 1980s, he worked closely together with Axel Bruchhäuser's illustrations and drawings to create the cantilever chair *Tugendhafter Sessel*, which was manufactured by Tecta. The *Ruegenberg* Armchair was only realized in 2006.

Sergius Ruegenberg travailla dans les années 1920 et au début des années 1930 pour Ludwig Mies van der Rohe, et c'est à lui que revient la conception du fauteuil *Barcelona*. À la fin des années 1980, il réalisa pour Tecta, en collaboration avec Axel Bruchhäuser, des croquis et des ébauches pour un porte-à-faux s'inspirant du fauteuil *Tugendhaft*. Le fauteuil *Ruegenberg* fut produit seulement en 2006.

Sergius Ruegenberg arbeitete in den 1920ern und Anfang der 1930er-Jahre im Büro von Ludwig Mies van der Rohe und war für die Entwürfe des *Barcelona-Sessels* verantwortlich. Ende der 1980er-Jahre entstanden in enger Zusammenarbeit mit Axel Bruchhäuser Zeichnungen und Entwürfe für den hinterbeinlosen *Tugendhaften Sessel* von Tecta. Der *Ruegenberg*-Sessel wurde dann erst 2006 realisiert.

1986

> **PP130 (The Circle Chair)**
Hans J. Wegner
PP Møbler

In its simplicity, this armchair is reminiscent of Shaker furniture. Hans J. Wegner remained faithful to traditional craftsmanship. He used natural methods of wood production and experimented with new geometrical shapes.

Ce fauteuil rappelle la sobriété des meubles des shakers. Le savoir-faire artisanal occupe une place importante dans les travaux de Hans J. Wegner. Il travaille le bois en respectant les propriétés du matériau, et expérimente des formes géométriques nouvelles.

Der Sessel erinnert in seiner Schlichtheit an Möbel der Shaker. Bei Hans J. Wegner wird handwerkliche Tradition großgeschrieben. Er verarbeitet Holz naturgerecht und experimentiert mit neuen geometrischen Formen.

V   Well Tempered Chair, Ron Arad, Vitra, 1987

How Do We Sit?
From the *Well Tempered Chair* to the *Big Easy*

S'asseoir : qu'est-ce que cela signifie ?
De la *Well Tempered Chair* à *Big Easy*

Was heißt eigentlich „sitzen"?
Vom *Well Tempered Chair* bis zum *Big Easy*

Volker Albus

To be honest, the *Well Tempered Chair* by Ron Arad (born 1951) is not truly comfortable. Nonetheless, this armchair made exclusively out of stainless-steel sheets and designed in 1987 has become one of the design icons of the late 20th century. Why? Well, above all, the sheer simplicity of the construction is as radically different as possible, diverging from the seemingly normed design like few other objects from this period. This pertains to all aspects: the material—stainless steel—, the manufacturing process—four die-cut stainless-steel sheets riveted together at the base of the narrow end sides—and the entire configuration. It also pertains to the result, a formerly unknown sitting experience: the sensation of sitting in this armchair is akin to sitting on a blow-up mattress pummeled by the waves of a violent storm.
Obviously, this non-conformist experiment was never conceived as a serial product per se, but instead as a form of three-dimensional confrontation with the parameters relevant for such a type of furniture. The *Well Tempered Chair* was therefore only produced for Vitra Edition in a series of 50 and currently obtains sales at auction between Euro 10 000 and 15 000. In 1987, the original beginning bid was placed at DM 1500.

Non, la *Well Tempered Chair* de Ron Arad (né 1951) n'est pas vraiment confortable. Et pourtant ce fauteuil en tôle datant de 1987 est considéré comme une icône du design de la fin du XXe siècle. Pourquoi ? En fait cette construction, simple en apparence, manifeste un degré de singularité élevé. Elle s'écarte des prétendues normes esthétiques comme peu d'autres créations de cette époque, pour plusieurs raisons : le matériau utilisé (l'acier), la façon dont il a été travaillé (les quatre feuilles d'acier sont recourbées et attachées par des rivets aux extrémités les plus étroites), l'aspect général de l'ouvrage et enfin la sensation procurée par le fait d'y prendre place. Celui qui s'y assied a l'impression de se retrouver sur un matelas pneumatique malmené par les vagues.
Évidemment, cet objet expérimental peu conventionnel n'a pas été conçu pour devenir une pièce produite en série. Il s'agit plutôt d'une sorte d'étude tridimensionnelle à partir des paramètres habituels de ce type de meubles. Aussi, la *Well Tempered Chair* n'a été éditée par Vitra qu'en nombre restreint, environ 50 exemplaires. Cette pièce, qui coûtait alors 750 euros, se vend aujourd'hui dans les salles des ventes pour un montant de 10 000 à 15 000 euros.

Nein, so richtig bequem ist er nicht, dieser *Well Tempered Chair* von Ron Arad (geb. 1951). Gleichwohl zählt dieser 1987 ausschließlich aus Blech geformte Sessel zu den Ikonen des Designs des ausgehenden 20. Jahrhunderts schlechthin. Woran liegt das? Nun, es liegt vor allem daran, dass sich in dieser eigentlich so simplen Konstruktion ein Höchstmaß an Andersartigkeit, also an Abweichung von der vermeintlich gestalterischen Norm manifestiert wie in nur wenigen anderen Beispielen aus dieser Zeit. Das betrifft zum einen das Material – Stahlblech –, das betrifft die Art der Verarbeitung – die vier Blechtafeln sind jeweils an ihren beiden schmalen Endseiten kraftschlüssig zusammengenietet –, das betrifft weiter die gesamte Konfiguration, und das betrifft letztendlich auch ein so nie da gewesenes Sitzerlebnis: Wer hier Platz nimmt, kommt sich vor wie auf einer in starkem Wellengang treibenden Luftmatratze.
Natürlich war dieses nonkonformistische Experiment nicht als Serienprodukt konzipiert, sondern vielmehr als eine Art dreidimensionale Auseinandersetzung mit den für einen solchen Möbeltypus relevanten Parametern. Und dementsprechend wurde der *Well Tempered Chair* auch nur in einer

Much higher sums—up to Euro 150 000—are being obtained for all those objects that were created as a limited series of 20 after the *Well Tempered Chair* in Ron Arad's design studio and workshop on Chalk Farm Road, in London. Some of these include *Rolling Volume*, *Big Easy*, *Tinker Chair*, *A.Y.O.R.* (*At Your Own Risk*) or the equally unconventional *Two Legs and a Table* and the steel predecessor of the bestselling bookshelf *Bookworm*, produced by Kartell from 1993 onwards.

Above all, the enormous sums yielded in auctions around the world explicit Ron Arad's importance for contemporary design, especially those products developed from the late 1980s into the mid-1990s. Indeed, hardly any designer has focused so devotedly, thoroughly and unconventionally on the central issues of esthetics, function and construction, as well as on our behavior with and in the furniture surrounding us, as has Ron Arad in the past two decades.

What does volume mean? How can it be put in proportion? Or rather, how can sitting be defined? How do we sit? Do we always only sit in one single position? How does the choice of materials influence the area of use of seating furniture? Ron Arad developed an almost endless catalog of questions in these years. Initial brainstorming for answers led to hitherto fully unknown forms, such as the bookshelf *Bookworm* created out of a simply malleable steel band, or also the aforementioned *Well Tempered Chair*.

Basically, nothing has changed since then. In the past years, Arad has merely noticeably scaled down on the polemics and radical provocation. His most recent creations are still far from boring or uninteresting. Moreover, his cutting-edge approach to the further development of materials, such as carbon fiber and Corian, is as avant-garde as ever.

Les petites séries, ces objets édités tout au plus au nombre de vingt, qui ont vu le jour quelque temps après la *Well tempered Chair* dans les ateliers londoniens de Ron Arad sur Chalk Farm Road, sont vendues beaucoup plus cher (jusqu'à 150 000 euros à l'heure actuelle). Il s'agit entre autres des sièges *Rolling Volume*, *Big Easy*, *Tinker Chair*, *A.Y.O.R.*, de la très peu conventionnelle *Two Legs and a Table* et du modèle en acier qui a précédé le best-seller édité depuis 1993 par Kartell, le *Bookworm*.

Ces sommes faramineuses rendent également compte de la place qu'occupe le travail de Ron Arad, et tout particulièrement la période qui s'étend de la fin des années 1980 jusqu'à la fin des années 1990, dans le design contemporain. Il est vrai qu'aucun des designers des dix, vingt dernières années ne s'est confronté de manière aussi peu conventionnelle et fondamentale aux notions centrales du design : esthétique, fonction, construction mais aussi comportement de l'homme avec le mobilier qui l'entoure.

Qu'est-ce-que le volume ? Quelles en sont les proportions ? S'asseoir : qu'est-ce que cela signifie au juste ? Comment nous asseyons-nous ? Sommes-nous réellement toujours assis dans la même position ? Comment le choix d'un matériau peut-il avoir une influence sur la fonction d'un siège ? Durant toutes ces années, Ron Arad a formulé d'innombrables questions qui offrent matière à réflexion. Des formes tout à fait originales et singulières sont apparues en guise de réponse, qu'il s'agisse de la bibliothèque *Bookworm* constituée d'une bande en acier déformable à souhait, ou de la significative *Well Tempered Chair*.

Il en est toujours de même aujourd'hui. Ces dernières années, cette recherche permanente de l'anticonformisme est restée curieusement en retrait. Mais les créations d'Arad ne sont en aucun cas devenues ennuyeuses ou dénuées d'intérêt. Au contraire, avec l'évolution des matériaux (carbone, Corian), ses travaux n'ont rien perdu de leur audace et sont toujours précurseurs en la matière.

Auflage von etwa 50 Stück im Rahmen der Vitra Edition gefertigt und erzielt heute auf Auktionen Preise von 10 000 bis 15 000 Euro – bei einem ursprünglichen Einstiegspreis von 1500 DM.

Weitaus teurer – derzeit bis 150 000 Euro – werden inzwischen all jene Objekte gehandelt, die kurz nach dem *Well Tempered Chair* als Kleinserie von zumeist jeweils 20 Exemplaren in Ron Arads Manufaktur in der Londoner Chalk Farm Road entstanden, wie beispielsweise die Sitzmöbel *Rolling Volume*, *Big Easy*, *Tinker Chair*, *A.Y.O.R.* oder auch die nicht weniger unkonventionell gedachten Tische *Two Legs and a Table* und das stählerne Vorläufermodell des seit 1993 von Kartell produzierten Bestsellers *Bookworm*.

Es sind nicht zuletzt diese horrenden Summen, die die Bedeutung Ron Arads und speziell dieser Schaffensperiode Ende der 1980er- bis weit in die 1990er-Jahre hinein für das zeitgenössische Design zum Ausdruck bringen. Und tatsächlich hat sich wohl kaum ein Designer der letzten 10–20 Jahre derart rastlos und hingebungsvoll, vor allem aber derart unkonventionell und grundsätzlich mit zentralen Fragen der Ästhetik, der Funktion und Konstruktion, aber auch mit unserem Verhalten mit und in den uns umgebenden Möbeln befasst:

Was bedeutet Volumen? Wie ist es zu proportionieren? Oder: Was heißt eigentlich „sitzen", wie sitzen wir, und sitzen wir tatsächlich immer nur in einer einzigen Position? Wie beeinflusst die Materialwahl den Einsatzbereich eines Sitzmöbels? Ron Arad entwickelte in diesen Jahren einen fast endlosen Katalog von Fragen, von Ausgangsüberlegungen, deren Beantwortung zu bis heute völlig unbekannten Formen führten, etwa zu dem lediglich aus einem beliebig formbaren Stahlband bestehenden „Regal" *Bookworm* oder aber dem besagten *Well Tempered Chair*. Daran hat sich im Prinzip bis heute nichts geändert. Einzig das permanent ketzerische Moment hat Arad in den letzten Jahren merklich zurückgenommen. Langweilig oder gar uninteressant sind seine Kreationen aber deshalb keineswegs. Im Gegenteil. Denn auch in der materialen Weiterentwicklung – Carbon, Corian – haben seine Denkansätze nichts von ihrer wegweisenden Sichtweise verloren.

> *Big Easy*, Spring Collection, Ron Arad, Moroso, 1991

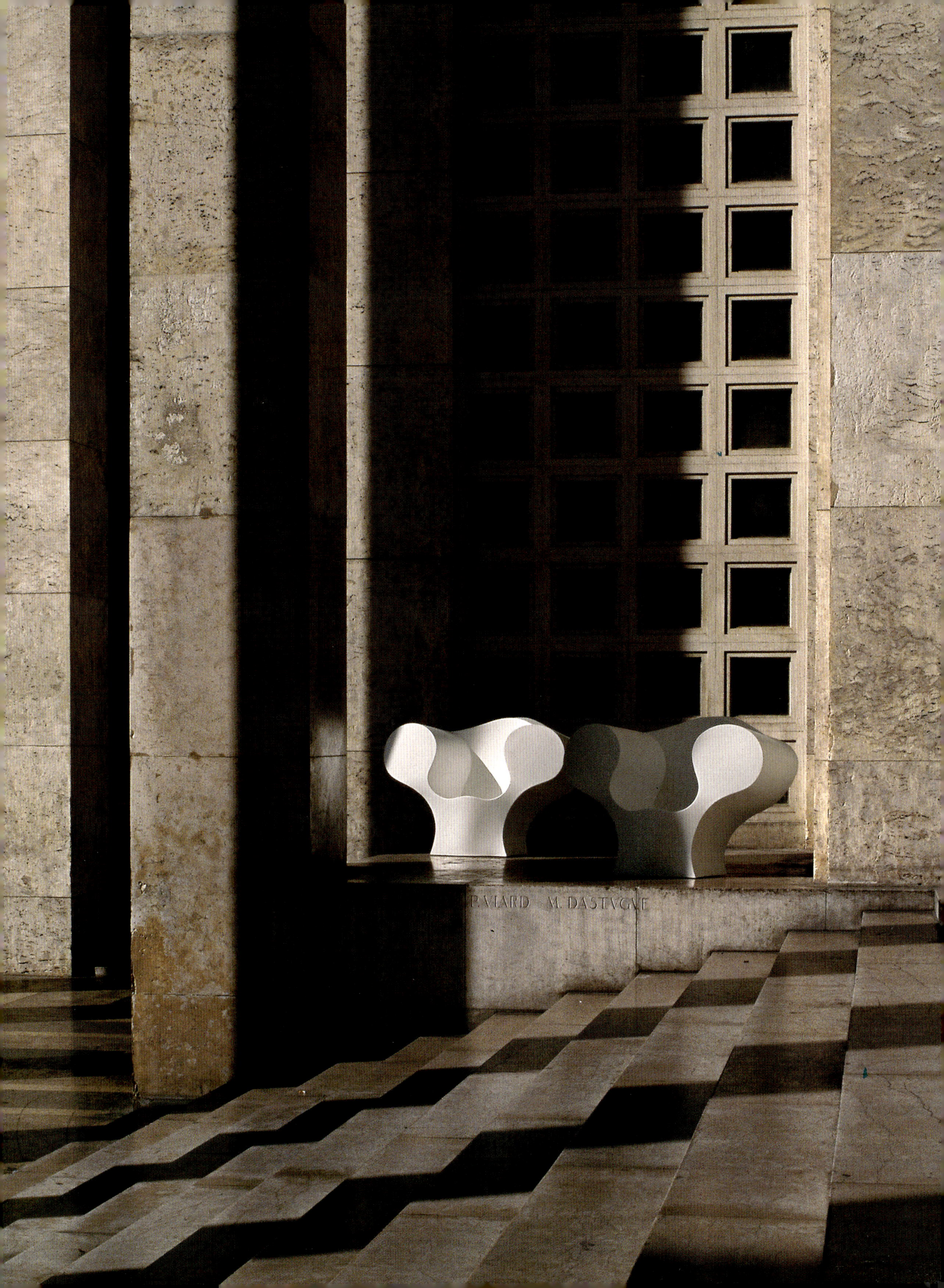
P.VIARD M.DASTVGVE

1986

V **Kreuzreiter und Knappe**
Siegfried Michael Syniuga

Artist Siegfried Michael Syniuga became known as a furniture designer during the period of New German design in the 1980s. His welded chairs allude to cultural, political and other symbols of daily life.

L'artiste Siegfried Michael Syniuga s'est fait un nom en tant que concepteur de mobilier dans le sillage du Nouveau Design allemand. Ses sièges soudés jouent avec les symboles culturels et politiques.

Der Künstler Siegfried Michael Syniuga ist als Möbelgestalter im Zuge des Neuen Deutschen Designs bekannt geworden. Seine geschweißten Stühle spielen mit Kultur-, Politik- und Alltagssymbolen.

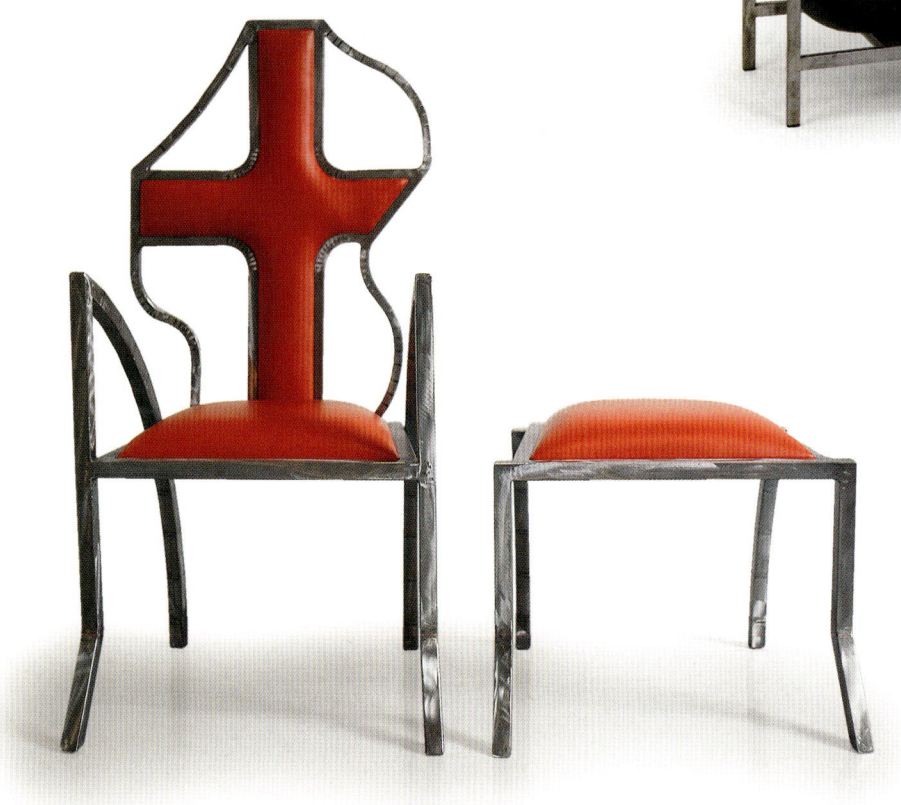

1986

< Chambre A Air
Reinhard Müller
Pentagon

Only when the truck tire is inflated, thus holding the inner frame stable, can the shelf be properly used.

L'étagère ne peut-être utilisée que lorsque la chambre à air du pneu de poids-lourd est gonflée, maintenant ainsi l'élément central.

Erst wenn der Lkw-Reifenschlauch aufgeblasen ist, wird der innere Rahmen stabil in seiner Position gehalten und das Regal somit funktionstüchtig.

> Wagon-Lit
Detlef Meyer-Voggenreiter
Pentagon

The high, slender individual parts of steel and maple wood veneer of the closet *Wagon-Lit* are connected with folding elements out of gummed material. This flexible connection virtually obliges the closet to stand on its own in a room. Detlef Meyer-Voggenreiter strove to free the closet from its shadow existence and help it be given the same importance and attention which other pieces of furniture have received in the past.

Les fins éléments en acier et en placage d'érable qui composent l'armoire *Wagon-Lit* sont reliés entre eux par des soufflets en caoutchouc. Cet assemblage flexible donne de l'importance spatiale à ce meuble, qui sort ainsi de l'ombre pour être traité sur un pied d'égalité avec les autres objets.

Die hohen, schlanken Einzelteile aus Stahl und Ahornfurnier des Schrankes *Wagon-Lit* sind mit Faltelementen aus gummiertem Stoff verbunden. Diese flexible Verbindung provoziert geradezu eine Platzierung im Raum und offenbart die Intention, den Kleiderschrank aus seinem Schattendasein zu befreien und ihn zum gleichberechtigten Partner zu machen.

1986

∧ Thinking Man's Chair
Jasper Morrison
Cappellini

Following the motto "What you see is what you get," the measurements and radius of this armchair are clearly and visibly written on the varnished metal.

Selon le principe « What you see is what you get », les dimensions du fauteuil sont clairement inscrites sur le métal laqué.

Nach dem Motto „What you see is what you get" sind die Maße und Radien des Sessels einfach und sichtbar auf das lackierte Metall geschrieben.

1986

> **Roma**
Marco Zanini
Memphis

In Antiquity, Rome was the capital of the world. For Memphis co-founder Marco Zanini, *Roma* represented a modern throne for a modern illusory world: an armchair out of varnished, iridescent fiberglass.

Rome a régné sur le monde à l'époque antique. *Roma*, réalisé par Zanini, cofondateur de Memphis, est un trône moderne destiné à un monde moderne imaginaire : un fauteuil en fibre de verre laquée aux reflets irisés.

In der Antike hat Rom die Welt regiert. Und *Roma* von Memphis-Mitbegründer Zanini ist ein moderner Thron für eine moderne Scheinwelt: ein Sessel aus lackiertem, irisierendem Fiberglas.

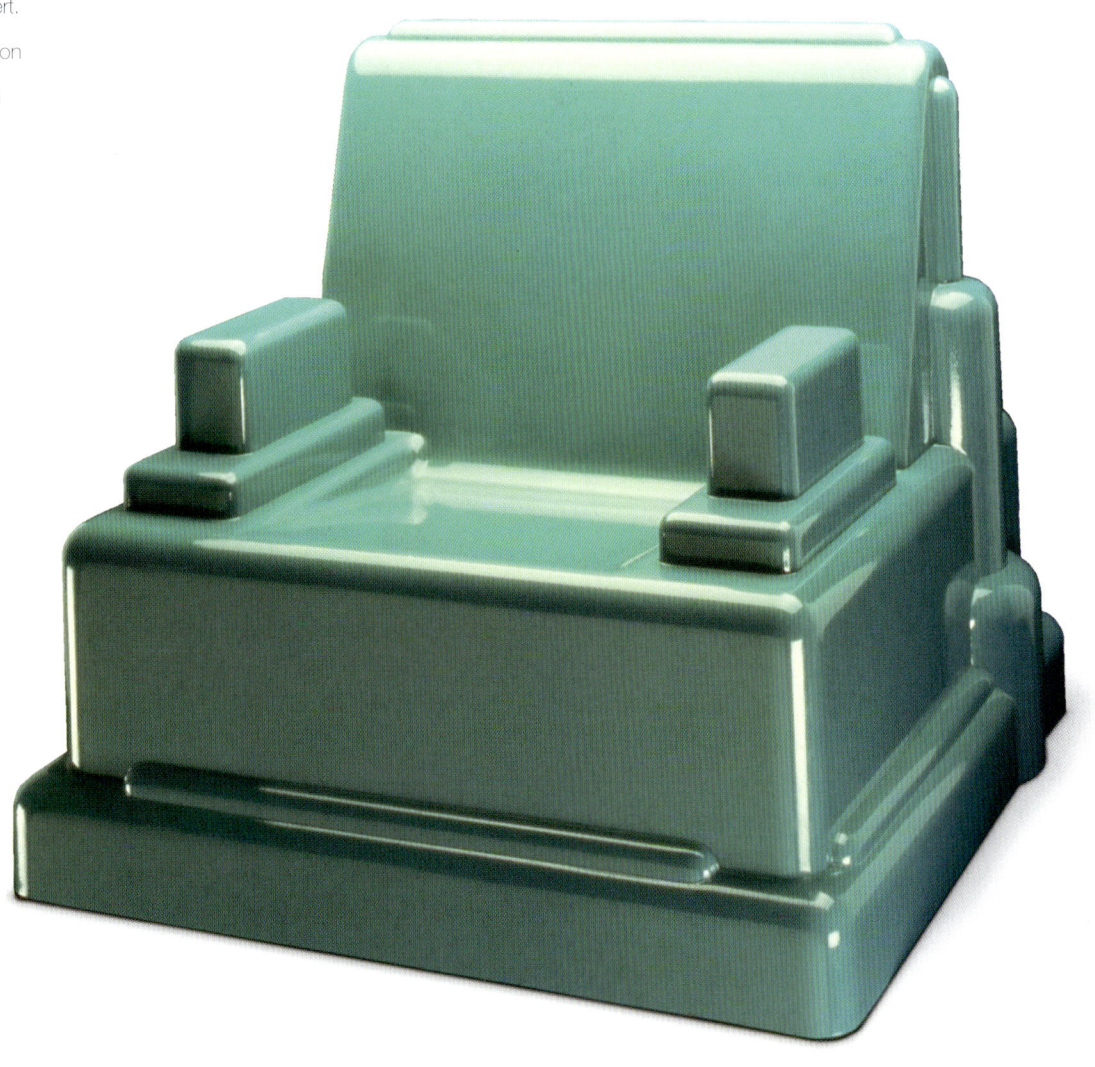

1986

∨ **Madras**
Nathalie du Pasquier
Memphis

Nathalie du Pasquier, co-founder of Memphis, processed her impressions from trips to Africa and India in countless, refreshing, dynamic and eclectically decorated laminates, which she later used in her furniture designs.

Membre fondateur du groupe Memphis, Nathalie du Pasquier utilisa les impressions recueillies lors de ses voyages en Afrique et en Inde pour réaliser de nombreux laminés décoratifs, éclectiques et dynamiques, qui entrèrent ensuite dans la composition de ses meubles.

Die Eindrücke ihrer Reisen nach Afrika und Indien verarbeitete Nathalie du Pasquier, Mitbegründerin der Memphis-Gruppe, zu zahlreichen erfrischenden, dynamischen und eklektischen dekorativen Laminaten, die bei ihren Möbeln zum Einsatz kamen.

> **F1, F2 (Frankfurter Schrank)**
Norbert Berghof, Michael Landes & Wolfgang Rang
Draenert

The *Frankfurt* furniture is a part of the design series by architects Norbert Berghof, Michael Landes and Wolfgang Rang, who represented the playful postmodern German approach. The *Frankfurter Schrank F1* is a man-made drop-front secretary desk out of different materials. It contains small safes, drawers and a writing surface.

Les meubles *Francfort* font partie d'une série de modèles conçus par les architectes Norbert Berghof, Michael Landes et Wolfgang Rang, qui avait pour but de représenter la diversité allemande du postmodernisme. *F1* est un secrétaire réalisé à la main à partir des matériaux les plus divers. Il contient un petit trésor, des tiroirs et un abattant pour écrire.

Die *Frankfurter* Möbel sind Teil einer Entwurfsreihe der Architekten Norbert Berghof, Michael Landes und Wolfgang Rang, die die deutsche Spielart der Postmoderne repräsentieren. Der *Frankfurter Schrank F1* ist ein handgefertigter Schreibsekretär aus verschiedensten Materialien. Er verfügt über kleine Tresore, Schubladen und eine Schreibplatte.

260

1986

Andrea Branzi's *Animali Domestici*
Post-Apocalyptic Survival Props

Les *Animali Domestici* d'Andrea Branzi
Accessoires de survie post-apocalyptiques

Andrea Branzis *Animali Domestici*
Postapokalyptische Überlebenshilfen

Max Borka

Animali Domestici (Domestic Animals) was the name of a most unusual collection of objects and cloths, developed in 1985 by Andrea Branzi, and his partner, the clothes designer Nicoletta Branzi. The idea originated partly out of the observation that while the newborn and more flexible post-industrial society would lead to more and more time being spent at home, there was no longer "a true domestic civilization" one could fall back on. According to the Branzis, too many new appliances and pieces of furniture had been entering the home as "extraneous presences, ...technical instruments devoid of grace and valued only for their utility." While embracing apparently opposing concerns such as advanced technology and the idea of the return to nature, their collection tried to offer an alternative that would much better respond to the complexities of contemporary society. Birch or hazel sticks and trunks that looked as if they had just been gathered in the woods, almost without any further alterations, were added as back and armrest to chairs that had equally been made out of wood, but had evidently been industrially processed, with a highly contemporary design. Fabric was draped over the furniture like animal skin, while other pieces of furniture were

Animali Domestici (Animaux Domestiques) est le nom d'une collection d'objets et de tissus très inhabituelle, élaborée en 1985 par Andrea Branzi et sa compagne, la styliste Nicoletta Branzi. L'idée de cette collection reposait en partie sur l'observation suivante : la nouvelle société postindustrielle, plus flexible, encourageait à passer davantage de temps à la maison, et pourtant il ne s'agissait plus d'une « véritable civilisation domestique ». Pour les Branzi, trop d'appareils ménagers et de meubles avaient franchi le seuil du foyer, constituant des « présences étrangères », des instruments techniques dépourvus de grâce et n'ayant de valeur que pour leur utilité. Tandis qu'elle réunissait des éléments à première vue contraires, à savoir une technologie avancée et l'idée d'un retour à la nature, la collection s'efforçait d'offrir une alternative à même de répondre à la complexité de la société contemporaine. Des branches et des tranches de troncs de bouleau ou de noisetier, dont on avait l'impression qu'ils venaient tout juste d'être ramassés dans les bois, et n'ayant la plupart du temps subi aucun traitement particulier, servaient de dossier et d'accotoirs pour des sièges en bois certes, mais fabriqués de manière industrielle et offrant un design tout à fait contemporain. Des

Animali Domestici (Haustiere) ist der Name einer höchst ungewöhnlichen Kollektion von Gegenständen und Stoffen, die 1985 von Andrea Branzi und seiner Partnerin, der Stoffdesignerin Nicoletta Branzi, entwickelt wurde. Die Idee zu diesem Entwurf entstand teilweise aus der Beobachtung, dass man in der neu entstandenen flexibleren postindustriellen Gesellschaft mehr und mehr Zeit zu Hause verbringt, ohne dass man auf „eine echte häusliche Zivilisation" zurückgreifen kann. Die Branzis waren der Auffassung, dass sich zu viele neue Geräte und Möbelstücke als Fremdkörper im Haus angesammelt hätten – technische Gegenstände, ohne jegliche Eleganz, die nur wegen ihrer Zweckmäßigkeit geschätzt würden. Ihre Kollektion bemühte sich, scheinbar gegensätzliche Belange, wie fortschrittliche Technologie und den Drang zur Natur, zu vereinen und eine Alternative für unsere komplexe gegenwärtige Gesellschaft zu entwickeln. Birken- sowie Nussbaumäste und -stämme, die aussahen, als wären sie gerade im Wald gesammelt worden, wurden fast unbearbeitet als Rücken- und Armstützen in Holzstühle eingesetzt, die industriell gefertigt worden waren und modernem Design entsprachen. Stoffe wurden wie Tierfelle über die Möbel drapiert, während

V Animali Domestici, Andrea Branzi, 1985

Courtesy Phillips de Pury Company

constructed from metal, but with a natural 'bamboo' look. As neo-primitive fetishes and contemplative props for meditation, the objects were to bring into play the diffused imagination of *dormiveglia*, or day-dreaming, within us, far beyond the rational, and full of references to nocturnal rites, archetypical symbols, barbarian tabernacles and mysterious tribal cults. They also were made to establish an intimate and loving relationship with man that was not unlike that of domestic animals, such as dogs or cats.

Born in Florence in 1938, and living and working in Milan, Andrea Branzi has been one of the most influential Italian architects, designers and critics since the late 1960s. As a founding member of Archizoom Associates and participant in Studio Alchimia and Memphis, he played a major role in the Radical Movement, and was also one time the director of the Domus Academy in Milan, a world-renowned design school. He has remained faithful to the principles of his highly allegorical *Animali Domestici* collection throughout his life, as was confirmed by an exhibition at the Fondation Cartier in Paris in 2008, where some of the pieces were incorporated in equally hybrid architectural installations that he referred to as *Gazebo* and *Hot House*—built in glass and metal but interwoven with plants, tree branches, hemp, flowers and other organic elements, blending the natural with highly sophisticated technology, and adding sensuality and delicate colors to an otherwise minimal geometric structure.

According to Branzi, classic modernism, with its emphasis on closed form and definitive function, has not only lost touch with "the intimate needs and behavior of users" but also with the general needs of our 'fluid' society, based on electronics and services. He therefore pleads for a "diffuse modernity," based on a "weak energy" that is both proper to nature and to the electronic revolution we live in, and in which the translucent, the transitory, light, flexible, fragile, delicate and

étoffes recouvraient le mobilier comme une peau d'animal ; d'autres meubles étaient en métal, mais présentaient un look « bambou » proche de la nature. Objets de fétichisation néoprimitifs et supports contemplatifs à la méditation, ces pièces devaient éveiller l'imagination diffuse de la *dormiveglia* ou rêverie éveillée, bien au-delà du rationnel et suscitant de nombreuses références aux rites nocturnes, symboles archétypaux, tabernacles barbares et cultes tribaux mystérieux. Une certaine intimité, des rapports familiers devaient s'instaurer avec ces objets, à l'image de ceux que l'on peut avoir avec un animal domestique, un chien ou un chat.

Né en 1938, à Florence, Andrea Branzi vit et travaille à Milan et figure, depuis la fin des années 1960, parmi les architectes, les critiques et les designers italiens les plus influents. Membre fondateur d'Archizoom, membre de Studio Alchymia et de Memphis, il joua un rôle prépondérant au sein du mouvement radical. Il fut le directeur de la Domus Academy à Milan, une école de design de renommée internationale. Il reste aujourd' hui fidèle aux principes allégoriques énoncés dans le cadre de la collection *Animali Domestici*, comme l'a montré l'exposition qui lui fut consacrée en 2008 à la fondation Cartier. Certains objets étaient exposés au sein d'installations architecturales hybrides, références à *Gazebo* ou *Hot House*, des constructions en verre et en métal au sein desquelles s'entremêlent des plantes, des branches d'arbres, du chanvre, des fleurs et d'autres éléments organiques, alliant le naturel à la technologie la plus sophistiquée, et les couleurs sensuelles et délicates à une structure géométrique minimaliste.

Selon Branzi, le modernisme classique, avec son emploi abusif des formes fermées et ses fonctions définitives, a perdu le contact avec « les besoins et les comportements intimes des utilisateurs », et ne répond plus aux exigences d'une société « fluide », basée sur l'électronique et les services. Branzi fait, pour ces raisons, le plaidoyer d'une « modernité

andere Möbel aus Metall mit natürlichem „Bambus"-Look entstanden. Als neoprimitive Fetische und beschauliche Meditationshilfen sollten diese Gegenstände diffuse Vorstellungen oder Tagträume auslösen, jenseits von rationellem Denken und mit Bezug zu nächtlichen Riten, archetypischen Symbolen, barbarischen Tabernakeln und mysteriösen Stammeskulten. Der Mensch sollte eine enge liebevolle Beziehung zu den Objekten entwickeln, ähnlich wie zu Haustieren, etwa Hunden oder Katzen.

Andrea Branzi, der 1938 in Florenz geboren wurde und in Mailand lebt und arbeitet, ist seit den späten 1960er-Jahren einer der einflussreichsten italienischen Architekten, Designer und Kritiker. Als Gründungsmitglied der Gruppe Archizoom und als Mitglied von Alchymia sowie Memphis spielte er eine wichtige Rolle in der radikalen Bewegung und war auch zeitweilig Leiter der Domus-Akademie in Mailand, eine weltberühmte Designschule. Er blieb stets seinen Prinzipien der höchst allegorischen *Animali-Domestici*-Kollektion treu, wie eine Ausstellung in der Fondation Cartier in Paris im Jahr 2008 zeigte. Dort wurden einige seiner Gegenstände inmitten gleichermaßen hybriden Architekturinstallationen ausgestellt, die er als *Gazebo* und *Hot House* bezeichnete. Sie waren aus Glas und Metall gebaut, aber mit Pflanzen, Zweigen, Hanf, Blumen und anderen organischen Dingen verwoben und verbanden so Natur mit hoch entwickelter Technologie und Sinnlichkeit und mischten sanfte Farben mit einer minimalen geometrischen Struktur.

Branzi zufolge ist die klassische Moderne mit der Betonung der geschlossenen Form und einer festgelegten Funktion nicht mehr im Einklang mit „den echten Bedürfnissen und dem Verhalten der Verbraucher", aber auch nicht mit den allgemeinen Erfordernissen unserer „im Fluss" befindlichen Gesellschaft, die auf Elektronik und Dienstleistungen basiert. Daher plädiert er für eine „diffuse Modernität", die auf einer „schwachen Energie" beruht und sowohl der Natur als auch

◁ While merging the natural and primitive with highly sophisticated technology, Andrea Branzi's *Animali Domestici* were to function far beyond the rational, as fetishes and contemplative props for meditation. They were to bring into play the diffused imagination of *dormiveglia*, or day-dreaming, within us. They were also meant to establish an intimate and loving relationship with us that was not unlike that of our beloved domestic animals, such as dogs or cats.

◁ Associant les éléments naturels et primitifs à la technologie la plus sophistiquée, les *Animali Domestici* d'Andrea Branzi ont une fonction très éloignée du monde rationnel, et forment des objets de fétichisation et des supports contemplatifs. Ces pièces doivent éveiller l'imagination diffuse de la *dormiveglia*, la rêverie éveillée. Des rapports intimes et affectifs doivent s'instaurer avec ces objets, à l'image de ceux que l'on pourrait avoir avec un animal domestique, un chien ou un chat.

◁ Andrea Branzi verband natürliche und primitive Dinge mit hoch entwickelter Technologie, um seine *Animali Domestici* jenseits des Rationalen als Fetische und beschauliche Meditationshilfen zu nutzen. Sie sollten diffuse Vorstellungen oder Tagträume auslösen. Der Mensch sollte eine enge, liebevolle Beziehung zu den Objekten entwickeln, wie zu Haustieren, etwa Hunden oder Katzen.

poetic are the guiding concepts. "The house is a machine that has only just started to be used," says Branzi, while adding that the future house will have no clear function, but on the other hand will have as many functions as the mind can imagine.

While few others would express it so extremely, Branzi's vision soon gained more and more recognition in the world of design and architecture, as an alternative for the rigid and rationalist functionality of modernism. It didn't make him too much of an optimist. Already in the book that accompanied the *Animali Domestici* collection in 1985, our human condition was described by him as "post-apocalyptic," not unlike "the situation faced by survivors of an airplane crash in the middle of the Amazon jungle, suddenly forced to make the best of what technological equipment they can salvage from the wreckage and the raw materials of the forest." Even the most fascinating objects were little more than "intelligent survival props."

diffuse », reposant sur une « énergie faible » propre à la nature et à la révolution électronique et au sein de laquelle transparence, éphémère, légèreté, flexibilité, fragilité, délicatesse et poésie sont des concepts directeurs. « La maison est une machine qu'il faut seulement mettre en marche avant utilisation », souligne Branzi, ajoutant que la maison du futur n'aura pas de fonction prédéfinie et pourtant un nombre de fonctions inimaginable.

Pendant que d'autres l'exprimaient avec véhémence, la vision de Branzi a gagné en autorité dans le monde du design et de l'architecture, en tant qu'alternative à la fonctionnalité rigide et rationaliste du modernisme. Cela n'en fait pas, pour autant, un grand optimiste. Dans l'ouvrage qui accompagnait la collection *Animali Domestici* en 1985, notre condition humaine était décrite comme « post-apocalyptique », semblable à la « situation que connaissent les survivants d'un accident d'avion survenu au fin fond de la jungle amazonienne ; ils sont forcés de faire au mieux en composant avec l'équipement technologique qu'ils ont pu sauver des décombres et les matériaux bruts de la forêt ». En effet, les objets les plus fascinants ne sont guère plus que des « accessoires de survie intelligents ».

der aktuellen elektronischen Revolution entspricht, wobei das Durchsichtige, Vergängliche, Leichte, Flexible, Zerbrechliche, Sanfte und Poetische die entscheidenden Kriterien sind. „Das Haus ist eine Maschine, mit deren Nutzung man gerade erst begonnen hat", meint Branzi und fügt hinzu, dass das Haus der Zukunft keine klare Funktion haben werde, doch gleichzeitig so viele Funktionen beinhalten werde, wie man sich vorstellen kann.

Obwohl wenige dies so extrem formulieren würden, hat Branzis Vision als Alternative zur starren rationalistischen Funktionalität der Moderne immer mehr Anerkennung in der Design- und Architekturwelt erlangt. Branzi ist allerdings ganz und gar kein Optimist. Bereits in dem die *Animali-Domestici*-Kollektion begleitenden Buch von 1985 beschrieb er die menschliche Lage als „post-apokalyptisch", ähnlich „der Situation von Überlebenden eines Flugzeugabsturzes mitten im Amazonasdschungel, die das Beste aus den aus dem Wrack geborgenen technischen Geräten und den Materialien des Walds machen müssen". Selbst die faszinierendsten Gegenstände waren nur „intelligente Überlebenshilfen".

1985

∧ **Ivory**
Ettore Sottsass
Memphis

A typical example of Memphis design: *Ivory*, which clearly distanced itself from the principles of what was deemed "Good Design." Memphis managed to sign Abet Laminati to manufacture new, colorful and bright patterns.

Objet typique du style de Memphis : *Ivory* s'éloigne des conventions du « Good Design ». Memphis s'est appuyé sur le savoir-faire d'Abet Laminati pour la réalisation des décors fantaisistes en plastique laminé.

Typisch Memphis: Auch *Ivory* distanziert sich von den Grundsätzen des „Guten Designs". Für die Herstellung neuartiger, poppiger Muster bei Plastiklaminaten konnte Memphis Abet Laminati gewinnen.

1985

> **Quinta**
Mario Botta
Alias

Quinta is a part of a chair series (*Prima, Seconda, Quarta, Quinta, Latonda*), all of which are out of black varnished metal. The rational esthetic is typical for this chair series.

Quinta fait partie d'une série de chaises (*Prima, Seconda, Quarta, Quinta, Latonda*) réalisées en métal laqué noir. L'esthétique aux lignes rationnelles est caractéristique de cette série.

Quinta ist Teil einer Stuhlserie (*Prima, Seconda, Quarta, Quinta, Latonda*), die alle aus schwarz lackiertem Metall gefertigt sind. Die rationalistische Ästhetik ist typisch für diese Stuhlserie.

1984

V Rasender Servierwagen
Michel Feith
Möbel Perdu

This tea trolley out of bent and soldered sheet brass incorporates robot qualities. With the help of an electrical drive, it can speed through the room and be controlled remotely.

Cette desserte, en tôle de laiton courbée et soudée, possède des qualités robotiques. Elle se déplace à vive allure grâce à un système de commandes à distance.

Dieser Servierwagen aus gebogenem und gelötetem Messingblech hat Roboterqualitäten. Mittels eines Elektroantriebs kann er funkgesteuert durch den Raum rasen.

Courtesy galerie ulrich fiedler, Berlin

1984

> **Flower Pot Table**
Jasper Morrison
Cappellini

In one of his earlier designs, Jasper Morrison was also dedicated to the notion of Readymade. Simple objects of daily life, such as terracotta flowerpots, were ideal for the creation of new design objects.

Les premières créations de Jasper Morrison sont empreintes d'esprit *ready-made*. Des objets de tous les jours, tels ces pots de fleurs en terre cuite, se prêtent particulièrement bien à la réalisation de pièces design.

In einem seiner frühen Entwürfe folgte auch Jasper Morrison dem Gedanken des Readymade. Dabei eignen sich gewöhnliche Alltagsprodukte wie Terrakotta-Blumentöpfe hervorragend zum Gestalten neuer Designprodukte.

269

V Mai '68, Detlef Meyer-Voggenreiter, Pentagon, 1985

Natural Urban Gemütlichkeit
New German Design in the 1980s

Confort *naturbain*
Le Nouveau Design allemand des années 1980

Naturbane Gemütlichkeit
Das Neue Deutsche Design der 1980er-Jahre

Volker Albus

Several events could justifiably be seen as the founding moments for the movement known today as New German Design in the 1980s. One of these, for example, could be the exhibition held in the Hamburg Museum for Art and Trade *Möbel perdu—Schöneres Wohnen* (Lost Furniture—More Beautiful Living), which was opened to the public in October in 1982. The exhibition not only focused on works by first-time exhibitors, such as Thomas Wendtland, Lux Neongalerie (Michel Feith and Claudia Schneider-Esleben), Bellefast (Andreas Brandolini and Joachim B. Stanitzek), Volker Albus, Florian Borkenhagen and Monika Wall, but also included internationally acclaimed designers such as One Off (Ron Arad), Jasper Morrison or Alchimia. Another significant moment could be the project presented in Berlin at the Hochschule der Künste in June 1984: *KDO— Kaufhaus des Ostens* (Supermarket of the East). Some might even see it as the primary catalyst for the specific German design tendencies in the 1980s, for it embodied the quite vehement trend that characterized German design in the years to follow. Yet another crucial catalyst could be the 82nd edition of the magazine *KUNSTFORUM Möbel, Mode, Kunst und Kunstgewerbe—Das*

Plusieurs événements sont à l'origine de ce que l'on qualifie aujourd'hui de « Nouveau Design allemand des années 1980 », et c'est à juste titre que l'on s'y réfère. Prenons par exemple, l'exposition *Möbel perdu – Schöneres Wohnen*, laquelle ouvrit ses portes à Hambourg en octobre 1982 dans les salles du Museum für Kunst und Gewerbe. Les travaux de protagonistes tels que Thomas Wendtland, Lux Neongalerie (Michel Feith et Claudia Schneider-Esleben), Bellefast (Andreas Brandolini et Joachim Stanitzek), Volker Albus, Florian Borkenhagen et Monika Wall étaient pour la première fois présentés au public, côtoyant les compositions de designers plus connus dont Designnovizen One Off (Ron Arad), Jasper Morrison ou Alchymia. Mais on peut également considérer le projet *KDO – Kaufhaus des Ostens –*, présenté en juin 1984 à Berlin à l'école supérieure des Beaux-Arts, comme étant à l'origine d'une influence allemande sur le design des années 1980. En effet, le « geste brutal », qui devait caractériser les créations à venir, y est manifeste. Si l'on veut élargir le cercle des éléments annonciateurs, citons le numéro 82 de *KUNSTFORUM* de décembre 1985 intitulé « Möbel, Mode, Kunst und Kunstgewerbe – Das deutsche Avantgarde-Design » et l'exposition

Mit einer gewissen Berechtigung könnte man sicher gleich mehrere Ereignisse als eigentliche Geburtsstunde dessen bezeichnen, was man heute als das „Neue Deutsche Design der 1980er-Jahre" bezeichnet. Beispielsweise die Ausstellung *Möbel perdu – Schöneres Wohnen*, die im Oktober 1982 im Museum für Kunst und Gewerbe in Hamburg eröffnet wurde und die erstmals Arbeiten von Protagonisten wie Thomas Wendtland, Lux Neongalerie (Michel Feith und Claudia Schneider-Esleben), Bellefast (Andreas Brandolini und Joachim Stanitzek), Volker Albus, Florian Borkenhagen und Monika Wall gemeinsam mit den Elaboraten der etwas prominenteren Designnovizen One Off (Ron Arad), Jasper Morrison oder Alchymia präsentierte. Aber ebenso könnte man das im Juni 1984 an der Berliner Hochschule der Künste vorgestellte Projekt *KDO – Kaufhaus des Ostens* als ursächlichen Auslöser einer spezifisch deutschen Ausprägung des 1980er-Jahre-Designs bezeichnen, artikulierte sich hier doch genau jener brutalistische Gestus, der für die späteren Jahre typisch werden sollte. Und, um den Kreis wegbereitender Ereignisse abzurunden, auch den Band 82 des *KUNSTFORUMS Möbel, Mode, Kunst und Kunstgewerbe – Das deutsche Avantgarde-Design* vom

deutsche Avantgarde-Design (Furniture, Fashion, Art and Art Trade—German Avant-Garde Design) from December 1985, as well as the Düsseldorf exhibition *Gefühlscollagen—Wohnen von Sinnen* (Collages of Feelings—Living Out of One's Senses), which moved the masses in the spring of 1986. These events could lay claims to marking the true beginning of an independent design movement, for they were highly publicized performances that enabled the phenomenon of New German Design to mutate into one huge media event. In fact, one of the design movement's main ingredients was just that— an excellently performed media event.

Regardless of which moment is seen to have set off the movement, in the early 1980s design met with a never before experienced boom and particularly the version chosen in the Federal Republic of Germany remains controversial. Yet, what exactly was specifically unique about New German Design? Initially, at the time of the exhibition in Hamburg, a lot of the design was reminiscent of Memphis, seemed somewhat awkward, clunky and extremely similar to Italian design. This building-block mentality soon subsided, however, and an autonomous esthetic vocabulary began to emerge. If at all, it could be compared to the design language of young English designers at the time, yet the almost coarse choice of material and form clearly indicated the search for like-minded peers. "We are beginning," Berlin designer Axel Stumpf jauntily proclaimed in the catalogue of the exhibition KDO, "a discovery trip through the warehouses of the factories, looking through the full shelves of retailers. Be it garden stores or zoo shops, sports paraphernalia or plumbing products, potential furniture is waiting all around us, semi-finished and finished things are ready to jump into our hands, dying to be newly assembled. "Even if this statement was obviously based on the ready-made principle, which was at the core of the entire project, the use of prefabricated or semi-prefabricated parts represented an extremely significant moment for designers from other strongholds of New German Design. In addition, from a formal point of view, use of materials was limited to a select few—wood, glass, concrete, rubber and an immense amount of iron. Similar to Memphis,

Gefühlscollagen – Wohnen von Sinnen, qui, présentée à Düsseldorf au printemps 1986, rencontra un grand succès public. Ces deux événements peuvent également figurer comme les prémices d'un mouvement de design indépendant. Ce phénomène, qui fut d'abord un manifeste écrit et muséal, effectua une mutation et confirma sa vocation d'événement médiatique par excellence.

Au début des années 1980, le design connut un développement exceptionnel. La contribution de l'Allemagne de l'Ouest à un phénomène, qui depuis ne s'est pas renouvelé, fit l'objet de controverses. Quelle était la spécificité de ce « Nouveau Design allemand » ? Au début, c'est-à-dire dans le cadre de l'exposition de Hambourg, nombre de projets revêtaient une apparence quelque peu « Memphis », massive, « bigarrée » à l'image de ce que l'on pouvait observer chez les designers italiens. Cette mentalité de jeux de construction fut rapidement dépassée et un vocabulaire esthétique propre à ce mouvement vit peu à peu le jour. S'il pouvait être comparé au langage des jeunes Anglais, il faisait preuve de singularité dans la rudesse des formes et des matériaux utilisés. « Nous partons, pour reprendre les propos du Berlinois Axel Stumpf figurant dans la préface du catalogue de l'exposition KDO, à la découverte des entrepôts et des fabriques, nous fouillons les étagères bien remplies des grossistes, de la grande et de la petite distribution. Qu'il s'agisse de pépiniéristes ou d'animaleries, de magasins de sport ou d'équipement sanitaire, partout des meubles potentiels nous attendent, partout des pièces finies ou semi-finies nous sautent dans les mains afin d'être assemblées une nouvelle fois. » Même si ce programme reprenait de manière manifeste le principe du *ready-made*, l'utilisation de pièces existantes, de produits finis ou semi-finis fut un moment essentiel dans le design d'autres grands acteurs de la nouvelle esthétique industrielle allemande. D'un point de vue formel, on se limite à quelques matériaux plus ou moins bruts – du bois, du verre, du béton, du caoutchouc, du fer et encore du fer. La construction, bienque peu banale, est tout simplement additionnelle, de telle sorte que les éléments assemblés sont nettement identifiables, un procédé qui évoque le groupe Memphis.

Dezember 1985 sowie die Düsseldorfer Ausstellung *Gefühlscollagen – Wohnen von Sinnen*, die im Frühjahr 1986 die Massen bewegte, könnten das Alleinstellungsmerkmal des eigentlichen Beginns einer eigenständigen Designbewegung für sich reklamieren, mutierte dieses Phänomen doch erst in diesen publizistisch-performativen Vorstellungen zu dem, was es zu einem ganz entscheidenden Bestandteil eben auch war: zu einem Medienereignis par excellence.

Wie dem auch sei, in den frühen 1980er-Jahren erlebte das Design eine bis dato nicht gekannte Hochkonjunktur, und speziell an seiner bundesrepublikanischen Ausprägung schieden sich die Geister. Was aber war nun daran, was war das ganz Spezifische des „Neuen Deutschen Designs" dieser Jahre? Anfangs, das heißt in der Hamburger Ausstellung, wirkte vieles zweifellos noch ein wenig memphisartig, etwas klobig und „buntig", eben so, wie man das bei den italienischen Designern gerade gesehen hatte. Aber diese Bauklötzchenmentalität legte sich relativ schnell, und es entwickelte sich ein eigenständiges ästhetisches Vokabular, das man allenfalls noch mit der Sprache der jungen Engländer vergleichen konnte, das aber ansonsten in seiner fast rüden Material- und Formensprache seinesgleichen suchte. „Wir starten", so der Berliner Axel Stumpf programmatisch unbeschwert im Vorwort zum Katalog der Ausstellung KDO, „eine Entdeckungsreise durch die Lagerhallen der Fabriken, durchstöbern die vollen Regale der Groß-, Zwischen- und Einzelhändler. Ob Gartenmärkte oder Zoogeschäfte, ob Sportausrüstung oder Sanitärbedarf – überall warten potenzielle Möbel auf uns, überall springen uns Halb- und Fertigzeuge in die Finger, die neu zusammengesetzt werden wollen." Und auch wenn sich dieses Statement unübersehbar an dem diesem Projekt vorgegebenen Readymade-Prinzip orientierte, so markierte die Verwendung existenter Fertig- oder Halbfertigteile doch ein ganz wesentliches Moment auch des Designs der Akteure aus den anderen Hochburgen der neudeutschen Gestaltung. Hinzu kam, formal betrachtet, eine Beschränkung auf einige mehr oder weniger unbehandelte Materialien – Holzwerkstoffe, Glas, Beton, Gummi und Eisen, Eisen und nochmals Eisen – und eine, und hier war man

< Kumpel II, Axel Stumpf, 1986

V Blauer Sessel, Axel Kufus & Ulrike Holthöfer, 1984

through the use of the individual elements, the simple and additive, yet never banal, construction facilitated immediate identification.

Most creations show their true charm, however, in their name choice, or rather, in the complex relationship between the ambiguous name and the boisterous approach. This dance is what gave the objects the biting, at times provocative sarcastic aura, which could even be seen as the main characteristic of this design—such as Stiletto's (Frank Schreiner) modified shopping cart chair *Consumer's Rest* (1983), Axel Stumpf's pickax table *Kumpel II* (Miner II, 1986), Axel Kufus and Ulrike Holthöfer's blue armchair *Blauer Sessel* (1984), for which they used a car-wash brush, Pentagon's box shelving ensemble entitled *Mai '68* (1985), Kunstflug's rustic farmer's chair (1983), Heinz H. Landes' cantilever chair *Solid* (1986) made from bent concrete reinforcing steel and Volker Albus' elastomer sitting ensemble named *Römerberg* (1987/88). The names convey the intended ambiguity that was so crucial to this generation. Often, the allusions within the title referred to societal developments on the whole (Stiletto, Pentagon), specific aspects of architectural and living conditions (Albus, Kunstflug) or

Le charme d'une grande partie des créations résidait dans le nom donné à l'objet, et plus exactement dans l'association entre l'intitulé et son référent. C'est elle qui créait l'aura provocante et sarcastique caractéristique de ce design. Citons quelques exemples : *Consumer's Rest* (1983) pour le caddie détourné de Stiletto (Frank Schrei-ner) ; *Kumpel II* (1986) ou la table à pointe d'Axel Stumpf ; *Blauen Sessel* (1984), le fauteuil d'Axel Kufus et d'Ulrike Holthöfer créé à partir des brosses utilisées pour laver les voitures ; *Mai '68* (1985) ou les cageots-étagères de Pentagon ; la chaise rustique de Kunstflug (1983) ; Solid (1986), la chaise en porte-à-faux réalisée en béton de Heinz H. Landes et le mobilier de salon en élastomère *Römerberg* (1987/1988) de Volker Albus. La valeur intrinsèque de l'objet, laquelle était d'importance pour cette génération de designers, était visible dans son intitulé. Et ce dernier reprenait en règle générale les évolutions de la société (Stiletto, Pentagon), les aspects spécifiques du rapport architecture/habitat (Albus, Kunstflug), ou se référait à des icônes de l'histoire du design (Heinz H. Landes). Naturellement, on se rapprochait d'une discipline diamétralement opposée aux arts appliqués, à savoir l'art « libre ». Et en effet,

Memphis wiederum relativ nahe, absolut einfache additive, wenngleich keineswegs banale Bauweise, die von jedem Betrachter bezüglich ihrer Einzelteile klar identifiziert werden konnte.

Den eigentlichen Charme bezog ein Großteil der Kreationen jedoch aus ihrer Namensgebung beziehungsweise aus dem Zusammenspiel dieser hintergründigen Titel und ihrem burschikosen Gestus. Sie erst verlieh den Objekten jene bissige, bisweilen provokant sarkastische Aura, die man vielleicht als das typische Merkmal dieses Designs bezeichnen kann – man denke nur an Stilettos (Frank Schreiner) zum *Consumer's Rest* (1983) umgerüsteten Einkaufswagen, an Axel Stumpfs Spitzhackentisch *Kumpel II* (1986) an Axel Kufus' und Ulrike Holthöfers aus einer Waschanlagenbürste gefertigten *Blauen Sessel* (1984), an Pentagons regales Kistenensemble *Mai '68* (1985), an Kunstflugs rustikalen Bauernstuhl (1983), an Heinz H. Landes' aus gebogenen Moniereisen geformten Betonfreischwinger *Solid* (1986) oder an Volker Albus' Elastomere-Sitzgruppe *Römerberg* (1987/88). Denn erst über diese Namensgebungen wurde der intendierte inhaltliche Mehrwert vermittelt, auf den es dieser Generation ankam. Und der wiederum bezog sich in der Regel

V Römerberg, Volker Albus, 1987/88

Courtesy galerie ulrich fiedler, Berlin

also directly to idolized icons of design history (Heinz H. Landes).
This naturally touches on a discipline diametrically opposed to applied art, namely free art. Quite a few peers criticized this proximity to art and judged design solely for the substance and hidden allusions, while all the same insisting on adhering to classical parameters without compromise, especially in terms of functionality.
One often-overlooked aspect was that these works were not highly functional appliances, such as office objects and vacuum cleaners, but instead furniture for domestic use. Often, these designs compensated for the all too familiar stuffiness of upholstered furniture through a whole catalog of authentic identification characteristics. Designers, however, only truly reached the media with their form of natural urban *Gemütlichkeit*; urban areas stressed from "urban inhospitality" (Alexander Mitscherlich) were hardly significantly affected. In other words, much was read about this design movement, many exhibitions took place, the double-edged sarcasm evident in the farmer's chair, *Blauer Sessel* and concrete cantilever chair was a source of joy—yet, in spite of this, people were not quite willing to subject themselves to radical post-war

un nombre relativement grand de contemporains montrèrent du doigt ce voisinage avec l'art et condamnèrent ce design, principalement en raison de ses évocations d'objets célèbres, rappelant dans le même temps la nécessité de s'en tenir aux paramètres classiques et surtout fonctionnels.
On ne vit pas qu'il ne s'agissait pas d'objets spécifiquement fonctionnels et ménagers, tels la machine à écrire ou l'aspirateur, mais de meubles pour la maison qui, de plus, enrichissaient le monde du mobilier d'intérieur en proposant un catalogue de signes distinctifs authentiques. Toutefois, et il faut le souligner, ce design au confort quelque peu fruste n'atteint le public de citadins stressés par « la ville inhospitalière » (Alexander Mitscherlich) que de façon minime. En d'autres termes, on s'intéressa à ce design par le moyen de la lecture, dans le cadre d'expositions, en se délectant de la dérision dont faisaient preuve la chaise rustique, le *Blauen Sessel* et la chaise en porte-à-faux en béton ; toutefois, on ne voulait pas de cette esthétique brutale, rappelant l'après-guerre, dans ses quatre murs, préférant tout simplement le confort à l'extrême originalité.
Bref, du point de vue économique, ce design fit un flop. Certes, Nils Holger Moormann

auf gesamtgesellschaftliche Entwicklungen (Stiletto, Pentagon), auf ganz spezifische Aspekte der Architektur- und Wohnverhältnisse (Albus, Kunstflug) oder aber direkt auf die verklärten Ikonen der Designgeschichte (Heinz. H. Landes).
Damit berührte man natürlich eine der angewandten Kunst diametral entgegengesetzte Disziplin, nämlich die freie Kunst. Und tatsächlich waren es nicht wenige Zeitgenossen, die gerade diese Nähe zur Kunst monierten und dieses Design allein schon wegen seiner inhaltlichen Reminiszenzen verurteilten und im gleichen Atemzug die kompromisslose Einhaltung der klassischen, insbesondere der funktionalistischen Parameter anmahnten.
Übersehen wurde dabei, dass es sich bei diesen Arbeiten nicht um funktionsintensive Gerätschaften, also um Büromaschinen oder Staubsauger, sondern um Möbel für den Hausgebrauch handelte, und dass zudem bei diesen Entwürfen das gewohnte „Polsteraroma" durch einen ganzen Katalog authentischer Identifikationsmerkmale kompensiert wurde.
Allerdings, das muss uneingeschränkt eingeräumt werden, den von der „Unwirtlichkeit der Städte" (Alexander Mitscherlich) gestressten Städter erreichten die Designer mit dieser Form „naturbaner" Gemütlichkeit allen-

esthetics at home. People were not keen to enjoy such originality in the comfort of their own homes, opting instead for soft and inoffensive surroundings.

Therefore, seen from an economic point of view, this design movement was a flop. Granted, Nils Holger Moormann has been selling Wolfgang Laubersheimer's *Gespanntes Regal* since 1984 and has probably reached four-figure sale figures by now. Yet even such highlights as Stiletto's shopping cart chair are described in auction catalogs as "rare," while others do not even make an appearance, quite simply because they were only ever made in a series of ten or twenty—if at all, some were one-offs—and thus often only ever experienced in museums.

Nonetheless, it would be a mistake to see this period as a failure. Many experimental designs from this period have left an impressive legacy. One of the most successful shelving systems in recent design history, the *FNP* shelves designed by Axel Kufus in 1988, would be inconceivable without the material experimental studies that preceded it. Not to mention the plethora of objects that took over the market in the 1990s under the blanket of a refined reform movement, for they, too, owe their existence to the coarse and radical spadework of the 1980s. And who knows whether Droog, the wildly successful Dutch dream team, would exist in its current form, which merges non-conformism, sustainability and ever-astonishing manners of function, were it not for the wry humor from the Rhineland, Hamburg and, above all, Berlin.

vend aujourd'hui encore l'étagère de Wolfgang Laubersheimer datant de 1984, et le nombre des pièces produites doit désormais atteindre largement les quatre chiffres. Mais même une pièce telle que le caddie de Stiletto est qualifiée de « rare » dans les catalogues de ventes aux enchères. D'autres objets n'y apparaissent jamais, tout simplement parce qu'ils constituent une pièce unique, ou ont été édités au nombre de dix ou vingt exemplaires et appartiennent au domaine du musée.

Il serait toutefois faux de qualifier cette période de simple échec. Car les effets de ce qui fut alors expérimenté sont encore visibles aujourd'hui. L'un des systèmes d'étagères les plus demandés dans l'histoire du design récent ne serait pas pensable sans les travaux expérimentaux menés par Axel Kufus dans le cadre de la création de son étagère *FNP*. Il en est de même du mobilier qui afflua sur le marché dans les années 1990, arborant en guise de manifeste l'étiquette de la modestie. Lui aussi n'aurait sans doute pas abouti sans les recherches préparatoires, quelque peu brutales, menées dans les années 1980. Et qui sait si le phénomène néerlandais Droog Design aurait vu le jour sans cet humour assez brut venant de Rhénanie, de Hambourg et surtout de Berlin, affichant un caractère divertissant à mi-chemin entre l'anticonformisme, le respect de l'environnement et une fonctionnalité déconcertante.

falls medial. Mit anderen Worten: Man las zwar viel über dieses Design, man bestaunte es in Ausstellungen, und man ergötzte sich am doppelbödigen Sarkasmus der Bauernstühle, Blauen Sessel und Betonfreischwinger – in den eigenen vier Wänden indes wollte man sich dieser brutalistischen Nachkriegsästhetik nicht aussetzen, hier wollte man es nicht unbedingt derart originell, sondern ganz einfach nur ein bisschen kuschelig haben.

Kurzum rein wirtschaftlich betrachtet, war dieses Design eher ein Flop. Gewiss, Nils Holger Moormann verkauft Wolfgang Laubersheimers *Gespanntes Regal* von 1984 bis heute und dürfte mit den Absatzzahlen längst im vierstelligen Bereich gelandet sein. Aber selbst ein Gassenhauer wie Stilettos Einkaufswagenstuhl wird heute in Auktionskatalogen als „rar" bezeichnet; andere tauchen selbst dort nie auf, ganz einfach, weil sie nur in einer Stückzahl von zwanzig, zehn oder nur als Einzelstück existieren und allenfalls museal erlebbar sind.

Dennoch wäre es verfehlt, diese Periode als Misserfolg zu bezeichnen. Denn vieles von dem, was damals experimentell ausgelotet wurde, wirkt bis heute nach. So wäre etwa eines der erfolgreichsten Regalsysteme der jüngeren Designgeschichte überhaupt, das 1988 konzipierte *FNP-Regal* von Axel Kufus, ohne dessen materiale Experimentalstudien nicht vorstellbar. Ganz zu schweigen von all den Mobilien, die in den 1990er-Jahren unter dem Etikett der neuen Bescheidenheit als geläuterte Reformbewegung den Markt infizierten; auch sie wären ohne die brutalistischen Vorarbeiten der 1980er-Jahre wahrscheinlich gar nicht entstanden. Und wer weiß, ob es Droog, die niederländische Erfolgsgeschichte, ohne die derben Späße aus dem Rheinland, aus Hamburg und vor allem aus Berlin in der allseits bekannten unterhaltsamen Dreifaltigkeit zwischen Nonkonformismus, Nachhaltigkeit und der immer wieder verblüffenden Funktionsweise jemals so gegeben hätte.

1984

∨ LightLight
Alberto Meda
Alias

This chair out of carbon weighs less than 2 kilograms (4.4 pounds) and has survived some of the toughest crash tests.

Cette chaise en carbone pèse moins de 2 kg, mais pourrait résister aux plus grands chocs.

Dieser Stuhl aus Karbon ist ein Leichtgewicht von weniger als 2 kg, der härteste Crashtests überstehen würde.

> Zyklus
Peter Maly
cor

Zyklus is one of the most famous pieces of German design furniture of the 1980s and was shown in the German movie comedy *Männer*. Source of inspiration for the avant-garde form was a doll armchair from the 1930s that was progressively rendered increasingly abstract.

Voici l'un des meubles les plus célèbres du design allemand des années 1980. Les formes, retravaillées jusqu'à l'abstraction, d'un siège de poupée des années 1930 furent source d'inspiration pour les lignes avant-gardistes de ce fauteuil.

Eines der berühmtesten, deutschen Designmöbel der 1980er-Jahre, das in der Filmkomödie *Männer* zu bewundern war. Inspirationsquelle für die avantgardistische Form war ein Puppensessel aus den 1930er-Jahren, der immer weiter abstrahiert wurde.

1984

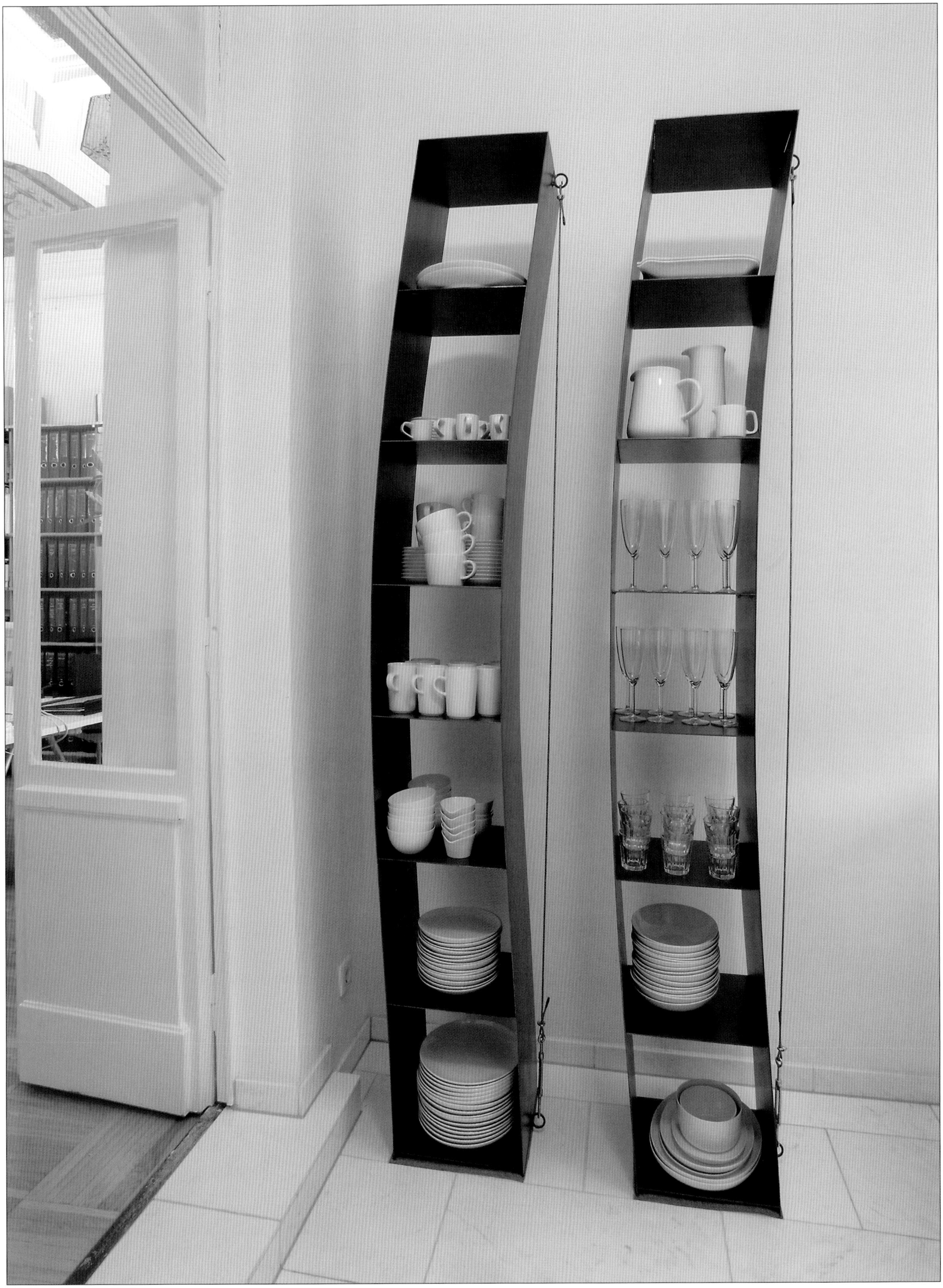

1984

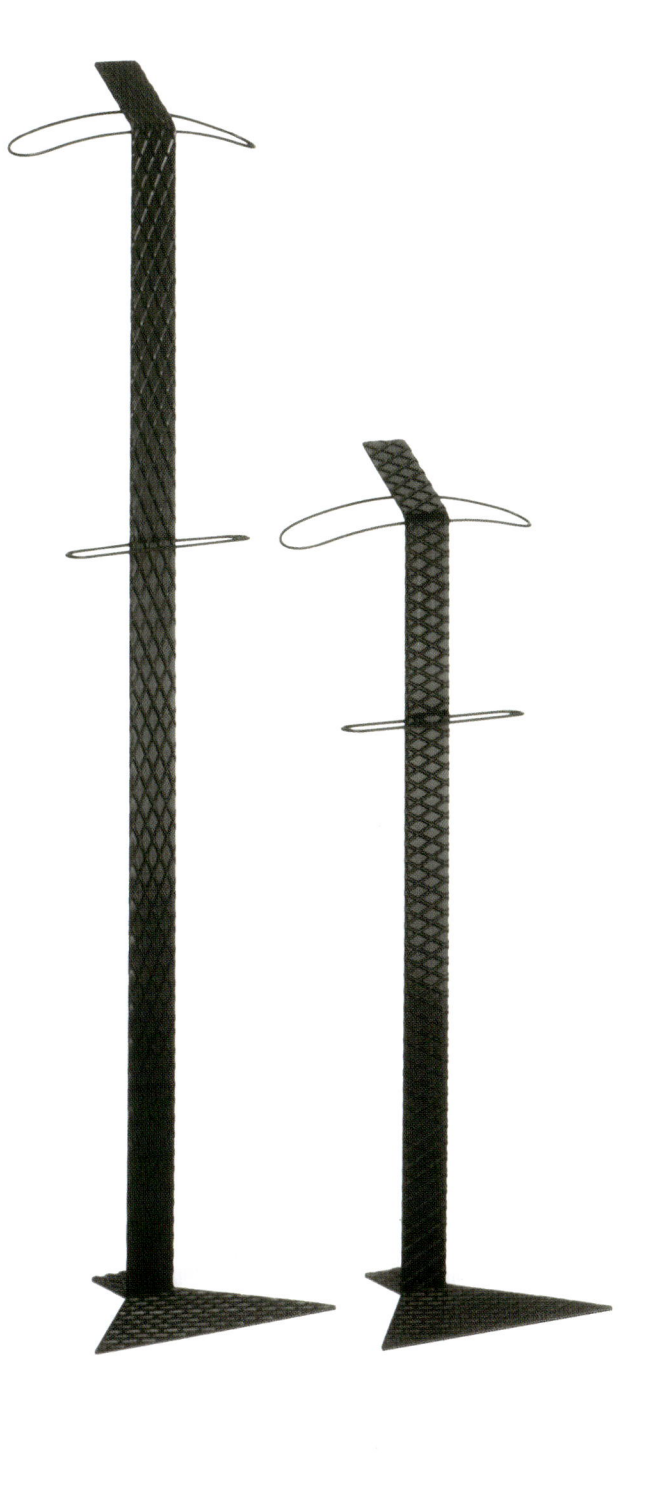

< **Struttura**
∨ **Savonarola**
Maurizio Peregalli
Zeus Noto

Maurizio Peregalli's furniture often makes use of the color black combined with delicate, simple geometrical forms. The clear, severe design is also visible in the seat of the chair, which does not have a soft cushion, but is instead covered with an extremely thin layer of black thousand points rubber.

La couleur noire et les formes géométriques élémentaires sont caractéristiques des meubles de Maurizio Peregalli. Ce design intransigeant est manifeste dans l'assise de ce siège, laquelle n'est pas recouverte d'un rembourrage souple mais d'un revêtement très mince composé de bouclettes de caoutchouc.

Die Farbe Schwarz und grazile, einfache geometrische Formen sind typisch für die Möbel von Maurizio Peregalli. Das kompromisslose Design zeigt sich auch in der Sitzfläche des Stuhls, die nicht mit einer weichen Polsterung, sondern mit einem hauchdünnen Gumminoppenbelag ausgestattet ist.

< **Verspanntes Regal**
Wolfgang Laubersheimer
Nils Holger Moormann

Two sheets of steel merged with solidly welded shelves alone do not make a sturdy shelf. The taut rope provides a simple solution.

Deux morceaux de tôle d'acier, reliés par des plateaux soudés à la structure, ne forment pas une étagère stable. Le cordon de métal qui se tend au niveau des montants y remédie.

Zwei Stahlbleche, die durch fest verschweißte Regalböden miteinander verbunden sind, ergeben noch kein stabiles Regal. Das gespannte Seil schafft hier mit einfachen Mitteln Abhilfe.

∧ **First**
Michele de Lucchi
Memphis

This chair is reminiscent of satellite orbits and a variety of different planets. Ergonomics and functionality played a role in the design, but far more important were the communicative and emotional effects the object could evoke.

Ce siège rappelle l'orbite que décrivent planètes et satellites. Fonctionnalité et ergonomie ne sont pas au premier plan. Il s'agit plutôt d'expérimenter le caractère communicatif et émotionnel de cet objet.

Dieser Stuhl erinnert an eine Umlaufbahn mit Planeten und Satelliten. Ergonomie und Funktionalität stehen hier nicht im Vordergrund, vielmehr geht es darum, die kommunikativen, emotionalen Fähigkeiten dieses Objekts auszuloten.

1984

> **Zabro**
Alessandro Mendini
Zanotta

The hand-painted piece of wooden furniture unites the functions of chair and table simply and easily. The backrest folds down to become the tabletop.

Ce meuble en bois, peint à la main, associe de manière simple les fonctions « chaise » et « table ». Le dossier se replie pour former le plateau d'une table basse.

Das handbemalte Möbel aus Holz kombiniert auf einfache Weise die Funktion Stuhl und Tisch. Die Lehne wird zur Tischplatte heruntergeklappt.

281

Agent provocateur

Philippe Starck's Chair *Costes*

Le fauteuil *Costes* de Philippe Starck

Der Stuhl *Costes* von Philippe Starck

Karianne Fogelberg

Costes has the appearance of a classic design piece—understated, solid and prestigious. Dark wood, black leather and polished tubular steel are all typical of the vocabulary of classic modernism. The chair's distinctive geometrical lines and forms are just as tried and proven: a curved semi-cone with a small circular cutout for the backrest, straight chair legs and a semi-circular seat. The curved seating shell and the high leather upholstery promise comfort and security. Yet this impression is jarringly shattered once it becomes apparent that the chair rests on only three legs. Three legs are irritating—is the chair stable? Could it tip over? Designed in 1984 for the Café Costes in Paris, the chair was purportedly designed with three legs for purely pragmatic reasons. According to Philippe Starck, with this design he strove to lower the risk of waiters tripping over chairs' legs. Yet, the closely spaced chairs in the café belied this theory, even if it does fit to Starck, the former *enfant terrible* of design. Provocation is his trademark, not to mention his unconventional choice of colors and combination of materials. In comparison to Starck's later biomorphic designs, *Costes* was a comparatively simple design. Nonetheless, Starck's design of the Café Costes, from the

Le fauteuil *Costes* possède l'assurance d'un grand classique : distant, représentatif, solide. Un bois sombre, du cuir de couleur noire, une structure en tubes d'acier laqué : voici le vocabulaire de la modernité classique. Les formes géométriques du fauteuil ont également fait leurs preuves. Le dossier forme un demi-cercle et est découpé de manière à servir également d'accoudoirs. Il enveloppe l'assise qui repose sur des pieds droits. Les courbes et l'épais rembourrage en cuir qui recouvre l'assise sont synonymes de confort. Puis le regard se dirige vers le piètement tripode. Ces trois pieds agacent. Est-ce suffisamment stable, ne risque-t-on pas de basculer ? Philippe Starck a conçu ce fauteuil en 1984 pour le café parisien Costes et, pour reprendre ses propos, ce piètement à trois pieds relève du pur pragmatisme. Il s'agit de faciliter la circulation des serveurs et de minimiser le risque de trébucher. On peut être amené à douter de cette explication lorsque l'on considère l'agencement des fauteuils dans le café et la distance très étroite qui les sépare. Toutefois, cette analyse est conforme à Philippe Starck, jadis enfant terrible du design. Il a fait de la provocation son métier et des associations obstinées de couleurs et de matériaux sa marque de fabrique.

Der Stuhl *Costes* hat das Auftreten eines Klassikers: zurückhaltend, repräsentativ, solide. Dunkles Holz, schwarzes Leder und lackiertes Stahlrohr – das ist das Vokabular der klassischen Moderne. Ebenso bewährt sind die geometrischen Formen, die sich im Stuhl wiederfinden: ein angeschnittener Kegel für die Lehne, darin eine kreisförmige Öffnung, gerade Stuhlbeine und eine halbkreisförmige Sitzfläche. Die gebogene Sitzschale und das hohe Lederpolster verheißen Komfort. Aber dann fällt der Blick auf die drei Stuhlbeine. Ein dreibeiniger Stuhl irritiert. Ob er stabil ist, auch nicht kippt? Glaubt man Philippe Starck, der den Stuhl 1984 für das Pariser Café Costes entworfen hat, so entspringt dessen Dreibeinigkeit purem Pragmatismus. Mit den dreibeinigen Stühlen habe er das Risiko der Kellner verringern wollen, über Stuhlbeine zu stolpern. Bei den eng gestellten Stühlen im Café ist diese Erklärung allerdings fragwürdig. Aber es passt zu Starck, dem ehemaligen Enfant terrible des Designs. Die Provokation ist sein Metier, die eigenwillige Farbgebung und Materialkombination sein Markenzeichen. Im Vergleich zu seinen späteren biomorphen Entwürfen war der Stuhl *Costes* ein verhältnismäßig schlichter Entwurf. Nichtsdestotrotz begründete Starcks

> Costes, Philippe Starck, Driade, 1983

interior decoration to the furniture, represented the cornerstone of his international career. Born in 1949, Starck may never have had formal training and education, yet his boundless creativity and complete disregard for rules have ensured constantly effective spaces and exceptional furniture. No object is too insignificant; he has designed everything from complete interiors to toothbrushes. Café Costes at Place des Innocents was the first of many similar international commissions, including restaurants and complete hotels—a sector notorious for its constant need for new design. But this is where Philippe Starck's exceptional talent is proven: Costes has outlived the Café Costes and even though the café closed its doors after ten years, the chair is still being produced by the Italian manufacturer Driade (for whom Starck designed an entire collection). Starck's provocative potential has lessened with his increasing fame; he is today a design star of immense stature.

Comparé à ses créations biomorphes plus récentes, le fauteuil Costes est une composition sobre. Et pourtant, c'est la conception du café Costes, architecture intérieure et mobilier, qui lancera sa carrière internationale. Starck, né en 1949 et ayant interrompu ses études en cours de route, est un esprit créatif indépendant qui méprise les règles, réalisant des intérieurs impressionnants et des meubles inhabituels. Il n'y a pas d'objet trop petit pour son talent. Il conçoit l'ensemble de l'aménagement intérieur, ce jusqu'à la brosse à dents. Après le café Costes, place des Innocents, affluèrent de nombreuses commandes similaires de France et de l'étranger, dont des restaurants et des hôtels. L'hôtellerie est une branche où le design vieillit vite. Le talent exceptionnel de Philippe Starck y a pourtant fait ses preuves. Le fauteuil Costes a survécu au café, lequel a fermé ses portes dix ans après son ouverture. Le fauteuil, lui, est toujours édité par le fabricant italien Driade. (Starck a depuis réalisé toute une collection pour cet éditeur.) Avec la célébrité, le designer a mis de côté son sens de la provocation. Il a désormais rejoint le sanctuaire formé par les classiques de la modernité.

Gestaltung des Café Costes, vom Innenraum bis hin zu den Möbeln, seine internationale Karriere. Ohne abgeschlossene Ausbildung, dafür aber mit unbändiger Kreativität, missachtet der 1949 geborene Starck die Regeln und schafft so immer wieder wirkungsvolle Räume und ungewöhnliche Möbel. Kein Gegenstand ist ihm zu klein, er gestaltet alles, vom kompletten Interieur bis hin zur Zahnbürste. Auf das Café Costes am Place des Innocents sollten viele ähnliche internationale Aufträge folgen, darunter Restaurants und komplette Hotels. Eine Branche, in der Design gewiss schnell altert. Hier zeigt sich jedoch Philippe Starcks großartiges Talent. So hat der Stuhl Costes das Café überlebt: Während das Café nach zehn Jahren die Pforten schloss, ist der Stuhl unverändert bei dem italienischen Hersteller Driade in Produktion (für den Starck inzwischen eine gesamte Kollektion entworfen hat). Sein provokatives Potenzial hat er mit zunehmender Bekanntheit abgelegt. Er ist nunmehr selbst in den Olymp der Klassiker aufgerückt.

1983

> O-Linie
Herbert Ohl
Wilkhahn

With the *O-Linie* by Herbert Ohl, the designer and last director of the Ulm School of Design in Germany, Wilkhahn focused on the lightness and transparency of organic forms, straying away from their traditionally voluminous chairs and soft cushions.

Le siège *O-Linie* réalisé par Herbert Ohl, designer et dernier directeur de l'école d'Ulm, se distingue par sa légèreté, sa transparence et ses lignes organiques plutôt atypiques pour Wilkhahn, qui édite habituellement des sièges plus volumineux avec revêtement rembourré.

Mit der *O-Linie* von Herbert Ohl, dem Designer und letzten Direktor der HfG in Ulm, setzte Wilkhahn auf Leichtigkeit und Transparenz mit organischen Formen statt wie sonst üblich auf voluminöse Stühle mit weicher Polsterung.

1983

> **Prima**
Mario Botta
Alias

Just like in his building designs, architect Mario Botta used simple geometrical forms to achieve a balance between statics and function.

À l'image de ses ouvrages de construction, l'architecte Mario Botta utilise dans le design de mobilier des formes géométriques élémentaires, afin de créer un équilibre entre statique et fonction.

Wie bei seinen Gebäuden setzt der Architekt Mario Botta auch hier einfache geometrische Formen ein, um ein Gleichgewicht zwischen Statik und Funktion zu erzielen.

< **Dr Sonderbar**
Philippe Starck
XO

Philippe Starck, co-founder of the French furniture company XO, integrated the seat of an airplane pilot in this innovative, unusual chair. The perforated seat steel is barely connected to the tubular steel legs—it seems to float in mid-air.

Philippe Starck, cofondateur de XO, fabricant de mobilier français, s'est inspiré des sièges de pilotes de dirigeables pour créer ce fauteuil original et inhabituel. L'assise en acier perforé est à peine reliée aux armatures en tubes d'acier. Elle semble planer dans les airs.

Philippe Starck, Mitbegründer der französischen Möbelfirma XO, integriert in diesen neuartigen, ungewöhnlich aussehenden Stuhl den Sitz eines Flugzeugpiloten. Die perforierte Sitzfläche aus Blech ist kaum mit den Stahlrohren der Struktur verbunden – sie scheint in der Luft zu schweben.

1982

V **Torso**
Paolo Deganello
Cassina

Even the asymmetrical form hints at innovative design. Torso's seat elements can be easily exchanged and combined in a myriad of ways.

Les formes asymétriques de cet ensemble dévoilent son originalité. Les assises sont convertibles.

Schon die asymmetrische Form lässt erahnen, dass hier etwas anders ist. Die Sitzelemente von Torso lassen sich austauschen und auf verschiedenste Weise neu kombinieren.

1982

∧ Poncho
Peter Maly
cor

If you do not like your sofa anymore, buying a new one is not your only option. The exterior can be easily changed, such as by covering it with a throw—or giving it a different Poncho, if you so will.

Il n'est pas nécessaire de changer de canapé lorsque ce dernier ne nous convient plus. Il suffit de remplacer la housse extérieure et d'enfiler un nouveau « poncho ».

Wer sein Sofa nicht mehr sehen kann, muss nicht gleich ein neues kaufen. Man kann das Äußere erneuern, indem man ihm einen anderen Textilüberwurf – einen anderen Poncho – überzieht.

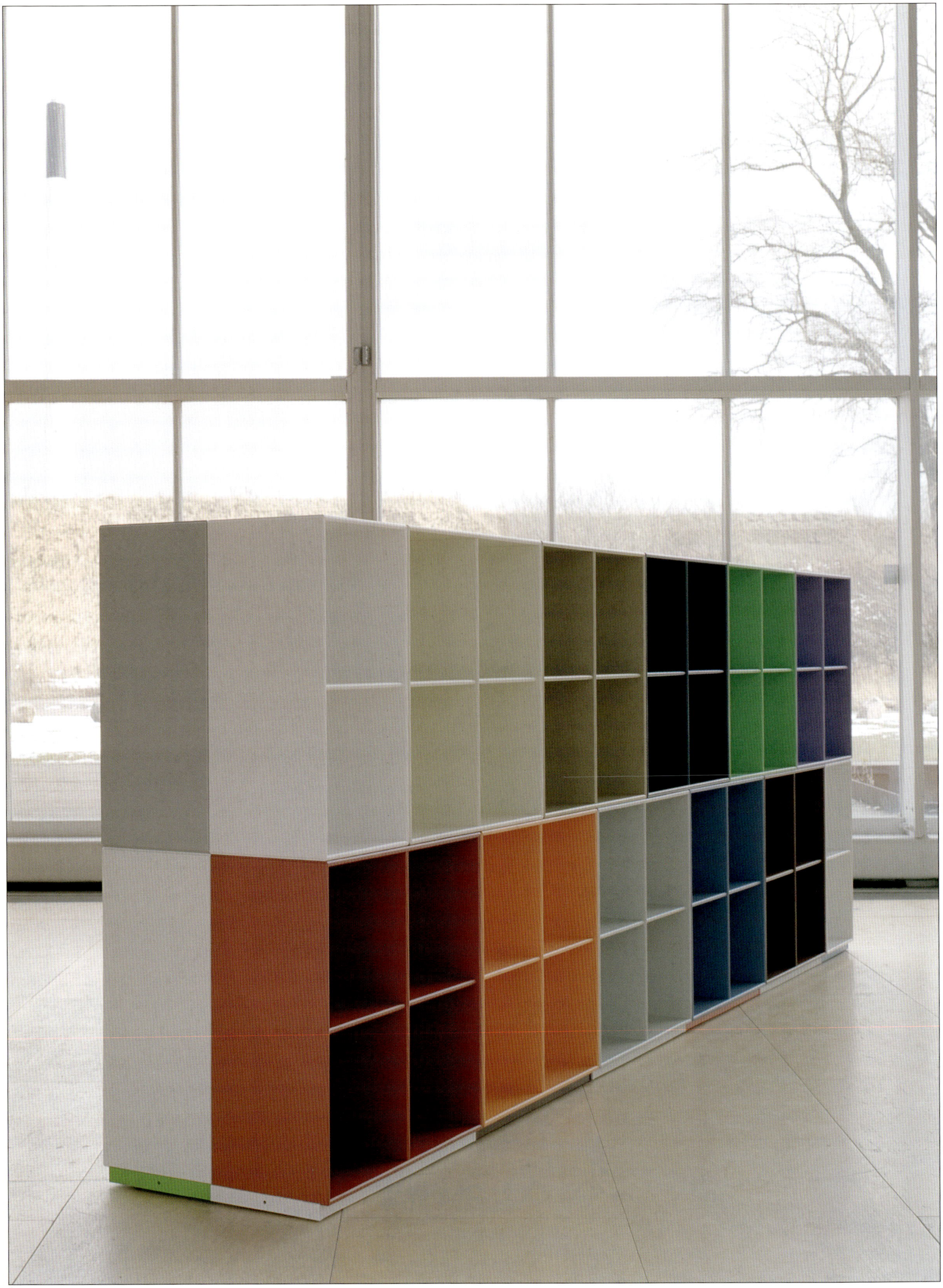

1982

< Montana units
Modules de base Montana
Montana Module
Peter J. Lassen
Montana

A shelf with a system—42 basic modules out of different colors, depths and materials yield over five billion combinations that can be assembled to create a personalized shelving solution. In addition, further options exist, such as sliding doors, dividers and compartments for CDs and DVDs.

Une étagère-système : les 42 modules, qui diffèrent tant par la couleur que par les matériaux, peuvent être assemblés à loisir, créant ainsi plus de cinq milliards de combinaisons possibles. Il existe par ailleurs des volets coulissants et des compartiments pour CD ou DVD qui viennent compléter le programme.

Ein Regal mit System: 42 Grundmodule aus verschiedenen Farben und Materialien lassen sich in fünf Milliarden Möglichkeiten frei und nach individuellem Wunsch zusammenstellen. Außerdem gibt es Schiebetüren, Trennwände und Einsätze für CDs, DVDs, die das Programm ergänzen.

∨ **Camilla**
John Kandell
Källemo

This small, colorful Swedish three-legged stool is perfect for small rooms, both in offices and around the house.

Ces petits trépieds colorés, édités en Suède, se prêtent parfaitement à l'ameublement des petits espaces, à la maison comme au bureau.

Der kleine, bunte schwedische Dreibeiner eignet sich perfekt für kleine Räume, zu Hause oder im Büro.

1982

∧ **Magister**
Antonio Citterio & Paolo Nava
Flexform

Antonio Citterio and Paolo Nava re-interpreted the Chesterfield Sofa with the indented buttons. The *Magister*'s measurements have been adapted so that it can also be used as a bed.

Antonio Citterio et Paolo Nava proposent une nouvelle interprétation du canapé Chesterfield capitonné. Les dimensions de *Magister* sont telles, que ce dernier peut être également utilisé comme lit.

Das Chesterfield-Sofa mit den abgesteppten Knöpfen haben Antonio Citterio und Paolo Nava neu interpretiert. Die Maße von *Magister* sind so gewählt, dass man es auch als Bett nutzen kann.

1982

∨ **Milano**
Gionatan De Pas, Donato D'Urbino,
Paolo Lomazzi
Zanotta

This leather sofa bears some resemblance to Ludwig Mies van der Rohe's *MR Lounge Chair*. This is a classical solution by the Milanese group of architects better known for their far more radical designs.

Ce canapé en cuir rappelle la chaise longue *MR* de Ludwig Mies van der Rohe. Voici un meuble de facture classique pour ces architectes milanais, surtout célèbres pour leur design radical.

Dieses Ledersofa erinnert an die Liege *MR* von Ludwig Mies van der Rohe. Eine klassische Lösung der Mailänder Architektengruppe, die mit vielen radikalen Designs berühmt wurden.

V Carlton, Ettore Sottsass, 1981

Memphis
Surpassing Mere Representation
Au-delà de l'objet
Über das Gegenständliche hinaus

Thomas S. Bley

Memphis, the New International Style that emerged in 1981, was essentially an Italian movement and could be traced back to Milan. But due to the Italian designers' cooperation, artists, architects and designers from all over the world were invited to join. Nonetheless, the initiative and concept remained true to the Italian designers' cultural, societal and political understanding that began in the 1960s and that claimed that one should design as an individual, yet act as a community.
Known as Disegno Radicale, this movement reached the pinnacle of its success in 1972 with the exhibition Italy: the new domestic landscape in the MoMA in New York. Italian design thus received global recognition for its non-conformist approach and its willingness to experiment. Directly opposing attempts to design more ergonomically, uniformly and in keeping with the material, this Italian movement critically and playfully challenged consumer behavior, conventional approaches and mass production. Predecessors of Memphis, such as Studio Alchimia, had sprung up in protest, declaring dissatisfaction with all objects of mass production. Memphis, however, had a more positive approach: "Memphis does not present itself as a homogenous movement or trend, but is instead homogenous in

Memphis, ce New International Style fondé en 1981, était en fait un groupe italien né à Milan. Toutefois, la nature coopérative des designers italiens aidant, artistes, architectes et designers d'autres pays furent conviés à prendre part au mouvement. Dans sa conception, l'initiative était, sur le plan culturel comme sociopolitique, à l'image des designers italiens et de la contestation initiée dans les années 1960 : individualité en termes de création, partenariat dans l'action.
L'apogée de ce que l'on a désigné comme Disegno Radicale (design radical), fut atteint en 1972 lors de l'exposition présentée au musée d'Art Moderne de New York, *Italy : the new domestic Landscape*. Le design italien et son action anticonformiste et expérimentale furent reconnus sur le plan international. Contrairement au design soucieux des matériaux, de l'ergonomie et de l'unité caractéristique des pays situés au nord des Alpes, les créations italiennes confrontaient de manière critique et ludique le public avec ses modes de consommation, ses habitudes visuelles et avec la production industrielle. Tandis que les mouvements qui précédèrent Memphis, tel Studio Alchymia, témoignaient d'une insatisfaction à l'égard des objets produits en série, Memphis adopta une attitude plutôt

Memphis – the New International Style, der 1981 aus der Taufe gehoben wurde – war eigentlich eine italienische Bewegung und hatte seinen Ursprung in Mailand. Doch dank der kooperativen Art der italienischen Designer wurden auch Künstler, Architekten und Gestalter aus anderen Ländern eingeladen. Allerdings folgten die Initiative und das Konzept dem – in den 1960er-Jahren begonnenen – kulturellen und gesellschaftspolitischen Verständnis der italienischen Designer: individuell gestalten, aber gemeinsam handeln.
Das sogenannte Disegno Radicale hatte seinen Höhepunkt 1972 in der Ausstellung *Italy: the new domestic landscape* im Museum of Modern Art in New York. Damit erreichte das italienische Design eine weltweite Anerkennung für seinen nonkonformistischen und experimentierfreudigen Ansatz. Im Gegensatz zum Bestreben nach materialgerechter, ergonomischer und einheitlicher Gestaltung nördlich der Alpen, lieferte das italienische Design eine kritische und spielerische Auseinandersetzung mit unserem Konsumverhalten, unseren Sehgewohnheiten und der industriellen Produktion. Während Vorläufer von Memphis, wie Studio Alchymia, noch aus der Unzufriedenheit mit den Gegenständen der Massenproduktion entstanden, so hatte

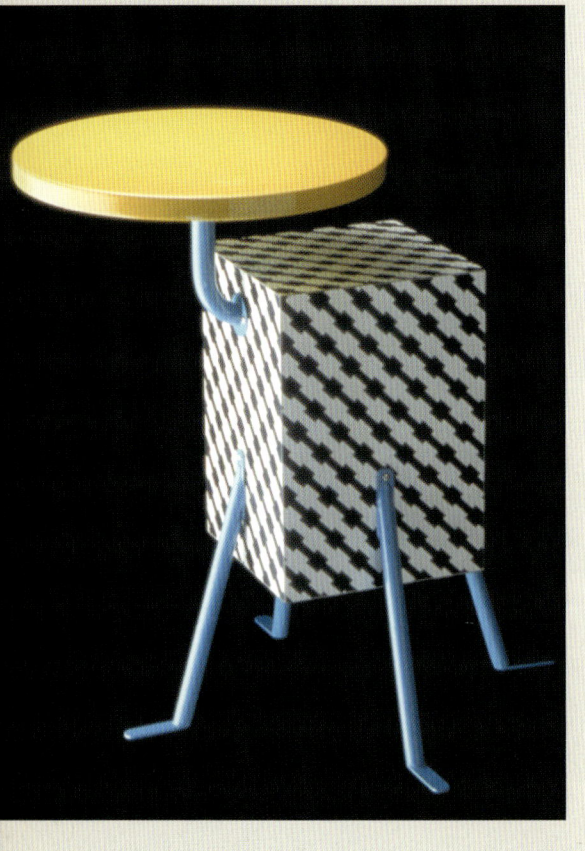

< Kristall, Michele de Lucchi, 1981

> Flamingo, Michele de Lucchi, 1981

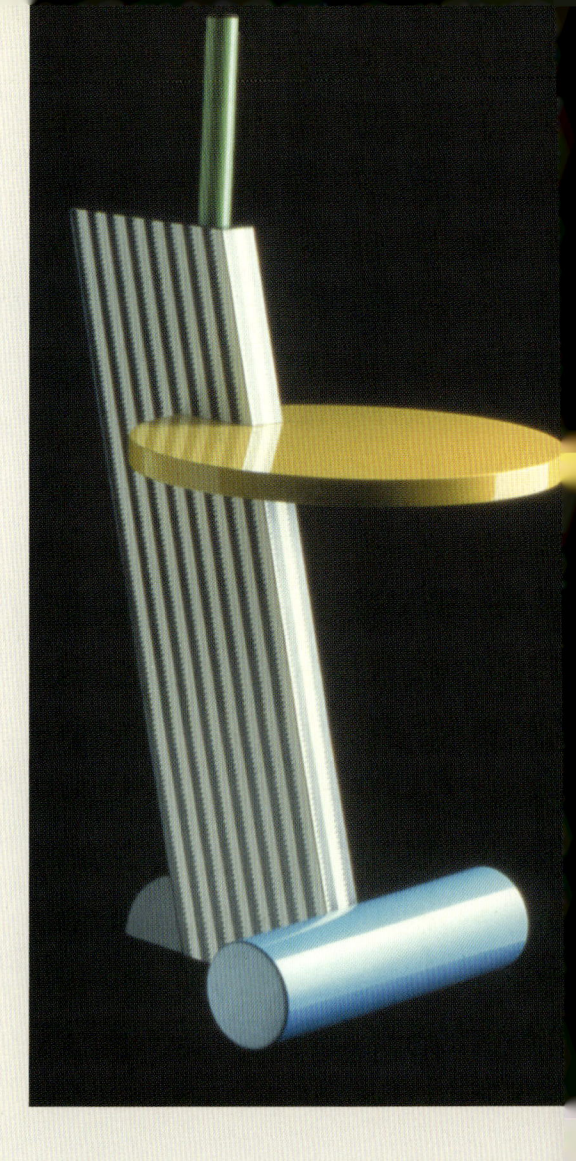

its optimistic approach to design, to its positions and development," Barbara Radice wrote in 1981 about Memphis' origins.

In the truest sense, Memphis cannot be referred to as a style, as is the case with Rococo or Art Deco. Instead, an eclectic mix of forms, materials, colors and surfaces characterizes Memphis' core. Above all, the Italian designers never worried about so-called functionalism, as their designs aimed to appeal to all senses and never settled for mere functionality. Expressed radically, this could mean that the comfort of a chair is far less important than its appearance, for a person will sit on considerably fewer chairs than he or she will see throughout his or her life.

Memphis neither followed any kind of ideology nor was attached to any specific formalism. Instead, idealism seemed to be its main influence. Design was not intended to be exclusively limited to the creation of representational objects and design, but instead a form of coming to terms with human existence—it represented an attempt to arouse emotions through the object. While "good form" strove to give humans neutral surroundings, Memphis focused on presenting

positive. « Memphis n'est pas un groupe homogène ou une mode, mais présente une homogénéité dans ses positions par rapport au design, sa fonction et ses développements », souligna Barbara Radice en 1981, lors de la naissance du mouvement.

Memphis n'était en fait pas un style, si l'on se réfère à l'usage de ce terme pour qualifier le rococo ou l'Art Déco. Ce mouvement se caractérisait par un mélange disparate de formes et de matériaux, de couleurs et de surfaces. Les designers italiens n'avaient jamais de problème avec ce que l'on qualifiait de fonctionnalisme. Leurs créations sollicitaient tous les sens, et ne se contentaient guère d'une simple fonctionnalité. Pour résumer cet état d'esprit de manière radicale : l'apparence d'une chaise était plus importante que son confort, car si l'homme voyait beaucoup de chaises au cours de sa vie, il ne s'asseyait que sur très peu d'entre elles.

Memphis ne suivait pas d'idéologie ou un langage de formes déterminé, mais était plutôt empreint d'un idéalisme selon lequel le design n'avait pas la création d'objets pour seule vocation, mais également l'existence de l'homme comme champ d'action. Il s'agissait

Memphis einen eher positiven Ansatz. „Memphis präsentiert sich nicht als homogene Bewegung oder Mode, sondern eher homogen in der optimistischen Einstellung zum Design, zu seiner Position und Entwicklung", schrieb Barbara Radice 1981 zur Entstehung von Memphis.

Memphis war im eigentlichen Sinn auch kein Stil, wie man dies für Rokoko oder Art déco in Anspruch nehmen würde. Memphis zeichnete sich durch einen uneinheitlichen Mix von Formen und Materialien, Farbigkeiten und Oberflächen aus. Vor allem die italienischen Designer hatten nie ein Problem mit dem sogenannten Funktionalismus, da ihre Entwürfe alle Sinne ansprachen und sich nie mit der reinen Zweckmäßigkeit begnügten. Radikal formuliert, hieß das: Wichtiger als die Bequemlichkeit ist das Aussehen des Stuhls, denn im Laufe seines Lebens sieht der Mensch sehr viele Stühle, doch auf den wenigsten wird er je sitzen.

Memphis folgte keiner Ideologie oder verfiel keinem bestimmten Formalismus, sondern war eher von einem Idealismus geprägt, bei dem Design sich nicht ausschließlich im Gestalten vom Gegenständlichen erschöpfte,

∧ Tawaraya, Masanori Umeda, 1981

∧ D'Antibes, George J. Swoden, 1981
> Casablanca, Ettore Sottsass, 1981

295

> Ginza, Masanori Umeda, 1982

v Beverly, Ettore Sottsass, 1981

< Emerald, Nathalie du Pasquier, 1985
∨ Hilton, Javier Mariscal, 1981

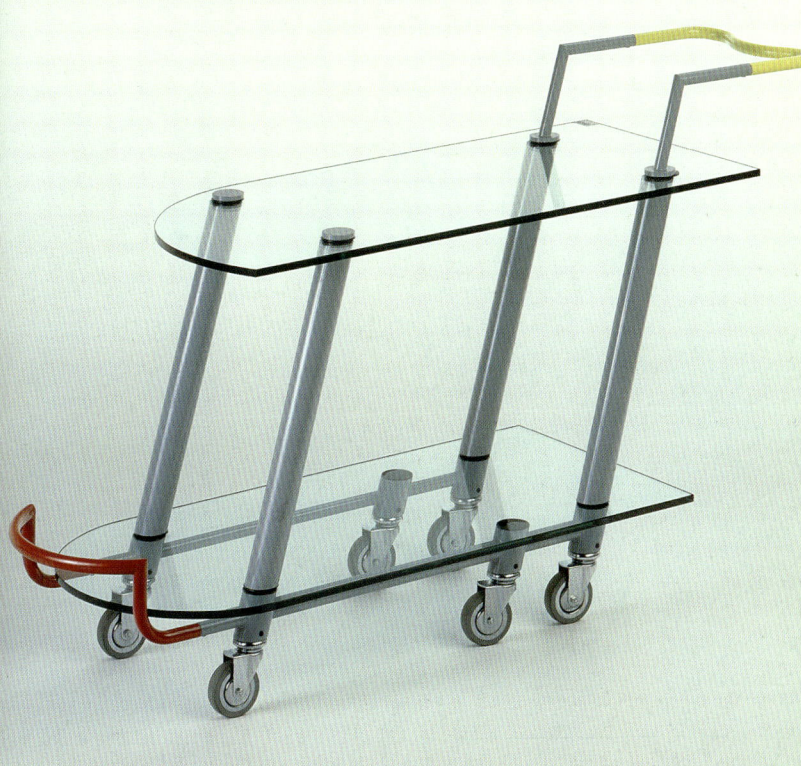

objects that you not only owned and loved, but also found challenging and that never left anyone indifferent.
In an interview on US television, Ettore Sottsass, the initiator and founder of the Memphis movement, who died in 2007 at the age of 90, was asked how he would like to be remembered. He answered: "Like a good friend—and somebody whose work [inspired] smiles."

d'éveiller des émotions au-delà du simple objet. Contrairement aux ouvrages aux « formes appropriées », soucieux de créer un espace neutre, Memphis s'efforçait de présenter des objets qu'il n'était pas seulement possible d'acquérir et d'aimer, mais avec lesquels il fallait composer et qui, d'autre part ne laissaient jamais indifférents.
Ettore Sottsass, fondateur et initiateur de Memphis, décédé en 2007 à l'âge de 90 ans, répondait en ces termes alors qu'on lui demandait, à la télévision américaine, quel souvenir garder de lui : « Le souvenir d'un bon copain dont le travail invite à sourire. »

sondern sich mit der gesamten Existenz des Menschen auseinandersetzte – es war der Versuch, über das Objekt hinaus Emotionen zu wecken. Im Gegensatz zur „guten Form", die bemüht war, dem Menschen eine neutrale Umgebung zu schaffen, war Memphis bestrebt, Objekte zu präsentieren, die man nicht nur besitzen und lieben, sondern mit denen man sich auch auseinandersetzen konnte, die einen aber nie gleichgültig ließen.
Der 2007 im Alter von 90 Jahren verstorbene Initiator und Begründer von Memphis, Ettore Sottsass, antwortete im amerikanischen Fernsehen auf die Frage, wie man sich an ihn erinnern solle: „Als guter Freund – und jemand, dessen Arbeiten zum Lächeln anregen."

1980

< **Sindbad**
Vico Magistretti
Cassina

The idea for *Sindbad* came to designer Vico Magistretti when he threw a horse blanket over an upholstered sofa. Why not use such blankets, whose color choices awakened associations of horses and stables, to develop a new sofa design?

Vico Magistretti jeta un jour une couverture de cheval sur un canapé rembourré. Pourquoi ne pas utiliser cette couverture, dont la couleur évoquait le monde de l'équitation, pour créer un nouveau canapé ? Voici comment est né le fauteuil *Sinbad*.

Die Idee zu *Sindbad* entstand, als Vico Magistretti eine Pferdedecke über ein gepolstertes Sofa warf. Warum also nicht aus diesen Decken, deren Farbgestaltung Reitställe symbolisiert, ein neues Sofadesign entwickeln?

1980

> **Muebles Amorales (Silla Gaido)**
Javier Mariscal

Muebles Amorales (amoral furniture) was the title of an exhibition Javier Mariscal partook in, displaying a series of eight pieces of furniture. One of these was the seemingly nervous and fragile chair *Gaido*, which, like so many of his pieces, was inspired by the artist's knowledge of graphic art.

Muebles Amorales (meubles immoraux) était l'intitulé d'une exposition au sein de laquelle Javier Mariscal présenta une série de huit meubles. Le siège *Gaido*, d'aspect fragile et nerveux et qui s'inspire du graphisme, figurait parmi ces pièces.

Muebles Amorales (unmoralische Möbel) war der Titel einer Ausstellung, in der Javier Mariscal eine Serie von acht Möbeln präsentiert. So auch den nervös-fragil wirkenden Stuhl *Gaido*, der wie viele Produkte in der grafischen Welt des Künstlers und Zeichners seinen Ursprung hat.

< **Mitzi**
Hans Hollein
Poltronova

Austrian Hans Hollein is one of the best-known representatives of the postmodern period. His furniture could be described as a union of Art Deco and Pop Art.

Le designer autrichien Hans Hollein est l'un des représentants les plus célèbres du postmodernisme. Ses meubles sont issus de la rencontre entre Art Déco et Pop art.

Der Österreicher Hans Hollein ist einer der bekanntesten Vertreter der Postmoderne. Seine Möbel lassen sich mit „Art Deco meets Pop" beschreiben.

1980

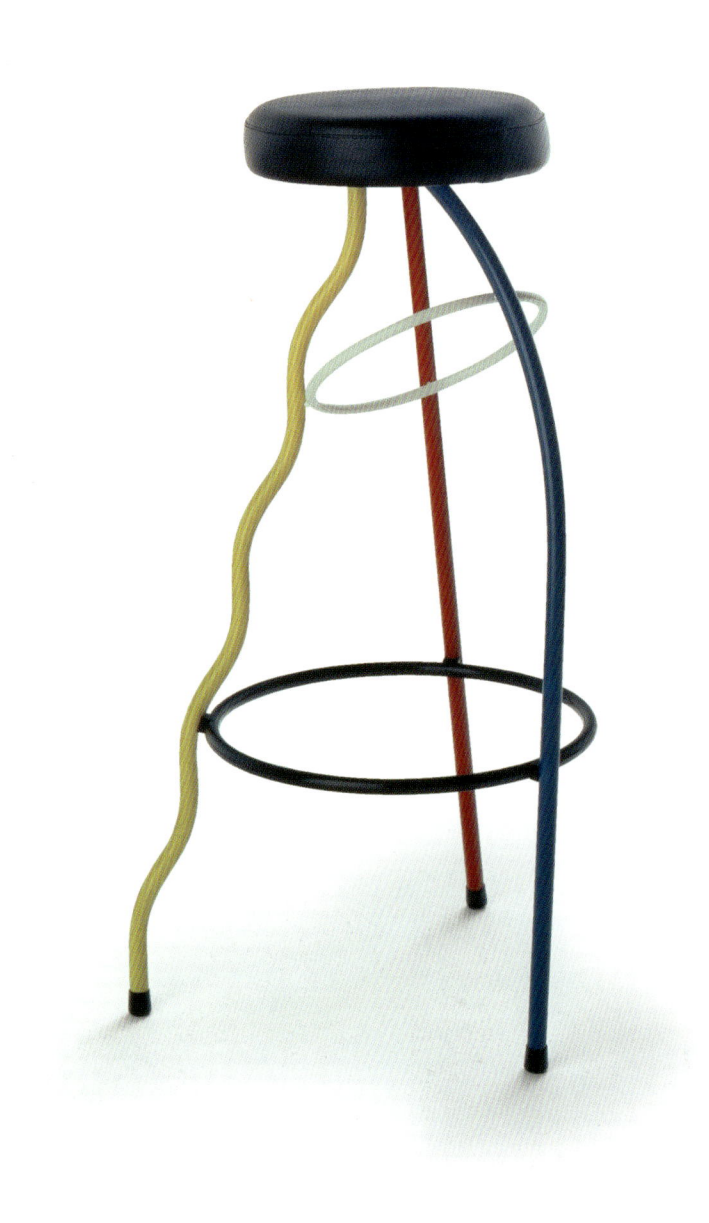

< **Dúplex**
Javier Mariscal
BD Ediciones

Javier Mariscal designed the *Dúplex* barstool for the Dúplex Bar in Valencia. This strangely fragile stool, which seems to balance precariously on three skinny legs, sealed Mariscal's reputation as a talented furniture designer.

Le tabouret de bar *Dúplex* fut conçu pour le bar Dúplex à Valence. Ce siège curieux, fragile d'aspect, qui ne repose que sur trois pieds fins, fut à l'origine de la renommée de Javier Mariscal.

Den *Dúplex*-Barhocker gestaltete Javier Mariscal für die Dúplex Bar in Valencia. Dieser merkwürdig fragile Hocker, der nur auf drei dünnen Beinchen steht, machte Mariscal als Möbeldesigner berühmt.

1980

> Wink
Toshiyuki Kita
Cassina

This armchair works like a car seat. By turning the wheel on the side, it can be adapted to the desired angle. Huge ears function as the headrest. When completely folded down and twisted sideways, they transform into armrests.

Ce fauteuil fonctionne comme un siège automobile. Une commande latérale permet de varier l'inclinaison du dossier. Des éléments volumineux, en forme d'« oreilles », composent un appuie-tête. Ils se replient complètement pour confectionner des accotoirs.

Dieser Sessel funktioniert wie ein Autositz. Mit einem Drehknopf an der Seite lässt sich der Neigungswinkel verstellen. Riesige Ohren bilden die Kopfstütze. Sie lassen sich komplett umklappen und zu Armlehnen seitlich herunterdrehen.

< Tavolo con ruote
Gae Aulenti
Fontana Arte

Intentionally incongruous: Gae Aulenti attached industrially made wheels to a sheet of glass, thus creating a highly contemporary lounge table.

Détournement et rupture de style volontaire : Gae Aulenti pose des roulettes fabriquées industriellement sous un plateau de verre, et crée une table basse particulièrement moderne.

Zweckentfremdung und gewollter Stilbruch: Gae Aulenti bringt industriell gefertigte Rollen unter einer Glasplatte an und macht daraus einen hochmodernen Loungetisch.

White and Ubiquitous
Monobloc Chairs

Blanche et universelle
Un monobloc uniforme

Weiß weltweit
Uniform Monoblock

Martin Wellner

Your neighbors have them in their garden; many outdoor cafés use them on a regular basis. You can find them on the terraces of popular tourist attractions, as well as along the boardwalks of many vacation spots. They can be found in towns, slums and metropolises, as well as in villages and the countryside. Were you to travel to a truly remote area seemingly untouched by modern civilization, there is a considerable chance that they will be there waiting for you. Monobloc chairs are ubiquitous. Most often white, they can also be burgundy, green or blue. Many people, especially those with a seemingly highly developed sense of esthetics, find these armchairs to be hideous. All the same, there must be some good reasons for their omnipresence —or, in harsher words, this epidemic.
Injection molding machines produce one monobloc chair per minute. Production costs are extremely low, which, in turn, translates into a highly affordable price tag. This chair is not to be found in exclusive furniture boutiques—supermarkets, home improvement stores and discount stores all carry this chair, which is so light it can be easily carried out and taken home without further ado. Stability and durability are also key qualities, evident once the chair has been given a home.

Ces chaises sont dans le jardin des voisins et dans les cafés du quartier. On les trouve sur les terrasses des lieux les plus touristiques, et le long des promenades de villégiature. Quelle que soit l'importance du tissu urbain, village, petite ville, grande ville ou métropole, bidonville, même au fin fond de la campagne, elles sont présentes. Que l'on choisisse un lieu particulièrement isolé, un endroit où personne n'a jamais mis les pieds (ce que l'on croit du moins), et elles sont déjà là ! Les chaises de jardin en plastique sont tout simplement partout. Blanches de préférence, mais également bordeaux, vertes ou bleues. Nombreux sont ceux (et tout particulièrement ceux qui aiment les belles choses) qui assimilent ces « fauteuils du pauvre » à la peste. Et pourtant, il y a de bonnes raisons à une diffusion de cette ampleur ou, si l'on préfère, à une telle prolifération.
La presse à injection en génère un nouvel exemplaire toutes les minutes. Leur production est extrêmement économique, ce qui se traduit par un prix peu élevé. Ce siège ne s'achète pas uniquement dans les magasins spécialisés dans l'ameublement. On le trouve au supermarché, dans les grandes surfaces réservées au bricolage ou chez le discounter. Il peut être tout simplement emporté en

Bei den Nachbarn stehen sie im Garten, und sie stehen in den Cafés am Ort. Man findet sie auf den Terrassen der beliebtesten Ausflugsziele sowie an den Promenaden jedes Ferienortes. In jedem Dorf, in jeder Klein- und Großstadt, in jeder Megacity, in jedem Slum, und selbst auf dem Land gibt es sie. Und sofern man einmal an einen wirklich entlegenen Ort fährt, dorthin, wo noch kaum jemand war – oder man zumindest denkt, dass dort noch kaum jemand war –, sie sind schon da. Die Monoblocks sind einfach überall. Gern in Weiß, ansonsten in Bordeauxrot, Grün oder Blau. Viele, vor allem diejenigen, die sich den schönen Dingen verpflichtet fühlen, meinen, diese „Armsessel" seien die Pest. Aber es muss gute Gründe geben für ihre massenhafte Verbreitung – oder wenn man so will, für diese Epidemie.
Im Minutentakt wirft die Spritzgussmaschine ein neues Exemplar aus. Seine Produktion ist extrem ökonomisch, was sich im günstigen Preis niederschlägt. Den Stuhl muss man nicht in speziellen Möbelgeschäften suchen. Er steht in Super- und Baumärkten, beim Discounter und kann im Vorbeigehen einfach mitgenommen werden. Hilfreich ist hierbei sein geringes Gewicht. Und steht er an seinem Bestimmungsort, bewährt er sich durch Stabilität

△ Model No. BA 1171 Bofinger, Helmut Bätzner, Wilhelm Bofinger, 1966

In addition, monobloc chairs are low-maintenance—dirt can be quickly washed off. Last but not least, it offers a relatively comfortable sitting experience.

Yet in spite of all of these advantages, there are critics who prefer to ignore the omnipresence of the monobloc chair, whose shape cannot be traced back to a famous designer's masterpiece. Instead, they believe other designs to be of far greater value, such as the *Panton Chair*, which though already designed in the 1950s, could only be produced in the 1960s, or Helmut Bätzner's *Bofinger Chair*, which was the first mass-produced chair made from one piece of molded plastic. Often, the following fact is forgotten: thanks to the millions of monobloc chairs produced since the 1970s, this ordinary plastic garden chair has become one of the most important emblems of our times.

A number of designers have, however, recognized that in future retrospectives, the monobloc chair cannot be avoided. Diverse modifications, variations and interpretations have been the result, all of which stem from a critical approach to mass production in our society.

passant, puisqu'il est particulièrement léger. Lorsqu'il a gagné le lieu qui lui était destiné, sa stabilité et sa robustesse sont à l'épreuve du temps. La chaise de jardin en plastique est d'un entretien très facile. Elle peut être nettoyée au jet. Et malgré toutes les critiques qui lui sont opposées, elle est assez confortable.

Ceux qui la critiquent préfèrent ignorer l'omniprésence de la chaise de jardin en plastique, laquelle ne fut pas conçue par un éminent designer. Ils évoquent des ouvrages plus prestigieux comme la *Panton Chair*, qui fut certes élaborée dans les années 1950, mais produite seulement à la fin des années 1960, ou la chaise *Bofinger* d'Helmut Bätzner, premier siège en plastique d'un seul bloc à être produit en série. On oublie alors qu'avec une production qui se chiffre en millions depuis les années 1970, cette banale chaise est devenue un objet significatif de notre époque. Un groupe de designers a cependant pris conscience du phénomène, et du fait que les futures rétrospectives ne pourront faire abstraction de ce siège. Cette observation a entraîné des modifications, des variations et des interprétations qui font preuve d'une certaine ironie à l'égard des critiques rencontrées par la production de masse.

und Widerstandsfähigkeit. Dabei ist der Monoblock äußerst pflegeleicht. Verschmutzungen können einfach abgespritzt werden. Und allen Kritikern zum Trotz sitzt man dann auch noch relativ bequem darauf.

Dieselben Kritiker ignorieren lieber die Omnipräsenz des Monoblocks, dessen Gestalt nicht aus der Feder eines berühmten Designers stammt, und gedenken den gestalterisch wertvolleren Entwürfen wie dem *Panton Chair*, der in den 1950er-Jahren entworfen, aber erst Ende der 1960er-Jahre produziert werden konnte, oder dem von Helmut Bätzner gestalteten *Bofinger*-Stuhl, dem ersten aus einem Stück geformten Kunststoffstuhl, der in Serie ging. Dabei wird übersehen, dass allein durch die millionenfache Produktion seit den 1970er-Jahren der gewöhnliche Plastikgartenstuhl zum bedeutenden Zeitzeugen avanciert ist. Eine Reihe von Gestaltern hat jedoch erkannt, dass zukünftige Rückblicke auf unsere Zeit am Monoblock nicht vorbeikommen werden. Dies hat zu diversen Modifikationen, Abwandlungen und Interpretationen geführt, denen der kritisch reflektierende Umgang mit unserer Massenproduktion gemein ist.

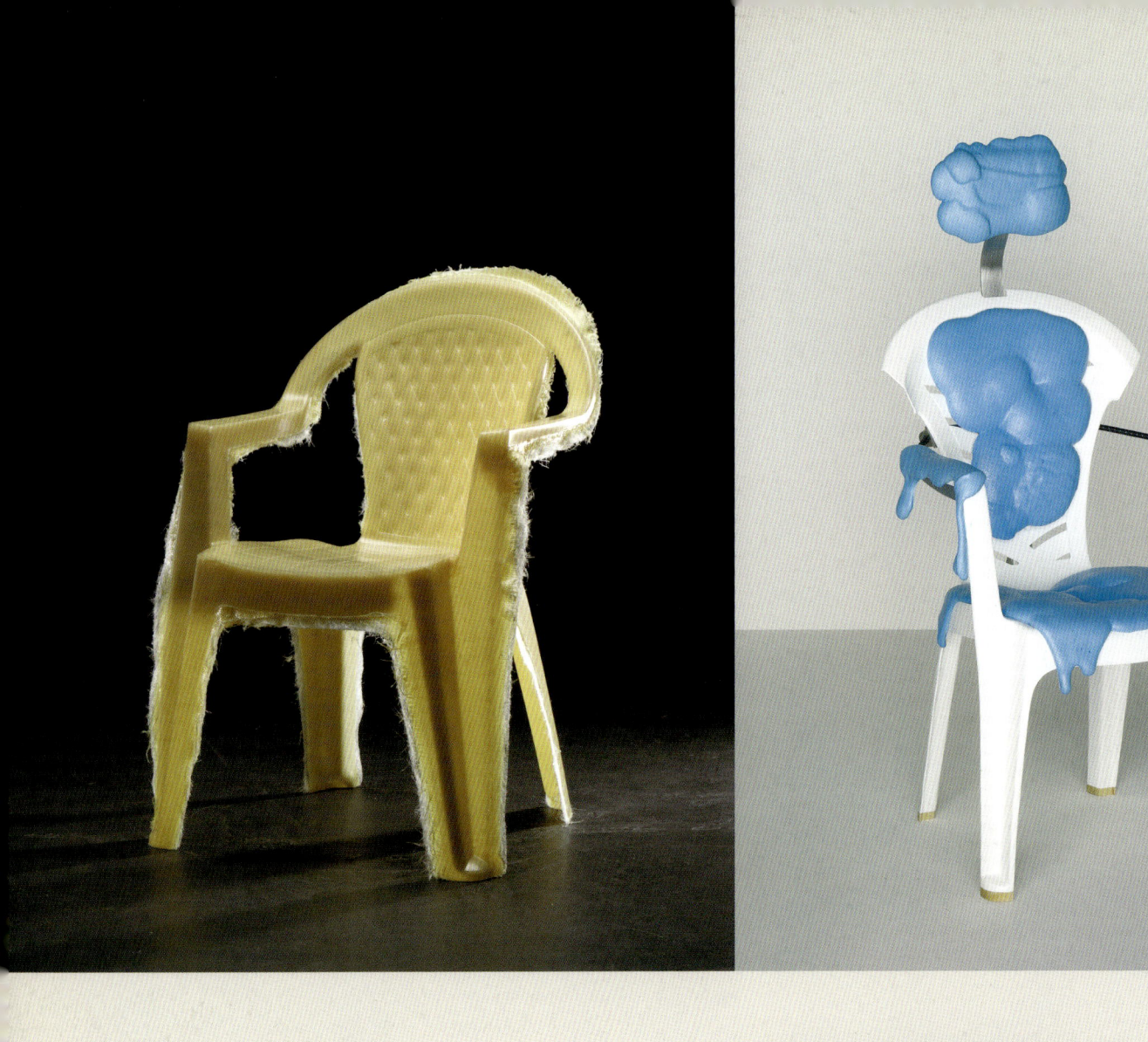

∧ second thoughts, Rolf Sachs, 2008

Rolf Sachs focuses on archetypes and strives to recharge his furniture emotionally through his modifications, while ensuring their completely unique character.

Rolf Sachs s'intéresse aux archétypes et s'efforce, en les modifiant, de les charger d'émotion et de les individualiser.

Rolf Sachs widmet sich Archetypen und ist bestrebt, sie durch Modifikationen emotional aufzuladen und sie mit individuellem Charakter auszustatten.

> Leather & Plastic Chair, Front, 2004

When designing the interior of the Tensta Konsthall, the Swedish design group Front opted to use ordinary plastic chairs instead of a design icon. Exclusive leather upholstery was used for the chairs in the café, while those in the offices boasted wheels.

Dans le cadre de l'aménagement intérieur de la Tensta Konsthall, le groupe de designers suédois Front choisit non pas un classique du design, mais une banale chaise de jardin en plastique. Les chaises du café sont ornées d'une élégante housse en cuir, tandis que celles des bureaux sont sur roulettes.

Bei der Interieurgestaltung der Tensta Konsthall wählte die schwedische Designgruppe Front nicht einen Designklassiker zur Bestuhlung, sondern setzte auf den gewöhnlichen Plastikstuhl. Für das Café versahen sie ihn mit einem exklusiven Lederbezug, für die Büros wurde er mit Rollen versehen.

< **New Order**, Jerszy Seymour, Vitra Edition, 2007

Jerszy Seymour cut up the plastic chair, upholstered it with polyurethane foam, bicycle elastic, steel and wood. The chair's elements were thus completely restructured.

Jerszy Seymour a découpé une chaise en plastique puis en a travaillé la forme avec des matériaux tels que la mousse polyuréthane, le caoutchouc, le métal et le bois, créant ainsi de nouvelles associations.

Jerszy Seymour zerschnitt den Plastikstuhl, überarbeitete ihn mit Schaumstoff, Gummiband, Stahl und Holz und ordnete auf diese Weise die Elemente des Stuhls neu.

> **White Plastic Chair**, Tina Roeder, 2002–2009

Between 2002 and 2009, Tina Roeder has collected 33 old monoblock chairs. Every single oblect was then perforated with up to 10 000 holes and sandblasted, which gives them a new life.

Entre 2002 et 2009, Tina Roeder a rassemblé une collection de 33 monoblocs ayant déjà servi qu'elle a perforés de 10 000 orifices et décapé au jet de sable afin de leur donné de nouveau vie.

Von 2002 bis 2009 hat Tina Roeder eine Sammlung von 33 alten Monoblocks zusammengetragen und jeden einzelnen mit bis zu 10 000 Löchern perforiert und gesandstrahlt, um ihnen auf diese Weise ein neues Leben einzuhauchen.

< **Plastic Chair in Wood**, Maarten Baas, 2008

For his exhibition *The Shanghai Riddle* in the Contrasts Gallery in Shanghai, Maarten Baas, who is fascinated by the art of traditional Chinese woodcarving, commissioned a hand-carved version of the plastic chair out of elm wood.

À l'occasion de son exposition *The Shanghai Riddle* dans la galerie Contrasts à Shanghai, Maarten Baas, fasciné par le travail des artisans sculpteurs chinois, a fait réaliser ce fauteuil de jardin en bois d'orme.

Anlässlich seiner Ausstellung *The Shanghai Riddle* in der Contrasts Gallery Shanghai ließ Maarten Baas, fasziniert von traditioneller chinesischer Holzschnitzkunst, den Plastikstuhl aus Ulmenholz schnitzen.

1979

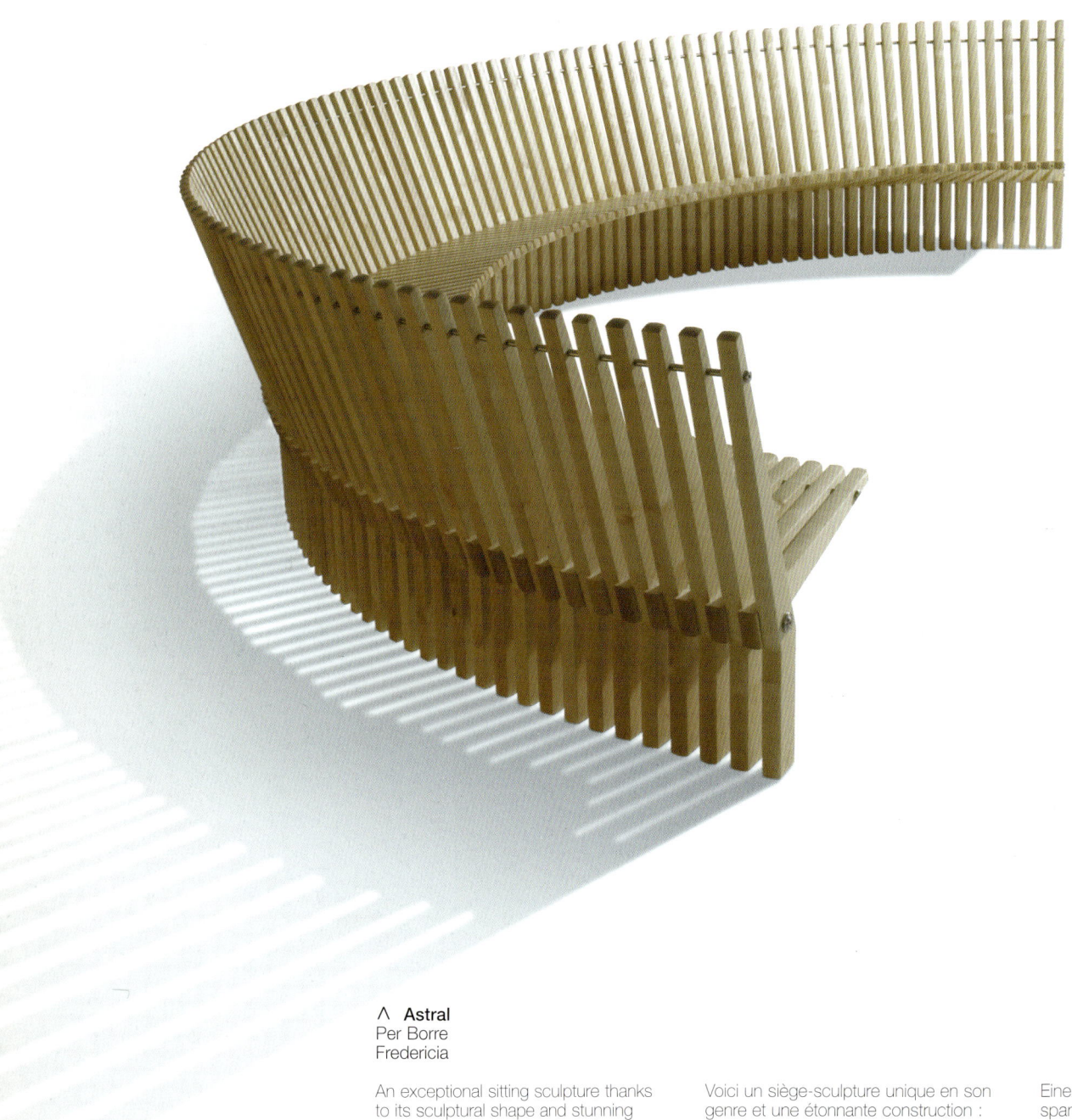

∧ Astral
Per Borre
Fredericia

An exceptional sitting sculpture thanks to its sculptural shape and stunning construction: Astral consists of only two elements that are extended and repeated to create the back and the seat. The bench bears its own weight.

Voici un siège-sculpture unique en son genre et une étonnante construction : Astral ne comprend que deux éléments, lesquels se répètent pour former l'assise et le dossier. Le banc constitue une structure autoportante.

Eine einzigartige Sitzskulptur durch spannende Konstruktion: Astral besteht aus nur zwei Elementen, die wiederholt in der Sequenz Rücken und Sitz bilden. Die Bank trägt sich selbst.

1979

V **Stuhl B1, Tisch M1**
Stefan Wewerka
Tecta

M1 iis conceived as a desk where communication is believed to be encouraged because of the desk's asymmetrical form. As it is neither a square, nor a rectangle, you always sit virtually diagonally from each other. The chair's asymmetry was the result of merging two chairs so as to better enable different sitting positions.

M1 est conçu comme une table de bureau, laquelle doit faciliter la communication grâce à ses formes asymétriques inhabituelles : ni carré, ni rectangle. On prend place autour de cette table en étant presque à la diagonale de son interlocuteur. Les formes pareillement asymétriques de la chaise résultent de l'assemblage de deux sièges, et autorisent diverses positions.

M1 ist als Arbeitstisch gedacht, der vor allem die Kommunikation durch seine ungewöhnliche asymmetrische Form fördern soll: weder Quadrat noch Rechteck. Man sitzt sich fast diagonal gegenüber. Die Asymmetrie des Stuhls ergab sich aus dem Zusammenfügen von zwei Stühlen, um verschiedenen Sitzpositionen gerecht zu werden.

1979

∧ **Spaghetti**
Giandomenico Belotti
Alias

The method of construction is responsible for its unique appearance and renders it virtually weightless: tubular steel with PVC winding—Alias' most-copied chair!

Son mode de fabrication, de l'acier tubulaire et du jonc en PVC, fut à l'origine de son image reconnaissable entre toutes et de son poids modéré. Il s'agit de la chaise la plus imitée d'Alias.

Die Bauweise verleiht ihm sein unverkennbares Erscheinungsbild und macht ihn leicht: Stahlrohr mit PVC-Schnur – der meistkopierte Stuhl von Alias!

1978

> Proust
Alessandro Mendini
Cappellini

Is everything merely surface? Alessandro Mendini stimulated design discourse by modifying a historical Italian armchair. By painting the wooden frame with contemporary colors and patterns and then upholstering the chair with fixed multicolor matching fabric, the chair is transformed into a contemporary piece of design.

Et si tout n'était qu'une question de surfaces ? Alessandro Mendini interpelle, en transformant au point de le rendre méconnaissable un fauteuil classique italien. Il revêt les armatures en bois et les coussins d'un décor composé de motifs modernes, et fait ainsi de ce fauteuil un ouvrage design.

Alles nur Oberfläche? Alessandro Mendini regt zum Designdiskurs an, indem er einen historischen italienischen Sessel verfremdet. Er versieht Holzrahmen und Bezug mit aktuellen Farbmustern – und verwandelt ihn in Gegenwartsdesign.

> Billy, Ikea, 1978

Simply Billy
Einfach Billy
tout simplement

Andrea Mehlhose

Time can be divided into a pre-*Billy* period and a period after *Billy* made its appearance. 1978 is the year that marked the transition. In that year Gillis Lundgren designed a bookshelf. Instead of a product number, it was given a male name and immediately included in the product range of the Swedish furniture store Ikea. The bookshelf, made from particleboard with five shelves, is simple, affordable and was a direct response to the search for a new esthetics. From the very beginning, *Billy* sold extremely well, giving a home to the books of many people from a variety of social levels. Ikea's decision to remove Billy from the catalog and replace it with a similar, yet deeper bookshelf, so as to make room for larger books and files, met with surprise—and shock. Billy was removed from the product range in 1990. The customers reacted immediately; "Books without *Billy*?" they asked, horrified. Waves of protest, letters and demands for petitions from all over the world reached Ikea headquarters. Two years later, Ikea decided to give long-coveted *Billy* back to its customers and wryly announced *Billy*'s return with the ad: "They have insulted us. They have flattered us. They have bribed us. They succeeded. *Billy* is back." In spite of the two-year production hiatus, *Billy* remains one of the most-sold bookshelves in the world and is bound to remain at the top of the sales charts for quite some time.

Il y a un avant et un après *Billy*. L'après *Billy* débute en 1978. Cette année-là, le designer Gillis Lundgren conçoit une bibliothèque. On ne lui attribue pas un numéro de série mais un prénom masculin, et cette pièce fait sans attendre son entrée dans l'assortiment du géant de l'ameublement suédois, Ikea. Avec ses cinq tablettes, la bibliothèque en contreplaqué est sobre, bon marché et son esthétique nouvelle répond à une demande. Dès son arrivée sur le marché, *Billy* se vend très bien. Elle abrite les livres d'un grand nombre d'hommes et de femmes venant de toutes les couches sociales. Aussi, le projet des Suédois de remplacer la très appréciée *Billy* par un autre modèle, similaire mais avec des tablettes plus profondes, afin de pouvoir ranger des livres plus grands et des classeurs, paraît on ne peut plus surprenante. En 1990, *Billy* est retirée de l'assortiment. Les consommateurs réagissent immédiatement : « Comment ? Des livres sans *Billy* ? » Le fabricant suédois est inondé de demandes, de protestations et même de pétitions. Aussi ce dernier décide-t-il deux ans plus tard de rendre la convoitée *Billy* à ses clients et communique avec humour sur ce retour à l'aide du slogan publicitaire suivant : «Vous nous avez réprimandés. Vous nous avez pris par les sentiments. Nous rendons les armes. Vous avez réussi. *Billy* est de retour.» Malgré un arrêt de la production de deux ans, *Billy* est, à ce jour, l'étagère la plus vendue au monde, et n'est pas prête à céder la place.

Es gibt eine Zeit mit *Billy* und eine Zeit ohne *Billy*. Die Zeit mit *Billy* beginnt 1978. In diesem Jahr gestaltet der Designer Gillis Lundgren ein Bücherregal. Anstelle einer Produktnummer erhält es einen männlichen Vornamen und wird direkt in das Sortiment des schwedischen Möbelhauses Ikea aufgenommen. Das Regal aus Spanplatten mit fünf Einlegeböden ist schlicht, preiswert und bedient den Wunsch nach einer neuen Ästhetik. Von Beginn an verkauft sich *Billy* sehr gut und beherbergt fortan die Bücher vieler Menschen aller gesellschaftlichen Schichten. Umso verwunderlicher erscheint die Idee der Schweden, das allseits geliebte *Billy* durch ein anderes, ähnliches, aber etwas tieferes Regal auszutauschen, damit auch größere Bücher und Aktenordner untergebracht werden können. 1990 wird *Billy* aus dem Sortiment genommen. Die Käufer reagieren sofort: „Bücher ohne *Billy*?" Den Hersteller erreichen, besonders aus Deutschland, eine Flut von Nachfragen und Protestschreiben bis hin zu Unterschriftenaktionen. Daraufhin entschließt sich Ikea, zwei Jahre später seinen Kunden ihr begehrtes Regal wiederzugeben, und bewirbt humorvoll die Rückkehr von *Billy* mit der Anzeige: „Sie haben uns beschimpft. Sie haben uns geschmeichelt. Sie haben uns bestochen. Sie haben es geschafft. *Billy* ist zurück." Trotz der Produktionspause von zwei Jahren ist *Billy* das meistverkaufte Regal weltweit und wird es sicher auch in nächster Zeit noch bleiben.

1978

> **A'dammer**
Aldo van den Nieuwelaar
Pastoe

Aldo van den Nieuwelaar strove to use a minimum of media in designing user-friendly objects that do not dominate a room, but instead make it more inviting. The varnished roll-down shutter cabinets are stunning, boasting profiled sliding doors with integrated grips. Given their shape and sleek finish, they can stand freely in any room.

L'objectif d'Aldo van den Nieuwelaar est de créer, avec un minimum de moyens, des objets faciles à utiliser, qui ne dominent pas au sein de l'espace mais le rendent plus confortable. Ces armoires à volet coulissant en laque se caractérisent par des portes profilées avec poignées intégrées. Grâce à leurs formes et à leurs finitions, elles s'intègrent facilement à l'espace.

Aldo van den Nieuwelaars Ziel ist es, mit minimalen Mitteln benutzerfreundliche Objekte zu gestalten, die den Raum nicht dominieren, sondern wohnlicher machen. Die Rollladenschränke in Lack zeichnen sich durch die profilierte Schiebetür mit integrierten Griffen aus. Durch Formgebung und Appretur lassen sie sich frei im Raum aufstellen.

< **Cumano**
Achille Castiglioni
Zanotta

This French bistro table has been precisely optimized. When not in use, *Cumano* can be folded together and put aside or even hung up, thanks to the little hole in the table surface.

La table de bistrot traditionnelle est ici optimisée. *Cumano* se replie et se range adossée à un mur, ou accrochée à ce dernier grâce à un petit trou percé dans le plateau.

Der französische Bistro-Tisch ist präzise optimiert. *Cumano* lässt sich nicht nur zusammenklappen und beiseitestellen, sondern durch ein kleines Loch in der Tischfläche platzsparend aufhängen.

1977

V Nuvola Rossa
Vico Magistretti
Cassina

The bookshelf is reminiscent of a ladder —indeed, the frame of Nuvola Rossa can be easily folded together. Nonetheless, it has the stability to stand on its own, taking on the function of a screen.

Cette bibliothèque fait penser à une échelle pliante et, en effet, Nuvola Rossa peut se replier tout en conservant la stabilité nécessaire pour tenir debout sans support.

Das Bücherregal erinnert an eine Klappleiter – und tatsächlich lässt sich Nuvola Rossa zusammenklappen. Es besitzt dennoch die Stabilität, um als Raumteiler frei zu stehen.

1977

< CAB
Mario Bellini
Cassina

The principle of a piece of clothing has been transferred to furniture design. Mario Bellini dressed a metal chair frame with a pair of sleek leather overalls, zipped together at the legs.

Le principe du vêtement est transposé à l'objet design. Mario Bellini habille un châssis de métal d'une combinaison de cuir à fermeture éclair.

Das Prinzip des Kleidungsstücks ist hier auf das Möbeldesign übertragen. Mario Bellini zieht einem Stuhlgestell aus Metall einen edlen Lederoverall mit Reißverschluss an.

> Kentucky
Carlo Scarpa
Bernini

Carlo Scarpa always felt a responsibility to the tradition of design. When drawing his designs, he was perfectionist, even almost fanatical, continuously commenting on them, correcting and updating them. After the oil crisis, traditional, natural materials were again in vogue. The name alludes to the Shakers and Shaker furniture.

Suivant la tradition des grands maîtres, Carlo Scarpa dessinait ses modèles avec beaucoup de minutie, les corrigeait et les commentait. Après la crise du pétrole, les matériaux traditionnels et naturels furent réhabilités. Le nom attribué à cette pièce fait référence aux shakers.

Carlo Scarpa fühlte sich der Tradition des Entwerfens verpflichtet. Seine Entwürfe zeichnete er mit großer Akribie, korrigierte und kommentierte sie. So passte es zusammen, dass nach der Ölkrise traditionelle natürliche Materialien wieder allgemein akzeptiert wurden. Die Namensgebung verrät den Bezug zu den Shakern.

1976

V   Sit Down
Gaetano Pesce
Cassina

This armchair's quilted cover served as the mold for the foam, which was simply poured into it. Production costs were considerably lower with this unorthodox manner of production and each armchair is completely unique.

La housse ornée de fronces donne sa forme à ce fauteuil. Elle sert de moule à la mousse qui le compose. Ce processus de fabrication peu orthodoxe permet de réduire les coûts de production et fait de chaque exemplaire un objet unique.

Die Steppbezüge des Sessels dienen als Form für den Schaumstoff, der einfach in sie hineingegossen wurde. Dieses unorthodoxe Herstellungsverfahren ermöglichte erhebliche Einsparungen bei den Herstellungskosten und lässt keinen Sessel dem anderen gleichen.

≫ Sinus
Reinhold Adolf & Hans-Jürgen Schröpfer
cor

Here, the principle of the cantilever chair was inverted, for the springing steel rockers open to the front. The footstool completes the lounge chair's gentle curve.

Le principe du porte-à-faux est inversé. En effet, les patins de Sinus s'ouvrent sur l'avant et non sur l'arrière du siège. Le repose-pieds vient achever le tracé courbe du fauteuil.

Das Prinzip des Freischwingers wurde umgedreht, denn bei Sinus sind die Kufen nach vorn offen. Die schwungvolle Form des Sessels wird erst durch den Fußhocker komplett.

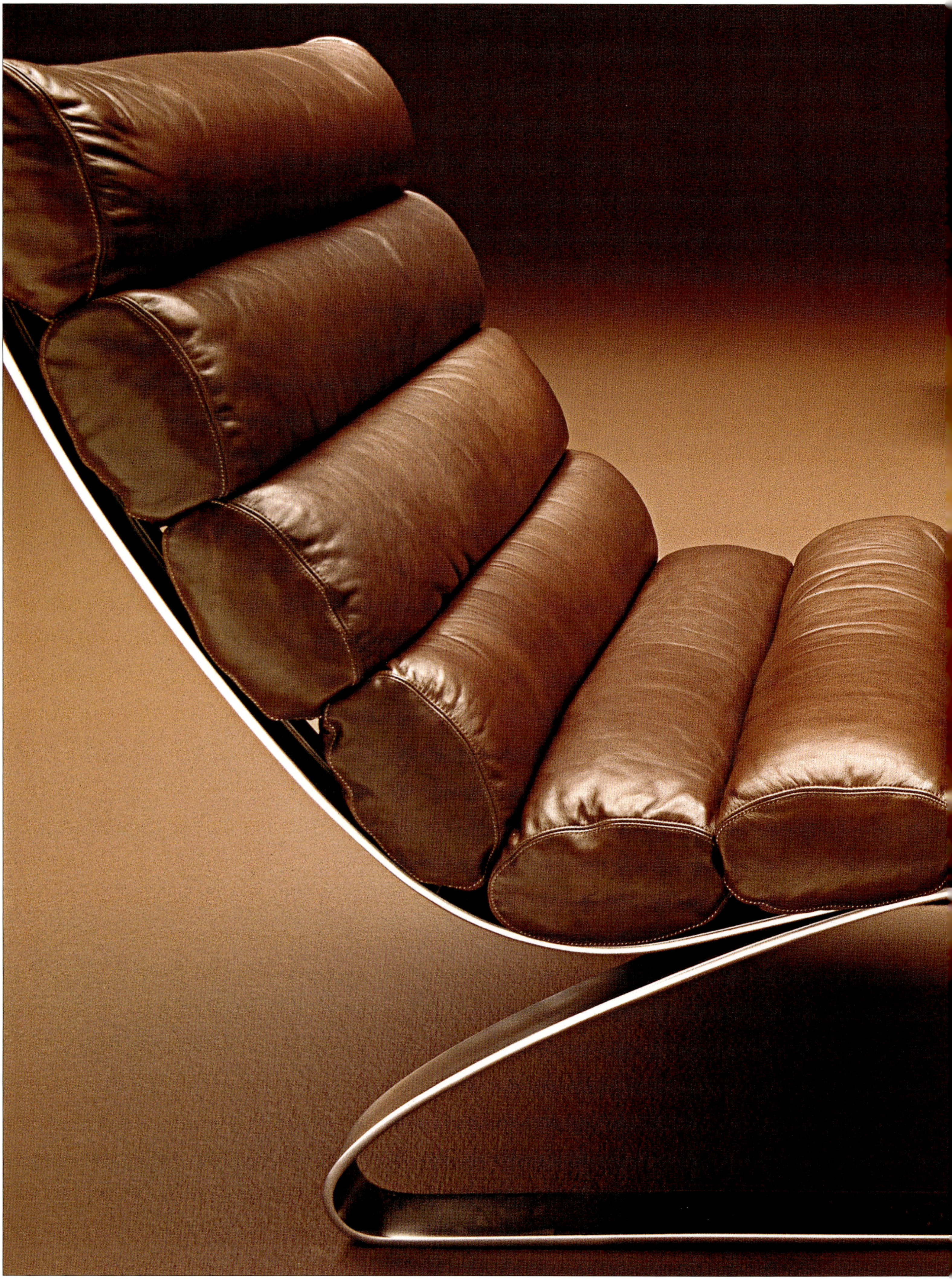

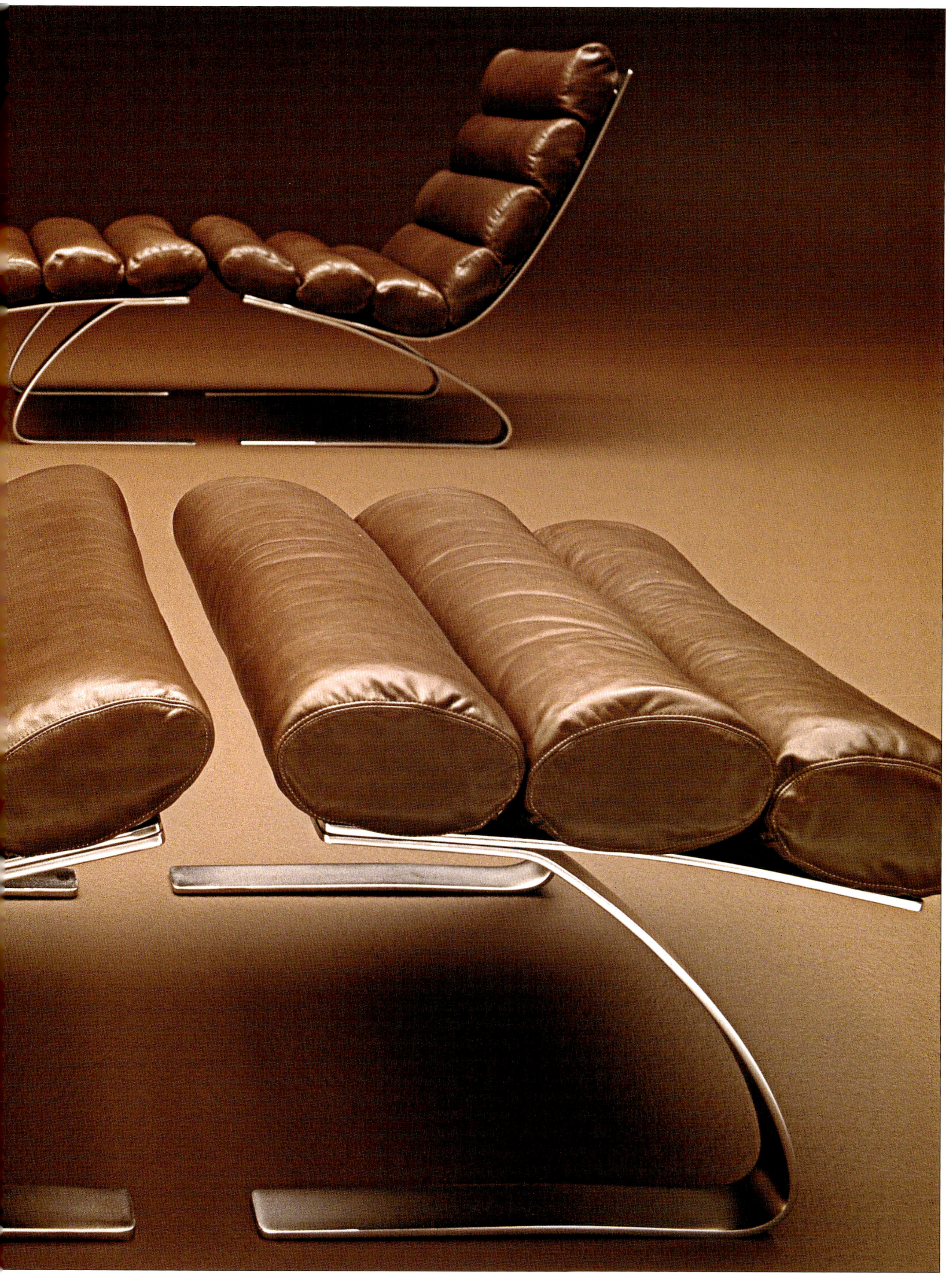

1976

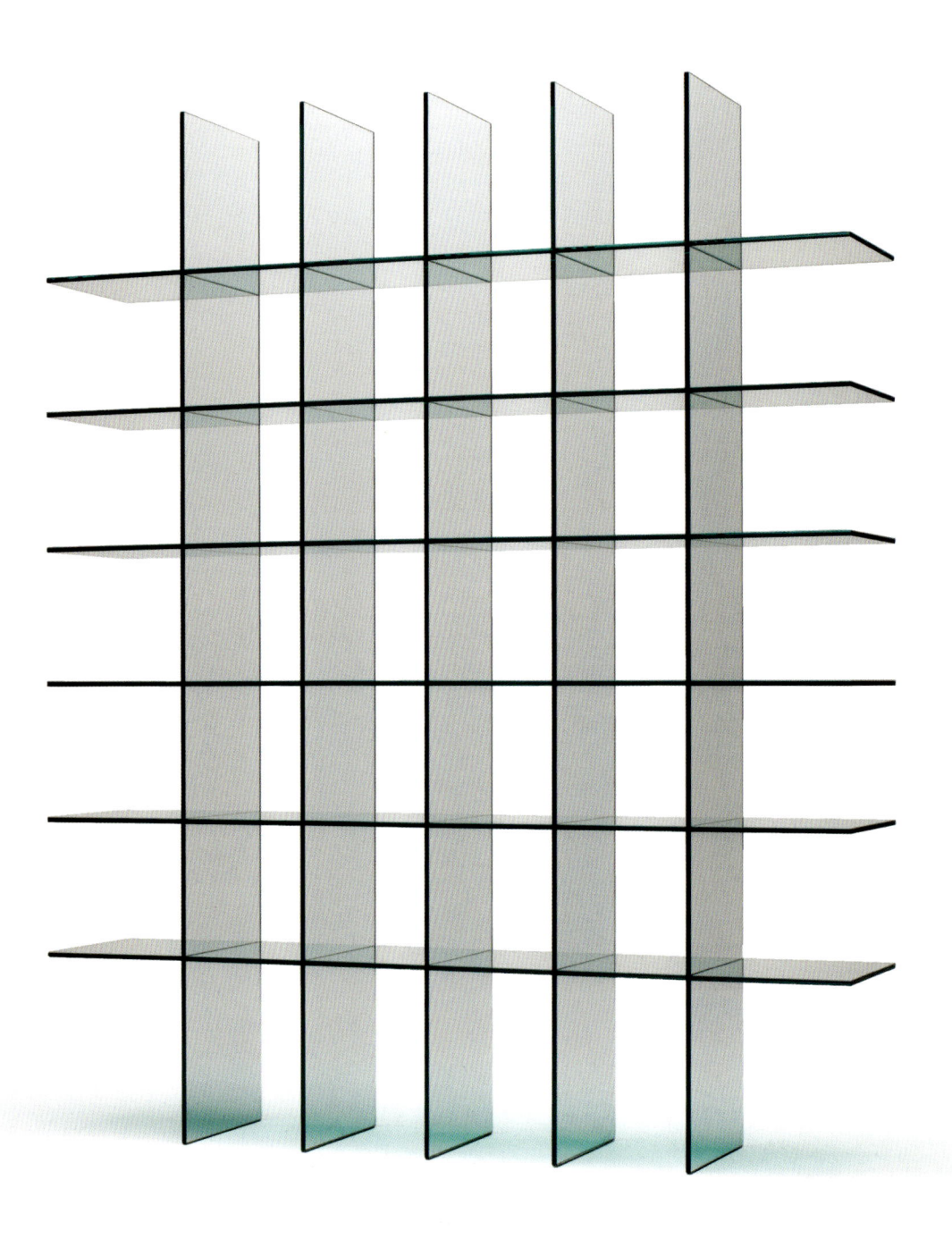

∧ **Glass Shelves #1**
Shiro Kuramata
Glas Italia

Shiro Kuramata gained a reputation for his use of unexpected and non-traditional materials. Thermo-welded sheets of glass are used here to create sturdy shelves.

Shiro Kuramata s'est fait un nom en utilisant des matériaux inhabituels. Des plaques de verre thermosoudées s'assemblent pour former une étagère solide.

Shiro Kuramata machte sich durch den Einsatz ungewöhnlicher Materialien einen Namen. Hier werden thermogeschweißte Glasplatten zu einem stabilen Regal.

1976

V La Rotonda
Mario Bellini
Cassina

Archaic moments—wood logs and their strong association of fireplaces were the inspiration for the frame of this table, which could be used as a dining table or a conference table.

Références archaïques : la métaphore de la bûche et du foyer fut une source d'inspiration pour le piétement de cette table de conférence ou de repas.

Archaische Momente: Der Holzscheit und die damit verbundene Feuerstelle eines Kamins standen Pate für das Gestell dieses Ess- oder Konferenztisches.

# 1975

> **Giotto**
Gionatan De Pas, Donato D'Urbino &
Paolo Lomazzi
Zanotta

Gionatan De Pas, Donato D'Urbino and Paolo Lomazzi adapted this classical wooden stool, modifying it so that the height of the revolving seat could be vertically adjusted. Giotto turns round and round, just like the stairs in the bell tower of the cathedral in Florence designed by its namesake.

Gionatan De Pas, Donato D'Urbino et Paolo Lomazzi équipèrent le tabouret classique d'un pas de vis afin que l'utilisateur puisse varier la hauteur de l'assise.

Den klassischen Holzschemel statteten Gionatan De Pas, Donato D'Urbino und Paolo Lomazzi mit einem Gewinde aus, sodass sich die Sitzfläche höher und tiefer drehen lässt. Man kann sich wie im Campanile des Doms von Florenz nach oben schrauben.

1974

< Servomuto
Achille & Pier Giacomo Castiglioni
Zanotta

"Servo muto" is the Italian term for serving stand. The Castiglioni brothers designed the first elements of the *Servomuto* product family in 1961. This serving table was created in 1974.

« Servo » signifie en italien « serviteur ». Les frères Castiglioni conçurent les premiers éléments de la série *Servomuto* en 1961. La desserte vit le jour en 1974.

„Servo muto" bedeutet im Italienischen „stummer Diener". Die ersten Elemente der *Servomuto*-Produktfamilie gestalteten die Castiglioni-Brüder 1961, der Serviertisch entstand 1974.

> 4875 Bartoli Chair
Carlo Bartoli
Kartell

To assemble the chair, the various parts are simply pushed together. Chair and backrest are made from a single piece of polypropylene. On the bottom, four tongue and groove joints fit the chair's cylindrical legs, which can thus be pushed onto the chair's body.

Les éléments de cette chaise sont démontables. L'assise et le dossier sont formés d'un seul bloc de polypropylène et équipés dans la partie inférieure de quatre chevilles sur lesquelles viennent se fixer les pieds.

Dieser Stuhl wird zusammengesteckt: Sitz und Rückenlehne sind aus einem einzigen Stück Polypropylen gefertigt und an der Unterseite mit vier Stiften versehen, auf die die separat gefertigten Beine einfach aufgesteckt werden.

1974

V Siviglia
Kazuhide Takahama
Simon International

Perfect in both its form and its sheer simplicity: The sofa has an interchangeable cloth cover out of wool and Elastex.

Des formes parfaites de simplicité : ce canapé possède une housse en élasthanne et laine interchangeable.

Perfekt in seiner Einfachheit und Form: Das Sofa hat einen austauschbaren Woll-Elastan-Bezug.

1974

∧ Pollena
Enzo Mari
Anthologie Quartett

This sofa is one of the first upholstered pieces of furniture with a completely removable cover.

Ce canapé fut l'un des premiers meubles rembourrés complètement déhoussables.

Dieses Sofa stellt eines der ersten Polstermöbel mit komplett abziehbarem Bezug dar.

1974

> Florian
Carlo Scarpa
Simon International

Florian, a low lounge table with steel frame and glass table top, was named for the world-famous Café Florian at the Piazza San Marco in Venice, Scarpa's hometown. The table frame can also be used when turned upside down.

Cette table basse de salon présentant un piétement en acier et un plateau en verre rend hommage au célèbre café Florian situé place Saint-Marc, à Venise, la ville dont était originaire Scarpa. Le piétement peut s'utiliser tourné dans l'autre sens.

Der niedrige Loungetisch mit Stahlgestell und Glasplatte ist eine Hommage an das berühmte Café Florian an der Piazza San Marco in Venedig, der Heimatstadt Scarpas. Das Tischgestell lässt sich auch auf den Kopf gestellt nutzen.

< Cugino
Enzo Mari
Driade

Enzo Mari's designs are known for offering simple, practical solutions that are always fresh and original. The table frame consists of four slightly bent, square steel legs.

Les créations d'Enzo Mari se distinguent par leur praticabilité. Pourtant, les effets esthétiques ne sont jamais banals. Quatre profilés d'acier à quatre pans sont courbés pour former un piétement de table.

Enzo Maris Entwürfe zeichnen sich durch einfache, praktische Lösungen aus, die nie banal erscheinen. Vier gebogene Vierkantstahlstangen ergeben ein Tischgestell.

1973

< Sciangai
Gionatan De Pas, Donato D'Urbino & Paolo Lomazzi
Zanotta

Simple materials were used to create a stunning effect. Eight wooden bars are connected in the center, which when twisted open reveal an elegant clothes rack, echoing the symmetry of nature. When not in use, it can be easily closed and stored away.

On a ici, à partir d'un matériau simple, réalisé un objet particulièrement esthétique. Huit baguettes de bois sont reliées dans la partie centrale pour composer un portemanteau qui se déplie et se referme comme un éventail.

Mit einfachen Materialien wurde hier ein großer Effekt erzielt. Acht Holzstangen sind in der Mitte mit einem Gelenk verbunden und ergeben eine Garderobe, die sich wie ein Fächer ausklappen lässt.

>> Togo
Michel Ducaroy
Ligne Roset

The low seat and synclinal sitting areas and backrests of this sofa evoke one large squashed pillow. Comfortable and casual lounging was extremely fashionable in 1973; this sofa hardly invites any other kind of sitting possibility.

L'assise de ce canapé est basse et forme une cuvette avec le dossier. On dirait de gros coussins froissés qui invitent à s'asseoir de manière informelle et détendue. Ce canapé correspond à l'absence de convenances de cette époque.

Die niedrige Sitzhöhe und die muldenförmigen Sitzflächen und Rückenlehnen dieses Sofas, das an ein großes geknautschtes Kissen erinnert, lassen fast nur eine bewusst legere, ungezwungene Sitzhaltung zu. 1973 war nicht die Zeit adretter Lebensart.

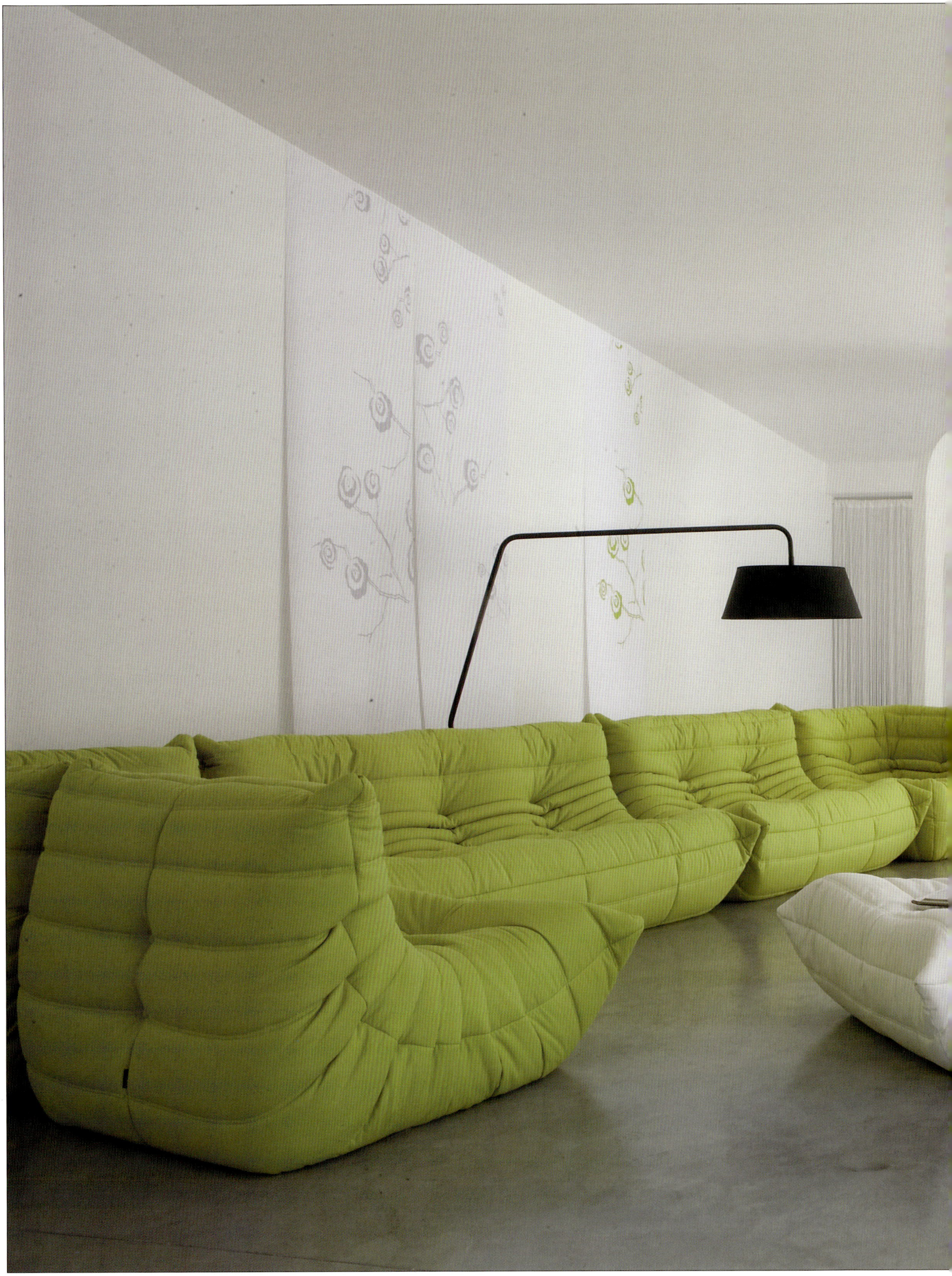

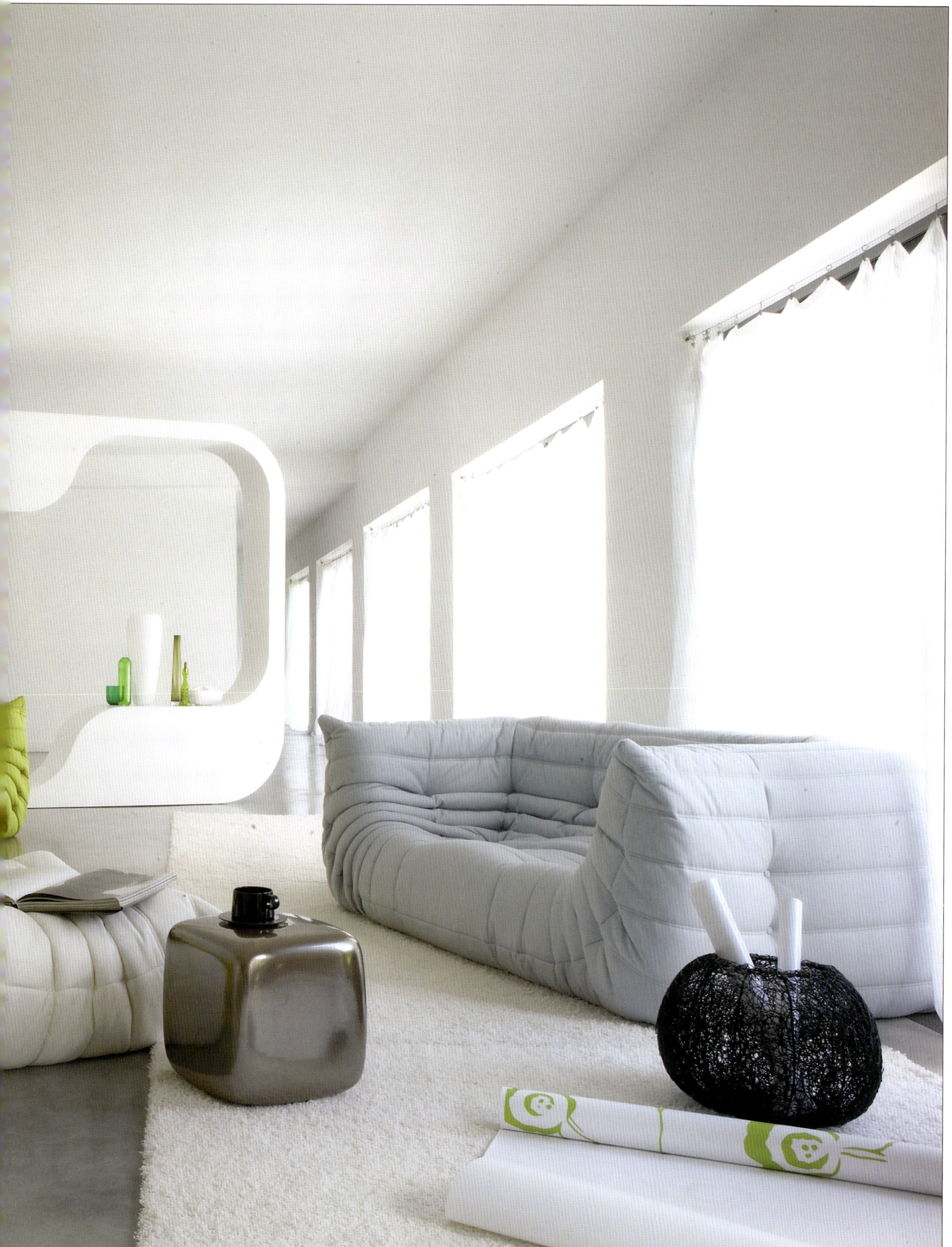

1973

> **Maralunga**
Vico Magistretti
Cassina

The *Maralunga* collection comprised armchair, stool and sofas, whose backrests incorporated additional headrests. A simple mechanism folds the armrests up or down.

Cette collection comprend des fauteuils, des repose-pieds et des canapés dont les dossiers possèdent des appuie-tête intégrés à la structure, et qui peuvent s'abaisser facilement.

Die Kollektion besteht aus Sessel, Hocker und Sofas, deren Rückenlehnen integrierte Kopfstützen aufweisen. Die Lehnen können mit einem einfachen Griff hoch- oder heruntergeklappt werden.

> **Trio**
Team Form AG
cor

The arm- and backrests are simply placed on the sofa, so as to be easily removed to turn the sofa into an uncomplicated lounge landscape. The bottom sides of the rests have a furry cover, which attaches itself like Velcro to the sofa, so they can't slip. The designers referred to it as the "ski skins effect."

Les dossiers sont simplement posés sur l'assise de manière à transformer rapidement ce canapé en surface sur laquelle on puisse s'allonger. Les socles des dossiers possèdent un revêtement en simili-peau afin que ces éléments ne glissent pas.

Die Lehnen sind lediglich frei aufgelegt, um das Sofa schnell und unkompliziert in eine zu der Zeit beliebte Liegelandschaft verwandeln zu können. Die Unterseiten der Lehnen haben einen fellartigen Bezug, der sich wie ein Klettverschluss festhakt, sodass sie nicht verrutschen. Die Designer bezeichneten dies als den „Skifell-Effekt".

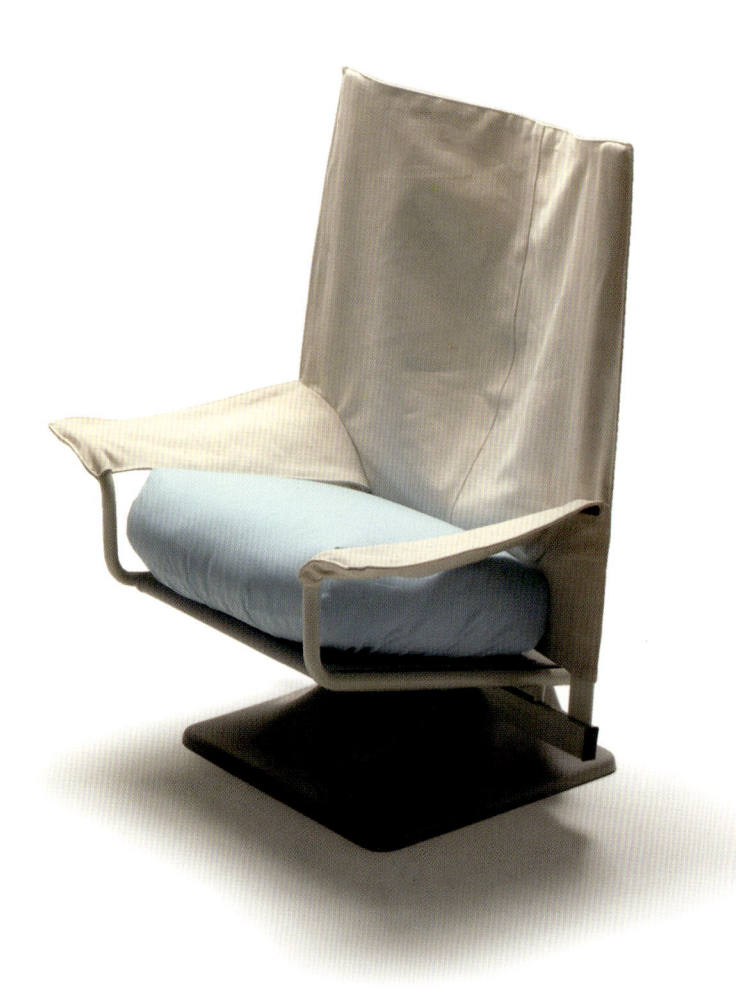

< **Aeo**
Paolo Deganello
Cassina

Due to the collage-like method of construction, this armchair is radically innovative. All four basic elements—seat, backrest, base and cover—use four very distinct materials: polyester padding and polyurethane foam, metal, plastic and fabric or leather upholstery. The chair's appearance can be changed within minutes by simply exchanging the cushion and the cover.

Le procédé de fabrication de ce fauteuil fait penser à un collage. Les quatre éléments de base (assise, dossier, socle, housse) sont réalisés à partir de quatre matériaux différents : mousse, métal, plastique et textile. L'apparence du fauteuil peut être modifiée rapidement, simplement en inversant la housse et le coussin.

Dieser Sessel ist wegen seiner collagenartigen Bauweise radikal und innovativ, denn seine vier Grundelemente – Sitzfläche, Rückenlehne, Sockel und Bezug – sind aus vier unterschiedlichen Materialien hergestellt: Polster, Metall, Kunststoff und Textilbezug. Durch Austauschen von Polster und Bezug lässt sich das Erscheinungsbild des Stuhls im Handumdrehen ändern.

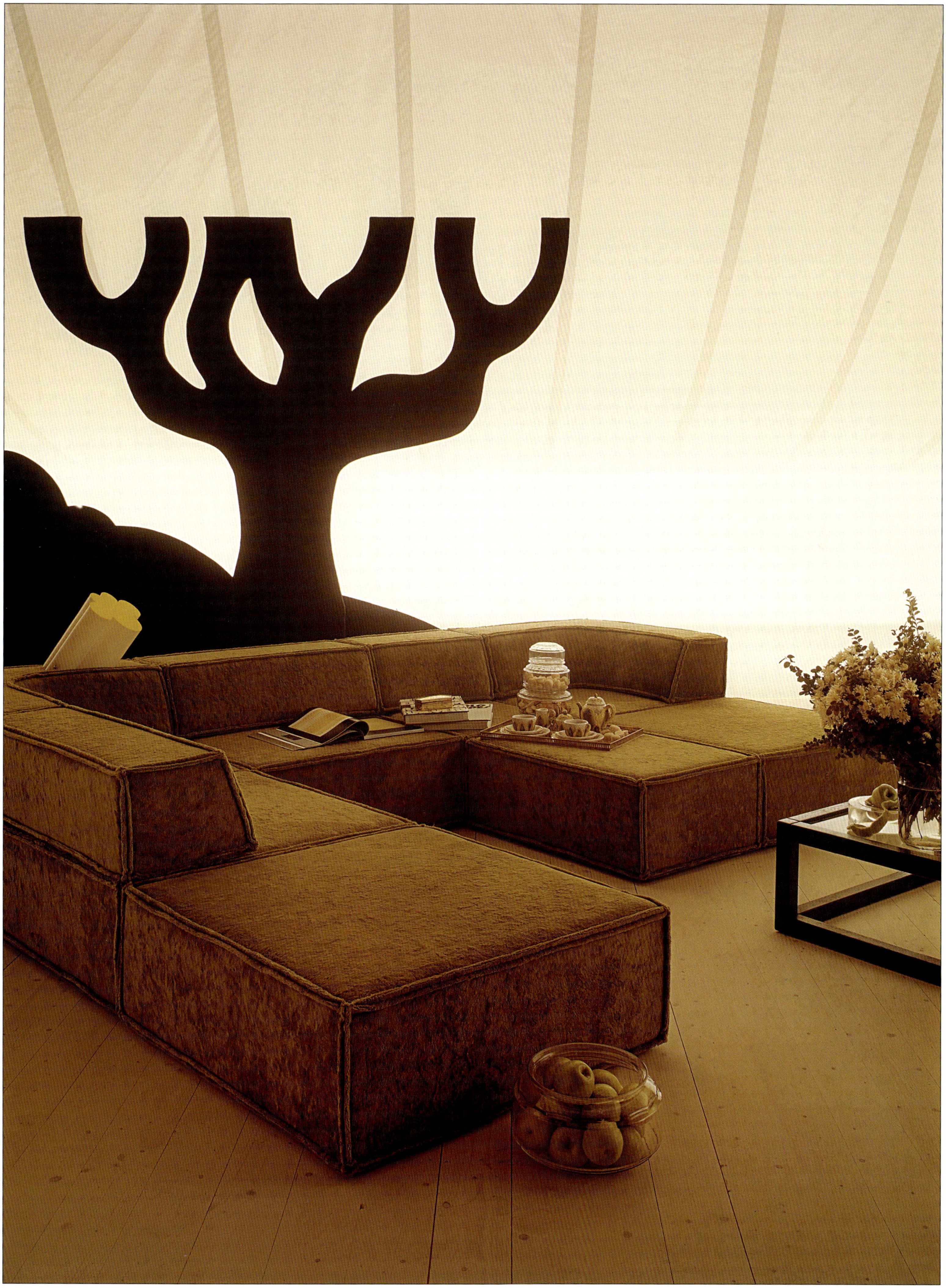

∧ Oikos
Antonia Astori
Driade

A square modular system, these classical shelves can be used and extended in a myriad of ways, making *Oikos* suitable for living and working areas, as well as for kitchens and bathrooms.

Prenant le carré pour base, ce classique système d'armoires peut s'assembler de manière multiple et se prête à l'ameublement des bureaux comme des espaces d'habitation. Il peut être utilisé pour la cuisine ou la salle de bains.

Mit einem Quadrat als Basis lässt sich das klassische Schranksystem vielseitig ausbauen und ist für Wohn- und Arbeitsräume, aber auch für Küche und Bad geeignet.

> Omkstak
Rodney Kinsman
OMK

British designer Kinsman wanted to create a functional chair with a "bit of character." The result is a stacking chair with handle that was one of the most popular chairs in the 1970s. It is still being produced today.

Le Britannique Kinsman souhaitait créer une chaise fonctionnelle avec un « peu de caractère ». Il conçut une chaise empilable avec poignée, qui est toujours produite de nos jours.

Der Brite Kinsman wollte einen funktionalen Stuhl mit ein „bisschen Charakter" gestalten. Herausgekommen ist ein stapelbarer Stuhl mit Griff, der auch heute noch produziert wird.

1972

1972

∧ **F 598**
Pierre Paulin
Artifort

Pierre Paulin experimented with high frequency process to mold his plywood shells, which were then covered with cotton, foam and elastic material and an aluminum sledge base. *F 598* is the result, an organic sitting sculpture in bright colors. A child of its times, it is also known under the name *Groovy*.

Pierre Paulin se livra à diverses expériences avec les matériaux : des coques en contreplaqué moulées sous haute fréquence ; des structures en acier tubulaire sur lesquelles du coton est tendu ; la mousse et les étoffes élastiques. Le fauteuil *F 598* est le résultat de ces recherches, un siège-sculpture aux formes organiques et aux couleurs vives qui, en raison de son esthétique pop, fut également appelé *Groovy*.

Pierre Paulin experimentierte mit Sperrholzschalen, die unter Hochfrequenz verpresst wurden, mit Stahlrohrrahmen, die mit Baumwolle bespannt wurden, mit Schaum und elastischem Stoff. *F 598* ist das Ergebnis, eine organische Sitzskulptur in kräftigen Farben, wegen seiner Pop-Ästhetik auch *Groovy* genannt.

1972

< Coretta
Team Form AG
cor

Because of the plastic base and the bulging upholstery, Coretta seems quite similar to Joe Colombo's creation *Elda*. *Elda*, however, was only ever conceived as a stand-alone armchair, while Coretta's plastic base units included middle and end parts, enabling many variations, including that of a bench.

Son caisson en plastique et son rembourrage épais font penser au fauteuil *Elda* de Joe Colombo, qui était conçu comme un élément distinct. *Coretta* forme, en revanche, un ensemble composé de pièces centrales et latérales qui peuvent s'assembler pour former une banquette.

Aufgrund seines Kunststoffgehäuses und seiner wulstigen Polsterung erinnert *Coretta* an *Elda* von Joe Colombo. Während *Elda* aber als Einzelsessel konzipiert war, besteht das Gehäuse von *Coretta* aus Mittel- und Seitenteilen, sodass eine Kombination von mehreren Sitzplätzen zu einer Bank möglich ist.

< Le Bambole
Mario Bellini
B&B Italia

This sofa reveals the new sense of sensuality that surged in the 1970s. One large pillow comprising many others—the apparent absence of any supportive structure is intrinsic to the design. It met with resounding success: in 2007 *Le Bambole* was reintroduced into the program using new colors and materials.

Ce canapé incarne la nouvelle sensualité qui fit son apparition dans les années 1970 : un grand coussin composé de plusieurs coussins. L'absence de structure portante fait le design de l'objet, qui connut un grand succès. En 2007, le *Bambole* fut réédité avec de nouvelles couleurs et de nouveaux matériaux.

Dieses Sofa steht für die neue Sinnlichkeit, die in den 1970er-Jahren aufkam. Ein großes Kissen aus Kissen gemacht – das offensichtliche Fehlen der Tragkonstruktion macht das Design aus. Ein voller Erfolg: *Le Bambole* wurde 2007 wieder aufgelegt – in neuen Farben und Materialien.

1972

< **Golgotha Chair**
Gaetano Pesce
Cassina

Completely macabre: the *Golgotha Chair* consisted of shrouds dipped in polyester resin and subsequently molded to form a chair. The chair belonged to the *Golgotha Suite*, which also included tables that resemble coffins.

Une idée quelque peu lugubre que cette *Golgotha Chair*. Des linceuls sont trempés dans de la résine, puis pliés en forme de chaise. Cette pièce fait partie de la série *Golgotha Suite*, qui comprend également des tables ressemblant à des cercueils.

Eine düstere Idee: Der *Golgotha Chair* – Leichentücher in Kunstharz getränkt und zum Stuhl geformt – ist Teil der *Golgotha Suite*, zu der auch Tische gehören, die wie Särge aussehen.

1972

< Wiggle Side Chair
V Side Chair
Frank O. Gehry
Vitra

These two chairs belongs to the cardboard furniture series *Easy Edges*. World-renowned architect Frank O. Gehry skillfully gave new esthetic qualities to common cardboard. The innovative method of pasting the cardboard was patented.

Les deux sièges appartiennent à la série de meubles en carton *Easy Edges*. Frank O. Gehry a su donner à ce matériau ordinaire qu'est le carton des qualités plastiques. La technique de façonnage du carton fit l'objet d'un brevet.

Beide Stühle gehören zur Karton-Möbelserie *Easy Edges*: Stararchitekt Frank O. Gehry hat dem Alltagsmaterial Karton gekonnt neue ästhetische Qualitäten verliehen. Die spezielle Art, den Karton zu verleimen, wurde sogar patentiert.

335

Domestic Landscapes
Paysages intérieurs
Wohn-Landschaften

Michael Erlhoff

Towards the end of the 1960s, this is what an ideal living environment would look like: a relatively large room (approximately 194 square feet/18 m²) as the focal point. Bookshelves covered the walls, of which three were whitewashed and one painted orange. The optimal light source was a Japanese Ball Lantern (this fabulous design by Isamu Noguchi, whose name was still unknown in the 1960s.) The floor was completely covered with a foam pad on which a sleek blue carpet, some pillows (covered in psychedelically patterned material) and three very low and very small wooden tables could be found. It was not much, but it was perfectly sufficient—at least twenty people could sit around, talk with each other and—depending on whether alcohol or marihuana were involved—just fall over when they were tired or simply felt like it. All in all, it was quite hedonistic—other interests and passions do not necessarily require beds, either.

It comes as no surprise that the famous exhibition presented in the MoMa in New York towards the end of the Italian movement Disegno Radicale was aptly named *The New Domestic Landscape*. Interior design for large rooms in the 1960s was based on the concept of domestic landscapes. A new form of living

Voici comment on vivait à la fin des années 1960 : au centre de l'habitat, une grande pièce d'environ 18 m² (dimensions relatives) ; une bibliothèque recouvrant les murs (tous les murs peints en blanc sauf un, peint en orange), une lanterne japonaise en guise d'éclairage (ce merveilleux luminaire créé par Isamu Noguchi dont le nom était encore peu connu à cette époque), le sol complètement recouvert d'un tapis de sol en mousse avec une moquette choisie avec soin (bleue), quelques coussins à l'imprimé psychédélique et des toutes petites tables en bois. C'était tout, et cela suffisait pourtant amplement.

Pas moins de vingt personnes pouvaient s'assoir et discuter et – s'adonnant aux délices de l'alcool et du haschisch – s'allonger lorsqu'ils étaient fatigués ou lorsque l'envie leur en prenait. De toute façon le plaisir était omniprésent et pour s'adonner à d'autres passions, on n'avait pas besoin de lit.

The New Domestic Landscape, l'intitulé de la célèbre exposition new-yorkaise du musée d'Art Moderne en 1972, un bilan du mouvement italien Disegno Radicale, n'est pas dû au hasard. En effet, l'idée de « paysage domestique » a dominé le design de l'habitat au cours des années 1960 et a mis

So wohnte man idealtypisch Ende der 1960er-Jahre: ein großes Zimmer (relativ betrachtet, ca. 18 m²) als Mittelpunkt – an den Wänden ein Bücherregal (die Wände übrigens weiß getüncht bis auf eine in der Farbe Orange), als Lichtquelle ein Japan-Ball (jene wundervolle Leuchte von Isamu Noguchi, dessen Namen man allerdings damals nicht kannte), der Fußboden ansonsten komplett bedeckt mit einer Schaumstoffmatte und darauf ein durchaus exquisites Stück Teppichboden (blau), einige Kissen (psychedelischer Stoff) und drei sehr niedrige und sehr kleine Tischchen aus Holz.

Das war alles, aber es reichte völlig: Mindestens zwanzig Menschen konnten darauf sitzen, miteinander reden und – entsprechend dem Genuss von Haschisch oder Alkohol – einfach umfallen, wenn sie müde waren oder Lust darauf hatten. Ohnehin war dies sehr lustvoll, brauchte man auch für andere Interessen oder Leidenschaften kein Bett.

Nun, nicht unversehens hieß die berühmte Ausstellung im New Yorker Museum of Modern Art zum Abschluss des italienischen Disegno Radicale *The New Domestic Landscape*. Denn substanziell für das Design des großen Wohnens in den 1960er-Jahren war die Idee der „Wohn-Landschaft": Dies offen-

V Moving Units, Ettore Sottsass, *Italy: The New Domestic Landscape*, 1972

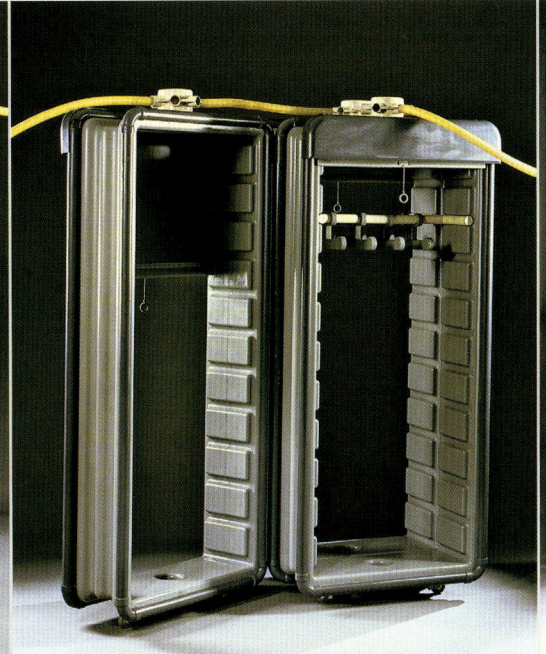

Courtesy galerie ulrich fiedler, Berlin

together was evolving, which permitted integration of work, discourse and sleep, thus dissolving the boundaries between day and night, while merging those of public and private life.

Consequently, life and freedom could be enjoyed consciously. In addition, with domestic landscapes it became apparent that, in some way, nature, in terms of landscapes, creates and thus in a certain sense can be seen as decoration or design for urban life. Nature could therefore be easily used as a model for the interior of houses, wherein nature could be enjoyed.

Simply using a soft surface as a living area could never be sufficient for designers—were this to be the case, they would become obsolete. So—in Italy and elsewhere—they designed soft, flat and connecting upholstered furniture, objects which were much more precise and effective at conveying the impression of landscape and a certain laissez-faire attitude. These pieces of furniture also allowed their users to slouch, relax, lounge around and enjoy themselves. This trend facilitated and heralded a promising lifestyle marked by community and comfort. Later forms thereof are visible in bourgeois upholstered furniture sets and sitting areas

en exergue une nouvelle forme de vie en commun : une intégration des activités liées au travail, à l'échange et au repos, une dissolution de la polarité jour/nuit et une réunion des sphères privées et publiques.

Il faisait bon vivre en ayant conscience de cette liberté. Par ailleurs, le terme de « paysages domestiques » sous-entendait également l'idée que la nature, au sens de paysage, modelait la vie urbaine et pouvait être considérée comme un élément de décoration. Avec la nature pour modèle, on pouvait laisser libre cours à ses envies dans l'espace intérieur.

Cependant les designers ne se sont pas arrêtés à cette réduction de l'habitat à un espace confortable, sans aspérités. À quoi auraient-ils ensuite été utiles ? Ils ont ainsi conçu – et pas uniquement en Italie – des éléments de mobilier douillets, à surface horizontale et modulaires. Ces pièces traduisaient avec bien plus de précision l'idée de paysage et de laissez-faire. En effet, on pouvait tout simplement s'y poser, s'y vautrer et s'y amuser.

Des ensembles de meubles capitonnés et « zones d' 'assise », alors élitistes, se sont vulgarisés quelques années plus tard, démontrant la banalisation d'une utopie lorsqu'elle se généralise.

barte eine neue Form des Zusammenlebens, der Integration von Arbeit, Diskurs und Schlafen, eine Auflösung von Tag und Nacht und eine Verschmelzung des Privaten mit dem Öffentlichen und des Öffentlichen mit dem Privaten.

So ließ es sich wundervoll und im Bewusstsein von Freiheit leben. Außerdem hatte man in dieser Formulierung von Wohn-Landschaften hintergründig irgendwie auch verstanden, dass Natur im Sinn von Landschaft sowieso gestaltet, also gewissermaßen Dekoration für das urbane Leben war und ist, man also problemlos sie als Modell nutzen konnte, sich auch im Innenraum darin zu tummeln. Gut, bloß eine weiche Fläche als Lebensraum zu haben, konnte schon damals Designern nicht genug sein, denn dafür brauchte man sie nicht mehr. Also entwarfen sie – und nicht nur in Italien – weiche, flache und zusammenhängende (Polster-)Möbel, die, viel präziser gestaltet, eben diesen Eindruck von Landschaft und Laissez-faire vermitteln konnten. Denn auch auf diesen Möbeln konnte man sich einfach irgendwie platzieren, suhlen, hinfletzen und sich lustvoll vergnügen. Was immerhin einen angenehmen und kollektiven Lebensstil ermöglichte und verkündete.

Dass in der biedermeierlichen Normalität

337

> Luna Superfurniture, Claesson Koivisto Rune, 2005

that became popular years later, proving that a utopia becomes banal once it is integrated in the mainstream.

daraus dann Polstermöbelgarnituren oder Sitzecken wurden, veranschaulicht lediglich, wie Utopien banalisiert werden, wenn sie große Verbreitung erlangen.

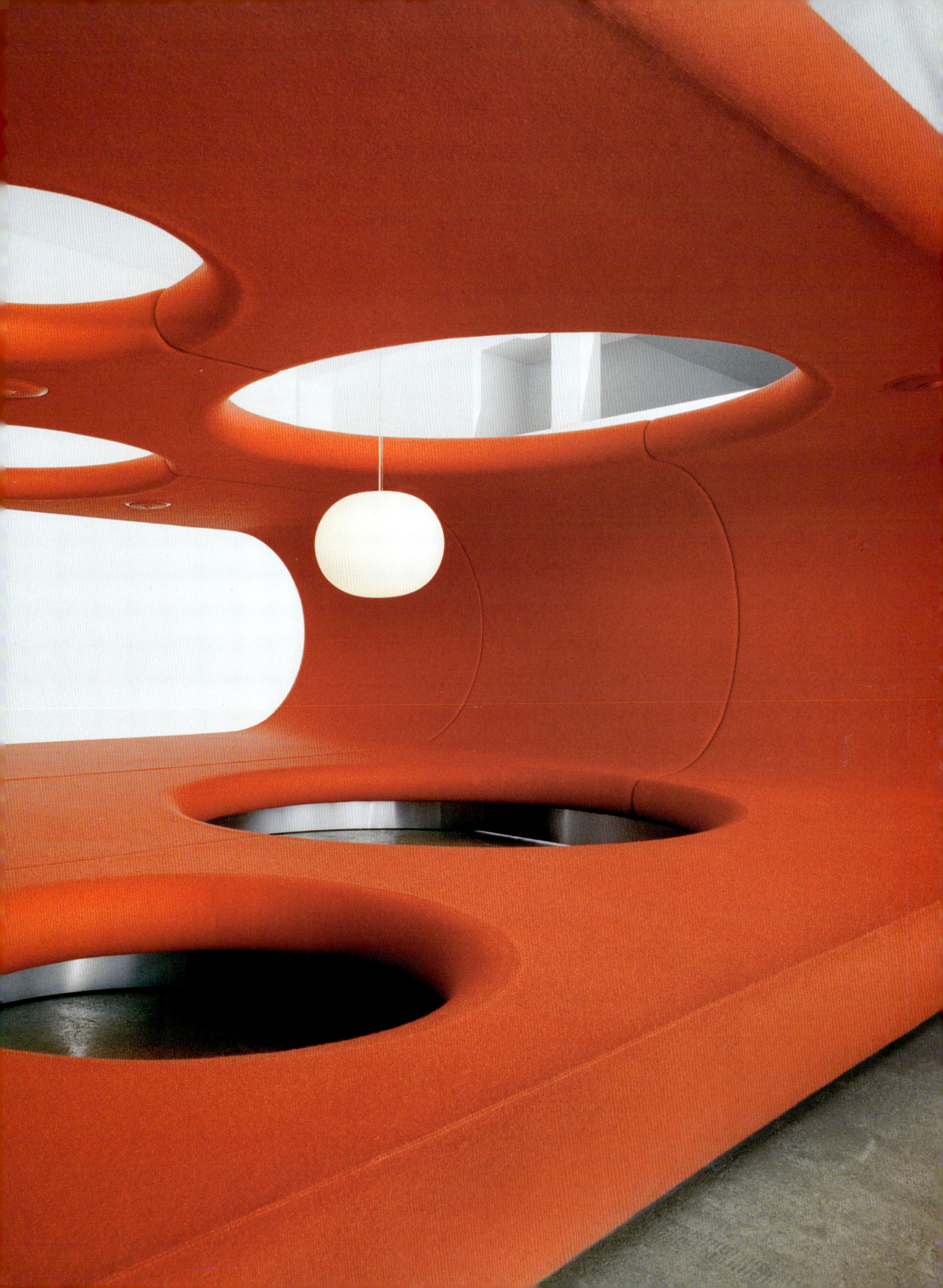

1972

< **Cactus**
Guido Drocco & Franco Mello
Gufram

Pop Art meets Design in the series *I Multipli*: nature has become domesticated. A seemingly prickly cactus out of polyurethane functions as a coat stand.

Cet objet est l'une des pièces de la série *I Multipli*, une rencontre entre le pop art et le design. Il s'agit ici de domestiquer la nature. Un cactus en polyuréthane, qui semble hérissé de piquants, devient un portemanteau.

Pop-Art meets Design aus der Serie *I Multipli*: Hier wird die Natur domestiziert. Ein stachelig aussehender Kaktus aus Polyurethan wird zur Garderobe.

> **Bocca**
Archivo storico Gufram
Gufram

Pop Art resurfaces with a vengeance: inspired by a painting by Salvador Dali, *The Face of Mae West*, and thanks to polyurethane foam, these gigantic lips quickly became a highly coveted piece of seating furniture.

Voici un objet qui fait référence au pop art, et qui s'inspire d'un tableau de Dali, *Le Visage de Mae West*. Ces lèvres gigantesques en mousse de polyuréthane furent promues au rang de siège culte.

Pop-Art lässt grüßen: Inspiriert von einem Dali-Gemälde – *Gesicht der Mae West* – wurden diese gigantischen Lippen dank Polyurethanschaum zum kultigen Sitzobjekt.

1971

< Capitello
Studio 65
Gufram

Easily taken for the upper-most architectural element of an uncomfortably hard Greek Ionic column out of marble, this piece of soft plastic was conceived as a witty side chair.

Ce chapiteau ionique semble provenir tout droit de l'Antiquité. Et pourtant, il n'est pas en pierre mais réalisé dans une matière plastique souple et fait office de siège.

Täuschend echt sieht dieses abgeschlagene Kapitell einer ionischen Säule aus – es ist aber nicht aus Stein, sondern aus weichem Kunststoff und als Sitzobjekt konzipiert.

1971

> **Jeep**
Gionatan De Pas, Donato D'Urbino & Paolo Lomazzi
BBB

Plastic was heralded as the material of the 1970s. It was therefore only a matter of time before plastic shelves were produced. *Jeep* was made out of ABS plastic and is based on a modular plug-in system.

Le plastique est le matériau qui caractérise les années 1970. Il n'est donc pas surprenant de voir des étagères réalisées à partir de ce matériau. *Jeep* se compose de plastique ABS et repose sur un système de modules qui s'emboîtent.

Plastik ist das Material der 1970er-Jahre. Kein Wunder, dass daraus auch irgendwann Regale geschaffen wurden. *Jeep* besteht aus ABS-Plastik und basiert auf einem modular erweiterbaren Stecksystem.

∧ **Tomato**
Eero Aarnio
Asko Lahti, Adelta

Tomato is a continuation of the UFO-shaped rocking chair, the *Pastil Chair*. As the letter O occurs twice in the word tomato, the fiberglass armchair contains two Os as well—in the form of the two supportive armrests.

Tomato s'inscrit dans le sillage de la *Pastil Chair* à bascule en forme de soucoupe volante. Le fauteuil en fibres de verre repose sur deux sphères qui servent d'accotoirs.

Tomato ist die Weiterentwicklung des ufoförmigen, schaukeligen *Pastil Chair*. So wie das Wort *Tomato* zwei o hat, besteht der Fiberglas-Sessel ebenfalls aus zwei Kreisen – sie bilden die stützenden Armlehnen.

1971

> Spirit
Hajime Oonshi
Houtoku/Artifort

Apartments, houses and even the Schiphol airport of Amsterdam housed this chair and its colorful plastic seat shell. A barstool has since been included in the series.

Avec sa coque en plastique aux couleurs vives, cette chaise n'a pas seulement ornée de nombreux appartements et bureaux mais également, pendant longtemps, l'aéroport Schiphol à Amsterdam. Une version tabouret existe désormais.

Dieser Stuhl mit Sitzschale aus buntem Plastik hat nicht nur viele Wohnungen und Büros, sondern jahrelang auch den Flughafen Schiphol in Amsterdam geschmückt. Inzwischen gibt es ihn auch als Barhocker.

< Gaudi
Vico Magistretti
Artemide, Heller

Mostly known as a light manufacturer, Artemide created countless cult furniture objects in the 1960s and 1970s. One example is the stacking chair *Gaudi*, of which a modified version was included in the catalog of the manufacturing company Heller in 2007.

Artemide, connu surtout pour ses luminaires, édita dans les années 1960 et 1970 de nombreuses icônes du design à l'image du siège empilable *Gaudi*, lequel fut réédité en 2007 par Heller dans une version remaniée.

Den meisten als Leuchtenhersteller bekannt, produzierte Artemide in den 1960er- und 1970er-Jahren zahlreiche Möbelikonen, wie den stapelbaren *Gaudi*, der 2007 von Heller in überarbeiteter Version reeditiert wurde.

ID# 1971

∧ **Birillo**
Joe Colombo
Zanotta

Birillo's futurist appearance with a swivel seat and backrest ensured it was often used in movies, quickly giving it iconic status. *Birillo* was included in the stage set of Ridley Scott's film *Blade Runner*.

D'apparence futuriste avec son assise et son dossier amovibles, ce tabouret de bar apparut souvent dans des films, ce qui lui conféra rapidement un statut d'icône. *Birillo* figura dans le fil de Ridley Scott, *Blade Runner*.

Sein futuristisches Erscheinungsbild mit drehbarem Sitz und Lehne machte diesen Barhocker zur Filmikone. *Birillo* war Teil der Ausstattung von Ridley Scotts Film *Blade Runner*.

1971

V Joe
Gionatan De Pas, Donato D'Urbino &
Paolo Lomazzi
Poltronova

Shaped like an oversized baseball mitt, this piece of furniture is surprisingly comfortable. It was named for baseball legend Joe DiMaggio, who was briefly married to Marilyn Monroe.

Ce fauteuil, en forme de gant surdimensionné, est un hommage au joueur de base-ball Joe DiMaggio, qui fut durant une courte période l'époux de Marylin Monroe.

Namensgeber dieser Sitzgelegenheit in Form eines überdimensionierten Baseballhandschuhs ist der legendäre Baseballspieler Joe DiMaggio, der für kurze Zeit mit Marilyn Monroe verheiratet war.

1971

V **Anfibio**
Alessandro Becchi
Giovanetti

When you release the straps on the side and at the back, the sofa can be folded out and becomes a bed. The continuous padded backrest then offers comfort and shelter.

En détachant les courroies transversales et arrière, le canapé se transforme en lit. Les accotoirs en forme de boudins composent alors une confortable alcôve.

Löst man die seitlichen und hinteren Riemen, lässt das Sofa sich einfach aufklappen und wird zum Bett. Die wulstige Lehne bildet dann eine gemütliche Kuhle.

1971

∧ **A71**
Archivo Arflex
Arflex

A71 is neither an armchair nor a sofa—or, rather, maybe it is both at the same time! Individual units of sitting furniture are moved together in this extremely versatile modular system. This offers countless possibilities for new configurations.

Ni canapé, ni fauteuil ou peut-être les deux à la fois. *A71* est un ensemble de sièges modulables, dont les éléments peuvent être assemblés à loisir, offrant une infinité de configurations différentes.

Weder Sessel noch Sofa – oder beides. *A71* ist ein äußerst modulares Sitzsystem, das aus Einzelstücken zusammengeschoben wird und je nach Wunsch immer wieder neue Konfigurationen erlaubt.

1971

V **Sof Sof**
Enzo Mari
Driade

Sof Sof clearly demonstrates that the only components needed to create a confortable chair are a simple metal frame and two unattached pillows.

Il suffit d'une simple structure en métal et de deux coussins négligemment posés pour réaliser un siège rembourré.

Um einen Polsterstuhl zu fertigen, genügen ein einfaches Metallgestell und zwei lose hineingelegte Kissen.

1970

∧ **Marenco**
Mario Marenco
Arflex

This sofa seems to consist solely of square and rectangle pillows.

Le canapé semble se composer tout simplement de coussins de forme carrée et rectangulaire.

Das Sofa scheint einfach aus quadratischen und rechteckigen Kissen zusammengestellt zu sein.

1970

> **Chaise Longue**
Geoffrey Harcourt RDI
Artifort

Out of all of the diverse designs Geoffrey Harcourt created for Artifort, this chaise longue is probably the most famous. The arm- and backrest flows into the seat.

Parmi les créations réalisées par Geoffrey Harcourt pour Artifort, cette chaise longue est vraisemblablement l'ouvrage le plus connu. Le dossier est relié à l'assise par un tracé courbe.

Von den diversen Entwürfen, die Geoffrey Harcourt für Artifort gemacht hat, ist diese Chaiselongue sicher der bekannteste. Die Lehne geht in einem Schwung in die Sitzfläche über.

1970

∧ **Amoebe**
Verner Panton
Vitra

Amoebe was originally created for the synthetic living landscape *Visiona II* for Bayer—a typical example of the lounge furniture of the time. Low-placed seating opportunities were generally preferred. *Amoebe* embodies the capricious and playful *Zeitgeist* of the 1970s.

Amoebe vit initialement le jour dans le cadre de l'environnement synthétique *Visiona II*, réalisé à la demande de Bayer. Ce meuble de salon, dont l'assise est très près du sol, incarne de manière exemplaire l'esprit des années 1970.

Amoebe entstand ursprünglich im Rahmen der synthetischen Wohnlandschaft *Visiona II* für Bayer – ein typisches Beispiel für ein bodennahes Loungemöbel, das den fröhlich-frechen Zeitgeist der 1970er-Jahre verkörpert.

1970

∧ **Teneride**
Mario Bellini
Cassina

Teneride resembles a larva and is one of the few models in which a foam body was shaped to create a chair. Mario Bellini's design was never industrially produced.

Teneride fait penser à une larve, et figure parmi les quelques modèles présentant un corps en mousse moulé en forme de siège. Le meuble de Mario Bellini ne fut pas produit en série.

Teneride sieht aus wie eine Larve und ist eines der wenigen Modelle, bei dem ein Schaumkörper zum Stuhl geformt wurde. Serienreife erreichte der Entwurf von Mario Bellini nicht.

1970

< **Melaina**
Rodolfo Bonetto
Driade

Chairs like this gave plastic the reputation of being a hip and chic design material. *Melaina* is a small monobloc armchair for indoor use only. Its shape reminds one slightly of the bathtub seats of old.

Le plastique acquiert ses lettres de noblesse en termes de design grâce à des créations de cette envergure. *Melaina* est réalisée d'un seul tenant. Ses formes évoquent le siège de baignoire traditionnel.

Durch Stühle wie diesen wurde Plastik zum schicken Designerwerkstoff. *Melaina* ist aus einem Stück. Seine Form hat ihren Ursprung im traditionellen Wannensitz.

> **Fiocco**
G14
Busnelli

A membrane out of polyurethane is wrapped around a bended tubular metal frame. Elastic material out of polyester covers the ensemble.

Une enveloppe en polyuréthane est tendue sur un anneau de métal tubulaire courbé. Une matière élastique vient recouvrir l'ensemble.

Um eine Schlaufe aus gebogenem Metallrundrohr ist eine Polyurethanmembran gespannt, die mit einem elastischen Polsterstoff bezogen ist.

353

1970

< Living Center
Joe Colombo
Rosenthal

Colombo constantly strove to design compact furniture systems that could easily adapt to various living situations and changing circumstances. *Living Center* was a groundbreaking concept that assumed several living functions at once.

Concevoir des systèmes s'adaptant à diverses configurations était la préoccupation majeure de Joe Colombo. Le *Living Center* constituait, en ce sens, un concept précurseur puisqu'il remplissait plusieurs fonctions.

Kompakte Möbelsysteme zu entwerfen, die anpassungsfähig sind, war das Hauptanliegen von Colombo. Das *Living Center* war ein wegweisendes Konzept, dass mehrere Wohnfunktionen übernahm.

1970

< **Libro**
Gruppo DAM
Busnelli

Books were the source of inspiration for this armchair. The individual 'pages' can be flipped until the greatest degree of comfort has been achieved. The pages thus serve as the back and seat cushions.

L'objet « livre » servit de modèle à cette réalisation. On peut tourner les pages de ce fauteuil à la recherche de la position la plus confortable. Elles forment en effet aussi bien l'assise que le dossier.

Das Buch stand Pate für diesen Sessel. Die einzelnen „Seiten" können so geblättert werden, wie es am bequemsten ist. So fungieren sie sowohl als Sitzpolster wie auch als Rückenlehne.

> **Primate**
Achille Castiglioni
Zanotta

Primate offers a multitude of sitting possibilities: you can knee on it, sit on it, or even hunch over it, letting *Primate* support the upper body while you do so.

On peut utiliser ce siège de différentes manières, assis, à genoux ou encore penché en avant, en y appuyant le haut du corps.

Primate bietet sich für verschiedene Sitzpositionen an. Man kann knien, sitzen und den Oberkörper nach vorn gebeugt abstützen.

1970

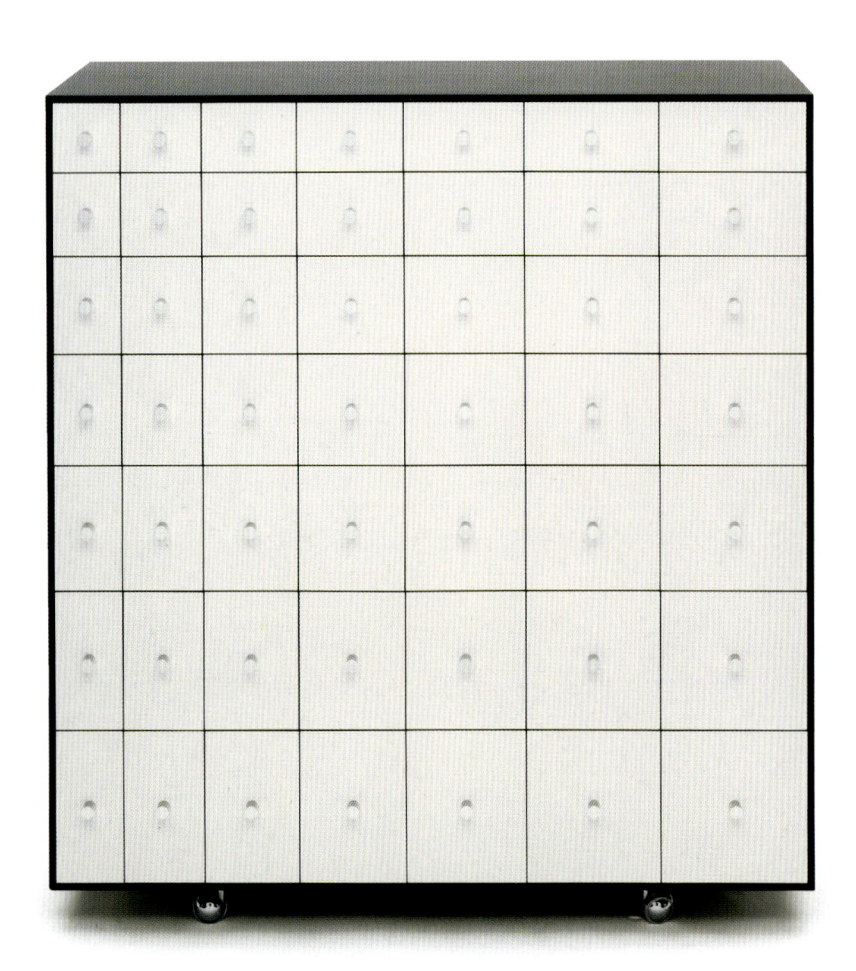

∧ Progetti Compiuti PC/3 Side 1
< Progetti Compiuti PC/12
Shiro Kuramata
Cappellini

Originally designed for the Japanese manufacturer Fujiko, the chest of drawers *Drawers in Irregular Form* sealed Shiro Kuramata's international reputation as a top-notch designer. Cappellini currently manufactures Kuramata's chest of drawers.

Shiro Kuramata se fit un nom sur la scène internationale grâce à la commode *Drawers in Irregular Form*, créée initialement pour le fabricant japonais Fujiko. La commode est aujourd'hui éditée par Cappellini.

Mit der Kommode *Drawers in Irregular Form*, ursprünglich für den japanischen Hersteller Fujiko entstanden, erlangte Shiro Kuramata erste internationale Anerkennung. Heute wird die Kommode von Cappellini produziert.

1970

∨ **Quaderna**
Superstudio
Zanotta

The grid became Superstudio's trademark
—even though it was actually meant to
represent the absurdity of architecture.

Le quadrillage devint l'emblème de
Superstudio, qui l'utilisa pour souligner
l'absurdité de l'architecture.

Das Raster wurde zum Markenzeichen
von Superstudio – eigentlich stand es für
die Absurdität der Architektur.

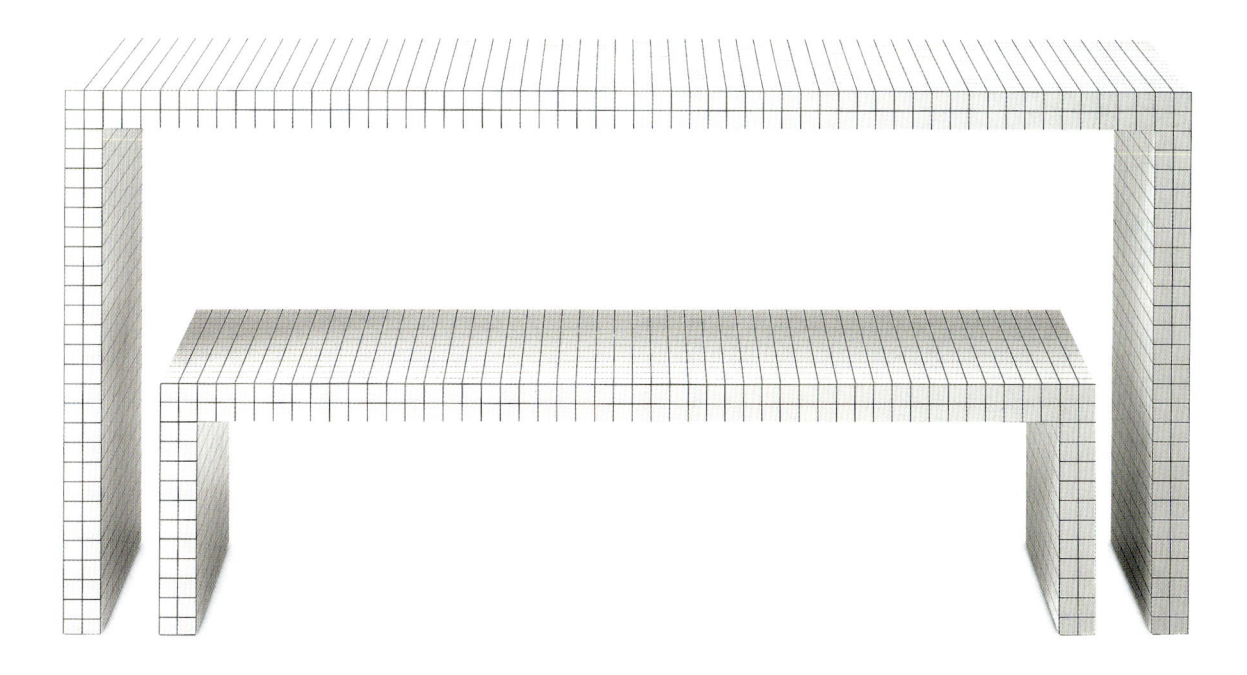

Ettore Sottsass Jr. and His *Mobili Grigi*
A Tomb for Modernism

Ettore Sottsass Jr. et ses *Mobili Grigi*
Le tombeau du modernisme

Ettore Sottsass Jr. und seine *Mobili Grigi*
Das Grab des Modernismus

Max Borka

In 1970, Ettore Sottsass Jr. (1917–2007), by then already one of the world's leading designers, and soon also to become the doyen of anti-design, presented a brand new domestic furniture collection at the *Eurodomus* exhibition in Milan, called *Mobili Grigi* (Grey Furniture). Sottsass designed the collection for Poltronova, an Italian manufacturer for whom he started working as artistic director towards the late 1950s, when he also became a consultant for Olivetti, two facts that fundamentally altered the course of design history. A recent trip to India and a one-year stay in the United States, where he not only befriended major representatives of pop art and the Beat generation but also spent a month working in the studio of the designer George Nelson, changed Sottsass inside out, and determined the rest of a career that spanned a period of 65 years. Already in 1959, he won Italy's highest design award, the *Compasso d'Oro*, for his redesign of the casing

En 1970, Ettore Sottsass Jr. (1917-2007), l'un des chefs de file du design à l'échelle internationale et bientôt porte-parole de l'anti-design, présentait à l'*Eurodomus* de Milan une collection de mobilier résolument nouvelle : les *Mobili Grigi*, les meubles gris. Cette collection avait été conçue pour Poltronova, un fabricant de mobilier italien, avec lequel Sottsass collaborait depuis la fin des années 1950 en tant que directeur artistique. À cette époque, il était également designer consultant pour Olivetti. Ces deux expériences vont marquer profondément l'histoire du design. Un voyage en Inde et un séjour d'un an aux États-Unis, où il se fera des amis parmi les plus grands représentants du pop art et de la « *beat generation* » et travaillera pendant un mois dans l'agence du designer George Nelson, vont influencer Sottsass de manière décisive. Sa carrière, qui couvrira pas moins de soixante-cinq ans, sera marquée par ces voyages. Dès 1959, il se voit décerner le prix

1970 präsentierte Ettore Sottsass Jr. (1917-2007), der damals bereits einer der weltweit führenden Designer und bald auch der Sprecher des Anti-Designs war, eine brandneue Wohnmöbelkollektion anlässlich der *Eurodomus*-Ausstellung in Mailand: die *Mobili Grigi* (graue Möbel). Sottsass entwarf die Kollektion für Poltronova, einen italienischen Hersteller, für den er seit Ende der 1950er-Jahre als künstlerischer Leiter arbeitete. Zur gleichen Zeit wurde er auch als Berater für Olivetti tätig. Beides veränderte die Geschichte des Designs grundsätzlich. Eine Reise nach Indien und ein einjähriger USA-Aufenthalt, wo er nicht nur Freunde unter bedeutenden Vertretern der Pop-Art und der Beat-Generation fand, sondern auch einen Monat lang im Studio des Designers George Nelson arbeitete, hatten entscheidenden Einfluss auf Sottsass. Diese Erfahrungen prägten seine restliche Karriere, die insgesamt 65 Jahre umspannte. Bereits 1959 gewann er den

< Ultrafragola, Poltronova, 1969

for Olivetti's first and huge mainframe computer and Italy's most advanced piece of high technology of that time. By lowering the height of the machine, workers could see one another over the top, and by adding bright color-coded control blocks, the various components could be distinguished. With its lightweight casing made out of bright red plastic—"the color of the Communist flag, blood, passion"—the *Valentine* portable typewriter, which he created along with Perry King in 1969, was more pop art than industrial machine, and light years ahead of the typical drab typewriters of the day. The colors that helped him revolutionize office equipment also played a major role in the furniture Sottsass developed for Poltronova. In 1966, he launched the *Superboxes*, the first pieces of domestic furniture in laminate, a low-cost material that until then had only been used in places such as cheap cafés. Their violent "road sign and gas pump" colors anticipated his later work for the radical anti-design movements Studio Alchimia and Memphis, making an exuberant two-fingered salute to the decades of modernist, rationalist and functionalist doctrine in which color and decoration had been taboo. The *Mobili Grigi* were equally innovating when it came to material and technique, comparable to the mobile units that became the toast of the notorious *Italy: The New Domestic Landscape* exhibition at the MoMA, New York, in 1972, which had been pressed in one piece out of thermo-molded fiberglass. The shape of the table, chairs, cupboards, mirrors and beds reminded of the primitive and vernacular

de design italien le plus prestigieux, le Compasso D'Oro, pour le système d'habillage du premier ordinateur Olivetti, à cette époque l'objet le plus high-tech d'Italie. Il réduit la hauteur de la machine afin de faciliter la communication entre les utilisateurs ; un système chromatique permet de distinguer, au niveau des commandes, les différentes parties de la machine. La machine à écrire portative *Valentine*, réalisée en 1969 en collaboration avec Perry King, était davantage un objet pop art qu'une machine de bureau, avec un design à des années-lumière des machines à écrire grises, typiques de cette époque. Valentine possédait un boîtier léger en plastique rouge vif, « la couleur du drapeau communiste, la couleur du sang, de la passion ». Les couleurs, qui aidèrent Sottsass à innover de manière révolutionnaire dans le monde du matériel de bureau, eurent également leur importance dans le mobilier conçu pour Poltronova. En 1966, il lance les meubles *Superbox*, les premières pièces de mobilier réalisées en mélaminé, un matériel peu coûteux utilisé jusqu'alors pour meubler les cafés populaires. Les couleurs agressives, qui évoquent « les panneaux de circulation et les pompes à essence », annoncent les travaux réalisés dans le cadre des mouvements radicaux et anti-design que seront Studio Alchimia et Memphis, et célèbrent un renouveau de la couleur après des décennies de modernisme, rationalisme et fonctionnalisme où elle avait été taboue. La série des *Mobili Grigi* sera, tant en termes de matériau que de technique, aussi innovante que les *Meubles Containers*, modules mobiles d'un seul bloc,

wichtigsten italienischen Designerpreis, den Compassso d'Oro, für die von ihm entworfene neue Verkleidung von Olivettis erstem Großrechner, seinerzeit das modernste Technologieobjekt Italiens. Er verringerte die Höhe der Maschine, sodass die Arbeiter über die Maschine hinweg Blickkontakt hatten, und er installierte auffällig bunte Kontrollblöcke, die eine leichte Unterscheidung der verschiedenen Bauteile ermöglichten. Die tragbare Schreibmaschine *Valentine*, die Sottsass 1969 zusammen mit Perry King entwarf, war mehr Pop-Art als Industrieobjekt und um Lichtjahre den typischen mausgrauen Schreibmaschinen dieser Zeit voraus: Sie zeichnete sich durch eine leichtgewichtige Verkleidung aus und war aus knallrotem Plastik hergestellt – „die Farbe der kommunistischen Flagge, des Blutes, der Leidenschaft". Die Farben, die Sottsass dabei halfen, Büroausstattungen zu revolutionieren, spielten auch eine wichtige Rolle bei den Möbeln, die er für Poltronova entwarf. Im Jahr 1966 brachte er die *Superboxes* heraus, die ersten Wohnmöbel aus Schichtpressstoff, einem preiswerten Material, das bisher nur in einfachen Lokalitäten, wie beispielsweise billigen Cafés, verwendet wurde. Deren aggressive „Straßenschilder und Zapfsäulen"-Farben nahmen seine späteren Arbeiten für die radikalen Anti-Design-Bewegungen – Studio Alchimia und Memphis – vorweg. Damit machte er sozusagen ein euphorisches Siegeszeichen über die Jahrzehnte mit modernistischer, rationalistischer und funktionalistischer Doktrin, als Farbe und Verzierung tabu waren. Die *Mobili Grigi* waren in Bezug auf Material und

architecture that also inspired his many ceramics collections, such as *Menhir, Ziggurat, Stupas, Hydrants & Gas Pumps*. But as the name *Mobili Grigi* suggested, the approach to color was different from the rest of his work. All pieces were in what he described as a "sad" and "non-commercial" dark grey. "In a room, one is asked to put as much as possible of the 'grey furniture',…to the extent that the normal, 'cute' square structures of the…room furniture becomes almost or totally covered and destroyed," Sottsass wrote in *Could Anything be More Ridiculous*, in a poetical outburst that made it immediately clear that this was about a lot more than functional furniture. "If this point is carefully reached, the inhabitant will feel himself practically suffocated by a grey, shiny, fiberglass plastic, geological slip: he will feel… completely isolated from everything which is outside the room, like being in Benares in the boiling red monkey temple, like being in Captain Nemo's submarine drawing room with carpets and organ music, like being in the yellow (grey) submarine, like being in the grey powdered Royal Tomb, down under the pinkish rocks of the Valley of the Kings or, in

réalisés en résine de polyester armée de fibres de verre, qui créèrent l'événement lors de la célèbre exposition *Italy : The New Domestic Landscape* présentée au MoMA à New York en 1972. Les formes des tables, des chaises, des armoires, des miroirs et des lits évoquent l'architecture primitive et populaire qui a également inspiré la plupart de ses céramiques, telles « Menhir, Ziggurat, Stupas, Hydrants & Gas Pumps ». Mais comme le nom de ces meubles le suggère, dans les *Mobili Grigi*, l'approche de la couleur diffère par rapport à l'ensemble de ses travaux. Tous les objets sont d'un gris sombre, « triste » et « non commercial » comme il le mentionne lui-même. « Il importe d'utiliser dans une pièce autant de " meubles gris " que possible afin de couvrir et de détruire, en partie ou complètement, la " jolie " structure carrée (…) de la pièce », écrit Sottsass dans un élan poétique qui montre bien qu'il est question d'autre chose que de simples meubles fonctionnels. « Lorsque cet objectif sera atteint, l'habitant aura l'impression d'étouffer dans une coulée de fibres de verre plastiques brillante et grise. Il se sentira complètement isolé de l'extérieur, comme s'il se trouvait

Technik ebenso innovativ wie die mobilen Einheiten, ein Höhepunkt der berühmten MoMA-Ausstellung 1972 in New York mit dem Titel *Italy: The New Domestic Landscape*. Diese Einheiten waren in einem Stück aus hitzegeformtem Fiberglas gefertigt worden. Die Formen von Tisch, Stühlen, Schränken, Spiegeln und Betten erinnerten an die einfache und volkstümliche Struktur, die auch seine vielen Keramiksammlungen inspirierten, wie „*Menhir, Ziggurat, Stupas, Hydranten und Zapfsäulen*". Doch wie bereits der Name *Mobili Grigi* vermuten lässt, war seine Einstellung zu Farbe hier anders als bei seinem übrigen Werk. Alle Stücke waren, wie er es beschrieb, in einem „traurigen" und „nicht verkaufsfördernden" Dunkelgrau gehalten. „Man sollte in einen Raum so viel wie möglich dieser ‚grauen Möbel' stellen, sodass die normale ‚hübsche' quadratische Struktur des Raums nahezu oder vollständig verdeckt und zerstört wird", schrieb Sottsass in poetischer Aufwallung, was sofort deutlich macht, dass es um viel mehr als um die Funktionalität von Möbeln ging. „Wenn dieser Punkt erreicht ist, wird der Bewohner das Gefühl haben, durch einen grauen, glänzenden Erdrutsch

< As was suggested by its name, in the *Mobili Grigi* or *Grey Furniture* collection the shrieking and joyous colors that had been one of Sottsass' major tools in revolutionizing design had been traded for a sad monotone grey. But the effect was meant to be at least as violent: "The inhabitant will feel himself practically suffocated."

< Comme le nom le suggère, dans la série des *Mobili Grigi*, Sottsass a remplacé les couleurs vives et gaies, dont il avait fait un instrument de révolution du design, par un gris triste et monotone. Les effets sont cependant tout aussi radicaux : « L'habitant a l'impression d'étouffer. »

< Wie der Name schon deutlich macht, hat Sottsass in der *Mobili-Grigi*-Kollektion (graue Möbel) die schreienden und fröhlichen Farben, die sein Stilmittel bei der Revolutionierung des Designs waren, gegen ein trauriges, monotones Grau ausgetauscht. Aber die Wirkung sollte genauso radikal sein: „Der Bewohner wird sich praktisch erdrückt fühlen."

---

the end, like being on a silent trip into the black solid sky between Mars (the planet) and Orion (the star). A trip that is a trip and also death, as always happens if you dive profoundly into reality."
This passage shows that, ironic as always, Sottsass had also created a tomb for modernism, by highlighting its cult of the artificial and of colorlessness, and thus revealing its true face: death. Postmodernism was soon to follow, and Sottsass would become its godfather.

dans le temple des singes de Bénarès, ou dans le salon couvert de tapis et retentissant de musique du sous-marin du capitaine Nemo, ou dans le Yellow Submarine (sauf qu'il sera ici gris), ou dans la poussière grise du tombeau royal, au fond des falaises rouges de la vallée des Rois, ou finalement dans le silence et dans les ténèbres les plus profondes de l'espace, entre la planète Mars et l'étoile Orion. La modélisation est à la fois un voyage et une mort, laquelle advient toujours lorsqu'on revient à la réalité. »
À sa manière et avec son ironie habituelle, Sottsass a fait de ce mobilier le tombeau du modernisme, en mettant l'accent sur le culte de l'artificiel et de l'incolore et en montrant son vrai visage : la mort. Le post-modernisme allait bientôt voir le jour, avec Sottsass comme parrain.

aus Fiberglas erdrückt zu werden. Er wird sich völlig von allem außerhalb des Raums isoliert fühlen, als ob er in dem leuchtend roten Affentempel in Varanasi wäre oder in dem mit Teppichen ausgelegten und von Orgelmusik erfüllten Wohnzimmer in Kapitän Nemos U-Boot oder im Yellow Submarine (nur dass es hier grau statt gelb ist) oder im grauen Staub des königlichen Grabmals, tief unter dem rötlichen Felsen im Tal der Könige oder schließlich wie auf einer stillen Reise in den tiefschwarzen Himmel zwischen dem Planeten Mars und dem Stern Orion. Die Gleichung bedeutet zugleich eine Reise und den Tod, wie es immer geschieht, wenn man zu tief in die Realität eintaucht."
Diese Zeilen zeigen, dass Sottsass in seiner üblichen ironischen Art auch dem Modernismus ein Grab schaufelte, indem er dessen Kult um das Künstliche und Farblose und damit dessen wahres Gesicht hervorhob: den Tod. Bald sollte der Postmodernismus folgen, und Sottsass würde sein Pate sein.

1969

V **Kazuki**
Kazuhide Takahama
Simon International

The varnished wooden surfaces of this chair evoke the traditional furniture design and construction of the Japanese architect Kazuhide Takahama's home. In this case, however, the varnish was produced industrially.

Les surfaces laquées de cette chaise sont une évocation des meubles traditionnels japonais, l'architecte Kazuhide Takahama étant originaire du Japon. La laque fut toutefois appliquée selon des procédés industriels.

Die lackierten Holzoberflächen des Stuhls sind eine Referenz des japanischen Architekten Kazuhide Takahama an den traditionellen Möbelbau seiner Heimat. Hier wurde die Lackierung allerdings industriell erzeugt.

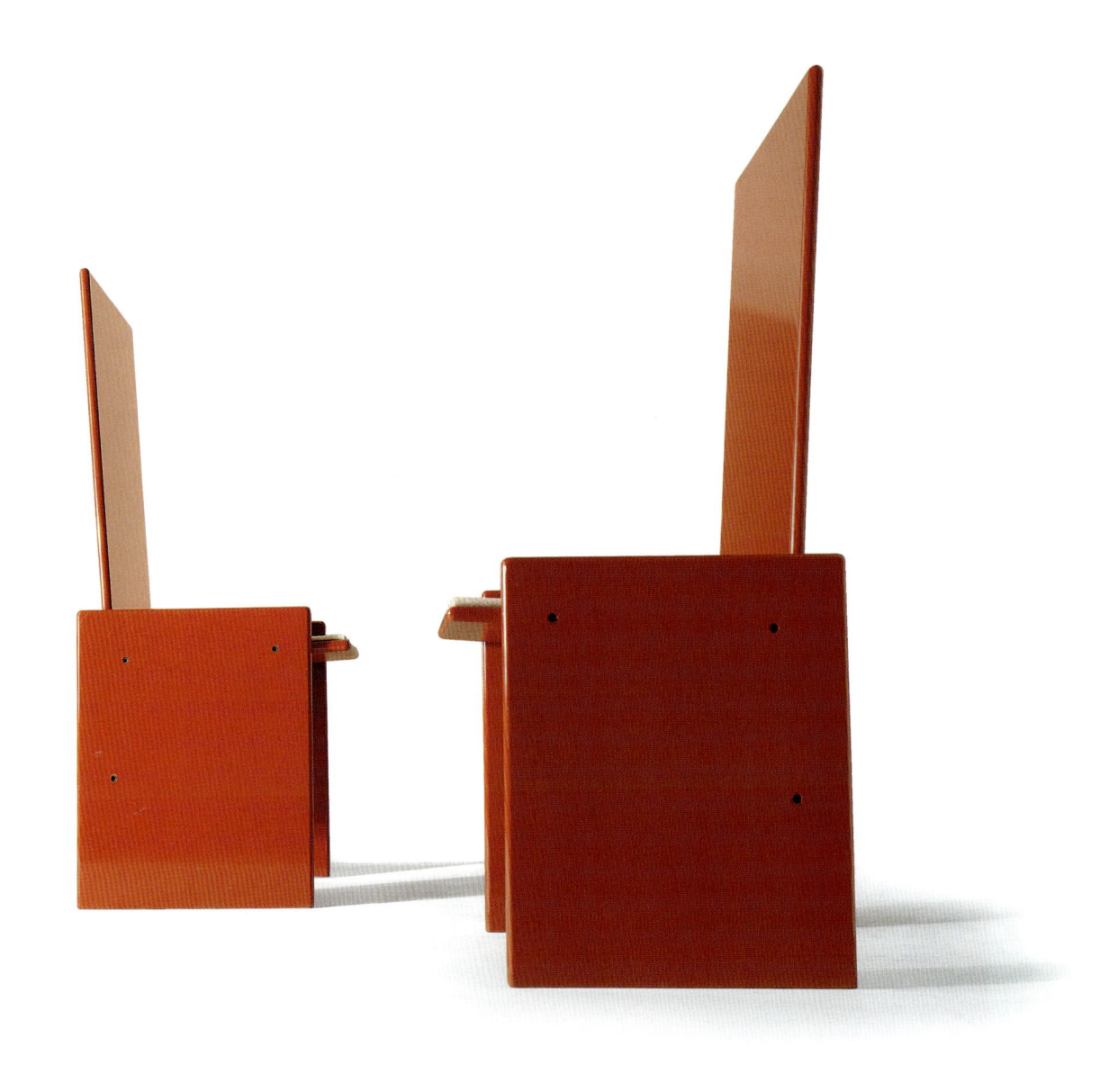

1969

∧ Tube
Joe Colombo
Flexform

With the help of metal and rubber clips, these upholstered tubular-shaped elements can be attached to create a variety of sitting arrangements. They are sold as a compact package, nested one inside another and tied together in a bag.

Grâce à un système d'attaches en acier, les modules en forme de tubes capitonnés peuvent être agencés l'un à l'autre pour créer différents sièges. Les tubes étaient vendus de manière compacte, emboîtés les uns dans les autres et emballés dans une poche.

Mittels Stahlklammern ließen sich die gepolsterten rohrförmigen Elemente zu verschiedenen Sitzgelegenheiten verbinden. Verkauft wurden sie als kompaktes Paket, ineinandergesteckt und in einem Beutel verschnürt.

1969

> **Selene**
Vico Magistretti
Artemide

Vico Magistretti worked on his design for several years, before he managed to produce this injection-molded chair in one piece. The solution can be found in the chair's curved legs, which give the construction the necessary stability.

Vico Magistretti travailla plusieurs années à l'élaboration de cette alte chaise moulée par compression formant un seul bloc. Le piétement arrondi assura la réussite du projet, donnant à la chaise la stabilité requise.

Mehrere Jahre tüftelte Vico Magistretti an dem Entwurf, bis es ihm gelang, den formgepressten Stuhl in einem Stück herzustellen. Die Lösung liegt in den kurvenförmig angelegten Stuhlbeinen, die der Konstruktion die notwenige Stabilität verleihen.

< **Gaia**
Carlo Bartoli
Arflex

Furniture company Arflex was founded in 1950 by Pirelli and became known for its experiments with new types of materials. Carlo Bartoli's armchair was pressed into shape out of one piece of reinforced fiberglass polyester, which at the time represented a radical breakthrough.

La société Arflex fut créée en 1950 par Pirelli, et se distingua dans le monde du meuble par ses innovations dans aux matériaux utilisés. Le fauteuil de Carlo Bartoli, moulé par compression dans un morceau de polyester renforcé à la fibre de verre, était lors de sa création une pièce révolutionnaire.

Die Möbelfirma Arflex wurde 1950 von Pirelli gegründet und zeichnete sich fortan durch Experimente mit neuartigen Materialien aus. Carlo Bartolis Armlehnstuhl, in einem Stück aus glasfaserverstärktem Polyester formgepresst, war seinerzeit ein bahnbrechender Entwurf.

1969

∨ Tovaglia Coffee Table
Studio Tetrarch
Alberto Bazzini

Studio Tetrarch, an Italian architecture society, displayed this table made from reinforced fiberglass polyester resin. To be more precise, the material was only used for the outer shell of the table with tablecloth, comparable to an imprint.

Le Studio Tetrarch, un groupe d'architectes italiens, présenta l'année de la création du collectif cette table réalisée en résine de polyester renforcée à la fibre de verre. Pour être précis, cet objet recrée l'enveloppe extérieure d'une table avec nappe, à la manière d'un moulage.

Studio Tetrarch, eine italienische Architektengemeinschaft, stellte im Jahr ihrer Gründung diesen Tisch aus glasfaserverstärktem Polyesterharz vor. Genau genommen handelt es sich nur um die äußere Hülle eines Tisches mit Tischdecke, vergleichbar einem Abdruck.

1969

∧ **Componibili tondi**
Anna Castelli Ferrieri
Kartell

The square container from 1967 was followed by a round version, which was designed by Anna Castelli Ferrieri. Her elegant and space-saving solution features rounded sliding doors.

Une version ronde fit son apparition deux ans après les containers angulaires présentés en 1967. Anna Castelli Ferrieri conçut des ouvertures coulissantes, proposant ainsi une solution élégante et économique en termes d'espace.

Auf die eckigen Container von 1967 folgte zwei Jahre später eine runde Version, wiederum gestaltet von Anna Castelli Ferrieri. Für die Öffnungen entwarf sie eine elegante und Platz sparende Lösung in Form von gerundeten Schiebetüren.

> **Boby**
Joe Colombo
Bieffeplast, B-line

Originally designed to hold graphic designers' and artists' tools and utensils, this rolling container is ideal for office and household use. The multifunctional inner structure is characteristic for Joe Colombo, who transferred the principle of multi-functionality to the universe of living areas and spaces.

Ce meuble de rangement sur roulettes fut conçu à l'origine pour répondre aux besoins des graphistes et des artistes. Aujourd'hui, il orne aussi bien les bureaux que les espaces d'habitation. La conception interne du meuble offre des possibilités de rangement multiples. Cet élément est caractéristique de Joe Colombo, qui transféra le principe de la multifonctionnalité au monde de l'habitat.

Den ursprünglich für Grafiker- und Künstlerbedarf konzipierten Rollcontainer findet man mittlerweile sowohl in Büroräumen wie im privaten Wohnbereich. Seine vielseitige Innenaufteilung ist charakteristisch für Joe Colombo, der das Prinzip der Multifunktionalität auf Wohnwelten übertrug.

1969

V Sunball
Günter Ferdinand Ris & Herbert Selldorf
Rosenthal

Sculptor Günter Ferdinand Ris and interior architect Herbert Selldorf offered a contemporary interpretation of the roofed beach chair. The two interlocking globe halves could close completely and were furnished optionally with a light fixture or a speaker unit for music.

Le sculpteur Günter Ferdinand Ris et l'architecte d'intérieur Herbert Selldorf proposèrent une interprétation moderne du fauteuil de plage en rotin. Les deux coques qui se superposent pouvaient se fermer complètement et étaient, si on le souhaitait, équipées de lampes et de haut-parleurs.

Eine zeitgenössische Interpretation des Strandkorbs lieferten der Bildhauer Günter Ferdinand Ris und der Innenarchitekt Herbert Selldorf. Die beiden übereinandergreifenden Kugelschalen ließen sich komplett schließen und wurden wahlweise mit Licht- und Lautsprechereinheit ausgeliefert.

Courtesy galerie ulrich fiedler, Berlin

1969

> **Liege TV-relax (Colani Collection)**
Luigi Colani
Kusch + Co

Put your legs up and turn the television on—the sculptural shape of this lounge chair is ergonomically designed. Only one concession to traditional building construction was made—buttons hold the elastic cover on those parts of the lounge chair that are most subject to wear and tear.

On étend les jambes et l'on allume la télé. Les formes sculpturales de ce siège épousent les contours du corps humain. Un seul élément évoque le mobilier traditionnel : les boutons qui retiennent la housse élastique aux endroits les plus sollicités du fauteuil.

Beine hoch, Fernseher an: Die skulpturale Form der Liege ist dem menschlichen Körper nachempfunden. Einziges Zugeständnis an den herkömmlichen Möbelbau: die Knöpfe, die den elastischen Bezug an den am stärksten beanspruchten Stellen der Liegefläche halten.

∧ Mies
Archizoom Associati
Poltronova

This design refers to Ludwig Mies van der Rohe's tubular steel furniture, while also commenting on the shortcomings of the period. Still, the rubber seat, which after being stretched snaps to the initial taut position, was originally hailed as an innovation.

Cet ouvrage commente à sa manière les meubles en acier tubulaire de Ludwig Mies van der Rohe, et souligne les défauts du modernisme. Le revêtement en caoutchouc de l'assise, qui se retend complètement après utilisation, était alors un élément innovant.

Der Entwurf kommentierte Ludwig Mies van der Rohes Stahlrohrmöbel und verwies auf die Unzulänglichkeiten der Moderne. Dabei war die Sitzbespannung aus Gummi, die nach Belastung in ihre straff gespannte Ausgangslage zurückfindet, eine Innovation.

1969

∧ **Living Tower**
Verner Panton
Vitra

With his vertical living landscape Verner Panton offered an alternative to more traditional sitting styles. This piece of furniture out of polyurethane foam offers a microcosm that is more likely to inspire fun and games and simply good posture.

Avec ce paysage d'intérieur qui se dresse dans l'espace, Verner Panton proposa une alternative à la manière habituelle de s'asseoir. Ce meuble en mousse polyuréthane crée un microcosme qui invite plutôt à jouer qu'à s'asseoir.

Mit seiner hochkant stehenden Wohnlandschaft bot Verner Panton eine Alternative zur aufrechten Sitzhaltung. Das Möbel aus Polyurethanschaumstoff bot einen Mikrokosmos, der weniger zum Sitzen, sondern vielmehr zum Spielen einlud.

∨ **M86 Corbi**
Klaus Uredat
cor

The upholstered seat is the focal point, for it allows you to choose any sitting position you want. The lower wooden frame is cleverly hidden under the expansive upholstery. *Corbi* invites you to sit casually and lounge in the spirit of the late 1960s.

Le canapé devient une gamme de sièges proposant diverses positions. Les armatures en bois sont judicieusement cachées sous les éléments rembourrés. Ils invitent à s'asseoir de manière informelle, selon le mode de vie de la fin des années 1960.

Hier ist das Sitzpolster Programm, die Sitzposition frei wählbar. Das Untergestell aus Holz liegt geschickt unter den auskragenden Polstern verborgen. Diese laden zum legeren Sitzen ein, gemäß dem Lebensgefühl der ausgehenden 1960er-Jahre.

1969

< **Up series**
Gaetano Pesce
B&B Italia

The voluptuous sitting furniture made out of polyurethane foam from the *Up* series is delivered flat, held together and vacuum-packed in PVC foil. As soon as the packaging is removed, the furniture snaps back to its original voluminous shape.

Les fauteuils aux formes volumineuses de la série *Up* sont en mousse polyuréthane. Ils sont tassés dans un emballage sous vide en PVC et livrés à plat. Lorsque l'on ouvre l'emballage, le fauteuil retrouve ses formes.

Die prallen Sitzmöbel der *Up*-Serie aus Polyurethanschaumstoff werden flach angeliefert, zusammengepresst und in PVC-Folie vakuumverpackt. Wird die Verpackung geöffnet, springen sie in ihre ursprüngliche voluminöse Form zurück.

1968

< **Carrera**
Gionatan De Pas, Donato D'Urbino,
Paolo Lomazzi
BBB emmebonacina

This armchair completes the *Carrera* sitting landscape, which uses a number of easily combined modules. Its full body, covered with stretch material, evokes an inflatable rubber boat.

Ce fauteuil fait partie de l'ensemble *Carrera,* associant des éléments modulables. Solide et recouvert de strech, il fait penser à un bateau gonflable.

Der Sessel vervollständigt die *Carrera*-Sitzlandschaft aus kombinierbaren Modulen. Sein draller, mit Stretchgewebe bezogener Korpus erinnert an ein Schlauchboot.

∨ **Boomerang Lounge Chair**
Rodolfo Bonetto
B-Line

Rodolfo Bonetto exchanged his career as a jazz musician with that of a furniture designer. His modular *Boomerang Lounge Chair* takes its name from the chromed steel profiles on the sides. Shaped like boomerangs, this coupling system permits the sofa to be moved into a variety of positions.

Rodolfo Bonetto mit un terme à sa carrière de musicien de jazz pour endosser celle de designer. Les modules *Boomerang Lounge Chair*, ainsi baptisés en raison des profilés en acier chromé en forme de boomerang, s'assemblent pour offrir diverses variantes de canapés.

Rodolfo Bonetto tauschte seine Karriere als Jazzschlagzeuger gegen die des Designers. Sein modularer *Boomerang Lounge Chair*, benannt nach den beiden verchromten Stahlprofilen in Bumerangform an den Seiten, lässt sich zu verschiedenen Sofavariationen verbinden.

1968

∧ Safari
Archizoom Associati
Poltronova

The modular living landscape, featuring chairs in leopard-fur imitation and arranged as a floral landscape, used to be perceived as an insult to conventional good taste. Today, it is hailed as an icon of Radical Design.

Ce paysage d'intérieur comprenait des éléments modulables dont les assises étaient en forme de pétales de fleurs, recouverts d'une étoffe imitant la toison du léopard : une provocation envers le bon goût traditionnel. Cette pièce est devenue aujourd'hui une icône du Radical Design.

Die modulare Wohnlandschaft mit in Blütenform angeordneten Sitzen und Leopardenfellimitat war einst eine Provokation für den konventionellen guten Geschmack. Heute zählt sie zu den Ikonen des Radical Design.

1968

V **Pratone**
Gruppo Strum
Gufram

The waist-high foam blades of grass were once intended as sheer provocation. Since then, however, this artificial grass lounge has become part of pop-culture vocabulary, as have the other objects from the Gufram's *Multipli* series.

Die hüfthohen Grashalme aus Schaumstoff waren einst als Provokation konzipiert. Heute gehört die künstliche Liegewiese, zusammen mit den anderen Objekten der Serie *I Multipli* von Gufram, zum Vokabular der Popkultur.

Les pousses de gazon en mousse furent à leur époque conçues dans un esprit de provocation. Ce siège imitant le gazon figure aujourd'hui parmi les références de la culture pop, tout comme les autres pièces de la série *I Multipli* de Gufram.

1968

∨ **ES106 Chaise (Soft Pad Serie)**
Charles & Ray Eames
Vitra

Charles and Ray Eames initially created the lounge chair for their friend, director Billy Wilder. Despite the fact that the soft leather cushions are very comfortable, the lounge surface was deliberately designed to be narrow enough to ensure that any naps taken here were kept to the necessary minimum.

Charles et Ray Eames conçurent cette chaise longue pour le réalisateur Billy Wilder, avec qui ils s'étaient liés d'amitié. Les coussins souples en cuir sont confortables. Le matelas est resté volontairement mince, de manière à ce que la sieste ne dure pas trop longtemps.

Charles und Ray Eames gestalteten die Liege einst für ihren Regisseurfreund Billy Wilder. Die weichen Lederpolster sind bequem, die Liegefläche ist aber absichtlich schmal geschnitten, um die Dauer des Nickerchens auf ein notwendiges Minimum zu beschränken.

1968

∧ Bruco
Mario Bellini
Cassina

As is the case with many of Mario Bellini's designs, this lounge chair—formally reminiscent of a caterpillar—renders its construction and structure visible. The uniquely shaped foam body pushes itself out underneath the tautly stretched material of the cover.

À l'image de nombreuses créations de Mario Bellini, la structure et la construction de cette chaise longue, qui fait penser à une chenille, sont très visibles. Le corps en mousse prend forme dans une housse en tissu.

Wie viele von Mario Bellinis Entwürfen verbirgt diese Liege, die formal an eine Raupe erinnert, ihre Konstruktion nicht. Der eigenwillig geformte Schaumstoffkorpus drückt sich unter dem straff gespannten Stoffbezug durch.

1968

< F 978
Geoffrey Harcourt RDI
Artifort

This three-dimensional seat shell out of polyurethane is unbelievably sturdy and is combined with a matching leather cushion. Both are connected to each other and mounted on an aluminum plate foot.

La coque en trois dimensions et en polyuréthane est particulièrement robuste. Elle est garnie d'un capitonnage recouvert de cuir. Les deux éléments sont fixés l'un à l'autre et reposent sur un piétement circulaire en aluminium.

Die dreidimensional geformte Trägerschale aus Polyurethan ist ungewöhnlich stark und wird mit einem passenden Lederpolster kombiniert. Beide sind fest miteinander verbunden und auf einem Tellerfuß aus Aluminium montiert.

1968

< ABCD
Pierre Paulin
Artifort

ABCD is an upholstered sitting furniture system that is composed of several separate seat shells. A wavy sitting area with clearly defined boundaries is thus created, ideal for hotel lobbies and lounges.

ABCD est un système d'éléments rembourrés qui se compose de coques individuelles. Assemblées, elles forment une surface reondulante, avec des assises bien délimitées, et qui s'avère idéale pour meubler les halls d'hôtels.

ABCD ist ein gepolstertes Sitzmöbelsystem, das sich aus separaten Sitzschalen zusammensetzt. Dadurch entsteht eine wellenförmige Sitzfläche mit klar voneinander abgegrenzten Sitzplätzen, ideal für Hotellobbys und -lounges.

∧ C 683
Kho Liang Ie
Artifort

Prevalent in furniture made in the 1960s, molded foam was also ideal for formally restrained designs, such as this sofa with its characteristic horizontal stitches on the seat and back cushions.

Dans les années 1960, les mousses furent un matériau particulièrement apprécié des designers. Elles furent également utilisées avec succès pour des créations aux formes modestes, par exemple pour ce canapé dont les surfaces rembourrées de l'assise et du dossier présentent les coutures horizontales caractéristiques.

Der in den 1960er-Jahren bei Gestaltern so beliebte Formschaumstoff ließ sich ebenso überzeugend für formal reduzierte Entwürfe verwenden, etwa bei diesem Sofa mit den charakteristischen horizontal verlaufenden Nähten auf Sitz- und Rückenkissen.

379

1968

V Model 7501
Rud Thygesen & Johnny Sørensen
Fredericia

The classically made series "of royal furniture", to which the chair depicted here belongs, unite craftsmanship and tradition with modern Danish design. They were honored by the Copenhagen Cabinet Makers' Guild and given to the Danish King Frederik IX as a present, which explains the name.

Les meubles de la « série royale », parmi lesquels figure cette chaise, associaient savoir-faire artisanal et design danois moderne. Ils furent récompensés par la Fédération des ébénistes de Copenhague et offerts au roi Frédéric IX, d'où leur nom.

Die klassisch verarbeiteten „Königsmöbel", hier der Stuhl, vereinen Handwerkstradition mit modernem dänischem Design. Sie wurden von der Kopenhagener Tischlerinnung ausgezeichnet und König Frederik IX. als Geschenk überreicht – daher der Name.

1968

> **210/1**
> Friso Kramer
> Wilkhahn

The combination of reinforced fiberglass polyester (for the seat) and massive wood (for the frame) is quite rare. By combining both materials in such an innovative manner, Wilkhahn succeeded once again in manufacturing a highly contemporary piece of furniture.

L'association du polyester renforcé à la fibre de verre (pour la coque) et du bois massif (pour le châssis) est rare. Cette réunion innovante des deux matériaux était conforme à la volonté de Wilkhahn de concevoir des meubles très contemporains.

Die Kombination von glasfaserverstärktem Polyester (für die Sitzschale) und Massivholz (für das Rahmengestell) ist selten. Die innovative Verbindung der beiden Materialien entsprach dem Anspruch Wilkhahns, zeitgemäße Möbel zu gestalten.

∨ **SM 400 K**
Gerd Lange
Drabert

In this stacking chair, the tubular steel frame and the seat shell made of polyamide support each other. Less material is thus used and the construction is considerably lighter.

Le châssis en acier tubulaire et la coque en polyamide se stabilisent réciproquement au sein de cette chaise empilable et économique, aussi bien au niveau de la construction que des matériaux utilisés.

Bei dem stapelbaren Stuhl stabilisieren sich das Stahlrohrgestell und die darauf gesteckte Sitzschale aus Polyamid gegenseitig. Das Ergebnis ist sparsam im Materialverbrauch und leicht in der Konstruktion.

381

1968

∨ Swing
Reinhold Adolf
cor

This bouncy armchair was named for the combination of inflexible and flexible components. The armchair merges the highest degree of comfort with a sleek, elegant exterior. The square seat and back cushions hide a sturdy wooden frame that cushions the load of the weight.

Ce fauteuil à bascule doit son nom aux éléments rigides et à ressorts qui le composent. Il réunit ainsi confort et design. Sous les coussins de l'assise et du dossier, un cadre en bois robuste reçoit la charge du corps.

Der Name des Schwingsessels geht auf die Kombination von starren und federnden Bauteilen zurück. So verbindet der Sessel ein markantes Äußeres mit höchstem Komfort. Unter den kantigen Sitz- und Rückenpolstern verbirgt sich ein Formholzrahmen, der das Gewicht abfedert.

> Polycor
Luigi Colani
cor

Freely flowing forms, such as this one-legged shell armchair, were only possible thanks to plastic. Luigi Colani used these amorphous designs against the streamlined, sober look of modernism and its successors.

Le plastique permit de réaliser des formes fluides, comme ce fauteuil dont la coque repose sur un pied. Avec ses créations aux lignes floues, Luigi Colani s'élevait contre le modernisme sobre et rectiligne et ses avatars.

Kunststoff machte frei fließende Formen wie bei diesem einbeinigen Schalensessel erst möglich. Mit seinen amorphen Entwürfen richtete sich Luigi Colani gegen die geradlinige, nüchterne Moderne und ihre Erben.

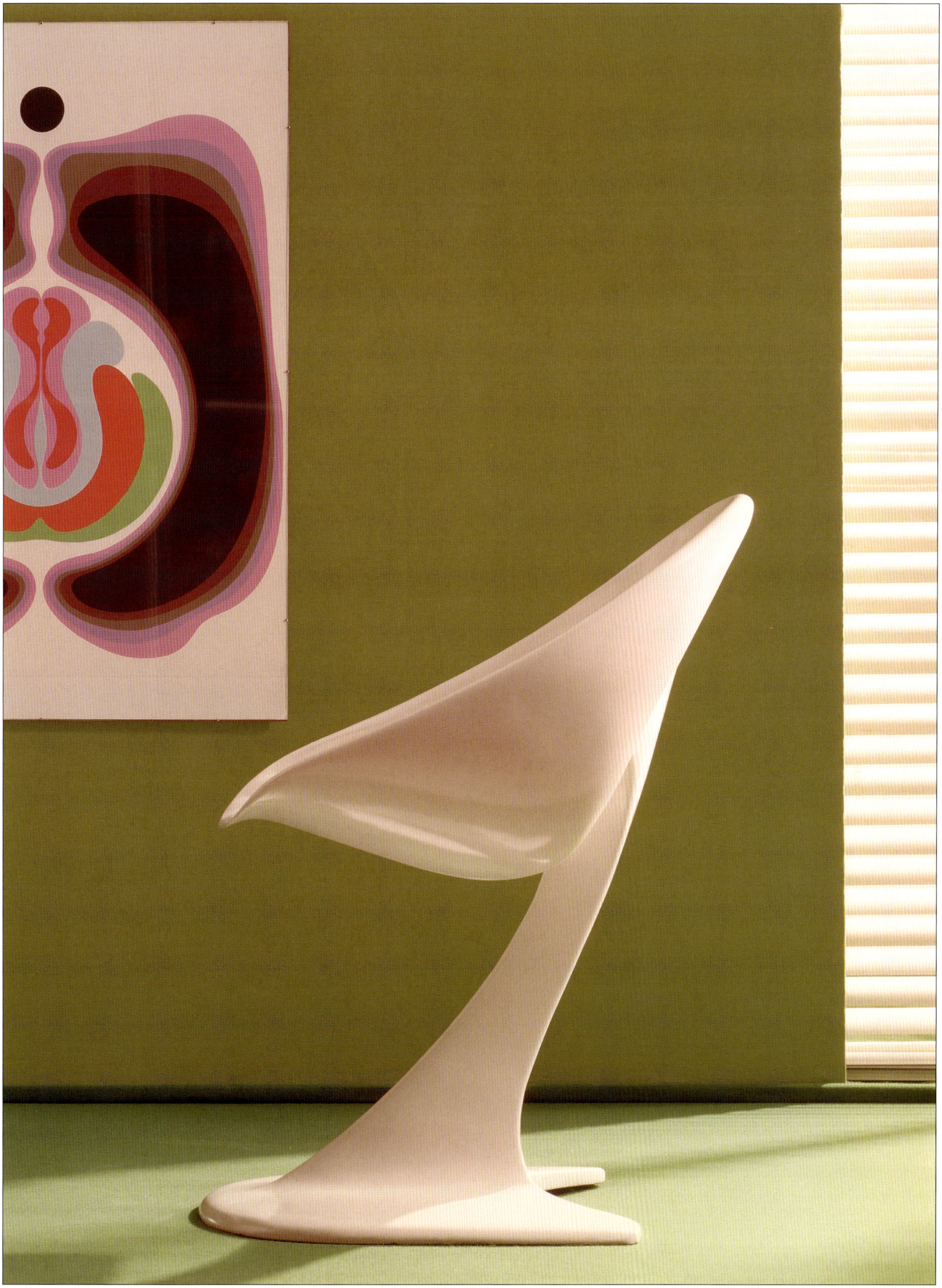

1968

< Poker
Joe Colombo
Zanotta

With this game table, Colombo liberated poker games from the wooden-paneled atmosphere of a gentlemen's club. The stainless steel table legs and the white laminated table top contrast with the green felt cover and leather border.

En réalisant cette table de jeux, Joe Colombo allait à l'encontre de l'image des clubs, avec leurs tables en bois associées au poker. Le piétement en acier fin et le plateau en stratifié blanc offrent un contraste avec le tapis vert classique et son galon de cuir.

Mit diesem Spieltisch befreite Colombo das Pokerspiel von der holzgetäfelten Herrenklubatmosphäre. Die Tischbeine aus Edelstahl und die weiße Laminatplatte kontrastieren mit dem klassischen grünen Filztuch samt Lederrand.

> Sacco
Piero Gatti, Cesare Paolini,
Franco Teodoro
Zanotta

Filled with polystyrene beads, this beanbag adapts to its user's position. This was more or less revolutionary. Up until now, humans had always been obliged to adapt to seating furniture, and not vice versa.

Ce sac rempli de billes de polystyrène s'adapte à la position de celui qui s'y assied. Il fut synonyme d'une petite révolution : jusqu'alors, c'était l'utilisateur qui ajustait sa position à celle du siège, et non l'inverse.

Der mit Polystyrolkugeln gefüllte Sitzsack passt sich der Sitzposition des Nutzers an. Das kam einer Revolution gleich. Bis dahin war es immer der Mensch, der sich auf das Sitzmöbel einstellen musste, und nicht umgekehrt.

1967

∧ **Blow**
Gionatan De Pas, Donato D'Urbino,
Paolo Lomazzi, Carla Scolari
Zanotta

The inflatable armchair out of PVC foil was intended to be short-lived—a direct insult to middle-class bourgeoisie. This, however, did not prevent it from becoming an icon of pop culture.

Le fauteuil gonflable en PVC était de nature éphémère : un affront pour les valeurs bourgeoises. Et pourtant, ce dernier devint l'une des icônes de l'esthétique pop.

Der aufblasbare Sessel aus PVC trug die Kurzlebigkeit in sich – ein Affront gegen bürgerliche Vorstellungen. Das verhinderte jedoch nicht, dass er zu einer Ikone der Popkultur avancierte.

1967

V **Floris**
Günter Beltzig
Gebrüder Beltzig Design

Even though it appears to be made from one piece, this sculptural seat is a man-made, two-part construction. The amorphous design strayed away from the common sober and analytical approach of the Ulm School of Design.

Ce siège-sculpture semble être moulé dans un seul bloc et pourtant, il s'agit d'une construction en deux morceaux réalisée artisanalement. Cette création s'éloignait de la pensée analytique et sobre émanant de l'École d'Ulm.

Die Sitzskulptur wirkt wie aus einem Guss, dabei ist es eine zweiteilige Konstruktion, die von Hand hergestellt wurde. Der amorphe Entwurf distanzierte sich von dem nüchtern-analytischen Ansatz der damaligen Ulmer Hochschule.

1967

V Plia
Giancarlo Piretti
Castelli

Since its introduction, more than a million of these stacking folding chairs have been sold. The most innovative aspects were the three-disc hinge, which enabled the chair, when folded together, to measure 2.5 cm (around an inch) wide, and the material combination out of transparent plexiglas and chrome-plated tubular steel.

Cette chaise pliante s'est vendue à plusieurs millions d'exemplaires depuis sa création. Son articulation à trois rotules, qui permet de plier le siège sur une largeur de 2,5 cm, ainsi que l'association de plexiglas transparent et d'acier tubulaire, étaient particulièrement innovants.

Der stapelbare Klappstuhl wurde seit seiner Einführung millionenfach verkauft. Innovativ waren sein 3-Scheiben-Gelenk, mit dem er auf eine Breite von nur 2,5 cm zusammenklappt werden kann, und die Materialkombination aus transparentem Plexiglas und Stahlrohr.

1967

V **Pastille**
Eero Aarnio
Asko Lahti, Adelta

The Finnish designer Aarnio presented his contemporary interpretation of a rocking chair—*Pastille*. This informal design expressed the change in values and the prevalent pop culture of the time.

Avec *Pastille*, le Finnois Eero Aarnio présenta une interprétation moderne du fauteuil à bascule. Cette création pop aux formes pleines exprimait le changement de valeurs qui caractérisait l'époque.

Mit *Pastille* stellte der Finne Aarnio eine zeitgenössische Interpretation des Schaukelstuhls vor. Der informelle Entwurf war Ausdruck des damaligen Wertewandels und der Popkultur.

1967

∧ Componibili quadri
Anna Castelli Ferrieri
Kartell

Anna Castelli Ferrieri's container elements are hailed as design classics. Following the basic principle of building blocks, the individual elements out of ABS plastic can be stacked and do not need screws or any other tools for attachment.

Les containers d'Anna Castelli Ferrieri sont de grands classiques. Les éléments en plastique ABS s'empilent à la manière d'un jeu de construction, sans nécessiter de vis ni d'attaches.

Die Container-Elemente von Anna Castelli Ferrieri gelten als Klassiker. Getreu dem Baukastenprinzip lassen sich die einzelnen Elemente aus ABS-Kunststoff stapeln, dabei kommen sie ohne Schrauben und Befestigungen aus.

1967

◁ **Tongue**
Pierre Paulin
Artifort

As is the case with many of his furniture designs, the chair's formally developed body alludes to Paulin's background as a sculptor. A tubular steel frame is hidden underneath the foam upholstery; the armchair stands directly on the floor.

À l'image d'un grand nombre de ses créations, la forme très étudiée de ce siège rappelle la formation de sculpteur de Paulin. Des armatures en tube d'acier se cachent sous le rembourrage en mousse. Le fauteuil est posé à même le sol.

Wie viele seiner Möbelentwürfe verweist auch hier der formal ausgeprägte Korpus auf die bildhauerische Ausbildung Paulins. Unter der Schaumstoffpolsterung verbirgt sich ein Stahlrohrrahmen, der Sessel steht direkt auf dem Boden.

1967

< Le Chat
Pierre Paulin
Artifort

Dynamic movement marks this chair. The backrest and seat seem to be largely supported by the back frame, an aluminum structure. Straining out in opposing directions, they encompass the person sitting in this feline chair.

La forme de ce fauteuil est particulièrement dynamique. Le dossier et l'assise semblent s'échapper des profilés en aluminium qui forment la base du siège. Ils s'élancent dans des directions opposées en décrivant une courbe, afin de fermer l'espace.

Die Form des Sessels steckt voller Dynamik. Rückenlehne und Sitzfläche scheinen dem hinteren Untergestell, einem Aluminiumprofil, zu entspringen. Von dort wölben sie sich dann in entgegengesetzte Richtungen, um den Sitzenden zu umschließen.

V Bobo Divano
Cini Boeri
Arflex

The monobloc chair out of polyurethane foam did not require an inner frame, the result of Cini Boeri's many years of experience with the material. Varying degrees of foam density offer a high comfort.

Ce fauteuil en mousse polyuréthane ne forme qu'un seul bloc et ne possède pas d'armatures. Il révèle un grand savoir-faire, le fruit d'un travail assidu avec ce matériau. Les épaisseurs de mousse varient en fonction des endroits sollicités, et assurent le confort de ce fauteuil.

Der Monoblocksessel aus Polyurethanschaumstoff kommt ohne inneren Rahmen aus, das Ergebnis langjähriger Erfahrungen, die Cini Boeri mit dem Werkstoff machte. Sitzkomfort wird durch die variierende Schaumstoffdichte gewährleistet.

1967

< **Universale**
Joe Colombo
Kartell

Universale was one of the first chairs ever to be produced using injection molding techniques. Initially, it was produced out of ABS plastic. The first version was stackable, had removable legs and was available in two different heights.

La chaise *Universale* fut l'un des premiers sièges entièrement moulé par injection. Elle fut dans un premier temps réalisée en plastique ABS, était empilable et possédait un piétement démontable et disponible en deux longueurs.

Der *Universale* war einer der ersten komplett im Spritzgussverfahren hergestellten Stühle. Er wurde zunächst aus ABS-Kunststoff hergestellt, war stapelbar und hatte Beine, die sich abmontieren ließen und in zwei Höhen lieferbar waren.

1967

> Panton Chair
Verner Panton
Vitra

Verner Panton was not the only one working on a one-piece chair—it was a child of the times. The first design sketches that hint at the *Panton Chair* date back to the years 1958/59. The first public display of the serially made chair, however, was only in 1967. This chair was the direct result of Verner Panton's willingness to experiment with new materials and his determination to be the first designer to exclusively use this unique material while needing only one form of tool to do so. Since its creation, this chair has undergone several variations in material and minor formal variations in order to improve the chair, taking stability, manufacturing and the environment into account.

Verner Panton n'était pas le seul designer à travailler à la réalisation d'une chaise d'un seul tenant. Ce projet était dans l'air. Les premiers dessins qui annoncent le siège en S datent des années 1958/1959. La première présentation au public d'une pièce produite en série n'eut toutefois lieu qu'en 1967. Grâce à son goût pour l'expérimentation et pour les nouveaux matériaux, et grâce aussi à sa détermination, Verner Panton fut le premier à créer un siège avec un seul moule et un seul matériau. La chaise a connu depuis plusieurs modifications, tant au niveau du matériau que de la forme, afin d'optimiser l'ouvrage en termes de technologie de production et d'écologie.

Verner Panton war nicht der Einzige, der an einem Stuhl aus einem Stück arbeitete. Dieses Vorhaben lag förmlich in der Luft. Erste Entwurfsskizzen, die auf den *Panton Chair* hinweisen, stammen aus den Jahren 1958/1959. Die erste öffentliche Präsentation als Serienprodukt erfolgte aber erst 1967. So ist es Verner Pantons Verdienst, durch seine Experimentierfreude mit neuen Materialien und seine Ausdauer den ersten aus einem einzigen Material und mit nur einer Werkzeugform hergestellten Stuhl geschaffen zu haben. Seitdem hat er mehrere Materialvariationen und kleine formale Änderungen durchlaufen, um ihn unter produktionstechnologischen, statischen und ökologischen Gesichtspunkten zu optimieren.

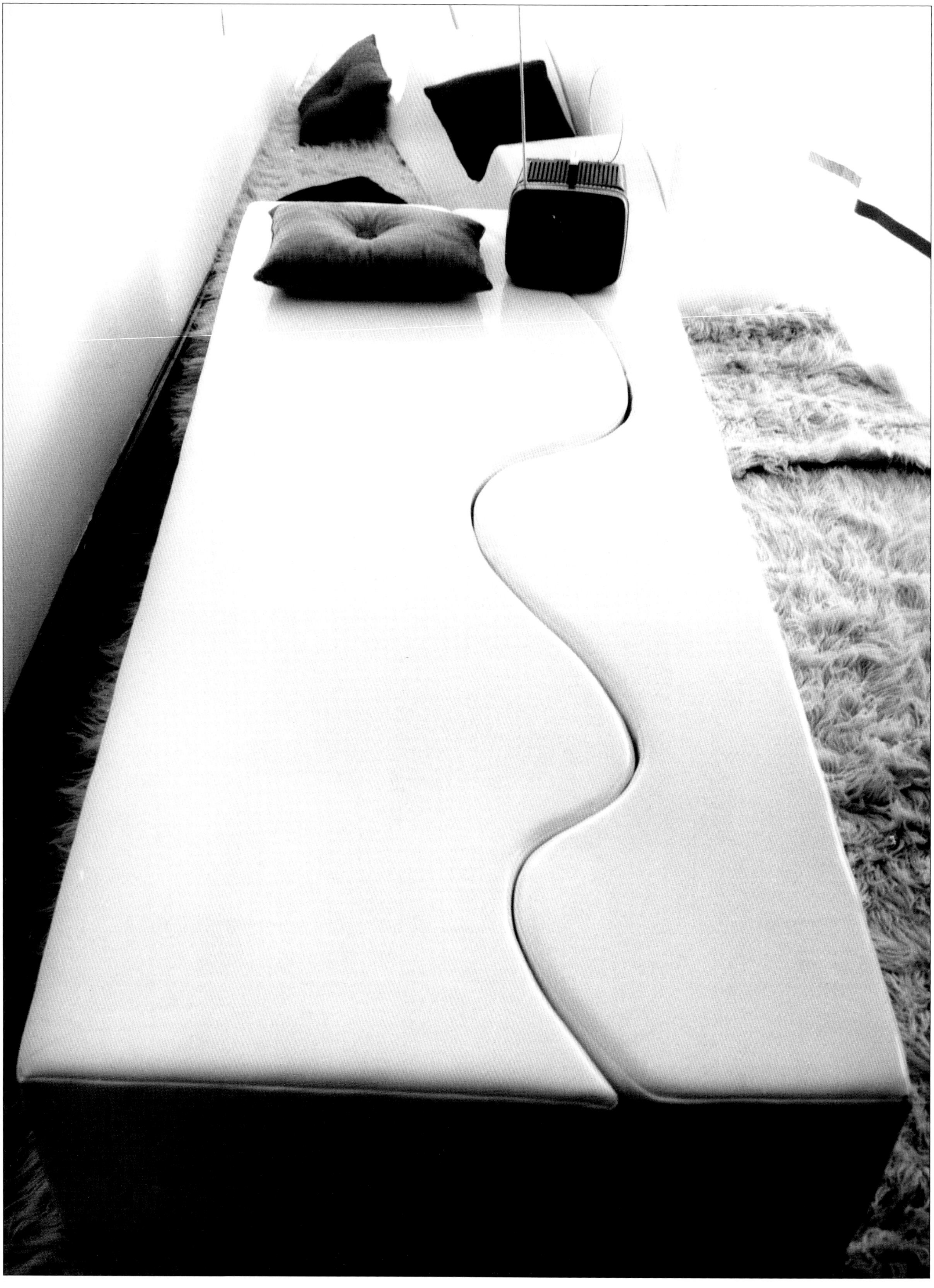

1966

< Superonda
Archizoom Associati
Poltronova

Solid and immobile furniture became a thing of the past—*Superonda's* two wavy polyurethane-foam blocks were so light that they could be easily changed to create a variety of combinations.

Les meubles sur pieds appartenaient désormais au passé. Les deux blocs de mousse polyuréthane ondulants de *Superonda* étaient si légers que l'on pouvait aisément en modifier l'assemblage.

Feststehende Möbel gehörten fortan der Vergangenheit an: Die zwei wellenförmigen Polyurethan-Schaumstoffblöcke von *Superonda* waren so leicht, dass sie sich mühelos in wechselnden Kombinationen aufstellen ließen.

∧ Malitte
Roberto Sebastian Matta
Gavina, Knoll International, Simon

Architect and painter Matta's sitting furniture system can be transformed into a sculptural wall, when not in use. This quality corresponded with the desire for multifunctional and flexible interior design units.

Ce système de sièges, conçu par l'architecte et peintre Matta, forme une sculpture lorsque les éléments sont rangés. Cette caractéristique répondait aux besoins d'une époque aspirant à des pièces de mobilier multifonctionnelles et mobiles.

Das Sitzmöbelsystem des Architekten und Malers Matta kann, wenn es nicht genutzt wird, eine skulpturale Wand bilden. Diese Eigenschaft entsprach dem damaligen Wunsch nach multifunktionalen, beweglichen Einrichtungssystemen.

1966

∨ **Platner Lounge Collection**
Warren Platner
Knoll International

The armchair and stool's shapes are reminiscent of their historical predecessors, yet they are based on a contemporary wire construction. By bending the steel wire struts, a decorative Moiré effect is created.

Les formes du fauteuil et du tabouret évoquent quelques grands classiques. Elles reposent sur une construction en fil de fer moderne. La courbure des tiges d'acier produit un effet moiré décoratif.

Die Gestalt von Sessel und Hocker erinnert an historische Vorlagen, sie beruht aber auf einer zeitgemäßen Stahldrahtkonstruktion. Die funktional bedingte Verformung der Drahtverstrebungen führt zu einem dekorativen Moiré-Effekt.

\> **Ribbon**
Pierre Paulin
Artifort

Contrary to its appearance, comfort was not sacrificed for this ribbon-shaped, sculptural armchair. Countless different sitting positions are possible, all offering the necessary support and comfort.

Les formes sculpturales de ce fauteuil font penser à un ruban, et sont particulièrement confortables. On peut s'y asseoir de diverses manières et son assise offre un appui d'un confort toujours égal.

Die schleifenförmige, skulpturale Form des Sessels ging nicht etwa auf Kosten der Bequemlichkeit, im Gegenteil: Sie erlaubte eine Vielzahl unterschiedlicher Sitzposition, in denen sie den Körper gleichermaßen verlässlich stützte.

1966

> **Model 925**
> Tobia & Afra Scarpa
> Cassina

The frame's severe composition was toned down through the curved seating shell and backrest, slightly rounded on one side. The armchair was inspired by a design from 1943 by Tobia Scarpa's father, the architect Carlo Scarpa.

L'assise et le dossier aux formes arrondies et convexes viennent adoucir l'aspect sévère des armatures. Tobia Scarpa s'est inspiré d'un modèle de son père, l'architecte Carlo Scarpa, datant de 1943.

Die strenge Komposition des Rahmens wird durch die gewölbte und an einer Seite abgerundete Sitzschale und Rückenlehne abgeschwächt. Der Sessel wurde durch einen Entwurf aus dem Jahr 1943 von Tobia Scarpas Vater, dem Architekten Carlo Scarpa, inspiriert.

1966

∧ **Karelia 870**
Liisi Beckmann
Zanotta

Like many designs from the 1960s, designers celebrated forms and colors. This Finnish designer, Liisi Beckmann, added a shiny cover to the design out of polyurethane foam.

Les designers des années 1960 ne se grisaient pas seulement de formes, mais aussi de couleurs. Ainsi, cette création du Finnois Liisi Beckmann en mousse polyuréthane fut revêtue d'une housse d'aspect brillant.

Wie bei vielen Entwürfen der 1960er-Jahre schwelgten die Designer nicht nur in Formen, sondern auch in Farben. Dieser Entwurf der Finnin Liisi Beckmann aus Polyurethanschaumstoff wurde noch durch einen glänzenden Bezug ergänzt.

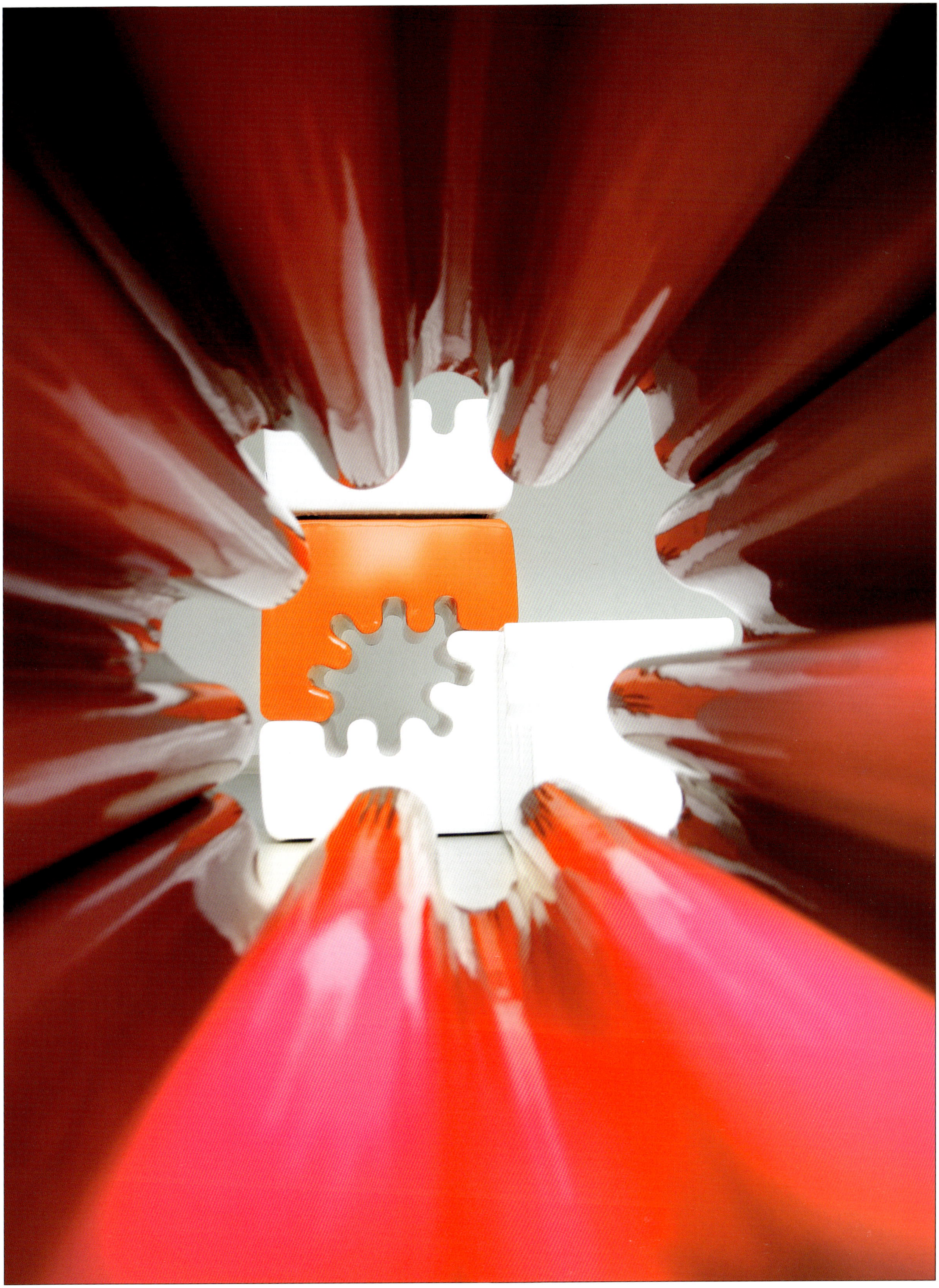

1966

V Model 780
Gianfranco Frattini
Cassina

The round nesting tables from varnished birch wood with varying height can be placed on their own or slid into each other to form a table landscape. Even when together, with the table legs slightly transposed, the whole impression is captivating.

Ces tables basses gigognes en hêtre naturel laqué peuvent être disposées séparément ou se superposer pour créer des associations originales. Même emboîtées les unes sur les autres, elles forment une pièce de mobilier intéressante. Le piétement des quatre tables présente alors un motif en décalé.

Die unterschiedlich hohen, runden Satztische aus lackiertem Birkenholz können einzeln aufgestellt oder zu einer Tischlandschaft ineinandergeschoben werden. Auch gestapelt, wobei die Tischbeine versetzt werden, ergeben sie ein attraktives Bild.

1966

> **Demetrio**
Vico Magistretti
Artemide

Designers from this period loved to stack chairs and tables. This table's legs are shaped in a way so that they fit in the grooves of another table's surface, finding stability and support on its tabletop.

Les designers de cette époque n'empilaient pas seulement les chaises, mais aussi les tables basses. Le piétement est ici conçu de manière à ce que les pieds puissent s'encastrer dans les bords du plateau, qui forment une rainure.

Nicht nur Stühle, auch Tische stapelten die Designer in dieser Zeit mit großer Vorliebe. Die Tischbeine hier sind so geformt, dass sie in den dafür vorgesehenen Mulden der Tischflächen Halt finden.

< **Tavolino**
Giotto Stoppino
Kartell

Small furniture, such as these nesting tables out of ABS plastic, ensured Italy's global reputation as a design nation in the 1960s and 1970s. One of the key characteristics of Italian design of the time was the innovative approach to plastic.

Des meubles aux dimensions modestes, comme ces tables gigognes réalisées en plastique ABS, contribuèrent au renom de l'Italie, considérée comme la nation du design dans les années 1960 et 1970.

Kleinmöbel wie diese Satztische aus ABS-Kunststoff begründeten in den 1960er- und 1970er-Jahren den weltweiten Ruf Italiens als Designnation. Bezeichnend dafür war der innovative Umgang mit Kunststoffen.

1966

V Superbox
Ettore Sottsass
Poltronova, Anthologie Quartett

The square closets covered with striped plastic laminate immediately attract attention, even decades later. The contrast of bright colors and cheap materials influenced Sottsass from this point forwards and characterized the Memphis movement in the 1980s, which he co-founded.

Les armoires en forme de boîtes, et habillées de stratifié plastique rayé étonnent aujourd'hui encore. Sottsass continua d'expérimenter les couleurs vives et les matériaux peu coûteux, notamment dans les années 1980 avec le groupe Memphis qui vit le jour sous son égide.

Die kastenförmigen, mit gestreiftem Kunststofflaminat verkleideten Schränke sind auch heute noch unverändert auffällig. Die Auseinandersetzung mit grellen Farben und billigen Materialien beschäftigte Sottsass fortan und kennzeichnete in den 1980er-Jahren die von ihm mitbegründete Memphis-Bewegung.

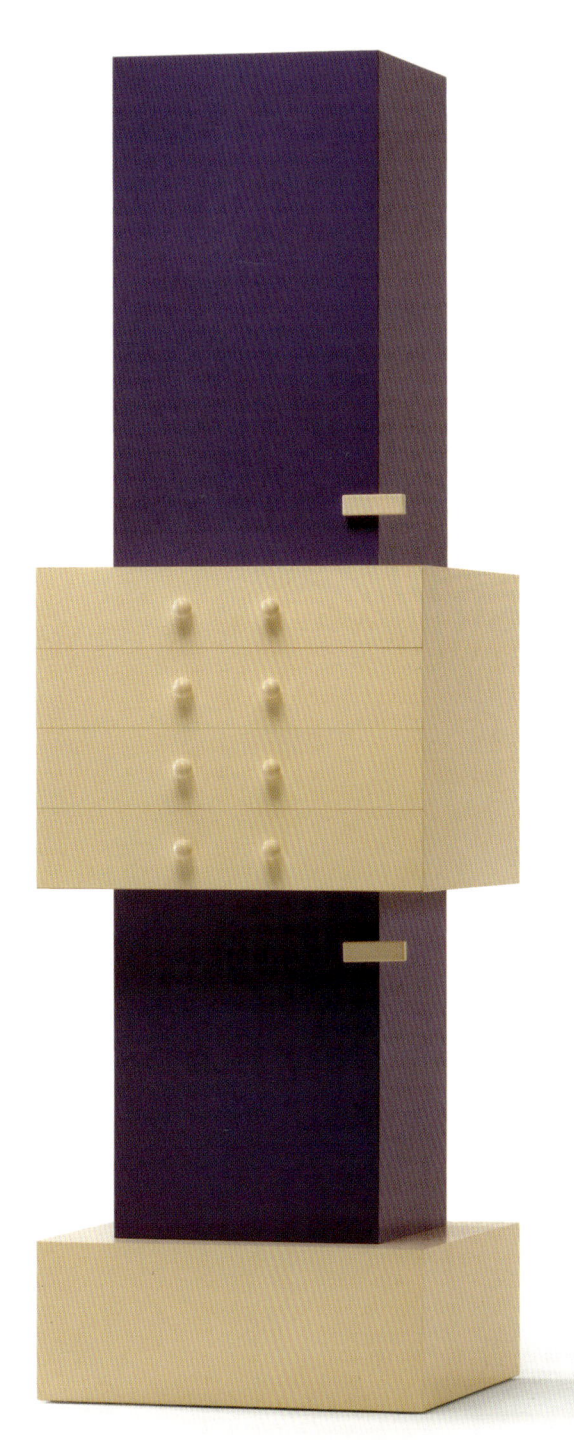

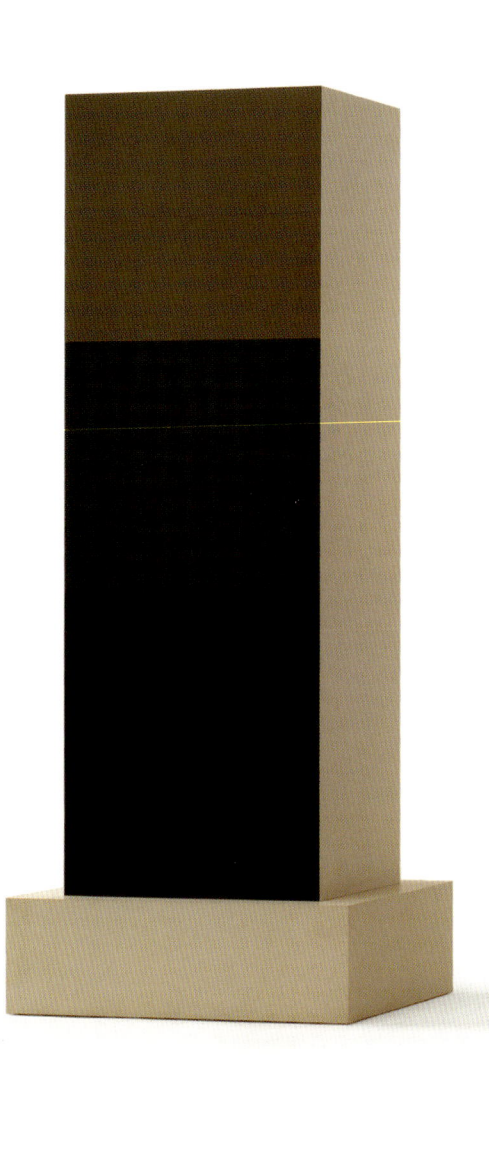

1966

∧ **Ball**
Eero Aarnio
Asko Lahti, Adelta

The ball-shaped design testifies to the space euphoria and the belief in progress of the 1960s. This piece of sitting furniture is thus distinctly characteristic for the period.

Cette création en forme de globe évoque l'engouement pour l'espace, et la croyance au progrès caractéristiques des années 1960. La pièce de mobilier « fauteuil » était à son apogée avec cette pièce.

Der kugelförmige Entwurf ist eine Referenz an die Raumfahrteuphorie und den Fortschrittsglauben der 1960er-Jahre. Damit war das Sitzmöbel auf der Höhe seiner Zeit.

1966

V **Fiera di Trieste**
Pierangela d'Aniello, Aldo Jacober
Bazzani

At the Triest Triennial in 1966, this folding chair with its unusual wide wooden frame received several awards for its minimalist, non-ornamental design and suitability for industrial production.

Cette chaise pliante, qui se distingue par la largeur peu habituelle de ses armatures, fut récompensée lors de la Foire d'exposition de Trieste de 1966, pour ses formes minimalistes et sa facilité de production à l'échelle industrielle.

Der Klappstuhl mit seinem ungewöhnlich breiten Holzrahmen wurde bei einem Möbelwettbewerb anlässlich der Triester Messe 1966 für seine auf das Wesentliche reduzierte Gestaltung und für seine industrielle Herstellbarkeit ausgezeichnet.

1965

∧ Tric
Achille & Pier Giacomo Castiglioni
BBB emmebonacina

When folded, this light chair can easily be hung on the wall to save space. A new transparent edition in 2007 out of polycarbonate, which reveals the construction's inner details, succeeded the original wooden version.

Lorsqu'elle est pliée, cette chaise légère peut être accrochée au mur, offrant ainsi un gain de place. En 2007, une édition en polycarbonate, avec un modèle transparent laissant apparaître les éléments de construction, succéda à la version en bois originale.

Zusammengeklappt lässt sich dieser leichte Stuhl Platz sparend an die Wand hängen. Auf die ursprüngliche Holzversion folgte 2007 eine neue Edition in Polycarbonat mit einer transparenten Variante, die die Konstruktionsdetails offenlegt.

1965

∧ Tray Table
Finn Juhl
onecollection

Both sides of the tray with narrow tubular steel frame can be used. The slightly curved teakwood frame and the corner joints are characteristic for Finn Juhl's designs.

Le plateau, qui repose sur un fin piétement en tube d'acier, peut s'utiliser des deux côtés. Le cadre en teck, présentant un léger arrondi, ainsi que l'assemblage des angles sont caractéristiques des ouvrages de Finn Juhl.

Das Tablett auf dem schmalen Stahlrohrrahmen lässt sich beidseitig verwenden. Der leicht geschwungene Teakholzrahmen und die Eckverbindungen sind charakteristisch für Finn Juhls Entwürfe.

1965

< Hammock PK24
Poul Kjærholm
Fritz Hansen

In the eyes of the Danish designer Poul Kjærholm, steel and wood were equally natural materials and deserved the same creative precision and high-quality craftsmanship. His carefully constructed furniture series *PK* testifies to his perfectionism.

Pour le designer danois, l'acier était un matériau aussi naturel que le bois et se travaillait avec une précision similaire, tant au niveau des formes que des techniques. Les meubles soigneusement exécutés de la série *PK* sont empreints de ces exigences.

Stahl war in den Augen des dänischen Designers ein ebenso natürliches Material wie Holz, das die gleiche gestalterische und handwerkliche Präzision beanspruchte. Diesen Anspruch setzte er in den sorgfältig konstruierten Möbeln seiner Serie *PK* um.

> Little Tulip F163
Pierre Paulin
Artifort

Pierre Paulin used a tulip as inspiration for this design. Similar to the previously designed *Tulip Armchair*, the curved seat envelops the person in it, as if he or she were sitting in a flower blossom.

La tulipe servit de modèle à Pierre Paulin pour créer cette chaise. Comme dans le fauteuil précédemment conçu, l'assise creusée forme un calice.

Bei diesem Stuhl diente Pierre Paulin die Tulpe als Vorlage. Wie bei seinem zuvor gestalteten Tulpen-Sessel umschließt die gewölbte Sitzfläche den Sitzenden – wie ein Blütenkelch.

1965

V **Suzanne**
Kazuhide Takahama
Gavina, Knoll International

The tubular steel frame of this two-seater holds three cloth-covered foam elements together. The two-seater is one of the earliest examples of furniture out of large, cut-to-size blocks of polyurethane foam.

Les trois éléments en mousse composant cette chauffeuse sont recouverts de tissu et fixés à un châssis en tube d'acier. Cette chauffeuse est l'un des exemples les plus anciens d'utilisation de blocs en mousse polyuréthane de cette taille.

Bei diesem Zweisitzer werden drei stoffbezogene Schaumstoffelemente durch einen Rahmen aus Stahlrohr zusammengehalten. Der Zweisitzer ist eine der frühesten Beispiele für die Verwendung großer, zugeschnittener Blöcke aus Polyurethanschaumstoff.

1965

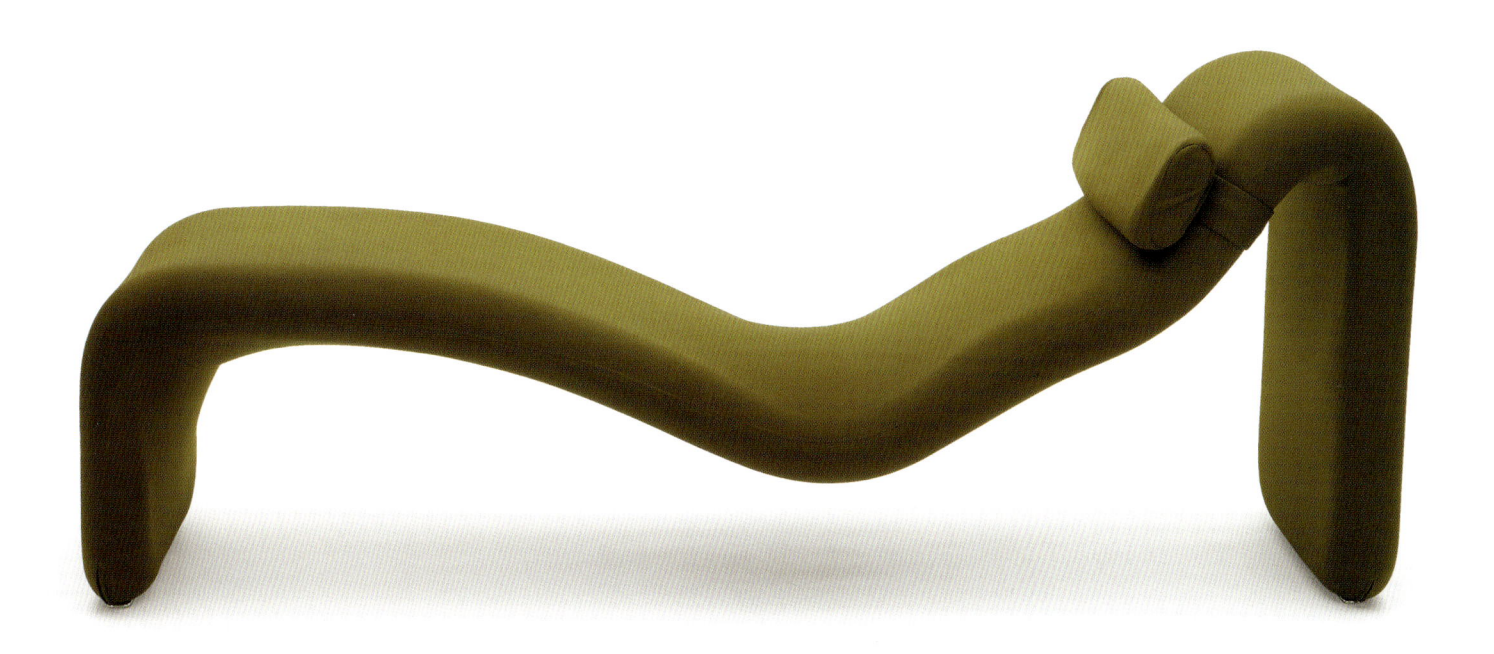

∧ Djinn
Olivier Mourgue
Airborne International

Many know the furniture from the *Djinn* series, here the chaise longue, from Stanley Kubrick's movie *2001: A Space Odyssey*. The furniture's low seats correspond with the informal lifestyle of the time.

Les meubles de la série *Djinn*, dont la chaise longue, ont connu leur heure de gloire lors de leur apparition dans le film de Stanley Kubrick *2001 : L'Odyssée de l'espace*. L'assise de ces meubles, peu élevée par rapport au sol, était en adéquation avec le style de vie informel de cette époque.

Die Möbel der *Djinn*-Serie, hier die Chaiselongue, hatten ihren bislang größten Auftritt in Stanley Kubricks Film *2001: Odyssee im Weltraum*. Die niedrige Sitzhöhe der Möbel entsprach dem informellen Lebensstil von damals.

1965

∧ **Allunaggio**
Achille & Pier Giacomo Castiglioni
Zanotta

The Castiglionis conceived the three-legged stool for use in the garden. The unusually widely spaced legs were intended to spare the lawn. The design is simultaneously surprising and functional.

Ce tabouret reposant sur trois pieds fut conçu pour le jardin. Le piétement inhabituellement évasé devait ménager le gazon. Cette création est à la fois surprenante et fonctionnelle.

Den dreibeinigen Hocker konzipierten die Castiglionis als Sitzmöbel für den Garten. Die ungewöhnlich weit ausgestellten Beine sollten den Rasen schonen. Der Entwurf ist überraschend und funktional zugleich.

1965

> **Model No. 4801**
Joe Colombo
Kartell

Colombo's daring construction of three molded interconnecting plywood components anticipated the form language of his later designs using plastic, where construction and material merge into one unit.

Cette construction sobre, composée de trois morceaux de lamellé-collé qui s'entremêlent, annonce ses créations en plastique futures, au sein desquelles matériau et construction fusionnent pour créer une unité de corps.

Colombos kühne Konstruktion aus drei ineinandergreifenden gebogenen Schichtholzteilen antizipiert die Formensprache seiner späteren Entwürfe aus Kunststoff, bei denen Konstruktion und Material zu einer Einheit verschmelzen.

Courtesy galerie ulrich fiedler, Berlin

< **Throw-Away**
Willie Landels
Zanotta

The sofa and its matching armchair were affordable pieces of furniture that were based on simple methods of production. The underlying thought corresponded with the throwaway mentality of the 1960s.

Le canapé et le fauteuil assorti étaient des meubles peu coûteux à l'achat, en raison d'un procédé de fabrication peu complexe. L'idée qui présida à la conception de ce fauteuil reprenait l'engouement pour le jetable et l'éphémère, caractéristique des années 1960.

Das Sofa und der dazugehörige Sessel waren preiswerte Möbel, basierend auf einfachen Herstellungsverfahren. Der Gedanke dahinter entsprach der Wegwerfmentalität der 1960er-Jahre.

≫ **Divani Saratoga**
Elena & Massimo Vignelli
Poltronova

Not the upholstery, but the square body out of varnished wood plays the key role in this sofa unit. Matching drawer elements existed for the sofa unit as well.

Les angles des armatures en bois laqué sont au premier plan, le rembourrage jouant un rôle secondaire dans cette gamme de canapés. Des éléments de rangements assortis viennent compléter l'ensemble.

Bei diesem Sofaprogramm spielt nicht die Polsterung, sondern der eckige Korpus aus lackiertem Holz die Hauptrolle. Dazu gibt es passende Schubladenelemente.

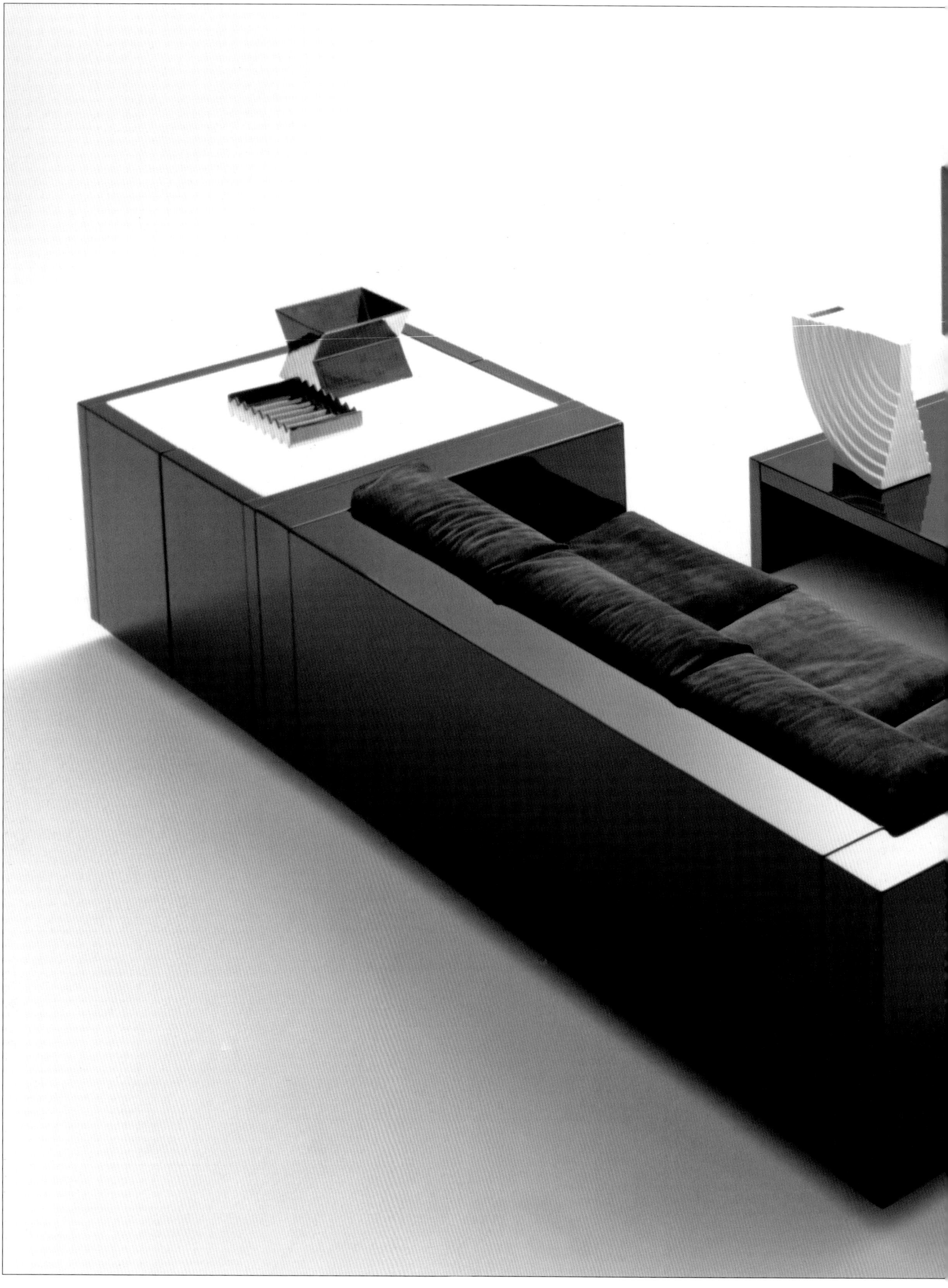

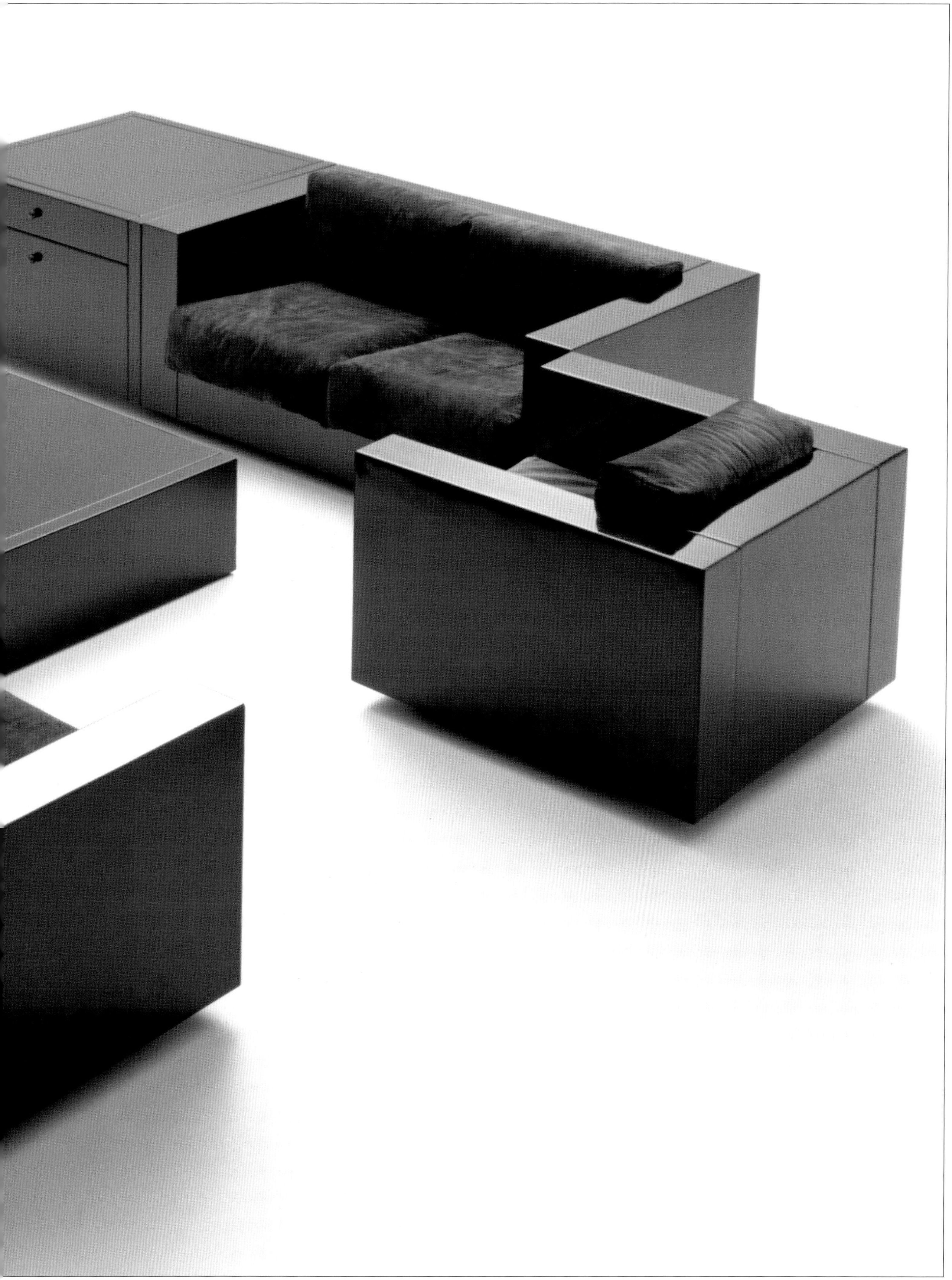

1964

∨ **Conseta**
Friedrich-Wilhelm Möller
cor

Conseta by Friedrich-Wilhelm Möller is a timeless sofa unit which offers countless armrests, various widths, foot variants and corner elements.

Friedrich-Wilhelm Möller conçut avec *Conseta* une gamme de canapés intemporels proposant un système qui offrait diverses formes d'accotoirs, de pieds, de dossier ainsi que plusieurs profondeurs.

Mit *Conseta* gestaltete Friedrich-Wilhelm Möller ein zeitloses Sofasystem, das eine Vielzahl verschiedener Armlehnformen, Korpusbreiten, Fußvarianten und Eckelementen bot.

> **Fronzoni '64**
A. G. Fronzoni
Cappellini

The chair's strict lines have graphic qualities. The frame out of square metal tube with a seat out of varnished wood seems to be drawn in the room. It is therefore hardly a surprise that Fronzoni also worked as a graphic designer.

Les lignes rigoureuses de cette chaise sont proches du graphisme. Le châssis, composé de cadres en tube d'acier et son assise en bois laqué occupent l'espace à la manière d'une composition graphique. En effet, chose peu surprenante, Fronzoni était également designer graphiste.

Die strenge Linienführung des Stuhls hat grafische Qualität. Der Rahmen aus viereckigem Metallrohr mit der Sitzfläche aus lackiertem Holz steht wie eine Zeichnung im Raum. Es überrascht daher kaum, dass Fronzoni auch als Grafikdesigner tätig war.

1964

∧ **Portrait of My Mother's Chesterfield Chair**
Gunnar Aagaard Andersen
Dansk Polyether Industri

Experiments with material were the inspiration for this piece of furniture. The formless sitting object out of polyurethane foam broke with the *leitmotif* of modernism, which postulated form follow function.

L'expérimentation du matériau présida à cette création. Ce siège-sculpture sans formes précises, réalisé en mousse polyuréthane, rompt avec le principe directeur du modernisme selon lequel la fonction dicte la forme.

Hier hat das Materialexperiment Pate gestanden. Das formlose Sitzobjekt aus Polyurethanschaumstoff bricht mit dem Leitsatz der Moderne, demzufolge die Form aus der Funktion folgen sollte.

1964

∧ **Book Box**
Joe Colombo
Bernini

The *Book Box* is an element of the *Personal Container*, multi-functional furniture that Joe Colombo furnished with different interiors for various requirements.

La *Book Box* est l'un des éléments des *Personal Container*, des meubles multifonctionnels conçus pour répondre à différents besoins, et équipés d'accessoires divers.

Die *Book Box* ist ein Element der *Personal Container*, Multifunktionsmöbel die Joe Colombo für unterschiedliche Anforderungen mit verschiedenem Zubehör ausgestattet hat.

1963

< **Bar Boy**
Verner Panton
Vitra

Even today, decades later, this compact, mobile bar out of highly polished molded plywood is still a contemporary alternative to classical house bars. High bottles, glasses and other bar accessories can be easily stored in the four-component cylinder on wheels.

Ce meuble compact et mobile, réalisé en contreplaqué moulé laqué brillant, offre aujourd'hui encore une bonne alternative aux meubles de bar classiques. Le cylindre sur roulettes se compose de trois compartiments qui permettent de ranger les bouteilles, les verres et autres accessoires.

Das kompakte, mobile Barmöbel aus hochglänzend lackiertem Formsperrholz ist auch heute noch eine zeitgemäße Alternative zur klassischen Hausbar. In dem vierteiligen Zylinder auf Rollen lassen sich hohe Flaschen, Gläser und anderes Barzubehör unterbringen.

∧ **PK54A**
Poul Kjærholm
Fritz Hansen

The table's construction is based on geometrical forms—squares and circles. The severity in composition, reinforced by the use of cool materials such as steel and marble, is cleverly softened through the choice of massive maple wood for the second extended ring.

La conception de cette table est dictée par des formes géométriques : le carré et le rond. L'anneau en érable massif offre un contraste judicieux avec la rigueur de la composition, accentuée par l'utilisation de matières froides telles que l'acier et le marbre.

Die Konstruktion des Tisches beruht auf geometrischen Formen – Quadrat und Kreis. Diese kompositorische Strenge, verstärkt durch die Verwendung kühler Materialien wie Stahl und Marmor, wird durch den Erweiterungsring aus Ahornmassivholz geschickt abgeschwächt.

1963

∧ **Butterfly**
\> **F 444**
Pierre Paulin
Artifort

The combination of steel frame and leather evokes Mies van der Rohe and Le Corbusier's designs. *Butterfly*, an extremely elegant construction, features welded crossed steel rods. The cantilever chair *F 444*'s frame consists of two cross-connected rods of tubular steel. Both chairs were recently reintroduced in Artifort's catalog.

L'association de tube d'acier et de cuir tendu évoque les créations de Mies van der Rohe et de Le Corbusier. Les tiges métalliques qui s'entrecroisent sont soudées les unes aux autres dans le modèle *Butterfly*, qui se distingue par son élégance. L'armature du porte-à-faux *F 444* se compose de deux profilés en acier tubulaire reliés l'un à l'autre. Les deux sièges viennent d'être réédités par Artifort.

Die Kombination von Stahlrahmen und Lederbespannung erinnert an die Entwürfe von Mies van der Rohe und Le Corbusier. Bei dem grazilen *Butterfly* sind die gekreuzten Stahlstäbe miteinander verschweißt. Der Rahmen des Freischwingers *F 444* besteht aus zwei miteinander verbundenen Stahlrohrbügeln. Beide Stühle wurden kürzlich von Artifort wieder aufgelegt.

1963

> Lounge Chair
Grete Jalk
Poul Jeppesen, Lange Production

When making this chair, Grete Jalk molded two form plywood components so daringly that only a few hundred copies were ever made. Danish manufacturer Lange Production recently began manufacturing this chair in teak wood and Douglas fir.

Pour réaliser ce siège, Grete Jalk plia deux morceaux de contreplaqué en accentuant tellement les courbes que l'objet ne fut édité qu'en nombre restreint : quelques centaines d'exemplaires. Le fabricant danois Lange Production réédite depuis peu seulement ce siège, en utilisant du teck et du pin de Douglas.

Für diesen Stuhl bog Grete Jalk zwei Formschichtholzteile derart kühn, dass zu ihrer Zeit nur wenige Hundert Exemplare hergestellt wurden. Erst kürzlich hat der dänische Hersteller Lange Production den Stuhl in Teakholz und Douglasie wieder aufgelegt.

< CH07
Hans J. Wegner
Carl Hansen

Even though Hans J. Wegner rarely worked with plywood, these designs were highly successful. The three-legged chair out of molded plywood shows formal similarities with the plywood chairs designed by Charles and Ray Eames.

Hans J. Wegner a très peu travaillé avec le lamellé-collé, mais ses créations sont de grandes réussites. La chaise à trois pieds en lamellé-collé, moulé par compression, présente des similitudes avec les sièges de Charles et Ray Eames.

So selten Hans J. Wegner mit Schichtholz gearbeitet hat, so gelungen sind diese Entwürfe. Der dreibeinige Stuhl aus formgepresstem Schichtholz weist formale Ähnlichkeit mit den Schichtholzstühlen von Charles und Ray Eames auf.

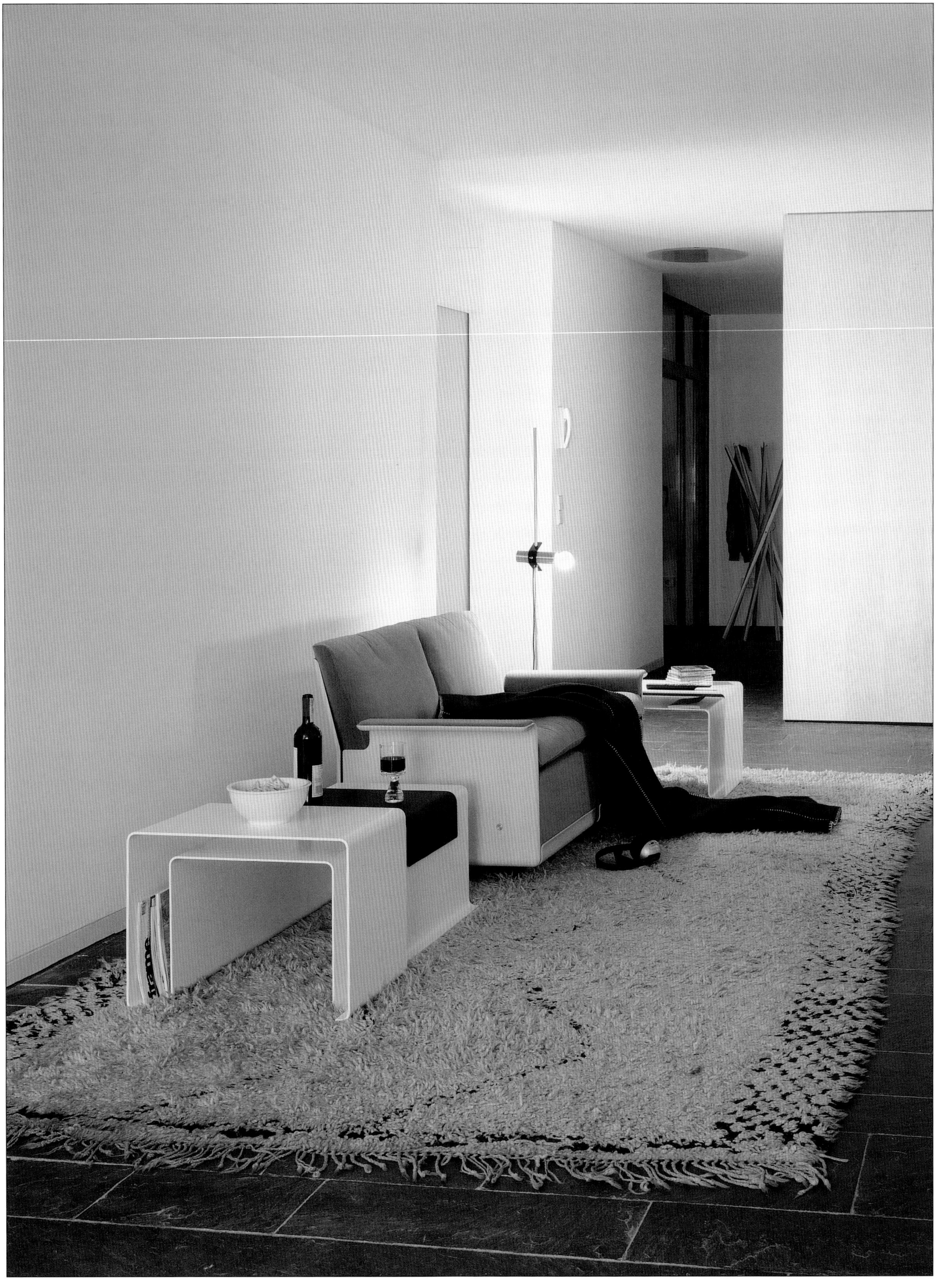

1962

< **Sesselprogramm 620**
Dieter Rams
Vitsœ, sdr+

The *Sesselprogramm 620* unites the comfort of an upholstered armchair with an optical effect of lightness. In the background, the equally known and multifunctional *Regalsystem 606* (shelving system), designed in 1960.

La gamme *620* associe le confort d'un fauteuil rembourré et la légèreté visuelle. À l'arrière-plan s'élève le système d'étagères *606*, conçu en 1960 et tout aussi célèbre.

Das *Sesselprogramm 620* vereint den Komfort eines Polstermöbels mit visueller Leichtigkeit. Im Hintergrund: das ebenso vielseitige wie bekannte *Regalsystem 606*, entworfen 1960.

∧ **Sgarsul**
Gae Aulenti
Poltronova

In the 1960s, multitalented architect Gae Aulenti worked for Fiat as well as for the Milan Triennial. In addition, she designed furniture for Italian companies, such as this rocking chair out of bent wood with a leather cover for Poltronova.

Cette architecte aux multiples talents travailla dans les années 1960, aussi bien pour Fiat que pour la Triennale de Milan, et conçut des meubles pour des fabricants italiens, à l'image de ce fauteuil à bascule en bois courbé avec revêtement de cuir qu'elle créa pour Poltronova.

Die vielseitige Architektin war in den 1960er-Jahren sowohl für Fiat als auch die Mailänder Triennale tätig und entwarf Möbel für italienische Unternehmen, etwa diesen Schaukelstuhl aus gebogenem Holz mit Lederbezug für Poltronova.

An Unpretentious Icon
Robin Day's Polyprop Chair

Une star qui ne fait pas de manières
La chaise en polypropylène de Robin Day

Star ohne Allüren
Der Polypropylen-Stuhl von Robin Day

Karianne Fogelberg

Even though the *Polyprop* chair may not have the most evocative name, it has still obtained considerable success. Developed from 1964 onwards, over 14 million chairs have since been sold (not to mention innumerable unauthorized copies). Robin Day's stackable design with the characteristically swung backrest has become a staple in schools, cafeterias, community centers and waiting areas. In 1968, the Olympic stadium of Mexico City was fitted out with *Polyprop* chairs. Travelers know the armchair variant (1967) from the airport terminal in Heathrow. To this day, Hille International annually produces 500 000 of the original version under the lesser-known name *Polyside*.
When it was launched in 1964, this model was the first chair in the world to be made out of polypropylene, which was mass-produced using injection-molded propylene. PP/Polypropylene, today a standard material used in the furniture industry, was completely innovative at the time. It is lightweight, hardwearing, robust, scratchproof and heat-resistant. After four years of research and development, Robin Day succeeded in capturing all of these qualities in a non-upholstered seating shell. Not an easy feat, for the seating shell needed to be sufficiently thin, on the one hand, so as

La chaise en polypropylène ne porte pas un nom aux sonorités mélodieuses. Cela ne l'a pourtant pas empêchée de faire carrière. Depuis 1964, année de son arrivée sur le marché, elle s'est vendue à plus de 14 millions d'exemplaires (pour un nombre de copies similaire). Conçue par Robin Day, cette chaise empilable, dont les courbes du dossier sont caractéristiques, est omniprésente dans les écoles, les cantines, les salles des fêtes ou les salles d'attente. En 1968, elle équipa le stade olympique de Mexico. Les voyageurs connurent la version avec accoudoirs (1967), disséminée dans le hall des départs de l'aéroport de Heathrow. Aujourd'hui encore, Hille international édite tous les ans 500 000 exemplaires de cette version originale sous un nom peu connu : *Polyside*.
En 1964, lorsque ce modèle fut présenté au public, cette chaise était, à l'échelle mondiale, le premier siège en polypropylène produit en série selon le procédé de moulage par injection. Aujourd'hui produit standard de l'industrie, le polypropylène (PP) était alors un matériau nouveau : léger, résistant en termes de poids et de chaleur et peu fragile. Après quatre années de recherches, Robin Day avait réussi à associer toutes ces propriétés au sein d'une coque non rembourrée.

Der Polypropylen-Stuhl mag keinen wohlklingenden Namen haben. Karriere hat er auch so gemacht. Seit seiner Markteinführung 1964 sind über 14 Millionen Stück verkauft worden (und wohl ebenso viele Kopien). Der stapelbare Entwurf von Robin Day mit der charakteristisch geschwungenen Lehne ist seither aus Schulen, Kantinen, Gemeindezentren und Wartesälen nicht mehr wegzudenken. 1968 wurde mit ihm das Olympiastadion in Mexiko ausgestattet. Die Armlehnvariante (1967) kennen Reisende aus den Abflughallen des Flughafens Heathrow. Noch heute stellt Hille International von der Originalversion unter dem wenig bekannten Namen *Polyside* 500 000 Stück im Jahr her.
Als der Stuhl 1964 vorgestellt wurde, war dieses Modell weltweit der erste Stuhl aus Polypropylen, der im Spritzgussverfahren in Serienproduktion ging. PP, heute ein Standard in der Möbelindustrie, war damals ein neues Material. Es ist leicht, belastbar, widerstandsfähig, kratzfest und hitzebeständig. Nach vier Jahren Entwicklung war es Robin Day gelungen, all diese Eigenschaften in eine ungepolsterte Sitzschale zu bannen. Keine leichte Übung, denn die Sitzschale sollte einerseits dünn genug sein, um die flüssige Kunststoffmasse in der Form schnell trocknen

> Polyside, Robin Day, Hille, 1962

to ensure that the liquid plastic mass dried fast enough in the form, and yet, on the other hand, strong enough to meet the requirements of stability. Robin Day, a man of understatement, succeeded in designing a chair that seems self-evident and effortless. The sculpturally swung seating shell belies its robust character. The shape was created using the latest ergonomic research. Invisible to the beholder, the steel frame is integrated underneath the seating shell, joining the chair's enameled bent tubular steel legs. These chairs are reminiscent of the non-upholstered seat shells by Ray and Charles Eames, made of fiberglass-reinforced polyester, which at the time were manufactured by Herman Miller. Indeed, North American companies such as Herman Miller and Knoll were role models for the company Hille, founded in 1906, which aimed to replace historical reproductions with contemporary furniture. For this reason, in 1950 the company began its close cooperation with Robin Day, who had studied at the Royal College of Art. The development of the *Polyprop* chairs would not have been possible without Hille's unconditional support. This investment proved to be well worth the effort, for with the *Polyprop*, Hille succeeded in establishing its reputation as the most

L'exercice était difficile. D'un côté, la coque devait être suffisamment mince, afin que le plastique à l'état liquide puisse sécher rapidement dans le moule. Mais elle devait également être suffisamment solide pour répondre aux exigences de stabilité. Ces efforts sont peu perceptibles dans le résultat final qui s'impose comme une évidence, ce qui ne surprend pas chez un homme d'une telle discrétion. Cette coque sculpturale aux formes courbes surprend par sa robustesse. Sous la coque, des glissières sont intégrées, à l'intérieur desquelles les tubes d'acier, qui forment les pieds, convergent à l'abri des regards. Ce n'est pas un hasard si cette pièce évoque la coque en polyester renforcé de fibre de verre du siège créé par Ray et Charles Eames et édité par Herman Miller. Les sociétés américaines telles Hermann Miller ou Knoll servirent de modèle à la firme anglaise Hille, lorsque cette dernière, fondée en 1906 et spécialisée dans la copie d'ancien, s'orienta dans la production de meubles contemporains. La collaboration avec Robin Day, formé au Royal College of Art, avait débuté dès 1950 afin de poursuivre cet objectif. Les recherches liées à la chaise en polypropylène n'auraient pas été possibles sans le soutien inconditionnel de l'éditeur.

zu lassen, andererseits stark genug, um den Anforderungen an Stabilität zu genügen. Das Ergebnis sieht so selbstverständlich und mühelos aus, wie es sich Day als ein Mann des Understatements nur wünschen konnte. Die skulptural geschwungene Sitzschale täuscht dabei über ihren robusten Charakter hinweg. Die neuesten ergonomischen Erkenntnisse waren in ihre Gestaltung eingeflossen. Unterhalb der Sitzschale sind Führungen integriert, in der die Stuhlbeine aus gebogenem Stahlrohr für den Benutzer unsichtbar zusammenlaufen. Der Stuhl erinnert nicht zufällig an die ungepolsterten Schalensitze von Ray und Charles Eames, die Herman Miller damals aus fiberglasverstärktem Polyester herstellte. Amerikanische Firmen wie Herman Miller und Knoll waren der Ansporn für die 1906 gegründete Firma Hille, historische Reproduktionen gegen zeitgenössische Möbel einzutauschen. Seit 1950 arbeitete die Firma zu diesem Zweck eng mit dem am Royal College of Art ausgebildeten Designer Robin Day zusammen. Die Entwicklung des Polypropylen-Stuhls wurde erst durch Hilles bedingungslose Unterstützung möglich. Eine Investition, die sich lohnen sollte. Mit dem Polyprop, wie der Stuhl auch genannt wird, gelang Hille der Durchbruch als Großbritan-

423

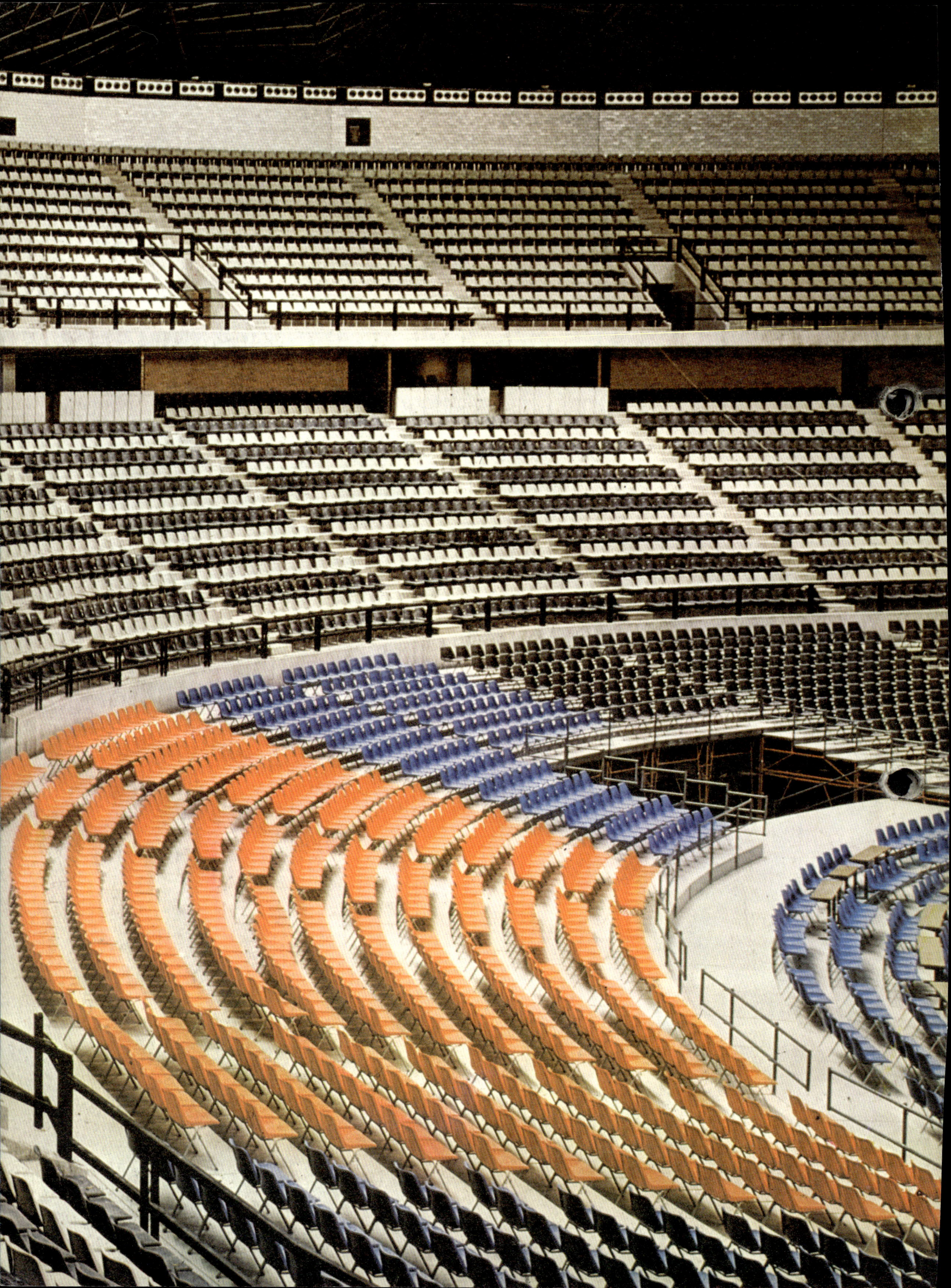

1961

> Servofumo
Achille & Pier Giacomo Castiglioni
Zanotta

The Castiglionis developed a series of practical small pieces of furniture for Zanotta, all of which featured the same base and support rod. The first designs included the stand ashtray and the umbrella stand *Servopluvio*.

Les frères Castiglioni créèrent pour Zanotta une série d'accessoires qui étaient construits selon le même principe : un pied et une barre d'appui. Ce cendrier et le porte-parapluies *Servopluvio* figurent parmi les premiers objets de cette série.

Für Zanotta entwickelten die Castiglionis eine Serie praktischer Kleinmöbel, die alle auf dem gleichen Standfuß mit Haltestange basierten. Zu den ersten Entwürfen zählten dieser Stand-Aschenbecher und der Regenschirmständer *Servopluvio*.

> EJ 605 Corona
Poul M. Volther
Erik Jørgensen

The seemingly freely suspended, concentric upholstery elements are reminiscent of transposed images of a solar eclipse. The armchair is also named for the colorful layers around the sun.

Les coussins de forme elliptique et qui se superposent font penser à une éclipse de soleil, photographiée à différents moments. Le fauteuil doit ainsi son nom aux anneaux de lumière concentriques qui entourent le soleil lors de ce phénomène.

Die übereinander angeordneten, elliptisch geformten Polsterelemente erinnern an zeitversetzte Aufnahmen einer Sonnenfinsternis. Nach den farbigen Ringen, die dabei die Sonne umgeben, ist auch der Sessel benannt.

< PK91
Poul Kjærholm
Fritz Hansen

The elegance of the folding stool reveals itself in the propeller legs out of stainless steel. Poul Kjærholm was inspired by a similar design which Danish designer Kaare Klint had already made in 1927 out of ash wood.

L'élégance de ce tabouret pliant est due à son piétement en acier inoxydable, travaillé comme les hélices d'un avion. Kjærholm s'est ici inspiré d'un modèle semblable émanant de son compatriote Kaare Klint, réalisé en frêne et datant de 1927.

Die Eleganz des Falthockers ist auf seine Beine aus rostfreiem Stahl zurückzuführen, die im Propellerschnitt gearbeitet sind. Als Inspiration diente Kjærholm ein ähnlicher Entwurf von seinem Landsmann Kaare Klint, der bereits 1927 in Esche realisiert worden war.

avant-garde furniture manufacturer in the United Kingdom. Meanwhile Day, born in 1915, could finally realize the dream he had nurtured since the early 1940s: reasonably priced, well-made design. Compared to the seat shell designed by Eames, Day's PP design was easily affordable. The *Polyprop* chair was so successful—mainly also because the seat shell could be fitted at whim with a diversity of foot elements, upholstery and interlocking elements—that Day designed further versions. Some of these include the *E Series* in various sizes for daycare centers and schools (1971) and the sporty *Polo* chair (1975), whose seat shell was perforated for outdoor use.

Yet, while Day was so proud of the chair's unadorned, even anonymous appearance, it was exactly this feature that also met with rejection. In Britain in the 1980s, many associated the chair with the inefficient health care system and the bleakness of state schools. Internet forums still feature hate-filled tirades about its unyielding and indestructible form. Yet, the same chair is also praised on the internet as one of the great classics of the post-war era. Tom Dixon would agree. The design director for Habitat arranged for the re-edition of the armchair version in new translucent plastic tones, explaining: "Here's a chair that still feels as modern as the day it was made." The *Polyprop* is a well-grounded and unpretentious icon. A picture from the 1980s shows Robin Day in a canoe in Botswana, boasting *Polyprop* seat shells. It's this icon's sheer ordinariness that renders it so exceptional.

L'investissement fut rentable. La *Polyprop* permit à Hille de percer en tant que fabricant anglais de meubles modernes, tandis que Day, né en 1915, concrétisait un rêve nourri durant les années de guerre : créer de la qualité à des prix accessibles à tous. En effet, contrairement à la chaise conçue par Eames, sa réalisation en polypropylène était parfaitement raisonnable en termes de prix. La chaise connut un succès considérable, lequel s'explique aussi par le fait que la coque pouvait, en fonction des besoins, être équipée de différents piètements, revêtement et d'éléments de jonction. C'est pourquoi Day conçut d'autres versions de cette pièce : les *E Series* de différentes tailles pour les écoles (1971) et la *Polo* (1975) à l'élégance sportive, réservée à une utilisation en extérieur et, à cette fin, dotée de trous.

L'apparence sobre et anonyme, qui avait fait la fierté de Day, conduisit pourtant à une attitude de rejet à l'égard de cette chaise. Dans les années 1980, elle sera en Angleterre associée aux lacunes du système de santé et à la tristesse des établissements scolaires publics. On trouve, sur internet, des tirades chargées de haine pour sa forme indestructible et peu flexible. Mais cette chaise y est également adulée comme l'un des grands classiques de l'après-guerre. Tom Dixon ne pourrait qu'approuver. En 1999, directeur du design chez Habitat, il fut à l'origine d'une réédition de la version avec accoudoirs dans un plastique translucide : « Cette chaise est tout aussi moderne aujourd'hui que le jour où elle fit son apparition sur le marché. » La *Polyprop* est une star discrète, qui ne fait pas de manières. Une photographie datant des années 1980 montre Robin Day au Botswana, dans un canoë équipé d'une coque *Polyprop*. C'est son côté ordinaire qui en fait un objet exceptionnel.

niens fortschrittlichster Möbelhersteller. Und der 1915 geborene Day erfüllte seinen seit den Kriegsjahren gehegten Traum von guter Gestaltung zu erschwinglichen Preisen. Denn anders als der Schalensitz der Eames war sein Entwurf in PP durchaus preiswert. Der Stuhl war so erfolgreich – nicht zuletzt wohl auch, weil sich die Sitzschale nach Bedarf mit verschiedenen Fußgestellen, Polstern und Verbindungselementen ausrüsten ließ –, dass Day weitere Versionen entwarf: die nach Größen gestaffelte *E Series* für Kindergärten und Schulen (1971) und den sportlichen Polo-Stuhl (1975), dessen Sitzschale für die Nutzung draußen mit Löchern versehen war.

Die schmucklose, anonyme Erscheinung, auf die Day so stolz war, führte aber auch zu einer ablehnenden Haltung gegenüber dem Stuhl. In den 1980er-Jahren wurde er in seiner britischen Heimat von vielen mit dem ineffizienten Gesundheitssystem und der Tristesse öffentlicher Schulen in Verbindung gebracht. In Internetforen finden sich Hasstiraden auf seine unnachgiebige und unzerstörbare Form. Doch dem Stuhl wird dort auch als einem der großen Klassiker der Nachkriegszeit gehuldigt. Diesem würde Tom Dixon zustimmen. Als Design Director bei Habitat veranlasste er 1999 die Reedition der Armlehnversion in neuen transluzenten Kunststofftönen mit den Worten: „Dieser Stuhl sieht noch genauso modern aus wie an dem Tag, als er auf den Markt kam." Der *Polyprop* ist ein Star ohne Allüren: Ein Foto aus den 1980er-Jahren zeigt Robin Day in einem Kanu in Botswana, das mit den Sitzschalen des *Polyprop* ausgestattet worden ist. Es ist seine Gewöhnlichkeit, die ihn so außergewöhnlich macht.

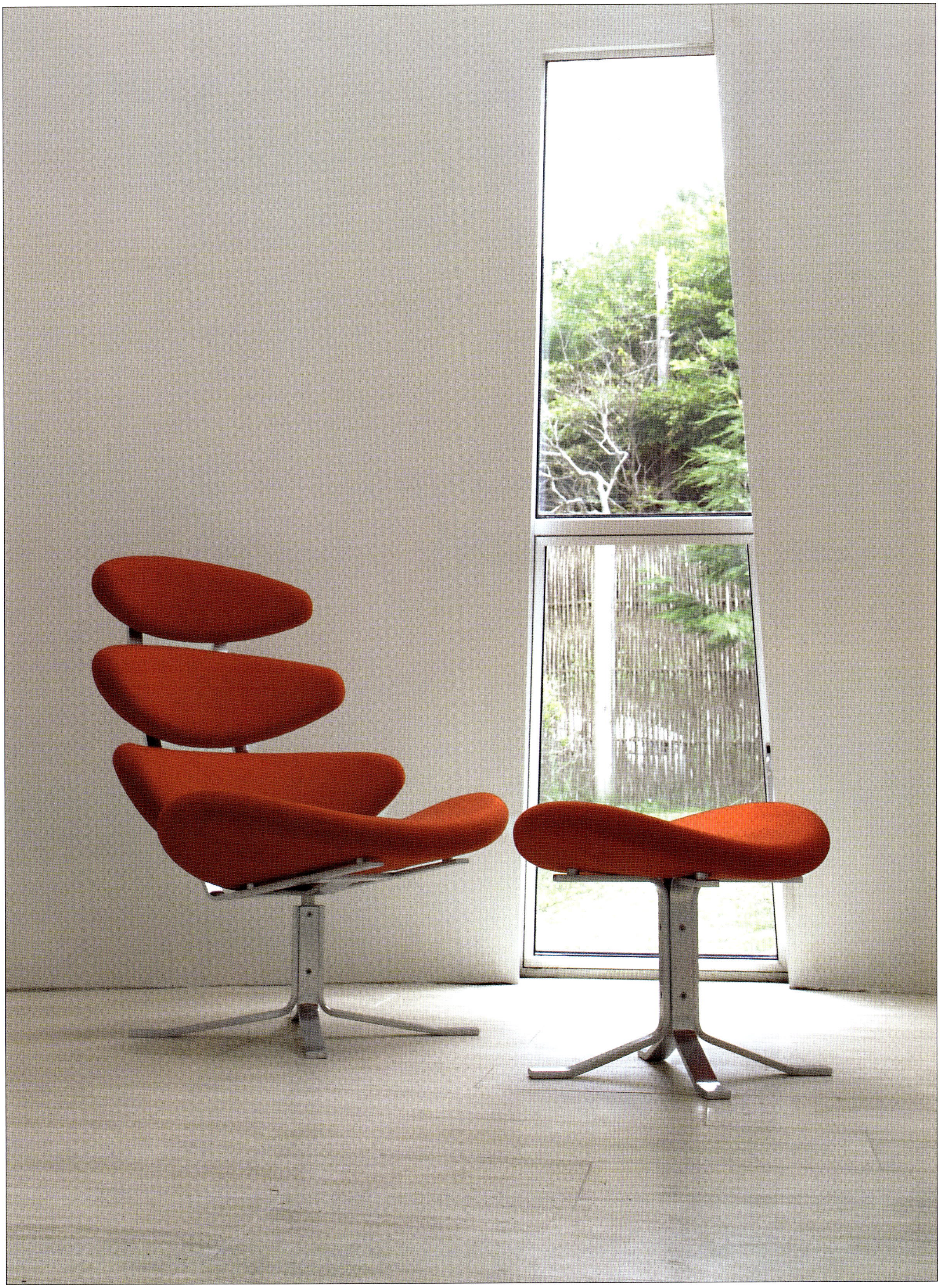

1961

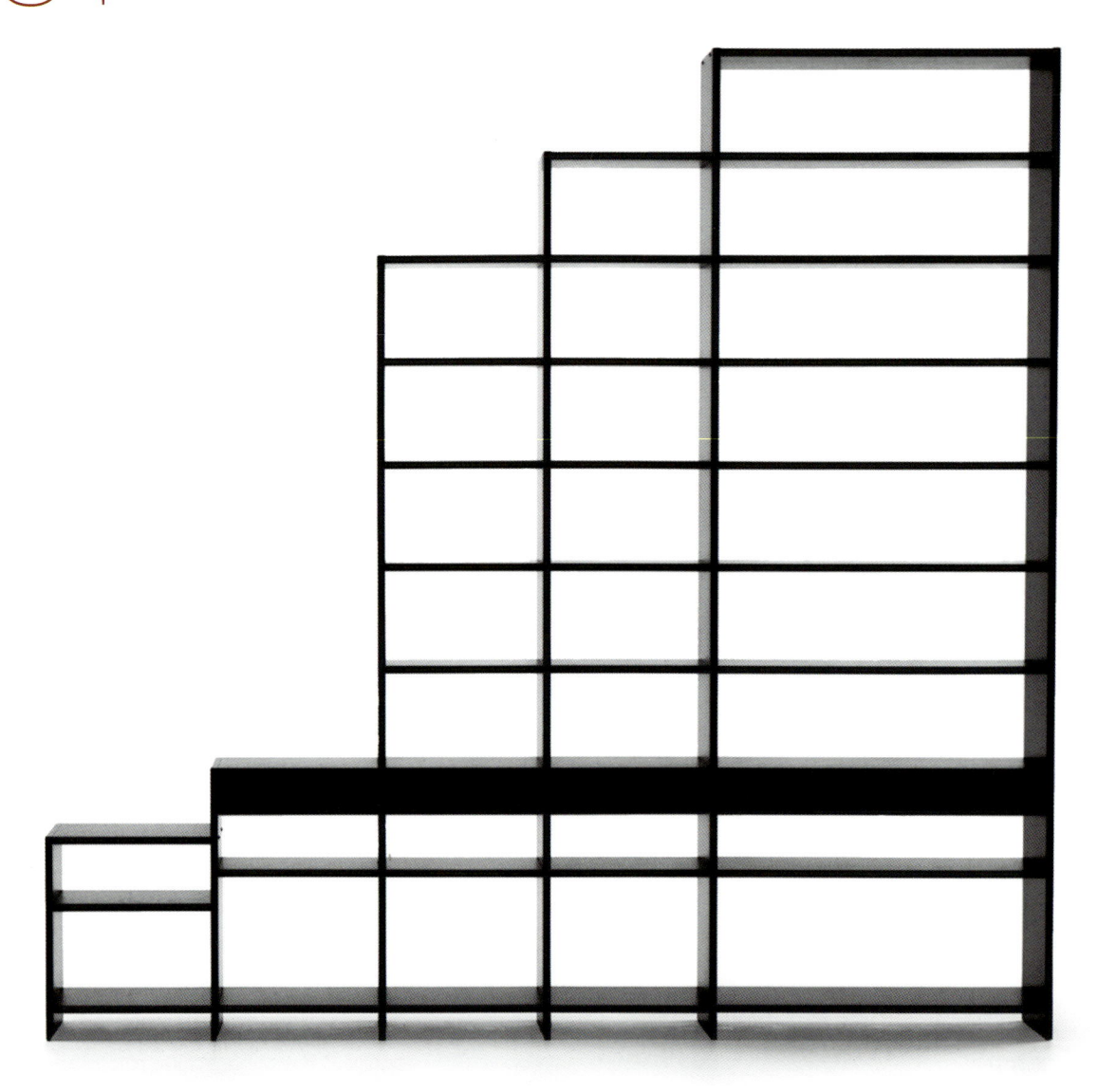

UPW Regal
Ulrich P. Wieser
Wohnbedarf, wb engros

A grid-like bookshelf: Wieser designed a varied and sophisticated piece of furniture, which introduced streamlined neutrality in offices and houses. Here it is shown in black-stained beech wood.

Cette étagère ressemble à un quadrillage. Wieser élabora avec ce système un meuble multifonctionnel et de grande qualité, qui introduisait la ligne droite aussi bien au bureau qu'à la maison. Ce modèle est en hêtre teinté.

Ein Regal wie ein Raster: Mit seinem Regalsystem schuf Wieser ein vielseitiges und hochwertiges Möbel, das sachliche Geradlinigkeit ins Büro oder nach Hause brachte. Hier in schwarz gebeizter Buche.

1961

∨ **Florence Knoll Credenza**
Florence Knoll Bassett
Knoll International

Florence Knoll Bassett completely redesigned managers' offices. Her designs have remained influential, such as this highly sophisticated sideboard, which is equally suitable for offices and for living spaces.

Florence Knoll revisita le mobilier de bureau du personnel de direction avec des créations qui n'ont aujourd'hui rien perdu de leur actualité. Ce buffet, tout particulièrement travaillé, figure parmi ses propres réalisations et se prête à l'ameublement de bureau comme à celui de la maison.

Florence Knoll Bassett gestaltete einst mit ihren noch heute einflussreichen Entwürfen die Chefetagen neu. Dazu gehörte auch ihr hochwertig verarbeitetes Sideboard, das sich sowohl für das Büro wie auch den privaten Wohnbereich eignet.

1961

∧ **Sanluca**
Achille & Pier Giacomo Castiglioni
Gavina, Bernini & Poltrona Frau

One of this leather armchair's most unique characteristics is the two-part backrest, whose backward curves are reminiscent of the works of Futurist artist Umberto Boccioni.

Ce fauteuil en cuir se distingue par son dossier, dont les deux éléments sont en porte-à-faux. Il évoque l'art futuriste d'Umberco Boccioni.

Ungewöhnlich bei diesem Ledersessel ist die nach hinten auskragende, zweiteilige Rückenlehne, die an die Kunst des Futuristen Umberto Boccioni erinnert.

1961

> **La Fonda**
Charles & Ray Eames
Herman Miller & Vitra

Together with Alexander Girard, the Eameses designed the chair for the restaurant *La Fonda del Sol* in the Time Life Building in New York City. Girard, who designed the entire restaurant, wanted chairs whose backrests were no higher than the tables.

Les Eames conçurent ce siège en collaboration avec Alexander Girard pour le restaurant *La Fonda del Sol*, situé dans le building new-yorkais Time & Life. Girard, responsable de l'aménagement intérieur du restaurant, voulait des sièges dont les accotoirs se glissaient sous les tables.

Die Eames entwickelten den Stuhl zusammen mit Alexander Girard für das Restaurant *La Fonda del Sol* im New Yorker Time-Life-Gebäude. Girard, der das gesamte Restaurant gestaltete, wünschte sich Stühle, deren Lehnen nicht über den Tisch hinausragten.

SEURAT
CLYFFORD STILL
DEGAS Die Portraits
San Benedetto IL FONDATORE
FRANCESCO
SEURAT
FLÄMISCHE MALEREI
REMBRANDT
LES ANNÉES DE LA BELLE ÉPOQUE
BRUCE NAUMAN
KAIRO
SAM FRANCIS
IMAGO CHRISTI
FLÄMISCHE MALEREI
DIE BELLE EPOQUE UND IHRE KRITIK
L'ARTE FIAMMINGA
ART PAPOU
STARCK
LEMMEN
FRANS HALS
bazaine
TURNER
PISSARRO
REMBRANDT
Eliot Porter
The European Avant-gardes
DE KOONING
MIAMI
PICASSO · LINOLSCHNITTE
HATJE
Japanisches Design
Wasmuth
KAIRO
SEURAT
tàpies
tàpies
LES ANNÉES FOLLES
LE TROMPE-L'ŒIL ART MODERNE
LES ANNÉES IMPRESSIONNISTES
LES 3 DUCHAMP
BRUEGEL – Catalogue raisonné des estampes
PICABIA
PICABIA
ROUAULT
ROUAULT

1960

∨ PK9 Tulip Chair
Poul Kjærholm
E. Kold Christensen, Fritz Hansen

The lower frame out of spring steel is as sophisticated as the elegantly swung shell. Reinforced fiber polyester was used underneath the exclusive leather cover.

Le piétement réalisé en acier à ressorts n'a rien à envier à la coque aux courbes élégantes. Le revêtement en cuir dissimule le polyester renforcé à la fibre de verre.

Das Untergestell aus Federstahl steht der elegant geschwungenen Sitzschale in nichts nach. Unter dem Lederbezug verbirgt sich faserverstärktes Polyester.

< Regalsystem 606
Dieter Rams
Vitsœ, sdr+

Since Rams designed the shelving system *606*, office and living rooms have radically changed. All the same, thanks to different system components and assembly variants, this shelving system has always proved itself up to the task.

Depuis la création de le système d'étagères *606*, les espaces de bureau et d'habitation ont connu de grandes mutations. Et pourtant, grâce à ses diverses éléments et à ses multiples possibilités de montage, il a su s'adapter aux exigences actuelles.

Seitdem Rams das Regalsystem *606* ent-worfen hat, haben sich Büro- und Wohn-räume stark verändert. Dank unterschiedlicher Systemkomponenten und Montagevarianten hat es sich neuen Anforderungen aber immer gewachsen gezeigt.

1960

> **Orange Slice Chair**
Pierre Paulin
Artifort

Pierre Paulin understood like hardly any other designer how to give complex production processes the attractive form they deserved. In addition, he chose comfortable proportions to ensure the chair's users had the greatest possible freedom of movement.

Pierre Paulin réussit comme aucun autre à créer des formes attrayantes à partir de procédés de fabrication complexes. Il opta par ailleurs pour des proportions confortables, qui autorisaient une grande liberté de mouvement.

Pierre Paulin verstand es wie kaum ein anderer, komplexe Herstellungsverfahren in gefällige Formen zu kleiden. Darüber hinaus wählte er bequeme Proportionen, die dem Sitzenden große Bewegungsfreiheit ließen.

1960

∧ **Mushroom**
\> **Globe**
Pierre Paulin
Artifort

Who does not remember the *Globe* chair from the *James Bond* movie *Dr. No*? With the distinct shell and chrome-plated swivel foot, it gained international fame and recognition.

James Bond contre Dr No a fait la notoriété de ces sièges. Avec cette coque aux formes originales dont le pied amovible est chromé, Pierre Paulin réalisa son plus grand succès public.

Wer kennt diesen Schalensessel nicht aus dem James-Bond-Film *Dr. No*? Mit seiner ausgeprägten Sitzschale und dem verchromten Drehfuß erreichte er dort sein bislang größtes Publikum.

1960

> **CH445 Wingchair**
Hans J. Wegner
Carl Hansen

The armchair should still be comfortable, even if you tuck your legs under or lift them over an armrest. Back in 1960, only a small number of these man-made chairs were made. Recently, however, Carl Hansen reintroduced it in the company's catalog.

Ce fauteuil se veut confortable même lorsque l'on replie les jambes ou qu'on les pose contre les accotoirs. À l'époque de sa création, il fut fabriqué artisanalement en nombre restreint. Carl Hansen réédite toutefois ce siège depuis peu.

Der Sessel soll selbst dann noch bequem sein, wenn man die Beine anwinkelt oder über die Armlehne schlägt. Seinerzeit wurde er nur in geringen Stückzahlen in Handarbeit hergestellt, doch kürzlich wurde das Möbel von Carl Hansen wieder aufgelegt.

< **EJ100 Oxchair**
Hans J. Wegner
Erik Jørgensen

The armchair was named for the massive headrest, which when seen frontally is reminiscent of an ox's horns. The construction merges traditional craftsmanship with molded foam.

La forme massive du dossier, qui fait penser aux cornes d'un bœuf, a donné son nom à ce fauteuil. Sa fabrication associe l'artisanat traditionnel et les mousses synthétiques.

Der Sessel verdankt seinen Namen der wuchtigen Kopfstütze, die frontal betrachtet an das Horn eines Ochsen erinnert. Seine Konstruktion bringt traditionelle Handwerkskunst mit Formschaumstoff zusammen.

1960

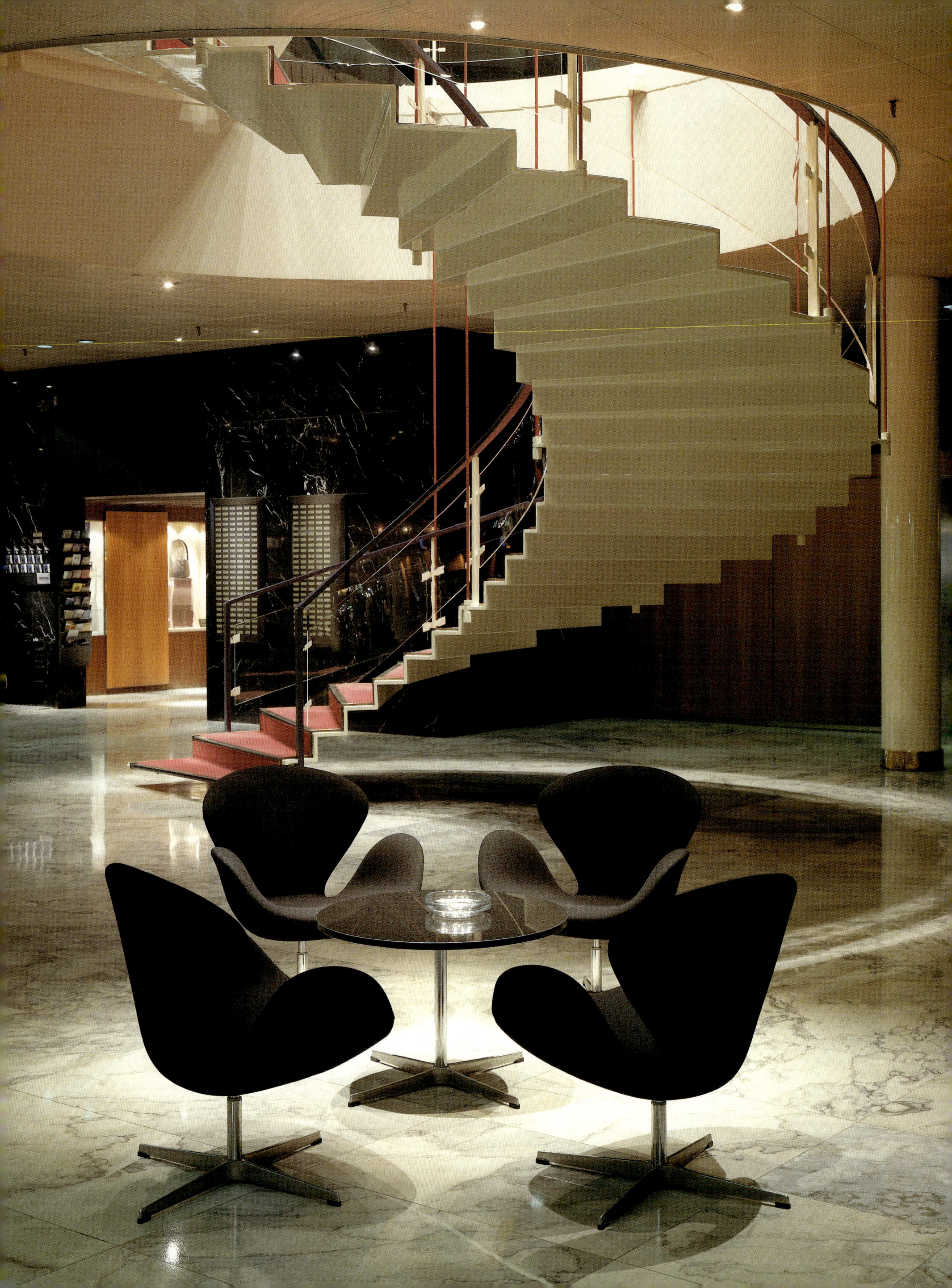

< Swan, Lobby SAS Royal Hotel Lobby, Copenhagen
> 50th Anniversary Egg, Fritz Hansen, 2008

Arne Jacobsen

Swan & Egg
Le *Cygne* & l'*Œuf*
Schwan & Ei

Martin Wellner

The SAS Royal Hotel in Copenhagen is most likely the best-known work of the Danish architect Arne Jacobsen (1902-1971). As he not only worked as an architect, but also as a designer in the field of product and furniture design, this was Jacobsen's chance to realize architecture as a complete work of art, a notion that Jacobsen developed throughout his life.

A Complete Work of Art

Jacobsen was responsible for the design of the building and its interior, as well as the interior furnishings and fittings, from lamps and doorknobs over furniture to glasses, cutlery and dishes. The graceful, even sculptural, armchairs *Swan* and *Egg* were specifically designed for the hotel in addition to the series *3300* in 1958 and are still being produced today by the Danish furniture manufacturing company Fritz Hansen. The first prototypes were modeled in plaster of Paris; today's specimen consist of a padded plastic shell and an elegant swivel mid-post with a star foot made of metal such as aluminum or steel.

Work with Fritz Hansen began as early as the year 1934, yet fame was limited until 1952 with the introduction of *Ant*. This stacking chair consists of a seat molded from one piece of plywood with a starkly pinched waistline and a slight three-legged steel body. Three years later, the four-legged sister chair series *3107* followed. This classic piece of furniture ranks among the world's best-selling designer chairs.

Le SAS Royal Hotel de Copenhague est l'ouvrage le plus célèbre de l'architecte danois Arne Jacobsen (1902-1971). Ce dernier a œuvré dans le cadre de cette réalisation certes comme architecte, mais également comme designer responsable de la conception des meubles et des objets. Ce projet concrétisait l'idée d'une architecture s'offrant comme œuvre d'art total, un thème central dans l'œuvre de Jacobsen.

Une œuvre d'art total

Jacobsen est à l'origine de la conception du bâtiment, de son architecture intérieure, et a signé les objets de l'aménagement et de la décoration : des lampes, poignées de portes et meubles jusqu'aux verres et couverts, en passant par le service de table. Les fauteuils *Cygne* et *Œuf* à l'élégance sculpturale ont été spécialement conçus pour l'hôtel, tout comme la série *3300* de 1958. Aujourd'hui ils sont encore édités par la société Fritz Hansen. Tandis que les premiers prototypes étaient fabriqués en plâtre, les réalisations actuelles possèdent une coque en matière plastique capitonnée. Le piètement amovible en forme d'étoile est en aluminium.

La collaboration avec Fritz Hansen débuta dès 1934. Le succès arriva en 1952 avec la présentation de la chaise *Fourmi*. Cette chaise est empilable. La coque en contreplaqué est incisée au niveau du dossier, et repose sur trois pieds fins en acier. Ce prototype donna le jour à la série *3107* en 1955. Depuis, cette chaise est devenue un classique et le siège le plus vendu au monde.

Das SAS Royal Hotel in Kopenhagen ist wohl die bekannteste Arbeit des dänischen Architekten Arne Jacobsen (1902-1971). Da er nicht nur als Architekt tätig war, sondern sich ebenso als Designer in den Bereichen Produkt- und Möbelgestaltung engagierte, bot sich ihm hier die Möglichkeit, die Idee von der Architektur als Gesamtkunstwerk, die Jacobsen zeitlebens beschäftigte, zu verwirklichen.

Ein Gesamtkunstwerk

Der Entwurf des Gebäudes und seiner Innenarchitektur sowie die Gestaltung der Ausstattung wie Lampen, Türgriffe und Möbel bis hin zu Gläsern, Besteck und Serviceschirr stammten allein aus seiner Feder. Die skulptural anmutenden Sessel *Schwan* und *Ei* sind neben der Serie *3300* 1958 speziell für das Hotel entworfen worden und werden bis heute von der Firma Fritz Hansen produziert. Waren die ersten Prototypen noch aus Gips modelliert, bestehen die heutigen Möbel aus einer gepolsterten Kunststoffschale auf einem drehbaren Sternfuß aus Aluminium.

Die Zusammenarbeit mit Fritz Hansen begann schon im Jahr 1934, konnte aber erst mit der Präsentation der Ameise 1952 große Erfolge feiern. Diesem stapelbaren Stuhl, bestehend aus einer stark taillierten Sitzschale aus Schichtholz und einem dünnen dreibeinigen Stahlgestell, folgte 1955 die Stuhl-Serie *3107*. Dieser Möbelklassiker gilt als der meistverkaufte Stuhl.

1960

∧ **Eames Stool**
Charles & Ray Eames
Herman Miller & Vitra

The Eameses owned several African stools, which were the inspiration for these stools out of massive walnut wood. The tops and bases remained identical, only the middle parts varied.

Ces tabourets en noyer massif sont inspirés de sièges africains appartenant au couple de designers. L'assise et le pied sont identiques, seule la partie centrale varie d'un modèle à l'autre.

Die Inspiration für die Hocker aus massivem Walnussholz lieferten afrikanische Schemel, von denen die Eames mehrere besaßen. Kopf- und Fußteile sind jeweils identisch, nur der mittlere Teil variiert.

1959

V **Dinamarquesa Armchair**
Jorge Zalszupin
Reedition Etel

Scandinavian design was the source of inspiration for Polish-born designer and architect Jorge Zalszupin while designing his *Dinamarquesa Armchair* (Danish Armchair). In 1959 he founded his studio, l'atelier, which was extremely successful in Brazil.

Né en Pologne, le designer et architecte Jorge Zalszupin s'inspira du design scandinave pour réaliser ce *Dinamarquesa Armchair* (fauteuil danois). En 1959, il créa sa société, l'atelier, laquelle rencontra un grand succès au Brésil.

Skandinavisches Design inspirierte den gebürtigen polnischen Designer und Architekten Jorge Zalszupin zum Entwurf des *Dinamarquesa Armchair* (dänischer Sessel). Er gründete 1959 seine Firma l'atelier, die in Brasilien überaus erfolgreich war.

1959

V Quinta
Michael Bayer
cor

Michael Bayer gained contact to the furniture industry through his book *Wie richte ich eine Wohnung ein* (How to decorate an apartment), published in 1954. He designed a modular furniture program for the company Gebrüder Lübke and, for the subsidiary, cor, an upholstered seating unit which consisted of variable elements and was called *Quinta*.

L'ouvrage *Wie richte ich eine Wohnung ein* (Comment aménager son intérieur), publié en 1954, ouvrit les portes de l'industrie du meuble à Michael Bayer. Il conçut pour les frères Lübke une série de modulables et pour cor, leur filiale, l'ensemble *Quinta* avec un système de coussins variable.

Über sein Buch *Wie richte ich eine Wohnung ein* von 1954 bekam Michael Bayer Kontakt zur Möbelindustrie. Er entwarf für die Gebrüder Lübke ein modulares Möbelprogramm und für die Tochterfirma cor das variable Polstersystem *Quinta*.

1959

< **Lambda Chair**
Marco Zanuso, Richard Sapper
Gavina

Even though its formal appearance could cast doubts, the *Lambda Chair*, out of stamped and molded sheet metal, is completely hand-made and not an industrial product out of plastic.

Les apparences peuvent être trompeuses, surtout lorsque l'on considère l'objet d'un point de vue actuel. *Lambda Chair* est en tôle découpée et moulée de manière artisanale, et non pas en plastique et réalisée industriellement.

Auch wenn seine formale Erscheinung es aus heutiger Sicht nicht vermuten lässt, der *Lambda Chair* ist aus gestanzten und geformten Blechen in Handarbeit gefertigt und nicht industriell aus Kunststoff hergestellt.

1959

∧ **Wire Cone Chair**
Verner Panton
Plus-linje, Vitra

After Verner Panton attracted international attention for the first time in 1958 with his innovative *Cone Chair*, he continued with other conical variations. Here, a 'transparent' version out of intertwined, spot-welded steel wire was made, while round upholstery elements continue Panton's playful dance of geometrical forms.

Après avoir éveillé l'attention en 1958 sur le plan international avec le modèle *Cone Chair* de forme conique, la chaise sur piétement pivotant fut réalisée dans une version « transparente » en treillis. Les éléments de garniture ronds prolongent le jeu des formes géométriques.

Nachdem Verner Panton mit dem kegelförmigen *Cone Chair* von 1958 erstmals international Aufmerksamkeit erregt hatte, folgte der drehbare Tütenstuhl in einer „transparenten" Version aus Stahldraht. Die runden Polsterelemente führen das Spiel mit den geometrischen Formen fort.

1958

V **Heart Chair**
Verner Panton
Plus-linje, Vitra

The *Heart Chair*, aptly named for its heart-shaped silhouette, is a variant of the *Cone Chair*.

Le siège *Heart Chair* est une variante du fauteuil *Cone Chair*. Sa silhouette en forme de cœur lui a donné son nom.

Der *Heart Chair* ist eine Variante des *Cone Chair*. Er verdankt seinen Namen der herzförmigen Silhouette.

1958

∧ X-Frame Glass Top Table
Tapio Wirkkala
Artek

This table is one of Artek's few early models that did not stem from its founder Alvar Aalto. Tapio Wirkkala's connection to Artek can be explained by the fact that his more widely known glass and porcelain designs were produced by the Finnish company iittala, which gained international acclaim through its Alvar Aalto Collection.

Parmi les premiers modèles d'Artek, cette table est l'une des rares créations à ne pas être signée par Alvar Aalto, son fondateur. Tapio Wirkkala était davantage connu pour ses créations de verre et de porcelaine, éditées entre autres par la société finnoise iittala, laquelle s'était fait un nom grâce à la collection Alvar Aalto. Ce qui explique la collaboration entre Tapio Wirkkala et Artek.

Dieser Tisch ist eines der wenigen frühen Modelle von Artek, die nicht von seinem Gründer Alvar Aalto stammen. Die Verbindung von Tapio Wirkkala zu Artek erklärt sich aus dem Umstand, dass seine eher bekannten Glas- und Porzellanentwürfe unter anderem von der finnischen Firma iittala produziert werden, die sich international vor allem durch die Alvar Aalto Collection einen Namen gemacht hat.

> Spanish Chair
Børge Mogensen
Fredericia

While traveling through Spain, Børge Mogensen found a traditional chair, a reminder of old sites of Arabic culture, which served as inspiration for this very solid and robust looking piece of furniture.

Un type de chaise traditionnel, en provenance d'anciennes régions de culture arabe et découvertes par Børge Mogensen lors d'un voyage en Espagne, fut la source d'inspiration de ce siège d'aspect robuste.

Ein traditioneller Stuhltyp aus den alten arabischen Kulturgebieten, den Børge Mogensen auf eine Spanienreise entdeckte, war Inspirationsquelle für diesen robust wirkenden Stuhl.

1958

< **Cherner Armchair**
Norman Cherner
Plycraft, ClassiCon,
The Cherner Chair Company

After the *Pretzel Chair* by George Nelson for Herman Miller was discontinued, manufacturer Plycraft began looking for a suitable replacement. Norman Cherner was commissioned with the design of an armchair, which Cherner then produced together with Paul R. Goldman, Plycraft's owner. When the two fought about the copyright in the early 1960s, Paul R. Goldman deliberately attempted to obscure the chair's design origin. At various points in time, he claimed that Norman Cherner, George Mulhauser and even he, himself, Paul R. Goldman, had designed the armchair. Today, Norman Cherner's sons own the copyright to the design.

Lorsque la production de la chaise *Pretzel* (George Nelson) pour Herman Miller cessa, la firme Plycraft s'orienta vers un produit de remplacement. Norman Cherner fut chargé de sa conception, en collaboration avec Paul R. Goldman, le propriétaire de Plycraft. Alors qu'au début des années 1960, les deux hommes se disputaient les droits d'auteur, Paul R. Goldman occulta les origines du siège. Tantôt le design était attribué à Norman Cherner, tantôt à George Mulhauser ou même à lui-même. Les fils de Norman Cherner sont aujourd'hui détenteurs des droits.

Nachdem die Herstellung des *Pretzel*-Stuhles von George Nelson für Herman Miller eingestellt worden war, suchte die produzierende Firma Plycraft nach einem Nachfolgeprodukt. Norman Cherner wurde mit der Entwicklung beauftragt, die er in Zusammenarbeit mit Paul R. Goldman, dem Besitzer von Plycraft, ausführte. Als sich beide Anfang der 1960er über die Urheberrechte zerstritten, verdunkelte Paul R. Goldman bewusst den Ursprung der Gestaltung. Mal wurde das Design Norman Cherner, dann George Mulhauser oder sogar Paul R. Goldman selbst zugeschrieben. Heute liegen die Rechte bei den Söhnen von Norman Cherner.

447

1958

> **Zwaan**
Gerrit T. Rietveld
Artifort

Gerrit Rietveld's designs helped pave the way for Artifort's innovative and timeless style, even before Kho Liang Ie, working as a consultant to Artifort, began pushing it in a more modern direction.

Artifort se modernisa avec Kho Liang Ie comme consultant. Mais les ouvrages de Gerrit Rietveld avaient déjà modifié le style d'Artifort.

Bevor Kho Liang Ie als Berater Artifort eine moderne Ausrichtung gab, trug schon Gerrit Rietveld mit seinen Entwürfen dazu bei, den Stil von Artifort zu ändern.

∨ **U+N Series**
Cees Braakman
Pastoe

Pastoe introduced furniture made to measure in 1955; the *System M125* quickly gained international acclaim. Bookshelves no longer stood as mere objects in rooms—they seamlessly lined whole walls. As, however, some customers still remained unconvinced, the *U+N Series* followed—a more conventional single piece of furniture with doors that opened out to the front.

Les meubles sur mesure, introduits en 1955, et le *System M125* firent le succès de Pastoe à l'échelle internationale. Les meubles de rangement n'étaient plus des objets prenant place dans l'espace ; ils habillaient des murs tout entiers. Certains consommateurs s'étaient avérés peu convaincus par ces surfaces de rangement. La série *U+N*, qui suivit, proposa donc des meubles autonomes plus conventionnels, avec des panneaux frontaux rabattants.

Pastoe hatte mit *Möbeln nach Maß*, eingeführt 1955, und dem *System M125* international Erfolg. Regale standen nicht mehr als Objekt im Raum, sie verkleideten nahtlos ganze Wände. Da aber nicht alle Verbraucher von Schrankwänden überzeugt waren, folgte mit der Serie *U+N* ein konventionelles Einzelmöbel mit nach vorn aufklappbaren Fronten.

1958

> Home Desk (Swag Leg Group)
George Nelson
Herman Miller & Vitra

Pre-finished, machine-formed legs out of metal were the initial point of departure when designing the *Swag Leg Group*.

Le piétement en métal formé, façonné à la machine, fut le point de départ à la conception du *Swag Leg Group*.

Ausgangspunkt für die Entwürfe *der Swag Leg Group* waren die Beine, die aus maschinell verformtem Metall gestaltet sind.

< Aluminum Group
Charles & Ray Eames
Herman Miller & Vitra

Nowadays, the *Aluminum Group* is easily found in offices and other working environments. Initially, however, it was referred to as the *Leisure Group*, as it was originally intended for the living area. Some of this furniture's main characteristics are the four-star foot and the leather (or cloth) upholstery stretched tautly between two aluminum side ribs.

De nos jours, les sièges de l'*Aluminum Group* meublent souvent les bureaux. Pourtant, qualifiés de *Leisure Group* lors de leur création, ils furent conçus comme meubles d'habitat. Le piétement en forme d'étoile à quatre branches, ainsi que le revêtement en tissu et en cuir sur les armatures en aluminium sont des éléments caractéristiques de ce siège.

Die *Aluminum Group* findet man heute häufig in der Bürowelt. Sie wurde anfangs aber auch als *Leisure Group* bezeichnet, da sie ursprünglich für den Wohnbereich konzipiert worden war. Ihre charakteristischen Merkmale sind der viersternige Fuß sowie der zwischen zwei Aluminiumstreben verspannte Leder- oder Stoffbezug.

1958

V **Albini Desk**
Franco Albini
Knoll International

Architect Franco Albini's designs characteristically show clear, minimalist constructions, as is the case here with this floating pedestal desk.

Les réalisations de l'architecte Franco Albini se distinguent par leurs formes limpides et minimalistes.

Die Entwürfe des Architekten Franco Albini zeichnen sich durch klare, minimalistische Konstruktionen aus.

1957

∨ PK80
∨ PK71
Poul Kjærholm
Fritz Hansen

Poul Kjærholm's preferred material was metal and he insisted on uncompromising perfection for its use and treatment. With these three nesting tables, all material strengths are reduced to a minimum. The only 30 cm (1 foot) high bench stands on slightly rounded, matt-chromed steel legs.

Le métal était le matériau de prédilection de Poul Kjærholm, qui s'avéra être un très grand perfectionniste dans la manière de le travailler. La résistance du matériau est réduite au minimum dans ces trois tables gigognes. La banquette, haute de 30 cm seulement, repose sur les arêtes légèrement arrondies de l'armature en acier plat.

Das bevorzugte Material von Poul Kjærholm war Metall, und in seiner Verwendung und Verarbeitung war er kompromissloser Perfektionist. Bei den drei ineinanderstellbaren Tischchen sind die Materialstärken auf das Minimum reduziert, die nur 30 cm niedrige Bank steht auf den ganz leicht abgerundeten Schnittkanten des Flachstahls.

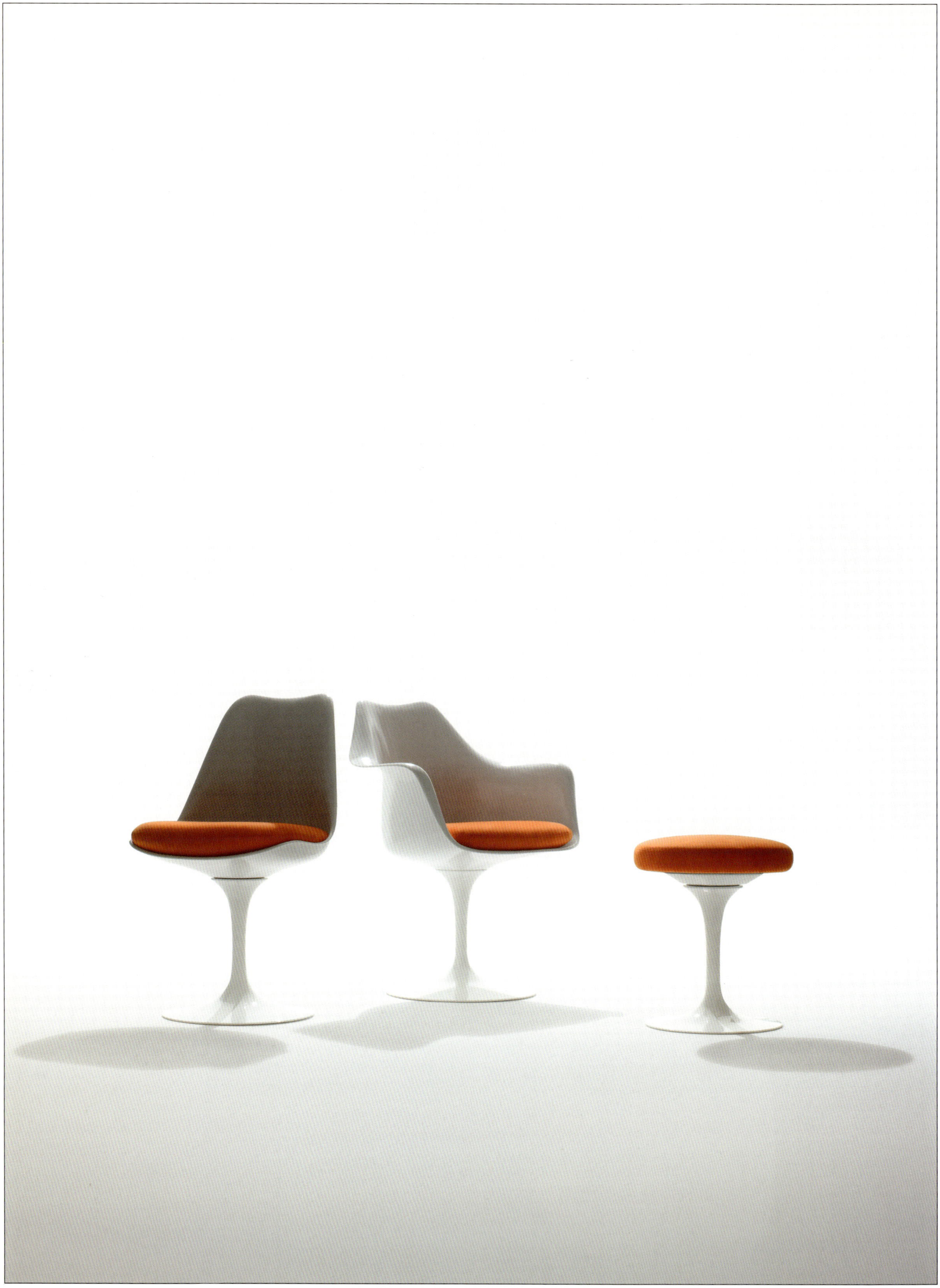

1957

< Saarinen Dining Chair
Eero Saarinen
Knoll International

The *Dining Chair* is part of the designer's first office furniture series and stems from Eero Saarinen and Charles Eames' designs for the competition *Organic Design in Home Furnishings* organized by the MoMA, in 1940.

La *Dining Chair* fait partie d'une série de meubles de bureau et s'inspire des sièges présentés par Eero Saarinen et Charles Eames lors du concours *Organic Design in Home Furnishings,* organisé par le musée d'Art Moderne de New York en 1940.

Der *Dining Chair* ist Teil einer ersten Büromöbelserie und geht auf die Entwürfe von Eero Saarinen und Charles Eames für den Wettbewerb *Organic Design in Home Furnishings* des Museum of Modern Art im Jahre 1940 zurück.

< Tulip Chair
Eero Saarinen
Knoll International

Eero Saarinen successfully eliminated the cluster of legs when he designed the *Pedestal* group. All the same, he still remained slightly disappointed, for he had not succeeded in creating a one-legged chair out of only one material. The seating shells consisted of reinforced glass fiber plastic and the foot was cast aluminum.

Avec la collection *Pedestal,* Eero Saarinen s'est brillamment libéré de l'emprise du piétement, même s'il était quelque peu déçu par le résultat final. La chaise reposait sur un pied, mais ne fut pas fabriquée avec un seul matériau. Les coques étaient en plastique renforcé de fibre de verre, le pied en aluminium.

Mit der *Pedestal*-Gruppe hat Eero Saarinen erfolgreich „mit dem Wirrwarr aus Beinen" aufgeräumt, dennoch war er eigentlich enttäuscht von ihr. Es war ihm nicht gelungen, den einbeinigen Stuhl aus einem einzigen Material herzustellen. Die Sitzschalen bestanden aus glasfaserverstärktem Kunststoff, der Fuß aus Aluminiumguss.

1957

> **Grand Prix**
Arne Jacobsen
Fritz Hansen

At the XI Milan Triennial in 1957, this chair received the Grand Prix award. It differed from *Series 7* both in terms of the seating shell shape and the wooden legs. In 2007, Fritz Hansen produced a limited series with metal legs.

En 1957, lors de la onzième édition de la Triennale de Milan, cette chaise obtint un grand prix. La forme de la coque et le piétement en bois diffèrent de la *Serie 7*. En 2007, Fritz Hansen édita une série limitée avec un piétement en métal.

Dieser Stuhl wurde 1957 auf der XI. Mailänder Triennale mit einem Gran Prix ausgezeichnet. Von der *Serie 7* unterschied er sich nicht nur durch die Form der Sitzschale, sondern auch durch die Holzbeine. Fritz Hansen legte 2007 eine limitierte Serie mit Metallbeinen auf.

1957

∧ 699 Superleggera
Gio Ponti
Cassina

Based on the traditional model *Chiavarine*, this chair was consistently revised so as to reduce its weight without putting the stability at risk. The chair's spindly legs show a triangular diameter of only 18 mm (around 0.7 inches), the entire chair weighs slightly less than two kilograms (around 4.4 pounds). Pictures show Mr. Cassina later balancing the chair on one finger, and Gio Ponti once threw it out of the fourth floor, which caused no damage to the chair whatsoever.

Cette chaise, qui rappelle le modèle traditionnel *Chiavarine*, fut longuement limée, afin de réduire le poids sans pour autant négliger la stabilité. Le piétement présente une section triangulaire de 18 mm ; le siège pèse moins de deux kilos. Monsieur Cassina la fit tenir en équilibre sur un seul doigt, et Gio Ponti la jeta du quatrième étage, une chute qui la laissa intacte.

An diesem Stuhl, der auf das traditionelle Modell *Chiavarine* zurückging, wurde immer wieder gefeilt, um sein Gewicht zu reduzieren, ohne dabei die Stabilität zu vernachlässigen. Die Stuhlbeine weisen einen dreieckigen Querschnitt von nur 18 mm auf, der gesamte Stuhl wiegt weniger als zwei Kilogramm. Herr Cassina balancierte den Stuhl später auf einem Finger, und Gio Ponti warf ihn aus dem vierten Stock – was er heil überstand.

Castiglioni

Focusing on Individual Objects
L'objet et lui seul
Das Objekt im Mittelpunkt

Martin Wellner

Brothers Achille, Livio and Pier Giacomo Castiglioni founded their studio in 1945, after having completed their studies of architecture at the renowned Polytechnic of Milan, graduating in succession of one another. While Livio Castiglioni chose to venture out as a lighting and sound technician in the early 1950s, Achille and Pier Giacomo Castiglioni decided to keep the studio, working together until Pier Giacomo's premature death in 1968. Achille Castiglioni continued on his own from this point forward.

After the brothers had realized several truly spectacular installations and exhibitions, Achille and Pier Giacomo Castiglioni gained fame and recognition in the 1957 exhibition *Forme e colori nella casa di oggi* (Shapes and colors in today's home), where they placed their own designs next to products by anonymous designers. Even though the entire exhibition was extremely well organized and arranged with great care, it became evident that the brothers never intended to fully focus on creating a completely coherent and unified masterpiece. Instead, the quality of each individual product was deemed a priority. Ultimately, their designs always took the needs of the respective objects into account, showing amusing and unexpected design solutions. In this respect, all of their design used the same design language. Nevertheless, a formal personal style is hardly apparent. In spite of—or possibly even because of—this approach and the ensuing design results, the Castiglionis are still hailed as some of the key representatives of their profession. Two of the display objects from 1957 demonstrate how very progressive these brothers were—*Mezzadro* and *Sella*. Both were true to Marcel Duchamp's concept of Readymade; both were only produced decades later, in 1970 and in 1983, respectively.

Les frères Achille, Livio et Pier Giacomo Castiglioni créèrent leur propre agence en 1945, après avoir étudié séparément l'architecture à l'École Polytechnique de Milan. Au début des années 1950, Livio Castiglioni, spécialiste du son et de la lumière, poursuivit seul ses activités, tandis que la collaboration entre Achille et Pier Giacomo Castiglioni devait durer jusqu'au décès prématuré de Pier Giacomo en 1968. À partir de cette date, Achille Castiglioni travailla seul.

Le trio avait déjà réalisé quelques scénographies d'exposition spectaculaires, lorsqu' Achille et Pier Giacomo organisèrent en 1957 l'exposition *Forme e colori nella casa di oggi* (Formes et couleurs dans l'habitat contemporain). Ils y présentèrent leurs propres créations à côté de produits anonymes. Malgré la mise en scène soignée, il était déjà évident à cette époque que les Castiglioni avaient d'autres objectifs que la réalisation d'une œuvre d'art total. La qualité de chaque produit était au premier plan. Leurs créations prenaient toujours en compte les exigences liées à l'objet, offrant des solutions pleines d'humour et parlant ainsi un même langage. Il était cependant difficile d'y reconnaître un style personnel en termes de formes. Malgré, ou peut-être justement grâce à cette approche et aux objets en résultant, ils comptent parmi les représentants les plus importants de leur profession. Deux pièces exposées en 1957 montrent à quel point ils étaient en avance sur leur temps : *Mezzadro* et *Sella*, lesquelles, fidèles à l'esprit ready-made de Marcel Duchamp, ne furent produites qu'en 1970 pour le premier et en 1983 pour le second.

Die Brüder Achille, Livio und Pier Giacomo Castiglioni gründeten 1945 ihr eigenes Büro, nachdem sie in verschiedenen Jahrgängen am Mailänder Polytechnikum Architektur studiert hatten. Während Livio Castiglioni als Ton- und Lichtspezialist ab den frühen 1950er-Jahren eigene Wege ging, dauerte die Zusammenarbeit zwischen Achille und Pier Giacomo Castiglioni bis zum frühen Tod von Pier Giacomo 1968. Von diesem Zeitpunkt an arbeitete Achille Castiglioni allein weiter.

Nachdem die Brüder schon einige spektakuläre Ausstellungsszenarien verwirklicht hatten, veranstalteten Achille und Pier Giacomo Castiglioni 1957 die Ausstellung *Forme e colori nella casa di oggi* (Formen und Farben in der Wohnung von heute), in der sie eigene Entwürfe neben anonym gestaltete Produkte stellten. Und obwohl die gesamte Ausstellung sorgsam arrangiert war, wird zu diesem Zeitpunkt schon deutlich, dass es den Brüdern Castiglioni nie um die Schaffung eines Gesamtkunstwerks ging. Bei ihnen stand die Qualität jedes einzelnen Produkts im Vordergrund. Ihre Entwürfe orientierten sich immer an den Anforderungen der jeweiligen Objekte, offenbarten gestalterisch humorvolle Lösungen und sprachen somit die gleiche Sprache. Sie ließen aber kaum einen formalen persönlichen Stil erkennen. Trotz oder gerade wegen dieser Herangehensweise und den daraus resultierenden Produkten werden sie mit zu den wichtigsten Vertretern ihrer Profession gezählt. Wie weit sie damit ihrer Zeit voraus waren, machen zwei der Ausstellungsobjekte von 1957 deutlich: *Mezzadro* und *Sella*, die Marcel Duchamps Konzept des Readymade folgten und erst 1970 beziehungsweise 1983 in Produktion gingen.

∧ Mezzadro, Achille & Pier Giacomo Castiglioni, Zanotta, 1970

< Sella, Achille & Pier Giacomo Castiglioni, Zanotta, 1983

457

1956

V **Marshmallow Sofa**
George Nelson
Herman Miller & Vitra

A predecessor to Pop Art, the *Marshmallow Sofa* is one of George Nelson's most eye-catching designs. The seat seems to consist of typical American bar-stool cushions and remains so striking that no attempts were ever made to design something even remotely similar. After a 34-year hiatus in production, the sofa was re-introduced in 1999.

Cet ouvrage, annonciateur du pop art, est l'une des créations de George Nelson les plus frappantes visuellement. L'assise et le dossier, qui semblent composés de coussins de tabourets de bar typiquement américains, sont si inhabituels que personne n'a tenté depuis de réaliser quelque chose de semblable. Après une pause qui dura trente-quatre ans, le canapé fut de nouveau édité en 1999.

Dieser Vorbote der Pop-Art ist in seiner Erscheinung einer der auffälligsten Entwürfe George Nelsons. Die Sitzfläche, scheinbar aus typischen amerikanischen Barhockerpolstern bestehend, ist so prägnant, dass kaum Versuche unternommen wurden, etwas Vergleichbares zu entwerfen. Nach 34 Jahren Pause wurde das Sofa 1999 wieder aufgelegt.

1956

∧ Lounge Chair
Charles & Ray Eames
Herman Miller & Vitra

This lounge chair goes back to the prototypes that were created for display at the competition *Organic Design in Home Furnishings* organized by the MoMA in 1940. Three curved plywood shells were upholstered with leather-covered cushions, connected to rubber shock mounts and placed on a pivot base. This sophisticated lounge chair required both man-made and industrial construction. Ultimately, the production costs proved to be too high and thus it did not correspond with the Eameses' goal of designing affordable furniture.

Ce fauteuil s'inspire de prototypes qui ont vu le jour dans le cadre du concours *Organic Design in Home Furnishings* du musée d'Art Moderne de New York (1940). Les trois coques en bois sont dotées de coussins recouverts de cuir, et reliées par des éléments en caoutchouc et en métal. Elles reposent sur un piètement amovible. Ce fauteuil exigeant en termes de fabrication est réalisé à la main et à la machine. Cet ouvrage, l'éthique des Eames, soucieux de concevoir des meubles accessibles au plus grand nombre.

Dieser Sessel geht auf Prototypen zurück, die für den Wettbewerb *Organic Design in Home Furnishings* des Museum of Modern Art von 1940 geschaffen wurden. Die drei Holzschalen sind mit lederbezogenen Kissen gepolstert. Sitz-, Rücken- und Kopfteil sind über Gummistoßdämpfer verbunden, Sessel und Fußteil ruhen auf einem Drehgestell. Der konstruktiv sehr aufwendige Sessel wurde maschinell und in Handarbeit hergestellt. Da er entsprechend teuer war, entsprach er im Grunde nicht dem Anspruch der Eames, bezahlbare Möbel zu entwerfen.

1956

Courtesy galerie ulrich fiedler, Berlin

< **Bar Trolley**
Meuble de bar
Barwagen
Herbert Hirche
Christian Holzäpfel KG

Most models produced by Christian Holzäpfel KG in the 1950s and 1960s can be traced back to former Bauhaus student Herbert Hirche's designs.

La plupart des modèles des années 1950 et 1960 de l'éditeur Christian Holzäpfel KG sont signés Herbert Hirche, formé au Bauhaus.

Die meisten Modelle der Christian Holzäpfel KG der 1950er- und 1960er-Jahre tragen die Handschrift des ehemaligen Bauhausschülers Herbert Hirche.

> **PK22**
∨ **PK61**
Poul Kjærholm
Fritz Hansen

Purist Poul Kjærholm never combined more than two materials. Sophisticated metal frames out of shiny steel met with leather, cloth, rattan reed, stone or glass.

Le puriste Poul Kjærholm n'associe jamais plus de deux matériaux dans ses créations : des armatures en acier mat avec du cuir, du tissu, du rotin, de la pierre ou du verre.

Der Purist Poul Kjærholm kombiniert nicht mehr als zwei Materialien miteinander. Ausgefeilte Metallgestelle aus blankem Stahl treffen auf Leder, Stoff, Peddigrohr, Stein oder Glas.

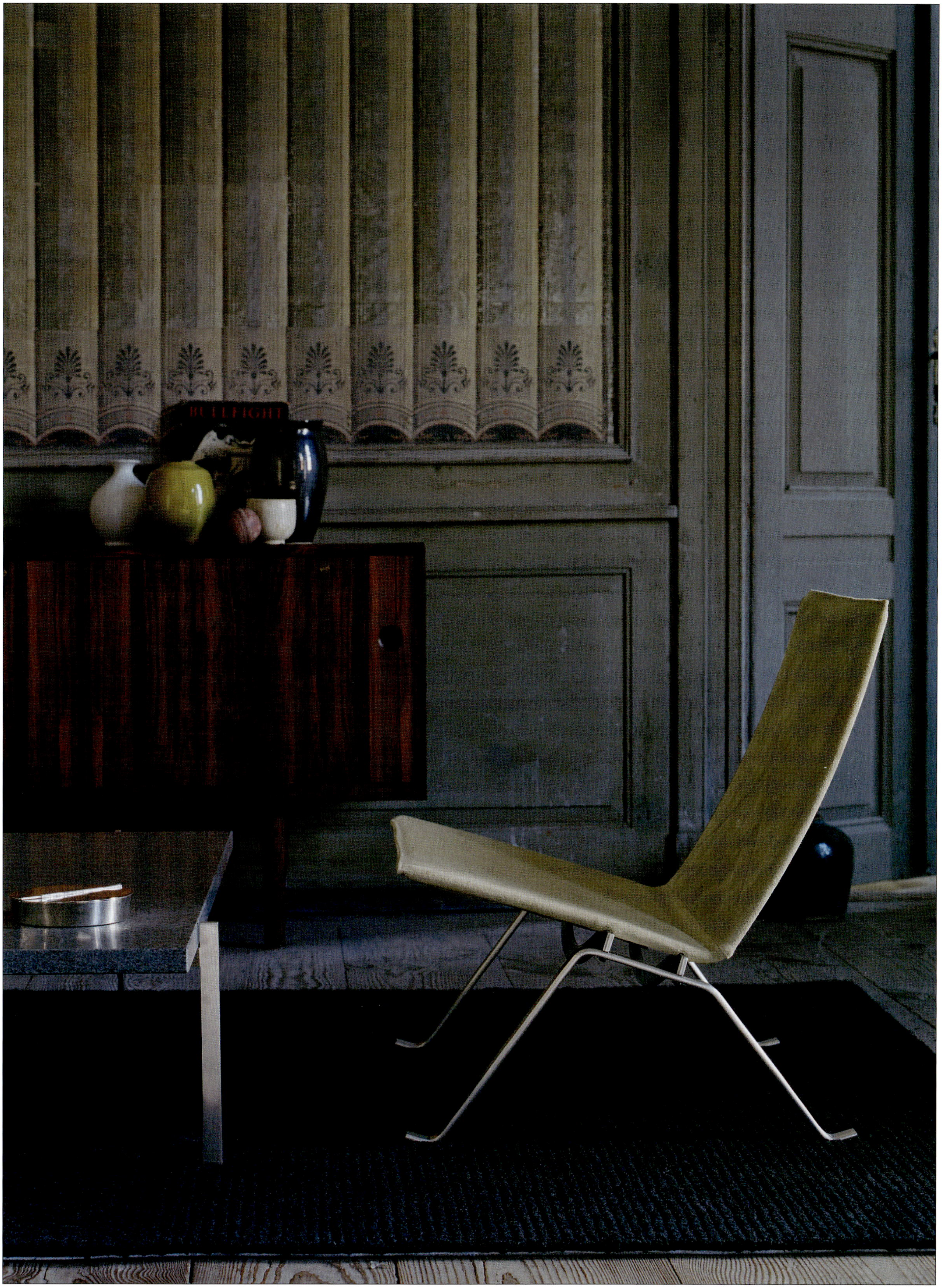
BULLFIGHT

1955

> 811
Gio Ponti
Cassina

In 1948, Franco Albini—Cassina's first freelance designer—designed the chair *No.430*. Later, in the 1950s, Gio Ponti greatly influenced Cassina's line.

Premier consultant pour Cassina, Franco Albini conçut le fauteuil *430* en 1948. Dans les années 1950, Gio Ponti marqua profondément la ligne Cassina de son empreinte.

Nachdem Franco Albini 1948 als erster externer Mitarbeiter für Cassina den Armlehnstuhl Modell *Nr. 430* entworfen hatte, wurde Cassina in den 1950er-Jahren stark von Gio Ponti geprägt.

Courtesy Phillips de Pury Company

1955

> **Coconut Chair**
George Nelson
Herman Miller & Vitra

A coconut inspired the seat shell's shape, even though the colors hardly correspond. The soft cushioned inner center is available in a variety of colors while the outer plastic shell always remains white.

La forme de la coque rappelle celle d'un morceau de noix de coco dont les couleurs seraient inversées. La garniture intérieure est disponible en plusieurs couleurs ; la coque extérieure en plastique reste blanche.

Die Form der Sitzschale kann man auf eine Kokosnussschale zurückführen, wobei die Farbgebung umgekehrt wurde: Der innere weiche Polsterkern ist in verschiedenen Farben erhältlich, die äußere harte Kunststoffschale bleibt weiß.

< **P40**
Osvaldo Borsani
Tecno

All segments for this seating machine are easily modifiable and allow up to 500 positions. The armrests are flexible, made with spring steel and covered in rubber.

Toutes les parties de ce fauteuil sont inclinables, et permettent de créer près de 500 positions différentes. Les accoudoirs sont en acier à ressorts et recouverts de caoutchouc.

Alle Segmente dieser Sitzmaschine sind verstellbar und erlauben nahezu 500 Positionen. Die Armlehnen sind flexibel mit Federstahl konstruiert und mit Gummi überzogen.

463

1955

> **Tivoli Lounge Chair**
∨ **Tivoli Chair**
Verner Panton
Djob

Verner Panton designed these first pieces of sitting furniture for his father's inn Kom-igen (Come again) in Tivoli, Copenhagen. The frame consists of polished steel and the chair's seat is made out of 85 meters (around 93 yards) of polyurethane string reinforced with nylon core.

Verner Panton conçut ces premiers sièges pour le restaurant Kom-igen de son père à Tivoli, Copenhague. Les armatures sont en acier poli, l'assise et le dossier sont composés de 85 m de fil en polyuréthane renforcé de nylon.

Diese ersten Sitzmöbel gestaltete Verner Panton für das Gasthaus Kom-igen seines Vaters in Tivoli, Kopenhagen. Der Rahmen besteht aus poliertem Edelstahl, die Sitzfläche des Stuhls aus 85 Meter Polyurethanschnur.

> Serie 7
Arne Jacobsen
Fritz Hansen

This model is based on that of the *Ant* from 1952 and evolved into one of the commercially most successful chair programs in existence. Consisting of only two parts, this chair is extremely economical in terms of production.

Ce modèle s'inspirant de la *Fourmi* créée en 1952, fut un succès commercial. Le siège, construit à partir de deux éléments, est de fabrication particulièrement économique.

Dieses Modell basiert auf der *Ameise* von 1952 und wurde zu einem der kommerziell erfolgreichsten Stuhlprogrammen. Der eigentlich aus nur zwei Teilen bestehende Stuhl ist überaus ökonomisch konstruiert.

1954

> **S664**
> Eddi Harlis
> Thonet

Playful and full of energy, this chair reflects the emerging optimism of the 1950s. Both of the openings in the seat shell are necessary from a constructive point of view so that the plywood does not splinter during the extremely drastic molding process.

Avec ses formes fluides, cette chaise reflète l'optimisme grandissant des années 1950. Le procédé de fabrication nécessite les deux ouvertures dans la coque, afin que le contreplaqué n'éclate pas lors de la mise en forme complexe du matériau.

Dieser Stuhl spiegelt in seiner beschwingten Erscheinung den aufkommenden Optimismus der 1950er-Jahre wider. Die beiden Öffnungen in der Sitzschale sind konstruktiv nötig, damit das Sperrholz bei der äußerst starken Verformung nicht splittert.

> **Oyster**
> Pierre Paulin
> Artifort

Kho Liang Ie began working as a consultant to Artifort in 1958 and hired Pierre Paulin, who saw no fulfilling career options in France at the time. *Oyster* was the first of countless models that Pierre Paulin designed for Artifort. The chair went into production in the early 1960s.

En 1958, Kho Liang Ie devint consultant d'Artifort. Il fit appel à Pierre Paulin, dont les possibilités de développement professionnel en France paraissaient limitées. *Oyster* est le premier d'une importante série de modèles élaborés par Paulin pour Artifort. Le fauteuil fut produit au début des années 1960.

Kho Liang Ie wurde 1958 Berater von Artifort und engagierte Pierre Paulin, der in Frankreich kaum Möglichkeiten für eine Weiterentwicklung sah. *Oyster* wird zum ersten von einer ganzen Reihe von Modellen, die Pierre Paulin für Artifort entwirft. Produziert wurde der Sessel ab Anfang der 1960er-Jahre.

1954

∧ Martingala
Marco Zanuso
Arflex

One of this armchair's unique characteristics is the combination of several foam types of varying thickness, which ensures a greater degree of resistance for those areas most subject to stress.

L'association de plusieurs mousses d'épaisseurs variables fait la particularité de ce fauteuil. Les mousses sont plus ou moins rigides ou moelleuses en fonction des parties du fauteuil et de leur sollicitation.

Die Besonderheit bei diesem Sessel ist die Kombination mehrerer Schaumstoffe in unterschiedlicher Dichte, die je nach Beanspruchung des Sesselbereichs härter oder weicher sind.

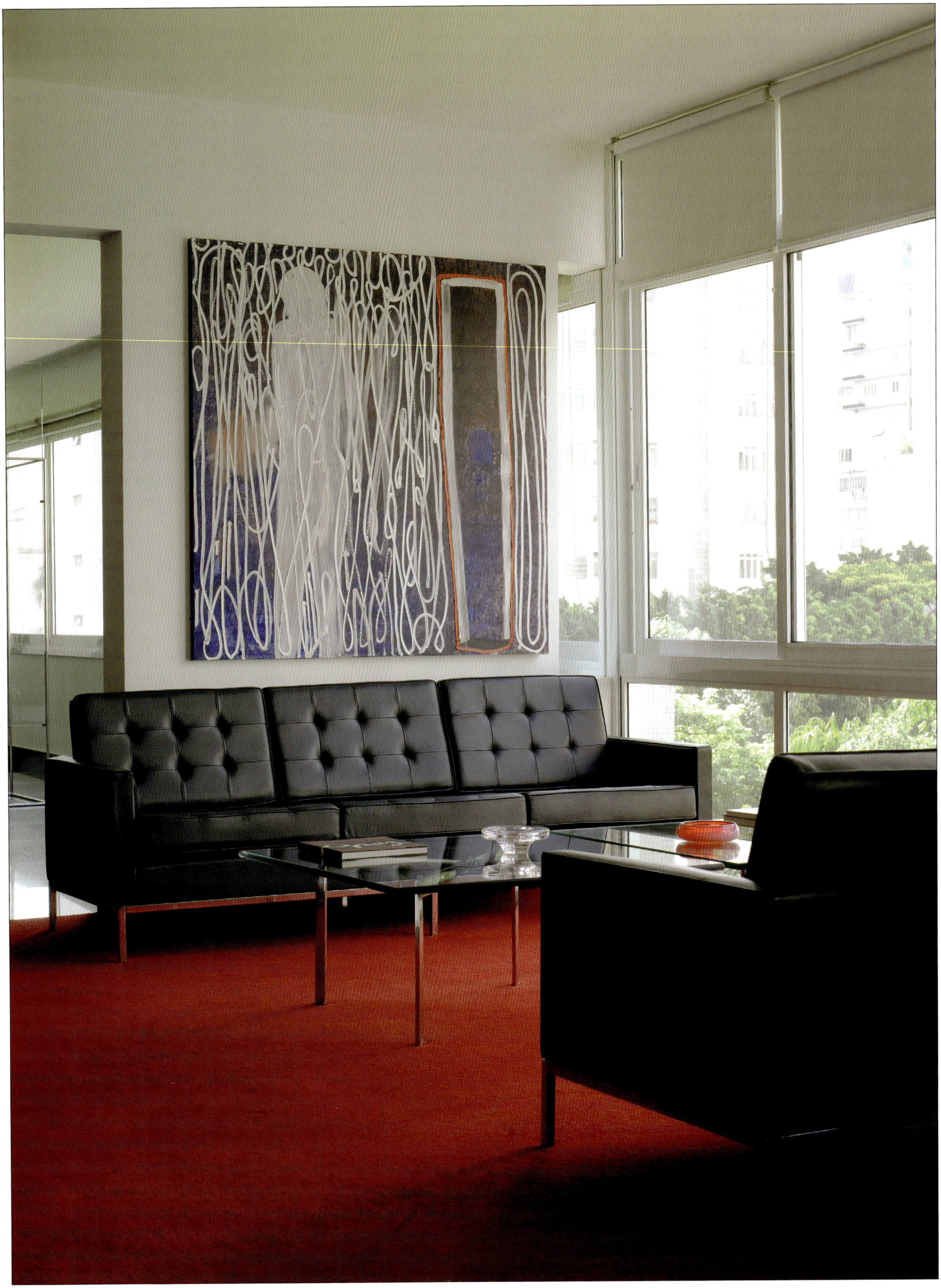

1954

< Knoll Lounge Seating
Florence Knoll Bassett
Knoll International

Florence Knoll, Hans Knoll's wife and co-founder of Knoll Associates, took over the creative management of the company and was thus not only responsible for designing some cool and soberly elegant pieces of furniture, but also for the entire company's appearance.

Florence Knoll, épouse de Hans Knoll et cofondatrice de Knoll Associates, était la directrice artistique de l'entreprise. On lui doit quelques réalisations élégantes et sobres, mais elle fut également responsable de l'image de l'entreprise.

Florence Knoll, Ehefrau von Hans Knoll und Mitbegründerin von Knoll Associates, übernahm die gestalterische Leitung des Unternehmens und war damit nicht nur für verschiedene eigene, kühl-elegante Möbelentwürfe, sondern auch für das gesamte Erscheinungsbild des Unternehmens verantwortlich.

> Elettra
B.B.P.R.
Arflex

In 1932 Gian Luigi Banfi, Lodovico Barbiano di Belgiojoso, Enrico Peressutti and Ernesto Rogers founded the Italian architectural office B.B.P.R. One of their most famous buildings is the Velasca Torre (Velasca tower) in Milan.

Le bureau d'architecture B.B.P.R. fut créé en 1932 par Gian Luigi Banfi, Lodovico Barbiano di Belgiojoso, Enrico Peressutti et Ernesto Rogers. L'édifice le plus célèbre réalisé par l'agence est la Torre Velasca à Milan.

Das italienische Architekturbüro B.B.P.R. wurde 1932 von Gian Luigi Banfi, Lodovico Barbiano di Belgiojoso, Enrico Peressutti und Ernesto Rogers gegründet. Das bekannteste ihrer Bauten ist der Torre Velasca in Mailand.

> Sofa Compact
Charles & Ray Eames
Herman Miller & Vitra

This sofa was only ever intended for use in the Eameses' house in California. The high, sub-divided backrest could be folded down.

Ce canapé fut à l'origine conçu pour la maison des Eames, en Californie. Particulièrement haut et formant deux bandes horizontales, le dossier se rabat.

Dieses Sofa war eigentlich nur für das Haus der Eames in Kalifornien gedacht. Die hohe, in zwei Streifen unterteilte Lehne des Sofas lässt sich umklappen.

1954

< Chair, Chaise, Stuhl
Eva Zeisel
Hudson Fixtures

Eva Zeisel, trained in pottery and ceramics, is mostly known for her ceramic works. This folding chair, whose spring frame ensures a high degree of comfort, was one of her few furniture designs.

Céramiste de formation, Eva Zeisel est surtout connue pour ses céramiques. Cette chaise pliante, dont les armatures à ressorts favorisent le confort, fut l'une des rares pièces qu'elle réalisa.

Die ausgebildete Töpferin Eva Zeisel ist hauptsächlich für ihre Keramikarbeiten bekannt. Dieser zusammenklappbare Stuhl, dessen federnder Rahmen für hohen Sitzkomfort sorgte, war einer ihrer wenigen Möbelentwürfe.

> 839
Ico Parisi
Cassina

Ico Parisi and Gio Ponti belonged to the movers and shakers of Italian furniture design in the 1950s. In 1948, Parisi founded his studio Atelier La Ruota with his wife Luisa Aiani and finished his architectural studies in Lausanne in 1950. In addition to working as an architect and a designer, he was a painter, photographer and installation artist.

Ico Parisi fut, aux côtés de Gio Ponti, l'une des figures marquantes du design italien en matière d'ameublement dans les années 1950. Avec son épouse Luisa Aiani, il créa son atelier La Ruota en 1948 et acheva ses études d'architecte à Lausanne en 1950. Parallèlement à ses activités d'architecte et de designer, il fut également peintre, photographe et réalisa des installations.

Ico Parisi gehörte neben Gio Ponti zu den Stilbildnern des italienischen Möbeldesigns in den 1950er-Jahren. 1948 gründete er mit seiner Frau Luisa Aiani sein Atelier La Ruota und beendete noch 1950 sein Architekturstudium in Lausanne. Neben seiner Tätigkeit als Architekt und Designer war er auch als Maler, Fotograf und Installationskünstler tätig.

1954

v Loop
Willy Guhl
Eternit

The Austrian Ludwig Hatschek invented Eternit around the turn of the 20th century by mixing 90% cement with 10% asbestos and water. The Swiss Eternit works were founded shortly thereafter as licensed holders, producing the material used for roofing and cladding. From the 1950s onwards, product designers began to focus on cement mixtures as a suitable material for their products. Industrial designer Willy Guhl was the first in Switzerland to do so. In addition to diverse garden tools, he also designed the *Loop* Chair, a self-contained and unsupported fiber cement band, ideal for outdoor use. Today, no asbestos is used in its production.

Eternit, un fibres-ciment, fut inventé au début du XXe siècle par l'Autrichien Ludwig Hatschek. Détentrice de la licence d'exploitation, la société Eternit fut fondée peu de temps après. Le matériau fut utilisé pour recouvrir toitures et façades. À partir des années 1950, des concepteurs commencèrent à s'intéresser au béton, à l'image de Willy Guhl, qui fait figure de premier designer industriel suisse. Il conçut divers ustensiles pour le jardin et cet anneau de fibres-ciment en guise de fauteuil cantilever, qui est aujourd'hui produit sans amiante.

Eternit wurde als Asbestzement um die Jahrhundertwende von dem Österreicher Ludwig Hatschek erfunden. Die Eternit-Werke Schweiz werden kurz darauf als Lizenznehmer gegründet. Das Material wurde als Dach und Fassadenverkleidung eingesetzt. Seit den 1950er-Jahren begannen sich Produktgestalter mit der Betonmischung zu beschäftigen, so wie der als erster Schweizer Industriedesigner geltende Willy Guhl. Neben diversen Gartenutensilien entwarf er die freitragende Faserzementschlaufe als Gartenstuhl, die heute ohne Asbest auskommt.

> Chair, Chaise, Stuhl
Carlo Mollino
Ettore Canali

The divided backrest of this chair, which was designed for the Pavia Restaurant in Cerviniadas, is a recurring motif that Carlo Mollino used for several chairs.

Le dossier scindé en deux de cette chaise, réalisée pour le restaurant Pavia à Cerviniadas, est un élément décoratif utilisé par Carlo Mollino dans plusieurs de ses sièges.

Die zweigeteilte Rückenlehne dieses für das Restaurant Pavia in Cerviniadas entworfenen Stuhls, ist ein Motiv, das Carlo Mollino bei mehreren Stühlen anwendete.

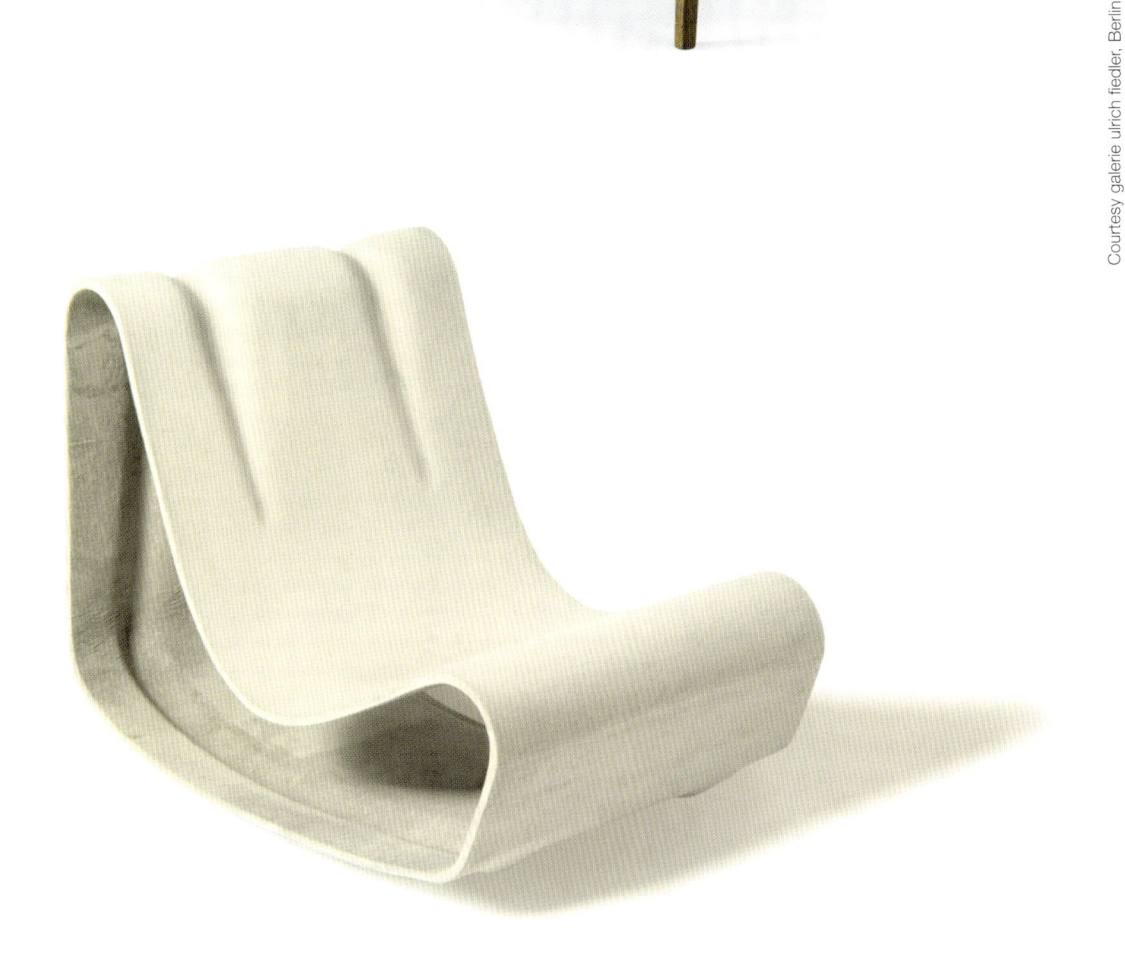

Courtesy galerie ulrich fiedler, Berlin

1954

< **Ulmer Hocker**
Max Bill
Vitra & Zanotta

Together with Hans Gugelot, Max Bill developed the *Ulmer Hocker* for the newly founded Ulm School of Design in southern Germany. Conceived as a seating opportunity for students, this light and sturdy piece of furniture could also be used as a side table, bookshelf or tray.

Max Bill conçut le tabouret d'Ulm (*Ulmer Hocker*) pour l'école d'Ulm nouvellement fondée. Siège pour les étudiants, ce meuble léger et robuste pouvait être également utilisé comme table d'appoint, comme étagère ou comme console.

Gemeinsam mit Hans Gugelot entwarf Max Bill den *Ulmer Hocker* für die neu gegründete Hochschule der Gestaltung Ulm. Als Sitzgelegenheit für die Studierenden gedacht, konnte das leichte und robuste Möbel auch als Beistelltisch, Regal oder Tablett genutzt werden.

1954

< PP 120
Hans J. Wegner
PP Møbler

Hans J. Wegner designed this footrest for his *Teddy Bear Chair* from 1951, yet he did not attempt to achieve complete unity in the two designs.

Hans J. Wegner élabora ce repose-pieds pour son fauteuil *Teddy Bear* (1951), mais il veilla à l'unité des deux objets.

Diese Fußbank entwarf Hans J. Wegner für seinen 1951 entstandenen *Teddy Bear* Sessel, ohne sich um ein wirklich einheitliches Bild zu bemühen.

> Butterfly Stool
> Elephant Stool
Sori Yanagi
Vitra

The *Butterfly Stool* remains one of Sori Yanagi's best-known designs and represents the connection between Eastern and Western cultures. The two seat shell parts are identical. Western interior design is alluded to through the function of the stool and the modern plywood production process, while their form uses traditional Japanese design language.

Le *Butterfly Stool* est la réalisation la plus célèbre de Sori Yanagi, et fait la liaison entre les cultures occidentales et orientales. Les deux coques identiques, assemblées pour former un tabouret, composent un objet d'ameublement occidental. Réalisé en lamellé-collé moulé, il est ancré dans la modernité, tandis que ses formes évoquent le Japon traditionnel.

Der *Butterfly Stool* ist Sori Yanagis bekanntester Entwurf und steht für die Verbindung östlicher und westlicher Kulturen. Die beiden identischen Sitzschalenteile, die in der Funktion als Hocker ein Objekt westlicher Inneneinrichtung sind und im modernen Schichtholzverfahren produziert werden, zitieren eine traditionelle japanische Formensprache.

1954

< Cyclone Table
Isamu Noguchi
Knoll International & Vitra

Based on the *Rocking Stool*, which thanks to a slightly rounded foot rocks ever so slightly, a matching side table was also designed. Following Hans Knoll's suggestion, this side table was then further developed and evolved into a regularly sized table.

Cette table d'appoint s'inspire de la *Rocking Stool*, laquelle se balance de manière minimale grâce à un piétement légèrement bombé. Cette table sert de base à la table de salle à manger qui vit le jour à la demande de Hans Knoll.

Auf Basis des *Rocking Stool*, der aufgrund eines leicht gewölbten Fußes geringfügig wippt, entstand ein Beistelltisch, der auf Vorschlag von Hans Knoll zu einem regulären Tisch weiterentwickelt wurde.

1954

< 683
Carlo di Carli
Cassina

Model *683* was one of the winners in the very first *Compasso d'Oro* competition.

La chaise *683* figure parmi les premiers objets récompensés par le *Compasso d'Oro*.

Bei der allerersten Verleihung des *Compasso d'Oro* gehörte der *683* zu den Gewinnern.

> Antony
Jean Prouvé
Atelier Jean Prouvé, Reedition Tecta, Reedition Vitra

Jean Prouvé's preference for roughly made industrial products is evident. The welding seam remains clearly visible and none of the surfaces have been refined.

Cette chaise témoigne du goût de Jean Prouvé pour les réalisations industrielles sommaires. Il ne cacha pas les points de soudure, et ne façonna pas les surfaces.

An diesem Stuhl lässt sich die Sympathie Jean Prouvés für grob-industrielle Fertigungen ablesen. Er verbarg weder die Schweißnähte noch veredelte er Oberflächen.

1954

< **Kyoto**
∨ **Nagasaki**
Mathieu Mategot
Atelier Mategot

Originally from Hungary, Mathieu Mategot opened his own furniture studio in Paris after the Second World War, but only worked as a furniture designer until the early 1960s. He preferred to use tubular steel and perforated steel plates in his designs.

Originaire de Hongrie, Mathieu Mategot ouvrit après la Seconde Guerre mondiale son propre atelier à Paris. Il s'adonna à la conception de meubles jusqu'au début des années 1960. Ses réalisations témoignent de ses préférences pour l'acier tubulaire et la tôle perforée.

Der aus Ungarn stammende Mathieu Mategot eröffnete nach dem Zweiten Weltkrieg in Paris ein eigenes Möbelatelier, war aber nur bis zum Beginn der 1960er-Jahre als Möbeldesigner tätig. Für seine Entwürfe verwendete er bevorzugt Stahlrohr und Lochbleche.

Courtesy Phillips de Pury Company

1953

< **Domino**
Mathieu Mategot
Atelier Mategot

Mathieu Mategot studied art in Budapest and subsequently worked as a set designer. After a short stint as a furniture designer, he dedicated himself to designing wall hangings.

Mathieu Mategot se forma aux Beaux-Arts à Budapest, et travailla quelque temps comme peintre de décors. Après s'être consacré un certain temps au design de meubles, il s'adonna à la conception de tapisseries.

Mathieu Mategot studierte Kunst in Budapest und arbeitete zunächst als Bühnenbildner. Nach einer kurzen Zeit als Möbeldesigner widmete er sich vornehmlich der Gestaltung von Wandteppichen.

> **Model 137**
Finn Juhl
Reedition onecollection

This model series was inspired by Miyajima Gate near Hiroshima and, subsequently, was also referred to as the *Japanese Model*.

Cette série de meubles est une évocation de la porte de Miyajima, île située en face d'Hiroshima. Elle est également connue sous l'appellation de « modèle japonais ».

Diese Modellreihe ist inspiriert vom Miyajima-Wassertor bei Hiroshima und wird auch das *Japanische Modell* genannt.

1953

∨ Diamond, Model 845
Gio Ponti
Cassina

This model is the first in a row of armchairs that Gio Ponti designed for Cassina. The daring profile of the virtually two-dimensional shape is striking.

Ce modèle figure parmi une série de fauteuils élaborés par Gio Ponti pour Cassina. Le profil du fauteuil, aux formes presque bidimensionnelles, retient l'attention.

Dieses Modell gehört zu einer Reihe von Sesseln, die Gio Ponti für Cassina gestaltete. Auffällig ist die prägnante Seitenansicht des nahezu zweidimensional geformten Sessels.

Courtesy Phillips de Pury Company

> Lounge Chair
Herbert Hirche
Richard Lampert

Herbert Hirche studied at the Bauhaus and worked with Ludwig Mies van der Rohe and Egon Eiermann. He designed this chair while working as a professor at the Stuttgart State Academy of Art and Design in Germany. The chair seemed doomed to remain a prototype, until Richard Lampert began manufacturing a slightly modified version in 2000.

Herbert Hirche fut formé à l'école du Bauhaus, et devint l'un des collaborateurs de Ludwig Mies van der Rohe et d'Egon Eiermann. Il conçut ce fauteuil alors qu'il était professeur à l'académie des Beaux-Arts de Stuttgart. L'ouvrage, qui ne dépassa alors pas le stade de prototype, est édité en série depuis 2000 par Richard Lampert, avec de légères modifications.

Herbert Hirche studierte am Bauhaus und war Mitarbeiter von Ludwig Mies van der Rohe und Egon Eiermann. Dieser Entwurf, den er während seiner Zeit als Professor an der Akademie der Künste in Stuttgart gestaltete, wurde seinerzeit über das Stadium des Prototypen nicht weiterentwickelt. Mit leichten Veränderungen wird er seit 2000 von Richard Lampert in Serie produziert.

1953

> Eiermann table frame
Eiermann table démontable
Eiermann-Tischgestell
Egon Eiermann
Richard Lampert

Straightforward and uncomplicated, this demountable table frame seems simple in construction. Both side steel frames are height-adjustable through extendable rods. A diagonal cross-brace connects them, through which optimal stability is achieved.

En raison de sa linéarité, cette table démontable paraît de construction simple. La hauteur des deux cadres latéraux en acier est réglable grâce à des barres métalliques positionnables. Les armatures sont reliées entre elles par des étais, qui s'entrecroisent et offrent une stabilité optimale.

Dieses zerlegbare Tischgestell scheint in seiner Geradlinigkeit einfach konstruiert. Die beiden seitlichen Stahlrahmen sind durch herausziehbare Stangen in der Höhe verstellbar und durch Kreuzstreben verbunden. Durch die schräge Verstrebung wird eine optimale Standfestigkeit erreicht.

1953

∧ Cantilever Chair
Chaise en porte-à-faux
Kragstuhl
Gunnar Aagaard Andersen

Gunnar Aagaard Andersen tried to use wood and then aluminum to make this prototype out of wire and newspaper. Another option could have been to manufacture the chair out of glass fiber reinforced plastic. Ultimately, however, production of this chair would have been far too expensive for retail.

Gunnar Aagaard Andersen souhaitait réaliser ce prototype, un assemblage de fil de fer et de papier journal, en bois laminé puis en aluminium. On lui proposa ensuite de fabriquer le siège en plastique renforcé de fibre de verre. Trop coûteux à réaliser dans le cadre des moyens de production de cette époque, ce siège demeura à l'état de prototype.

Diesen Prototypen aus Maschendraht und Zeitungspapier wollte Gunnar Aagaard Andersen zunächst aus Holz laminieren und später aus Aluminium pressen. Dann schlug man ihm vor, den Stuhl in glasfaserverstärktem Kunststoff zu realisieren. Doch unter den damals gegebenen Produktionsmöglichkeiten wäre der Stuhl für den Handel zu teuer geworden.

1953

> **Paoli**
Sergio Conti, Luciano Grassi &
Marisa Forlani
Paoli

This highly sophisticated bent steel frame is covered tautly with nylon rope. It marked the beginning of a series of chairs named *strutture monofilo*, in which all pieces of furniture were based on the same construction principle.

Les formes des armatures en acier de ce siège sont particulièrement travaillées. Du fil de nylon y tisse sa toile. Ce siège inaugure une série de fauteuils, les *strutture monofilo*, qui reprennent tous le même principe de construction.

Dieser aufwendig gebogene Stahlrahmen ist mit Nylonschnüren bespannt. Er markiert den Beginn einer Serie von Sesseln mit dem Titel *strutture monofilo*, die alle nach dem gleichen Konstruktionsprinzip aufgebaut sind.

Courtesy galerie ulrich fiedler, Berlin

1953

> **Contour High Back Lounge Chair**
Vladimir Kagan

After completing his architectural studies at Columbia University, Vladimir Kagan worked as a carpenter and cabinetmaker in his father's wood workshop. The frames of his tables and chairs testify to his training and education, while also revealing his early interest in sculpture.

Après des études d'architecture à l'université de Columbia, Vladimir Kagan travailla comme ébéniste dans la menuiserie de son père. Les armatures de ses tables et de ses sièges évoquent sa formation, ainsi que l'intérêt précoce qu'il porta à la sculpture.

Nach seinem Architekturstudium an der Columbia University arbeitete Vladimir Kagan als Möbelschreiner im Betrieb seines Vaters. Die Gestelle seiner Tische und Stühle lassen diese Ausbildung sowie sein frühes Interesse an der Bildhauerei erkennen.

> **PP250**
Hans J. Wegner
PP Møbler

This design alludes to the common use of chairs as clothes stands. The seat folds up and a specifically designed rod allows for pants to be hung up, while the backrest is shaped like a hanger.

Cet objet évoque l'utilisation usuelle de l'objet « chaise » comme porte-vêtements. L'assise forme un rabat, donnant accès à un petit vide-poches, tandis que les pantalons peuvent être pendus sur un barreau prévu à cet effet. La fonction du dossier, en forme de cintre, apparaît d'elle-même.

1953

> SE124
Egon Eiermann
Wilde+Spieth

After the extreme success of his folding chair *SE18*, Egon Eiermann designed *SE124*. The later, modified version *SE121* from 1960 was used in furnishing the planned reconstruction of the Kaiser William Memorial Church in Berlin.

La *SE124* vit le jour dans le sillage de la chaise pliante *SE18*, qui rencontra un grand succès. La version remaniée de 1960, *la SE121*, fut conçue dans le cadre de la reconstruction de l'Église du Souvenir de l'empereur Guillaume (Kaiser Wilhelm Gedächtniskirche) à Berlin, dont Egon Eiermann fut chargé.

In Anlehnung an den überaus erfolgreichen Klappstuhl *SE18* entsteht der *SE124*. Die weiter überarbeitete Version *SE121* von 1960 setzt Egon Eiermann bei der Möblierung des von ihm geplanten Wiederaufbaus der Kaiser-Wilhelm-Gedächtniskirche in Berlin ein.

Die allgemeine Umnutzung von Stühlen zu Kleiderständern war Ausgangspunkt dieses Entwurfes. Die Sitzfläche lässt sich nach vorne hochklappen, sodass sich über die aufragende Kante Hosen aufhängen lassen. Zudem wird ein kleiner Stauraum unter der Sitzfläche zugänglich. Die als Kleiderbügel geformte Lehne erklärt sich von selbst.

1953

∨ Side table
Table d'appoint
Beistelltisch
Ettore Sottsass

These side tables were an early commission made by the Turin doctor Dr. Gaita, whose apartment Ettore Sottsass completely re-designed.

Ces tables d'appoint furent réalisées dans le cadre d'une commande passée par le docteur Gaita, médecin Turinois, qui demanda à Ettore Sottsass d'aménager entièrement son appartement.

Diese Beistelltische entstammen einem frühen Auftrag des Turiner Arztes Dr. Gaita, dessen Wohnung Ettore Sottsass komplett ausstattete.

Courtesy galerie ulrich fiedler, Berlin

484

1952

> Ant, Fourmi, Ameise
Arne Jacobsen
Fritz Hansen

Inspired by Charles and Ray Eames' plywood furniture, Arne Jacobsen designed *Ant*. This chair represents a break with Danish furniture tradition, while simultaneously being one of the first chairs suitable for industrial production. Initially, the market needed time to accept the chair's avant-garde form and its three legs. Millions, however, have since been sold.

S'inspirant des meubles en lamellé-collé de Charles et Ray Eames, Arne Jacobsen conçut la *Fourmi*. Elle représenta une rupture avec l'ameublement traditionnel danois, et fut l'une des premières chaises à répondre aux exigences de la production industrielle. Ses formes avant-gardistes et son piétement à trois pieds occasionnèrent une mise sur le marché quelque peu difficile. Depuis cette époque, la *Fourmi* s'est toutefois vendue à plusieurs millions d'exemplaires.

Angeregt durch die Schichtholzmöbel von Charles und Ray Eames entwarf Arne Jacobsen die *Ameise*. Sie verkörpert den Bruch mit der dänischen Möbeltradition und ist dabei einer der ersten Stühle, der sich für eine industrielle Fertigung eignete. Seine avantgardistische Form mit den drei Beinen machte ihm den Markteinstieg nicht leicht. Inzwischen ist er aber millionenfach verkauft worden.

485

1952

> **T Chair, Model No. 3LC**
William Katavolos, Ross Littell &
Douglas Kelley
Laverne International, Cadsana

Simplicity, functionality and only necessities were the requirements the designers set for themselves. An enameled steel frame, three legs and a seat were sufficient. Hidden screws were used to secure the leather sling onto the frame.

Simplicité, fonctionnalité et la volonté de se limiter au strict nécessaire ont présidé à la réalisation de cet ouvrage qui se compose de trois pieds, d'étais qui s'entrecroisent de manière transversale, et d'une assise qui se tend entre les éléments soutenant l'ensemble. Des vis, qui sont invisibles, servent à fixer le cuir aux armatures.

Einfachheit, Funktionalität und die Beschränkung auf das Notwendigste waren die selbst gesetzten Vorgaben: Drei Haltepunkte, eine Querverstrebung und eine Sitzbespannung reichten aus. Um die Lederbespannung am Rahmen zu befestigen, sind verdeckt Schrauben verwendet worden.

1952

∧ **Bertoia Diamond Lounge Chair**
< **Bertoia Asymmetric Chaise**
Harry Bertoia
Knoll International

In the early 1950s, at the beginning of their collaboration, Hans and Florence Knoll gave sculptor Harry Bertoia free range to create as he saw fit. Even if functionality was key for all of his pieces of sitting furniture, Bertoia compared the task with the creation of a sculpture, focusing on the relationship between form and space. The results were extremely successful handmade chairs and armchairs out of chicken wire, which seemed to consist of air, letting space flow straight through them.

Au début de leur collaboration en 1950, Hans et Florence Knoll donnèrent au sculpteur Harry Bertoia la possibilité de laisser libre cours à son inspiration. Même si, dans un siège, la fonctionnalité se doit d'être au premier plan, Bertoia compara sa tâche à celle qui préside à la conception d'une sculpture, et s'intéressa surtout au rapport entre la forme et l'espace. Des chaises et des fauteuils réalisés à la main et constitués de tiges métalliques, des pièces principalement composées d'air, rencontrèrent un grand succès. Ces réalisations sont « directement traversées par l'espace ».

Hans und Florence Knoll gaben dem Bildhauer Harry Bertoia am Anfang ihrer Zusammenarbeit 1950 die Gelegenheit, seinen eigenen Vorstellungen freien Lauf zu lassen. Auch wenn bei Sitzmöbeln die Funktionalität im Vordergrund steht, hat er diese Aufgabe mit der Gestaltung einer Skulptur verglichen, bei der ihn vor allem das Verhältnis von Form und Raum interessierte. Das Ergebnis waren sehr erfolgreiche, handgefertigte Stühle und Sessel aus Gitterdraht, die „hauptsächlich aus Luft bestehen. Der Raum geht direkt durch sie hindurch."

1952

∧ **Mexique**
Charlotte Perriand, Jean Prouvé
Atelier Jean Prouvé

This bookshelf was designed for the Maison du Mexique in the Cité Universitaire (the residential campus) in Paris. Charlotte Perriand used a similar version for the interior of the rooms in the Maison de la Tunisie. This piece of furniture can be used from both sides; the color concept is by Sonia Delaunay.

Cette bibliothèque fut conçue pour la Maison du Mexique à la Cité universitaire internationale de Paris. Charlotte Perriand avait élaboré un modèle analogue pour aménager les chambres d'étudiants de la Maison de la Tunisie. Le choix des couleurs qui habillent ce meuble, accessible des deux côtés, est l'œuvre de Sonia Delaunay.

Dieses Regal entstand für das Maison du Mexique in der Cité Universitaire Paris. Eine ähnliche Version hat Charlotte Perriand auch für die Einrichtung der Studentenzimmer im Maison de la Tunisie eingesetzt. Das Farbkonzept des von beiden Seiten nutzbaren Möbels stammte von Sonia Delaunay.

1952

∨ **Duas Cores Coffeetable**
Reedition Branco & Preto, Etel

Branco & Preto (White and black), a group of young Brazilian architects, merges the traditional woodworking techniques of the 1950s with modern accents and elements. The exclusive materials and the sophisticated manufacturing process appealed to a financially stable group of clients; mass production and large editions were never planned.

Branco & Preto (Blanc et Noir) regroupe un collectif de jeunes architectes brésiliens, qui ont associé dans les années 1950 techniques de travail du bois traditionnelles et éléments modernes. Les matériaux exclusifs et la fabrication exigeante en termes de qualité s'adressaient à un cercle de clients aisés. La production en série, et en grand nombre, ne fut pas envisagée.

Hinter Branco & Preto (weiß und schwarz) steckt eine Gruppe junger brasilianischer Architekten, die in den 1950er-Jahren traditionelle Holzverarbeitungstechniken mit modernen Akzenten und Elementen vereint haben. Die exklusiven Materialien und die anspruchsvolle Herstellung bedienten einen wohlhabenden Kundenkreis, eine serielle Fertigung mit hohen Stückzahlen war nicht geplant.

< **Aranha Coffeetable**
Roberto Aflalo
Reedition Branco & Preto, Etel

Aranha means spider in Portuguese. The design is from Roberto Aflalo, a member of the group Branco & Preto.

Aranha signifie « sens » en portugais. Le design de cette table est l'œuvre de Roberto Aflalo, un membre du groupe Branco & Preto.

Aranha bedeutet im Portugiesischen Spinne. Das Design stammt von Roberto Aflalo, einem Mitglied der Gruppe Branco & Preto.

489

1952

> Shell Chair
Hans J. Wegner
Fritz Hansen

Hans J. Wegner regularly took some of his chairs' older models to design new variants. Similar legs can be found on both the *Y-Chair* and the *Cowhorn Chair*. The wide and spacious rest can be found as a seat on the *CH07*. Both the model *CH07* from 1963 for Carl Hansen and this model were referred to as the *Shell Chair*, as their backrests were similarly expansive.

Hans J. Wegner a réutilisé quelques-uns de ses modèles de siège en variant les éléments. Les *Y-Chair* et *Cowhorn Chair* possèdent un piétement semblable. Le dossier large et très grand de ce fauteuil devient une assise dans le modèle *CH07*. Comme le modèle *CH07* conçu pour Carl Hansen, ce modèle de siège est, en raison de son dossier très large, également appelé *Shell Chair*.

Hans J. Wegner hat einzelne seiner Stuhlmodelle immer wieder aufgegriffen und variiert. Die Beine finden sich in ähnlicher Ausführung beim *Y-Chair* und *Cowhorn Chair*. Die weite, groß dimensionierte Lehne findet sich beim *CH07* als Sitzfläche wieder. So wird neben dem Modell *CH07* von 1963 für Carl Hansen auch dieses Modell aufgrund seiner ebenfalls großen ausladenden Lehne als *Shell Chair* bezeichnet.

∧ SE18
Egon Eiermann
Wilde+Spieth

This folding chair was mainly used in public buildings and became one of the most successful wooden chairs of the 1950s.

Cette chaise pliante fut principalement utilisée dans les bâtiments de l'administration, et devint l'une des chaises en bois les plus appréciées des années 1950.

Dieser Klappstuhl wurde überwiegend in öffentlichen Gebäuden verwendet und zu einem der erfolgreichsten Holzstühle der 1950er-Jahre.

> Heart Chair
Hans J. Wegner
Fritz Hansen

This three-legged chair is stackable. Several of these chairs fit under a round table, which would never be possible with four-legged chairs.

Cette chaise à trois pieds est empilable, et se glisse plus commodément sous une table ronde qu'un siège à quatre pieds.

Dieser dreibeinige Stuhl ist stapelbar und lässt sich in größerer Anzahl unter runde Tische schieben, als dies mit Vierbeinern möglich wäre.

1952

1952

> **Vanity Stool**
Vladimir Kagan

Vladimir Kagan's clients came from the world of art, music and theater. Vanity stools were necessary pieces of furniture for this sophisticated clientele.

La clientèle de Vladimir Kagan était – entre autres – composée de gens du spectacle, d'artistes et de musiciens. Un tabouret de coiffeuse figurait naturellement parmi les meubles réservés à cette clientèle avisée.

Die Kundschaft von Vladimir Kagan kam unter anderem aus der Welt der Kunst, der Musik und des Theaters. Bei diesen gut situierten Kunden ist ein Schminktischhocker im Programm fast selbstverständlich.

1951

> **Lady**
Marco Zanuso
Arflex

Arflex was founded because the tire company Pirelli wanted to use its newly developed latex foam in the furniture industry. The industrial manufacturing techniques were key in enabling Marco Zanuso to develop forms that would influence the design of post-war Italy.

Arflex fut fondée par le fabricant de pneus Pirelli, lequel souhaitait introduire la mousse de latex dans l'ameublement. Les possibilités offertes par les techniques de production industrielle permirent dès le début à Marco Zanuso d'élaborer des formes qui marquèrent l'Italie d'après-guerre.

Die Gründung von Arflex ging auf das Bestreben des Reifenkonzerns Pirelli zurück, der seinen neuartigen Latexschaum in der Möbelfertigung verwerten wollte. Von Anfang an waren die Möglichkeiten der industriellen Fertigungstechniken die Basis, die es Marco Zanuso erlaubten, Formen zu entwickeln, die für die italienische Nachkriegszeit prägend sein sollten.

< **Fiorenza**
Franco Albini
Arflex

Franco Albini completely redefined and streamlined the traditional wing chair. Arflex offered the possibility of replacing the traditional upholstery springs with simple latex foam.

Franco Albini réinterpréta la chauffeuse traditionnelle de manière plus svelte. Arflex offrit la possibilité de remplacer les traditionnelles plumes du rembourrage par de la mousse de latex.

Franco Albini interpretierte den traditionellen Ohrensessel in abgespeckter Form. Und Arflex bietet die Möglichkeit, die traditionellen Polsterfedern einfach durch Latexschaumstoff zu ersetzen.

Particleboard
Le contreplaqué
Die Spanplatte

Marco Siebertz

Beauty is not the first association that particleboard evokes. Overweight and at core deeply scattered, it has always hidden its true colors. Any attempt to scorn, libel or even avoid it altogether would meet with comprehension and yet, we could not imagine life without this practical material, the particleboard.
For without this material, immediate gratification of our furniture needs and desires would hardly be possible. After all, the reasons to acquire new furniture are endless, be they another move or the dictates of fashion. A price tag of 50 US dollars for a bookshelf at a universally known Swedish furniture chain store makes the decision even easier. Cheap furniture has become standard thanks to affordable materials. The furniture industry without particleboard could be compared to a gas station without gas—simply inconceivable.
Particleboard is our home's paper cup, a preserved form of Zeitgeist: When no longer needed, it can be simply thrown away. Made out of wood chips and shavings that cannot be used for the production of massive furniture, this by-product only briefly accompanies our lives. We do not expect particleboard to survive centuries, we are well aware that it might not even survive the first move. Life is short—why then should we surround ourselves with things that will burden us down for centuries to come? With particleboard comes the freedom to choose function over mere possession.
Any complaints can thus be safely ignored, whether they concern the sheer weight of particleboard (even solid oak can be lighter), the

Il s'agit dans le fond d'une chose anodine, d'un matériau que personne ne qualifierait sérieusement de « beau ». De plus, il pèse très lourd et cache sa véritable identité. Il serait compréhensible de mépriser un tel matériau, de le dénigrer ou de le fuir. Toutefois, pour une raison ou pour une autre, nous ne pouvons pas vivre sans lui : le contreplaqué.
Nos envies passagères de meubles ne pourraient trouver satisfaction sans cette planche comprimée, que nous déménagions, quittant un appartement pour un autre ou que, face aux diktats imposés par la mode, nous éprouvions un besoin de nouveauté. Et naturellement, nous ne pouvons ignorer le fait qu'une étagère ne coûte pas plus de 50 euros chez les Suédois. Les meubles à petits prix sont devenus une norme et ce, grâce à des matériaux peu onéreux. De nos jours, le contreplaqué est à l'industrie du meuble ce que l'essence est à la station service : indispensable.
Le contreplaqué est le verre en carton de notre foyer, une sorte d'air du temps pressurisé. Lorsqu'il a fait son temps, il est tout simplement jeté. Réalisé à partir de déchets de bois et des restes, qui ne servent pas à la fabrication de meubles en bois massif, le contreplaqué prend place dans notre vie de manière temporaire. On ne lui demande pas de servir pendant des siècles. Nous sommes conscients que le prochain déménagement pourrait entraîner sa disparition. Le temps passe vite. Pourquoi alors s'entourer de choses qui vont nous rester sur les bras pendant des dizaines d'années ? Le contreplaqué nous donne la liberté de préférer la fonction au patrimoine.
Rien n'y fait, même si le contreplaqué pèse

Im Kern ist sie ein zerstreutes Wesen, und niemand würde sie ernsthaft mit Schönheit in Verbindung bringen. Zudem ist sie übergewichtig und versteckt ihr wahres Ich. Sie zu verachten, zu verleumden oder gar ganz zu meiden, wäre verständlich – aber irgendwie können wir nicht ohne sie, die Spanplatte.
Die Befriedigung unserer flüchtigen Möbelwünsche wäre ohne diese Pressplatte gar nicht möglich. Ständig ziehen wir von einer Wohnung in die nächste, oder die Mode redet uns ein, dass wir einfach mal etwas Neues brauchen. Da kommt uns natürlich entgegen, dass wir für ein Bücherregal beim Schweden keine 50 Euro mehr zahlen. Billige Möbel sind zur Normalität geworden, und günstige Materialien machen dies möglich. Die heutige Möbelindustrie ohne Spanplatte wäre wie eine Tankstelle ohne Benzin: undenkbar.
Die Spanplatte ist der Pappbecher für unser Zuhause, in Form gepresster Zeitgeist: Wird sie nicht mehr gebraucht, werfen wir sie einfach weg. Gefertigt aus Holzabfall und Resten, die zur Herstellung massiver Möbel nicht taugen, ist sie temporärer und flüchtiger Begleiter in unserem Leben. Die Spanplatte muss keine Jahrhunderte überdauern, und wir wissen, dass schon der erste Umzug ihren Zerfall einläuten kann. Die Zeit ist schnelllebig – warum auch sollten wir uns mit Dingen umgeben, die uns Jahrzehnte lang anhängen? Die Spanplatte gibt uns die Freiheit, den Nutzen dem Besitz vorzuziehen.
Da hilft auch alles Klagen nichts – dass die Spanplatte zu schwer sei (selbst massives Eichenholz kann leichter sein), dass sie gesundheitsschädliche Lösungsmittel aus-

emission of solvents harmful to human health (fortunately this aspect has been reduced significantly), or even the fact that particleboard is merely a cheap façade, which can be covered by shiny surfaces or the most luxurious types of veneers. Regardless of the point of view, particleboard is here to stay. In most houses, be they urban, suburban or even rural, particleboard can be found. Affordable for all and with a plethora of uses, particleboard thus has a profoundly social and unifying character.

Particleboard, or better the concept of particleboard, is almost as old as industrialization itself. Doctor Fred Fahrni (1907–1970)—a Swiss inventor who played a significant role in its development—revealed an early patent for particleboard filed in 1889. However, the inferior quality of the initial results was a disappointment. The first serious predecessor was the wooden "Holzfaserleimplatte", the wood fiberboard, which was included in 1943 in the German standard specification sheet 4076. Developed by the group Himmelheber-Schmid-Wyss, this version was first produced industrially in 1939. Fahrni also continued to experiment with wood boards, which ultimately led to the development of a lightweight particleboard. Production began in 1946 and it is still known today under the name Novopan. Many small plants sprung up in the years that followed, often under the management of furniture factories, thereby utilizing these factories' waste wood. Over the coming years, particleboard gained increasing importance in the design and furniture world. In the 1960s the Swedish-based furniture store Ikea began using the affordable material for its furniture, increasing the presence of particleboard in homes around the globe.

Looking back, we should be grateful to all of the creative people who played a role in particleboard production. With this invention, they have given us the albeit highly extravagant freedom and flexibility to change our furniture as desired, while ensuring through the use of side-products a more efficient and environmentally friendly use of the raw material. All the same, admiration for particleboard is limited—we may value its immense practicality, yet esthetically it is still found wanting. Ultimately, particleboard is one of those items that we may not love, yet find it difficult to do without—particleboard has become a standard part of our lives.

très lourd (même le chêne massif peut être plus léger), s'il exhale des solvants dangereux pour la santé (dans des proportions bien moins importantes que par le passé) et s'il n'est qu'une façade bon marché (il peut se camoufler derrière des surfaces polies ou des placages particulièrement nobles). En fait, nous ne pouvons bouder le contreplaqué. Nous n'hésitons pas à parler de vie dans les « plaques », qualifiant ainsi péjorativement l'habitat des grands ensembles. Pourtant, force est de constater que nous vivons tous depuis longtemps déjà avec une « plaque ». D'une certaine manière, le contreplaqué a une valeur sociale : il est à la portée de tous et est utilisé par tous. L'idée du contreplaqué est presque aussi ancienne que le processus d'industrialisation. Fred Fahrni (1907-1970), qui a exercé une grande influence sur le développement de ce matériau, rév`la l'existance d'un brevet d'invention datant de l'année 1889. Les premières expérimentations ont cependant donné des résultats médiocres. La plaque en fibres de bois (« Holzfaserleimplatte ») référencée en 1943 selon la norme DIN 4076, fut pour la première fois produite industriellement par le groupe Himmelheber-Schmid-Wyss en 1939. Ce matériau est considéré comme précurseur de notre contreplaqué. Les recherches menées par Fahrni aboutirent au panneau à trois couches, lequel fut produit à partir de 1946 et est encore connu aujourd'hui sous le nom de « Novopan ». Dans les années qui suivirent, de nombreuses petites fabriques virent le jour. Elles étaient pour la plupart exploitées par des fabricants de meubles, lesquels utilisaient ainsi à bon escient leurs déchets de bois. Par la suite, la présence du contreplaqué dans l'industrie du meuble n'eut de cesse de se développer. Ikea découvrit ce matériau peu onéreux dans les années 1960 et favorisa sa propagation.

En définitive, nous ne pouvons qu'être reconnaissants à l'égard de tous ces hommes ingénieux. Leur invention nous a donné une certaine liberté et flexibilité dans la manière de concevoir notre mobilier, et a permis à cette matière première qu'est le bois d'être utilisée de façon plus productive, plus clémente à l'égard de la forêt. Mais porter aux nues un matériau de construction, qui ne nous plaît guère esthétiquement mais que nous estimons pour ses qualités pratiques, ce serait aller trop loin. Finalement, le contreplaqué est à l'image de toutes ces choses que nous aimons certes, mais qui nous sont imposées : un objet standard.

dünste (was im Laufe ihrer Geschichte glücklicherweise reduziert wurde), dass sie nur billige Fassade sei (sie kann sich mit hochglänzenden Oberflächen wie auch edelsten Furnieren tarnen). Am Ende kommen wir einfach nicht an der Spanplatte vorbei. Leben einige von uns in Großwohnsiedlungen und sprechen wir dann etwas despektierlich vom Leben „in der Platte", bleibt doch festzustellen, dass wir alle längst „mit der Platte" leben. Und so hat die Spanplatte gewissermaßen einen sozialen Charakter: Sie ist für jeden erschwinglich, und jeder hat sie in Verwendung.

Die Idee der Spanplatte ist beinahe so alt wie die Industrialisierung. Dr. Fred Fahrni (1907-1970), der die Entwicklung der Platte maßgeblich beeinflusst hat, berichtet von einem frühen Patent aus dem Jahre 1889. Jene ersten Experimente bringen zunächst jedoch nur qualitativ minderwertige Ergebnisse hervor. Als ihr erster ernst zu nehmender Vorläufer gilt die im Jahre 1943 ins DIN-Normblatt 4076 aufgenommene „Holzfaserleimplatte", die von der Gruppe Himmelheber-Schmid-Wyss entwickelt und im Jahre 1939 zum ersten Male industriell gefertigt wurde. Auch Fahrni forscht an der Platte, was schließlich zur Entwicklung der Dreischichtplatte führt, die im Jahre 1946 in Produktion geht und bis heute unter dem Namen „Novopan" bekannt ist. In den darauf folgenden Jahren entstehen viele Kleinanlagen, die oft von Möbelfabriken betrieben werden und die auf diese Weise ihre Holzabfälle sehr sinnvoll verwerten können. Die Spanplatte hält von nun an mehr und mehr Einzug in unsere Möbelwelt; in den 1960ern entdeckt Ikea das preisgünstige Material für sich und verhilft der Platte zu weiterer Verbreitung.

Eigentlich kann man all den erfinderischen Menschen nur danken. Dass sie uns mit ihrer Erfindung jene – wenn auch höchst verschwenderische – Freiheit und Flexibilität im Umgang mit unseren Möbelstücken ermöglicht haben und dass mit der Spanplatte der Rohstoff Holz weitaus effektiver und damit waldschonender eingesetzt werden kann. Einen Baustoff in den Himmel zu loben, den wir ausschließlich ob seiner Praktikabilität schätzen, dessen Ästhetik wir aber eher mit Ablehnung begegnen, würde dann aber doch zu weit gehen. Am Ende gehört die Spanplatte zu jenen Dinge, die wir zwar nicht lieben, denen wir uns aber auch nicht entziehen können: Standard eben.

1951

1951

> **Wire Chair**
Charles & Ray Eames
Herman Miller & Vitra

When developing their plastic chairs, the Eameses experimented with shell constructions out of wire. The models they developed evolved into the glass-fiber reinforced plastic seat shells and, after modifications, the wire construction became the *Wire Chair*.

Des coques réalisées en fil de fer servirent de prototypes lors des recherches menées sur la chaise en plastique, recherches qui aboutiront aux coques en plastique renforcé à la fibre de verre. Les constructions en fil de fer furent reprises pour créer la *Wire Chair*.

Bei der Entwicklung der Kunststoffstühle wurde mit Schalenkonstruktionen aus Draht experimentiert. Aus diesen Arbeitsmodellen gingen die glasfaserverstärkten Kunststoffsitzschalen hervor, die Drahtkonstruktionen selbst wurden zum *Wire Chair* ausgearbeitet.

< **PK25**
Poul Kjærholm
E. Kold Christensen, Fritz Hansen

Poul Kjærholm presented this chair at the Arts and Crafts School in Copenhagen. Seat and armrests are made out of braided flag halyard stretched over the matt chrome-plated spring steel frame.

Ce fauteuil est un travail de fin d'études, conçu par Poul Kjærholm à l'école des Arts Appliqués de Copenhague. L'assise et le dossier se composent de cordes tendues entre les armatures en acier à ressorts chromés.

Dieser Sessel war die Abschlussarbeit Poul Kjærholms an der Kunstgewerbeschule Kopenhagen. Sitz und Lehne bestehen aus Flaggenleinen, die in den matt verchromten Federstahlrahmen gespannt sind.

> **Molded Plastic Chair**
Charles & Ray Eames
Herman Miller & Vitra

Previous models made from metal proved too expensive for mass production. As a consequence, the company Zenith made an adaptation out of fiberglass. Later, in collaboration with Herman Miller, the first commercial sitting furniture family was born. The seat shell variations were initially sold with a choice of different frames. The choices included wooden legs, tubular steel legs, a wire frame with a four-star foot and one central chair leg or the iconic structural wire brace. A stacking version and a rocking chair also existed.

Les modèles en métal qui précédèrent se révélèrent trop coûteux à la réalisation. C'est pourquoi les designers travaillèrent sur une version en fibre de verre avec la société Zenith. En collaboration avec Herman Miller, la première famille de sièges à visée commerciale vit le jour. Les diverses coques furent proposées à la vente avec différents pieds : piétement en bois, en acier rond, en fil de fer, piétement central en étoile et en aluminium injecté ou piétement reposant sur quatre pieds et patins à bascule. Il existait également une version empilable.

Die in Metall gefertigten Vorläufermodelle erwiesen sich in der Herstellung als zu teuer. Aus diesem Grund wurde mit der Firma Zenith eine Adaption aus Fiberglas erarbeitet. In Zusammenarbeit mit Herman Miller entstand daraus die erste kommerzielle Sitzmöbelfamilie. Die verschiedenen Sitzschalentypen wurden mit unterschiedlichen Gestellen angeboten: Zur Option standen Holzbeine, Beine aus Rundstahl, ein Drahtgestell, ein Aluminiumgussgestell mit viersternigem Fuß und einem zentralen Stuhlbein, bestehend aus vier Streben sowie eine stapelbare Version und ein Schaukelstuhl.

1950

∧ **Hunting Chair**
Børge Mogensen
Fredericia

This chair was specifically designed for the autumn exhibition of the Copenhagen Cabinet Makers' Guild in 1950, which was held under the motto 'The Hunting Lodge.'

Le thème de l'Exposition d'automne des ébénistes de Copenhague s'intitulait « pavillon de chasse ». Ce fauteuil fut réalisé dans ce cadre.

Die Herbstausstellung 1950 der Tischlerinnung in Kopenhagen, für die dieser Sessel entworfen wurde, stand unter dem Motto „Die Jagdhütte".

1950

< **Y-Chair, CH24**
Hans J. Wegner
Carl Hansen

This chair has also been referred to as the *Wishbone Chair* for its characteristic backrest. Even Hans J. Wegner could not explain why this model was one of his most successful, for, according to his personal experiences and research, the Y-chair could hardly provide a comfortable sitting experience.

Cette chaise est également appelée *Wishbone Chair*, en raison de son dossier caractéristique. Hans J. Wegner lui-même ignorait pourquoi ce modèle figurait parmi ses ouvrages les plus appréciés car, selon sa propre expérience, la forme du dossier n'était pas confortable.

Dieser Stuhl wird aufgrund des charakteristischen Rückenteils auch *Wishbone Chair* genannt, und Hans J. Wegner konnte selbst nicht erklären, warum dieses Modell zu seinen erfolgreichsten gehört. Denn seinen eigenen Studien zufolge erlaube das Ypsilon keine bequeme Sitzposition.

> **Flag Halyard Chair, PP225**
Hans J. Wegner
PP Møbler

This armchair is one of Hans J. Wegner's few pieces of furniture where he did not use wood but, instead, metal. Balance was achieved through the soft, longhaired sheepskin, which was chosen to convey a sense of comfort and shelter amid the cool tubular steel.

Ce fauteuil est l'un des rares meubles pour lequel Hans J. Wegner préféra le métal au bois. La peau de mouton à poils longs, confortable et douillette, contraste avec l'acier tubulaire d'aspect froid.

Dieser Sessel ist einer der wenigen Möbel von Hans J. Wegner bei dem er kein Holz, sondern Metall verwendet. Das langhaarige Schafsfell soll trotz des kühlen Stahlrohrs Komfort und Gemütlichkeit vermitteln.

1950

< **Magazine End Table**
Vladimir Kagan

Vladimir Kagan's first commissioned projects allowed him to open his own store in New York City, where he established a reputation through the sales of his furniture designs.

Les premières commandes qui lui furent passées permirent à Vladimir Kagan de s'installer à New York. Il créa une enseigne distribuant ses meubles.

Erste Aufträge ermöglichen es Vladimir Kagan, sich mit einem eigenen Geschäft zum Vertrieb seiner Möbelentwürfe in New York zu etablieren.

1950

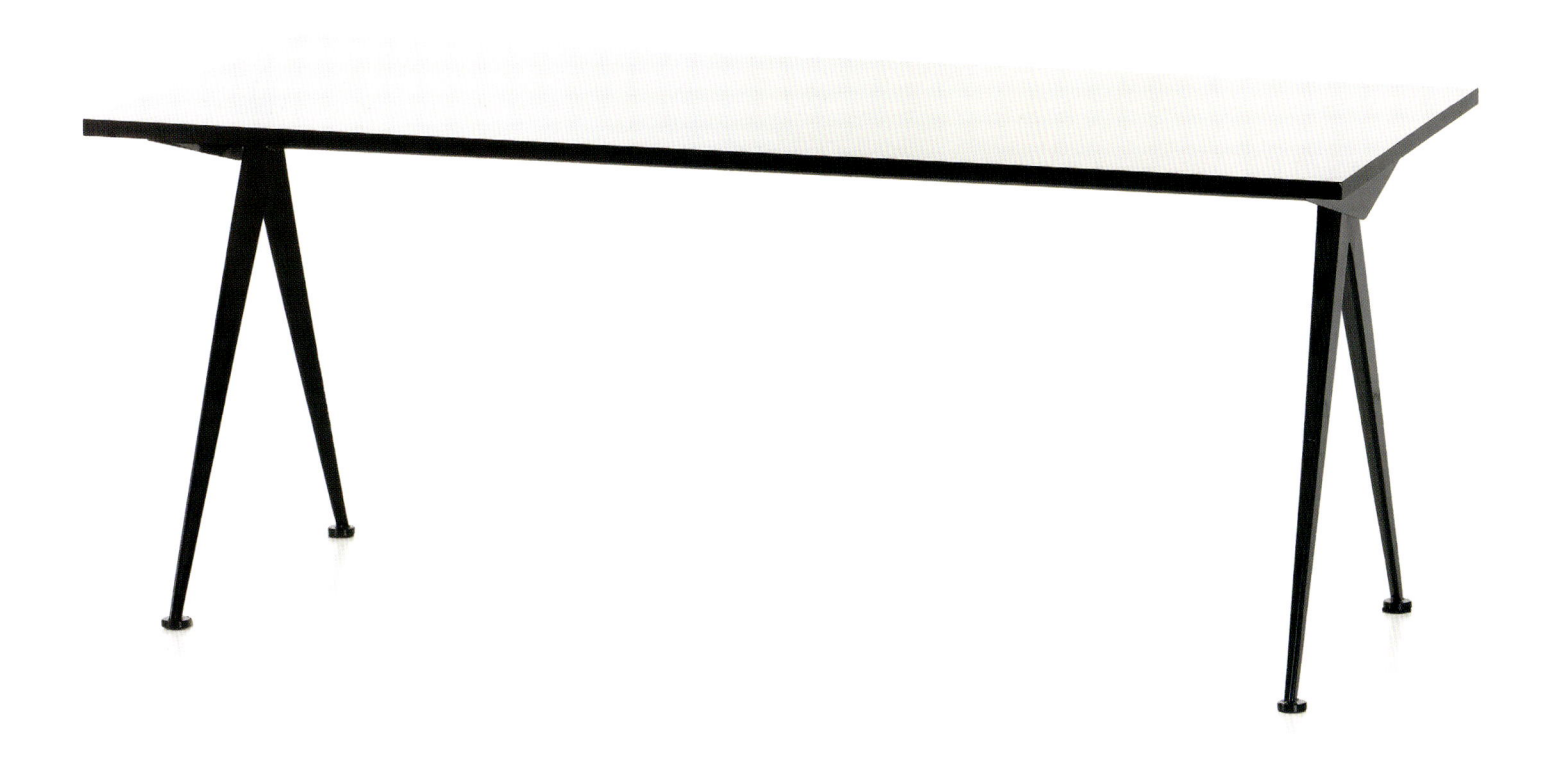

< **Occasional Table LTR**
Charles & Ray Eames
Herman Miller & Vitra

Towards the late 1940s, Charles and Ray Eames began to experiment with wire. This flat, small side table was one of their first pieces of wire furniture.

À la fin des années 1940, Charles et Ray Eames commencèrent à travailler le fil de fer. Cette petite table d'appoint fut l'un de leurs premiers ouvrages réalisés à partir de ce matériau.

Als Ende der 1940er-Jahre Charles und Ray Eames begannen, mit Draht zu experimentieren, war dieser flache, kleine Beistelltisch eines der ersten Ergebnisse.

∧ **Compas Table**
Jean Prouvé
Atelier Jean Prouvé, Vitra

In their form, the table's slender legs from molded steel plate evoke the two parts of a compass, or in French, a *compas*.

Les pieds de cette table en tôle d'acier pliée évoquent les deux branches d'un compas.

Die aus umgeformtem Stahlblech hergestellten schlanken Beine erinnern formal an die beiden Schenkel eines Zirkels, französisch *compas*.

1950

1949

< SE38
< SE68
Egon Eiermann
Wilde+Spieth

Both the models SE42 and SE68 explicitly show how greatly Egon Eiermann looked up to Charles and Ray Eames. Unlike their LCM series, however, Eiermann's chairs are stackable.

Comme pour SE42, Egon Eiermann s'inspira des travaux de Charles et Ray Eames pour la SE68. Contrairement à la série LCM des Eames, la chaise d'Egon Eiermann est empilable.

Wie bei dem Modell SE42 ist auch beim SE68 zu erkennen, dass Egon Eiermann sich von Charles und Ray Eames inspirieren ließ. Im Unterschied zu deren LCM-Serie ist seine Stuhlentwicklung stapelbar.

> SE42
Egon Eiermann
Wilde+Spieth

Egon Eiermann used the plywood molding technique for this chair, a technique that had just been developed by Charles and Ray Eames. It also shows striking formal similarities to the Eameses' model.

Egon Eiermann a réalisé cette chaise en s'inspirant de la technique du contreplaqué moulé élaborée par Charles et Ray Eames. La chaise présente par ailleurs des formes similaires au modèle Eames.

Bei diesem Stuhl hat sich Egon Eiermann der Sperrholztechnik bedient, die gerade von Charles und Ray Eames entwickelt worden war. Außerdem weist der Stuhl formale Anleihen vom Eames-Modell auf.

1949

> **Airchair**
Davis Pratt

Two crossed pipes, an inflatable tube and the cover are the main ingredients for this armchair, with which Davis Pratt participated in the *International Competition for Low-Cost Furniture Design*, organized by the MoMA.

Deux tubes craisés, un coussin gonflable et une housse forment un fauteuil qui fut présenté par Pratt au concours du Musée d'Art Moderne de New York, l'*International Competition for Low-Cost Furniture Design*.

Zwei überkreuzte Rohre, ein aufblasbarer Schlauch und der Bezug ergeben diesen Sessel, den Davis Pratt zum *International Competition for Low-Cost Furniture Design*, ausgeschrieben vom Museum of Modern Art, einreichte.

< **Rattan Lounge Chair E10**
Fauteuil en rotin E10
Korbsessel E10
Egon Eiermann
Reedition Richard Lampert

With the rattan lounge chair *E10*, Egon Eiermann succeeded in developing an armchair out of woven rattan that was sufficiently stable—even without a supporting frame.

Avec ce modèle, Egon Eiermann réalisa un fauteuil en rotin tressé, qui, malgré l'absence d'armatures, possédait suffisamment de stabilité.

Mit diesem Modell gelang es Egon Eiermann, einen Sessel aus geflochtenem Rattan zu entwickeln, der ohne stützenden Rahmen über die notwendige Stabilität verfügt.

1949

> **Model No. 939**
Ray Komai
J. G. Furniture Systems

The one-piece molded plywood shell is held together with the help of a nickel connector attached to the back.

La coque en bois stratifié moulé forme un seul bloc. Les montants du dossier sont fixés par une pièce en métal.

Die aus einem Stück geformte Schichtholzschale wird auf der Rückseite mithilfe eines Metallplättchens zusammengehalten.

1949

∨ **Guéridon**
Jean Prouvé
Atelier Jean Prouvé, Reedition Vitra

Using the natural material wood to make this table, Jean Prouvé veered away from his otherwise highly constructivist language of forms.

Jean Prouvé, dans le cadre de cette réalisation, a changé de matériau, utilisant le bois pour mettre en œuvre un langage formel et architectural.

Bei diesem Tisch variierte Jean Prouvé seine konstruktiv geprägte Formensprache in dem natürlichen Material Holz.

\> **512**
Hans J. Wegner
Johannes Hansen, Reedition PP Møbler

Hans J. Wegner strove to create a mobile chair that could be easily stowed. Designed to fold up, this chair can also be hung on the wall for easy storage, thanks to the slight curve of the lower cross member.

Hans J. Wegner désirait créer un fauteuil facile à ranger. Le siège pliant peut par ailleurs être accroché au mur, dossier vers le bas, au moyen d'une encoche située sur la traverse inférieure.

Hans J. Wegners Bestreben war es, einen Sessel zu kreieren, der sich einfach wegräumen ließ. Der Klappstuhl kann zudem an einer Aussparung an der unteren Querstrebe kopfüber aufgehängt werden.

1949

> 501
Hans J. Wegner
Johannes Hansen, Reedition PP Møbler

Hans J. Wegner referred to it as the 'round chair'; to its fans it was known as the 'classic chair' or also, quite simply, 'the chair.'

Hans J. Wegner l'appelait « chaise ronde », ses fidèles « chaise classique » ou simplement « a chaise ».

Für Hans J. Wegner war es der „runde Stuhl", seine Anhänger nannten ihn den „klassischen Stuhl" oder auch nur „der Stuhl".

1949

◁ **Chieftain Chair**
Finn Juhl
Niels Vodder, Reedition onecollection

The name for the *Chieftain Chair* alluded to the Danish King Frederick IX, who sat in the display model at the 1949 Cabinetmaker's Guild Furniture Exhibition in Copenhagen. Most of carpenter Niels Vodder's original armchairs were purchased for use in Danish embassies.

Frédéric IX, roi du Danemark, s'était en 1949 assis sur ce fauteuil lors de l'exposition organisée par la guilde des professionnels du meuble de Copenhague. Cette anecdote fut à l'origine du nom que l'on attribua à ce siège. La plupart des fauteuils, initialement fabriqués par l'ébéniste Nils Vodder, ornèrent les ambassades danoises.

Der „Häuptling" war eine Anspielung auf den dänischen König Frederick IX., der sich 1949 auf der Ausstellung der Kopenhagener Möbelinnung in das ausgestellte Exemplar setzte. Die meisten ursprünglichen Sessel, hergestellt von dem Schreiner Nils Vodder, fanden in dänischen Botschaften Verwendung.

1949

< Cavour
Carlo Mollino
Reedition Zanotta

∨ Arabesco
Carlo Mollino
Apelli & Varesio, Reedition Zanotta

Born in Turin, Carlo Mollino was passionate about organic forms, as opposed to the Italian Rationalists based in Milan. He designed the table *Arabesco* for the Casa Orengo in Turin and later produced several variations.

L'artiste turinois Carlo Mollino se grisait de formes organiques, et adoptait en cela une position contraire au style prôné par les rationalistes de Milan. La table *Arabesco* a été conçue pour la Casa Orengo à Turin, et fut plusieurs fois modifiée ensuite.

Der Turiner Carlo Mollino schwelgte in organischen Formen und bezog damit eine konträre Position zu den Rationalisten aus Mailand. Den Tisch *Arabesco* hat er für die Casa Orengo in Turin entworfen und später mehrfach variiert.

1949

> **String**
> Nisse Strinning
> String

String consists of a delicate wire frame, wherein shelves and suitable closet elements can be easily inserted, permitting a variety of combinations. The system can be expanded to all sides, while various depths, materials and colors can easily be combined. For this reason, Nisse Strinning's shelving system has been manufactured since 1949, without any changes whatsoever to the original design.

String forme un cadre métallique léger sur lequel sont fixés étagères et éléments de rangement, au gré des envies. Matériaux, couleurs et profondeurs peuvent être combinés de diverses manières. Le système est modulable sur les côtés. Ces propriétés expliquent pourquoi l'étagère élaborée par Nisse Strinning est produite depuis 1949, et n'a pas été modifiée depuis son lancement.

String besteht aus filigranen Drahtrahmen, in die Regalböden sowie passende Schrankelemente einfach und variabel eingehängt werden können. Dabei können verschiedene Tiefen, Materialien und Farben kombiniert werden, und das System ist nach allen Seiten erweiterbar. Diese Eigenschaften haben dazu geführt, dass das von Nisse Strinning konstruierte Regal seit 1949 unverändert produziert wird.

∧ **ESU (Eames Storage Unit)**
Charles & Ray Eames
Herman Miller & Vitra

Just like the Eameses' house from the same period, the freestanding shelving system was always intended for industrial mass-production. The separate building elements can be individually assembled. Initially, the shelves were delivered in separate parts. After, however, assembly proved too difficult for customers, the Eameses began to sell already assembled storage units.

Le système d'étagères fut conçu, tout comme la maison Eames qui fut construite dans le même temps, pour répondre aux critères de la production en série. Les éléments sont individuellement modulables. L'ensemble était initialement livré en pièces détachées. Le montage s'avérant difficile pour le client, l'étagère fut ensuite vendue entièrement montée.

Das frei stehende Regalsystem war, wie das zeitgleich gebaute Haus der Eames, konsequent auf industrielle Serienproduktion ausgelegt. Die einzelnen Bauteile sind individuell zusammenstellbar. Anfangs wurden die Regale in Einzelteilen ausgeliefert. Als sich aber herausstellte, dass der Aufbau für die Kunden zu schwierig war, wurde das Regal komplett montiert angeboten.

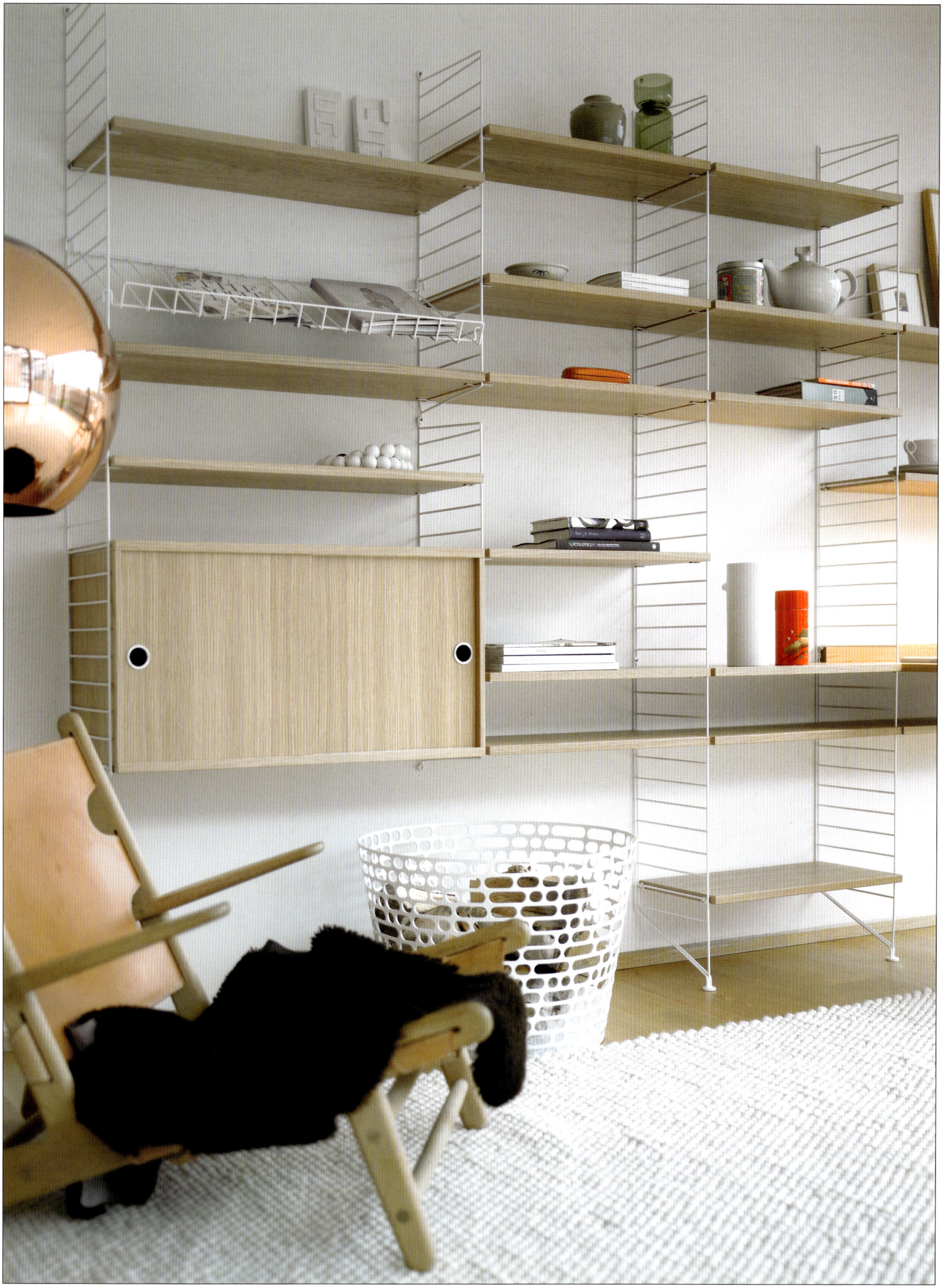

1949

∨ Antropus
Marco Zanuso
Arflex

This chair was one of the first pieces made by the furniture manufacturer Arflex, a subsidiary of the parent company Pirelli. Before launching *Antropus*, Pirelli's engineers worked together with Marco Zanuso for years, experimenting with innovative latex foam as a form of upholstery.

Ce fauteuil fut la première création de la société Artflex, une filiale de Pirelli sur le marché du mobilier. Il fut élaboré dans le cadre d'une collaboration entre les ingénieurs de Pirelli et Marco Zanuso. Ils expérimentèrent la mousse de latex comme matériau de revêtement.

Mit diesem Sessel startete die Firma Arflex ein speziell für den Möbelmarkt von Pirelli gegründetes Tochterunternehmen. Vorangegangen war eine Zusammenarbeit zwischen Ingenieuren von Pirelli und Marco Zanuso, die mit einem neuartigen Latexschaum als Polstermaterial experimentiert hatten.

> Saarinen Womb Chair
Eero Saarinen
Knoll International

This armchair boasts a well-dimensioned seating shell, which lets you comfortably pull your legs in and curl up into it, offering womb-like shelter and security.

La coque de ce fauteuil possède des dimensions qui permettent de s'y installer confortablement les jambes repliées, dans une position fœtale.

Bei diesem Sessel ist die Sitzschale so dimensioniert, dass man sich mit angezogenen Beinen behaglich hineinschmiegen kann – so wie in Mutters Schoß.

1948

V Day Bed
George Nelson
Herman Miller & Vitra

This design was conceived for Nelson's weekend house on Long Island. Once the back cushions are removed, this piece can be used as a day bed or guest bed.

George Nelson réalisa cet ouvrage pour sa résidence secondaire située sur Long Island. Une fois les coussins du dossier retirés, ce canapé peut servir certes de lit de jour, mais également de lit d'appoint.

Dieser Entwurf entstand für sein eigenes Wochenendhaus auf Long Island. Nach dem Entfernen der Rückenpolster lässt er sich nicht nur als Tagesliege, sondern ebenso als Gästebett nutzen.

515

1948

∧ **La Chaise**
Charles & Ray Eames
Vitra

An icon of Organic Design, La Chaise was submitted to the *International Competition for Low-Cost Furniture Design*. Even though the jury, to which Ludwig Mies van der Rohe belonged, awarded it with the (shared) second prize for the category of seating furniture, it was never subsequently produced.

Cette icône du design organique participa au concours du musée d'Art Moderne de New York, l'*International Competition for Low-Cost furniture Design*. Le jury, dans lequel figurait entre autres Ludwig Mies van der Rohe, lui décerna le deuxième prix dans la catégorie « sièges ». Cet ouvrage ne fut pas tout de suite produit.

Diese Ikone des Organic Design wurde zum *International Competition for Low-Cost Furniture Design* eingereicht und bekam von der Jury, der unter anderem Ludwig Mies van der Rohe angehörte, einen geteilten zweiten Preis in der Kategorie Sitzmöbel zugesprochen. Produziert wurde dieses Möbel erst später

1948

> No. 132U
Donald Knorr
Knoll International

At the *International Competition for Low-Cost Furniture Design* organized by the MoMA in 1950, this model won one of the two first prizes in the category seating furniture. The shell consisted of a simple thermoset plastic.

Lors du *International Competition for Low-Cost Furniture Design* organisé par le Musée d'Art Moderne de New York en 1950, ce modèle obtint, avec une autre réalisation, le premier prix dans la catégorie « siège ». La coque se compose d'une simple bande de plastique.

Bei dem *International Competition for Low-Cost Furniture Design*, 1950 vom Museum of Modern Art veranstaltet, gewann dieses Modell einen der beiden ersten Preise in der Kategorie Sitzmöbel. Die Sitzschale ist aus einem einfachen Kunststoffband gebildet.

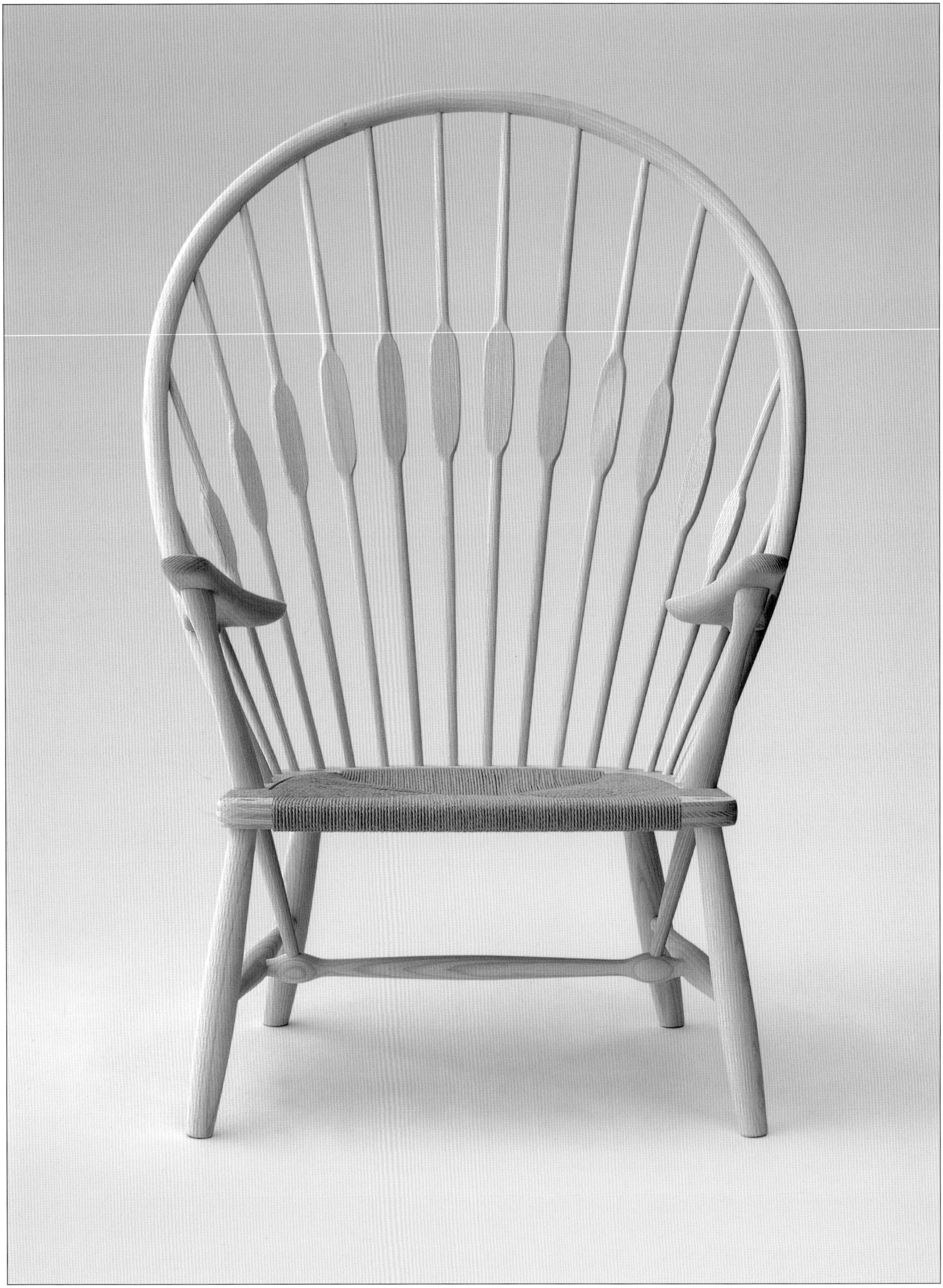

1947

< No. 550 (Peacock Chair)
No. 550 (chaise paon)
No. 550 (Pfauenstuhl)
Hans J. Wegner
Johannes Hansen, Reedition PP Møbler

When Wegner's design colleague Finn Juhl saw this chair—and its characteristic back—for the first time, he dubbed it the *Peacock Chair*. The name stuck.

Lorsque Finn Juhl, un ami designer de Wegner, vit cette chaise pour la première fois, il l'appela « chaise paon » en raison de la forme de son dossier. Ce nom lui est resté.

Als der Designkollege Finn Juhl diesen Stuhl zum ersten Mal sah, nannte er ihn aufgrund der charakteristischen Rückenlehne *Pfauenstuhl*. Ein Name, der ihm geblieben ist.

> J39
Børge Mogensen
Fredericia

The model *J39*, inspired by his teacher Kaare Klint and American Shaker furniture, is Børge Mogensen's most successful chair. As Head of Development at the furniture manufacturer FDB, he focused on making beautiful and high-quality pieces of furniture that were accessible to as many people as possible.

Le modèle *J39*, inspiré de Kaare Klint, son maître, et des meubles des shakers américains, est la chaise de Mogensen qui rencontra le plus de succès. Responsable du département développement chez le fabricant de meubles FDB, il s'efforça de rendre les beaux meubles accessibles au plus grand nombre.

Das Modell *J39*, inspiriert vom Lehrmeister Kaare Klint und amerikanischen Shakermöbeln, ist Børge Mogensens erfolgreichster Stuhl. Als Leiter der Entwicklungsabteilung beim Möbelhersteller FDB setzte er sich dafür ein, schöne und qualitativ hochwertige Möbel vielen Menschen zugänglich zu machen.

1947

Courtesy galerie ulrich fiedler, Berlin

1947

< **Folding lounger**
Chaise longue pliante
Klappliege
Charlotte Perriand

This low, folding lounger belongs to the furnished interior from the vacation chalets in the skiing resort Méribel-les-Allues in the French Alps.

Cette chaise basse fait partie du mobilier réalisé pour les chalets d'habitation de la station Méribel-les-Allues.

Diese bodennahe Klappliege ist Teil der Möblierung von Ferienhäusern im Wintersportort Méribel-les-Allues in den französischen Alpen.

∧ **Maggiolina**
Marco Zanuso
Zanotta

Marco Zanuso worked as an editor for the magazine *Domus* from 1946–1947. During this time, he designed the armchair *Maggiolina*, which subsequently won the gold medal at the *VIII Triennale* in Milan.

Marco Zanuso fut rédacteur de la revue *Domus* de 1946 à 1947. C'est au cours de cette période qu'il conçut le fauteuil *Maggiolina*, lequel remporta une médaille d'or lors de la huitième édition de la *Triennale de Milan*.

Marco Zanuso war in der Zeit von 1946 bis 1947 Redakteur der Zeitschrift *Domus*. Während dieser Zeit entwarf er den Sessel *Maggiolina*, der auf der *VIII. Mailänder Triennale* eine Goldmedaille gewann.

1947

< Stacking chair
Chaise empilable
Stapelstuhl
Jack Heaney
Treitel-Gratz

Founded in 1929 in New York, the company Treitel-Gratz was often commissioned by other companies for steel and metal projects. Treitel-Gratz made prototypes for Raymond Lowey, among others, and also produced Ludwig Mies van der Rohe's furniture designs for Knoll.

La société Treitel-Graz vit le jour en 1929 à New York et réalisa, pour le compte de diverses sociétés, principalement des travaux en métal. Elle fabriqua des prototypes pour Raymond Loewy, et des meubles signés Ludwig Mies van der Rohe pour Knoll.

Die Firma Treitel-Gratz, 1929 in New York gegründet, übernahm im Auftrag verschiedener Firmen vorrangig Metallarbeiten. So haben sie für Raymond Lowey Prototypen und für Knoll die Möbelentwürfe von Ludwig Mies van der Rohe ausgeführt.

1946

> Lounge Chair & Ottoman
No. 801/800
Hendrick Van Keppel, Taylor Green
Van Keppel-Green

Designed by Californians Hendrick Van Keppel and Taylor Green, this lounge chair consists of a tubular steel frame around which cotton string was bound to create the lounge seat. Both designers listed other chairs in their catalog using the same principle.

Cette chaise longue, conçue par les artistes californiens Hendrick Van Keppel et Taylor Green, se compose d'un cadre en métal sur lequel sont tendus des cordages en coton. Les deux designers présentaient d'autres sièges de construction similaire dans leur programme.

Der von den Kaliforniern Hendrick Van Keppel und Taylor Green gestaltete Liegestuhl besteht aus einem Stahlrohrrahmen, um den Baumwollseile zur Liegefläche gebunden sind. Die beiden Designer hatten weitere nach diesem Prinzip gebaute Stühle im Programm.

1946

V **Nelson Bench**
George Nelson
Herman Miller & Vitra

George Nelson was named Gilbert Rohde's successor as design director at Herman Miller in 1946. The *Nelson Bench* was an element from his first collection and, with the clean lines, clearly showed Nelson's architectural background and search for 'honest design.'

En 1946, George Nelson succéda à Gilbert Rohde comme directeur du design chez Herman Miller. Cet ouvrage faisait partie de sa première collection. Ses lignes claires reflétaient la formation d'architecte de Nelson, et sa volonté de design « honnête ».

George Nelson wurde 1946 Nachfolger von Gilbert Rohde als Designdirektor bei Herman Miller. Die *Nelson Bench* war Bestandteil seiner ersten Kollektion und wies mit ihrer klaren Linienführung auf seinen architektonischen Hintergrund sowie sein Eintreten für „ehrliches" Design hin.

1946

∧ Reale
Carlo Mollino
Reedition Zanotta

In addition to trestles out of molded plywood surfaces, Carlo Mollino designed various skeleton-like trestle tables, onto which he laid down large unattached pieces of glass.

Carlo Mollino a réalisé des piétements en contreplaqué courbé, d'autres qui font penser à un squelette, et sur lesquels est posé un simple plateau de verre.

Neben Tischgestellen aus gebogenen Sperrholzflächen hat Carlo Mollino diverse skelettartige Tischgestelle entworfen, auf denen lose Glasplatten aufliegen.

1945

∧ Spoke-back Sofa
Sprossensofa
Børge Mogensen
Fredericia

One of the sofa's armrests folds down and can be easily adjusted with the help of six knots in the leather strap. The material used for the upholstery was normally used for horse blankets.

L'inclinaison des accotoirs de ce canapé est réglable au moyen d'un cordon de cuir composé de six nœuds. Le tissu qui recouvre les coussins sert à l'origine à fabriquer des couvertures de chevaux.

Die Seitenlehnen des Sofas lassen sich mithilfe sechsfach geknoteter Lederriemen einfach verstellen. Für den Polsterbezug wurde ein Stoff gewählt, aus dem ansonsten Pferdedecken gemacht werden.

1945

> **Model 45**
Finn Juhl
Niels Vodder, Reedition onecollection

With this model, Finn Juhl broke with the traditional armchair design by liberating the seat and armrest from the frame.

Finn Juhl s'écarta des formes traditionnelles du fauteuil, en détachant assise et dossier de l'armature.

Bei diesem Modell brach Finn Juhl mit der traditionellen Sesselgestaltung, indem er Sitz und Lehne vom Rahmen löste.

∨ **Colonial Table**
Hans Bellmann
Vitra

This convenient side table is easily disassembled and yet remains sufficiently sturdy, thanks to the three cross-section beech legs secured in the tabletop.

Cette table d'appoint est facilement démontable, et cependant stable. En effet, les pieds viennent se coincer dans les orifices du plateau.

Dieser handliche Beistelltisch ist leicht zerlegbar und dennoch stabil, da die Beine in dafür vorgesehene Bohrungen der Tischplatte greifen.

1945

1944

< BA Chair
Ernest Race
Race Furniture

∧ 1006 Navy Chair
Witton Carlyle Dinges
Emeco

In Great Britain, from 1941 to 1951 the Utility Scheme regulated production of consumer goods. The only pieces of furniture allowed to be produced were those that coincided with the standardized patterns as determined by the government. Between 1945 and 1964, over 250 000 BA chairs were produced in accordance with this scheme. More than 850 tons of aluminum were recycled out of scrap metal to create the easily assembled frame.

De 1941 à 1951, la production de biens fut soumise en Angleterre à un « Utility Scheme », en vue d'une rationalisation des matériaux. Seule la production de meubles répondant aux normes fixées par le gouvernement était autorisée. La chaise BA, conforme à ces critères fut produite à plus de 250 000 exemplaires entre 1945 et 1964. 850 tonnes d'aluminium fournies par la récupération de débris de guerre furent recyclées afin de fabriquer une armature facile à monter.

In Großbritannien galt von 1941 bis 1951 für die Produktion von Konsumgütern das „Utility Scheme" zur Rationalisierung von Materialien. Erlaubt war nur die Produktion von Möbeln, die mit den von der Regierung bestimmten standardisierten Mustern übereinstimmten. Der entsprechend gestaltete Stuhl BA wurde von 1945 bis 1964 über 250 000-mal produziert. Für das einfach zu montierende Gestell wurden 850 Tonnen Aluminium aus Kriegsschrott wiederverwertet.

No changes have been made to the Navy Chair since 1944. 77 different steps are required to create this completely man-made chair, of which 80 % is made from recycled aluminum. Emeco offers a
lifetime guarantee for both the material and the craftsmanship.

La Navy Chair est fabriquée artisanalement depuis 1944, et n'a connu jusqu'à présent aucune modification. Soixante-dix sept opérations sont nécessaires pour réaliser cette chaise qui est constituée à 80 % d'aluminium recyclé. Aussi, Emeco garantit à vie le matériel et la façon.

Der Navy Chair wird seit 1944 unverändert in Handarbeit hergestellt. 77 Arbeitsschritte sind notwendig, um aus 80 Prozent recyceltem Aluminium diesen Stuhl zu fertigen. Dafür gibt Emeco auch eine lebenslange Garantie auf Material und Verarbeitung.

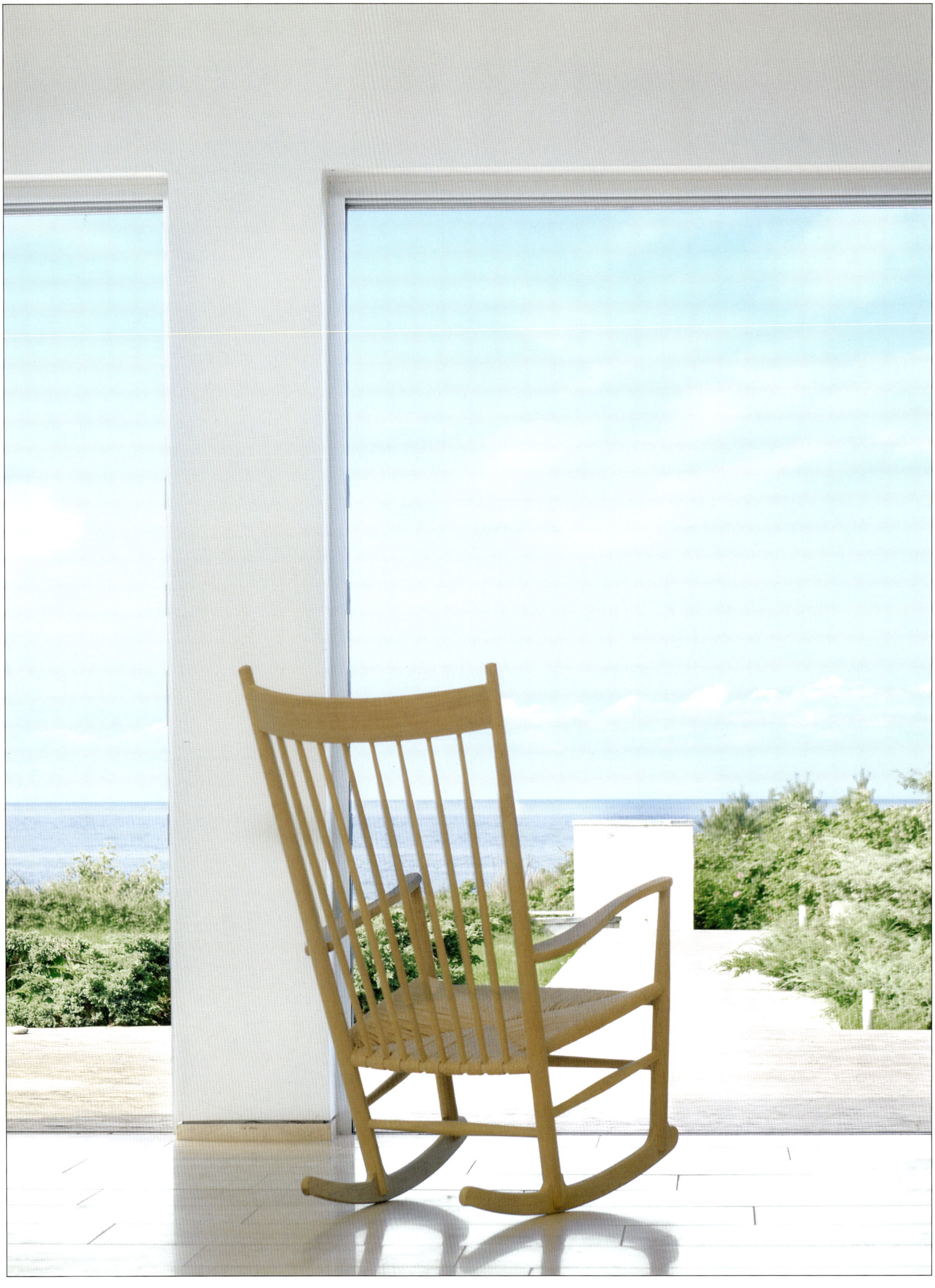

1944

< J16
Hans J. Wegner
Fredericia

Designed by Hans J. Wegner, the *J16* is a classic among the rocking chairs. An upholstered seat pad, back cushion and neck rest provide additional comfort. Like many pieces of Scandinavian furniture, the seats were hand-woven in natural paper yarn.

Parmi les chaises à bascule conçues par Hans J. Wegner, le siège *J16* est un classique. La chaise possédait ses accessoires : un tabouret, un coussin pour l'assise et le dossier, ainsi que pour la nuque. L'assise est, comme souvent dans le mobilier scandinave, en fil de papier tissé manuellement.

Der *J16* ist der Klassiker unter den Schaukelstühlen aus Hans J. Wegners Feder. Passend zum Stuhl gab es einen Hocker, ein Sitz- und Rückenpolster sowie eine Nackenrolle. Die Sitzfläche ist wie bei vielen skandinavischen Möbeln aus Papiergarn handgeflochten.

∨ China Chair
Hans J. Wegner
Fritz Hansen, PP Møbler

A typical, old Chinese chair, which Hans J. Wegner discovered, served as the basis for this chair's design.

Une chaise chinoise ancienne, découverte par Hans J. Wegner, servit de modèle à cet ouvrage.

Ein typischer, alter chinesischer Stuhl, den Hans J. Wegner entdeckt hatte, war Grundlage für die Entwicklung dieses Stuhls.

1944

V Ardea
Carlo Mollino
Apelli & Varesio, Reedition Zanotta

Carlo Mollino often found his creations to be voluptuous and sensual. He designed the soft and circular-shaped armchair *Ardea* for Ada und Cesare Minola's house.

Carlo Mollino disait de ses créations qu'elles étaient voluptueuses. La bergère *Ardea*, aux formes rondes et douces, fut réalisée pour la maison d'Ada et Cesare Minola.

Carlo Mollino nannte seine Kreationen „lüstern". Den weichen und rund geformten Sessel *Ardea* schuf er für das Haus von Ada und Cesare Minola.

> Dinette Fin Table & Fin Stool
> Coffee Table
Isamu Noguchi
Herman Miller & Vitra

Japanese-American Isamu Noguchi trained as a furniture carpenter in Japan. He broke off his medicine studies to become a sculptor. In later years, he saw the *Coffee Table* as his masterpiece of furniture design, as it bore resemblance to his sculptural works.

Isamu Noguchi était japonais par son père et américain par sa mère. Il suivit une formation d'ébéniste au Japon et interrompit ses études de médecine pour devenir sculpteur. Il considérait la *Coffee Table* comme son meuble le plus réussi et le plus proche de ses sculptures.

Isamu Noguchi, der japanisch-amerikanischer Herkunft war, machte in Japan eine Ausbildung zum Möbeltischler. Ein Medizinstudium brach er ab, um Bildhauer zu werden. Den *Coffee Table* betrachtete er als seinen besten Möbelentwurf, kam er doch seinen skulpturalen Arbeiten am nächsten.

1944

1943

Courtesy Phillips de Pury Company

534

◁ **Chair, Chaise, Stuhl**
Alexandre Noll
Atelier Noll

At the time, self-taught Alexandre Noll was quite alone in his attempts to work with massive wood in a way that would respect the material's integrity and honor its true nature. While the world around him slowly began to appreciate modern materials, which enabled affordable industrially made products, he patiently polished and sanded down the extravagantly used massive wood. In the end, he even decided to forego glue. His furniture's unique qualities are the reason that Alexandre Noll's works currently achieve record prices at auction.

La manière et la sincérité avec lesquelles l'autodidacte Alexandre Noll travaillait le bois massif étaient assez uniques à son époque. Alors que le monde moderne s'enthousiasmait pour de nouveaux matériaux, autorisant une production industrielle moins coûteuse, il ponçait et rabotait avec attention des pièces de bois massif sans tenir compte des contraintes de rationalité, et sans utiliser de colle pour assembler les éléments. L'originalité de ses meubles en fait aujourd'hui des pièces recherchées, qui se négocient à des prix élevés.

Der Autodidakt Alexandre Noll stand mit seiner ursprünglichen Verarbeitung von Massivholz und seiner um Wahrhaftigkeit bemühten Haltung ziemlich allein da. Während sich die Welt langsam für moderne Materialien begeisterte, die kostengünstige industrielle Fertigungen ermöglichten, schliff und feilte er bedächtig am verschwenderisch eingesetzten Massivholz, für dessen Verbindungen er nicht einmal Leim verwendete. Die Einzigartigkeit seiner Möbel hat dazu geführt, dass seine Objekte heute Höchstpreise erzielen.

A Thoroughly Modern Material
Ray and Charles Eames' Plywood Experiments

Un matériau moderne
Les expériences en contreplaqué de Ray et Charles Eames

Ein modernes Material
Die Sperrholz-Experimente von Ray und Charles Eames

Karianne Fogelberg

Between 1940 and 1947, Ray (1912–1988) and Charles Eames (1907–1978) focused intensively on molded plywood. Even as early as the 1930s, this wood product proved to be a thoroughly modern material, well suited for industrial production while reflecting the formal vernacular of modernism. After designers such as Marcel Breuer and Alvar Aalto had designed furniture out of two-dimensional molded plywood, the US American design couple strove to create three-dimensional forms. Their vision consisted of creating a flowing form out of one material in one seamless process. Indeed, they strove for nothing less than the unity of form, material and process—the same vision of unity which drove all those designers dedicated to modernism. Ray and Charles Eames' fascination with plywood began in 1940, when the MoMA organized the competition *Organic Design in Home Furnishings*. Eero Saarinen and Charles Eames were awarded for their chair designs, for which they used seat shells out of molded plywood to model the shape of the sitting body. In order to produce their outstanding and sophisticated models, Charles and Ray Eames developed a method of molding three-dimensional plywood in their apartment in Los Angeles. From July 1941

Entre 1940 et 1947, Ray (1912–1988) et Charles Eames (1907–1978) étudient de manière intense le contreplaqué moulé. Dans les années 1930, cette matière première a fait ses preuves comme matériau moderne, compatible avec des procédés de fabrication industriels et le langage des formes de la modernité. Des designers, tels que Marcel Breuer et Alvar Aalto, ont réalisé des meubles à partir d'une mise en forme du contreplaqué sur deux plans. Le couple de concepteurs américains s'essaye donc à la mise en forme de ce matériau sur trois plans. Ils rêvent de créer une forme moulée en un seul morceau. Ils aspirent à l'unité de corps entre la forme, le matériau et le procédé de réalisation, à l'image de tous ces designers séduits par le modernisme. L'intérêt de Charles et Ray Eames pour le contreplaqué se concrétise en 1940, dans le cadre du concours organisé par le musée d'Art Moderne de New York et intitulé *Organic Design in Home Furnishings*. La série de sièges présentée par Eero Saarinen et Charles Eames est récompensée : il s'agit de coques en contreplaqué moulé qui évoquent la silhouette du corps humain en position assise. Afin de réaliser ces sièges, le couple Eames développe, dans l'appartement de Los Angeles, un procédé de moulage du

Zwischen 1940 und 1947 beschäftigten sich Ray (1912–1988) und Charles Eames (1907–1978) intensiv mit Formsperrholz. Bereits in den 1930er-Jahren hatte sich der Holzwerkstoff als ein durch und durch modernes Material erwiesen, geeignet für die industrielle Verarbeitung und die Formensprache der Moderne. Nachdem Designer wie Marcel Breuer und Alvar Aalto Möbel aus zweidimensional verformtem Sperrholz konstruiert hatten, strebte das US-amerikanische Gestalterehepaar nunmehr die dreidimensionale Verformung an. Dahinter stand der Traum, aus einem Material eine Form wie aus einem Guss zu schaffen, in einem einzigen Prozess. Es ging um nichts Geringeres als die Einheit von Form, Material und Verfahren; die Einheit, der das Streben aller Gestalter galt, die sich der Moderne verschrieben hatten. Das Interesse der Eames für Sperrholz setzte 1940 mit dem Wettbewerb *Organic Design in Home Furnishings* des Museum of Modern Art ein, bei dem Stuhlentwürfe von Eero Saarinen und Charles Eames ausgezeichnet wurden, deren Sitzschalen aus verformtem Sperrholz dem sitzenden Körper nachempfunden waren. Um die ausgezeichneten Modelle herzustellen, entwickelten die Eames ab Juli 1941 in ihrer Wohnung in Los Angeles ein Verfahren

∨ Experimental armchair with a three-part seat shell
made of molded plywood, 1944

∨ Fauteuil expérimental en contreplaqué avec coque
en trois morceaux, 1944

∨ Experimenteller Sessel mit dreiteiliger Sitzschale
aus Formsperrholz, 1944

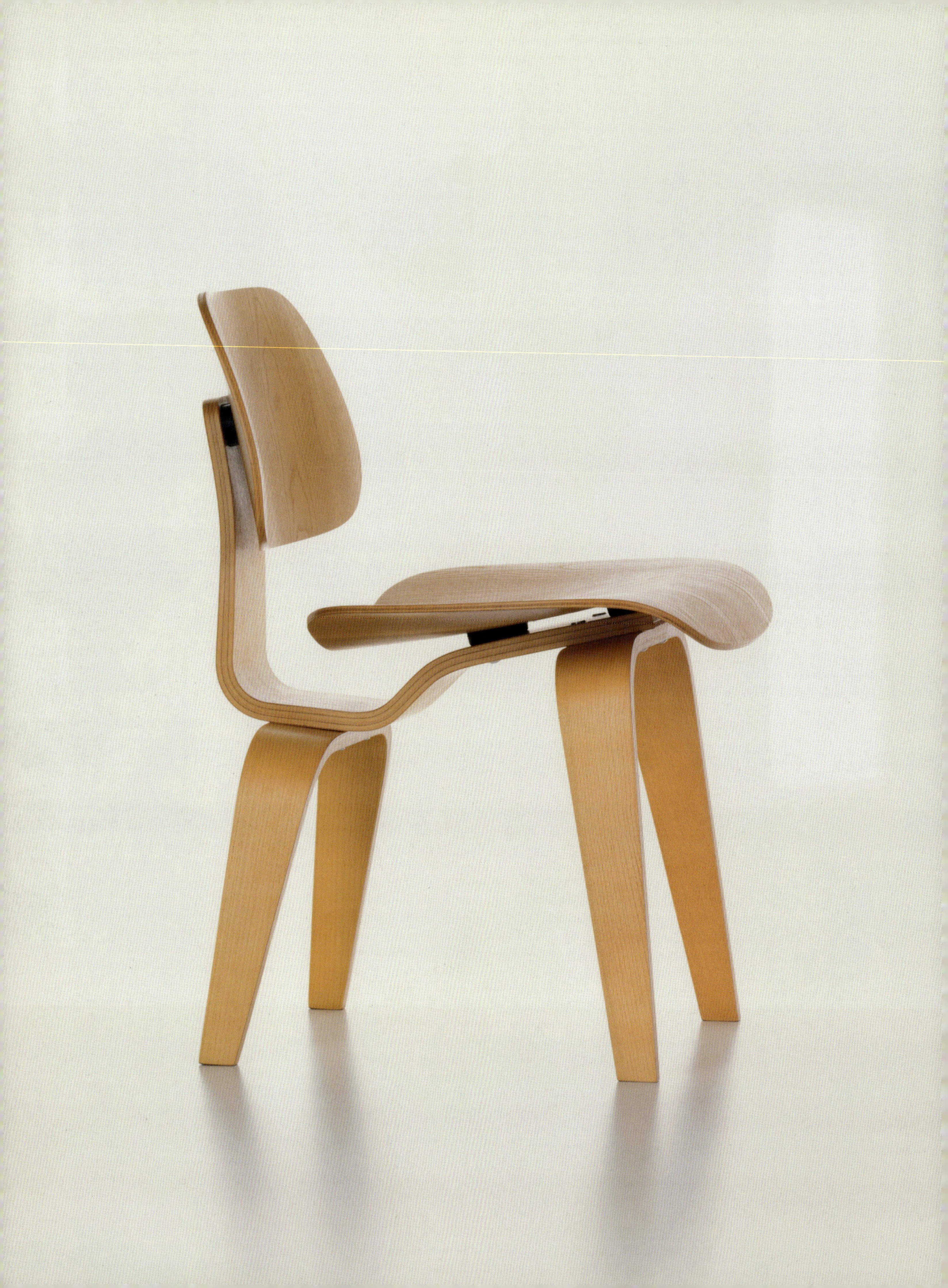

< Dining Chair Wood (DCW), 1945

onwards and with a machine they built themselves—dubbed "Kazam!"—they pressed sheets of plywood veneer and glue using pressure and heat to create a three-dimensional seat shell. However, the design foresaw a strong curved formation, which caused the first prototypes to crack along the intersection of the chair's seat shell and back. Charles and Ray Eames then split the back and the seat shells and by doing so established what would later become the characteristic trademark for their molded plywood chairs and their glass fiber-reinforced polyester chairs. But initially, the US Marines were the first ones to benefit from the Eameses' experience. In 1942 the Eameses received an order for 5000 leg splints out of molded plywood. Even today, the Eameses' leg splints are a prime example of functional and elegant form made from an ordinary material. Their first mass-produced civilian creation after the end of the Second World War was the *Children's Chair* (1945). Unlike the prototypes for the competition in 1940 and the leg splints for the US Marines, their new designs completely dispensed with a complex three-dimensional form. Instead of a complete seat shell with a correspondingly strong plastic form, the Eameses opted for what was technically feasible—two separate plywood sheets for the chair seat and backrest. Further seating furniture soon followed this modular principle, which was initially produced by the Molded Plywood Division of the Evans Product Company and from 1949 onwards mass-produced by Herman Miller: *Dining Chair Wood (DCW)*, *Lounge Chair Wood (LCW)*, *Dining Chair Metal (DCM)* and *Lounge Chair Metal (LCM)*. These and other designs were the focus of a much-noticed separate exhibition at the MoMA in 1946.
In 1947, the Eameses replaced their main material plywood with glass fiber-reinforced polyester. Their designs from this brief period served as inspiration to all later generations, including Arne Jacobsen, Carlo Mollino, Sori Yanagi and Verner Panton. Thanks to the

contreplaqué sur trois plans. À l'aide d'une machine, qu'ils ont conçue et appellent « Kazam ! » en raison des sons qu'elle émet, ils pressent des feuilles de placage et de la colle jusqu'à obtention, sous l'effet de la pression et de la chaleur, d'une coque à trois dimensions. Les premiers prototypes se brisent, surtout à la jonction entre l'assise et le dossier, en raison du moulage complexe prévu dans les ébauches. Aussi les designers créent-ils une ouverture dans la coque, un procédé qui sera caractéristique de leurs sièges en contreplaqué ou en polyester renforcé de fibres de verre. Leurs recherches sont d'abord mises à profit par la marine américaine qui, en 1942, leur demande de réaliser 5000 attelles médicales en contreplaqué moulé. Aujourd'hui encore, l'attelle réalisée par Ray et Charles Eames est considérée comme un modèle du genre, alliant fonctionnalité et élégance à partir d'un matériau ordinaire. Après la guerre, la *Children's Chair* (1945) est le premier meuble réalisé en série selon le procédé élaboré au début des années 1940. Contrairement aux prototypes présentés en 1940 ou aux attelles créées pour la marine, le couple Eames renonce à un moulage en trois dimensions complexe. À la place d'une coque d'un seul bloc avec une déformation plastique prononcée, ils optent pour une solution techniquement plus simple : deux éléments de contreplaqué distincts pour former le dossier et l'assise. Ils réaliseront d'autres sièges à partir de ce principe modulaire : la *Dining Chair Wood (DCW)*, la *Lounge Chair Wood (LCW)*, la *Dining Chair Metal (DCM)* et la *Lounge Chair Metal (LCM)*. Ils seront dans un premier temps produits en série par le département spécialisé dans le contreplaqué moulé de l'Evans Products Company, puis à partir de 1949 par Herman Miller. En 1946, le musée d'Art Moderne de New York dédie à ces réalisations et aux projets du couple une exposition qui retient l'attention du public.
En 1947, Ray et Charles Eames remplacent le contreplaqué par du polyester renforcé

zur dreidimensionalen Sperrholzverformung. In einer selbst gebauten Maschine, die sie nach ihren Geräuschen „Kazam!"-Maschine nannten, pressten sie Lagen von Sperrholzfurnier und Kleber unter Einwirkung von Druck und Hitze zu einer dreidimensionalen Sitzschale. Doch unter der starken Verformung, die der Entwurf vorsah, insbesondere dort, wo die Sitzfläche in die Rückenlehne übergeht, zerbarsten die ersten Prototypen. Daraufhin schnitten die Eames Aussparungen in die Sitzschalen, die später charakteristisch für ihre Sperrholzstühle wie auch für ihre faserverstärkten Polyesterstühle werden sollten. Zunächst kamen ihre Erfahrungen aber der US-Marine zugute. 1942 erhielten sie den Auftrag, 5000 Beinschienen aus Formsperrholz herzustellen. Noch heute gilt die Eames'sche Beinschiene als Vorbild einer funktionalen und doch eleganten Form aus einem alltäglichen Material. Ihre erste serielle zivile Anwendung nach Kriegsende war der *Children's Chair* (1945). Anders als bei den Wettbewerbsprototypen von 1940 oder den Beinschienen für die Marine haben die Eames hier auf eine komplexe dreidimensionale Verformung verzichtet. Anstatt einer kompletten Sitzschale mit entsprechend starker plastischer Verformung entschieden sie sich für das technisch Machbare: zwei separate Sperrholzbauteile für Rückenlehne und Sitzfläche. Nach diesem modularen Prinzip entwickelten sie daraufhin weitere Sitzmöbel, die zunächst von der Molded Plywood Division der Evans Product Company und ab 1949 von Herman Miller in Serie hergestellt wurden: *Dining Chair Wood (DCW)*, *Lounge Chair Wood (LCW)*, *Dining Chair Metal (DCM)* und *Lounge Chair Metal (LCM)*. Diesen und weiteren Entwürfen widmete das Museum of Modern Art 1946 eine viel beachtete Einzelausstellung.
1947 ersetzten die Eames das Formsperrholz als Hauptmaterial durch faserverstärktes Polyester. Ihre Entwürfe aus dieser kurzen Zeit dienten allen nachfolgenden Generationen als Anregung, darunter Arne Jacobsen,

539

> Lounge Chair Metal (LCM), 1945

< Charles Eames designed this chair in cooperation with Eero Saarinen out of moulded plywood for the competition *Organic Design in Home Furnishing*, organized by the MoMA in 1940.

< Modèle de chaise en contreplaqué conçu par Charles Eames en cooperation avec Eero Saarinen dans le cadre du concours *Organic Design in Home Furnishing* organisé par le MoMA en 1940.

< Stuhlmodell aus Formsperrholz entworfen von Charles Eames in Zusammenarbeit mit Eero Saarinen für den MoMA-Wettbewerb *Organic Design in Home Furnishing*, 1940

Eameses, plywood was liberated from the stigma of being a mere substitute for massive wood, a material the furniture industry preferred to use for the back sides of drawers. Rob Forbes, the founder of Design Within Reach, greatly respects the Eameses' achievements. According to him, without their pioneering achievements in the world of molded plywood, "we would be left with right-angled chairs and tables, the legacy of the Craftsman period."

Even though unity of form, material and method has since become standard—thanks to contemporary plastics and processes such as die-casting—furniture made from plywood has not lost any of its charm. On the contrary, in a time where constantly new composites confuse any clear understanding of the material, a visible wooden structure bestows upon furniture a sense of unfiltered authenticity.

de fibres de verre, lequel devient alors le matériau de base de leurs réalisations. Les créations en bois qui ont vu le jour durant ces quelques années inspireront toutes les générations suivantes : Arne Jacobsen, Carlo Mollino, Sori Yanagi et Verner Panton entre autres. Le couple de designers américains a réhabilité un matériau qualifié d'« ersatz » de bois massif, juste bon à couvrir les dos de tiroirs en menuiserie. Rob Forces, le fondateur de Design Within Reach, insiste sur le fait que sans leur travail de recherches sur le contreplaqué moulé, « nous aurions encore des chaises et de tables à angles droits hérités du mouvement Art and Crafts ».

Certes, de nos jours, l'unité de corps entre la forme, le matériau et le procédé est devenue une évidence grâce aux matières plastiques high-tech et aux procédés techniques tel le moulage par injection. Et pourtant, les meubles en contreplaqué n'ont pas perdu de leur attrait. Au contraire, à une époque où des matériaux composites complexes ébranlent notre compréhension de la matière, la structure en bois, reconnaissable entre toutes, redonne de l'authenticité au meuble.

Carlo Mollino, Sori Yanagi und Verner Panton. Die Eames befreiten Sperrholz von dem Stigma, lediglich ein Ersatz für Massivholz zu sein, das sich im Möbelbau bestenfalls für die Rückseiten von Schubladen eignet. Rob Forbes, der Gründer von Design Within Reach, fasst ihren Verdienst so zusammen: Ohne ihre Pionierleistungen im Umgang mit verformtem Sperrholz, „hätten wir heute noch rechtwinklige Stühle und Tische, das Erbe der Arts-and-Crafts-Bewegung".

Selbst heute, wo die Einheit von Form, Material und Verfahren dank modernster Kunststoffe und Verfahren wie dem Spritzguss selbstverständlich geworden ist, verlieren Möbel aus Sperrholz nicht an Attraktivität. Im Gegenteil, in einer Zeit, in der immer neue Verbundwerkstoffe unser Materialverständnis verunsichern, gibt die sichtbare Holzstruktur Möbeln ihre Authentizität zurück.

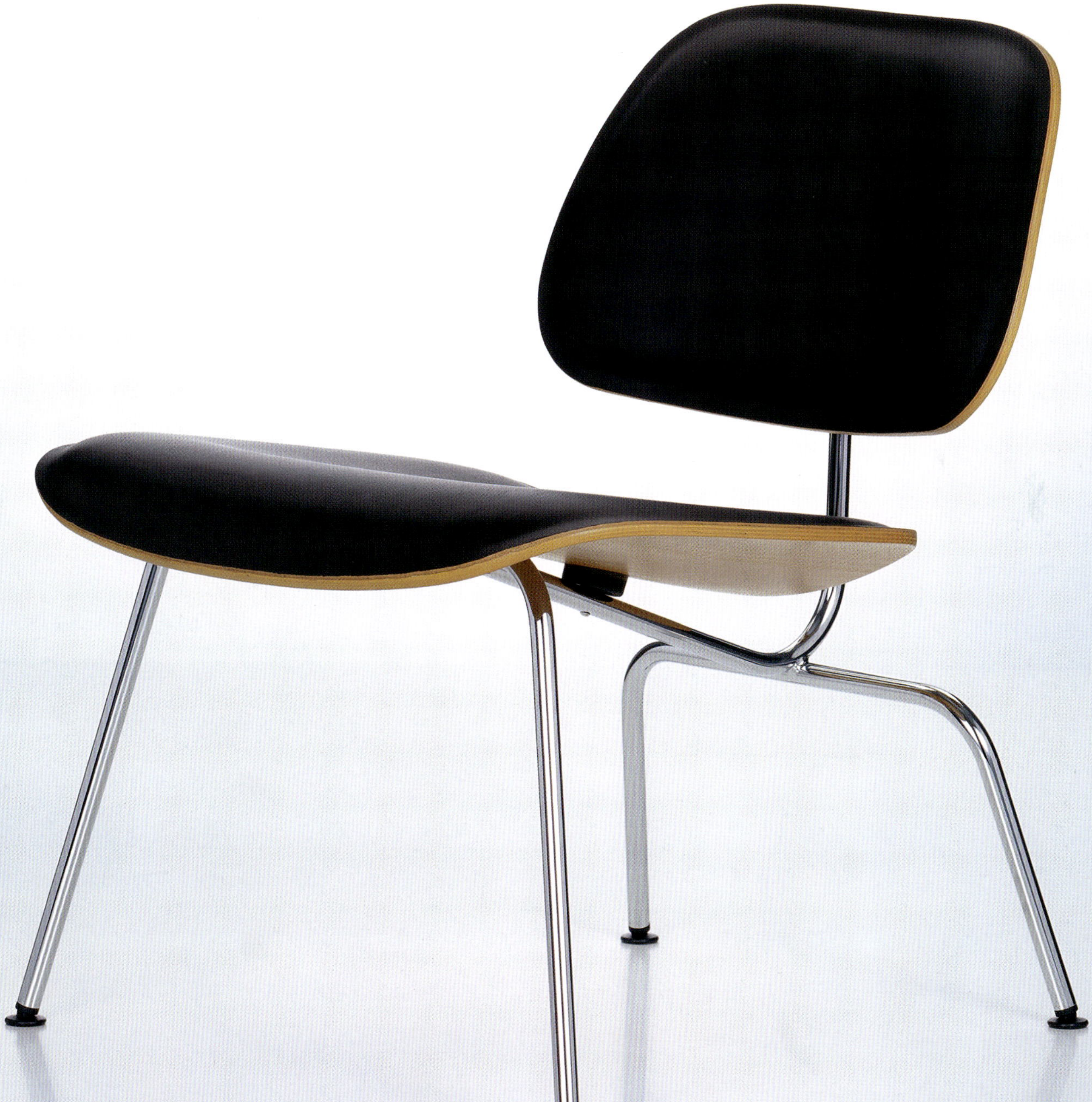

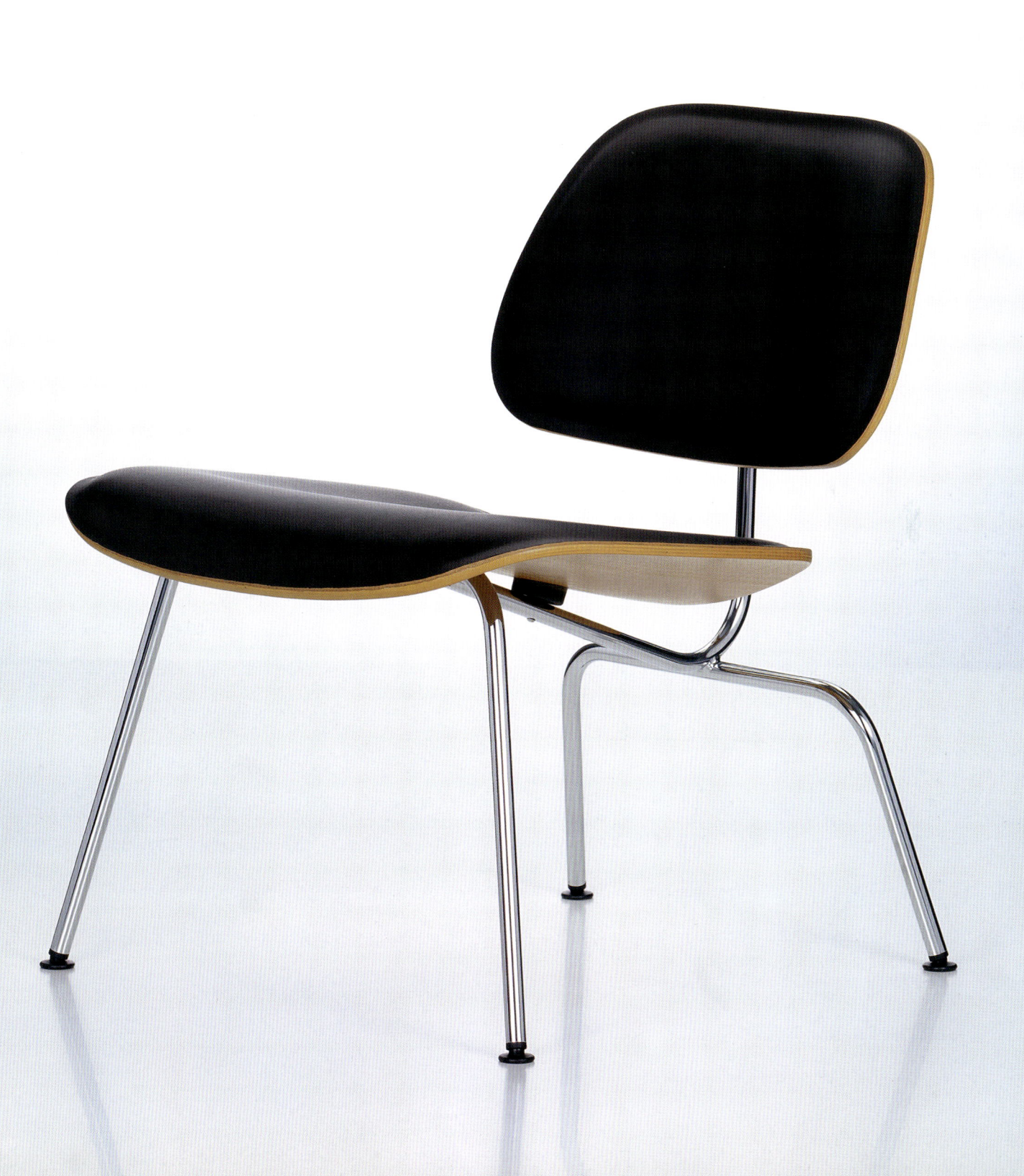

1942

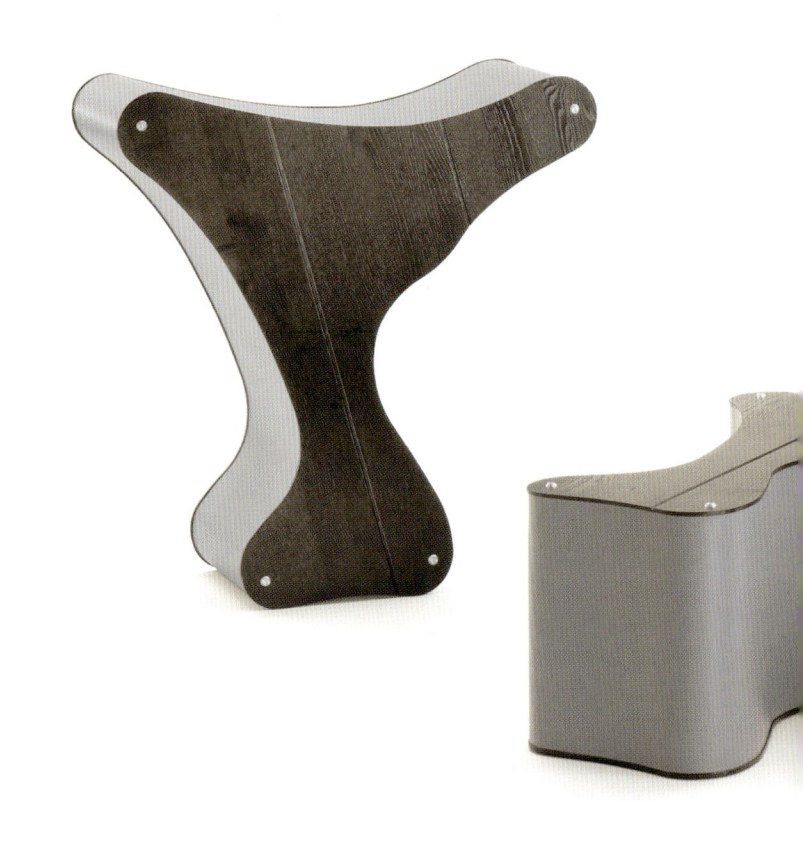

< Correalist Furniture
Meubles corréalistes
Correalistische Möbel
Frederick Kiesler
Reedition Wittmann

Peggy Guggenheim commissioned the Austrian-American architect, artist, designer and theoretician Frederick Kiesler to design her gallery rooms. In addition to the four different art rooms, he designed the *Correalist Instrument* and the *Correalist Rocker*. Frederick Kiesler counted 18 different possibilities of use for his multifunctional furniture.

Peggy Guggenheim demanda à Frederick Kiesler, architecte, artiste, designer et théoricien austro-américain, de concevoir des salles d'exposition. Il élabora quatre salles différentes. L'*Instrument corréaliste* et le *Rocker corréaliste* virent le jour dans ce contexte. Frederick Kiesler voyait, dans ce meuble multifonctionnel, dix-huit utilisations possibles.

Peggy Guggenheim beauftragte den österreichisch-amerikanischen Architekten, Künstler, Designer und Theoretiker Frederick Kiesler mit der Gestaltung von Galerieräumen. Neben vier unterschiedlichen Kunsträumen entstand auch das *Correalistische Instrument* sowie der *Correalistische Rocker*. Frederick Kiesler erkannte bei diesem „multifunktionalen" Möbel 18 verschiedene Verwendungsmöglichkeiten.

1942

< **Tabouret**
Jean Prouvé
Atelier Jean Prouvé, Reedition Vitra

When drafting his design for *Tabouret*, Jean Prouvé resorted to the traditional form of a barstool: a round seating area with four slightly leaning legs. One ring connects the legs, which gives the construction the necessary stability and also serves as a footrest.

Pour réaliser cet ouvrage, Jean Prouvé s'est inspiré des formes classiques du tabouret de bar : un plateau rond pour l'assise, quatre pieds légèrement inclinés. Un anneau relie les pieds, donnant à la construction la stabilité nécessaire et faisant office de repose-pieds.

Bei dem Entwurf *Tabouret* griff Jean Prouvé eine traditionelle Form des Barhockers auf: eine runde Sitzfläche mit vier leicht schräg gestellten Beinen. Ein Ring verbindet die Beine, gibt der Konstruktion die nötige Stabilität und dient als Fußstütze.

> **Eva**
Bruno Mathsson
Bruno Mathsson International

In 1931, Bruno Mathsson used his idea of a comfortable chair using plaited strips of saddle girth for the seat to create chairs for the Värnamo hospital. Based on this experience, he studied different sitting positions and developed three different chair types – an office chair, a relaxing armchair and a lounge chair, which are still produced today in similar form as the models *Eva*, *Pernilla* and *Model 36*.

Bruno Mathsson réalisa son projet de siège confortable avec une assise constituée de sangles pour l'hôpital de Värnamo. À partir de là, il étudia plusieurs positions et créa dans les années qui suivirent trois types de sièges : une chaise de bureau, un fauteuil de repos et une chaise longue. Ces réalisations sont toujours produites de nos jours, avec quelques modifications, sous les appellations *Eva*, *Pernilla* et *Mathsson 36*.

1931 setzte Bruno Mathsson erstmals seine Idee von einem bequemen Stuhl mit Sattelgurten als Sitzfläche für das Krankenhaus Värnamo um. Darauf aufbauend, studierte er verschiedene Sitzpositionen und entwickelte in den folgenden Jahren drei Stuhltypen: einen Arbeitsstuhl, einen Ruhesessel und eine Liege, heute noch in ähnlicher Form als Modell *Eva*, *Pernilla* und *Modell 36* in Produktion.

1941

1941

> Risom Chair
V Risom Lounge Chair
> Risom Tables
Jens Risom
Knoll International

Hans Knoll chose the Danish designer Jens Risom for their first commissioned furniture series. During the Second World War, material was scarce, so for his original models Risom used the army's discarded parachute belts.

Cette série de meubles du Danois Jens Risom fut la première commande que Hans Knoll passa à un designer. En raison de la pénurie de matériaux due à la Seconde Guerre mondiale, les modèles originaux furent confectionnés à partir de sangles de parachutes provenant de l'armée.

Diese Möbelserie des Dänen Jens Risom war das Ergebnis des ersten Auftrags, den Hans Knoll an einen Designer vergab. Aufgrund der Materialknappheit, bedingt durch den Zweiten Weltkrieg, wurden für die originalen Modelle ausrangierte Fallschirmgurte der Armee verwendet.

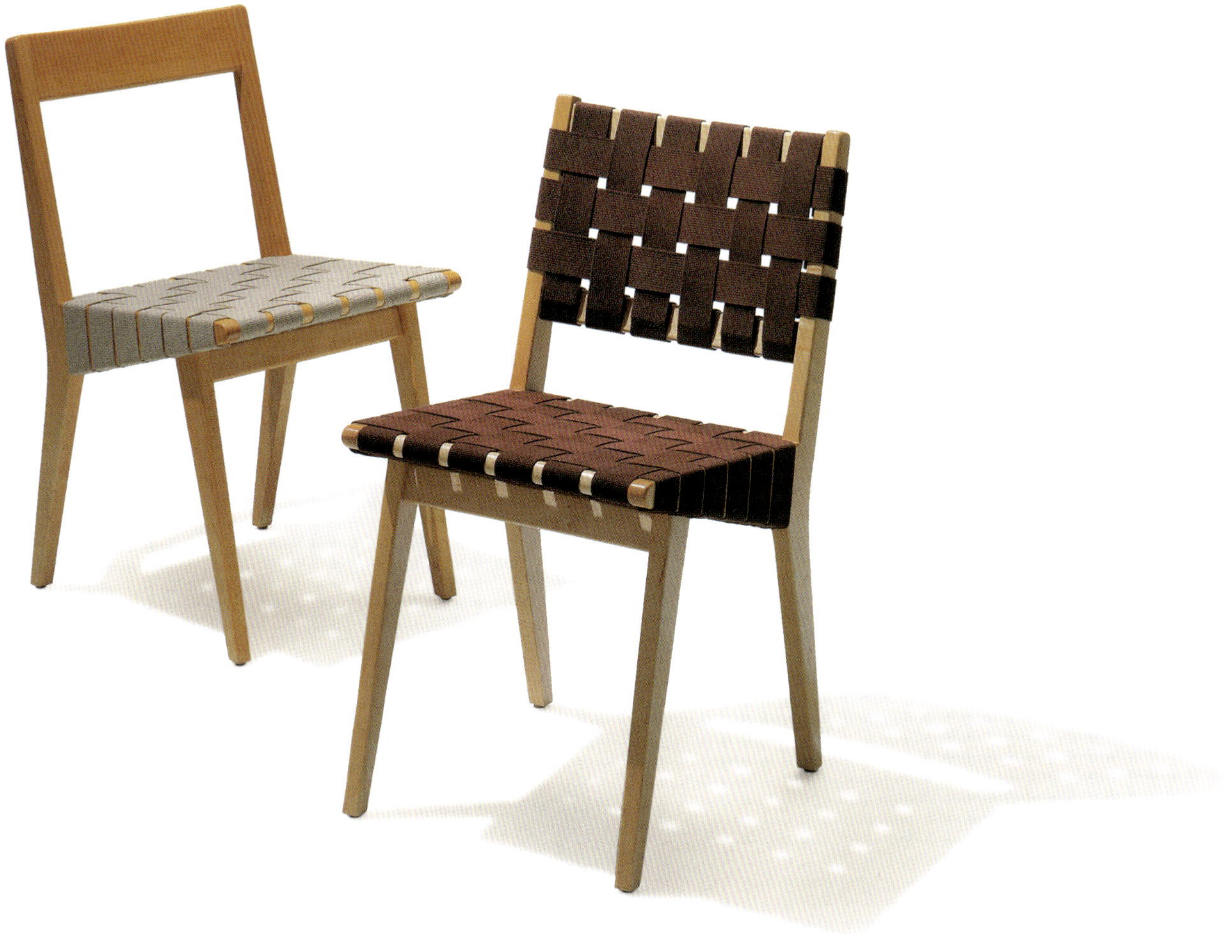

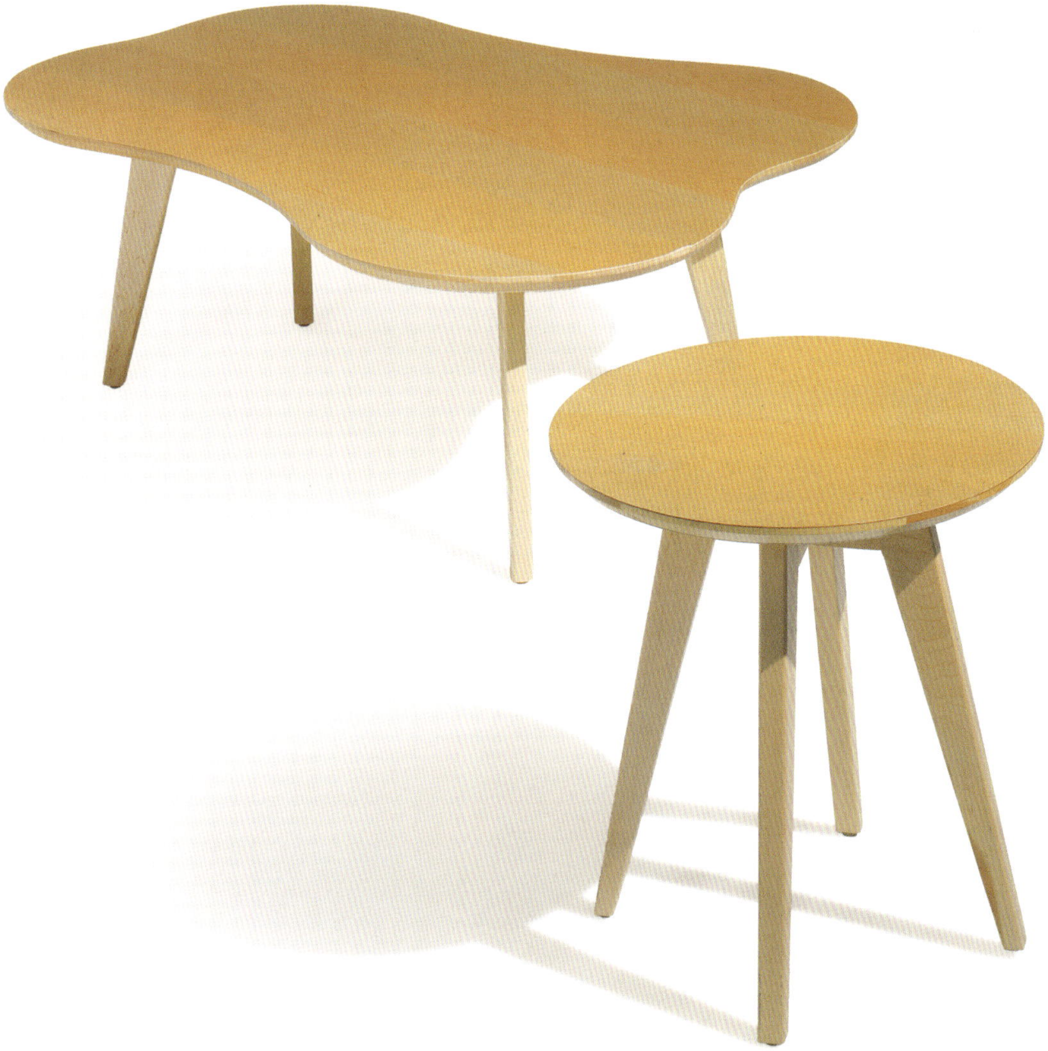

1941

∧ Poeten
Finn Juhl
Nils Vodder, Reedition onecollection

Finn Juhl designed the sofa *Poeten* for personal use in his house, which has since been converted into a museum.

Finn Juhl conçut le canapé *Poeten* pour sa propre maison. Elle est aujourd'hui ouverte au public en tant que musée.

Das Sofa *Poeten* entwarf Finn Juhl für sein eigenes Haus, das heute als Museum zugänglich ist.

> Pelican
Finn Juhl
Nils Vodder, Reedition onecollection

The early use of organic forms hints at artist Hans Arp's influence on Finn Juhl and his works.

Le recours précoce aux formes organiques laisse deviner l'influence de l'artiste Hans Arp.

Der frühe Einsatz organischer Formen lässt den Einfluss des Künstlers Hans Arp auf Finn Juhl erahnen.

1940

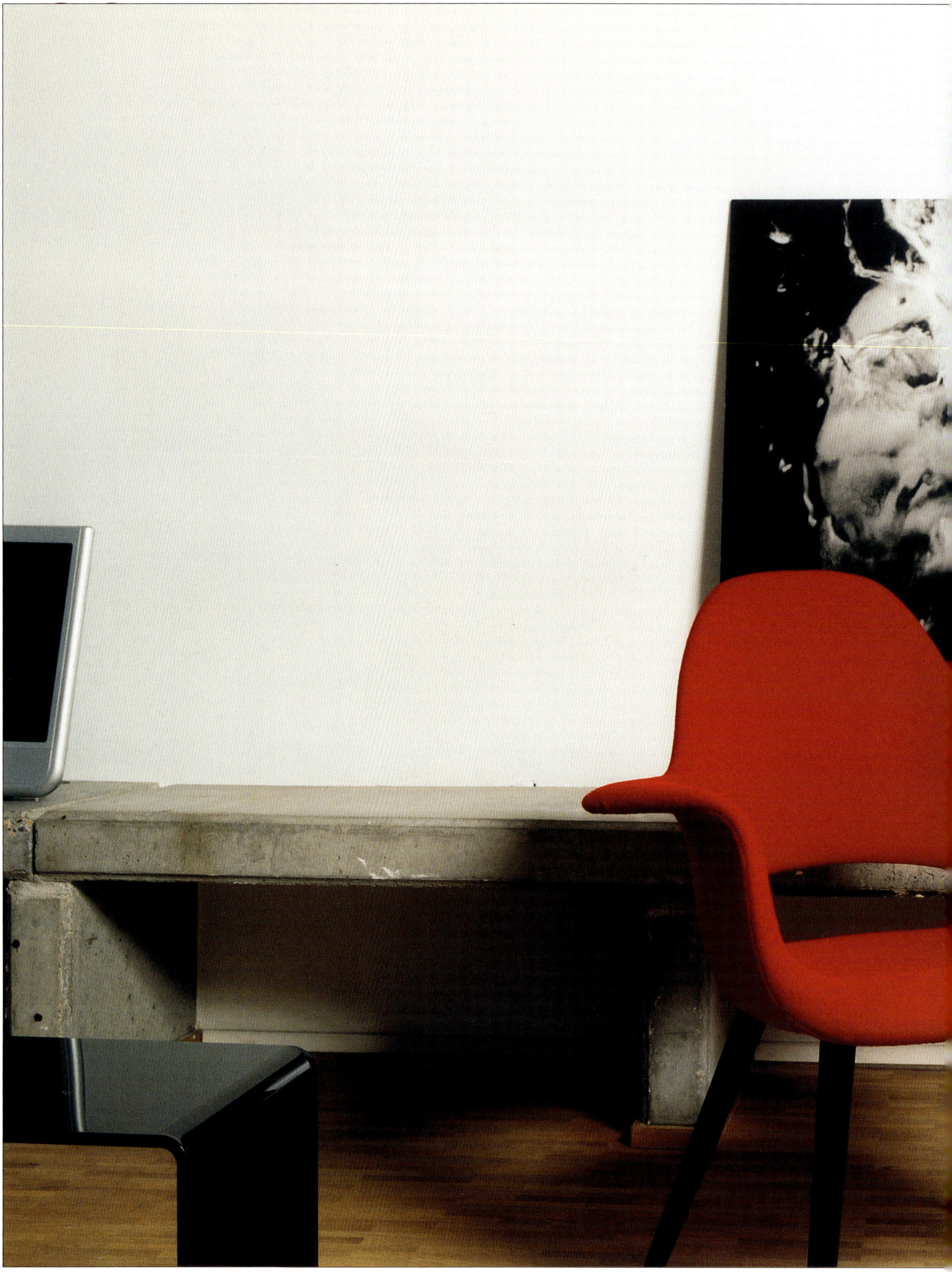

1940

< Organic Chair
Charles Eames & Eero Saarinen
Vitra

In order to counteract the stagnation felt in furniture design, the MoMA organized the competition *Organic Design in Home Furnishings*. Charles Eames and Eero Saarinen participated in two categories and jointly received the first prize. Due to the Second World War, however, manufacturing possibilities were limited. Ultimately, costs for the limited series were so high that production would have been inconceivable.

Le musée d'Art Moderne de New York organisa le concours *Organic Design in Home Furnishings*, afin de relancer l'innovation en matière de design de meubles. Charles Eames et Eero Saarinen prirent part au concours en s'inscrivant dans deux catégories, et obtinrent le premier prix dans chacune de ces catégories. Les possibilités de production faisant défaut dans ce contexte de guerre, ce fauteuil ne fut jamais produit.

Um der Stagnation im Möbeldesign entgegenzuwirken, organisierte das Museum of Modern Art den Wettbewerb *Organic Design in Home Furnishings*. Charles Eames und Eero Saarinen nahmen in zwei Kategorien teil und erhielten jeweils den ersten Preis. Aufgrund der kriegsbedingten fehlenden Produktionsmöglichkeiten wurde die Kleinserie so teuer, dass eine Produktion nicht in Betracht gezogen wurde.

551

1939

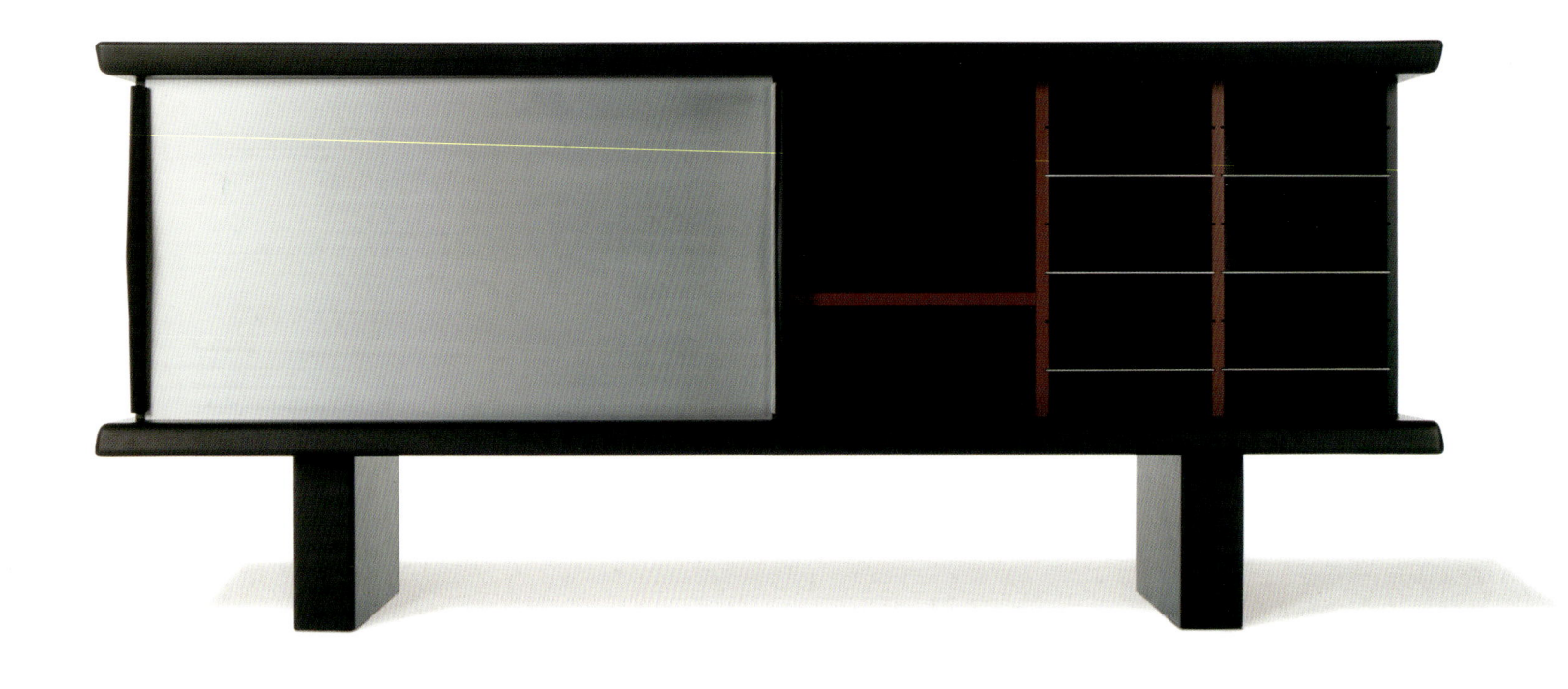

∧ Riflesso
Charlotte Perriand
Reedition Cassina

Charlotte Perriand's furniture unites her experience with aluminum and her penchant for Far Eastern cultures. Together with Pierre Jeanneret, she created a mountain chalet out of aluminum in 1937. From 1940 to 1942 she was consultant to the Japanese Ministry of Trade and Industry and subsequently spent three years in Indochina.

Cette pièce associe la maîtrise de l'aluminium et le faible de Charlotte Perriand pour les cultures d'Extrême-Orient. En 1937, elle conçut un refuge de haute montagne en aluminium avec Pierre Tournon. De 1940 à 1942, elle fut appelée au Japon en tant que conseillère auprès du ministère impérial du Commerce, puis séjourna ensuite trois ans en Indochine.

Bei diesem Möbel verbinden sich die Erfahrungen von Charlotte Perriand mit Aluminium sowie ihr Faible für fernöstliche Kulturen. Mit Pierre Jeanneret hatte sie 1937 an einer Berghütte aus Aluminium gearbeitet. Von 1940 bis 1942 war sie Beraterin des japanischen Handelsministeriums und hielt sich danach drei Jahre in Indochina auf.

> Traccia
Meret Oppenheim
Edition Ultramobile, Simon

Surrealist artist and poet Meret Oppenheim is famous for her *Fur Covered Breakfast*: a cup, saucer and spoon covered with fur. Meret Oppenheim's *Ostrich Foot Table* was one of the contributions to a Surrealist exhibition on fantastic furniture, held in Paris in 1939.

L'artiste surréaliste Meret Oppenheim est célèbre pour son *Déjeuner en fourrure*, dont la tasse, la soucoupe et la cuillère sont tapissées de fourrure. La table avec piétement en pattes d'oiseau fut l'une de ses contributions à l'Exposition surréaliste de meubles fantastiques, qui eut lieu à Paris en 1939.

Die surrealistische Künstlerin und Lyrikerin Meret Oppenheimer ist berühmt für ihr *Frühstück im Pelz*, eine mit Fell bezogene Tasse samt Untertasse und Löffel. Der Tisch mit den Vogelfüßen von Meret Oppenheim ist einer ihrer Beiträge zu einer Ausstellung über fantastische Möbel 1939 in Paris.

1939

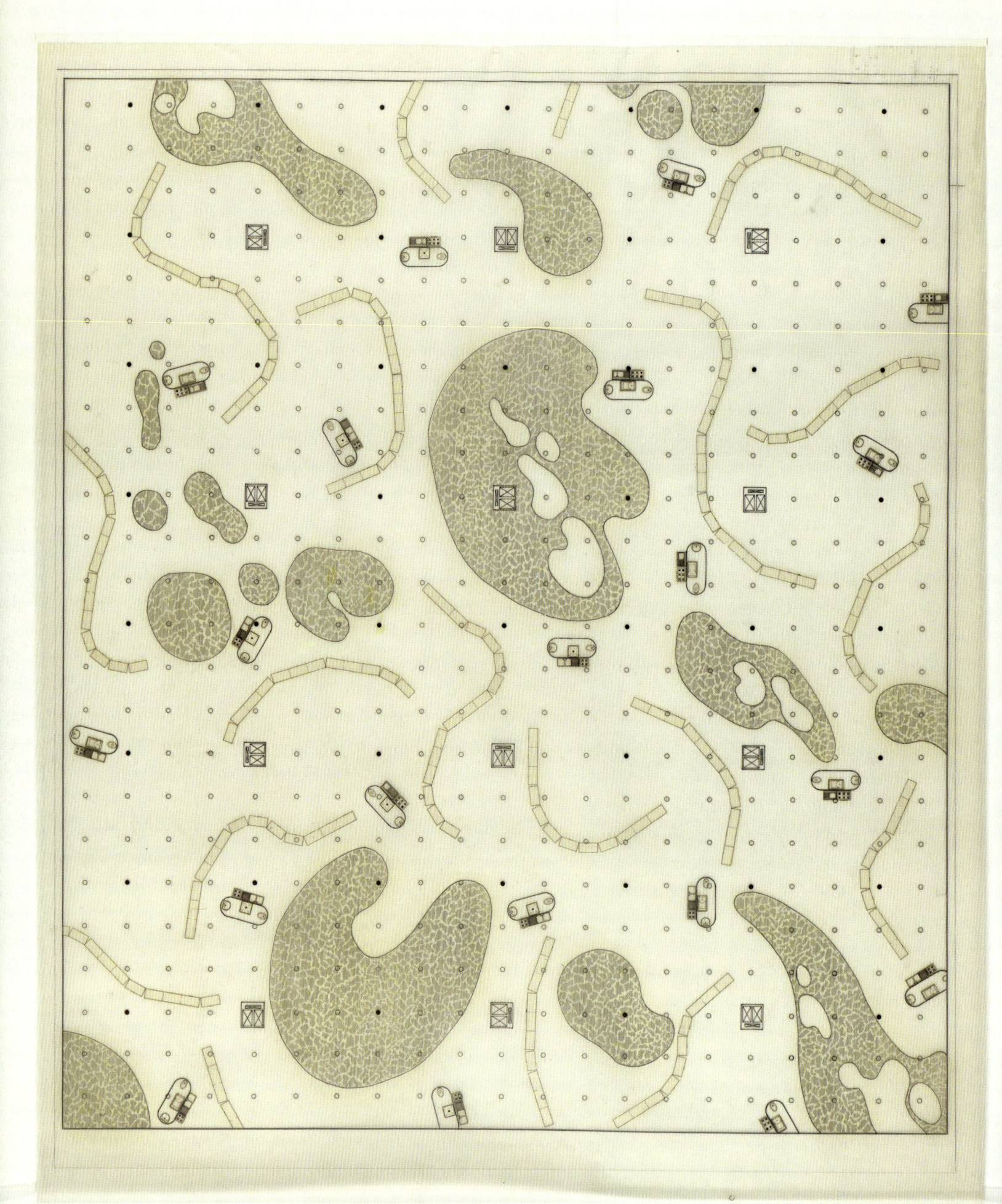

ARCHIZOOM ASS. "NO-STOP CITY" Residential Park   Andrea Branzi 1969

The History of Design in a Nutshell
Into a Natural Network

Brève histoire du design
Vers un réseau naturel

Designgeschichte kurz und bündig
Hin zu einem natürlichen Netzwerk

Max Borka

It's just an ordinary diagram: a square that encloses an abstract and rigid pattern of straight and curvy lines plus rectangular blocks. Hardly possible to think of anything that could be simpler. If it weren't for its name, *No-Stop City*, no one would ever suspect that this was a city plan, let alone a revolutionary manifesto, depicting a utopian metropolis. And yet this drawing, created by the Italian radical movement Archizoom as part of an ironic critique in which the ideology of architectural modernism was taken onto its absurd limits, soon became an icon of anti-design, when it was launched in the wake of the May 1968 revolt. With its combination of straight and curvy lines, it also perfectly succeeded in capturing the essence of design and its history, two notions that may seem extremely complex but are in fact extremely simple.

< Archizoom's *No-Stop City* (1969), or the history of design in a nutshell. Whereas it was more and more ruled by the grid or matrix—rigid, rational, efficient and strong—its antithesis, the curvy line—fluid, flexible and emotional—had been reduced to no more than a detail. But of late, the cards seem to have turned.

C'est un graphique simple : un carré qui contient un motif composé de lignes droites et de courbes, ainsi que des blocs rectangulaires. Il est difficile de concevoir quelque chose de plus simple. Si le sujet de ce graphique n'était pas contenu dans son nom, *No-Stop City*, personne n'associerait ce dessin à un plan de ville, et encore moins à un manifeste révolutionnaire représentant une métropole utopique. Conçu par le mouvement radical italien Archizoom comme une critique dérisoire du modernisme en architecture et confrontant ce dernier à ses limites les plus absurdes, *No-Stop City* était appelé à devenir une icône de l'anti-design lorsque le manifeste parut dans le sillage de mai 1968. En associant les droites et les courbes, ce projet a parfaitement réussi à capter l'essence du design et de son histoire, deux notions qui paraissent extrêmement complexes, mais qui en réalité sont très simples.

< *No-Stop City* d'Archizoom (1969), ou un condensé d'histoire du design. Alors que le design est de plus en plus dominé par des grilles ou des matrices, par la rigidité, le rationalisme, la performance et la rigueur, son antithèse, la courbe, synonyme de fluidité, de flexibilité et de sensibilité, est réduite à un simple détail. Toutefois, cette tendance semble actuellement s'inverser.

Es ist nur eine gewöhnliche Grafik: ein Viereck, das ein abstraktes und starres Muster von geraden und geschwungenen Linien sowie rechteckigen Blöcken umschließt. Es ist kaum möglich, sich etwas Einfacheres auszudenken. Ohne den Namen *No-Stop City* würde niemand vermuten, dass dies ein Stadtplan ist, geschweige denn ein revolutionäres Manifest, das eine utopische Metropole darstellt. Und doch wurde diese Zeichnung, gestaltet von der radikalen italienischen Bewegung Archizoom, als Teil einer ironischen Kritik, bei der die Ideologie vom architektonischen Modernismus an die Grenze des Absurden geführt wird, schnell zu einer Ikone des Anti-Designs, als sie infolge der Mai-Revolution 1968 veröffentlicht wurde. Durch die Kombination gerader und geschwungener Linien wird auch das Wesentliche des Designs und seiner Geschichte perfekt eingefangen, zwei Begriffe, die äußerst komplex erscheinen, in Wahrheit aber sehr einfach sind.

< Archiezooms *No-Stop City* (1969) oder eine kurze Geschichte des Designs. Während das Design mehr und mehr vom Raster oder der Matrix, dem Starren, Rationalen, Effizienten und Starken beherrscht wurde, wurde der Gegenpol, die geschwungene Linie, das Flüssige, Biegsame und Emotionale zu einem Detail reduziert. Doch in jüngster Zeit scheint sich das Blatt gewendet zu haben.

Love & Hate

Design history can be reduced to one single polarity, despite the cascade of style-movements that succeeded and often execrated each other over the past century, each with its own criteria, dogmas, rules and regulations on what should be considered good design—starting with Arts & Crafts and The Esthetic Movement, Art Nouveau and its numerous declinations in different countries, such as Jugendstil and Modernismo, the Viennese Secession or Wiener Werkstätte, via De Stijl and Bauhaus, Art Deco, the Deutscher Werkbund and Constructivism, up to Streamline, Organic Design and Biomorfism, the International Style, the Swiss School and the Radical Movement, in which Archizoom also played a decisive role. The differences in vision and opinion between these movements had their origin in the phenomenon that also gave birth to design itself: the Industrial Revolution that started at the end of the 18th century. It shook society on all levels and in its very foundations, while nature was gradually but inexorably replaced as a driving force by the machine and the man-made. On a formal level, this expressed itself in two style-figures that constantly kept fighting and fructifying each other, torn between love and hate; therefore, inseparable, like the two halves of a malicious Siamese twin. On the one hand, there was the curvy, dynamic, organic and spontaneous line that evoked the natural. On the other hand, there was the straight line, caught in a grid or chessboard pattern, and later evolving into the box.

Cause of All Evils

The curvy line was the most conservative and even reactionary of these two poles when the word design made its entry around 1850 and had its first major display at the *World Exhibition* in Crystal Palace in Great Britain—not by accident the country where more than half a century earlier the First Industrial Revolution had taken off. The same country also gave birth to the first real design movement, or rather anti-design movement: Arts & Crafts. While exuberantly expressing itself in flowery patterns and motives, Arts & Crafts saw the Industrial Revolution and its soulless machine-made production as the root cause of all evils. It also contested the effects, going from the wretched working conditions in the factories, to the poor quality of the first

Amour & haine

L'histoire du design se résume à une simple polarité, en dépit du nombre de styles et de mouvements qui se sont succédé, et le plus souvent opposés au cours du siècle dernier. Chacun a créé ses critères, ses dogmes, ses règles et ses paramètres, donnant ainsi sa propre définition du design, à commencer par le mouvement Arts & Crafts et l'esthétisme, suivi par l'Art nouveau et ses nombreuses variantes régionales, tels le Jugendstil et le modernisme, la Sécession viennoise ou les Wiener Werkstätte, en passant par le mouvement De Stijl et le Bauhaus, l'Art Déco, le Deutscher Werkbund, le constructivisme jusqu'au design organique, Streamline et biomorphisme, au style international, à l'école suisse et au mouvement radical, au sein duquel Archizoom a joué un rôle prépondérant. Les différences d'opinions et de visions entre ces mouvements ont leur origine dans le phénomène qui a donné naissance au design lui-même : la révolution industri-elle, laquelle a démarré à la fin du XVIIIe siècle. Cette révolution a eu des répercussions dans toutes les couches de la société et a ébranlé ses fondations, alors même que la nature était peu à peu, mais de manière inexorable, remplacée, en tant que force motrice, par la machine et l'artifice. Au niveau de la forme, cette évolution prit corps dans deux figures de style en constante opposition mais s'enrichissant mutuellement, déchirées entre l'amour et la haine et pourtant inséparables, comme les deux moitiés malveillantes de frères siamois. D'un côté, il y avait la courbe, une ligne dynamique, organique et spontanée évoquant la nature ; de l'autre la droite, formant les lignes d'un quadrillage ou d'un échiquier et qui devait évoluer pour prendre la forme d'un cube.

L'origine de tous les maux

La courbe formait le pôle le plus conservateur et réactionnaire, lorsque le terme « design » fit son apparition vers 1850 et connut sa première grande médiatisation lors de l'Exposition universelle présentée au Crystal Palace en Grande-Bretagne, le pays qui, un demi-siècle plus tôt, avait abrité la première révolution industrielle. C'est également dans ce pays qu'Arts & Crafts, le premier mouvement design, ou plutôt anti-design, vit le jour. Avec ses ornementations et motifs floraux exubérants, le mouvement Arts & Crafts considérait la révolution

Liebe & Hass

Die Geschichte des Designs kann auf einen einzigen Gegensatz reduziert werden, ungeachtet der Fülle von Stilrichtungen, die im Verlauf des letzten Jahrhunderts aufeinanderfolgten und sich oft bekämpften. Jede Stilrichtung hat eigene Kriterien, Dogmen, Regeln und Bestimmungen für das, was sie als gutes Design betrachtet – angefangen von der Arts-and-Crafts-Bewegung und dem Ästhetizismus, dem Art nouveau und seinen zahlreichen Abwandlungen in verschiedenen Ländern, wie Jugendstil und Modernismus, die Wiener Sezession oder Wiener Werkstätte, über De Stijl und Bauhaus, Art déco, den Deutschen Werkbund, Konstruktivismus bis hin zu Streamline, organischem Design und Biomorphismus, dem Internationalen Stil, der Schweizer Schule und der radikalen Bewegung, bei der Archizoom auch eine entscheidende Rolle spielte. Die unterschiedlichen Sichtweisen und Auffassungen dieser Bewegungen haben ihren Ursprung in genau dem Phänomen, das Design entstehen ließ: der industriellen Revolution, die Ende des 18. Jahrhunderts einsetzte. Sie erschütterte die Gesellschaft auf allen Ebenen und in ihren Grundfesten, während die Natur langsam, aber unaufhaltsam als Antriebskraft durch Maschinen und vom Menschen Hergestelltes ersetzt wurde. Auf formaler Ebene drückte sich dies in zwei Stilfiguren aus, die sich ständig bekämpften und befruchteten, hin- und hergerissen zwischen Liebe und Hass, daher untrennbar verbunden wie zwei Hälften eines bösartigen siamesischen Zwillings. Auf der einen Seite gab es die geschwungene, dynamische, organische und spontane Linie als Verkörperung des Natürlichen, auf der anderen Seite die gerade Linie innerhalb eines Rasters oder Schachbrettmusters, die sich zu einem Würfel entwickelte.

Die Wurzel allen Übels

Die geschwungene Linie war der konservativste und reaktionärste dieser beiden Pole, als das Wort Design um 1850 aufkam und zum ersten Mal bei der Weltausstellung im Crystal Palace in Großbritannien vorgestellt wurde – nicht zufällig in dem Land, in dem mehr als ein halbes Jahrhundert zuvor die erste industrielle Revolution eingesetzt hatte. Dieses Land brachte auch die erste wirkliche Designbewegung oder vielmehr Anti-Designbewegung hervor, nämlich die Arts-and-Crafts-Bewegung. Diese Bewegung, die sich durch

< The Thonet box was a prefiguration of the main paradigm of modern times, a world that was ruled by efficiency, and that was organized around grids, skyscrapers and containers.

< La caisse de transport Thonet annonçait les temps modernes et le règne de l'efficacité, un monde organisé autour de grilles, de gratte-ciel et de containers.

< Die Thonet-Box war der Prototyp eines Modells moderner Zeiten: eine Welt, geprägt von Effizienz und aufgebaut aus Rastern, Wolkenkratzern und Containern.

generations of objects that were industrially produced. There were some exceptions though. The famous *Thonet* chairs, designed by Michael Thonet, were probably the best example. A picture of that time, showing a transparent box of one cubic meter that was filled with parts of the most famous design chair ever, the *Thonet N° 14*, also perfectly illustrates the opposition between the curved line and the box. Entirely hand-made by steaming and bending wood that was then left to harden in curved moulds, the chair was little more than a line, drawn in space. It had such a natural feel and flow that one would hardly suspect the highly complicated and artificial production process. But its success also came from the way Thonet had adapted its form to the regulations of the box and the new industrial society. In contrast to anything that preceded and because of easy transport and lower prices, the different elements of the chair could easily be mounted when they arrived on the spot, while the cubic meter could contain the elements of no less than 35 specimen.

Nowhere and Everywhere

The *Thonet* box was a prefiguration of the main paradigm of modern times: A world that

industrielle et ses productions mécaniques sans âme comme la cause de tous les maux. Il en contestait les effets, des conditions de travail misérables dans les fabriques jus-qu'à la qualité médiocre de la première génération d'objets produits industriellement. Il y eut cependant quelques exceptions. Les célèbres chaises *Thonet*, conçues par Michael Thonet, constituèrent vraisemblablement le meilleur des exemples. Une photographie de cette époque montre une caisse transparente d'un mètre cube contenant les pièces détachées de la plus célèbre des chaises *Thonet*, la chaise *n° 14*. Cette photo illustre parfaitement l'opposition entre les lignes courbes de l'objet et la boîte. Cette chaise, dont le bois était courbé, étuvé puis séché dans un moule, ne formait guère plus qu'une ligne dans l'espace. Elle possédait un charme si naturel qu'il était difficile d'imaginer la complexité et la technicité du processus de production qui se cachait derrière. Le succès de cette pièce reposait également sur le fait que Thonet en avait conçu les formes en fonction des paramètres dictés par les caisses de transport et la nouvelle société industrielle : un transport aisé, la caisse d'un mètre cube contenant les éléments nécessaires à la construction de 35 chaises,

üppige Blumenmuster und -motive ausdrückte, betrachtete die industrielle Revolution und ihre seelenlose Maschinenproduktion als Wurzel allen Übels. Sie kritisierte die Auswirkungen, die von miserablen Arbeitsbedingungen in den Fabriken bis hin zu schlechter Qualität der industriell hergestellten Gegenstände in der ersten Generation reichten. Es gab jedoch auch Ausnahmen. Die berühmten *Thonet*-Stühle, von Michael Thonet entworfen, sind hierfür wahrscheinlich das beste Beispiel. Ein Foto aus dieser Zeit, das eine durchsichtige Kiste von einem Kubikmeter zeigt, die alle Teile des berühmtesten Designerstuhls enthält, den *Thonet Nr. 14*, veranschaulicht deutlich den Gegensatz zwischen der geschwungenen Linie und der Kiste. Der Stuhl, der durch Dämpfen und Biegen des Holzes ganz in Handarbeit gefertigt und anschließend in gebogenen Pressformen ausgehärtet wurde, war kaum mehr als eine in den Raum gezeichnete Linie. Er wirkte so natürlich, dass kaum jemand einen solch hochkomplexen und künstlichen Herstellungsprozess vermuten würde. Aber sein Erfolg rührte auch daher, dass Thonet seine Form den Gegebenheiten der Kiste und der neuen industriellen Gesellschaft anpasste. Anders als alle bisherigen

was ruled by efficiency, and was organized around grids, skyscrapers and containers. The first design movement Arts & Crafts was little more than a nostalgic ode to a medieval world that had become obsolete, while the need to reverse the human subservience to the unquenchable machine was a point that also Art Nouveau agreed on. Yet the extent to which the machine was to be ostracized became a point of heavy debate. It culminated in the notorious clash between two leading figures of the Deutscher Werkbund, Hermann Muthesius and Henry van de Velde. Muthesius, who also worked as head of design education for the German government, defended a standardization and mass production that could make design democratic and affordable. The Belgian Van de Velde, on the other hand, pleaded that this mass production should not become a threat to creativity and individuality. It was the same Van de Velde who became the champion of the Art-Nouveau movement by inventing a natural and abstract line that departed from decoration and the two-dimensional to become a structural element of the three-dimensional. The much more balanced attitude of Art Nouveau versus everything industrial was expressed in the fact that this dynamic line could often only be realized by means of new techniques and materials, such as metal. But it was Vienna, and the Viennese Secession and Viennese Workshops that really introduced modernity, through its massive use of a geometric pattern that was based on the square and the cube. Linked to new scientific and technologic findings, this grid soon also became the plan along which the new way of living, that was essentially urban, was organized. More and more, the old and obsolete hierarchies were traded for a network without a center, or with a center that was nowhere and everywhere.

Liquid Logic

Modernist movements such as De Stijl, Bauhaus, Constructivism and the International Style would develop this philosophy far into the 20th century, whereas the dynamic line and its natural inspiration found a sequel in Streamline, Organic Design, Biomorphism and Scandinavian design, and was fueled by new techniques and materials that offered a growing flexibility and a design that yielded to the human body. Both movements kept overlapping and influencing each other.

un prix modéré, une chaise facile à monter sur place.

Partout et nulle part

La caisse de transport *Thonet* annonçait les temps modernes, le règne de l'efficacité, un monde organisé autour de grilles, de gratte-ciel et de containers. Le premier mouvement design, Arts & Crafts, n'était guère plus qu'une ode nostalgique louant un monde médiéval qui n'était plus. La nécessité d'aller à l'encontre de la soumission de l'homme à l'insatiable machine était un point de vue que partageait également l'Art nouveau. Le degré d'exclusion de la machine restait toutefois un motif de désaccord. La discussion culmina au moment du différent qui opposa deux grandes figures du Deutscher Werkbund, Hermann Muthesius et Henry Van de Velde. Muthesius, qui travaillait pour le gouvernement allemand sur les questions d'éducation au design, défendait une standarisation et une production de masse afin de démocratiser le design. Le Belge Van de Velde, de son côté, mettait l'accent sur les dangers de cette production en série, qui pouvait être un obstacle à la créativité et à l'individualité. Van de Velde était devenu la figure de proue de l'Art nouveau en inventant une ligne abstraite, un mouvement naturel qui, s'éloignant du motif ornemental à deux dimensions, devint une ligne de structure en trois dimensions. L'attitude ambivalente de l'Art nouveau vis-à-vis de la production industrielle s'explique par le fait qu'en termes de réalisation, cette ligne en mouvement nécessitait de recourir à des techniques et des matériaux nouveaux, tel le métal. Toutefois, c'est à Vienne, sous l'impulsion de la Sécession viennoise et des Wiener Werkstätte, que la modernité en matière de design fut réellement introduite, avec l'utilisation massive d'un système de formes géométriques basé sur le carré et le cube. Dans le sillage des découvertes scientifiques et technologiques, ce système de formes fut amené à devenir un plan directeur, autour duquel s'organisèrent les nouveaux modes de vie, essentiellement urbains. Peu à peu, en termes d'organisation spatiale, les anciennes hiérarchies laissèrent la place à un réseau qui ne possédait pas de centre, ou un centre qui se trouvait partout et nulle part.

Liquid Logic

Les mouvements modernistes, tels De Stijl,

Stühle konnten die verschiedenen Elemente des Stuhls aufgrund des einfachen Transports und der niedrigen Preise einfach überallhin gebracht und vor Ort montiert werden. Ein Kubikmeter konnte die Einzelteile von nicht weniger als 35 Exemplaren beinhalten.

Nirgendwo und überall

Die *Thonet*-Box war der Prototyp eines Modells moderner Zeiten: eine Welt, geprägt von Effizienz und aufgebaut aus Rastern, Wolkenkratzern und Containern. Die erste Designbewegung Arts and Crafts war nicht viel mehr als eine nostalgische Ode an eine mittelalterliche, unmodern gewordene Welt. Ein Grundsatz, dem auch der Jugendstil zustimmte, war die Notwendigkeit, die Unterwerfung des Menschen gegenüber der unersättlichen Maschine aufzuheben. Umstritten war allerdings, in welchem Ausmaß die Maschine verbannt werden sollte. Der Streit gipfelte in der allgemein bekannten Auseinandersetzung zwischen zwei führenden Köpfen des Deutschen Werkbunds, Hermann Muthesius und Henry van de Velde. Hermann Muthesius, der auch als Leiter der Gestaltungserziehung für die deutsche Regierung arbeitete, trat für eine Standardisierung und Massenproduktion ein, die Design allgemein zugänglich und erschwinglich machen sollte. Der Belgier van de Velde vertrat hingegen die Ansicht, dass Kreativität und Individualität nicht durch Massenproduktion bedroht werden dürften. Derselbe van de Velde spielte eine führende Rolle in der Art-nouveau-Bewegung: Er erfand eine natürliche und abstrakte Linie, die von reiner Verzierung und dem Zweidimensionalen abwich und ein dreidimensionales Strukturelement wurde. Die unvoreingenommenere Haltung der Art-nouveau-Vertreter gegenüber industriell hergestellten Produkten ist durch die Tatsache zu erklären, dass die propagierte dynamische Linie häufig nur durch neue Techniken und Materialien, wie zum Beispiel Metall, umgesetzt werden konnte. Die Wiener Sezession und die Wiener Werkstätte führten schließlich die Moderne durch die häufige Verwendung eines geometrischen, auf einem Quadrat und einem Würfel basierenden Musters ein. Im Zusammenspiel mit neuen wissenschaftlichen und technologischen Errungenschaften wurde dieses Raster schnell das Grundmuster, an dem sich die neue, vorwiegend städtische Lebensart orientierte. Mehr und mehr wurden die veralteten, überholten

Sometimes they even merged in the work of one single person, such as Le Corbusier or Arne Jacobsen. But when this happened, it was always the grid or matrix—rigid, rational and strong—that ruled, leaving little room for the emotional, flexible and weak. This dominance is even exemplified by Archizoom's *No-Stop City*, in which the curved line is reduced to a small and almost decorative element. But of late, with the coming of postmodernism and the postindustrial society, and steered by phenomena such as the Internet and a liquid logic that leaves much more room to the irrational, the cards seem to have turned. The grid still rules, but its lines and borders start to blur. Out of the old opposites a new synthesis seems to have been born, not unlike the rhizome or horizontal stem of a plant that was launched as a metaphor for this new society by philosophers such as Félix Guattari and Gilles Deleuze: a natural network that keeps on changing and growing, while constantly re-inventing itself. Slowly, but inevitably, this has also given birth to an entirely new concept of design—in which the industrial and natural are one and the same. Nevertheless, it remains an open question if the industry still has the flexibility to readjust in this sense.

le Bauhaus, le constructivisme et le Style international ont développé cette philosophie jusqu'à une époque avancée du XXe siècle. La ligne en mouvement, inspirée de la nature, s'est perpétuée dans les travaux de Streamline, du design organique, du biomorphisme ou du design scandinave. Les techniques et les matériaux nouveaux ont offert une souplesse toujours plus grande et un design à même d'épouser les lignes du corps humain. Il y eut des interactions entre ces deux tendances, qui se sont mutuellement influencées. Parfois, ce phénomène prit corps dans l'œuvre d'une seule personne, Le Corbusier ou Arne Jacobsen par exemple. Lorsque ce fut le cas, c'est la matrice rigide, rationnelle et rigoureuse qui domina, laissant une petite place à la sensibilité, à la souplesse, à la fragilité. Cette domination est visible et amplifiée dans le projet *No-Stop City* d'Archizoom. Les courbes sont réduites à de simples éléments décoratifs. Toutefois, avec l'avènement du postmodernisme et de la société postindustrielle, au moment où des phénomènes comme internet ou la *Liquid Logic* semblent laisser davantage de place à l'irrationnel, cette suprématie tend à s'inverser. Le quadrillage domine encore, mais ses lignes et ses limites deviennent plus floues. Une synthèse semble naître des deux contraires, à l'image du rhizome ou de la tige horizontale d'une plante, cette métaphore d'une société nouvelle que l'on retrouve dans les écrits de Félix Guattari et Gilles Deleuze un réseau naturel, qui se transforme et se développe continuellement, se réinventant sans cesse. Lentement, mais de manière inévitable, ce phénomène a donné naissance à une nouvelle définition du design. Désormais, l'industriel et le naturel forment un tout. La question de savoir si l'industrie possède suffisamment de souplesse pour s'y adapter reste ouverte.

Hierarchien gegen ein Netzwerk ohne Zentrum oder mit einem Zentrum, das nirgendwo und überall war, eingetauscht.

Liquid Logic

Modernistische Bewegungen wie De Stijl, Bauhaus, Konstruktivismus und der Internationale Stil haben diese Philosophie bis weit ins 20. Jahrhundert weiterentwickelt. Die dynamische Linie und ihre natürliche Inspiration wurden hingegen in den Bewegungen Streamline, organisches Design, Biomorphismus und im skandinavischen Design fortgesetzt und durch neue flexiblere Techniken und Materialien und einem körpergerechten Design weiterentwickelt. Beide Bewegungen überschnitten und beeinflussten sich gegenseitig. Manchmal verschmolzen sie sogar in der Arbeit einer einzigen Person, wie bei Le Corbusier oder Arne Jacobsen. Aber wenn dies geschah, herrschte immer das Raster oder die Matrix, das Starre, Rationale und Starke vor, wodurch wenig Platz für das Emotionale, Biegsame und Schwache blieb. Diese Dominanz wird sogar in Archizooms No-Stop City veranschaulicht, wo die geschwungene Linie zu einem kleinen, fast dekorativen Element reduziert wird. Neuerdings aber, mit dem Aufkommen der Postmoderne und der postindustriellen Gesellschaft und beeinflusst durch Phänomene wie dem Internet und der Liquid Logic, die mehr Raum für das Irrationale lassen, scheint sich das Blatt gewendet zu haben. Das Raster herrscht noch vor, aber seine Linien und Grenzen fangen an zu verschwimmen. Aus den alten Gegensätzen scheint eine neue Synthese entstanden zu sein, nicht unähnlich dem Wurzelstock oder dem horizontalen Stamm einer Pflanze, die von Philosophen wie Félix Guattari und Gilles Deleuze als Metapher für die neue Gesellschaft gebraucht wurden: ein natürliches Netzwerk, das sich stets verändert und wächst, während es sich ständig neu erfindet. Langsam, aber unausweichlich ist dadurch ein völlig neues Designkonzept entstanden – bei dem das Industrielle und das Natürliche ein und dasselbe sind. Trotzdem bleibt die Frage, ob die Industrie noch die nötige Flexibilität hat, sich in diesem Sinn anzupassen.

1938

> Chair, Chaise, Stuhl
Gilbert Rohde

A former caricaturist, Rohde worked as a furniture designer for Herman Miller since 1930, creating unadorned furniture with clear forms, which reacted to the new needs created by smaller living units. Among other things, he created the *Living Dining Group* and the *Executive Office Group*, with which Herman Miller entered the office furniture market. Gilbert Rohde's more experimental chair had a seat out of Perspex, a material that only reached its market maturity in 1933.

L'ancien caricaturiste conçut, à partir de 1930, des meubles élégants aux formes rigoureuses pour Herman Miller. Ces pièces reflétaient les conditions de vie changeantes et la mutation qui s'opérait vers des unités d'habitation plus petites. Il créa entre autres le *Living Dining Group* et l'*Executive Office Group*, avec lesquells Hermann Miller se fit un nom sur le marché du meuble de bureau. Cette chaise plutôt expérimentale de Gilbert Rohde possède une assise en plexiglas, un matériau disponible depuis 1933 seulement.

Der ehemalige Karikaturist entwarf seit 1930 für Herman Miller schlichte Möbel in klaren Formen, die den sich wandelnden Lebensumständen hin zu kleineren Wohnungseinheiten Rechnung trugen. Er schuf unter anderem die *Living Dining Group* und die *Executive Office Group*, mit der Herman Miller in den Büromöbelmarkt vordrang. Der eher experimentelle Stuhl von Gilbert Rohde hat eine Sitzfläche aus Plexiglas, ein Material, das erst 1933 seine Marktreife erreicht hatte.

< Model 1060
Sigfried Giedion
Embru

Art historian Sigfried Giedion is more known for his theoretical achievements – such as his standard work *Space, Time and Architecture* – than for his designs. Embru produced this piece of garden furniture; the exact number of the pieces manufactured, however, remains unknown.

L'historien de l'art Sigfried Giedion est davantage connu pour ses travaux théoriques (*Espace, temps, architecture* est son ouvrage le plus célèbre) que pour ses créations. Ce meuble de jardin conçu pour Embru a été produit en un nombre difficile à chiffrer.

Der Kunsthistoriker Sigfried Giedion ist eher für seine theoretischen Arbeiten, wie zum Beispiel sein Standardwerk *Raum, Zeit, Architektur*, bekannt als für seine Entwurfsarbeiten. Dieser Entwurf eines Gartenmöbels für Embru ist in einer nicht bezifferbaren Stückzahl produziert worden.

1938

> Landi
Hans Coray
P. & W. Blattmann Metallwarenfabrik
Reedition Zanotta

Hans Coray designed this chair for the Swiss Landesausstellung (the Swiss National Exhibition, referred to as the 'Landi') in Zurich in 1939. The holes shaved additional weight off the already considerably light chair and helped rainwater flow off. Developed in Canada, the special anodized aluminum alloy remains unaffected by the sun and does not rust.

Cette chaise fut conçue par Hans Coray pour l'Exposition de Zürich de 1939. Le poids de cet objet exêtremement léger était de surcroît réduit par les orifices qui laissaient passer l'eau de pluie. L'alliage de métal léger, fabriqué au Canada, permet au matériau de ne pas chauffer au soleil et de ne pas rouiller.

Entworfen wurde dieser Stuhl von Hans Coray für die Züricher Landesausstellung 1939. Die Löcher reduzierten das sowieso schon geringe Gewicht und ließen Regenwasser ablaufen. Die spezielle, in Kanada entwickelte Leichtmetall-Legierung wird bei Sonneneinstrahlung nicht heiß und rostet nicht.

561

1938

> **Göteborg**
Erik Gunnar Asplund
Reedition Cassina

Erik Gunnar Asplund was a representative of the Scandinavian, neo-Classicist architecture in the 1920s. He later turned to Swedish functionalism. One of his largest commissions was the Göteborg town hall, which he began in 1917 and finished in 1937.

Dans les années 1920, Erik Gunnar Asplund était un représentant de l'architecture néoclassique scandinave. Plus tard, il évolua vers le fonctionnalisme. L'hôtel de ville de Göteborg figura parmi ses commandes les plus importantes. Il fut réalisé de 1917 à 1937.

Erik Gunnar Asplund war ein Vertreter der skandinavischen neoklassizistischen Architektur in den 1920er-Jahren, später wandelte er sich zum Funktionalisten. Einer seiner großen Aufträge war das Rathaus von Göteborg, mit dem er 1917 begann und das er 1937 vollendete.

∧ **Butterfly (Hardoy)**
Jorge Ferrari-Hardoy, Juan Kurchan & Antonio Bonet
Artek-Pascoe, Knoll International

Knoll International took over the production after the Second World War. In the ensuing decade, this chair soared to cult status. Production was relatively simple, its price was affordable and its appearance light and unencumbered. Consequentially, the design ended up being mass-copied. Legal action undertaken by Knoll did not bring the desired results—Knoll lost the lawsuit in 1951 because its design could be traced back to the armchair *Tripolina* by English designer Joseph Beverly Fenby. In the following decade, diverse manufacturers made more than five million copies of the chair.

Knoll International commença, après la Seconde Guerre mondiale, à éditer ce fauteuil, qui devint un objet-culte des années 1950. La fabrication était relativement simple, le prix modéré et la silhouette légère. Il fut, pour ces raisons, copié de nombreuses fois. Il s'agissait en fait d'une adaptation du siège *Tripolina* du Britannique Joseph Beverly. Aussi, en 1951, Knoll n'obtint pas gain de cause lors d'une bataille juridique concertant le copyright. Plus de cinq millions de copies affluèrent sur le marché au cours de la décennie qui suivit cette décision.

Als Knoll International nach dem Zweiten Weltkrieg die Produktion übernahm, avancierte der Sessel in den 1950ern zum Kultobjekt. Die Herstellung war relativ einfach, der Preis niedrig und sein Auftreten leger. Aus eben diesen Gründen wurde er aber auch massenhaft kopiert. Da der Entwurf auf den Sessel *Tripolina* des Engländers Joseph Beverly Fenby zurückging, verlor Knoll 1951 einen Rechtsstreit wegen Verletzung des Copyrights, sodass allein in den folgenden zehn Jahren mehr als fünf Millionen Kopien von diversen Herstellern produziert wurden.

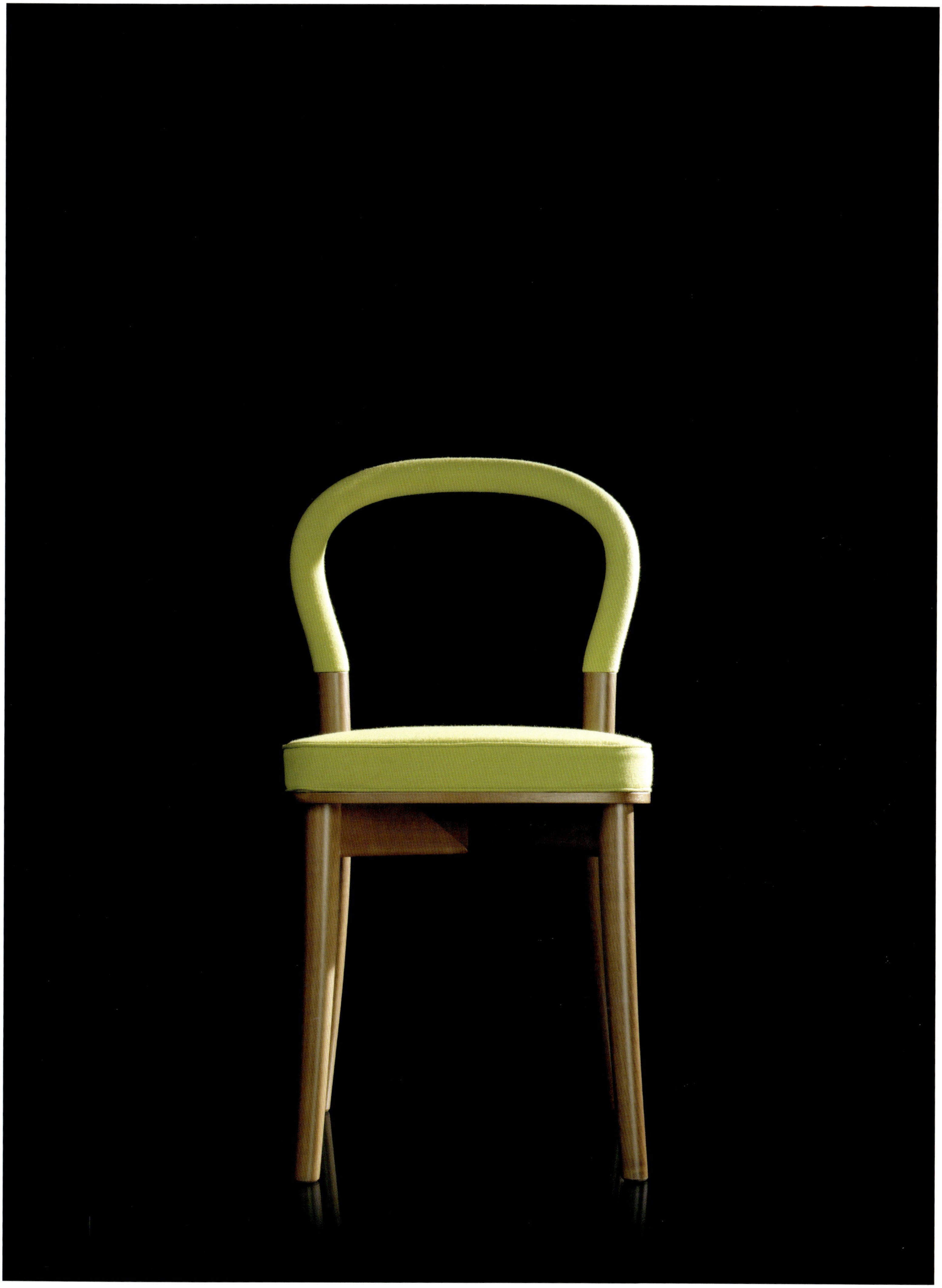

1936

∨ **No. 43 Lounge Chair**
Alvar Aalto
Artek

After Alvar Aalto had designed a few cantilever armchairs, only the *Lounge Chair* was needed to complete his collection. Here, as well, he used his preferred form-inspiring, "profoundly human material"—wood. Unlike many of his colleagues, he had no interest in using steel whatsoever.

Après avoir conçu quelques fauteuils en porte-à-faux, Alvar Aalto élabora une chaise longue selon le même principe. Il eut également recours à son matériau de prédilection, le bois, qu'il considère plus proche de l'humain. Contrairement à beaucoup de ses confrères, l'acier ne l'intéressait pas.

Nachdem Alvar Aalto einige frei schwingende Sessel entworfen hatte, fehlte noch der *Lounge Chair*. Auch hierfür verwendete er sein bevorzugtes „zutiefst humanes Material" Holz. Am Einsatz von Stahl hatte er, im Gegensatz zu vielen seiner Kollegen, kein Interesse.

> **No. 901 Tea Trolly**
Alvar Aalto
Artek

The frames on the tea trolley and the armchair model *No. 41* show similarities in their contours. The inverted and differently dimensioned form is due to the functional variances.

Les patins ou supports latéraux de cette desserte et du fauteuil *41* présentent des formes similaires. Les différences de taille et de position s'expliquent par la fonction particulière de chacune de ces pièces.

Die Rahmen des Servierwagens und des Sesselmodells *41* weisen eine ähnliche Linienführung auf. Die umgedrehte und anders dimensionierte Form erklärt sich aus der unterschiedlichen Funktion.

1936

> No. 400 Armchair
Alvar Aalto
Artek

The cantilever wooden construction of the previous model has here been applied to an armchair. Volume and weight of the upholstered body, however, required a larger frame, which also altered its looks considerably.

La construction de bois en porte-à-faux du modèle précédent est adaptée au fauteuil. Le poids et le volume de la structure rembourrée contrastent avec l'armature de bois, plus opulente dans ce modèle.

Die frei schwingende Holzkonstruktion vom vorangegangenen Modell ist hier auf einen Sessel übertragen. Dem Volumen und Gewicht des Polsterkörpers wird nicht nur optisch mit einem stärker ausgeführten Rahmen begegnet.

565

1936

1935

< Follia
< Sant'Elia
Giuseppe Terragni
Reedition Zanotta

Giuseppe Terragni, one of the most significant Italian representatives of the Italian Rationalist movement, also designed furniture for the Fascist headquarters, the Casa del Fascio in Como. Cantilever chair *Lariana* lightly bounces over the two front legs, as does the similarly designed armchair *Sant'Elia*. *Follia* was also designed with a bouncing backrest.

Giuseppe Terragni, le représentant le plus significatif du rationalisme, réalisa quelques meubles pour le bâtiment qu'il avait conçu à Côme, la Casa del Fascio, siège du mouvement fasciste. Parmi ces pièces figurent le cantilever *Lariana*, le fauteuil en porte-à-faux *Sant'Elia* et la chaise *Follia* avec son dossier en cuir.

Giuseppe Terragni, der bedeutende italienische Vertreter des Rationalismus, entwarf für die von ihm geplante Zentrale der Faschisten, die Casa del Fascio in Como, auch einige Möbel. Neben dem über die Vorderbeine frei schwingenden Stuhl *Lariana* und dem vergleichbar konzipierten Sessel *Sant'Elia* wurde ebenso der Stuhl *Follia* mit federnder Rückenlehne angefertigt.

∨ Genni
Gabriele Mucchi
Crespi, Emilio Pina, Reedition Zanotta

Gabriele Mucchi was an activist in the anti-Fascist group Corrente and later kept close ties with the German Democratic Republic. He studied painting at the University of Visual Arts in East Berlin. Surprisingly, Gabriele Mucchi belonged to the Italian Rationalist movement, which was supported by the Fascists until the mid-1930s.

Gabriele Mucchi milita au sein du groupe antifasciste Corrente, et entretint plus tard des relations avec la République Démocratique d'Allemagne. Elle enseigna jusqu'en 1985 la peinture à l'école des Beaux-Arts de Berlin-Est. Du point de vue artistique, Gabriele Mucchi appartient, de manière surprenante, au mouvement des rationalistes, lequel fut soutenu par les fascistes jusqu'au milieu des années 1930.

Gabriele Mucchi war Aktivist in der antifaschistischen Gruppe Corrente und hatte später Verbindungen in die Deutsche Demokratische Republik. Bis 1985 lehrte er Malerei an der Hochschule für Bildende Künste in Ost-Berlin. Erstaunlicherweise gehörte Gabriele Mucchi der Bewegung der Rationalisten an, die bis Mitte der 1930er-Jahre von den Faschisten unterstützt wurde.

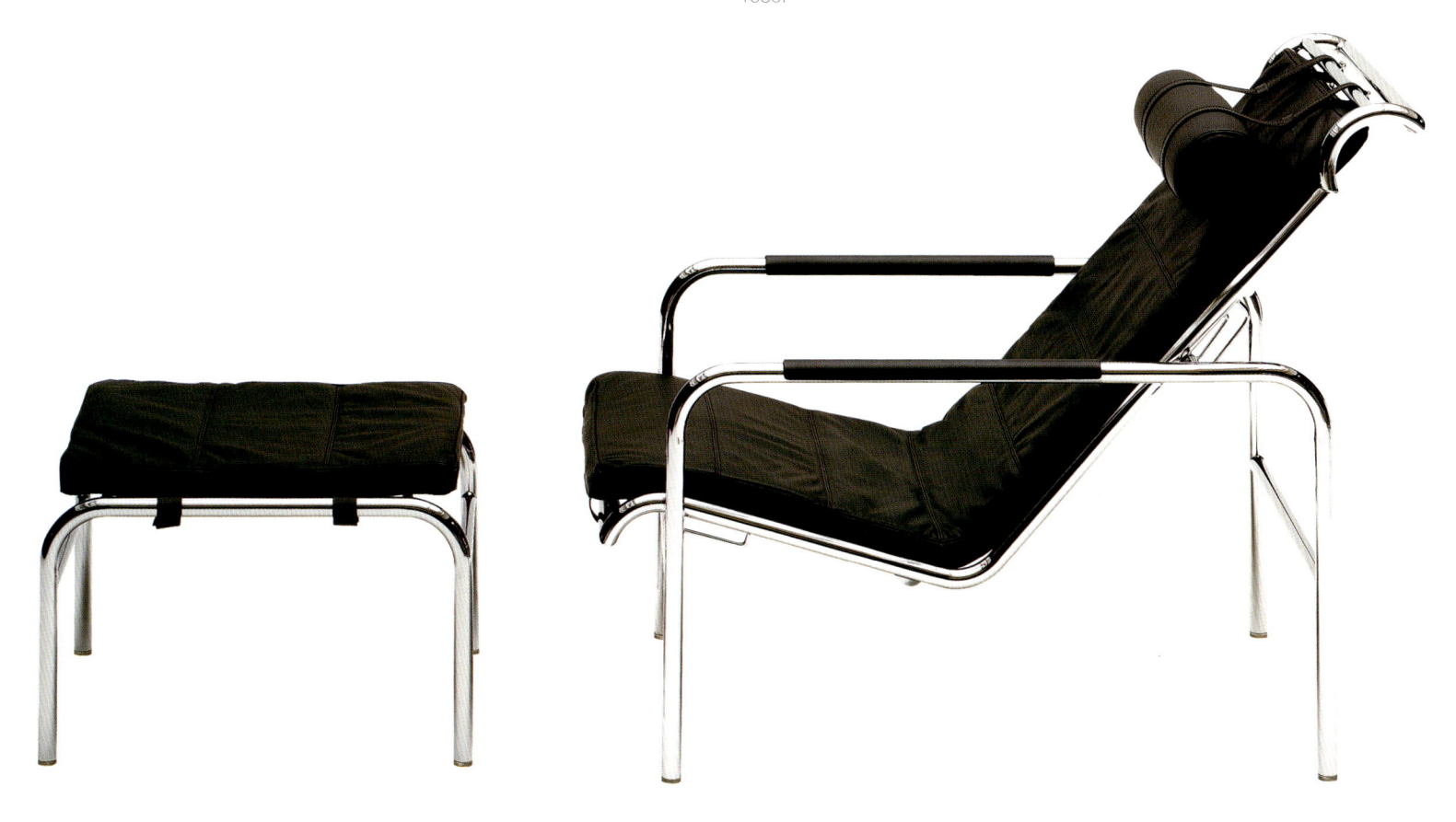

1935

∧ **Utrecht**
Gerrit Rietveld
Metz & Co., Reedition Cassina

After designing wood and metal furniture, Gerrit Rietveld created his first upholstered piece of furniture, the armchair *Utrecht*.

Le fauteuil *Utrecht* fut le premier fauteuil rembourré réalisé par Gerrit Rietveld, qui avait jusqu'alors conçu des modèles en bois et en métal.

Nachdem Gerrit Rietveld Holz- und Metallmöbel entworfen hatte, war der Sessel *Utrecht* sein erstes Polstermöbel.

1935

∧ Rattan Chair, Bridge Rotin
Jean-Michel Frank & Adolphe Chanaux
Reedition Ecart International

The wooden chair is completely covered with split peel rattan weave, thus demonstrating the particular interest their designers had in surfaces, materials, structures, as well as their texture.

Ce fauteuil en bois est entièrement recouvert de rotin tressé. Il est un bon exemple de l'intérêt porté par l'artiste aux surfaces, à leurs matériaux, leurs structures et leurs propriétés.

Der Holzstuhl ist komplett mit Rattan umflochten und illustriert damit das besondere Interesse der Gestalter an den Oberflächen, ihren Materialien, Strukturen sowie ihrer Beschaffenheit.

1935

1935

< S285
Marcel Breuer
Gebrüder Thonet Frankenberg, Thonet

This table was influenced by the development of steel furniture, whose clear and clean forms were an expression of New Objectivity. The seamless supportive steel frames the tabletop and the storage elements.

Ce bureau a vu le jour dans le sillage des créations en acier, dont les formes simples et élégantes étaient l'expression d'une nouvelle objectivité. Formant une seule ligne, l'armature en métal soutient le plateau et les tiroirs.

Dieser Tisch entstand im Zuge der Entwicklung von Stahlmöbeln, deren klare und schlichte Formen Ausdruck einer „neuen Sachlichkeit" waren. Das in einer Linie gezeichnete tragende Stahlgestell nimmt Tischplatte und Aufbewahrungselemente auf.

< Bonaparte
Eileen Gray
Reedition ClassiCon

Eileen Gray loved the comfort of the salon furniture *Bonaparte* so much that she used it for decades as a desk chair.

Eileen Gray appréciait tellement le confort de ce fauteuil de salon qu'elle l'utilisa pendant des années comme fauteuil de bureau.

Eileen Gray war von dem Sitzkomfort des als Salonmöbel konzipierten *Bonaparte* so angetan, dass sie ihn jahrelang als Schreibtischsessel nutzte.

∧ Lido
Battista & Gino Giudici
Reedition Wohnbedarf-AG Basel

The linen seats can be adjusted for sitting or lounge positions. Once they are removed, the frames can be stacked sideways one inside the other.

Le matelas en toile est ajustable et offre une position assise et couchée. Les armatures peuvent être empilées une fois le matelas rangé.

Die Leinenbahn kann wahlweise für eine Sitz- beziehungsweise Liegeposition eingehängt werden. Entfernt man sie, können die Gestelle seitlich ineinander geschoben werden.

571

1934

< **Standard Chair**
Chaise Standard
Standard-Stuhl
Jean Prouvé
Jean Prouvé Nancy, Reedition Tecta, Reedition Vitra

A chair's back legs are usually subjected to considerable stress, as that is where the main weight of the upper body is focused. Prouvé took this simple insight and strikingly applied it to his *Standard Chair*.

Les pieds arrière d'une chaise supportent le poids du buste et donc une charge plus grande. La *Chaise Standard* traduit cette observation de manière admirable.

Die Belastung eines Stuhls ist an den hinteren Beinen, dort, wo er das Gewicht des Oberkörpers aufnehmen muss, am größten. Diese einfache Erkenntnis setzte Prouvé auf prägnante Art im *Standard-Stuhl* um.

1934

∧ **Zig Zag Chair**
Fauteuil Zig-Zag
Zig-Zag-Stuhl
Gerrit Rietveld
Metz & Co. Amsterdam

With the creation of his *Zig Zag Chair*, trained carpenter Gerrit Rietveld returned to fundamental wooden constructions. Four boards are connected with a system of dovetailing and fixed with brass nuts and bolts through triangular corner blocks. One of the later De-Stijl principles, formulated in Theo van Doesburg's manifesto of *Elementarism*, is evident in the *Zig Zag Chair*—diagonals are needed in square compositions in order to break up the otherwise consistently horizontal and vertical lines.

Ébéniste de formation, Gerrit Rietveld revient à la construction en bois avec cette chaise. Les quatre planches, qui forment cet ouvrage, sont assemblées en queue-d'aronde, avec des vis, des écrous et des pièces de renforcement en bois dans les angles aigus. L'un des principes De Stijl énoncés par Theo van Doesburg dans son *Manifeste de l'élémentarisme* est particulièrement présent dans la *chaise Zig-Zag*. Dans les compositions à angle droit, des diagonales devaient être introduites afin de rompre le rythme horizontal-vertical.

Mit dem *Zig-Zag-Stuhl* kehrte der gelernte Schreiner Gerrit Rietveld zu grundlegenden Konstruktionen aus Holz zurück. Die vier Bretter werden durch Schwalbenschwanzverbindungen, ergänzt durch Muttern, Schrauben und Keile, in den spitzen Winkeln zusammengehalten. Eine der späteren De-Stijl-Prinzipien, die von Theo van Doesburg im *Manifest des Elementarismus* formuliert wurden, ist am *Zig-Zag*-Stuhl gut abzulesen: In die rechteckige Komposition sollten Diagonale eingeführt werden, um die Strenge des ausschließlich Horizontalen und Vertikalen aufzubrechen.

Courtesy galerie ulrich fiedler, Berlin

1934

< **Model 1435**
Werner Max Moser
Embru

In total, Werner Max Moser designed over 25 pieces of furniture for Embru. When designing the armchairs *Volkssessel* (*Model 23*) and *Model 1435*, he used the cantilever principle. As Mart Stam and Anton Lorenz owned the rights for all square cantilever chairs, license fees were subsequently paid for these designs.

Werner Max Moser a conçu plus de 25 pièces pour Embru. Il s'est inspiré du principe du porte-à-faux pour le *Volkssessel* et le modèle *1435*. Mart Stam et Anton Lorenz détenant les droits d'auteur, il fallut s'acquitter d'une redevance.

Werner Max Moser hat insgesamt über 25 Entwürfe für Embru produziert. Für den *Volkssessel* und das *Modell 1435* hat er das Prinzip des Freischwingers aufgegriffen. Da die Urheberrechte hierfür aber bei Mart Stam und Anton Lorenz lagen, waren Lizenzgebühren zu begleichen.

∧ Model 1255
Gustav Hassenpflug
Embru

From 1927 to 1928, Gustav Hassenpflug studied at the Bauhaus Dessau and worked, among others, for Marcel Breuer. In 1934 he began working full-time at Embru, creating a series of furniture. This classical chair has been produced since then.

En 1927-1928, Gustav Hassenpflug a suivi une formation au Bauhaus de Dessau et a, entre autres, travaillé sous la direction de Marcel Breuer. Collaborateur d'Embru en 1934, il conçut de nombreux meubles. Cette chaise aux formes classiques est éditée par Embru depuis cette époque.

Gustav Hassenpflug studierte 1927-1928 am Bauhaus Dessau und arbeitete unter anderem einige Zeit bei Marcel Breuer. 1934 war er bei Embru fest angestellt und schuf dort eine ganze Reihe von Möbeln. Dieser klassische Stuhl wird seit dieser Zeit produziert.

1933

∧ **No. 65 Chair**
< **No. 60 Stool**
< **No. 69 Chair**
Alvar Aalto
Huonekalu-ja Rakenustyötehdas, Artek

Alvar Aalto's furniture, in particular his stacking chairs and stool, was wildly successful and led him to found his own company, Artek, with his first wife Aino Aalto-Marsio in 1935.

Les meubles d'Alvar Aalto, les chaises empilables et les tabourets en particulier, devinrent de grands succès commerciaux, ce qui l'incita à créer la société Artek en compagnie de sa première femme, Aino Aalto-Marsio.

Die Möbel von Alvar Aalto, besonders die Stapelstühle und der Hocker, entwickelten sich zu Verkaufserfolgen und veranlassten ihn dazu, 1935 mit seiner ersten Frau Aino Aalto-Marsio die Firma Artek zu gründen.

1933

> Model 1091 (Wb 311)
Marcel Breuer
Embru

While working for Embru, Marcel Breuer developed a series of chairs and loungers out of aluminum profiles and flat steel. Aluminum has the advantage of being much lighter than steel. Ultimately, however, the high prices for the material led to the considerably cheaper variant of galvanized steel being used more frequently.

Marcel Breuer conçut toute une série de sièges et de chaises longues en aluminium et en acier plat, en collaboration avec Embru. L'aluminium avait l'avantage d'être plus léger que l'acier. Mais son prix élevé entraîna l'utilisation d'une variante moins onéreuse : l'acier galvanisé.

Bei Embru entwickelte Marcel Breuer eine Reihe von Stühlen und Liegestühlen aus Aluminiumprofilen und Flachstahl. Aluminium hat den Vorteil, leichter zu sein als Stahl, der hohe Materialpreis führte aber dazu, dass sich eine wesentlich billigere Variante aus verzinktem Stahl durchsetzte.

1933

> **MK folding chair**
Fauteuil pliant MK
MK-Klappsessel
Mogens Koch
Interna, Cado, Rud. Rasmussen

Mogens Koch created this design for a competition by the Danish Society for Ecclesiastical Art, as he believed that folding chairs that could be easily stored were useful in churches. The armchair also existed in a smaller version for pious children.

Mogens Koch conçut ce siège dans le cadre d'un concours organisé par la Société danoise d'Art religieux. Il pensait que des sièges pliants étaient également appropriés aux églises. Une version pour enfant de ce fauteuil fut également produite.

Diesen Entwurf erstellte Mogens Koch anlässlich eines Wettbewerbs der Dänischen Gesellschaft für Kirchenkunst, da seiner Auffassung nach auch in Kirchen wegstellbare Stühle zweckmäßig seien. Der Sessel wurde auch als Kinderstuhl produziert, für kleine Gläubige.

< **Safari Chair**
Chaise Safari
Safari Stuhl
Kaare Klint
Rud. Rasmussen

Kaare Klint did not retain the copyright for this chair, which already existed in various versions. Focusing on this chair type, he strove to create a version he found satisfactory. This method highlights his preferred approach, namely avoiding formal revolution and instead further developing forms, while showing them the due respect.

Diverses versions de ce fauteuil existaient déjà. Kaare Klint no revendiquait aucune propriété intellectuelle pour cette création. Il s'agissait plutôt de donner à ce type de siège des contours conformes à son attente. Cette attitude correspondait à sa volonté de ne pas transformer radicalement les formes, mais de contribuer à leur épanouissement en les respectant.

Kaare Klint beanspruchte durchaus nicht das Urheberrecht für diesen Stuhl, den es schon in unterschiedlichsten Versionen gab. Er widmete sich diesem Stuhltyp, um eine ihn zufriedenstellende Fassung zu gestalten. Diese Vorgehensweise entsprach seiner Überzeugung, nicht formal zu revolutionieren, sondern Formen respektvoll weiterzuentwickeln.

1932

1932

> **Usha**
Eckart Muthesius
Reedition ClassiCon

Eckart Muthesius designed the spiral-shaped umbrella stand, *Usha*, for the planned exotic fairy-tale palace Manik Bagh, which was commissioned by the Maharajah of Indore. *Usha* twists up towards the heavens, evoking a snake being charmed.

Le porte-parapluies en forme de spirale *Usha* se dresse comme un serpent ondulant au son du charmeur. Cet objet a été conçu pour le palais de Manik Bagh, qu'il avait réalisé pour le maharadjah d'Indore.

Den spiralförmigen Schirmständer *Usha*, der sich wie eine Schlange bei einer Schlangenbeschwörung empordreht, entwarf Eckart Muthesius für den von ihm geplanten exotischen Märchenpalast Manik Bagh des Maharadschas von Indore.

1932

< **Fontana**
Pietro Chiesa
FontanaArte

> **Tavolino**
Gio Ponti
FontanaArte

In 1932 Gio Ponti founded FontanaArte, an artistic subsidiary of the glass company Luigi Fontana. He and Pietro Chiesa were initially responsible for the product range of furniture and lamp design.

FontanaArte fut fondée en 1932 par Gio Ponti comme filiale de la verrerie Luigi Fontana. Avec Pietro Chiesa, il fut dans un premier temps responsable de la gamme de mobilier et de luminaires.

FontanaArte wurde 1932 von Gio Ponti als künstlerischer Ableger der Glasfirma Luigi Fontana gegründet. Zusammen mit Pietro Chiesa war er zunächst für das Sortiment aus Möbel- und Lampenentwürfe verantwortlich.

581

1932

< Chichibio
Gino Levi Montalcini &
Giuseppe Pagano Pogatschnig
Zanotta

This side table was intended as a telephone stand, highlighting its highly progressive function. Italian Rationalists Gino Levi Montalcini and Giuseppe Pagano Pogatschnig focused on communication forms of the future when designing this piece of furniture, for telephones were quite rare at the time. The table's dimensions were calculated so as to be able to hold the table telephones of the time, such as the Swiss model 29.

Cette table d'appoint a été créée pour y poser un téléphone, ce qui montre son caractère avant-gardiste. Les rationalistes Gino Levi Montalcini et Giuseppe Pagano Pogatschnig conçurent un meuble pour l'objet qui allait devenir le moyen de communication du futur. (Les téléphones n'étaient à cette époque pas aussi répandus.) Lors de sa création, les dimensions de ce meuble étaient conformes aux modèles de cette époque, tel le modèle suisse n° 29.

Dieses Beistelltischchen ist für ein Telefon gedacht und lässt somit seinen überaus fortschrittlichen Charakter erkennen. Die Rationalisten Gino Levi Montalcini und Giuseppe Pagano Pogatschnig konzipierten ein Möbel für die Kommunikationsform der Zukunft – denn Telefone waren zu dieser Zeit noch wenig verbreitet. Seine Dimensionen sind so bemessen, dass zeitgenössische Tischtelefone wie das Schweizer Modell 29 darauf Platz fanden.

1932

< Roquebrune
Eileen Gray
Jean Désert; Reedition ClassiCon

This chair was initially intended for the terrace and covered with a blue canvas. Eileen Gray created a leather version for inside use.

Cette chaise fut, dans un premier temps, conçue pour la terrasse et recouverte de toile bleue. Eileen Gray réalisa une version en cuir pour l'intérieur.

Dieser Stuhl war zunächst für die Terrasse gedacht und mit blauem Segeltuch bespannt. Eine Lederversion schuf Eileen Gray für den Einsatz in Innenräumen.

∨ S Chair, Chaise en S, S-Stuhl
Eileen Gray
Jean Désert

The foldable *S Chair* was designed for Eileen Gray's second, smaller house in Castellar, France. In order to render use of the chair as varied as possible, small notches in the frame help keep it as light as possible.

Eileen Gray créa la *chaise pliant S* pour sa seconde résidence, et la plus petite d'entre elles, située à Castellar. Les ouvertures au niveau de l'armature allègent le fauteuil pour plus de souplesse dans son utilisation.

Der zusammenklappbare *S-Stuhl* entstand für Eileen Grays zweites, kleineres Haus in Castellar. Um die flexible Nutzung des Sessels zu erleichtern, wurde durch die Aussparungen im Rahmen das Gewicht reduziert.

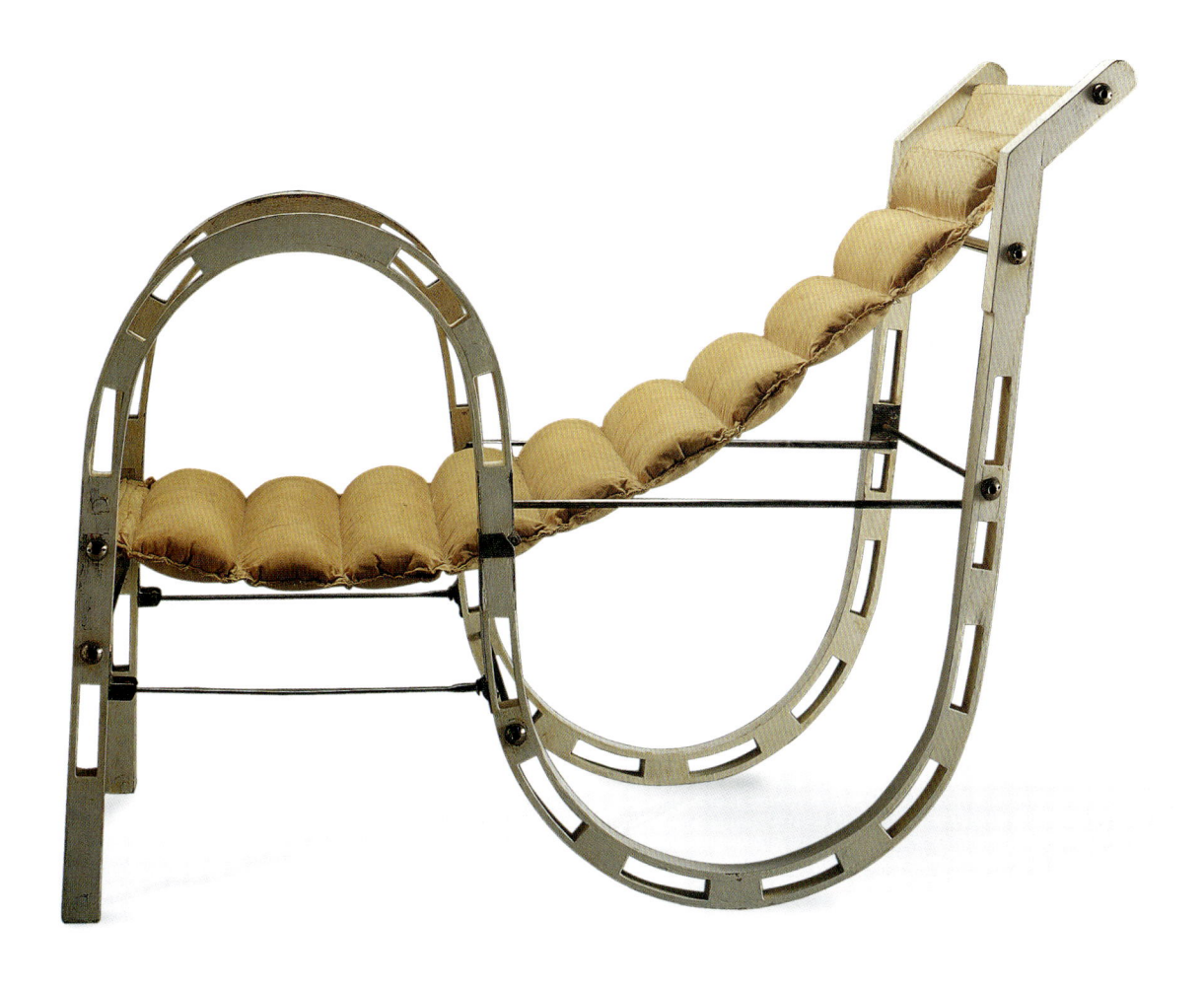

∧ S411
Thonet
Gebrüder Thonet Frankenberg, Thonet

This armchair is also one of Thonet's personal designs, yet has been unmistakably influenced by Ludwig Mies van der Rohe's cantilever chair, both in terms of form and function.

Ce fauteuil est également une création Thonet et pourtant, il s'aligne, tant au niveau de la forme que des cadres latéraux, sur les porte-à-faux de Ludwig Mies van der Rohe.

Dieser Sessel gehört zu den Eigenentwicklungen von Thonet, ist aber in seiner Form und der Funktion des Gestells unverkennbar an Ludwig Mies van der Rohes Freischwinger angelehnt.

1932

> Bar Cabinet B158
Meuble de bar B158
Barschrank B158
Koppelmann
Gebrüder Thonet Frankenberg

Two lacquered wooden cubes, lined with chrome-plated sheet metal, slide in the steel frame. Slightly offset, one hangs over the other.

Les cubes en bois laqué se chevauchant dans le cadre d'acier qui leur sert d'armatures sont, à l'intérieur, habillés de fer-blanc chromé.

Die versetzt in den Stahlrahmen eingehängten, lackierten Holzkuben sind innen mit verchromten Blechen ausgekleidet.

Courtesy galerie ulrich fiedler, Berlin

1932

> Model 1313
Flora Steiger-Crawford
Embru

Born in India, Flora Steiger-Crawford met her husband Rudolf Steiger during her studies in Switzerland. In 1924, they opened an architectural office together. She was the first woman ever to graduate from the Swiss Federal Institute of Technology in Zurich in 1923.

Née en Inde, Flora Steiger-Crawford fit la connaissance de son futur mari, Rudolf Steiger, pendant ses études. Ils ouvrirent une agence en 1924. Elle fut en 1923 la première femme à obtenir un diplôme à l'école polytechnique fédérale de Zurich.

Die in Indien geborene Flora Steiger-Crawford lernte während ihres Studiums ihren späteren Mann Rudolf Steiger kennen, mit dem sie 1924 gemeinsam ein Büro gründete. Sie war 1923 die erste Frau, die an der Eidgenössischen Technischen Hochschule Zürich ihr Diplom absolvierte.

> Bookshelf Model 2722
Bibliothèque Modell 2722
Büchergestell Modell 2722
Wilhelm Kienzle
Embru

The bottom parts of this easily disassembled shelf have slits in the sides and the middle of the back, so that the folded ends of the steel sheet supports can be easily inserted. Assembly is incredibly simple. The number of shelves and the height of the supports yield a variety of ways to assemble Model 2722.

Les planches de cette étagère démontable possèdent une fente sur les côtés et au milieu, afin de les fixer sur les portants en tôle d'acier. Le nombre de planches et la hauteur des portants permettent de modifier cet objet.

Die Böden dieses zerlegbaren Regals sind an den Seiten und in der Rückenmitte geschlitzt, sodass man die umgekanteten Enden der Stützen aus Stahlblech einstecken kann. Die Montage ist denkbar einfach. Die Anzahl der Böden und die Höhe der Stützen erlauben eine variable Aufstellung des Regals.

1932

1932

1932

> No. 44 Armchair
> No. 42 Armchair
< No. 41 Paimio
Alvar Aalto
Huonekalu-ja Rakenustyötehdas, Artek

In 1929, Alvar Aalto began to experiment with two-dimensional molding of plywood and glues from the furniture factory Korhonen, which were originally developed for the airline industry. These experiments ultimately led to the first cantilever chair out of plywood. He reduced the veneer levels for particularly narrow loops in order to achieve the necessary flexibility.

Alvar Aalto commença en 1929 à expérimenter la mise en forme en deux dimensions des lamelles de bois et des colles de la fabrique de meubles Korhonen, des matériaux initialement conçus pour l'aéronautique. Ces travaux conduisirent à la réalisation du premier porte-à-faux en bois stratifié moulé. Le bois est moins dense à certains endroits, afin de produire l'élasticité nécessaire.

Im Jahre 1929 begann Alvar Aalto, mit der zweidimensionalen Verformung von Schichtholz und Klebstoffen der Möbelfabrik Korhonen zu experimentieren, die ursprünglich für die Luftfahrtindustrie entwickelt wurden. Diese Experimente führten zum ersten Freischwinger aus Schichtholz. An besonders engen Radien reduzierte er die Furnierlagen, um die notwendige Elastizität zu erzielen.

∧ Garden chair and footrest, designed by Erich Dieckmann, 1931. Produced by Dusco-Werke.

∧ Chaise longue avec repose-pieds, Erich Dieckmann, 1931. Fabrication : Dusco-Werke.

∧ Gartenliege mit Fußteil, von Erich Dieckmann 1931 entworfen. Hersteller: Dusco-Werke.

Erich Dieckmann
Nature's Own Steel
Un acier naturel
Der Stahl der Natur

Charlotte van Wijk

This garden set, consisting of an easy chair and a footrest, is a fine representative of Erich Dieckmann's furniture design. The sweeping curves and the materials applied illustrate how Dieckmann mastered the use of rattan and brought it to a very high level of sophistication.

Dieckmann (1896–1944) enrolled in a course in the Tischlerwerkstatt (carpenter's workshop) at the Bauhaus in 1921, and after having finished his education, he continued to work there for several years. In 1926 he was appointed the artistic head of the Department of Carpentry and Interior Finish of the newly founded Bauhochschule. This institute was more practice-oriented than the Bauhaus, and the connection between craft and industry was an important point of study. The Bauhochschule made contracts with producers throughout Germany for the serial production of furniture. During this period, Dieckmann became well known with his *Typenmöbel*, simple wooden furniture intended for budget mass production. The Typenmöbel were shown at many exhibitions, including the *Weißenhofsiedlung* in a house designed by Mies van der Rohe. At the same time, Dieckmann cooperated with wickerwork producers to do research, aiming to improve the models,

Cet ensemble de jardin, qui se compose d'une chaise longue et d'un repose-pieds, est un bon exemple du design d'Erich Dieckmann. Les formes arrondies et les matériaux utilisés témoignent de sa maîtrise du rotin, une matière qu'il a hissée à un degré de sophistication élevé.

Dieckmann (1896–1944) commença en 1921 une formation dans l'atelier de menuiserie du Bauhaus et continua à y travailler de nombreuses années, une fois son apprentissage terminé. En 1926, il fut nommé directeur artistique de l'atelier après la réouverture de l'école. Les recherches y furent alors davantage orientées vers la pratique, et vers l'étude de connexions entre l'artisanat et l'industrie. Pour produire des meubles en série, l'école du Bauhaus travaillait avec des fabricants situés aux quatre coins de l'Allemagne. C'est pendant cette période que Dieckmann devint célèbre grâce à ses *Typenmöbel* (meubles types) : du mobilier en bois aux formes simples, réservé à la production en série et peu coûteux. Ses meubles furent présentés lors de nombreuses expositions, parmi lesquelles celle du lotissement *Weißenhof*, où ils ornaient la maison construite par Mies van der Rohe. Parallèlement Dieckmann effectua, en collaboration avec les

Dieses Gartenmöbelset, das aus einem Liegestuhl und einem Fußteil besteht, ist ein gutes Beispiel für Erich Dieckmanns Möbeldesign. Die schwungvollen Formen und die verwendeten Materialien zeigen, wie sehr Dieckmann den Gebrauch von Rattan beherrschte und dass er einen sehr hohen Standard erreicht hatte.

Dieckmann (1896–1944) begann 1921 eine Lehre in der Tischlerwerkstatt des Bauhauses und arbeitete dort auch nach Abschluss seiner Lehre mehrere Jahre weiter. 1926 wurde er Leiter der Tischlereiwerkstatt an der neu gegründeten Bauhochschule. Diese Einrichtung war stärker praxisorientiert als das Bauhaus, und die Verbindung zwischen Handwerk und Industrie stand im Mittelpunkt der Ausbildung. Die Bauhochschule schloss mit Herstellern in ganz Deutschland Verträge zur Serienproduktion von Möbeln. Während dieser Zeit wurde Dieckmann durch seine *Typenmöbel* berühmt, einfache Holzmöbel, die für die preiswerte Massenproduktion gedacht waren. Die *Typenmöbel* wurden auf vielen Ausstellungen gezeigt, wie etwa in einem von Mies van der Rohe entworfenen Haus der *Weißenhofsiedlung*. Gleichzeitig arbeitete er mit Korbmöbelherstellern zusammen, um Modelle, Materialien und Techniken

> "The profile determines the character of a chair." The measured drawing in *Möbelbau* shows how the side frames of the chair determine its appearance. This is a design principle that occurs in Dieckmann's chair designs time and again.

> « Le profil donne au siège son caractère. » Les dessins à l'échelle publiés dans *Möbelbau* montrent combien les armatures latérales déterminent l'aspect général de l'objet. Ce principe de design revient sans cesse dans les travaux de Dieckmann.

> „Das Profil prägt den Charakter des Stuhles." Die maßstabgerechte Zeichnung in *Möbelbau* zeigt, wie die Seitenrahmen des Stuhls sein Aussehen prägen. Ein Designprinzip, das in Dieckmanns Stuhlentwürfen immer wieder auftaucht.

materials and techniques. Imported rattan, with its very long stems of constant width, offered advantages over the local willow shoots that the producers traditionally used.

Political developments caused Dieckmann to lose his position at the Bauhochschule in 1930. In order to generate income, Dieckmann developed more models of furniture for various producers, among which some rattan chairs. In 1931, Dieckmann presented his furniture designs in the book *Möbelbau*. Although the book starts with a systematic analysis of furniture in general, in the latter part it concentrates on chairs, the item of furniture that comes into closest contact with the human body. With his Bauhaus background, the sobriety of the designs goes without saying. Nevertheless, he created a wide variety of models by using the properties of wood, steel tube and rattan as a guiding principle. Dieckmann wrote that to make a curved shape, wood could be bent using steam. However, for more lively shapes, he preferred more appropriate materials such as steel and rattan.

The rattan designs were intended for use in gardens or on terraces, but Dieckmann also suggested using some rattan items in alcoves

fabricants de vannerie, des recherches sur les fibres végétales afin d'améliorer les modèles, les matériaux et les techniques. Le rotin importé, avec ses longues tiges d'épaisseur régulière, offrait de plus grands avantages que la production locale traditionnellement utilisée.

En 1930, Dieckmann perdit son poste à l'école en raison des événements politiques. Pour gagner sa vie, il conçut des meubles pour différents fabricants, dont certains en rotin. En 1931, Dieckmann présenta ses pièces dans l'ouvrage *Möbelbau*. Ce livre s'ouvrait certes sur une analyse systématique du mobilier en général mais se penchait, dans une deuxième partie, sur l'objet « siège », le meuble qui est le plus en contact avec le corps humain. Les années passées au Bauhaus expliquent la sobriété de son design. Néanmoins, il a élaboré une quantité de modèles pour lesquels il s'est laissé inspirer par les propriétés du bois, du tube d'acier et du rotin. Dieckmann mentionne que le bois utilisé pour créer une forme arrondie est courbé sous l'action de la vapeur. Il précise cependant qu'il préfère, pour les arrondis, des matériaux plus appropriés tels que l'acier ou le rotin.

Le mobilier en rotin était destiné aux jardins et terrasses. Toutefois, Dieckmann proposait

zu verbessern. Das importierte Rattan mit seinen sehr langen Rohren von gleichmäßiger Dicke war besser geeignet als das lokale Weidenholz, das die Hersteller bisher verwendet hatten.

Dieckmann verlor seine Stellung in der Bauhochschule 1930 aufgrund der politischen Entwicklung. Um seinen Lebensunterhalt zu sichern, entwarf er Möbelmodelle für verschiedene Hersteller, darunter Rattanstühle. Im Jahre 1931 präsentierte Dieckmann seine Möbelentwürfe in dem Buch *Möbelbau*. Obwohl das Buch mit einer systematischen Analyse von Möbeln im Allgemeinen beginnt, konzentriert es sich in der zweiten Hälfte auf Stühle, demjenigen Möbel, das mit dem menschlichen Körper am engsten in Kontakt kommt. Die Schlichtheit seiner Entwürfe erklärt sich aus dem Bauhauseinfluss. Trotzdem schuf er eine große Vielfalt von Modellen, bei denen er sich von den Eigenschaften des Holzes, Stahlrohrs und Rattans leiten ließ. Dieckmann schrieb, dass er für eine geschwungene Form Holz benutzte, das durch Dampf gebogen wurde. Er bevorzugte jedoch für schwungvollere Formen geeignetere Materialien wie Stahl und Rattan.

Die Rattanmöbel waren für den Garten und die Terrasse bestimmt, doch Dieckmann schlug

and niches. The combination of a Malacca cane frame and *Bondotgeflecht* woven seat and backrest, as shown in this chair, is especially well suited to the garden because of its resilience to the weather. Dieckmann mentioned the natural flexibility of rattan with enthusiasm, as it allowed him almost as much design freedom as steel, though at a lower price. However, this property also meant that, compared to steel and wood chair frames, in all rattan designs an extra bracing member was needed along the bottom of the legs. The very sharp curves that Dieckmann applied in his steel and bentwood designs were avoided in rattan because they were prone to break. The resulting shapes are typified by wide, sweeping curves that recall American Machine Age design and that contrast beautifully with the tightly woven plane of the continuous backrest and seat.

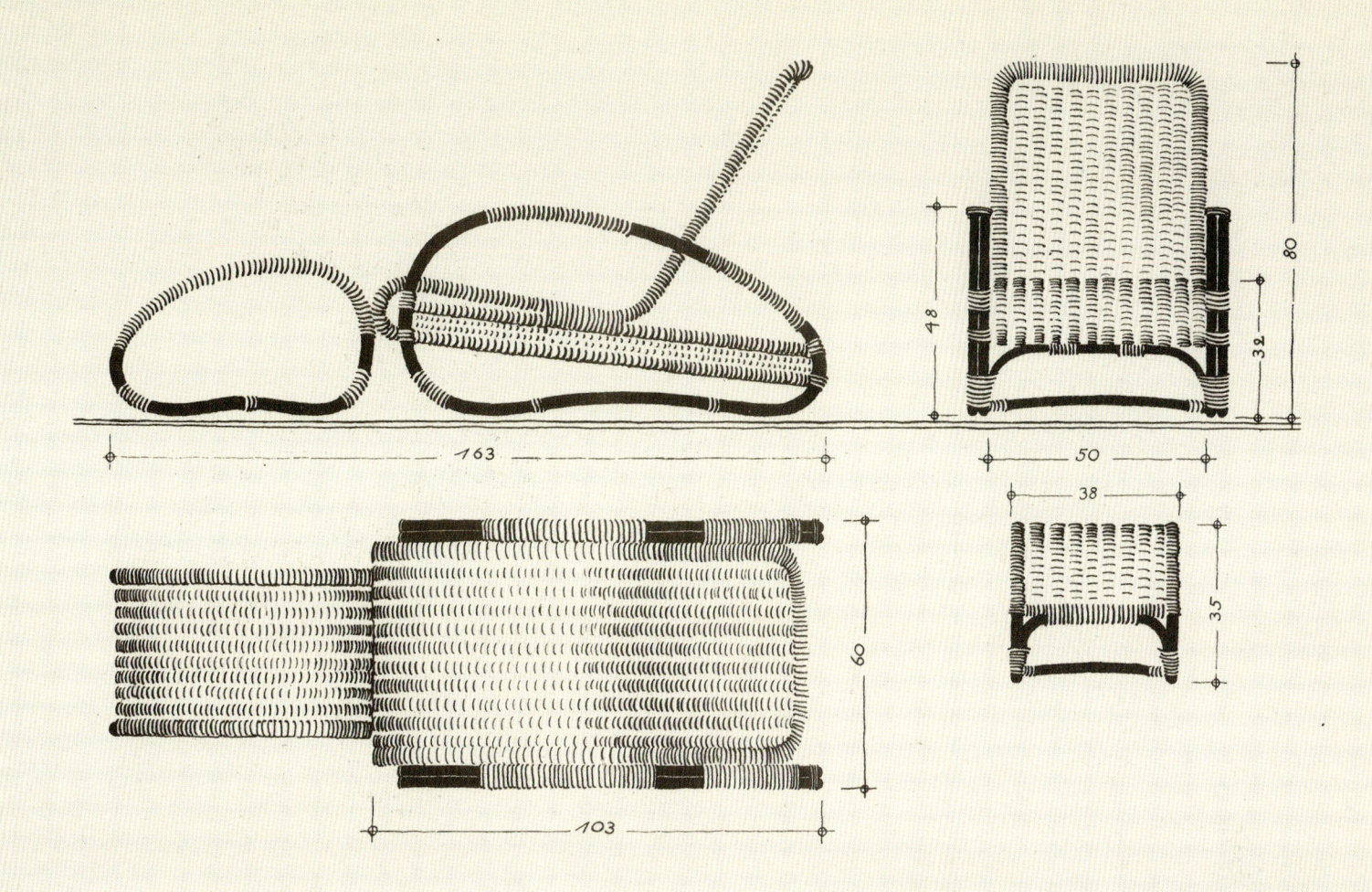

d'aménager les alcôves et les recoins avec ce type de meubles. L'association du jonc de Malacca pour le cadre, et du rotin tressé pour l'assise et le dossier fait de la chaise longue, montrée en exemple, un siège particulièrement résistant aux diverses conditions climatiques, un objet idéal pour le jardin. Dieckmann aimait tout particulièrement la souplesse naturelle du rotin, qui lui donnait une grande liberté en termes de création, presqu'autant que le métal, pour un prix moins élevé. Toutefois, en raison de cette souplesse, un contrefort venait consolider la partie inférieure du piétement dans tous les sièges en rotin, ce qui n'était pas le cas pour l'acier et le bois. Les courbes très marquées, caractéristiques des meubles en acier et en bois de Dieckmann, étaient moins prononcées sur le mobilier en rotin afin d'éviter les brisures. Les pièces ainsi créées évoquent le design industriel américain avec leurs formes courbes, lesquelles contrastent avec le rotin tressé serré des assises et dossiers.

vor, einige Rattanelemente in Alkoven und Nischen zu verwenden. Die Kombination von Malakkarohr als Rahmen und Bondotgeflecht als Sitz- und Rückenlehne, wie bei dem gezeigten Stuhl, ist aufgrund der Wetterbeständigkeit besonders für den Garten geeignet. Dieckmann war begeistert von der natürlichen Flexibilität des Rattans, da es ihm fast genauso viel Gestaltungsfreiheit wie Stahl erlaubte, und das zu niedrigeren Preisen. Diese Eigenschaft erforderte aber bei allen Rattanentwürfen eine besondere Stützstrebe am unteren Teil der Stuhlbeine, anders als bei Stahl- und Holzstühlen. Starke Biegungen, wie bei seinen Stahl- und Bugholzentwürfen, vermied Dieckmann bei Rattan wegen der Bruchgefahr. Die so entstandenen Formen zeichnen sich durch weite, schwungvolle Kurven aus, die an das Design des amerikanischen Maschinenzeitalters erinnern und die sehr schön mit den ineinanderübergehenden, eng gewobenen Rücken- und Sitzteilen kontrastieren.

1931

Courtesy galerie ulrich fiedler, Berlin

< **ST15**
Hans & Wassili Luckhardt
Desta Stahlmöbel Berlin

In terms of their use of tubular steel, Stam, Breuer and Mies van der Rohe's cantilever chairs show predominant use of circles and straight lines. The tubular steel frame of *ST15*, however, differs radically in that it describes an organically flowing line, adapted to the contours of the body, particularly along the backrest. The chair was presented in the Desta House at the *Deutsche Bauausstellung* 1931 in Berlin. After the Maharajah of Indore visited the exhibition with his architect, Eckart Muthesius, he immediately ordered the model to furnish his palace's theater and ballroom.

Dans les porte-à-faux de Stam, de Breuer et de Mies van der Rohe, le tracé des armatures en acier décrit des droites et des demi-cercles. Celui du siège *ST15* présente une ligne fluide et organique, qui épouse les formes du corps au niveau du dossier. Cette création fut présentée en 1931, à Berlin, sur le stand Desta de l'exposition consacrée à la construction et au bâtiment. Visitant la *Deutsche Bauausstellung* en compagnie d'Eckart Muthesius, son architecte, le maharadjah d'Indore commanda ce modèle pour aménager le théâtre et la salle de bal de son palais.

Im Unterschied zu den Freischwingern von Stam, Breuer und Mies van der Rohe, deren Rohrverläufe sich durch Gerade und Kreis beschreiben lassen, folgt das Stahlrohrgestell des *ST15* einer organisch fließenden, im Bereich der Rückenlehne einer körpergerechten Linie. Der Stuhl wurde im Desta-Haus auf der *Deutschen Bauausstellung* 1931 in Berlin präsentiert. Nachdem der Maharadscha von Indore mit seinem Architekten Eckart Muthesius diese Ausstellung besucht hatte, bestellte er das Modell spontan zur Bestuhlung des Theater- und Ballsaals.

1931

> Banu
> Mandu
Eckart Muthesius
Reedition ClassiCon

In 1929, Prince Yeshwant Rao Holkar Bahadur, the future Maharajah of Indore, commissioned young Eckart Muthesius to design his palace and its entire interior. In addition to his own designs, he integrated works by other designers, such as Eileen Gray, Émile-Jacques Ruhlmann and Louis Sognot.

Le jeune Eckart Muthesius fut chargé en 1929 par le prince Yeshwant Rao Holkar Bahadur, futur maharadjah d'Indore, de concevoir un palais avec son aménagement intérieur. Muthesius décora le palais avec ses propres ouvrages, mais également avec des réalisations d'Eileen Gray, d'Émile-Jacques Ruhlmann et de Louis Sognot.

Der junge Eckart Muthesius erhielt 1929 von Prinz Yeshwant Rao Holkar Bahadur, dem zukünftigen Maharadscha von Indore, den Auftrag, dessen Palast samt Innenausstattung zu planen. Neben seinen eigenen Entwürfen integrierte er auch Arbeiten anderer Gestalter, wie Eileen Gray, Émile-Jacques Ruhlmann und Louis Sognot.

1931

∨ **Folding table**
Table pliante
Klapptisch
Werner Max Moser
Embru

The table frame folds out to form a U, the tabletop is attached to two of the table's legs.

Le piétement de cette table se replie ; le plateau est accroché à deux pieds.

Das Tischgestell lässt sich zum U auseinanderklappen, die Platte wird an zwei Beine aufgesteckt.

Courtesy galerie ulrich fiedler, Berlin

1931

∧ LS22
Hans & Wassili Luckhardt
Desta Stahlmöbel Berlin

\> S43
Mart Stam
Thonet

Anton Lorenz was CEO of the company Standard Möbel Lengyel & Co. in 1927 and in 1928 he founded the company Desta (Deutsche Stahlmöbel/German steel furniture), with which the shrewd businessman fought to establish and protect Mart Stam's copyright of cantilever chairs. In 1929, after Standard Möbel Lengyel & Co. was taken over by Thonet, Anton Lorenz gave Thonet all rights to the Desta product range and took over the direction of the corporate legal department at Thonet, where he worked until 1935.

Anton Lorenz devint en 1927 directeur de la société Standard Möbel Lengyel & Co. et créa en 1928 l'entreprise Desta (Deutsche Stahlmöbel). C'est avec cette société que l'homme d'affaires avisé fit appel à la justice pour régler, dans le cadre du siège en porte-à-faux, la question des droits d'auteur de Mart Stam. En 1929, la Standard Möbel Lengyel & Co. passa aux mains de Thonet. En 1932, Anton Lorenz céda tous les droits de l'assortiment Desta à Thonet et dirigea, au sein de cette société, le département gérant les questions de protection de la propriété intellectuelle jusqu'en 1935.

Anton Lorenz wurde 1927 Geschäftsführer der Firma Standard Möbel Lengyel & Co. und gründete 1928 die Firma Desta (Deutsche Stahlmöbel), mit der der umtriebige Geschäftsmann für die Urheberrechte Mart Stams am Freischwinger prozessierte. Nachdem schon 1929 Standard Möbel Lengyel & Co. von Thonet übernommen worden war, übertrug Anton Lorenz 1932 alle Rechte des Desta-Sortiments an Thonet und übernahm bis 1935 bei Thonet die Leitung der Abteilung für gewerblichen Rechtsschutz.

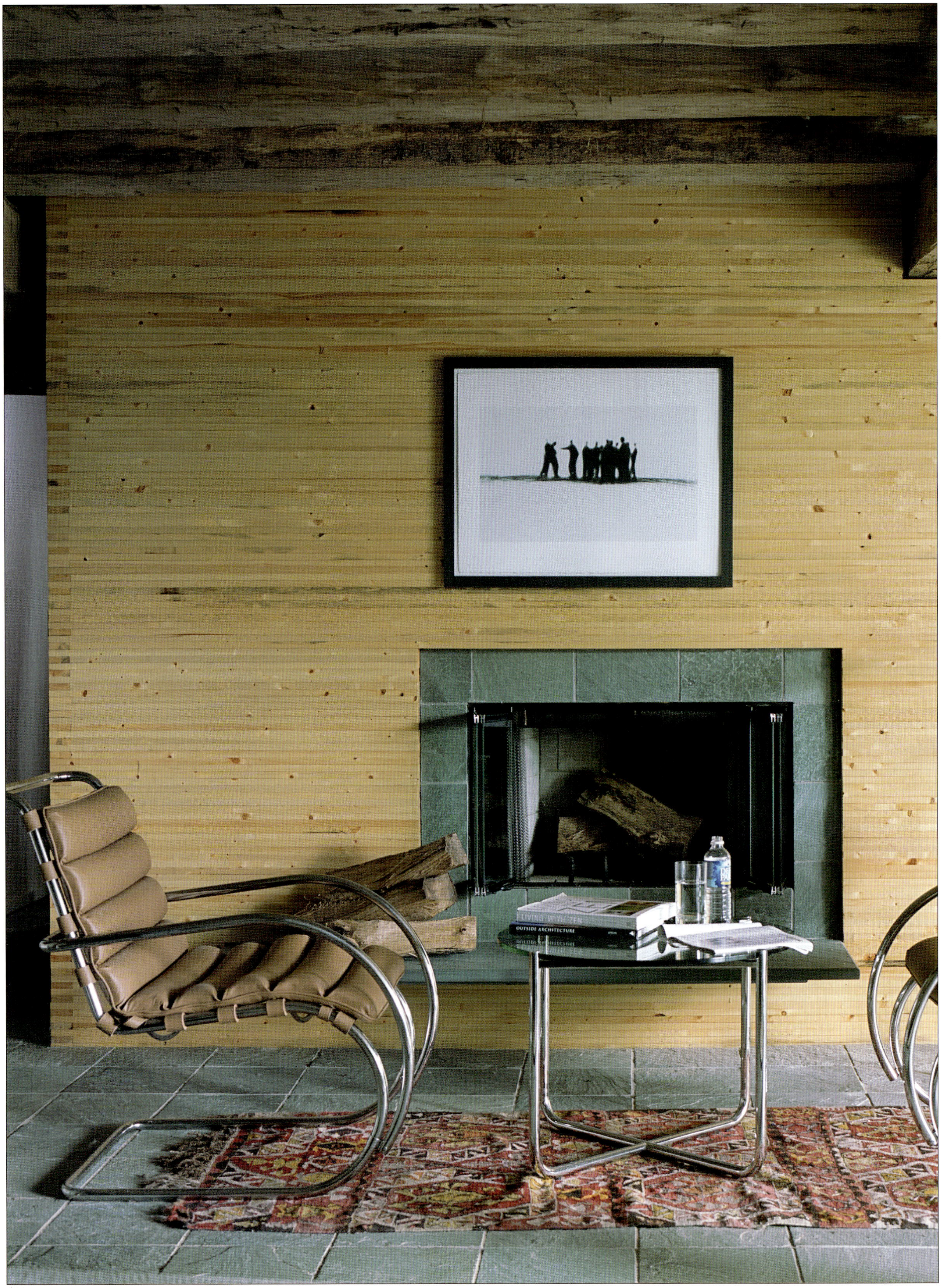
LIVING WITH ZEN
OUTSIDE ARCHITECTURE

1931

< **MR40**
Ludwig Mies van der Rohe
Bamberg Metallwerkstätten,
Knoll International

Ludwig Mies van der Rohe took his own original version of the cantilever chair and further developed it to create comfortable armchairs and loungers.

Ludwig Mies van der Rohe transforma sa première version de porte-à-faux pour en faire un fauteuil et une chaise longue confortable.

Die eigene Urversion des Freischwingers entwickelte Ludwig Mies van der Rohe weiter zu komfortablen Sesseln und Liegen.

∨ **B121**
Erich Dieckmann

In addition to standardized wooden furniture, for which he was famous, Erich Dieckmann also experimented with tubular steel. A schematic sketch shows this armchair from various angles.

Connu pour ses travaux de standardisation du mobilier en bois, Erich Dieckmann travailla également l'acier tubulaire. Une esquisse schématique montre ce fauteuil sous différents angles.

Neben den standardisierten Holzmöbeln, für die er bekannt war, experimentierte Erich Dieckmann auch mit Stahlrohr. Dieser Sessel findet sich auf einer schematischen Skizze von unterschiedlichen Stuhlseitenansichten.

Courtesy galerie ulrich fiedler, Berlin

1931

1930

< F40
Marcel Breuer
Reedition Tecta

Marcel Breuer took the principle of the cantilever chair and applied it to create a sofa. He first presented this model at the *Deutsche Bauausstellung* in Berlin in 1931.

Marcel Breuer utilisa le principe du porte-à-faux pour créer un canapé qu'il présenta pour la première fois en 1931, dans le cadre de l'exposition de Berlin consacrée à la construction et au bâtiment, la *Deutsche Bauausstellung*.

Das Prinzip des Freischwingers übertrug Marcel Breuer auch auf das Sofa und präsentierte dieses Modell erstmals auf der *Deutschen Bauausstellung*, Berlin 1931.

∧ Model No. 904, Vanity Fair
Archivio Frau
Poltrona Frau

Renzo Frau founded Poltrona Frau in 1912 and initially furnished salons as well as the luxury cruise liner Rex, the largest cruise liner ever to have been built in Italy.

La société Poltrona Frau fut fondée en 1912 par Renzo Frau et réalisa à ses débuts, outre du mobilier de salon, l'aménagement intérieur du bateau de croisière Rex, le plus grand des paquebots italiens.

Poltrona Frau wurde 1912 von Renzo Frau gegründet und stattete anfangs neben Salons den Luxusliner Rex, das größte je in Italien gebaute Passagierschiff aus.

601

1930

> **GA2**
Erik Gunnar Asplund
Källemo

The Stockholm exhibition of 1930, initiated by the Swedish Society of Industrial Design, strove to present modern Swedish architecture, design and craftsmanship. Sigurd Lewerentz and Erik Gunnar Asplund designed the architecture of the exhibition buildings, creating light-infused exhibition halls, all true examples of functionalism. The restaurant Paradiset and the entry pavilion with large glass surfaces as well as the consciously staged nocturnal lighting were particularly stunning.

L'exposition qui eut lieu à Stockholm en 1930, sous l'égide de la Swedish Society of Industrial Design avait pour but de présenter l'architecture, le design et l'artisanat suédois sous le signe de la modernité. Sigurd Lewerentz et Erik Gunnar Asplund signèrent l'architecture du bâtiment d'exposition en adoptant un style fonctionnaliste. Ils créèrent des halles d'exposition lumineuses. Avec leurs grandes parois de verre, le restaurant Paradiset et le pavillon servant de hall d'entrée retinrent l'attention, ainsi que les effets d'éclairage de nuit.

Die Stockholmer Ausstellung von 1930, initiiert von der schwedischen Vereinigung für Werkkunst, hatte das Ziel, Architektur, Design und Kunsthandwerk aus Schweden im Zeichen der Moderne zu präsentieren. Die Architektur der Ausstellungsgebäude, ganz im Stil des Funktionalismus, stammte von Sigurd Lewerentz und Erik Gunnar Asplund. Sie schufen lichtdurchflutete Ausstellungshallen. Besonders auffällig waren das Restaurant Paradiset und der Eingangspavillon mit großen Glasflächen sowie die bewusst inszenierte Beleuchtung bei Nacht.

< **Propellorstool**
Kaare Klint
Rud. Rasmussen

One of Kaare Klint's areas of expertise consisted in finding elegant solutions to simple problems. This foldable chair's legs are cut in a propeller cut. When the stool is folded, the two legs merge and take on the shape of a round stick.

L'une des spécialités de Kaare Klint était de trouver d'élégantes solutions pour répondre à des problèmes simples. Les pieds de ce siège pliant ont une découpe particulière, en forme d'hélice. Le bois rond utilisé pour les pieds retrouve sa forme initiale une fois le siège plié.

Eine Spezialität Kaare Klints war, einfache Problemstellungen möglichst elegant zu lösen. Die Beine jeder Seite des Klappstuhls sind mit einem Propellerschnitt aus einen Rundholz so geschnitten, dass sie zusammengeklappt sich wieder zum Rundholz zusammenfügen.

1930

1930

< Table Éventail
Pierre Chareau
Reedition Ecart International

Completely made from steel, this aptly named side table permits the surfaces to spread out like a fan.

Les plateaux de cette table d'appoint en acier se replient à la manière d'un éventail, comme le nom de l'objet l'indique.

Bei diesem ganz aus Stahl gefertigten Beistelltisch lassen sich, wie der Name ausdrückt, die Abstellflächen fächerförmig untereinander drehen.

1930

> Cité
Jean Prouvé
Jean Prouvé Nancy, Reedition Tecta,
Reedition Vitra

Jean Prouvé designed this seemingly dynamic chair for a competition for the interior design of student apartments on campus at the Cité Universitaire of Nancy, France. Its design is closely related to the adjustable *Fauteuil de grand repos*, which was designed around the same period and is famous for its complicated spring mechanism.

Jean Prouvé a conçu ce fauteuil aux lignes dynamiques à l'occasion d'un concours pour l'ameublement des chambres de la cité universitaire de Nancy. Il vit le jour en même temps que le *Fauteuil de grand repos*, dont l'assise bascule, et qui se distingue par un mécanisme à ressort particulièrement complexe.

Diesen dynamisch anmutenden Sessel entwarf Jean Prouvé anlässlich eines Wettbewerbs für die Möblierung des Studentenwohnheims in der Cité Universitaire von Nancy. Seine Entstehung steht im Zusammenhang mit dem gleichzeitig entworfenen verstellbaren *Fauteuil de grand repos*, der sich durch einen komplizierten Federmechanismus auszeichnet.

1930

< Chair, Chaise, Stuhl
Robert Mallet-Stevens
Reedition Ecart International

Robert Mallet-Stevens was the founding member and president of the Union des Artistes Modernes (UAM), whose members included Pierre Chareau, Eileen Gray, René Herbst, Charlotte Perriand and Jean Prouvé. All, in their own diverse ways, were dedicated to modernism.

Robert Mallet-Stevens fut le premier président de l'Union des artistes modernes (UAM), dont les membres, Pierre Chareau, Eileen Gray, René Herbst, Charlotte Perriand, Jean Prouvé, s'étaient chacun à leur manière ralliés au modernisme.

Robert Mallet-Stevens war der erste Vorsitzende der Union des Artistes Modernes, kurz UAM, deren Mitglieder, unter anderen Pierre Chareau, Eileen Gray, René Herbst, Charlotte Perriand und Jean Prouvé, sich auf unterschiedlichste Weise dem Modernismus verschrieben hatten.

> Table Basse Soleil
Jean-Michel Frank & Adolphe Chanaux
Reedition Ecart International

Taking the wood's grain into consideration, wooden veneers were cut in triangles and carefully placed spreading outwards from the center.

Pour réaliser le plateau de ces tables, les placages en bois ont été découpés en triangle en respectant les moirures du bois, puis ont été agencés manuellement en partant du milieu.

Für die Tischoberfläche sind die Holzfurniere unter Berücksichtigung der Maserung in Dreiecke geschnitten und aufwendig von der Mitte ausgehend manuell platziert.

1930

< **Bergère**
Jean-Michel Frank & Adolphe Chanaux
Reedition Ecart International

In 1927, Jean-Michel Frank was commissioned to design Adolphe Chanaux's apartment. This resulted in Frank and Chanaux working together— they designed several pieces of furniture and even complete interiors.

En 1927, Jean-Michel Frank fut chargé de décorer l'appartement d'Adolphe Chanaux. Une collaboration entre Frank et Chanaux s'engagea alors. Ils conçurent ensemble quelques meubles et intérieurs.

Jean-Michel Frank erhielt 1927 den Auftrag, das Apartment von Adolphe Chanaux zu gestalten. Daraus entwickelte sich eine Zusammenarbeit zwischen Frank und Chanaux. Sie gestalteten gemeinsam einige Möbel und Interieurs.

1930

> Constructivist Desk
Bureau constructiviste
Konstruktivistischer Schreibtisch
Kálmán Lengyel
Ka Le Möbel Berlin

This *Constructivist Desk* boasts sophisticated mechanics and a working surface out of linoleum. Countless storage areas and suitably sized drawers are included.

Ce bureau est équipé d'une mécanique raffinée et d'un sous-main en linoléum. Il possède des tiroirs et des espaces de rangement conformes aux formats DIN.

Dieser mit raffinierter Mechanik und einer Arbeitsunterlage aus Linoleum ausgestattete Schreibtisch weist zahlreiche Ablagen und Fächer in DIN-Formaten auf.

< D61
El Lissitzky
Reedition Tecta

El Lissitzky is seen as one of the co-founders of constructivism, he himself referred to himself as a constructor. His works include painting, graphic arts, typography, photography and architecture. This armchair was designed for the *Internationale Hygiene-Ausstellung* (International Hygiene Exhibition) in Dresden.

El Lissitzky est considéré comme membre fondateur du constructivisme. Lui-même se disait « constructeur ». Son œuvre comprend des ouvrages de peinture, de graphisme, de typographie, de photographie et d'architecture. Ce fauteuil fut réalisé pour *Internationale Hygiene-Ausstellung* (Exposition internationale d'hygiène) de Dresden.

El Lissitzky gilt als Mitbegründer des Konstruktivismus, er selbst nannte sich einen Konstrukteur. Sein Werk umfasst Malerei, Grafik, Typografie, Fotografie und Architektur. Dieser Armlehnstuhl wurde für die *Internationale Hygiene-Ausstellung* in Dresden geschaffen.

1930

> **ST3**
Kálmán Lengyel
Gebrüder Thonet Frankenberg

Marcel Breuer and Kálmán Lengyel founded the company Standard Möbel Lengyel & Co., which was subsequently taken over by Thonet in 1929. All rights to Marcel Breuer's designs were acquired by Thonet during this process, as was that for the ST3 by Kálmán Lengyel.

Fondée par Marcel Breuer et Kálmán Lengyel, la société Standard Möbel Lengyel & Co. passa aux mains de Thonet en 1929. Thonet acquit ainsi les droits pour le mobilier de Marcel Breuer. Cette création de Kálmán Lengyel fut également reprise dans l'assortiment de Thonet.

Die von Marcel Breuer und Kálmán Lengyel gegründete Firma Standard Möbel Lengyel & Co. wurde 1929 von Thonet übernommen, die zudem die Rechte an den Entwürfen von Marcel Breuer erwarb. So gelangte auch dieser Entwurf von Kálmán Lengyel zu Thonet.

Courtesy galerie ulrich fiedler, Berlin

1930

> **B35 (S35)**
Marcel Breuer
Gebrüder Thonet Frankenberg, Thonet

The armchair appears to have been created out of one piece of tubular steel with an estimated length of about eight meters (around 26.4 feet).

Le fauteuil semble composé d'un seul tube d'acier d'une longueur estimée à 8 m.

Der Sessel scheint aus einem einzigen Stahlrohr gefertigt worden zu sein. Die Länge würde bei etwa acht Metern liegen.

< **Tubular Brno Chair**
Ludwig Mies van der Rohe
Berliner Metallgewerbe Josef Müller, Knoll International

Originally designed for Fritz und Grete Tugendhat's house in Brno, this chair exists in tubular steel and flat steel.

Cette chaise est éditée en tube d'acier et acier plat. Elle fut initialement conçue pour la villa de Fritz et Grete Tugendhat à Brno.

Dieser Stuhl wird in Rundrohr und Flachstahl ausgeführt und wurde ursprünglich für das Haus von Fritz und Grete Tugendhat in Brünn entworfen.

1929

> 611
Alvar Aalto
Finmar Ltd., Artek

This stacking chair, initially produced by Finmar Ltd., is one of the first furniture designs by Alvar Aalto.

Cette chaise empilable, produite à ses débuts par Finmar, est l'une des premières pièces de mobilier d'Alvar Aalto.

Dieser Stapelstuhl, anfangs noch von Finmar produziert, ist einer der ersten Möbelentwürfe von Alvar Aalto.

1929

◁ **Tugendhat Armchair
Fauteuil Tugendhat
Tugendhat-Sessel**
Ludwig Mies van der Rohe
Knoll International

Based on the *Barcelona* armchair, sketches of a cantilever chair were designed by Sergius Ruegenberg. The armchair was conceived as a part of the interior of the Villa Tugendhat in Brno. Mies van der Rohe then added the characteristic S-form of the frame.

Sergius Ruegenberg réalisa les esquisses de ce fauteuil en porte-à-faux en s'inspirant du fauteuil *Barcelona*. Il était destiné à orner la villa Tugendhat à Brno. Mies van der Rohe ajouta le piétement en S qui caractérisent cette pièce.

Auf Basis des *Barcelona*-Sessels fertigte Sergius Ruegenberg Entwurfsskizzen für diesen frei schwingenden Sessel an, der für die Villa Tugendhat in Brünn bestimmt war. Mies van der Rohe fügte dann die kennzeichnende S-Form im Gestell hinzu.

1929

< Barcelona Side Table
Table basse Barcelona
Beistelltisch-Barcelona
Ludwig Mies van der Rohe
Rekonstruktion Sergius Ruegenberg
1973, Reedition Anthologie Quartett

For the German Pavilion at the world exhibition in Barcelona, two tables were designed in addition to the *Barcelona* armchair and stool. Due to faulty construction, the tables wobbled and were placed directly alongside a wall. Mass-production therefore never seemed an option. The modern-day re-edition has resolved this technical problem.

Deux tables basses furent réalisées pour l'Exposition universelle de Barcelone, pour accompagner la chauffeuse et le repose-pieds. Comme elles étaient bancales du fait de leur construction, elles furent placées contre un mur et ne firent pas l'objet d'une production en série. Ce problème technique a été résolu dans le cadre de l'actuelle réédition.

Für den deutschen Pavillon auf der Weltausstellung in Barcelona entstanden neben dem *Barcelona*-Sessel und -Hocker auch zwei Tische. Da sie aber konstruktionsbedingt wackelten, wurden sie vor Wänden platziert und ihre serielle Produktion nicht weiterverfolgt. Bei der heutigen Reedition ist das technische Problem gelöst.

> Barcelona Armchair
Chauffeuse Barcelona
Barcelona-Sessel
Ludwig Mies van der Rohe
Berliner Metallgewerbe Josef Müller,
Knoll International

Mies van der Rohe, who managed construction of the German Pavilion at the world exhibition in Barcelona, asked his assistant Sergius Ruegenberg to design a chair for the Pavilion, based on the design of the *Barcelona* stool. Karl Friedrich Schinkel's influence can still be seen in the X-shape of the chair's legs. The dimensions somewhat correspond to the throne of Charlemagne in Aachen Cathedral, Germany.

Mies van der Rohe était chargé de la construction du Pavillon allemand à l'Exposition universelle de Barcelone. Il demanda à son collaborateur, Sergius Ruegenberg, de concevoir le fauteuil qui devait orner le Pavillon, en prenant le repose-pieds *Barcelona* pour modèle. L'influence de Karl Friedrich Schinkel est perceptible dans le piétement, qui décrit un X. Les dimensions du fauteuil sont identiques à celles du trône de Charlemagne, conservé dans la cathédrale d'Aix-la-Chapelle.

Mies van der Rohe beauftragte seinen Mitarbeiter Sergius Ruegenberg, der ebenfalls für die Bauleitung in Barcelona verantwortlich war, auf Basis des schon existenten Hockers einen Sessel für den Pavillon des Deutschen Reichs zur Weltausstellung in Barcelona zu entwerfen. In der X-Form der Beine kann man die Beeinflussung durch Karl Friedrich Schinkel erkennen. Die Dimensionierung weist Übereinstimmungen mit dem Thronsessel Karls des Großen im Aachener Dom auf.

Courtesy Phillips de Pury Company

1929

1929

< Monte Carlo
Eileen Gray
Reedition ClassiCon

Like many of Eileen Gray's pieces of steel furniture, this sofa was designed for her seaside villa E 1027 in Roquebrune, Cap Martin, France. Some of these pieces of furniture were conceived as pieces to be sold in her gallery Jean Désert. Many, however, remained one-off pieces. Even though its name might encourage the assumption, the sofa was not part of Gray's collection for her second participation at the *Salon des artistes décorateurs*, entitled *Bedroom Boudoir for Monte-Carlo*. This exhibit already took place in 1923.

À l'image de nombreux meubles en métal réalisés par l'artiste, ce canapé fut conçu pour la maison de vacances E 1027, à Roquebrune-Cap-Martin. Quelques-unes de ces pièces furent également fabriquées pour la galerie Jean Désert, qui appartenait à Eileen Gray. Beaucoup restèrent des pièces uniques. Malgré son nom, ce canapé ne fait pas partie de la collection présentée en 1923 lors de la deuxième participation de l'artiste au *Salon des artistes décorateurs*. Sa contribution s'intitulait en effet *chambre-boudoir pour Monte-Carlo*.

Wie viele der Stahlmöbel Eileen Grays entstand auch dieses Sofa für ihr Sommerhaus E 1027 in Roquebrune. Einige dieser Möbel wurden für den Verkauf in ihrer Galerie Jean Désert produziert, viele blieben aber Einzelstücke. Das Sofa war nicht – wie der Name vermuten lässt – Bestandteil der Kollektion Grays für ihre zweite Teilnahme am *Salon des artistes décorateurs*, die unter dem Motto *Schlafzimmer-Boudoir für Monte Carlo* stand. Denn die Ausstellung hatte schon 1923 stattgefunden.

< Petite Coiffeuse
Eileen Gray
Jean Désert, Reedition ClassiCon

This little dressing table was also designed for the seaside villa E1027. The code was not randomly chosen— E is for Eileen, 10 for Jean (J is the tenth letter of the alphabet), 2 stands for the B in Badovici and 7 for the G in Gray.

Cette coiffeuse fut également conçue pour la maison de vacances E 1027. Cette codification n'a rien d'arbitraire : E est utilisé pour Eileen, 10 pour Jean (J est la dixième lettre de l'alphabet), 2 pour B comme Badovici et 7 pour G comme Gray.

Dieser kleine Frisiertisch wurde ebenfalls für das Sommerhaus E 1027 entworfen. Die Namenscodierung ist nicht willkürlich gewählt: E steht für Eileen, 10 steht für Jean (J ist der zehnte Buchstabe des Alphabets), 2 steht für B wie Badovici und 7 für G wie Gray.

« Jean
Eileen Gray
Reedition ClassiCon

Jean, named for Jean Badovici, Gray's close friend, has a foldout tabletop. In their commonly owned summerhouse E 1027, each room had one of these tables.

Jean est une table pliante, dont le nom évoque Jean Badovici, l'ami d'Eileen Gray. Dans leur maison de vacances E 1027, à Roquebrune-Cap-Martin, cette table se trouvait dans toutes les pièces.

Jean, benannt nach Jean Badovici, Grays langjährigem Vertrauten, verfügt über eine auseinanderklappbare Tischplatte. In ihrem gemeinsamen Sommerhaus E 1027 stand in jedem Raum einer dieser Tische.

∧ Bibendum
Eileen Gray
Jean Désert, Reedition ClassiCon

Eileen Gray wryly named her very voluminous upholstered armchair after the Michelin trademark: Michelin man Bibendum, whose shape consisted of a portly stack of tires.

Ce fauteuil rembourré aux formes volumineuses est un clin d'œil à l'emblème de la société Michelin, ce bonhomme dont il rappelle les formes.

Eileen Gray benannte ihren sehr voluminös gepolsterten Sessel augenzwinkernd nach dem „Reifenmännchen" und Erkennungszeichen von Michelin, dessen Form er zitiert.

1929

> **B 306 (LC4)**
> Le Corbusier, Charlotte Perriand &
> Pierre Jeanneret
> Gebrüder Thonet Paris, Embru,
> Reedition Cassina

The *Chaise longue à réglage continu* was an essential part of the tubular steel furniture series from the Le Corbusier Atelier, which was introduced as functional furniture or "équipment de l'habitation." The ergonomically shaped lounger lies on a frame, the inclination angle can be gradually adjusted. Without the supporting structure, the lounger functions as a very low rocking chair.

La *chaise longue à réglage continu* était l'une des pièces de la première collection de mobilier métallique, ou « équipement intérieur de l'habitation », provenant de l'atelier de Le Corbusier. La chaise de forme ergonomique repose sur une structure de métal en arc de cercle, qui permet de varier l'inclinaison par un système de coulissement. Sans piétement, la chaise devient un fauteuil à bascule posé très près du sol.

Die *Chaise lounge à réglage continu* war Bestandteil der ersten Stahlrohrmöbelkollektion aus dem Atelier von Le Corbusier, vorgestellt als „équipment de l'habitation". Die ergonomisch geformte Liege ruht auf einem Gestell und lässt sich stufenlos in ihrer Neigung variieren. Ohne Gestell funktioniert die Liege als sehr niedriger Schaukelstuhl.

< **Model No. Ti 244**
Josef Albers

Only four versions of this chair by painter, Bauhaus master and art pedagogue Josef Albers are in existence. Three thereof are in museums and the fourth was auctioned off in May 2007 at Phillips de Pury, New York, for the sum of USD 96 000.

Il n'existe que quatre exemplaires de cette chaise réalisée par le maître du Bauhaus, peintre et professeur Josef Albers, dont trois sont exposés dans des musées. Le quatrième fut, en mai 2007, vendu aux enchères chez Phillips de Pury pour 96 000 dollars.

Von diesem Stuhl des Bauhausmeisters, Malers und Kunstpädagogen Josef Albers existieren lediglich vier Exemplare. Drei von ihnen stehen in Museen, das vierte wurde im Mai 2007 bei Phillips de Pury, New York, für 96 000 Dollar versteigert.

Courtesy Phillips de Pury Company

1929

> Bonaparte (LC1)
Le Corbusier, Charlotte Perriand &
Pierre Jeanneret
Gebrüder Thonet Paris, Reedition Cassina

Also referred to as *Siège à Dossier Basculant*, this armchair is a modern interpretation of Le Corbusier's highly cherished colonial armchair *Indian Chair*, which he used in 1925 in the Esprit Nouveau pavilion. The moveable backrest adjusts to each and every sitting position. The contemporary re-edition by Cassina is named *LC1*.

Ce fauteuil, qui porte également le nom de *siège à dossier basculant*, est une interprétation moderne du fauteuil colonial *Indian Chair*, une pièce particulièrement appréciée par Le Corbusier qui l'avait déjà utilisée pour décorer en 1925 le pavillon de l'Esprit nouveau. Le dossier amovible s'adapte à toutes les positions. L'actuelle réédition de Cassina est baptisée *LC1*.

Der auch als *Siège à Dossier Basculant* betitelte Sessel ist eine moderne Interpretation des von Le Corbusier geschätzten Kolonialsessels *Indian Chair*, den er 1925 im Pavillon de l'Esprit Nouveau einsetzte. Die bewegliche Rückenlehne passt sich jeder Sitzposition an. Die heutige Reedition von Cassina trägt den Namen *LC1*.

Courtesy galerie ulrich fiedler, Berlin

1928

< **Leque**
Gregori Warchavchik
Reedition Etel

∧ **Mogens Koch Shelving System**
Bibliothèque Mogens Koch
Bücherregalsystem Mogens Koch
Mogens Koch
Rud. Rasmussen

Brazilian architect Gregori Warchavchik was born in 1896 in Odessa. This magazine stand was built for his house in São Paulo, one of the first modernist buildings to be built in Brazil.

L'architecte brésilien Gregori Warchavchik, né en 1896 à Odessa, conçut ce porte-revues pour sa maison de Sao Paulo, considérée comme le premier édifice moderne du Brésil.

Der brasilianische Architekt Gregori Warchavchik, geboren 1896 in Odessa, entwarf diesen Zeitungsständer für sein Haus in São Paulo, das als eines der ersten Bauten der Moderne in Brasilien gilt.

Mogens Koch designed a shelving system out of massive wood intended for his personal use. The exceptionally slender dimensions are striking. All individual sections can be flexibly subdivided; their function can be further extended through additional elements.
Rud. Rasmussen has sold this piece of furniture continuously since 1932.

Mogens Koch a conçu, pour son propre usage, un système d'étagères en bois massif, avec un effet de légèreté inhabituelle pour ce matériau. Les éléments individuels peuvent facilement se subdiviser ou être complétés. Cette pièce est éditée, sans interruption depuis 1932, par Rud. Rasmussen.

Für seinen eigenen Bedarf entwickelte Mogens Koch ein Regalsystem aus Massivholz in ungewöhnlich schlanker Dimensionierung. Die einzelnen Elemente sind sehr flexibel unterteilbar und durch zusätzliche Elemente in ihrer Funktion erweiterbar. Das Möbel ist seit 1932 ohne Unterbrechung bei Rud. Rasmussen in Produktion.

1928

< **D40**
Marcel Breuer
Gebrüder Thonet Frankenberg,
Reedition Tecta

This version of a cantilever chair with armrests is initially irritating, as the armrests seem to reach over past the backrest. Only a more detailed look reveals that unlike other cantilever models, feet, legs, seat and armrests were made from one tube, with a second, separate tubular piece serving for the backrest.

Les accotoirs courbes de cette version « fauteuil » du siège en porte-à-faux dérangent à première vue. En y regardant de plus près, on s'aperçoit que, contrairement à d'autres modèles, pieds, assise et accotoirs sont d'un seul tenant. Seule la confection du dossier a entraîné l'utilisation d'un deuxième tube.

Bei dieser Version des Freischwingers mit Armlehnen irritieren die über die Rückenlehne hinausragenden Bögen der Armlehnen. Erst auf den zweiten Blick wird deutlich, dass im Unterschied zu anderen Freischwingermodellen hier Fuß, Beine, Sitzfläche und Armlehnen aus einem Rohr gebildet sind und für die Rückenlehne ein separates zweites Rohr eingesetzt wurde.

∨ **Tea Cart B54**
Desserte B54
Servierwagen B54
Marcel Breuer
Gebrüder Thonet Frankenberg

Marcel Breuer further developed the tea cart *B54* and gave it four wheels instead of three in the model *B54/4*. The additional wheel rendered it more stable.

La desserte *B54* fut perfectionnée par Marcel Breuer. Le modèle *B54/4* comprenait quatre roues au lieu des trois initiales, et était ainsi plus stable.

Der Servierwagen *B54* wurde von Marcel Breuer weiterentwickelt und wies als Modell *B54/4* vier statt drei Räder auf. Dadurch erhielt er eine höhere Standfestigkeit.

1928

< **Sandows Chair**
René Herbst
Établissements René Herbst,
Formes Nouvelles

Herbst resolved the main issues of steel furniture, namely which materials to use for the seat and rests and how they should be attached, in a simple, if unorthodox way. He drilled small holes in the black-varnished or nickel-plated frame and stretched elastic rubber cord across to create the seat. The chair is named after Eugen Sandow, an exceedingly popular body-builder who had died in 1925.

Quels matériaux utiliser pour le dossier et l'assise des meubles en métal ? Comment les fixer à la structure ? René Herbst répondit à ces questions de manière peu classique. Il perça des trous dans le cadre laqué noir ou nickelé et fixa des tendeurs, afin de créer une surface élastique. La chaise doit son nom à Eugene Sandow, un bodybuilder très populaire décédé en 1925.

Die grundsätzliche Problematik bei Stahlmöbeln, welche Materialien für Sitzfläche und Lehne verwendet und wie sie befestigt werden, löste Herbst auf einfache Weise: Er bohrte in den schwarz lackierten oder vernickelten Rahmen kleine Löcher und spannte Gummibänder, die sonst bei den schon damals populären Expander-Fitnessgerät Verwendung fanden, zu einer elastischen Sitzfläche. Benannt ist der Stuhl nach Eugen Sandow, einem 1925 verstorbenen, überaus beliebten Bodybuilder.

> **LC3 (Fauteuil Grand Confort)**
Le Corbusier, Charlotte Perriand &
Pierre Jeanneret
Reedition Cassina

Older images of the armchair *Fauteuil Grand Confort* depict a seemingly lighter and airier version. The loosely placed pillows in the metal frame were softer and slightly squashed. Even the originally lacquered frame seemed less luxurious. All the same, the armchair presented in 1929 at the *Salon d'automne* in Paris to this day embodies the image of the International Style.

Le *Fauteuil Grand Confort* apparaît plus léger sur des reproductions anciennes. Les coussins amovibles posés sur la structure de métal étaient plus moelleux et légèrement déformés. Le cadre métallique, laqué à l'origine, avait une apparence moins luxueuse. Ce fauteuil, présenté en 1929 au *Salon d'automne* de Paris, est aujourd'hui emblématique du style international.

Auf älteren Abbildungen erscheint der *Fauteuil Grand Confort* legerer. Die lose in den Metallrahmen eingelegten Kissen waren weicher und leicht verknautscht. Das ursprünglich lackierte Gestell wirkte weniger luxuriös. Dennoch verkörpert der 1929 auf dem *Salon d'automne* in Paris präsentierte Sessel heute das Bild vom Internationalen Stil.

1928

∧ T Stool
Tabouret T
T-Hocker
Pierre Chareau
Reedition Ecart International

From 1924 onwards, Pierre Chareau began to combine wood furniture with wrought iron. Working with the metal-worker Louis Dalbert meant he did not have to resort to using industrially produced work of inferior quality.

Pierre Chareau s'adonna à la création de meubles en bois et en fer forgé à partir de 1924. La collaboration avec Louis Dalbet, ferronnier d'art, lui permit de rester à l'écart de la production industrielle.

Pierre Chareau begann etwa 1924, mit Schmiedeeisen kombinierte Holzmöbel zu entwickeln. Die Zusammenarbeit mit dem Metallarbeiter Louis Dalbert machte ihn dabei unabhängig von Halbzeugen industrieller Fertigung.

> Bar Stool No. 1 and No. 2
Tabouret de bar N° 1 et N° 2
Barhocker Nr. 1 und Nr. 2
Eileen Gray
Jean Désert, Reedition ClassiCon

Eileen Gray developed a series of three barstools, which she used both in her seaside villa E 1027 and also in her Parisian apartment. One of these served as a chair in her cottage in the Provence when she was working at the drawing table.

Eileen Gray conçut une série de trois tabourets de bar, pour la maison de bord de mer E 1027 et pour son appartement parisien. Dans sa maison de Provence, un exemplaire de ce tabouret, posé devant la table à dessins, servait de siège de travail.

Eileen Gray entwarf eine Serie von drei Barhockern, die in ihrem Sommerhaus E 1027, aber auch in ihrer Pariser Wohnung standen. In ihrem Landhaus in der Provence diente ein Exemplar am Zeichenbrett als Arbeitsstuhl.

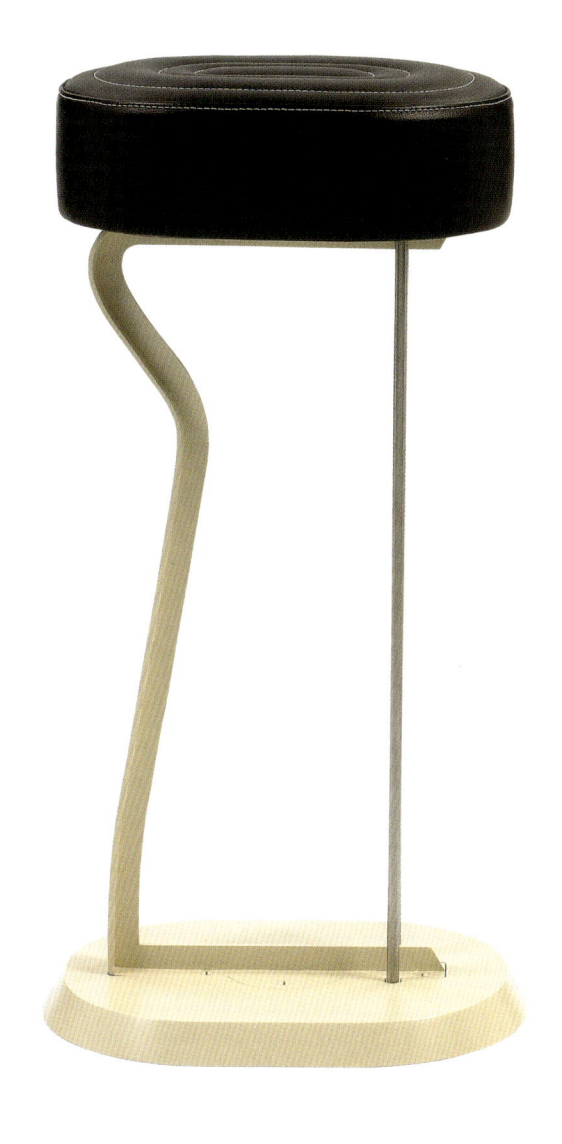

1927

1927

> Transat Chair
Eileen Gray
Jean Désert, Reedition Ecart International

The name *Transat*, a truncated version of trans-Atlantic, alludes to ocean liners, which inspired this chair's design. The adjustable headrest, the hanging upholstered seat, the metal rods and two armrests are connected with ten screws and can be effortlessly disassembled.

Le terme *Transat* évoque les paquebots et leurs chaises longues dont ce fauteuil rappelle les formes. Le repose-tête est amovible ; le matelas confortable est inclinable et posé sur la structure composée, sur les côtés, de deux cadres reliés par des tiges de métal. Ce fauteuil comporte dix vis, et se laisse facilement démonter.

Der Name *Transat* leitet sich von den Ozeandampfern ab, auf deren Liegestühle dieser Sessel mit seiner Gestaltung anspielt. Die bewegliche Kopfstütze, die eingehängte, gepolsterte Sitzfläche, Querstäbe aus Metall und die beiden Seitenteile sind mit zehn Schrauben verbunden und lassen sich mühelos demontieren.

∧ Occasional table
Table d'appoint
Beistelltisch
Eileen Gray
Jean Désert, Reedition ClassiCon

This table, conceived "for any occasion," could be lifted by its "handle" and carried wherever it might be needed.

Cette table d'appoint pouvait facilement être déplacée, en fonction des besoins du moment, grâce à sa poignée.

Diesen Tisch „für alle Gelegenheiten" kann man an seinem Griff hochheben und dorthin tragen, wo man ihn gerade braucht.

> Adjustable Table E 1027
Table ajustable E 1027
Beistelltisch E 1027
Eileen Gray
Jean Désert, Reedition ClassiCon

This glass table was named for the Villa E 1027, where it was placed in one of the guest rooms. The height-adjustable chromium-plated steel tube connects two tubular steel rings. Guests could thus adjust this piece of furniture to their needs, permitting, among other things, breakfast in bed.

Cette table basse doit son nom à la villa E 1027, où elle ornait la chambre d'amis. Elle se compose de deux cercles en acier reliés par un pied à hauteur séglable, qui permet de modifier la position du plateau et d'utiliser la table pour prendre le petit-déjeuner au lit.

Dieses Glastischchen verdankt seine Typenbezeichnung der Villa E 1027, wo es in einem Gästezimmer stand. Die Konstruktion aus zwei Stahlrohrringen, die durch ein höhenverstellbares Standrohr verbunden sind, ermöglichte es, das Möbel als Frühstückstisch am Bett zu verwenden.

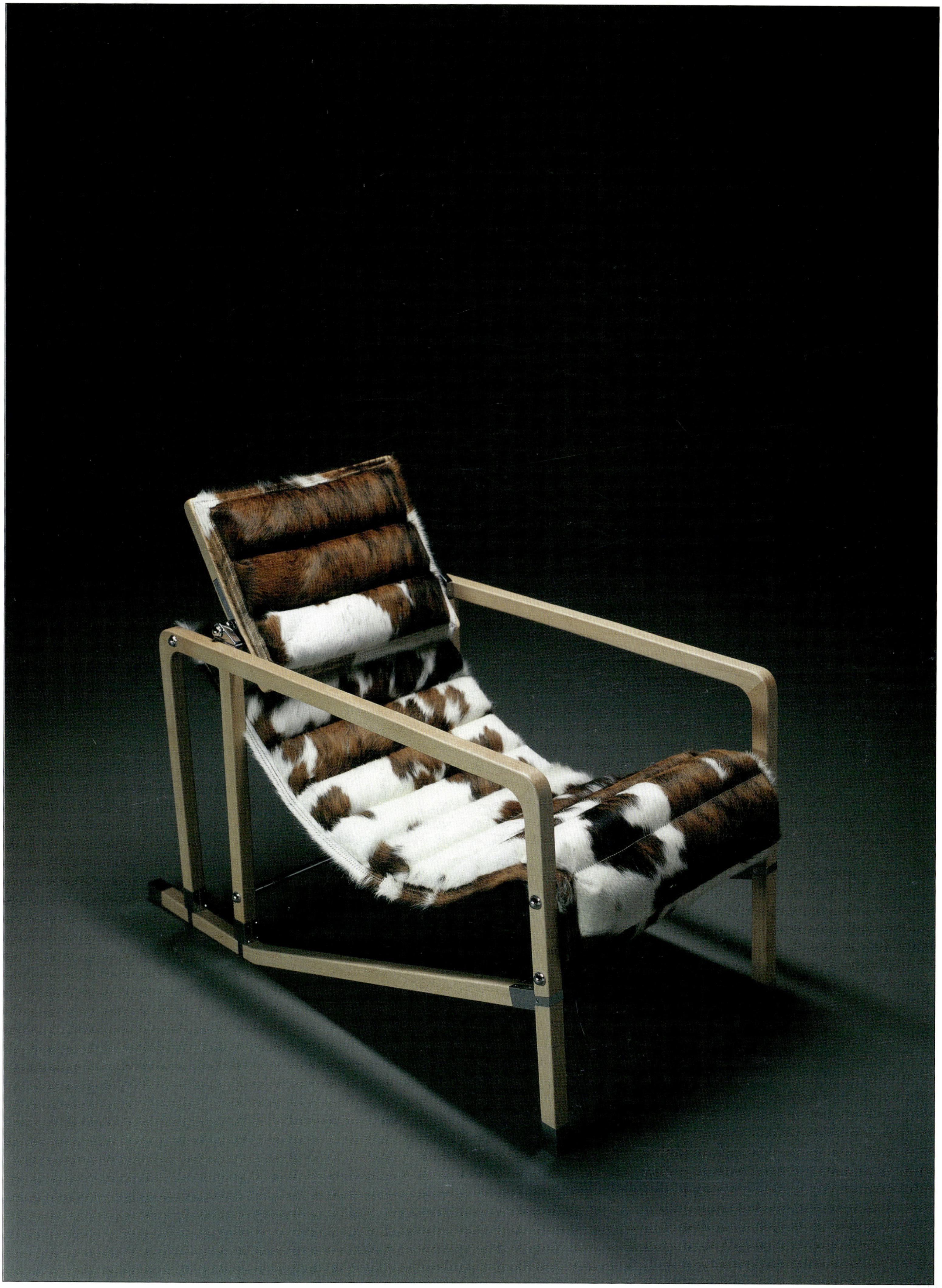

1927

Courtesy galerie ulrich fiedler, Berlin

< **Beugelstoel**
Gerrit Rietveld
Gerrit Rietveld und G. A. van de Groenenkan für Metz & Co.

The chair consists of two continuous curved strips of solid tubular steel and a bent plywood seat, which was screwed on for stability. This armchair was one of Rietveld's first pieces of furniture to be mass-produced and it was distributed by the Amsterdam store Metz & Co.

Cette chaise se compose de deux cintres en tubes d'acier et d'une assise en contreplaqué courbé. L'assise est vissée sur la structure en acier et garantit la stabilité du siège. Il figure parmi les premiers meubles de Rietveld fabriqués en série. À Amsterdam, le grand magasin Metz & Co. en assura la commercialisation.

Der Stuhl besteht aus zwei Stahlrohrbügeln und einem gebogenen Sperrholzsitz, der aufgeschraubt für die Stabilisierung sorgt. Dieser Stuhl gehörte zu den ersten Möbel Rietvelds, die in Serie gingen, und wurde über das Amsterdamer Kaufhaus Metz & Co. vertrieben.

> **B5, B11**
Marcel Breuer
Standard Möbel Lengyel & Co.

Initially, Marcel Breuer used tubes with a diameter of 20 mm (around 0.7 inches) for his tubular steel experiments, having no other alternatives. By turning his stool by 90 degrees, Marcel Breuer reported having had the idea early on of developing a cantilever chair. The lack in stability, however, caused by the material available at the time, prevented further development.

Marcel Breuer s'initia au travail de l'acier avec des tubes d'un diamètre de 20 mm, faute de mieux. Le fait de renverser son tabouret de 90 degrés lui donna très tôt l'idée de créer une chaise en porte-à-faux. Le manque de stabilité du matériau disponible à l'époque en retarda la réalisation.

Anfangs verwendete Marcel Breuer für seine Stahlrohrexperimente mangels Alternativen Rohre mit einem Durchmesser von 20 mm. Die Drehung seiner Hocker um 90 Grad brachte Marcel Breuer nach eigenen Angaben sehr früh auf die Idee, einen hinterbeinlosen Stuhl zu entwickeln. Die mangelnde Stabilität bei dem zur Verfügung stehenden Material behinderte aber die Entwicklung.

1927

> **K40**
Marcel Breuer
Reedition Tecta

Initially, the tubular steel frame was often lacquered or nickel-plated. This sofa table's frame is nickel-plated.

Le piétement de cette table basse est nickelé, une technique qui fut, avec celle du laque, également utilisée lors de l'avènement des meubles de métal.

Das Gestell dieses Couchtisches ist vernickelt, eine Technik, die neben dem Lackieren der Stahlrohre ursprünglich auch angewendet wurde.

Courtesy galerie ulrich fiedler, Berlin

1927

∧ B4
Marcel Breuer
Standard Möbel Lengyel & Co.,
Reedition Tecta

The company Standard Möbel Lengyel & Co. was founded by Marcel Breuer and the Hungarian architect Kálmán Lengyel in order to manufacture and market Breuer's tubular steel furniture. Initially, the foundation of this company was a source of irritation to the Bauhaus, as then-director Walter Gropius insisted that all objects created at the Bauhaus should be ascribed thereto. Marcel Breuer, however, believed his designs to be his own creations and completely unrelated to his work at the Bauhaus. This fold-out later variant of the *Wassily Chair* was only produced for a few years and only re-discovered in the 1980s by Tecta.

La société Standard Möbel Lengyel & Co. fut fondée par Marcel Breuer et l'architecte hongrois Kálmán Lengyel, pour produire et commercialiser les meubles en acier conçus par Breuer. Cette création ne fut pas bien accueillie au sein du Bauhaus, son directeur, Walter Gropius, souhaitant que les objets réalisés dans le cadre du Bauhaus soient attribués à l'école. Marcel Breuer était d'avis que ces pièces était son œuvre, indépendamment des activités menées au Bauhaus. Cette version pliante du *fauteuil Wassily* ne fut fabriquée que pendant quelques années. Elle fut redécouverte par Tecta au début des années 1980.

Die Firma Standard Möbel Lengyel & Co. war von Marcel Breuer und dem ungarischen Architekten Kálmán Lengyel gegründet worden, um die Stahlrohrmöbel Breuers zu produzieren und zu vermarkten. Die Firmengründung sorgte am Bauhaus für Missmut, da Walter Gropius, der damalige Direktor, darauf bestand, dass am Bauhaus entstandene Objekte auch diesem zugeschrieben würden. Marcel Breuer vertrat aber die Auffassung, dass seine Entwürfe eigene Schöpfungen waren, die nicht im Zusammenhang mit seiner Tätigkeit am Bauhaus standen. Diese klappbare Weiterentwicklung des *Wassily-Sessels* wurde nur wenige Jahre gefertigt und erst seit Anfang der 1980er-Jahre von Tecta wiederentdeckt.

1927

> **Wassily B3**
Marcel Breuer
Standard Möbel Lengyel & Co.,
Knoll International

The model *B3* was only given the name *Wassily* in the early 1960s, once Dino Gavina succeeded in obtaining the rights to the reproduction from Marcel Breuer. Italian furniture is traditionally given a name, so this armchair was named after the painter Wassily Kandinsky, for whom the chair had been designed.

Le nom de *Wassily* fut attribué au modèle *B3* au début des années 1960, lorsque Dino Gavina parvint à acquérir les droits de réédition du fauteuil, détenus jusqu'alors par Marcel Breuer. Comme les meubles italiens portaient traditionnellement des noms et non des sigles, le fauteuil fut baptisé d'après le peintre Wassily Kandinsky, à qui il était initialement destiné.

Den Namen *Wassily* erhielt das Modell *B3* erst Anfang der 1960er-Jahre, als es Dino Gavina gelungen war, von Marcel Breuer die Rechte für den Nachbau zu bekommen. Und da italienische Möbel traditionell Namen tragen, wurde er nach dem Maler Wassily Kandinsky getauft, für den der Sessel bestimmt war.

Courtesy galerie ulrich fiedler, Berlin

The Cantilever Chair

La chaise en porte-à-faux

Der Freischwinger

Otakar Máčel

Over the years, the cantilever chair has become an inconspicuous piece of furniture. Yet, this seat without rear legs was seen as groundbreaking when it first made its appearance in the exhibition *Die Wohnung* in June 1927 in Stuttgart-Weißenhof, Germany, where new architecture and new forms of living arrangements were presented.
Two architects presented tubular steel chairs with two legs, rather than four: Dutch designer Mart Stam (1899–1986) and German Ludwig Mies van der Rohe (1886–1969). All of the other many tubular steel chairs exhibited by the other architects had four legs. Yet, while Stam and Mies van der Rohe's designs were both cantilever chairs, their choices of construction differed radically. Stam's chair was cubical—even almost rectangular—and consisted of one uninterrupted tube. The cold-drawn tubular steel had a diameter of only 20 millimeters (around 0.7 inches) and was lacquered gray. Strips of rubber or coarsely woven material were used for the back and side rests. Mies van der Rohe's chair also consisted of one seamless line, yet the tube described a semi-circular curve. The architect also used cold-drawn tubular steel, yet opted for a diameter of 25 millimeters (around 0.9 inches). His

La chaise sans pieds au niveau du dossier est, avec le temps, devenue une pièce de mobilier banale. Elle fut présentée pour la première fois en 1927 lors de l'exposition sur le logement *Die Wohnung*, qui avait pour cadre le lotissement Weißenhof à Stuttgart et était consacrée à l'architecture et l'habitat nouveaux.
Deux architectes y présentèrent des sièges en porte-à-faux et en acier tubulaire : le Néerlandais Mart Stam (1899–1986) et l'Allemand Ludwig Mies van der Rohe (1886–1969). Certes, plusieurs architectes exposèrent des sièges réalisées en tube d'acier, mais tous reposaient sur quatre pieds. Les chaises de Stam et de Mies van der Rohe étaient toutes deux sans pieds à l'arrière. Le principe de construction différait cependant. La chaise de Stam avait la forme d'un cube, voire d'un rectangle, et son cintrage en acier composait une seule ligne. L'acier tubulaire étiré à froid avait un diamètre de 20 mm et était laqué gris. L'assise et le dossier étaient en caoutchouc ou en toile grossièrement tissée. Le siège de Mies van der Rohe présentait également une seule ligne ; toutefois, l'acier décrivait ici une courbe. L'architecte utilisa également de l'acier tubulaire étiré à froid ; son diamètre était de 25 mm et l'acier n'était pas laqué,

Der Stuhl ohne Hinterbeine ist mittlerweile ein unauffälliges Möbelstück geworden. Erstmals wurde er auf der Ausstellung *Die Wohnung* im Juni 1927 in Stuttgart-Weißenhof präsentiert, wo die neue Architektur und das neue Wohnen vorgestellt wurden.
Auf der Ausstellung zeigten zwei Architekten Stühle aus Stahlrohr ohne Hinterbeine: der Niederländer Mart Stam (1899–1986) und der Deutsche Ludwig Mies van der Rohe (1886–1969). Es gab zwar Stahlrohrstühle anderer Architekten, aber diese hatten ganz konventionell Hinterbeine. Die Stühle von Stam und Mies van der Rohe waren beide freitragend, doch unterschiedlich konstruiert. Stams Stuhl war in seiner Form kubisch und aus einer durchlaufenden Rohrlinie gebildet. Das kalt gezogene Stahlrohr hatte nur 20 mm Durchmesser und war grau lackiert. Die Sitz- und Rückenlehne waren aus Gummi oder aus grob gewebtem Stoff gefertigt. Mies van der Rohes Stuhl wurde ebenfalls aus einer durchlaufenden Linie gebildet, allerdings beschrieb das Rohr eine gebogene, halbkreisförmige Linie. Der Architekt benutzte ebenfalls kalt gezogenes Rohr, der Durchmesser betrug jedoch 25 mm und es war nicht lackiert, sondern vernickelt. Für die Sitz- und Rückenlehne wurde Eisengarnstoff verwendet.

> Mart Stam, Prototype out of gas pipes, 1926, reconstructed by Tecta

> Mart Stam, Prototype à partir de tubes à gaz, 1926, reconstitué par Tecta

> Mart Stam, Prototyp aus Gasrohren, 1926, rekonstruiert von Tecta

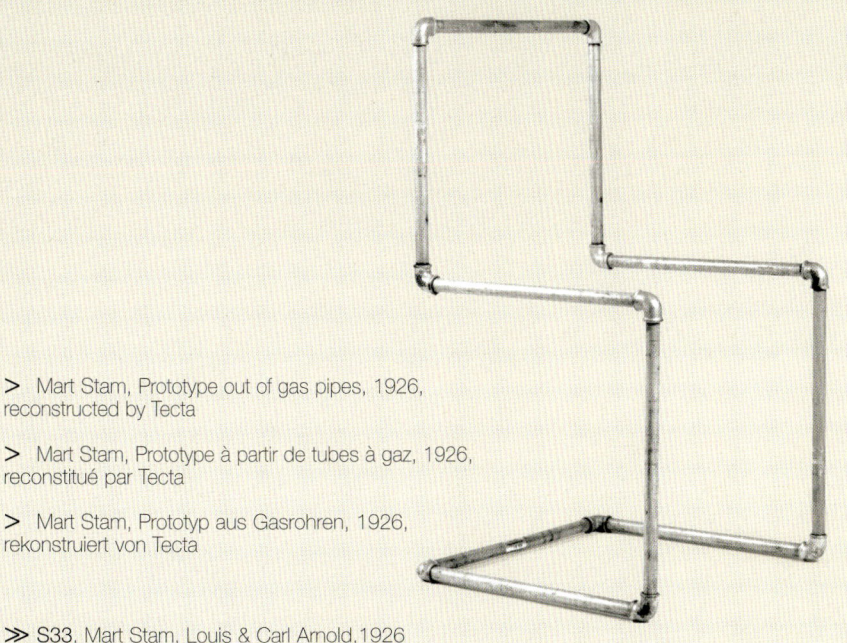

≫ S33, Mart Stam, Louis & Carl Arnold, 1926

tubular steel was not lacquered, but instead nickel-plated. The back and armrests were made from iron yarn.

Why did both architects decide to design cantilever chairs? Some of Stam's peers believed him to have been inspired by car seats; in fact, cantilever steel tubing was sometimes used for car, airplane and train seats. Steel concrete and construction also played a role in architecture, for they enabled the cantilever principle to be put to use, thus overcoming some of the limitations of gravity.

Technically, however, at the time this principle could apply to chairs with the use of one material only—cold-drawn tubular steel. Only this type of steel was strong enough to support the person sitting on the cantilever chair, yet flexible enough to be bent and to bounce slightly.

It all began in the Netherlands, in Rotterdam. Mart Stam had created a simple chair out of a bent gas pipe. Elbows helped secure the pieces, a simple board served as the seat. In November 1926, while preparing the exhibition in Stuttgart, Stam drafted a sketch of his chair. Other architects, including Mies van der Rohe, were present. Later he created the chair out of tubular steel and had it produced for his model homes.

Mies van der Rohe recognized the importance of Stam's idea, yet found Stam's sketched gas pipe chair spectacularly hideous. By using a stronger tube, adding curves and nickel-plating the metal, he took the cantilever principle and created a different design. His chair was light and bounced, the curved form and shiny steel tubing bestowed the chair

mais recouvert de nickel. L'assise et le dossier étaient en toile.

Qu'est-ce qui incita les deux architectes à créer des sièges avec un piétement sans appui à l'arrière ? Des contemporains de Stam rapportent que ce dernier s'inspira des sièges utilisés dans l'industrie automobile. En effet, dans le secteur de l'automobile, des chemins de fer et de l'aviation, on utilisait quelquefois des sièges avec un cadre en acier tubulaire formant un aplomb. En architecture, le béton armé et la construction en acier permettaient de réaliser des ouvrages en porte-à-faux défiant les lois de la gravité.

À cette époque, la réalisation de chaises cantilever n'était techniquement possible qu'en utilisant un matériau nouveau : l'acier tubulaire étiré à froid. Ce dernier était suffisamment résistant pour porter le poids d'une personne dans une structure en porte-à-faux, et suffisamment souple pour se plier de manière à agir comme un ressort.

L'histoire des sièges cantilever débuta à Rotterdam, lorsque Mart Stam « bricola » une simple chaise à partir de tuyaux à gaz. Les tubes étaient attachés avec des coudes, une planche servait d'assise. En novembre 1926, dans le cadre de préparatifs pour l'exposition de Stuttgart, Stam fit le dessin de la chaise qu'il avait conçue, en présence, entre autres, de Mies van der Rohe. Stam élabora par la suite un siège en acier tubulaire et le fit réaliser pour l'exposition.

Mies van der Rohe mesura l'importance de cette création, même s'il trouva l'esquisse de la chaise à tuyaux de gaz affreuse. Il reprit le principe de la chaise sans appuis arrière et

Wie kam es, dass beide Architekten die Hinterbeine ihrer Stühle wegließen? Zeitgenossen Stams berichten, dass er sich von Autositzen inspirieren ließ, und tatsächlich wurden bei Auto-, Flugzeug- und Zugsitzen manchmal freitragende Stahlrohrrahmen benutzt. In der Architektur machten der Stahlbeton und die Stahlkonstruktion die Anwendung des Kragprinzips – und damit die Überwindung der Schwerkraft – möglich. Bei Stühlen war dies zu jener Zeit technisch nur mit dem Einsatz eines neuen Materials möglich: Das kalt gezogene Stahlrohr war stark genug, um bei einer Auskragung den Sitzenden zu tragen, und auch elastisch genug, um sich biegen zu lassen und leicht zu federn. Die Geschichte beginnt 1926 in Rotterdam, wo Mart Stam einen einfachen Stuhl aus Gasrohr „bastelte". Die Rohrstücke wurden mit Knieteilen verbunden, als Sitz diente ein Brett. Im November 1926, bei einer Vorbereitung der Stuttgarter Ausstellung, skizzierte Stam, unter anderem in Anwesenheit Mies van der Rohes, seinen Stuhl. Später arbeitete er den Stuhl in Stahlrohr aus und ließ ihn für seine Modellwohnungen anfertigen.

Mies van der Rohe erkannte die Bedeutung der Stam'schen Idee, doch er fand den skizzierten Gasrohrstuhl hässlich. Mit dem Einsatz eines stärkeren Rohrs, einer gebogenen Linie und Vernickelung übersetzte er das hinterbeinlose Prinzip in einen anderen Entwurf. Sein Stuhl war leicht und federte, die geschwungene Form und das glänzende Stahlrohr verliehen dem Stuhl eine klassische Eleganz. Ein Jahr später, 1928, entwarf

Courtesy galerie ulrich fiedler, Berlin

< MR10, Ludwig Mies van der Rohe, Berliner Metallgewerbe Josef Müller, 1927
> B32, Marcel Breuer, Thonet, 1928-1930

with classical elegance. One year later, in 1928, Marcel Breuer (1902–1981) developed a slightly different version of the chair for Thonet. He used thicker, flexible steel tubing, which was subsequently chrome-plated. The backrest was not rigidly straight, as was Stam's, but instead slightly bent. This enabled the user to sit more comfortably, while minimizing the chair's Spartan appearance. Looking back at the development of the cantilever chair from 1930 to the present day, it becomes apparent that out of the three original models, only those by Mies van der Rohe and Marcel Breuer have met with success. From the early 1930s onwards, tubular steel chairs were highly fashionable and cantilever chairs all the rage. Competition between the manufacturers soon led to lawsuits to determine the copyright of the two-legged chair. In 1932, the Reichsgericht, the German supreme court, ruled that all forms of copyright for certain cantilever chairs were to be given to Mart Stam—not only those for the specific model from 1927, but for all rectangular cantilever chairs. German sales catalogs were forthwith obliged to assign several of Breuer's designs to Stam and pay licensing fees. After the Second World War, however, many details of this conflict were forgotten. Indeed, in the past decades, many of the models have been randomly ascribed to Breuer, Stam and Mies van der Rohe.

créa son propre modèle en utilisant un tube plus résistant, des formes courbes et de l'acier nickelé. Sa chaise était légère et élastique ; les arrondis et l'acier tubulaire brillant lui donnaient une élégance classique. Un an plus tard, en 1928, Marcel Breuer (1902–1981) conçut pour Thonet une version remaniée de cette chaise. Il eut recours à un acier tubulaire chromé, plus épais et plus souple. Le dossier ne décrivait pas un angle droit avec l'assise, comme dans le modèle de Stam, mais était légèrement incliné vers l'arrière pour un plus grand confort et un aspect moins spartiate.
En observant l'évolution de la chaise cantilever de 1930 à aujourd'hui, on constate que seuls les modèles de Mies van der Rohe et de Breuer eurent du succès. Au début des années 1930, les sièges en acier tubulaire étaient à la mode et les cantilevers une pièce de mobilier très demandée. La concurrence qui régnait entre les fabricants fut la source d'un conflit et de procès ayant pour objet la paternité de la chaise en porte-à-faux. En 1932, le tribunal du Reich fit définitivement de Mart Stam le père de cette invention en lui reconnaissant des droits d'auteur. La discorde ne portait pas tant sur le modèle de 1927, que sur le principe de porte-à-faux de forme rectangulaire. Après ce verdict, plusieurs créations de Marcel Breuer furent attribuées à Mart Stam dans les catalogues de vente allemands et des droits de licence furent prélevés. Après la guerre, cette histoire tomba dans l'oubli, tant et si bien que plusieurs modèles furent à tour de rôle attribués à Breuer, Stam ou Mies van der Rohe.

Marcel Breuer (1902–1981) für Thonet eine geänderte Version dieses Stuhls. Er benutzte dickeres, federndes Stahlrohr, das verchromt wurde, und die Rückenlehne verlief vom Sitz ab nicht senkrecht wie bei Stam, sondern leicht geneigt. Dies ermöglichte ein komfortableres Sitzen und ließ den Stuhl weniger spartanisch aussehen.
Betrachtet man die Entwicklung des Kragstuhls von 1930 bis heute, so zeigt sich, dass von den drei Urmodellen nur jene von Mies van der Rohe und Breuer erfolgreich waren. Ab Anfang der 1930er-Jahre kamen die Stahlrohrstühle in Mode und Freischwinger wurden zu sehr gefragten Möbelstücken. Die Konkurrenz unter den Herstellern führte bald zu gerichtlichen Auseinandersetzungen um die Urheberrechte des hinterbeinlosen Stuhls. 1932 sprach das Reichsgericht Mart Stam endgültig die Urheberrechte zu. Dabei ging es nicht speziell um das Modell von 1927, sondern allgemein um das hinterbeinlose Konstruktionsprinzip in rechtwinkliger Form. Nachfolgend mussten in deutschen Verkaufskatalogen verschiedene Entwürfe Breuers Stam zugeschrieben und Lizenzgebühren bezahlt werden. Nach dem Krieg gerieten allerdings viele Details dieser Geschichte in Vergessenheit, sodass verschiedene Modelle abwechselnd Breuer, Stam oder Mies van der Rohe zugeschrieben wurden.

1926

Courtesy galerie ulrich fiedler, Berlin

< **Nesting Tables**
Josef Albers
Reedition Vitra

These nesting tables were originally designed for the so-called Moellenhof house in Berlin. They combine clear, geometric forms, using colors that can also be found in Albers' paintings.

Créées à l'origine pour la maison Moellenhof à Berlin, ces tables gigognes associent une géométrie simple à une palette de couleurs qui rappelle l'œuvre d'Albers.

Diese Satztische sind ursprünglich für das sogenannte Moellenhof-Haus in Berlin gestaltet worden und verbinden klare geometrische Formen mit dem Einsatz von Farben, wie sie auch in Albers malerischem Werk zu findet sind.

1926

< Chair, Chaise, Stuhl
Erich Dieckmann
Staatliche Bauhochschule Weimar

Trained at the Bauhaus, furniture designer Erich Dieckmann created several pieces of standardized wooden furniture, whose simple constructions and cubical forms are typical. The needs of the masses were top priority for these designs, as they served as a suggestion for the development of an industrial norm for furniture in small apartments.

Le concepteur de meubles Erich Dieckmann, formé au Bauhaus, a conçu plusieurs pièces en bois standard. La construction simple et les formes cubiques sont caractéristiques de ces objets, qui furent élaborés pour répondre aux besoins courants. Ils sont une tentative de développer une norme industrielle dans l'ameublement des petits appartements.

Der am Bauhaus ausgebildete Möbelgestalter Erich Dieckmann schuf mehrere standardisierte Holzmöbel, deren einfache Konstruktion und kubische Formen typisch sind. Der „Volksbedarf" stand bei den Entwürfen im Vordergrund, dienten sie doch als Vorschlag für die Entwicklung einer Industrienorm bei Möbeln in Kleinwohnungen.

∨ Non Conformist
Eileen Gray
Jean Désert, Reedition ClassiCon

At first sight, Eileen Gray's steel furniture seems quite cool and detached. Often, however, the viewers overlook the fact that her furniture always remained true to a certain idea, showed a specific function or revealed in a certain way her sense of humor. *Non Conformist* differs radically from other designers' thoroughly symmetrically built tubular steel furniture from the same time period, by abstaining from a second armrest.

Les meubles en métal d'Eileen Gray paraissent à première vue très froids et très techniques. On oublie alors que ses créations sont dictées par une idée bien précise, font état d'une fonction particulière et traduisent d'une certaine manière son sens de l'humour. Ce fauteuil se distingue, entre autres, par l'absence du deuxième accotoir, par rapport aux sièges en acier symétriques élaborés par les designers de son époque.

Auf den ersten Blick wirken die Stahlmöbel von Eileen Gray sehr kühl und techisch. Dabei wird aber übersehen, dass ihre Möbel immer einer besonderen Idee folgen, eine spezielle Funktion aufweisen oder in gewisser Weise ihren Humor verraten. *Non Conformist* unterscheidet sich allein durch das unkonventionelle Fehlen des zweiten Armlehnenpolsters von den durchweg symmetrisch aufgebauten Stahlrohrsitzmöbeln anderer Designer in dieser Zeit.

1925

∧ Day Bed
Eileen Gray
Jean Désert, Reedition ClassiCon

According to Eileen Gray, this day bed offers snug sitting comfort and is perfectly suitable for relaxation.

Cette banquette est, selon Eileen Gray, confortable pour celui qui s'y assied et parfaite pour se reposer.

Laut Eileen Gray bietet das Liegesofa „angenehmen Sitzkomfort und ist zudem zum Ausspannen vorzüglich geeignet".

> B9 d/1
Marcel Breuer
Thonet

< Laccio Tables
Marcel Breuer
Knoll International

Marcel Breuer began experimenting with tubular steel while teaching at the Bauhaus in Dessau. These experiments were in close collaboration with Karl Körner, the master fitter of the educational workshops of the Junkers-Werke. According to an agreement with the Junkers-Werke, they were to assist the Bauhaus in the production of innovative seating furniture. During this same period, Marcel Breuer also developed a series of furniture that is still referred to as his "nesting tables."

Marcel Breuer commença à travailler le tube d'acier au Bauhaus de Dessau, parallèlement à sa fonction d'enseignant. Ses premières expériences avec ce matériau firent l'objet d'une étroite collaboration avec Karl Körner, maître ferronnier dans les ateliers du Junkers-Werke. Dans le cadre d'un accord passé avec le Bauhaus, les ateliers secondaient l'école dans la fabrication de sièges particulièrement novateurs. À cette époque, Marcel Breuer conçut une série de meubles, aujourd'hui connue sous le nom de « tables gigognes ».

Marcel Breuer begann, parallel zu seiner Lehrtätigkeit am Bauhaus Dessau, mit Stahlrohr zu experimentieren. Diese Experimente fanden in enger Zusammenarbeit mit Karl Körner, dem Schlossermeister der Lehrwerkstatt der Junkers-Werke, statt. Einer Absprache zufolge unterstützten die Junkers-Werke das Bauhaus bei der Fertigung neuartigen Stuhlmobiliars. In dieser Zeit entwickelte Marcel Breuer unter anderem eine Serie von Möbeln, die heute unter dem Begriff „Satztische" bekannt sind.

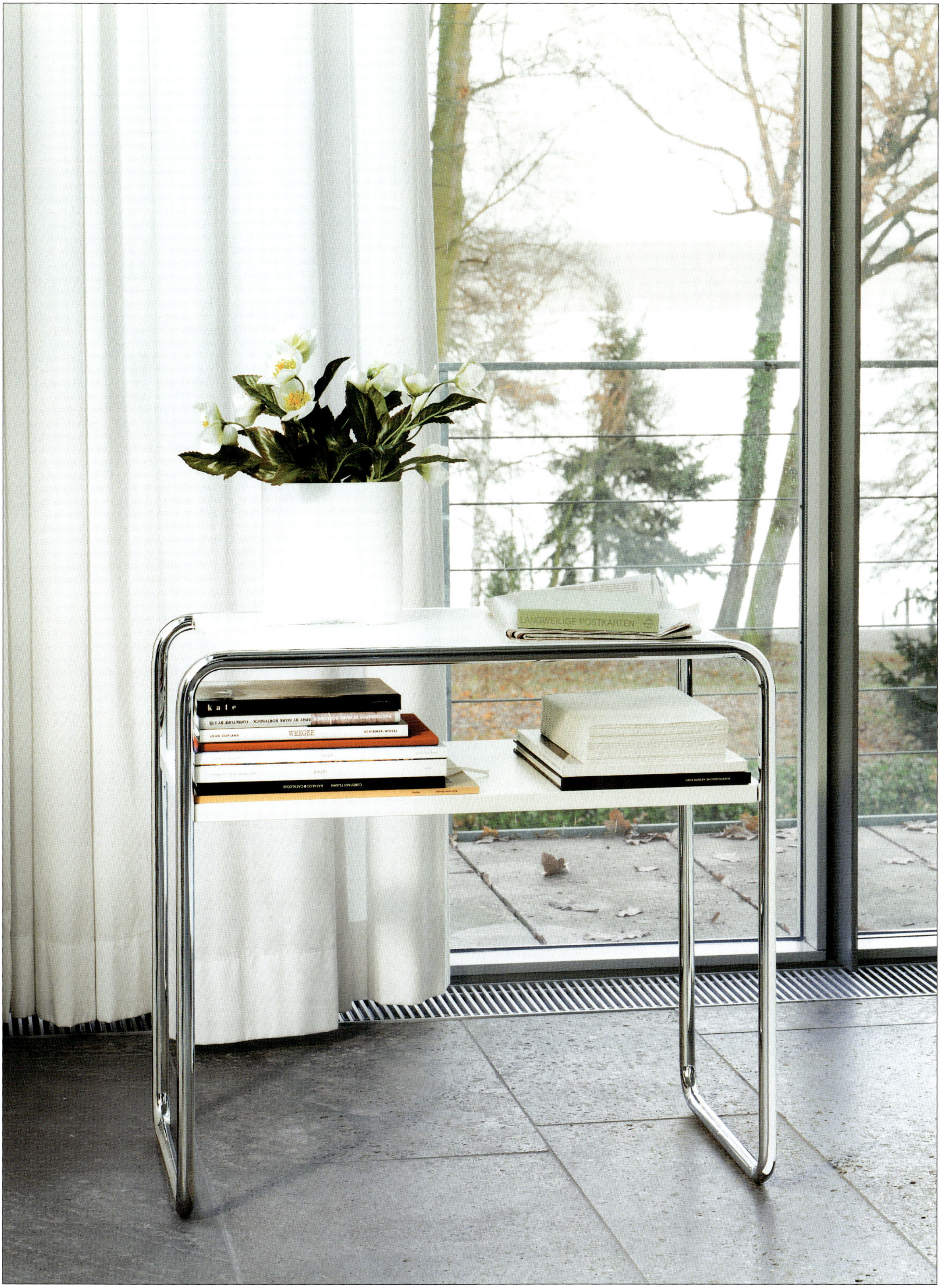

1924

1924

< Chaise inclinable en tôle d'acier
Jean Prouvé
Atelier Jean Prouvé, Reedition Tecta

Jean Prouvé developed the construction principle of a "tube aplati," a flattened metal tube, which achieved greater stability, especially for those areas subject to extreme stress. He used this principle in combination with cut and bent sheet metal for this chair, which, when folded, can be stored to save space.

Jean Prouvé est à l'origine d'un procédé de construction qui utilise la tôle d'acier pliée, afin d'obtenir une meilleure stabilité aux endroits particulièrement sollicités. Réalisée selon ce principe, cette chaise prend peu de place grâce à une assise repliable.

Jean Prouvé entwickelte das Konstruktionsprinzip „tube aplati", bei dem Rohre gepresst wurden, um an beanspruchten Stellen eine höhere Stabilität zu erzielen. In Kombination mit gestanzten und gekanteten Blechen nutzte er dieses Prinzip für diesen Stuhl, der sich mit hochgeklappter Sitzfläche Platz sparend verstauen lässt.

∧ Lota
Eileen Gray
Jean Désert, Reedition ClassiCon

Eileen Gray worked for around five years on the interior of Madame Mathieu-Levy's apartment. In addition to the extraordinary Priguo sofa in the form of a canoe, the interior also included the Lota sofa, which combined sumptuous, soft pillows with multicolored lacquered, angular side pieces.

Eileen Gray travailla plus de cinq ans à la décoration intérieure de l'appartement de Mme Mathieu-Levy. Le canapé Lota était l'un des éléments de l'ameublement, tout comme le très inhabituel canapé Priguo en forme de canoë. Lota se compose de grands coussins moelleux et d'une structure laquée à angles droits.

An der Innenarchitektur des Apartments für Madame Mathieu-Levy hat Eileen Gray rund fünf Jahre gearbeitet. Neben einem sehr ungewöhnlichen Priguo-Sofa in Form eines Kanus gehörte auch das Sofa Lota zur Ausstattung, das üppige, weiche Polsterkissen mit mehrfarbig lackierten, kantigen Seitenteilen verband.

1924

> **Militaire Stoel Chair**
Chaise militaire
Militaire-Stuhl
Gerrit Rietveld
C. A. van de Groenekant

Gerrit Rietveld designed chairs commissioned by the Katholiek Militair Tehuis (Catholic Military Home) in Utrecht, the Netherlands.

Cette chaise fut réalisée à la demande du foyer militaire catholique d'Utrecht, d'où son nom.

Im Auftrag des Utrecht Katholiek Militair Tehuis entwarf Gerrit Rietveld Stühle, womit deren Namensgebung erklärt ist.

∧ **K10**
Erich Brendel
Reedition Tecta

Erich Brendel's design for this table dates back to his studies at the Bauhaus in Weimar. Referred to as "Tea Table", this extremely versatile piece of furniture on castors has four foldable flaps.

Erich Brendel donna à ce meuble, posé sur roulettes, ouvert sur les quatre côtés et multifonctionnel, le nom de « table à thé ». Il fut conçu alors qu'il était étudiant au Bauhaus, à Weimar.

Erich Brendel nannte dieses rollbare und vierseitig ausklappbare und somit sehr flexibel einsetzbare Möbel etwas untertrieben einfach „Tee-Tisch". Der Entwurf stammt aus seiner Studienzeit am Bauhaus in Weimar.

> **Brugman Table**
Table Brugman
Brugman-Tisch
Gerrit Rietveld

The Dutch name for this table is *divantafeltje*. A better-known version for this table is the *Schroeder 1*, named for the client of the house for which this piece of furniture was intended. The depicted table was specifically designed for the author Til Brugman.

Le nom hollandais de cette pièce la qualifie de « petite table de divan ». Une version plus connue porte le nom de *Schröder 1*, d'après le commanditaire de la maison pour laquelle elle fut conçue. La table reproduite ici fut réalisée pour l'écrivain Til Brugman.

Im niederländischen Original heißt das Tischchen *divantafeltje*. Eine bekanntere Version des Tisches trägt den Namen *Schroeder 1*, benannt nach den Auftraggebern des Hauses, für das das Möbel bestimmt war. Der abgebildete Tisch wurde speziell für die Schriftstellerin Til Brugman gefertigt.

1923

Neues Bauen, New Forms of Living, New Man
Furniture from the Bauhaus Workshops

Neues Bauen, un habitat et un homme nouveau
Le mobilier des ateliers du Bauhaus

Neues Bauen, neues Wohnen, neuer Mensch
Die Möbel der Bauhaus-Werkstätten

Andrea Gleiniger

"Craftsmanship and industry are steadily approaching one another and are destined eventually to merge into one. (...) In this union the old craft workshops will develop into industrial laboratories: from their experimentation will evolve standards for industrial production."[1] With these words, Walter Gropius, director and founder of the Bauhaus since 1919,[2] heralded a new era of Bauhaus, one that began in 1925 with the move into the new Bauhaus building in Dessau. As early as 1922, Gropius had revised the original founding slogan of "Art and Craft: A New Unity" to "Art and Technology: A New Unity." In the 1920s, the new workshop building and its all-glass façade quickly became a symbol of *Neues Bauen*, as German architectural modernism came to be known. Indeed, it quickly represented a production site where the demand for this new sense of unity could

1 Walter Gropius: "Grundsätze der Bauhausproduktion", in *Neue Arbeiten der Bauhaus-Werkstätten*, Bauhausbuch 7, 1925, p. 7; Eva von Seckendorf: "Die Tischlerei- und Ausbauwerkstatt" in *Bauhaus*. Ed. by Jeannine Fiedler and Peter Feierabend, Cologne 1999, p. 409.
2 The roots can be traced back to the Saxon Grand Ducal Art School in Weimar, which, in 1902, was under the direction of the Belgian architect and designer Henry van de Velde. He then founded the School of Arts and Crafts, which in turn was the predecessor of the Bauhaus movement.

« Les ateliers du Bauhaus sont pour l'essentiel des laboratoires au sein desquels des objets et accessoires d'équipement caractéristiques de notre temps, adaptés à la fabrication en série, sont élaborés et constamment améliorés. »[1] En tant que fondateur et directeur du Bauhaus depuis 1919,[2] Walter Gropius initia cette nouvelle phase qui débuta en 1925, année du déménagement dans les nouveaux locaux de l'école à Dessau. Gropius avait dès 1922 remplacé la devise de l'école « l'art et l'artisanat : une nouvelle unité » par « l'art et la technique : une nouvelle unité ». Avec les nouveaux ateliers, dont la façade composée de baies vitrées était amenée à devenir l'un des symboles du *Neues Bauen*, l'architecture des années 1920, on avait créé un lieu de production propice à la réalisation de ce programme. La menuiserie se transforma à Dessau en un atelier de création de mobiliers ambitieux.[3]

1 Walter Gropius, „Grundsätze der Bauhausproduktion", *Neue Arbeiten der Bauhaus-Werkstätten*, Bauhausbuch 7, 1925, S. 7. Cité d'après Eva Seckendorf, „Die Tischlerei- und Ausbauwerkstatt", *Bauhaus*, publié sous la direction de Jeannine Fiedler et Peter Feierabend, Cologne, 1999, page 409.
2 Émanation de l'École des Beaux-Arts de Weimar, dirigée depuis 1902 par l'architecte et le créateur de mobilier Henry Van de Velde, qui, avec l'école des Arts Décoratifs créée par ce dernier, servit de base à la conception d'une nouvelle école, le Bauhaus.

„Die Bauhaus-Werkstätten sind im wesentlichen Laboratorien, in denen vervielfältigungsreife, für die heutige Zeit typische Geräte sorgfältig im Modell entwickelt und dauernd verbessert werden."[1] Mit dieser Programmatik leitete Walter Gropius, Gründer und Direktor des Bauhauses seit 1919,[2] jene Phase des Bauhauses ein, die 1925 mit dem Umzug in das neue Bauhausgebäude in Dessau begann. Schon 1922 hatte Gropius die das Bauhaus ursprünglich begründende Devise „Kunst und Handwerk eine neue Einheit" durch „Kunst und Technik eine neue Einheit" ersetzt. Mit dem neuen Werkstattgebäude, dessen durchgehende gläserne Fassade zu einem Symbol des *Neuen Bauens* der 1920er-Jahre werden wird, war nun eine Produktionsstätte geschaffen, in der sich die Forderung nach dieser neuen Einheit programmatisch umsetzen ließ. Mit dem

1 Walter Gropius: „Grundsätze der Bauhausproduktion." In: *Neue Arbeiten der Bauhaus-Werkstätten*, Bauhausbuch 7, 1925, S. 7. Zitiert nach: Eva von Seckendorf: „Die Tischlerei- und Ausbauwerkstatt". In: *Bauhaus*. Hrsg. v. Jeannine Fiedler und Peter Feierabend, Köln 1999, S. 409.
2 Hervorgegangen aus der Kunsthochschule in Weimar, die seit 1902 unter der Leitung des belgischen Architekten und Gestalters Henry van de Velde stand und mit der von ihm gegründeten Kunstgewerbeschule die Grundlage für deren Neukonzeption als „Bauhaus" bildete.

> Lattice Chair, Lattenstuhl, Marcel Breuer, 1923

be implemented according to the program. The move to Dessau transformed the Bauhaus carpenter workshop into an ambitious furniture workshop.[3] Marcel Breuer, who first excelled as a student and later as a junior master at the Weimar Bauhaus, was given the responsibility of leading the furniture workshop, where he proved himself an ingenious and daring designer.

Michael Thonet's bentwood furniture began a movement that continued with the reform movements of the late 19th century and took on concrete form with the foundation of the German Work Federation in 1907. Increasingly focused on design and societal reform, this movement culminated in the Bauhaus program. Once again declaring war on the growing mass of shoddy industrially produced goods, the artistic avant-garde strove to infuse daily life and everyday products with functionality and creativity, making this their primary goal. Whether chairs or housing developments, Bauhaus called for a design revolution in countless areas of daily life. Ultimately, in the various Bauhaus workshops themselves, the movement and Bauhaus designs began to take shape.

Living circumstances and common objects were now seen from a different angle and were re-considered, taking into account esthetics, functionality, society and the economy. In the early years of Bauhaus, this approach had been initiated while reflecting on the elementary requirements of a piece of furniture, in particular, sitting furniture. One notable example is the so-called *Lattice Chair* by Marcel Breuer, for which he analyzed all of the basic constructive requirements of the act of sitting. By radically analyzing function, the basis was set for the first modular furniture (*Typenmöbel*) created in Weimar between 1922 and 1925. During this period, a module was still seen as a paradigmatic and individual piece of furniture, of which durable validity was required. It was only in the later period that Bauhaus furniture became standardized and was based on industrial mass and serial production.

These innovative furniture concepts and new Bauhaus furniture were introduced to the public at the first Bauhaus exhibition in 1923 in the house which Georg Muche designed in Weimar, the *Haus am Horn*.

Marcel Breuer avait fait ses preuves au Bauhaus de Weimar, passant du statut d'étudiant à celui de jeune maître. Ce concepteur ingénieux, qui possédait un goût prononcé pour l'expérimentation, prit à Dessau la direction de la section ameublement.

Le phénomène, qui avait débuté avec les meubles en bois courbé de Michael Thonet, et dont les contours esthétiques et les revendications sociales s'étaient affinés avec le mouvement de réforme de la fin du XIXe siècle, et plus précisément avec le Deutscher Werkbund fondé en 1907, trouva avec le Bauhaus une tribune et un programme. La mise en avant fonctionnelle et esthétique du quotidien et de ses objets devint l'objectif principal d'une avant-garde artistique qui, une fois de plus, s'opposait aux effets négatifs de la production de masse, lesquels prenaient de l'ampleur au sein du processus d'industrialisation. Qu'il s'agisse d'une chaise ou d'un lotissement, les revendications esthétiques du Bauhaus touchaient tous les domaines, et prenaient forme dans les divers ateliers du Bauhaus.

L'habitat et ses objets étaient envisagés sous un jour nouveau, d'un point de vue tant esthétique que fonctionnel. Ils étaient conçus en prenant en compte de leurs aspects sociaux et économiques.

Les réflexions menées dans les années qui suivirent l'ouverture de l'école sur les propriétés élémentaires d'un meuble, un siège de préférence, avaient ouvert la voie à cette démarche. Le siège *Lattenstuhl*, élaboré par Marcel Breuer et résultant d'une analyse des principes de construction élémentaires de la fonction « s'asseoir », figura parmi les exemples les plus marquants. Une analyse radicale de la fonction fut à l'origine des premiers meubles modulaires, qui virent le jour à Weimar dans les années 1922-1925. À cette date, un module n'était encore que le paradigme d'un seul meuble, lequel revendiquait une validité permanente. Ce n'est que plus tard qu'il fut amené à devenir un standard servant de base à la production en série de type industriel.

Ces nouveaux meubles et concepts d'ameublement furent présentés au public à l'occasion de la première exposition de l'école qui ouvrit ses portes en 1923, dans la maison *Am Horn* conçue par Georg Muche.

À partir du milieu des années 1920, la section

Umzug nach Dessau wird aus der Tischlerei des Bauhauses eine ambitionierte Möbelwerkstatt.[3] Mit Marcel Breuer, der sich erst als Student, dann als Jungmeister am Weimarer Bauhaus profiliert hatte, wird nun ein Gestalter zum Leiter der Möbelwerkstatt, der sich durch ingeniöse Experimentierlust auszeichnet.

Was mit den Bugholzmöbeln von Michael Thonet seinen Anfang genommen und mit den Reformbewegungen des ausgehenden 19. Jahrhunderts und dann besonders mit dem 1907 gegründeten Deutschen Werkbund mehr und mehr an gestalterischer Kontur und sozialem Anspruch gewonnen hatte, erhält mit dem Bauhaus seine programmatische Bühne: Die gestalterische und funktionale Durchdringung des Alltags und seiner Alltagsgegenstände wird zum obersten Ziel einer künstlerischen Avantgarde, die einmal mehr der im Verlauf der Industrialisierung zunehmend missratenen Massenproduktion den Kampf angesagt hat. Ob Stuhl oder Siedlungsbau – der umfassende Gestaltungsanspruch des Bauhauses erstreckt sich auf sämtliche Bereiche des Lebens und nimmt in den verschiedenen Werkstätten des Bauhauses seine neue Gestalt(ung) an.

Das Wohnen und seine Gegenstände werden sowohl ästhetisch als auch funktional, sie werden sozial und ökonomisch neu gedacht. Den Anfang hatte in den frühen Jahren des Bauhauses das neue Nachdenken über die elementare Beschaffenheit eines Möbels, vorzugsweise eines Sitzmöbels gemacht. Ein wichtiges Beispiel dafür ist der sogenannte *Lattenstuhl* von Marcel Breuer, an dem er vor allem die konstruktiven Grundbedingungen des Sitzens untersucht. Eine radikale Funktionsanalyse wird zum Ausgangspunkt der ersten Typenmöbel, die in den Jahren 1922 bis 1925 noch in Weimar entstehen. Zu diesem Zeitpunkt wird der „Typ" noch als ein paradigmatisches Einzelmöbel verstanden, das dauerhafte Gültigkeit beansprucht. Erst in einem nächsten Schritt wird er im Sinne des Standards zur Grundlage einer industriellen Massen- und Serienproduktion werden.

Der Öffentlichkeit vorgestellt werden diese neuen Möbel und Möblierungskonzepte anlässlich der ersten Werkbundschau im Jahre 1923 in dem von Georg Muche entworfenen „Haus am Horn" in Weimar.

From the mid-1920s onwards, Marcel Breuer transformed the Dessau furniture workshop into a laboratory. Inspired and supported by the neighboring Junkers Werke, Breuer not only experimented with the foundations of modular furniture and new industrial methods of production. Breuer's adaptation of the bicycle handles is legendary. From this point onwards he focused on experimenting with new materials, notably metal and, more specifically, tubular steel. Vehemently criticized by some to be cold, clinical and antiseptic, tubular steel was hailed by others to be an icon of technical and industrial modern times. Tubular steel furniture became the emblem of a new sense of esthetics and its functionality, of a "morality of objects" that had been categorically eliminated in the low-quality objects of mass-production in the past. " Injected with air, drawn, so to speak, in space..."[4] — this is how Breuer imagined the future of flexible furniture, liberated from the voluminous weight of bourgeois representation. One spectacular emblem of such "liberated living"[5] is his *Cantilever Chair*. Most of the innovative furniture designs were proudly displayed in design and architecture[6], such as the Weißenhof Estate in Stuttgart, which was initiated by the German Work Federation in 1927. Such exhibitions were crucial in displaying new approaches to living and interior design concepts. While initially these exhibitions still represented the exclusive ideals of a modern, enlightened and reformist middle class, the increasingly precarious social and economic developments in the late 1920s radically changed the parameter of design. "Minimum subsistence dwelling"[7] became one of the new goals, most strongly supported by Hannes Meyer, who took it on as his core project when asked to

ameublement de Dessau devint, avec Marcel Breuer, une sorte de laboratoire. La proximité des ateliers du Junkers-Werke l'inspirait et l'encourageait dans ses recherches. Breuer n'expérimenta pas uniquement les principes de la création du mobilier modulair et les nouvelles méthodes de production industrielle. Dans sa célèbre adaptation du guidon de vélo, il se concentra avant tout sur l'emploi de nouveaux matériaux : le métal, le tube d'acier. Cliniques et antiseptiques pour les uns, incarnation d'une iconographie industrielle et technique pour les autres, les meubles en acier tubulaire devinrent le symbole d'une nouvelle esthétique, d'une fonctionnalité et d'une « morale de l'objet », qui ne s'accordaient pas avec l'idée qu'on se faisait alors de la production de masse. « Une esquisse légère et aérienne dans l'espace... »[4], voici comment Breuer imaginait le mobilier du futur, libéré du poids des représentations bourgeoises. Le porte-à-faux fut une spectaculaire incarnation de ce « befreites Wohnen »[5], de cet habitat délivré. Ces nouvelles inventions en matière de mobilier furent présentées au public dans le cadre d'expositions consacrées à la construction et au logement[6], comme celle du lotissement Weißenhof à Stuttgart en 1927, qui vit le jour à l'initiative du Deutscher Werkbund. Ces manifestations constituaient une vitrine importante et firent la démonstration de cette nouvelle manière de penser l'aménagement intérieur et l'habitat. Si cette dernière était à ses débuts conforme à l'idéal d'une bourgeoisie éclairée et moderne à la recherche d'une certaine exclusivité, le phénomène de précarité sociale et économique, qui s'amplifia à la fin des années 1920, modifia les paramètres en matière d'esthétique et de conception. « *Wohnen für das Existenzminimum* »[7], un habitat pour des besoins mini-

Mit Marcel Breuer wird die Dessauer Möbelwerkstatt seit Mitte der 1920er-Jahre zu einer Art Labor. Inspiriert und bestärkt durch die unmittelbare Nachbarschaft der Junkers-Werke, experimentiert Breuer nicht nur mit den Grundlagen der Typisierung und neuer industrieller Fertigungsmethoden. In seiner legendären Adaption des Fahrradlenkers konzentriert er sich von nun an vor allem auf das Experimentieren mit neuen Materialien, vor allem mit Metall, mit Stahlrohr. Von den einen als klinisch und antiseptisch vehement abgelehnt, von den anderen als Inbegriff einer Ikonografie des Technischen und Industriellen gefeiert, werden die Stahlrohrmöbel zum Ideal der neuen Ästhetik, ihrer Funktionalität und einer „Moral der Gegenstände", die einer historistisch verbrämten Massenproduktion programmatisch abgesprochen worden war. „Luftig leicht in den Raum gezeichnet ...",[4] so stellte sich Breuer die Zukunft eines flexiblen, von der plüschigen Schwere bürgerlicher Repräsentation befreiten Mobiliars vor. Zum spektakulären Inbegriff dieses „befreiten Wohnens"[5] wird der sogenannte *Freischwinger*. Präsentiert werden diese neuen Möbel-Erfindungen vor allem im Rahmen von Bau- und Wohnungsausstellungen,[6] wie etwa die vom Deutschen Werkbund 1927 initiierte Weißenhofsiedlung in Stuttgart, die zu einem wichtigen Schaufenster für die Demonstration der neuen Wohn- und Einrichtungsvorstellungen werden. Repräsentieren sie anfangs vor allem noch die exklusiven Ideale einer modernen und aufgeklärt reformerischen Bürgerlichkeit, verändern Ende der 1920er-Jahre die zunehmend prekären sozialen und wirtschaftlichen Entwicklungen die Parameter des gestalterischen Auftrags: Das „Wohnen für das Existenzminimum"[7] wird vor allem Hannes Meyer zum zentralen Auf-

---

3 See footnote 1.
4 Marcel Breuer: "metallmöbel und moderne räumlichkeit", in *Das Neue Frankfurt*, 2, vol. 1, 1928, p. 11. Also: Andrea Gleiniger: "Marcel Breuer", in: *Bauhaus 1999* (see footnote 1), pp. 320–31, here: p. 326.
5 Befreites Wohnen. Compiled by Sigfried Giedion. Published by Emil Schaeffer. Zurich, 1929.
6 In addition to the exhibitions held by the German Work Federation in Stuttgart, Vienna and Breslau, the Dammerstock housing project in Karlsruhe (1929) and the *Berlin Building Exhibition* (Deutsche Bauausstellung) (1931) should be mentioned.
7 In 1929 in Frankfurt the second CIAM-Congress took place, which was dedicated to "Wohnung für das Existenzminimum" (the minimum subsistence dwelling). An accompanying exhibition displayed furniture and interior design concepts for social housing.

3 Voir note 1.
4 Marcel Breuer : « metallmöbel und moderne räumlichkeit », *Das Neue Frankfurt*, 2, Heft 1, 1928, page 11. Voir également Andrea Gleiniger, « Marcel Breuer », *Bauhaus 1999* (voir note 1), pages 320–321, # : page 326.
5 « Befreites Wohnen ». Commenté par Sigfried Giedion. Publié par Emil Schaeffer. Zurich, 1929.
6 Aux côtés des expositions de Stuttgart, de Vienne et de Breslau, organisées par le Werkbund, il est utile de mentionner dans ce contexte le lotissement Dammerstock de Karlsruhe (1929) et la *Deutsche Bauausstellung* de Berlin (1931).
7 Le 2ᵉ congrès du CIAM, qui eut lieu à Francfort en 1929, était consacré à un habitat répondant à des besoins minimum (« Wohnung für das Existenzminimum »). Une exposition ouvrit ses portes en parallèle. Elle présentait des meubles et des conceptions d'aménagement pour logements sociaux.

3 Siehe Anmerkung 1.
4 Marcel Breuer: „metallmöbel und moderne räumlichkeit." In: *Das Neue Frankfurt*, 2, Heft 1, 1928, S. 11. Siehe auch: Andrea Gleiniger: „Marcel Breuer" In: *Bauhaus 1999* (s. Anm. 1), S. 320–331, hier: S. 326.
5 Befreites Wohnen. Erläutert von Sigfried Giedion. Hrsg. von Emil Schaeffer, Zürich 1929.
6 Neben den Werkbundausstellungen in Stuttgart, Wien und Breslau sind in diesem Zusammenhang vor allem die Dammerstock-Siedlung in Karlsruhe (1929) sowie die *Deutsche Bauausstellung* in Berlin (1931) zu nennen.
7 Der „Wohnung für das Existenzminimum" war der 2.CIAM-Kongress gewidmet, der 1929 in Frankfurt stattfand und in einer begleitenden Ausstellung vor allem Möbel und Einrichtungskonzepte für einen sozialen Wohnungsbau präsentierte.

> Wardrobe for Bachelors, Armoire à roulettes pour célibataire, Kleiderschrank auf Rollen, Joseph Pohl, 1930

head the Bauhaus department of furniture and architecture production in 1928. In spite of the fact that initially the demand for economic living mainly represented an esthetic challenge, social and commercial components soon played a role in the Bauhaus movement, even if only temporarily.[8]

Meyer's furniture designs became daringly radical, both in their formal reduction and in their societal demands. Yet, Bauhaus designers failed to achieve what others managed to realize in the framework of the avant-garde periodical *Das Neue Frankfurt* with the so-called Frankfurter Register: a catalog of furniture destined for the socially and financially weaker parts of the population. Meyer's notions of a new purist sense of esthetics were strikingly shown in the interior ensemble of his Co-op Room, which he presented in 1926 as a "radically modern monk's cell."[9] Were we to focus on Joseph Pohl's largely forgotten *Wardrobe for bachelors*, on wheels from 1930, other interesting furniture and design concepts of the last years of the Bauhaus movement would also become apparent. In line with the development of the "new person," shaped by the anonymity of modern, industrialized metropolises, two new phenomena had emerged—bachelors and single working women.

Many of the furniture designs of the Bauhaus enjoyed lasting success. Individual pieces from the early years, such as Peter Keler's cradle (1922) and Marcel Breuer's[10] tubular steel furniture, are merely a few examples. Even though the original tubular steel furniture might still be exclusive and expensive today, it has shaped the universe of modern and contemporary furniture, a fact to which countless copies and plagiarized versions of Breuer's chairs testify. Tubular steel furniture has become mainstream and remains popular in all levels of society, a phenomenon very similar to Michael Thonet's *Bistro Chair* from decades earlier.

mum, c'est en ces termes qu'Hannes Meyer décrivit la mission principale du Bauhaus lorsqu'il devint en 1928 responsable de la production de meubles et des réalisations architecturales au sein de l'école. Si les réflexions autour de l'économie de l'habitat étaient initialement de nature esthétique pour l'essentiel, elles devinrent d'ordre social et structurel[8]. Avec Meyer, les créations de mobilier se radicalisèrent tant en termes de réduction des formes qu'au niveau leur revendication sociale. Toutefois, les designers du Bauhaus ne parvinrent pas à réaliser un équivalent de ce qui vit le jour dans la cadre du « Neue Frankfurt » : un catalogue de meubles et d'équipement dont l'assortiment s'adressait aux couches socialement défavorisées. Les conceptions de Meyer et sa volonté de créer une nouvelle esthétique puriste sont résumées dans les configurations d'aménagement de sa pièce « Co op » qu'il présenta en 1926 comme une « cellule monacale radicalement moderne »[9]. Joseph Pohl, dont la contribution est en grande partie tombée dans l'oubli, conçut en 1930 une *Armoire à roulettes pour célibataire*. Les dernières années du Bauhaus furent en effet marquées par des concepts de mobilier et d'aménagement qui étaient empreints de cet « homme nouveau », lequel avait vu le jour dans l'anonymat de la grande ville moderne et industrielle : le « célibataire » ou la femme active vivant seule.

Parmi les créations du Bauhaus, ce sont surtout les meubles en acier tubulaire de Marcel Breuer qui se sont imposés sur la durée aux côtés d'ouvrages individuels datant des premières années de l'école comme le berceau de Peter Keler (1922). Les créations de Breuer[10], qui n'ont rien perdu de leur caractère exclusif et de leur valeur, n'ont pas seulement marqué l'image du meuble moderne. Les innombrables imitations et copies de ses sièges montrent à quel point ces meubles ont trouvé une place au sein des couches sociales les plus larges, celles-là même qui adoptèrent jadis la *chaise bistrot* de Thonet.

trag erklären, als er 1928 die Verantwortung für die Möbel- und Architekturproduktion des Bauhauses übernimmt. Hatte die Forderung nach der Ökonomie des Wohnens zu Anfang vor allem eine ästhetische Herausforderung dargestellt, setzt sie sich nun auch am Bauhaus vorübergehend als eine soziale und wirtschaftliche durch.[8] Mit Meyer werden die Möbelentwürfe sowohl in ihrer formalen Reduktion als auch in ihrem sozialen Anspruch radikaler. Allerdings gelang den Bauhaus-GestalterInnen nicht, was etwa im Rahmen des „Neuen Frankfurt" mit dem sogenannten „Frankfurter Register" Wirklichkeit wurde: einen Einrichtungskatalog zu entwickeln, der sich programmatisch an die sozial schwächeren Schichten der Bevölkerung richtete. Meyers Vorstellungen einer neuen puristischen Ästhetik werden vor allem in der Einrichtungskonfiguration seines „Co op"-Zimmers zusammengefasst, das er 1926 als „radikal moderne Mönchszelle"[9] präsentierte. Wenn der weitgehend in Vergessenheit geratene Joseph Pohl 1930 einen *Kleiderschrank auf Rollen* für Junggesellen entwirft, dann rücken interessanterweise in den letzten Jahren der Bauhaus-Produktion auch Möblierungs- und Einrichtungskonzepte in den Blickpunkt, die sich an jener Ausprägung des „neuen menschen" orientieren, die vor allem die Anonymität der modernen, industrialisierten Großstadt hervorgebracht hatte: der „Junggeselle" und die berufstätige, alleinstehende Frau.

Bestand hatten von den Möbelentwürfen des Bauhauses neben Einzelstücken aus seiner Frühzeit, wie der Wiege von Peter Keler (1922), vor allem die Stahlrohrmöbel von Marcel Breuer,[10] die – so exklusiv und teuer sie bis heute geblieben sind – nicht nur das Bild des modernen Möbels schlechthin geprägt haben, sondern vor allem in den unzähligen Plagiaten und Kopien seiner Stühle die Akzeptanz jener breiten sozialen Schichten gefunden haben, die dereinst auch den *Kaffeehausstuhl* von Michael Thonet ihrem Alltag einverleibten.

---

8 For more on the history of Bauhaus furniture production, see: Magdalena Droste.
9 See footnote 1, *Bauhaus* 1999, p. 410.
10 Others should also be mentioned, such as those by Mies van der Rohe and Lily Reich, which were built towards the end of the 1920s in the context of Mies' villas, or rather, in 1929, for the Barcelona Pavilion of the world exhibition in Barcelona.

8 Sur l'histoire de la production de meubles au Bauhaus, voir également Magdalena Droste.
9 Voir note 1, page 410.
10 … et naturellement ceux de Mies van der Rohe et Lily Reich, qui virent le jour à la fin des années 1920 dans le cadre des villas édifiées par Mies van der Rohe et du pavillon réalisé pour l'Exposition universelle de Barcelone en 1929.

8 Zur Geschichte der Möbelproduktion am Bauhaus siehe auch: Magdalena Droste.
9 Siehe Anmerkung 1, S. 410.
10 … und natürlich diejenigen von Mies van der Rohe und Lily Reich, die Ende der 1920er-Jahre vor allem im Kontext von Mies' Villenbauten, beziehungsweise des 1929 für die Weltausstellung in Barcelona errichteten Barcelona-Pavillons entstehen.

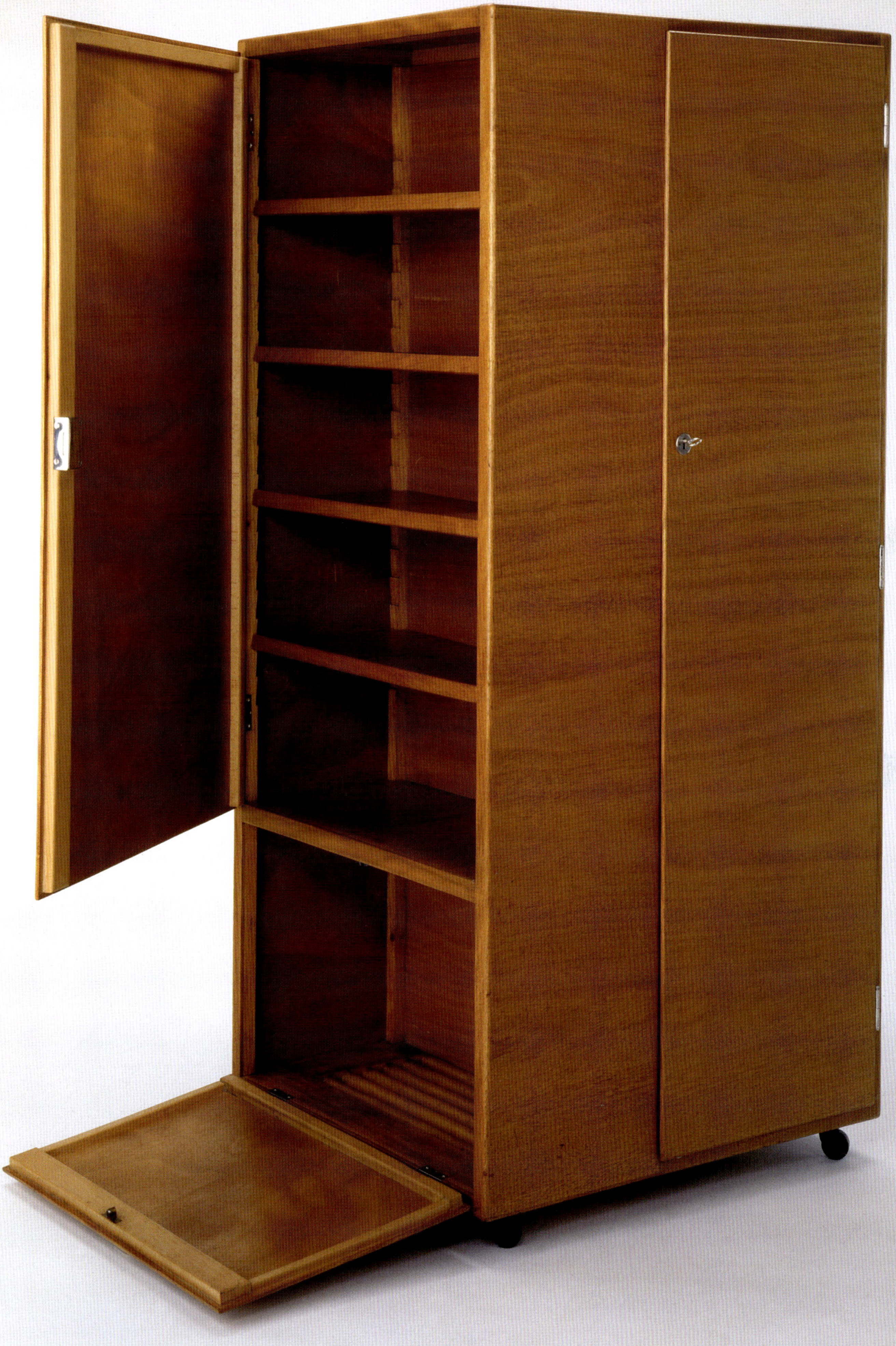

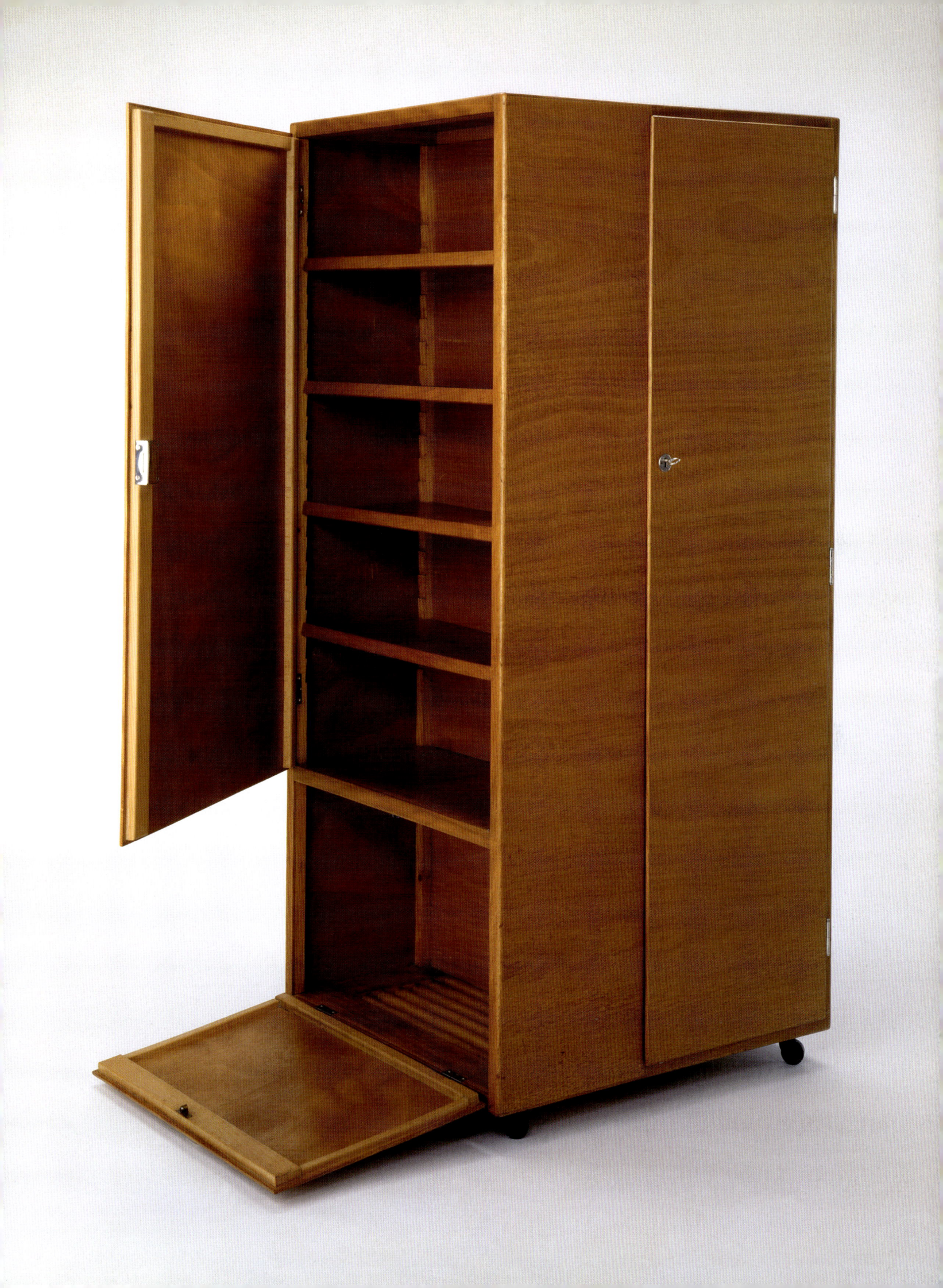

1922

1920

< Block screen
Paravent en blocs
Block-Wandschirm
Eileen Gray
Jean Désert

Eileen Gray structured the space of the long entry hall of Madame Mathieu-Levy's apartment by taking hundreds of narrow lacquered panels to create a screen, which was attached to the wall. The lacquered panel screen could be unfolded vertically across the middle of the room. She repeated this system with freestanding, moveable wall screens.

Eileen Gray structura le hall d'entrée de l'appartement de Mme Mathieu-Lévy à l'aide de constructions isolées, composées de petits blocs de bois laqués pivotant faisant office de murs mobiles. Elle reprit ce système pour créer des paravents en blocs.

Die lange Eingangshalle des Apartments von Madame Mathieu-Levy hat Eileen Gray räumlich gegliedert, indem sie Hunderte von schmalen Lackpaneelen versetzt zueinander flach an der Wand befestigte, die Lackpaneele in der Mitte des Raums aber senkrecht herausgeklappte. Dieses System wiederholte sie in frei stehenden, beweglichen Wandschirmen.

∨ F51
Walter Gropius
Reedition Tecta

Gropius designed his armchair and the matching sofa for the director's room of the Bauhaus in Weimar. The frame is reminiscent—if only formally—of the cantilever seating that designers focused on a few years later.

Ce fauteuil et le canapé qui lui est assorti ont été conçus par Gropius pour le bureau du directeur du Bauhaus à Weimar. La forme du piétement évoque les sièges en porte-à-faux, qui seront quelques années plus tard au cœur des travaux de certains designers.

Dieser Sessel und das dazugehörige Sofa wurden von Gropius für das Direktorenzimmer des Bauhauses in Weimar entworfen. Das Gestell erinnert, wenn auch nur formal, an die frei schwingende Sitzfläche, mit der sich einige Jahre später einige Gestalter maßgeblich beschäftigten.

649

The Chair as a Manifesto
Un siège comme manifeste
Der Stuhl als Manifest

Otakar Máčel

The *Red-Blue Chair* by Gerrit Thomas Rietveld (1888–1964) is widely seen as a manifesto of De-Stijl esthetics. Rietveld, a carpenter from Utrecht, the Netherlands, created a new piece of furniture that embodied the esthetic principles of the Dutch design group: a simple form, additive construction and primary colors. The wooden chair consists of 13 squared timber beams, two slats (armrests) and two planes (seat and backrest). The beams and slats are not connected in the traditional manner, but are instead stacked one upon another and held together with hidden dowels. The boards are nailed together. The first version of this chair had two horizontal side planes underneath the armrests, but they were soon seen as superfluous and were thus eliminated. The whole construct resembles a skeleton, or even an armchair in need of upholstery. Red, blue, yellow and black were used, colors that were also chosen by Piet Mondrian and Bart van der Leck for paintings from the same period. Red and blue were used for the seat and the backrest, black for the beams and yellow for the cutting edges of the beams.

The chair was probably designed in 1918 and was presented in September 1919 in the magazine *De Stijl*, together with Rietveld's *Kinderstoel* (Baby Chair). Both chairs rely on Rietveld's innovative use of dowels. The *Red-Blue Chair's* form, however, is much simpler and clearer. Rietveld designed this chair even before meeting Theo van Doesburg and before the De-Stijl group proclaimed their design manifesto. Initially, the chair was not only produced in the primary colors but

Le *Fauteuil Rouge et Bleu* de Gerrit Thomas Rietveld (1888–1964) fait figure de manifeste du mouvement esthétique De Stijl. Cet ébéniste originaire d'Utrecht réalisa une pièce de mobilier dont les formes élémentaires, le procédé de construction en adjonctions et les couleurs primaires incarnaient les fondements esthétiques du groupe néerlandais. Le fauteuil en bois se compose de 13 morceaux de bois équarris, deux lattes (accotoirs) et deux planches (assise et dossier). Les pièces de bois et les lattes ne sont pas assemblées de manière habituelle. Les morceaux sont posés les uns sur les autres et sont fixés par des chevilles invisibles de l'extérieur. Les planches de l'assise et du dossier sont maintenues par des clous. Cette première version comporte des planches placées de chaque côté des accotoirs ; considérées bientôt comme inutiles, elles furent abandonnées. La construction ressemble à un squelette, un fauteuil qu'il faut habiller. Les couleurs retenues sont le rouge, le bleu, le jaune et le noir, à savoir les couleurs qui apparaissent dans les œuvres de Piet Mondrian et de Bart Van der Leck datant de cette époque. Le rouge et le bleu habillent l'assise et le dossier ; le noir recouvre les autres pièces de bois, dont les extrémités sont peintes en jaune.

Le fauteuil vit vraisemblablement le jour en 1918 et le modèle fut publié dans la revue *De Stijl*, en septembre 1919, avec *kinderstoel*, la chaise pour enfant de Rietveld. Les deux pièces sont assemblées avec des chevilles, un procédé nouveau. Toutefois, les lignes du *Fauteuil Rouge et Bleu* sont plus simples et plus rigoureuses. Rietveld conçut ce modèle

Der *Rood blauwe Stoel* von Gerrit Thomas Rietveld (1888–1964) gilt als Manifest der De-Stijl-Ästhetik. Durch die einfache Form, die additive Konstruktion und primäre Farben schuf der Utrechter Zimmermann ein neues Möbelstück, das die ästhetischen Grundsätze der niederländischen Gruppe verkörperte. Der hölzerne Stuhl besteht aus 13 Kanthölzern, zwei Latten (Armlehnen) und zwei Brettern (Sitz und Rückenlehne). Die Kanthölzer und Latten sind nicht in der üblichen Weise miteinander verbunden, sondern sie sind aufeinandergelegt und werden nicht sichtbar mit Dübeln zusammengehalten. Die Bretter sind mit Nägeln befestigt. Die erste Version des Stuhls hat an beiden Seiten unter den Armlehnen noch zwei Seitenbretter, doch sie wurden bald als überflüssig empfunden und weggelassen. Die ganze Konstruktion gleicht einem Skelett, einem Fauteuil, der noch bekleidet werden muss. Als Farben wurden Rot, Blau, Gelb und Schwarz eingesetzt, also Farben, die auch in Piet Mondrians und Bart van der Lecks Gemälden jener Zeit Verwendung fanden. Rot und Blau wurden für den Sitz und die Rückenlehne ausgewählt, Schwarz für die Balken und Gelb für die Enden der Kanthölzern.

Der Stuhl entstand wahrscheinlich 1918 und wurde im September 1919 in der Zeitschrift *De Stijl* publiziert, zusammen mit Rietvelds *Kinderstoel* (Kinderstuhl). Beide Stühle sind in der neuen Art mit Dübel konstruiert, doch der rot-blaue Stuhl ist viel einfacher und klarer in seiner Form. Rietveld entwarf diesen Stuhl noch vor seiner Begegnung mit Theo van Doesburg und bevor die

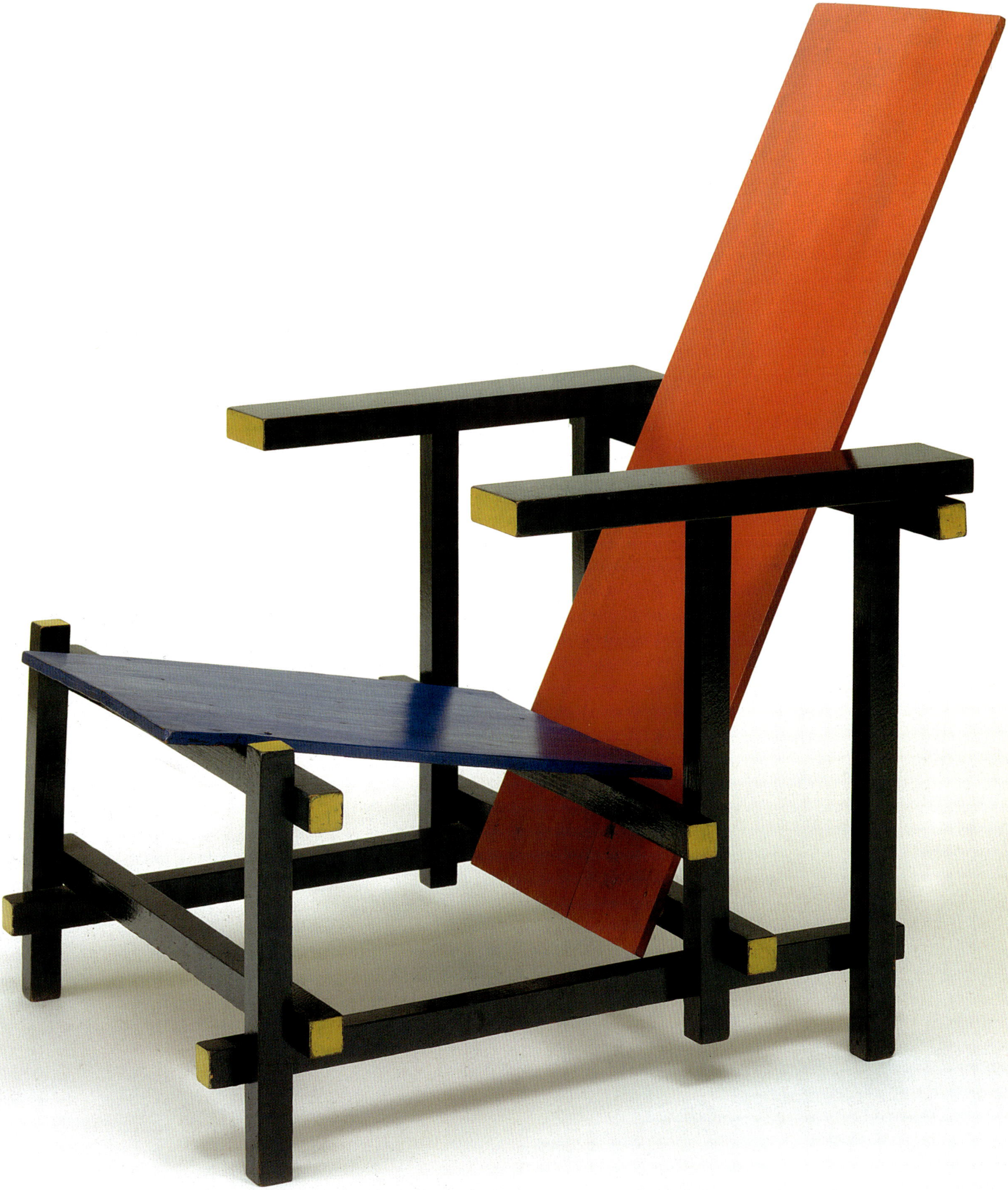

also came in white, pink, black or green, in accordance with the client's wishes. However, after meeting the other members of the group, from 1920 onwards Rietveld switched to primary colors for his furniture. The chair only became red and blue in 1923. One year later, Rietveld designed his famous Schröder House in Utrecht, which, like the chair, consists of a composition of colorful lines and surfaces.

Even though the chair itself had not changed, perception of the form had—all substantiality seemed to have disappeared and, instead, abstract form was emphasized. Even before opting for primary colors, Rietveld spoke out on how form could overcome material. He alluded to form resulting from the new manner of construction. "The construction is attuned to the parts to insure that no part dominates or is subordinate to the others. In this way, the whole stands freely and clearly in space, and the form stands out from the material." Space and transparency were characteristic for Rietveld's furniture in the 1920s and corresponded to the ideas of the Functionalist avant-garde, as did Rietveld's notion of industrial production. Rietveld believed that his *Red-Blue Chair* could easily be industrially produced as well. After all, the material—beams, slats and boards—were all easily available and the construction was not particularly challenging. All the same, Rietveld never undertook the necessary steps to do so.

Rietveld might not have focused on industrial mass-production because he continued to experiment, instead of developing one consistent design. In 1930, for example, he designed the *Red-Blue Chair* out of tubular steel. Around the same time, Rietveld developed two designs with unbroken lines, whose seats, backrests and armrests resembled the *Red-Blue Chair*, in that they were made out of boards and slats. Only one of these designs was briefly produced and distributed by the company Metz & Co. in Amsterdam.

By the way, it was not Rietveld himself who converted the wooden *Red-Blue Chair* into metal—it was Marcel Breuer (1902–81). Breuer's designs of wooden chairs had already been directly inspired by Rietveld, and his club armchair out of tubular steel (later known as the *Wassily Chair*) is derived from the *Red-Blue Chair*. Indeed, as long as the differences in material are quietly ignored,

avant la rencontre avec Theo Van Doesburg, et avant le manifeste du groupe De Stijl. Dans un premier temps, le fauteuil fut réalisé en bois naturel teinté, puis proposé ensuite en blanc, rosé, noir ou vert selon le souhait du commanditaire. C'est après avoir rencontré les membres du mouvement que Rietveld appliqua, à partir de 1920, la palette des couleurs primaires à ces meubles. Le fauteuil ne devint rouge et bleu qu'en 1923. Un an plus tard, Rietveld conçut la célèbre maison Schröder à Utrecht, laquelle compose un ensemble de lignes et de surfaces colorées semblables au fauteuil.

Avec les couleurs primaires, les formes du fauteuil sont certes demeurées les mêmes, mais leur perception a évolué : la matérialité disparaît pour laisser place à l'abstraction des formes. Rietveld s'exprima sur le fait que la forme l'emportait sur le matériau, ce avant l'utilisation des couleurs primaires. Il faisait allusion à son procédé de construction et aux formes qui en résultaient : « Le procédé de fabrication permet d'assembler les pièces sans les mutiler, de manière à ce que l'une ne puisse couvrir l'autre en la dominant ou en l'assujettissant, afin que l'ensemble prenne librement et distinctement place dans l'espace et que la forme prenne le pas sur le matériau. » Dans les années 1920, les meubles de Rietveld étaient synonymes de transparence et de spatialité plastique, et conformes aux idées de l'avant-garde fonctionnaliste, tout comme ses réflexions sur la fabrication industrielle. Rietveld pensait que son fauteuil rouge et bleu pouvait être facilement réalisé industriellement. Le matériau, les morceaux de bois équarris, les lattes et les planches étaient disponibles sur le marché, et l'assemblage ne présentait pas de difficultés majeures. Pourtant, il n'entreprit jamais de démarches dans ce sens.

Cette pièce fut un objet expérimental pour Rietveld, lequel ne cessa d'explorer le champ des possibles plutôt que de travailler à un modèle de série. C'est peut-être la raison pour laquelle le projet de production en série ne vit pas le jour. Le *Fauteuil Rouge et Bleu* fut également réalisé en acier tubulaire en 1930. À la même époque, Rietveld exécuta deux modèles avec une ossature d'une seule ligne et une assise, un dossier et des accotoirs en bois comme dans le *Fauteuil Rouge et Bleu*. L'un de ces modèles fut pendant un court laps de temps commercialisé par Metz & Co., à Amsterdam.

De-Stijl-Gruppe ihre Ideen verkündete. Anfänglich wurde der Stuhl nicht in primären Farben ausgeführt, sondern nur gebeizt oder später in Weiß, Rosé, Schwarz oder Grün gefärbt, je nach Wunsch des Auftraggebers. Doch nach seiner Bekanntschaft mit anderen Mitgliedern der Gruppe wandte Rietveld seit 1920 die primäre Farbenstellung auf seine Möbel an. Rot-blau wurde der Stuhl allerdings erst 1923. Ein Jahr später entwarf Rietveld sein berühmtes Schröderhaus in Utrecht, das ähnlich wie der Stuhl eine Komposition aus farbigen Linien und Flächen darstellt.

Durch die Anwendung von primären Farben hat sich der Stuhl de facto zwar nicht verändert, aber die Wahrnehmung der Form ist eine andere geworden: Die Materialität verschwindet, und die abstrakte Form wird betont. Schon vor Einsatz der primären Farben sprach Rietveld über die Überwindung des Materials durch die Form. Er spielte damit auf die durch die neue Konstruktionsweise bedingte Form an: „Die Konstruktion hilft, die Teile unverstümmelt miteinander zu verbinden, sodass das eine das andere so wenig wie möglich dominierend bedeckt oder sich unterordnet, so dass das Ganze frei und klar im Raum steht und die Form gewinnt es vom Material." Die Räumlichkeit und Transparenz waren kennzeichnend für Rietvelds Möbel in den 1920er-Jahren und entsprachen den Ideen der funktionalistischen Avantgarde. Ebenso seine Vorstellung der industriellen Herstellung. Rietveld war der Auffassung, dass auch sein rot-blauer Stuhl einfach industriell gefertigt werden könne. Das Material, die Kanthölzer, Latten und Bretter, sind schließlich auf dem Holzmarkt erhältlich, und die Konstruktion ist nicht weiter kompliziert. Doch er hat nie die dafür notwendigen Schritte unternommen.

Vielleicht realisierte Rietveld das Projekt nicht, weil er immer weiter experimentierte, statt einen Entwurf beharrlich für die Serienproduktion auszuarbeiten. So hat er den rot-blauen Stuhl 1930 auch in Stahlrohr konzipiert. Um 1930 führte Rietveld zwei Entwürfe mit einer durchlaufenden Linie aus, deren Sitz- und Rückenlehne sowie die Armlehnen in ähnlicher Form wie bei dem rot-blauen Stuhl aus Brettern und Latten hergestellt sind. Nur einer dieser Entwürfe wurde kurze Zeit von Metz & Co. in Amsterdam vertrieben.

it becomes evident that the club armchair consists of lines (tubular steel) and surfaces (iron yarn). The chair may not be colorful, but, like the Rietveld chair, it hides its substantiality. With the reflective nickel of the tubular steel and the colored, tightly stretched iron yarn, the effect is that of an abstract, two-dimensional surface. The first prototype from 1925 stood on small feet and not on runners. Thus, the chair manifesto of the De-Stijl movement also inspired the chair manifesto of Functionalist design.

En fait, ce ne fut pas Rietveld, mais Marcel Breuer, qui entreprit de traduire en métal les lignes du fauteuil de Rietveld en bois. Les premiers dessins de Breuer s'inspirent directement des fauteuils de bois de Rietveld, et son fauteuil *Club* (ou fauteuil *Wassily*) en acier tubulaire dérive du *Fauteuil Rouge et Bleu*. En faisant abstraction des différences de matériaux, on constate que le fauteuil *Club* de Breuer propose également un entrelacement de lignes (acier tubulaire) et de surfaces (toile). Le fauteuil n'est certes pas en couleurs, pourtant, comme la pièce de Rietveld, il dissimule sa matérialité. Le nickel miroitant de l'acier tubulaire fait l'effet d'une surface abstraite à deux dimensions. Le premier prototype, datant de 1925, reposait sur deux petits pieds et non sur des barres. Ainsi, le fauteuil, qui servit de manifeste au mouvement De Stijl, inspira le siège qui devint le manifeste du design fonctionnaliste.

Die Übersetzung des hölzernen rot-blauen Stuhls in Metall unternahm übrigens nicht Rietveld, sondern Marcel Breuer. Breuer war schon bei seinen Entwürfen von Holzstühlen von Rietveld direkt inspiriert, und sein Klubsessel aus Stahlrohr (später *Wassily Chair*) ist von dem rot-blauen Stuhl abgeleitet. Lässt man sich vom Materialunterschied nicht irritieren, kann man sehen, dass auch der Klubsessel aus Linien (Stahlrohr) und Flächen (Eisengarnstoff) komponiert ist. Der Sessel ist nicht farbig, aber wie der Rietveld-Stuhl verbirgt er die Materialität: Der spiegelnde Nickel des Stahlrohrs und der gefärbte, straff gespannte Eisengarnstoff wirken als abstrakte, zweidimensionale Fläche. Man sollte dabei bedenken, dass der erste Prototyp von 1925 auf kleinen Füßchen und nicht auf Kufen stand. So hat das Stuhlmanifest der De-Stijl-Bewegung das Stuhlmanifest des funktionalistischen Designs angeregt.

1917/1914

< **Fåborg Chair**
Chaise Fåborg
Fåborg-Stuhl
Kaare Klint
Rud. Rasmussens

This chair was named for the Danish city Fåborg. Together with the museum architect, Carl Peterson, Kaare Klint designed the furniture for the visual arts room in the Fåborg Museum. The designer remained true to his principles to improve and rethink classical solutions.

La ville danoise de Fåborg a donné son nom à cette chaise. Kaare Klint a conçu ces pièces pour le collectionneur Mad Rasmussen. Elles étaient destinées aux archives du musée de Fåborg, et furent réalisées en collaboration avec Carl Peterson, l'architecte du musée. De facture classique, elles sont toutefois caractéristiques du style de Klint.

Namensgeber für den Stuhl ist die dänische Stadt Fåborg. Für das Archivzimmer im Fåborg-Museum des Kunstsammlers Mads Rasmussen entwarf Kaare Klint in Zusammenarbeit mit dem Architekten des Museums, Carl Peterson, die Möbel, wobei er seinem Prinzip treu blieb, klassische Lösungen zu überarbeiten.

< **Moretta**
Bernard Marstaller
Reedition Zanotta

This armchair twists slightly when you sit in it, which compensates for any uneven floors. The model of the armchair was the traditional colonial armchair, the *Indian Chair* by the London company Maples & Co.

Ce fauteuil se plie légèrement lorsqu'on s'y assied, afin de compenser les irrégularités du terrain. Le traditionnel siège colonial *Indian Chair* de la firme londonienne Maples & Co. a servi de modèle à cette réalisation.

Dieser Sessel verwindet sich leicht beim Hineinsetzen, wodurch Bodenunebenheiten ausgeglichen werden. Die Vorlage dieses Sessels ist der traditionelle Kolonialsessel *Indian Chair* der Londoner Firma Maples & Co.

> **Kubus**
Josef Hoffmann
Reedition Wittmann

Josef Hoffmann never again reduced the cube as a design motif as radically as he did with this chair.

Le carré, motif particulièrement apprécié de Josef Hoffmann, est ici réduit à sa plus simple expression.

Reduzierter als bei diesem Sessel ist das Gestaltungsmotiv Quadrat von Josef Hoffmann nie angewandt worden.

1910

1908

© bel etage, Wolfgang Bauer, Wien

< Nymphenburg
Otto Blümel
Reedition ClassiCon

This coat rack dates back to when Otto Blümel directed the art room of the Vereinigte Werkstätten für Kunst und Handwerk (United workshops for art and crafts) in Munich, Germany. Blümel was a trained architect, but gained a reputation for his works as a painter, graphic artist and author of a murder ballad.

Ce portemanteau date de l'époque où Otto Blümel dirigeait à Munich les Vereinigten Werkstätten für Kunst und Handwerk (Ateliers unis pour l'art dans l'artisanat). Cet architecte de formation se fit également un nom comme peintre, illustrateur et auteur d'un Moritat.

Der Garderobenständer stammt aus der Zeit, als Otto Blüm Leiter des Zeichensaals der Vereinigten Werkstätten für Kunst und Handwerk in München war. Der studierte Architekt machte sich aber auch als Maler, Grafiker und Autor einer Moritat einen Namen.

1907

< Viennese Art-Nouveau cabinet
Vitrine Jugendstil viennois
Vitrine Wiener Jugendstil
Otto Prutscher

Otto Prutscher was a member of the Viennese workshops and strove both as an architect and as a designer to create a complete and consistent work of art. He designed and created buildings and their interiors, as well as furniture, lamps, rugs, china and glassware.

Membre des Wiener Werkstätte (Ateliers viennois), l'architecte et designer Otto Prutscher, aspirant à l'?uvre d'art total, s'adonnait à un vaste éventail d'activités : architecture, décoration intérieure, création de meubles, lampes, tapis, travail de la porcelaine et du verre.

Otto Prutscher war Mitglied der Wiener Werkstätten und deckte als Architekt und Gestalter im Sinn der auch von ihm angestrebten Gesamtkunstwerke das komplette Spektrum von Gebäuden über Inneneinrichtungen, Möbel, Lampen und Teppiche bis zu Porzellan und Gläser ab.

∨ Armchair
Fauteuil
Armlehnstuhl
Gustav Stickley

Gustav Stickley was one of the leading contributors to the American Arts and Crafts movement, which, similar to the English variation, opposed industrial mass-production without soul, and called for a return to high-quality craftsmanship, expressed through simplicity in design and judicious use of the material.

Gustav Stickley fut l'un des protagonistes les plus influents du mouvement Arts and Crafts américain. Comme en Angleterre, les artistes s'élevaient contre une production industrielle sans âme et plaidaient pour un artisanat de qualité. L'accent était mis sur le matériau avec des meubles aux lignes simples.

Gustav Stickley ist einer der führenden Protagonisten der amerikanischen Arts-and-Crafts-Bewegung, die sich wie ihr englisches Pendant gegen die „seelenlose" industrielle Fertigung wandte und für eine Rückbesinnung auf das qualitative Handwerk plädierte, ausgedrückt durch eine Einfachheit in der Gestaltung und einen besonnenen Umgang mit dem Material.

1906

© bel etage, Wolfgang Bauer, Wien

< **Siebenkugelstuhl**
Josef Hoffmann
Jacob & Josef Kohn

One of Josef Hoffmann's recurring elements consists of a frozen ball used to conjoin chair legs, seat, arm- and backrests. The seven balls placed decoratively on the chair's back allude to this method of construction.

L'utilisation de boules à la jonction entre les pieds, l'assise et le dossier, qui assure la stabilité de l'ensemble, est un élément que l'on retrouve souvent dans le mobilier de Josef Hoffmann. Les sept cercles perforés au centre du dossier évoquent de manière décorative ce principe de construction.

Ein wiederkehrendes Element bei Josef Hoffmann ist die zur Versteifung eingesetzte Kugel bei Verbindungen von Stuhlbeinen, Sitz und Lehen. Die sieben Kugeln der Lehne zitieren dieses Konstruktionsmittel auf dekorative Weise.

< **Purkersdorf Chair**
Chaise Purkersdor
Purkersdorf-Stuhl
Josef Hoffmann
Jacob & Josef Kohn

With the exception of the back, this chair is identical to the *Siebenkugelstuhl*. It was part of the interior of the dining room of the sanatorium in Purkersdorf, Austria.

La salle à manger du sanatorium de Purkersdorf fut équipée de ce siège qui évoque, jusque dans l'exécution du dossier, la chaise *Siebenkugelstuhl*.

Mit diesem Stuhl, der bis auf die Ausführung der Lehne dem *Siebenkugelstuhl* gleicht, wurde der Speisesaal des Sanatoriums Purkersdorf bestückt.

1906

> **Fledermausstuhl**
Josef Hoffmann
Jacob & Josef Kohn
Reedition Wittmann

Josef Hoffmann worked together with other artists from the Viennese Workshops to design the interior of the Viennese theater and cabaret café Fledermaus. This chair belongs to an ensemble that carries the name of the café (bat) and was included in the range of products of the manufacturer of that time, Jacob & Josef Kohn.

Die von Josef Hoffmann in Zusammenarbeit mit anderen Künstlern der Wiener Werkstätten geschaffene Ausstattung des Kabarett-Café Fledermaus in Wien war aufsehenerregend. Der Stuhl gehört zu einem Ensemble, das den Namen des Cafés trägt und in das Programm des damaligen Herstellers Jacob & Josef Kohn aufgenommen wurde.

La décoration du café-cabaret Fledermaus à Vienne, fruit d'une collaboration entre Josef Hoffmann et les autres artistes des Wiener Werkstätte (Ateliers viennois), fit sensation. Cette chaise appartient à un ensemble portant le nom du café, et figura dans le catalogue de la manufacture Jacob & Josef Kohn.

© bel etage, Wolfgang Bauer, Wien

660

Josef Hoffmann
Sitzmaschine

Max Borka

Sitzmaschine figures as a kind of oddball in of work of the Austrian designer and architect Josef Hoffmann (1870–1956), whose career spanned more than six decades and a large array of disciplines. Not only does the chair stand out because of its shape—its name and monumentality also indicate that he meant it to be a manifesto for modern times and a celebration of the Industrial Revolution and the machine that made the artisan obsolete.

In 1897, along with his mentor Otto Wagner and artists like Gustav Klimt, Hoffmann was one of the founders of the Viennese Secession, the Austrian response to the international Art-Nouveau movement that wanted to inject more natural, simple, abstract and pure forms into architecture and the arts. Six years later, Hoffmann established the Wiener Werkstätte, a workshop and collaborative with Koloman Moser and others, that tried to translate these ideals into high-quality products. Hoffmann believed that decoration should be minimal and that forms should be simplified to their geometric state. Most of his designs were originally meant to be part of a specific architectural project that was elaborated as a *Gesamtkunstwerk*, a "complete work of art."

Le fauteuil *Sitzmaschine* est quelque peu singulier au regard de l'ensemble de l'œuvre du designer et architecte autrichien Josef Hoffmann (1870-1956), dont la carrière interdisciplinaire s'est étendue sur 60 ans. Le siège ne se distingue pas uniquement en raison de sa forme. Son nom et son aspect monumental indiquent qu'il fut conçu comme un manifeste des temps modernes, une célébration de l'ère industrielle et de la machine, amenée à remplacer l'artisan.

En 1897, Hoffmann est avec Otto Wagner, son mentor, et des artistes, tel Gustav Klimt, l'un des fondateurs de la Sécession viennoise. Cette école est la réponse autrichienne au mouvement international de l'Art nouveau, lequel prône les formes naturelles, simples, abstraites et pures dans l'architecture et dans les arts. Six ans après, Josef Hoffmann fonde, avec Koloman Moser et d'autres, les Wiener Werkstätte (Ateliers viennois), des ateliers de production dont l'objectif est de traduire les idéaux de la Sécession en réalisant des objets de qualité. Hoffmann privilégiait une ornementation minimale, et pensait que les objets devaient être ramenés à des formes géométriques. La plupart de ses créations furent initialement conçues dans le cadre d'un projet architectural

Die *Sitzmaschine* ist das ausgefallenste Objekt des österreichischen Designers und Architekten Josef Hoffmann (1870–1956), dessen Karriere mehr als sechs Jahrzehnte und eine Vielzahl von Disziplinen umfasste. Der Stuhl fällt nicht nur durch seine Form auf, sein Name und seine kolossalen Ausmaße deuten darauf hin, dass Hoffmann den Stuhl als Manifest für die moderne Zeit und als Würdigung der industriellen Revolution sowie der Maschine, die den Handwerker ersetzte, plante.

Im Jahre 1897 wurde Hoffmann, zusammen mit seinem Mentor Otto Wagner und Künstlern wie Gustav Klimt, einer der Gründer der Wiener Sezession, der österreichischen Antwort auf die internationale Jugendstilbewegung, die natürlichere, einfachere, abstraktere und reinere Formen in Architektur und Kunst einbringen wollte. Sechs Jahre später gründete Hoffmann mit Koloman Moser und anderen die Wiener Werkstätte, die versuchten, diese Ideale in hochwertige Produkte umzusetzen. Hoffmann war der Meinung, dass Dekoration nur sparsam eingesetzt werden sollte und die Gegenstände auf ihre geometrische Form zu reduzieren seien. Die meisten seiner Entwürfe waren ursprünglich Teil eines architektonischen

661

One of the earliest important commissions received by the Viennese Workshops was the Purkersdorf Sanatorium (1904), a nursing home near Vienna. The *Sitzmaschine*, also known as *Model No.670*, was one of the many pieces of furniture and other decorative objects that Hoffmann, who was also the architect, designed for this interior. One might wonder if patients felt comfortable in it, despite the fact that most of the models had cushions on the seat and back. The chair looked rather breathtaking than curing, and critics compared it to a torture machine. With its rounded rectangular frame made of stained beech-wood, it re-visited the bentwood processing that had been rediscovered by Viennese architects about 1900. It also made clear reference to an English Arts & Crafts chair with an adjustable back, known as the *Morris Chair*, designed by Philip Webb around 1866. At the same time, its strict voluminous body and singular simplicity and geometric forms pointed ahead to the radical designs of Gerrit Rietveld, whereas the use of a frame instead of four legs was later taken up by the equally revolutionary tubular frames of Marcel Breuer and Bauhaus.

Different as it is from his other chairs, the *Sitzmaschine* undeniably bore Hoffmann's signature. Its circular construction, the grid of squares piercing the rectangular back splat, the bentwood loops that form the armrests and legs, the side panels with their square and rectangular reticulation, and the rows of knobs that later became a common element in his designs, illustrated the fusion of decorative and structural elements that was typical of the style of the Viennese Workshops. The back could be easily adjusted by moving the rod that fitted between the knobs behind the armrests, making the *Sitzmasschine* one of the first manually adjustable reclining chairs in the history of design.

The recliner was created by the Austrian firm Jacob & Josef Kohn. It remained in production until at least 1916 in a number of

spécifique, d'une œuvre d'art total (« Gesamtkunstwerk »).

L'un des premiers projets de grande envergure des Wiener Werkstätte fut le sanatorium de Purkersdorf (1904), une maison de convalescence dans les environs de Vienne. Le fauteuil *Sitzmaschine*, également répertorié sous le nom de *Modèle n° 670*, figurait parmi les nombreuses pièces de la décoration et de l'aménagement intérieurs créées par Hoffmann, qui était également l'architecte du projet. On s'interroge parfois sur le confort de ce fauteuil pour les patients, bien qu'il fut revêtu de coussins au niveau de l'assise et du dossier. Ce siège ne ressemble pas à un fauteuil de repos ; certains critiques l'ont même comparé à un instrument de torture. En utilisant le hêtre teinté et les formes rectangulaires arrondies, Hoffmann réinterprète la technique du bois courbé, redécouverte vers 1900 par les architectes viennois. Son fauteuil évoque également une chaise Arts & Crafts à dossier réglable, conçue vers 1866 par Philip Webb et plus connue sous le nom de *Morris Chair*. Toutefois, avec ses volumes, sa singulière simplicité et ses formes géométriques, ce fauteuil annonce également les créations radicales de Gerrit Rietveld, tandis que l'utilisation d'un piétement composé d'armatures latérales à la place des quatre pieds habituels sera bientôt reprise par Marcel Breuer et par le Bauhaus, de manière tout aussi révolutionnaire, dans des sièges en tubes d'acier.

Même si cette *Sitzmaschine* diffère des autres sièges de Hoffmann, elle porte indéniablement la marque de l'artiste. Le procédé de construction, les ajours carrés qui composent le motif du dossier, les barres en bois courbé qui forment les accoudoirs et les pieds, les panneaux latéraux et leurs ajours rectangulaires et carrés, les ornements en forme de boule caractéristiques de son œuvre illustrent la fusion entre les éléments décoratifs et la structure, conformément au style des Wiener Werkstätte. La hauteur du dossier pouvait être ajustée grâce à une barre qui glissait

Projekts, das als ein Gesamtkunstwerk konzipiert wurde.

Einer der frühesten wichtigen Aufträge, den die Wiener Werkstätte erhielt, war das Purkersdorfer Sanatorium in der Nähe von Wien (1904). Die *Sitzmaschine*, auch bekannt als *Modell Nr. 670*, war eines der vielen Möbelstücke und anderer dekorativer Objekte, die Hoffmann, der zugleich Architekt des Sanatoriums war, als Einrichtung für dieses entworfen hatte. Man fragt sich, ob die Patienten den Stuhl bequem fanden, ungeachtet der Tatsache, dass die meisten Modelle Sitz- und Rückenkissen hatten. Dieser auffällige Stuhl sah ganz und gar nicht wie ein Krankenstuhl aus, Kritiker verglichen ihn sogar mit einer Foltermaschine. Mit seinem abgerundeten, rechteckigen und gebeizten Buchenholzrahmen griff er die Bugholztechnik auf, die von den Wiener Architekten um 1900 wiederentdeckt wurde. Er bezieht sich auch auf einen englischen Arts-and-Crafts-Stuhl mit verstellbarer Rückenlehne, der als *Morris*-Stuhl bekannt ist und um 1866 von Philip Webb entworfen wurde. Gleichzeitig war er mit seinem ausladenden Körper, seiner besonderen Schlichtheit und seinen geometrischen Formen ein Vorläufer der radikalen Entwürfe von Gerrit Rietveld, während der Rahmen, der die vier Beine ersetzt, später von Marcel Breuer und dem Bauhaus in einem ebenso revolutionären Akt in Stahlrohr ausgeführt wurde.

So sehr sich die *Sitzmaschine* auch von seinen anderen Stühlen unterschied, trug sie doch unverkennbar Hoffmanns Handschrift. Ihre runde Konstruktion, die rasterförmig ausgesparten Quadrate der Rückenlehne, die Bugholzkufen, die die Armlehnen und Beine formen, die Seitenpaneele mit ihren quadratischen und rechteckigen Mustern und die Knopfreihen, die später ein beliebtes Element bei seinen Entwürfen wurden, zeigen eine Verbindung von dekorativen und konstruktiven Elementen, die typisch für den Stil der Wiener Werkstätte waren. Die Rückenlehne konnte durch Verstellen einer Stange, die

versions. But it was still far less suited for machine production than its exposed structure and rational simplification of forms suggested, and perfectly illustrated the main dilemma that prevented the modernist movement from reaching the masses it aimed at. The machine age was still not up to the superior quality Hoffmann had in mind. The products, therefore, forcibly remained exclusive and expensive, which would inevitably lead to the downfall of the Viennese Workshops.

entre les boules de bois situées à l'arrière des accoudoirs, un système qui fit de la *Sitzmaschine* l'un des premiers fauteuils à dossier réglable de l'histoire du design.
Le fauteuil fut édité par la société autrichienne Jacob & Josef Kohn. Jusqu'en 1916, il fut décliné en de nombreuses versions. Mais il était moins adapté à la machine que sa structure et la simplicité rationnelle de ses formes ne le laissaient paraître. Cet ouvrage illustre de manière exemplaire le dilemme auquel fut confronté ce mouvement avant-gardiste, et le fait qu'il ne put atteindre les objectifs qu'il s'était fixés. Cette époque n'était pas encore en mesure de produire mécaniquement la qualité recherchée par Hoffmann. Les créations demeurèrent, par la force des choses, chères et élitistes, ce qui conduisit inévitablement au déclin des Wiener Werkstätte.

zwischen die Knöpfe hinter den Armlehnen gesteckt wurde, einfach angepasst werden. Dadurch wurde die *Sitzmaschine* einer der ersten von Hand verstellbaren Lehnstühle in der Geschichte des Designs.
Der verstellbare Lehnstuhl wurde von der österreichischen Firma Jacob & Josef Kohn produziert. Bis mindestens 1916 wurde er in zahlreichen Versionen hergestellt. Doch er war nicht ausreichend für die maschinelle Fertigung geeignet, wie es seine offene Struktur und die rationelle Vereinfachung der Formen vermuten ließen, und verdeutlichte beispielhaft das Dilemma, das die modernistische Bewegung daran hinderte, die von ihr anvisierten Massen zu erreichen. Das Maschinenzeitalter lieferte immer noch nicht die hervorragende Qualität, die sich Hoffmann erhoffte. So blieben die Produkte zwangsläufig exklusiv und teuer, was unvermeidlich zum Niedergang der Wiener Werkstätte führte.

1905

© bel etage, Wolfgang Bauer, Wien

∧ **Thebes Stool**
Tabouret Thebes
Thebenhocker
Adolf Loos

The model for this stool dates back to an Egyptian stool from 1300 BCE. Variants thereof began to appear in English parlors from 1883 onwards. Adolf Loos' adaptation testifies to his conviction that it was preferable to improve traditional designs instead of creating something new merely for the purpose of novelty.

Ce tabouret est inspiré d'un modèle égyptien antique (environ 1300 av. J.-C.) et fait son apparition dans les intérieurs anglais à partir de 1883. Cette version d'Adolf Loos témoigne de sa préférence pour l'adaptation de formes traditionnelles, plutôt que des créations par simple recherche de la nouveauté.

Die Vorlage dieses Hockers stammt aus Ägypten aus der Zeit um 1300 v. Chr. und tauchte ab 1883 in englischen Wohnräumen auf. Die Adaption von Adolf Loos belegt seine Überzeugung, lieber altbewährte Entwürfe zu verbessern als Neues um des Neuen willen zu schaffen.

\> **Batlló Chair**
Chaise Batlló
Batlló-Stuhl
Antoni Gaudí

This chair is reminiscent of a wooden sculpture; individual elements are carved out of oak wood. Gaudí designed this chair for the dining room of the Casa Batlló in Barcelona, Spain.

Ce siège est travaillé comme une sculpture en bois. Les différents éléments sont taillés dans le chêne. Gaudí a conçu cette chaise pour la salle à manger de la Casa Batlló à Barcelone.

Dieser Stuhl ist wie eine Holzskulptur gearbeitet, die einzelnen Elemente sind aus Eichenholz geschnitzt. Entworfen hat Gaudí diesen Stuhl für das Speisezimmer der Casa Batlló in Barcelona.

\> **Chair for a dining room**
Chaise de salle à manger
Stuhl für ein Speisezimmer
Carlo Bugatti

Carlo Bugatti is known as one of the more unorthodox designers. Exotic and oriental lines and forms influence many of his works; he predominantly used exotic woods, vellum, copper and brass inlays, in addition to mother-of-pearl. This chair is an exception and represents a formally more subdued design. The first impression of an unsupported, freely hanging seat is an illusion—a further support was added to the back legs of the chair.

Cette chaise figure parmi les travaux les plus sobres du designer Carlo Bugatti, réputé pour son individualisme. Bugatti était plutôt porté sur le travail des bois exotiques, du parchemin, des incrustations de cuivre, de laiton et de nacre, et les formes orientales. Ce qui semble être à première vue un porte-à-faux n'en est pas un. Un contrefort vient consolider le piètement arrière du siège.

Dieser Stuhl ist eine der formal zurückhaltenden Arbeiten des als eigenwillig geltenden Designers Carlo Bugatti, der sonst exotische Hölzer, Pergament, Kupfer- und Messingeinlegearbeiten sowie Perlmutt verwendete und sich von orientalischen Formen beeinflussen ließ. Der erste Eindruck der frei über die vorderen Stuhlbeine schwingenden Sitzfläche täuscht. Sie wird hinten durch eine weitere Strebe gestützt.

1904

1904

< Chair, Chaise, Stuhl
Frank Lloyd Wright

Many variants of this chair were designed for the Larkin Company Administration Building. Frank Lloyd Wright opted to use continuous boards for this reduced design. Other drafts, however, also show vertical fillets.

Frank Lloyd Wright a conçu plusieurs variantes de cette chaise pour le siège social de la Larkin Company. Dans sa version la plus minimaliste, l'architecte a choisi une simple planche pour réaliser le dossier du siège. Mais il utilisa également des montants verticaux dans d'autres versions.

Für die verschiedenen Varianten dieses Stuhls, die für das Larkin Company Administration Building entworfen wurden, wählte Frank Lloyd Wright in seiner reduziertesten Ausführung durchgehende Bretter. Er verwendete aber in anderen Entwürfen auch vertikal verlaufende Leisten.

1904

< Willow
Charles Rennie Mackintosh
Reedition Cassina

The Willow Tea Rooms only owned one of these wide chairs, which was reserved for the tearoom supervisor, who was said to have used differently colored glass balls to convey customers' orders to the downstairs kitchen.

Il n'y avait qu'un seul exemplaire de ce large fauteuil dans le salon de thé Willow, lequel était réservé au responsable des serveurs. Selon la légende, il passait les commandes à l'étage inférieur au moyen de boules de verre multicolores.

In den Willow Tea Rooms gab es nur ein einziges Exemplar dieses breiten Sessels, der dem Aufseher der Bedienungen vorbehalten war und der, so die Legende, die Bestellungen mittels unterschiedlich farbiger Glaskugeln in die Küche im Untergeschoss weiterleitete.

> Occasional table
Petite table de salon
Salontischchen & Étagère
Marcel Kammerer
Gebrüder Thonet Wien

At the turn of the 20th century, Thonet's range of products included more than 300 different types of chairs. Both the occasional table and this étagère, which, with great likelihood, can be ascribed to the leading designer of the time, Marcel Kammerer, clearly show that Thonet did not exclusively use bentwood for seating furniture.

Le catalogue de la maison Thonet comprend à cette date plus de 300 modèles de chaises. Cette étagère et la petite table de salon, qui sont vraisemblablement l'œuvre de Marcel Kammerer, designer de la manufacture, démontrent que la technique du bois courbé n'était pas seulement réservée aux sièges.

Das Programm von Thonet umfasst zu diesem Zeitpunkt über 300 verschiedene Stuhltypen. Dieses Regal sowie das Salontischchen, die man mit großer Wahrscheinlichkeit dem damaligen Chefdesigner Marcel Kammerer zuschreiben kann, sind Beispiele dafür, dass Thonet Bugholz nicht ausschließlich bei Sitzmöbeln einsetzte.

© bel etage, Wolfgang Bauer, Wien

1904

1903

< Stool & Tabouret
Armchair & Fauteuil
Armlehnstuhl & Hocker
Otto Wagner
Jacob & Josef Kohn

Designed for the Austrian Postsparkasse, postal savings bank, in Vienna, this chair boasts aluminum sleeves and fittings. These did not serve decoration purposes, but instead aimed to protect the furniture where it would be most exposed.

Les ferrures en aluminium de ce siège, réalisé pour la Caisse d'Épargne de la Poste autrichienne à Vienne, ne sont pas uniquement des ornements. Elles servent également à protéger les meubles aux endroits les plus sollicités.

Die Aluminiummanschetten und -beschläge des für die Österreichische Postsparkasse Wien entworfenen Stuhls waren nicht nur Zierde, sondern schützten das Möbel an den meistbeanspruchten Stellen.

> Sewing cabinet
Coffret à ouvrage
Nähkästchen
Franz Messner
Clemens Pacher

"Simple furniture" was the slogan of the exhibit of the workshop "Viennese Art at Home," where this piece of furniture was shown.

L'exposition du groupe « Art viennois et intérieurs » s'intitulait : « Des meubles simples ». Cette pièce fut présentée au public dans le cadre de cette manifestation.

„Einfache Möbel" lautete das Motto der Ausstellung der Vereinigung „Wiener Kunst im Hause", bei der dieses Möbel gezeigt wurde.

© bel etage, Wolfgang Bauer, Wien

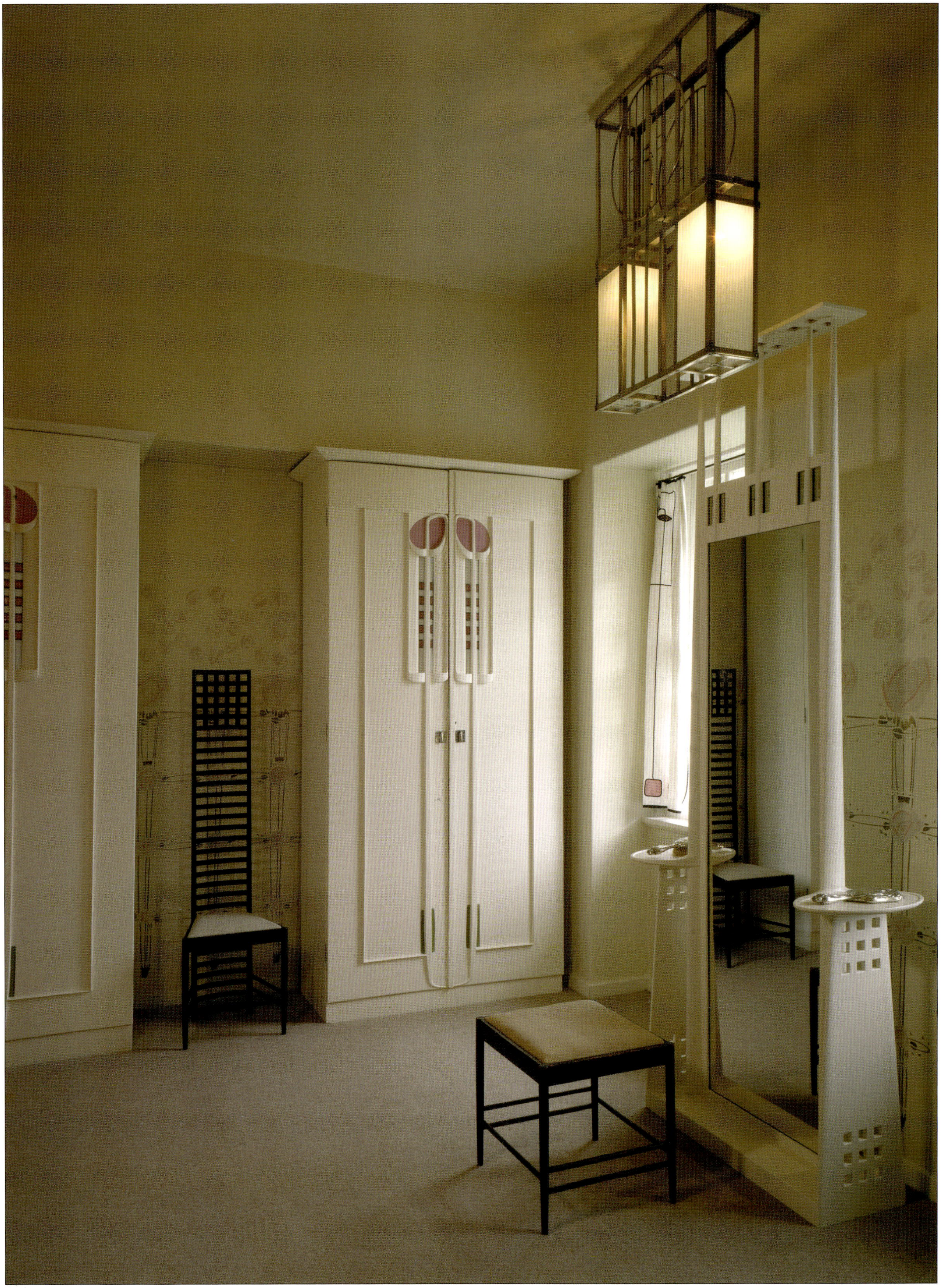

1902

< **Hill House Chair**
Charles Rennie Mackintosh
Reedition Cassina

Charles Rennie Mackintosh designed this chair with its characteristic high ladder back for the bedroom of Hill House in Helenburgh near Glasgow. The house and the entire interior were his creation. Two of these chairs and a stool are the only black objects in an otherwise completely white room.

Charles Rennie Mackintosh a créé cette chaise, dont le dossier en échelle est caractéristique, pour la chambre à coucher de la Hill House, située à Helensburgh, dans les environs de Glasgow. L'édifice et sa décoration intérieure sont entièrement de sa main. Deux exemplaires de cette chaise et un tabouret formaient les seuls éléments noirs dans une pièce par ailleurs très claire.

Diesen Stuhl mit dem charakteristischen hohen Leiterrücken hat Charles Rennie Mackintosh für das Schlafzimmer des Hauses Hill in Helenburgh bei Glasgow entworfen. Haus und Inneneinrichtung stammen komplett aus seiner Feder. Zwei dieser Stühle sowie ein Hocker sind die einzigen schwarzen Gegenstände in einem ansonsten ganz weiß gehaltenen Raum.

> **Wooden lattice chair**
Siège en lattes de bois
Holzlattenstuhl
Koloman Moser
Prag-Rudniker Korbwarenfabrik
Reedition Wittmann

This chair was designed for the lobby of the Westend sanatorium in Purkersdorf. The choice of color, form and design corresponded to the architectonic concept of the house, which focused consistently throughout on lines, squares, cubes and the use of surface and space. This design exemplifies the underlying notion that the building and its interior should represent a complete work of art. Guests at the sanatorium were, however, bound to have appreciated an additional cushion for their back.

Ce siège a été conçu pour équiper le hall d'entrée du sanatorium Westend de Purkersdorf. Le langage des formes et des couleurs est conforme à la conception architectonique de l'édifice, laquelle s'appuie sur la ligne, le carré, le cube et les surfaces. L'idée à la base du projet était de réunir bâtiment et aménagement intérieur dans une œuvre d'art total. Le siège était équipé d'un coussin pour le confort des patients.

Der Stuhl, der für die Eingangshalle des Sanatoriums Westend in Purkersdorf entwickelt worden ist, entsprach in seiner Formsprache und Farbgebung ganz dem architektonischen Konzept des Hauses, das konsequent auf Linie, Quadrat, Kubus und Fläche basierte. Der Entwurf folgte damit der Idee, dass Bau und Ausstattung ein Gesamtkunstwerk darstellen sollten. Die Gäste des Sanatoriums durften sich aber über ein Kissen im Rücken freuen.

1902　　　　　　　　　　　　　　　　　　　　　　　　　　　　　　　　　　　　1901

∨ Armchair
Fauteuil
Armlehnstuhl
Otto Wagner
Jacob & Josef Kohn

This chair was originally designed for the Viennese office of the news agency "Die Zeit". After many details were changed and the chair was modified to take a variety of requirements into account, the chair can be found in the Austrian postal savings bank.

Cette chaise fut à l'origine conçue pour l'agence de presse viennoise « Die Zeit ». Après la modification de nombreux détais, et conformément à de nouvelles exigences, elle fut utilisée à la Caisse d'Épargne de la Poste autrichienne.

Dieser Stuhl, entworfen für das Wiener Depeschenbüro „Die Zeit" findet sich, in vielen Details geändert und den unterschiedlichen Anforderungen angepasst, in der Österreichischen Postsparkasse wieder.

> Club Chair, so-called Tonne
Fauteuil tonneau
Fauteuil, sogenannte Tonne
Josef Hoffmann
Jacob & Josef Kohn

Jacob & Josef Kohn used this club chair in an ad in 1902, after which it more or less became their company logo. The shell-formed chair is made from stained and polished beech bentwood and plywood; the fittings are functionally furnished with wheels at the bottom.

L'image de ce fauteuil fut insérée en 1902 dans une annonce publicitaire de la société Kohn et servit pendant des années de logo à l'entreprise. Le fauteuil coque est en hêtre teinté et poli (bois courbé et contreplaqué). Au niveau des pieds, les ferrures sont équipées de roulettes.

Der Fauteuil wurde in einem Inserat der Firma Kohn 1902 verwendet und blieb quasi als Firmenlogo über mehrere Jahre in Verwendung. Der schalenförmige Sessel besteht aus gebeiztem und poliertem Buchenbug- und Sperrholz, die Beschläge unten sind funktional mit Rollen ausgestattet.

© bel etage, Wolfgang Bauer, Wien

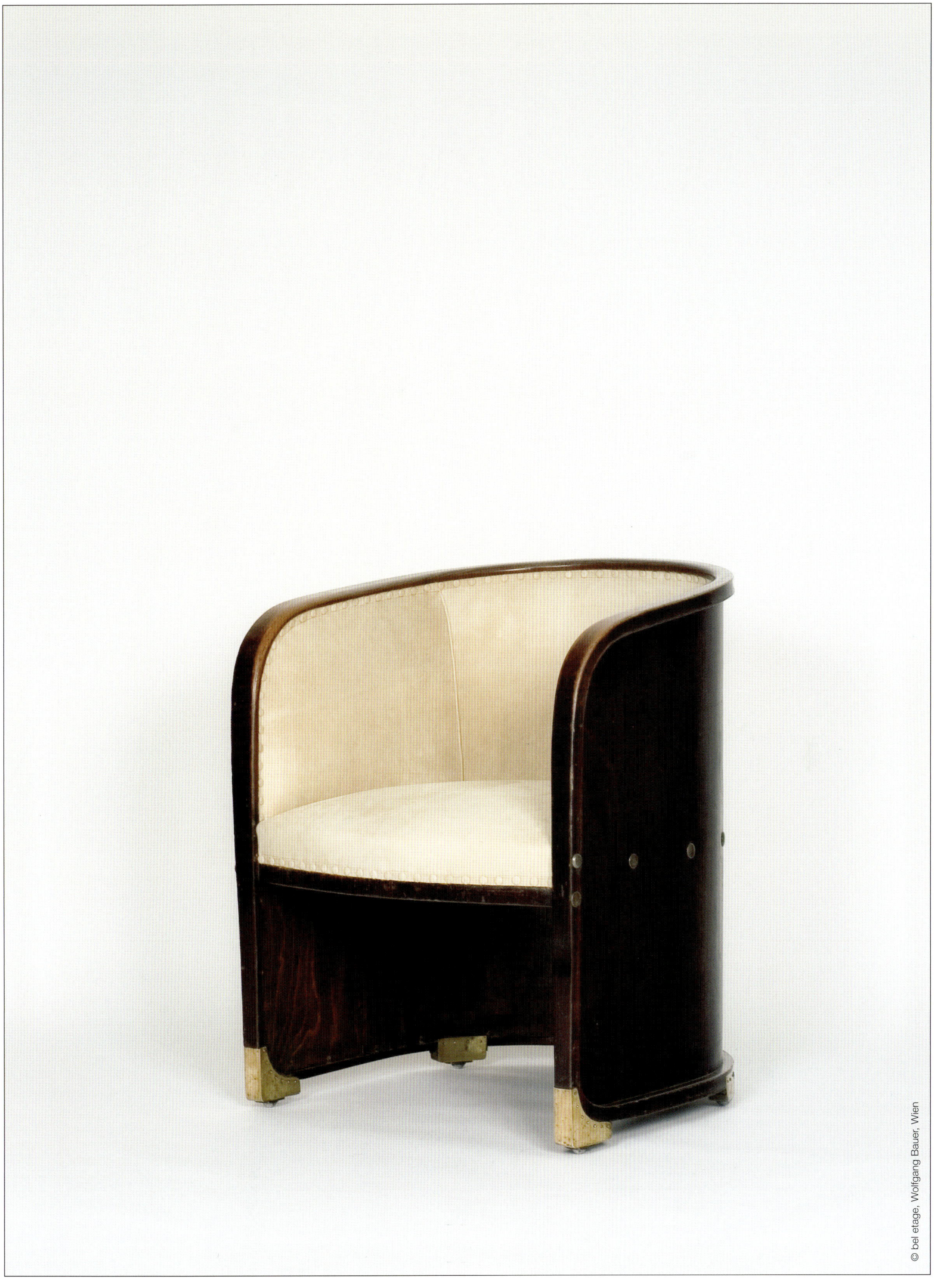

1900

< Chair, Chaise, Stuhl
Peter Behrens
Hofmöbelfabrik J. D. Heymann

At Grand Duke Ernst Ludwig von Hessen's invitation, an artistic colony was founded on the Mathildenhöhe in Darmstadt, where an exhibit of completely furnished residential homes was presented. Peter Behrens belonged to this select group of artists and he exclusively designed the Behrens House, up to the last detail. This chair, which also exists without armrests and as a bench for two people, was part of the Behrens House furniture.

La colonie d'artiste de Darmstadt fut fondée à l'initiative du grand-duc Ernst Ludwig de Hesse. Elle devait, au sein d'une exposition, présenter des maisons d'habitation et leur décoration intérieure. Peter Behrens figurait parmi les artistes conviés à prendre part au projet. La maison Behrens fut réalisée dans les moindres détails par ce dernier. Cette chaise, qui se déclinait également dans une version fauteuil et banquette à deux places, faisait partie du mobilier.

Auf Einladung von Großherzog Ernst Ludwig von Hessen wurde eine Künstlerkolonie gegründet, die auf der Mathildenhöhe in Darmstadt eine Ausstellung vollständig eingerichteter Wohnhäuser präsentieren sollte. Zu den geladenen Künstlern gehörte Peter Behrens, dessen Haus Behrens bis ins letzte Detail von ihm gestaltet wurde. Dieser Stuhl, den es auch ohne Armlehnen und als Zweierbank gab, war Teil der Möblierung.

Courtesy galerie ulrich fiedler, Berlin

1900

< No. 9
Gebrüder Thonet
Gebrüder Thonet Wien, Thonet

In France, the Model *No. 9*, with its back free from wickerwork, is also referred to as the *Fauteuil le Corbusier*, after its most famous fan. Le Corbusier used it in many of his projects, including in 1925 at the Pavillon de L'Esprit Nouveau in Paris and in 1927 in the Weißenhofsiedlung Haus 13 in Stuttgart.

Le modèle *No. 9*, une version sans cannage au niveau du dossier, est connu en France sous le nom de « fauteuil Le Corbusier ». En effet, grand adepte de cette pièce, Le Corbusier l'utilisa de nombreuses fois dans le cadre de ses réalisations, parmi lesquelles le pavillon de l'Esprit nouveau (1925) et la maison 13 de la cité du Weißenhof à Stuttgart (1927).

In Frankreich kennt man das Model *No. 9* auch unter der Bezeichnung *Fauteuil le Corbusier*, benannt nach seinem berühmten Anhänger. Le Corbusier setzte ihn bei vielen seiner Einrichtungen ein, unter anderem 1925 im Pavillon de L'Esprit Nouveau in Paris und 1927 in der Weißenhofsiedlung Haus 13 in Stuttgart.

> Elephant Trunk Table
Table trompes d'éléphant
Elefantenrüsseltisch
Adolf Loos
Friedrich Otto Schmidt

The model for this table was a table presented by the company Hampton & Sons in 1899 at the Cabinet Maker.

Une table de la société Hampton & Sons, présentée en 1899 au Cabinet Maker, servit de modèle à cette pièce.

Vorbild dieses Tisches ist ein 1899 im Cabinet Maker präsentierter Tisch der Firma Hampton & Sons.

© bel etage, Wolfgang Bauer, Wien

675

1899

< Armchair & Chair
Fauteuil & Chaise
Armlehnstuhl & Stuhl
Richard Riemerschmid
Vereinigte Werkstätten für Kunst und Handwerk München

Both chairs were a part of the music room for the *International Art Exhibition* in Dresden. While the armchair is more evocative of classicism, the variant with the unusually marked diagonal sealed Richard Riemerschmid's reputation as a furniture designer. In order to give the musicians the necessary freedom of movement, Riemerschmid replaced the armrests with an unbroken diagonal brace, enabling a consistently elegant, yet constructive transition to the back.

1899

Desk, Bureau, Schreibtisch
Hector Guimard

Hector Guimard's art-nouveau designs were so popular that his style was also referred to as "Guimard style," or even "Metro style," hereby alluding to the Parisian Metro signs he designed.

Hector Guimard et ses formes Art nouveau étaient si prisées qu'on parla de « style Guimard » ou de « style Métro » en se référant aux bouches du métro parisien conçues par l'artiste.

Hector Guimards Formen des Jugendstils wurden so geschätzt, dass auch vom „Stil Guimard" oder in Anspielung auf die von ihm geschaffenen Pariser Metroaufbauten vom „Stil Métro" gesprochen wurde.

Les deux sièges faisaient partie de l'ameublement du salon de musique conçu dans le cadre de l'*Exposition dédiée aux arts* qui se tint à Dresde en 1901. Les formes du fauteuil étaient d'inspiration plutôt classique, tandis que la chaise, présentant des effets de diagonales inhabituels, fut à l'origine de la renommée de Richard Riemerschmid en tant que concepteur de meubles. Afin de donner aux musiciens l'aisance nécessaire à leur art, il remplaça les accoudoirs par des entretoises diagonales, qui se fondent dans le dossier de manière élégante et pertinente en termes de construction.

Beide Stühle waren Teil des Musikzimmers für die *Deutsche Kunstausstellung Dresden*. Während der Armlehnstuhl eher klassisch anmutet, begründete die Variante mit der ungewöhnlich prägnanten Diagonale Richard Riemerschmids Ruf als Möbelgestalter. Um den Musikern die nötige Bewegungsfreiheit zu verschaffen, ersetzte er die Armlehnen durch diagonale Strebe, die elegant, aber auch konstruktiv schlüssig in die Rückenlehne überging.

The History of Art-Nouveau Furniture
L'histoire du mobilier Art nouveau
Die Geschichte der Jugendstilmöbel

Anke von Heyl

The English Pioneer

William Morris (1834–1896) paved the way for a fundamental change in furniture design. A man of many talents—he was an artist, author and at one stage in his life even a politician—, Morris founded the company Morris, Marshall, Faulkner & Co in 1861, based on his reform-minded theories. Here, tradesmen and artists dedicated to the ideals of craftsmanship and valuation of the material produced arts and crafts. They represented a decided counter-pole to the increasing industrial production of furniture apparent in England's industrialized society. William Morris and his followers began the movement referred to as Arts & Crafts that radically changed the perception and production of furniture and of arts and crafts. While the approach was indeed motivated by social, moralizing thought, the desire to produce affordable furniture for everybody occasionally stood at odds with the focus on trade perfection of each piece of furniture.
The *Sussex Chair* is an example for the new sensitivities of the Arts & Crafts Movement. Designed by the Victorian artist Ford Madox Brown (1821–1893), this chair became one of the company's classic pieces and was still being made well into the 20th century.

Le modèle anglais

William Morris (1834-1896) est le précurseur d'une transformation capitale dans le design des meubles. Ce créateur au talent universel, à la fois peintre, écrivain et politicien à ses heures, fonde en 1861 l'entreprise Morris, Marshall, Faulkner & Co. Cette société se spécialise dans la production d'artisanat, en demeurant fidèle à l'idée de métier manuel et de noblesse du matériau. Elle s'oppose de manière volontaire à la production de masse, qui tend à s'imposer dans une société anglaise nouvellement industrialisée. William Morris et ses disciples sont à l'origine d'un mouvement auquel on donnera le nom d'Arts & Crafts, et qui marquera profondément la façon d'aborder l'artisanat d'art et la fabrication de meubles. Les objectifs de William Morris se concentrent sur l'exécution parfaite de l'objet meuble, ce qui crée parfois un désaccord avec la contrainte de produire des pièces à la portée de tous.
La chaise *Sussex* est un exemple qui traduit bien la sensibilité du mouvement Arts and Crafts. Ce fauteuil créé par le peintre victorien Ford Madox Brown (1821–1893) s'est imposé comme un classique des ateliers Morris, et fut édité jusqu'au milieu du XXe siècle. Ses formes séduisent par leur simpli-

Das englische Vorbild

William Morris (1834–1896) war der Vorreiter einer grundlegenden Veränderung im Möbeldesign. Das Universaltalent – er betätigte sich als Maler, Schriftsteller und zeitweise auch als Politiker – gründete auf der Basis seiner reformerischen Ideen 1861 das Unternehmen Morris, Marshall, Faulkner & Co. Man produzierte Kunsthandwerk, das dem Ideal der Handarbeit, der Wertschätzung des Materials verpflichtet war und somit einen dezidierten Gegenpol zur industriellen Fertigung bot, die sich allmählich in der englischen Industriegesellschaft durchsetzte. Mit William Morris und seinem Gefolge setzte eine Bewegung ein, die unter dem Stichwort Arts & Crafts das Verständnis für die Herstellung von Möbeln und Kunsthandwerk grundlegend veränderte. Die durchaus sozialistisch motivierten Ansätze von William Morris, die den Fokus auf die handwerkliche Perfektion des einzelnen Möbels richteten, standen allerdings hin und wieder im Gegensatz zu der Forderung, erschwingliche Möbel für alle herzustellen.
Der *Sussex Chair* ist ein Beispiel für das neue Empfinden der Arts-and-Crafts-Bewegung. Dieser von dem viktorianischen Maler Ford Madox Brown (1821–1893) entworfene Stuhl

> Hill House, Bedroom, Chambre à coucher, Schlafzimmer, Charles Rennie Mackintosh, 1903

Derived from a traditional local design, it is striking in its simplicity and its unadorned elegant shape.

Charles Rennie Mackintosh (1868–1928) was a member of "The Glasgow Four" and one of the most influential furniture designers of the Arts & Crafts Movement. In 1900, he was invited to participate in the eighth exhibition of the Viennese Secession, which brought him immediate success throughout Europe. Many works were commissioned from the Continent, where his reputation continued to spread. His work with reform-oriented Karl Schmidt-Hellerau contributed to his fame, as did his participation in the legendary competition *Haus eines Kunstfreundes* (House of an Art-Lover), initiated in 1901 by Alexander Koch, publisher in Darmstadt, Germany, of the magazine *Deutsche Kunst und Dekoration*.

Mackintosh, who had shone as a rising young architect with the new building of the Glasgow School of Art, succeeded in charming Miss Catherine Cranston, who was a leading figure of the temperance movement. In 1896, she hired him to design her Tea Rooms, which were to offer an alternative to the omnipresent male-centered pubs. Mackintosh opted for a design inspired by whimsical Japanese

cité qui évoque le mobilier paysan, et sa conception élégante et sobre fera figure de modèle.

Le Britannique Charles Rennie Mackintosh (1868-1928) compte également parmi les créateurs de mobilier les plus influents de sa génération. Invité à prendre part à l'exposition de la Sécession viennoise en 1900, sa contribution le rend célèbre dans toute l'Europe et lui assure de nombreuses commandes sur le continent. Sa collaboration avec Karl Schmidt-Hellerau, un fabricant de meubles sensible aux réformes, et sa participation au projet *Haus eines Kunstfreundes* (Maison d'un amateur d'art), légendaire concours initié à Darmstadt par Alexander Koch en 1901, éditeur et directeur de la revue *Deutsche Kunst und Dekoration*, sont particulièrement fructueuses.

Jeune architecte, Mackintosh rencontra à ses débuts le succès avec la construction de la nouvelle Glasgow School of Art. Son talent séduit Melle Cranston, la mère du mouvement de l'abstinence, qui, souhaitant offrir une alternative au pub à whiskey, l'engage pour réaliser un salon de thé n 1896. Dans ce lieu, Mackintosh conçoit un design à mi-chemin entre un style japonisant ludique et la sévérité des formes gothiques, et pose des jalons

avancierte zu einem Klassiker von Morris' Firma und wurde bis weit in das 20. Jahrhundert hinein produziert. Er besticht durch seine Einfachheit und erinnert mit der simplen Gestaltung an Bauernmöbel. Seine Schlichtheit und Eleganz waren absolut wegweisend.

Ebenfalls von der britischen Insel kam Charles Rennie Mackintosh (1868–1928), einer der einflussreichsten Möbeldesigner. Die Einladung zur Wiener Ausstellung der Sezessionisten im Jahre 1900 machte ihn schlagartig in ganz Europa bekannt und trug ihm zahlreiche Aufträge auf dem Kontinent ein. Seine Zusammenarbeit mit dem reformerisch geprägten Möbelfabrikanten Karl Schmidt-Hellerau trug dabei ebenso Früchte wie seine Teilnahme an der legendären Ausschreibung *Haus eines Kunstfreundes*, die Alexander Koch, Darmstädter Verleger und Herausgeber der Zeitschrift *Deutsche Kunst und Dekoration*, 1901 initiiert hatte.

Mackintosh, der als junger Architekt mit dem neuen Gebäude der Glasgow School of Art reüssierte, hatte die Mutter der Abstinenzbewegung, Catherine Cranston, für sich begeistern können. 1896 engagierte sie ihn als Ausstatter ihrer Tearooms, mit denen sie eine Alternative zu den Whiskey-Pubs bieten

art and Gothic severity, and thus marked a milestone in design headed towards modernism. The high backs of his chairs became Mackintosh's legendary trademark. Sheer elegance and utmost individuality marked all of his exceptional designs.

The Line Triumphs

In Germany, the Belgian Henry van de Velde (1863–1957) fought for the development of a new style; he was particularly active in Weimar, where he gave decisive impulses to the industrial art movement. Looking back on an apprenticeship as a painter, van de Velde soon became quite vocal about the situation of industrial art at the turn of the century. Countless artists and art dealers came to admire the interior of the Bloemenwerf House. His designs showed the same linear dynamic, representing the synthesis of his reform-minded approach. Van de Velde was extremely enthusiastic about the Arts & Crafts Movement and grew to love the daring forms of Japanese style, introduced to him by Parisian dealer Samuel Bing. While in Paris, he was commissioned to decorate the editorial offices of the newspaper *Revue Blanche*. „His best works were and are his functional furniture; his bean-shaped desk symbolizes

esthétiques qui annoncent la modernité. Les chaises à haut dossier deviendront son emblème ; l'élégance et l'originalité de ses travaux sont exceptionnelles.

Le triomphe de la ligne

À la recherche d'une esthétique nouvelle, le Belge Henry Van de Velde (1863-1957) s'imposera en Allemagne, où il donnera l'impulsion décisive aux arts d'industrie (Werkkunst) de Weimar. Peintre de formation, Van de Velde s'est exprimé dès la fin du XIXe siècle sur la situation de l'art dans un manifeste, *L'Art futur* (1895). La décoration et l'aménagement intérieur de sa propre maison, Bloemenwerf, attirent nombre d'artistes et de professionnels de l'art. La ligne de structure est le motif central de ses travaux ; elle représente la synthèse de toutes ses idées réformatrices. Van de Velde est un fervent admirateur du mouvement Arts & Crafts et découvre l'art japonais avec le marchand d'art et collectionneur Siegfried Bing. À Paris, on lui demande d'aménager les bureaux de rédaction de *La Revue Blanche*. « Le mobilier de bureau qu'il conçut était particulièrement original et l'est encore aujourd'hui ; son bureau en forme de haricot fut une avancée en termes de confort. » Cette pièce, décrite ici

wollte. Hier setzte Mackintosh mit seinem Design zwischen verspieltem Japonismus und gotischer Strenge eine gestalterische Landmarke auf dem Weg zur Moderne. Die hohe Lehne seiner Stühle wurde zu seinem Markenzeichen, und die Eleganz und Einzigartigkeit seiner Entwürfe waren unübertroffen.

Der Triumph der Linie

Für die Entwicklung eines neuen Stils kämpfte der Belgier Henry van de Velde (1863-1957), allerdings in Deutschland, wo er vor allem in Weimar die entscheidenden Impulse für die Werkkunstbewegung gab. Der gelernte Maler hatte sich mit seinen sogenannten Laienpredigten schon früh zu der Situation des Kunstgewerbes zur Zeit der Jahrhundertwende geäußert. Die Einrichtung seines eigenen Hauses Bloemenwerf zog zahlreiche Künstler und Kunstvermittler an. Das zentrale Motiv seiner Entwürfe war die Linie, sie stellte die Synthese all seiner reformerischen Ansätze dar. Van de Velde zeigte sich begeistert von der Arts-and-Crafts-Bewegung und lernte vor allem durch den Pariser Händler Samuel Bing die kühnen Formen des Japonismus schätzen. In Paris erhielt er den Auftrag, die Redaktionsräume der Zeitschrift

< Desk, Bureau, Schreibtisch,
Henry van de Velde, 1898

\> Vitrine with stylized dragonflies, Vitrine avec libellules stylisées, Vitrine mit stilisierten Libellen,
Emile Gallé, 1904

\>> Bench for a smoking parlor, Banquette de fumoir, Bank mit Kästchen für Rauchutensilien,
Hector Guimard, 1897

an act in the kingdom of comfort." Described here by Kuno Graf Hardenberg, this desk is seen as on of the most typical pieces of Art-Nouveau furniture. Several variations were created, all of them based on the design realized in 1898 for the Editor-in-Chief's office. All of them showed a desk created out of one line, with a daring curve.

Richard Riemerschmid (1868–1957) designed a music salon with which the newly founded Vereinigten Werkstätten für Kunst und Gewerbe (United Workshops for Applied Art) participated in the International Art Exhibition in Dresden in 1899. The lasting effect on furniture design proved decisive in the following years. Riemerschmid, who remained open to the reform-minded approaches from England and who was dedicated to resolving thorny artistic issues, created a chair whose diagonal lines led the chair's back to curve in an extraordinarily daring design. This piece of furniture was wildly successful and provoked formal consequences of hitherto unknown proportion. Riemerschmid was later to become one of the protagonists who merged the Art-Nouveau movement with the efforts of the German Work Federation, while focusing on the consequences of industrial production of furniture. However, radi-

par Kuno Graf Hardenberg, est aujourd'hui considérée comme l'une des plus représentatives de l'Art nouveau. Plusieurs variantes de ce bureau, dessiné en 1898 pour le directeur de la revue et exécuté en une seule ligne en « coup de fouet », virent le jour.

C'est avec un salon de musique conçu par Richard Riemerschmid (1868–1957) que les Vereinigten Werkstätten für Kunst und Gewerbe (Ateliers unis pour l'art dans l'artisanat) participent à l'exposition dédiée aux arts à Dresde en 1901. Cette manifestation aura des répercussions durables sur la conception du mobilier au cours des années suivantes. Riemerschmid est un artiste ouvert aux idées réformatrices venues d'Angleterre, et engagé dans les questions ayant trait à « l'éducation par l'art ». La chaise qu'il présente à l'exposition de Dresde étonne par l'originalité de son dossier, dont les effets de diagonales créent une audacieuse ligne courbe. Cette pièce est un grand succès et ses conséquences sur la notion de forme sont sans précédent. Riemerschmid devait quelques années plus tard associer l'Art nouveau aux objectifs du Werkbund (Groupe de travail), et se pencher surtout sur la question de la production industrielle de meubles. Mais cette notion de forme quelque peu radicale, qui renonce à tout

Revue Blanche auszustatten. „Sein Bestes waren und sind seine Gebrauchsmöbel, sein bohnenförmiger Schreibtisch bedeutet eine Tat im Reiche des Komforts." Was Kuno Graf Hardenberg hier beschreibt, gilt heute als eines der typischsten Jugendstilmöbel überhaupt. Ausgehend von dem 1898 entwickelten Entwurf für das Direktionszimmer der Zeitschrift, entstanden im Laufe der Zeit mehrere Varianten des in kühnem Schwung einer einzelnen Linie geformten Tisches.

Mit einem Musiksalon, den Richard Riemerschmid (1868–1957) entworfen hatte, beteiligten sich die neu gegründeten Vereinigten Werkstätten für Kunst und Gewerbe 1899 an der Dresdner Kunstausstellung, die nachhaltige Wirkung für die Möbelgestaltung in den nachfolgenden Jahren zeitigen sollte. Riemerschmid, der gegenüber den reformerischen Ansätzen aus England aufgeschlossen und in „künstlerischen Erziehungsfragen" engagiert war, schuf mit einem Stuhl, dessen Diagonalstreben in einem äußerst kühnen Schwung in die Rückenlehne überführten, ein Möbelstück mit durchschlagendem Designerfolg und einer bislang nicht da gewesenen Konsequenz der Form. Später sollte Riemerschmid einer der Protagonisten sein, die den Jugendstil in die Bestrebungen

cal formalism, which avoided exaggerated decoration at all costs, still needed to gain acceptance. Many visitors believed the music salon in the exhibition to be incomplete—the difference to the horror vacui in the rooms dedicated to Historicism were, as yet, too stark.

Many architects chose the path of designing furniture, including Hector Guimard (1867–1942), world-famous designer of the Parisian Metro. Guimard's designs show his continuous efforts to meet the ideal of Art Nouveau, namely creating a sense of unity in interior design. His furniture thus perfectly complements the surrounding architecture and should be seen as their continuation. Guimard, who felt beholden to the floral approach of Art Nouveau, designed an eccentric bench with compartments for smoking paraphernalia. This piece of furniture thus took a banal aspect of daily life and implemented it into a complete esthetic concept. With a well-developed sense of spatial use, this piece of furniture seems to break free from the constraints of gravitation. All things tectonic seem to fade away into the background and only the linear movement is of essence, highlighting the extreme serpentine elegance.

Constructive Art Nouveau

With the decision to merge Waerndorfer's business with the Wiener Werkstätte (Viennese Workshops) in 1903, Josef Hoffmann (1870–1956) and Koloman Moser (1868–1918) established the economic basis to present themselves as pioneers of modern furniture design. As co-founders of the Viennese Secession, they had already played a role in the changes within the city's artistic scene. With Otto Wagner's support, Hoffmann and Moser could now give decisive impulses to industrial art. Their recognizable style soon became a trademark of the Viennese Workshops. Enhanced through the use of squares and black-and–white grid patterns, both artists' work evinced strict formality and dedication

ornement superflu, doit encore s'imposer. Les visiteurs qui, lors de l'exposition de Dresde, contemplaient le salon de musique, considéraient ce dernier comme inachevé. Le contraste avec cette peur du vide émanant des salles où s'exposait l'historicisme était trop important.

Parmi les architectes qui ont connu le succès en tant que créateur de mobilier, figure Hector Guimard (1867-1942), célèbre pour la réalisation des bouches du métro parisien. L'idéal de l'Art nouveau de créer une unité spatiale est primordial dans ses travaux. Ses meubles s'intègrent en effet parfaitement à l'architecture du lieu, dont ils forment le prolongement. Guimard, fidèle aux ornements floraux de l'Art nouveau, dessine une banquette de fumoir très originale qui comprend un petit compartiment réservé aux accessoires du fumeur. Un détail banal de la vie quotidienne est transposé dans une création esthétique. Guimard a créé un meuble qui, en termes de superficie, est particulièrement déployé et dont les lignes courbes accentuent la légèreté. Les aspects d'ordre tectonique sont relayés au deuxième plan, afin de souligner le seul mouvement de la ligne dont l'aspect serpentine est particulièrement marqué.

Jugendstil constructif

En s'associant à l'entrepreneur Waerndorfer pour fonder en 1903 les Wiener Werkstätten (Ateliers viennois), Josef Hoffmann (1870-1956) et Koloman Moser (1868-1918) créent une base économique leur permettant de devenir des créateurs de mobilier annonciateurs de la modernité. Membres fondateurs de la Sécession viennoise, ils ont participé au mouvement de réforme au sein de la scène artistique viennoise. Avec le soutien d'Otto Wagner, les deux artistes donnent une impulsion décisive à l'artisanat. Leur style deviendra l'emblème des Wiener Werkstätten. Le langage des formes utilisé, les carrés et le noir et blanc des éléments de construction, est celui d'Hoffmann et de Moser. Toutefois, Koloman

des Werkbundes überführten und sich hier vor allem auch mit der industriellen Fertigung von Möbeln auseinandersetzten. Die radikale Formgebung, die jeden überflüssigen Zierrat vermied, musste sich allerdings erst noch durchsetzen. Bei der Ausstellung des Musiksalons hielten die meisten Besucher diesen für nicht vollendet – zu groß war der Gegensatz zum Horror Vacui in den Räumen des Historismus.

Zu den vielen Architekten, die sich als Möbelkünstler entpuppten, gehörte auch Hector Guimard (1867–1942), der berühmte Gestalter der Pariser Metro. Das angestrebte Ideal des Jugendstils, eine Einheit der Raumkunst zu entwickeln, steht auch bei seinen Entwürfen im Vordergrund. So integrieren sich seine Möbel perfekt in die sie umgebende Architektur und sind als deren Fortführung zu verstehen. Guimard, der sich der floralen Richtung der Art nouveau verpflichtet fühlte, entwickelte mit seiner exzentrischen Bank mit Kästchen für Raucherutensilien ein Möbel, das ein banales Detail des alltäglichen Lebens in ein ästhetisches Gesamtkonzept überführt. Fast schwerelos und mit einer ausgeprägten Entwicklung in die Fläche schwingt sich das Möbel auf. Hier scheint alles Tektonische in den Hintergrund getreten, und allein die Bewegung der Linie zählt, deren extremer Schwung betont wird.

Konstruktiver Jugendstil

Die Entscheidung, sich mit dem Unternehmer Waerndorfer 1903 zu den Wiener Werkstätten zusammenzuschließen, machte Josef Hoffmann (1870–1956) und Koloman Moser (1868–1918) zu den Vorreitern des Möbeldesigns der Moderne. Als Mitbegründer der Wiener Sezession hatten sie die Veränderungen innerhalb der Kunstszene Wiens mitbestimmt. Mit der Unterstützung Otto Wagners verliehen die beiden dem Kunsthandwerk entscheidende Impulse. Der ihnen eigene Stil wurde in der Folgezeit zu einem Markenzeichen der Wiener Werkstätte.

> **The rich catch**, Wing-flap table and dresser,
Der reiche Fischzug, Anrichte und Verwandlungstisch,
Koloman Moser, 1904

© bel etage, Wolfgang Bauer, Wien

to constructive elements. In fact, sometimes their individual monograms were the only possible way of distinguishing their furniture. In contrast to Josef Hoffmann's severe linear style, however, Koloman Moser also occasionally shone with evocatively named designs, such as *Die verschwundenen Prinzessinnen* (The disappeared princesses) or *Der reiche Fischzug* (The plentiful haul). Abundant ornamental spatial design and details prevailed, while also rendering apparent Moser's enthusiasm for thematically structured ensembles. In 1904 he designed a dining room using the famous fish haul sideboard as a model — meandering fish motifs were used as decoration throughout the room in the ivory inlay of the furniture.

Moser s'écarte parfois du style sévère et linéaire de Joseph Hoffmann avec des pièces de mobilier telles que *Die verschwundenen Prinzessinnen* ou *Der reiche Fischzug*. Il habille ces armoires d'un riche décor et joue avec les détails. Mais Moser fait également preuve d'un enthousiasme certain pour des ensembles à thèmes. La salle à manger créée en 1904 dans le style du célèbre buffet *Der reiche Fischzug* se singularise par l'utilisation des motifs aquatiques en forme de méandres grecques et des incrustations en ivoire.

Die strenge Formgebung, die sich mit Quadraten und in Schwarz-Weiß ganz dem konstruktiven Element verschrieben hatte, war sowohl Hoffmann als auch Moser eigen. Zeitweise ließen sich die Arbeiten der beiden nur am Monogramm unterscheiden. Dem strengen Linearstil von Josef Hoffmann stellte Koloman Moser aber gelegentlich auch Entwürfe mit so seelenvollen Namen wie *Die verschwundenen Prinzessinnen* oder *Der reiche Fischzug* entgegen. Hier setzte er seine reichen ornamentalen Flächengestaltungen um und spielte mit Details. Die Begeisterung für thematisch strukturierte Ensembles lässt sich auch bei Moser feststellen. Sein 1904 ganz im Stil des berühmten *Fischzug*-Büfetts geschaffenes Speisezimmer lebt von der Wiederkehr der in Elfenbeinintarsien über die Möbel mäandernden Fischmotive.

1898

< **Chair, Chaise, Stuhl**
Adolf Loos
Jacob & Josef Kohn

After Michael Thonet's chief competitor, Josef Kohn, began a successful campaign to dispute Michael Thonet's patent for the bentwood process, it expired in 1869. This bentwood chair is one element of a complete interior design for the Café Museum in Vienna, which was deemed revolutionary because of the conscious focus on simplicity and lack of all decorative elements. In his famous polemic essay *Ornament und Verbrechen* (Ornament and Crime) from 1908, Adolf Loos later argued that any artistic design attempts on any products for daily use were both unsuitable and superfluous.

Josef Kohn contesta l'exclusivité détenue par Michael Thonet en matière de technique du bois courbé. Thonet se départit de son brevet en 1869, laissant à d'autres sociétés la voie libre pour expérimenter cette technique de fabrication. Cette chaise en bois courbé est l'une des pièces de l'aménagement intérieur conçu pour le Wiener Café Museum. La décoration se caractérise par une simplicité délibérée et l'absence d'ornements. Dans son célèbre manifeste de 1908, *Ornament und Verbrechen* (Ornement et crime), Adolf Loos précisera plus tard que les tentatives esthétique sur les objets utilitaires sont inadéquates et inutiles.

Nachdem Josef Kohn Beschwerde gegen Michael Thonets Privileg beim Bugholzverfahren eingelegt hatte, gab Thonet dieses Patent 1869 auf. Somit war der Weg frei für andere Firmen, mit dieser Herstellungstechnik zu experimentieren. Dieser Bugholzstuhl ist Bestandteil einer kompletten Innenraumgestaltung für das Wiener Café Museum, die sich durch eine bewusste Einfachheit und den Verzicht auf Dekoratives auszeichnete. In seiner berühmten Streitschrift *Ornament und Verbrechen* von 1908 argumentierte Adolf Loos später, dass künstlerische Gestaltungsversuche an einem Gebrauchsgegenstand eine unangemessene wie überflüssige Arbeit seien.

© bel etage, Wolfgang Bauer, Wien

1897

< **Argyle**
Charles Rennie Mackintosh
Reedition Cassina

The chair with a high back was originally designed in oak for Miss Cranston's Tea Room in Argyle Street, Glasgow. Stained ash wood was used for this licensed reproduction

Conçue pour le salon de thé de Melle Cranston situé à Argyle Street (Glasgow), cette chaise était à l'origine en chêne. Sa réédition est en frêne teinté.

Ursprünglich war der Stuhl für den Tearoom von Miss Cranston in der Argyle Street, Glasgow, aus Eiche entworfen worden. Dieser Nachbau ist aus gebeizter Esche gefertigt.

∨ **Chair, Chaise, Stuhl**
Charles Rennie Mackintosh

This armchair with a low back was also designed for Miss Cranston's Tea Room.

Ce fauteuil à dossier bas a également été conçu pour le salon de thé de Melle Cranston.

Dieser Armlehnstuhl mit niedriger Lehne wurde ebenfalls für den Tearoom von Miss Cranston gestaltet.

Courtesy galerie ulrich fiedler, Berlin

1895

> **Bloemenwerf-Stuhl**
Henry van de Velde
Société anonyme Henry van de Velde,
Arts d'Industrie et d'Ornamentation

Henry van de Velde designed this chair for the dining room in his own Bloemenwerf house in Uccle, near Brussels, Belgium.

Henry van de Velde réalisa cette chaise pour la salle à manger de sa propre maison, la villa Bloemenwerf à Uccle, dans les environs de Bruxelles.

Diesen Stuhl entwarf Henry van de Velde für das Esszimmer seines eigenen Hauses Bloemenwerf in Uccle nahe Brüssel.

Courtesy galerie ulrich fiedler, Berlin

< **No. 233**
Michael Thonet
Gebrüder Thonet Wien, Thonet

Based on the success of the model *No. 14*, the Thonet brothers designed chair variants whose backs consisted of more than one piece of wood. As the pieces of wood only needed to be half as long, the energy required for the bentwood process was significantly reduced. These models could thus be offered at a significantly lower price

Après le succès de la *Chaise de consommation n° 14* (la chaise bistrot), les frères Thonet créèrent des variantes de ce modèle. Le dossier n'était plus courbé d'un seul tenant. Le travail pour courber le bois était plus facile, puisque les pièces de bois nécessaires à la réalisation de ces modèles s'avéraient moins longues. Ces sièges pouvaient ainsi être proposés à des prix plus modérés

Auf Basis des Erfolgsmodels *Nr. 14* entwickeln die Gebrüder Thonet Stuhlvarianten, bei der die Rückenlehne nicht mehr durchgehend aus einem Stück gebogen wurde. Da die benötigten Holzteile nur noch halb so lang sein mussten, reduzierte sich der Aufwand beim Biegeverfahren. Diese Modelle konnten somit günstiger angeboten werden.

1867

< Demonstration Chair
Siège de démonstration
Demonstrationssessel
August Thonet
Gebrüder Thonet Wien

The *Paris Exposition Universelle* was the first to present the so-called *Demonstration Chair*, most likely designed by August Thonet. This chair-like object was created using two long cleverly bent rods and effectively demonstrated the unbelievable endurance of bentwood objects. It was said to hold up to six tons.

Ce modèle, réalisé vraisemblablement par August Thonet, fut présenté à Paris, dans le cadre de l'*Exposition universelle*. Cette pièce, semblable à une chaise, consistait en deux longues tiges de bois courbées et faisait la démonstration de l'incroyable résistance obtenue grâce au procédé du bois courbé. Ce siège pouvait, selon le fabricant, soutenir jusqu'à six tonnes.

Auf der Weltausstellung in Paris zeigten die Gebrüder Thonet erstmals den vermutlich von August Thonet entwickelten *Demonstrationssessel*. Dieses aus zwei langen Rundstäben gebogene stuhlähnliche Objekt diente werbewirksam zur Demonstration der unglaublichen Belastbarkeit der Biegetechnik. Es hielt angeblich bis zu sechs Tonnen.

Michael Thonet's Bentwood Furniture
Or How Industrialization Led to the Invention of the Bentwood Chair

Le mobilier en bois courbé de Michael Thonet
L'invention de la chaise en bois courbé dans le sillage de l'industrialisation

Die Bugholzmöbel von Michael Thonet
Oder die Erfindung des Bugholzstuhls aus dem Geist der Industrialisierung

Andrea Gleiniger

The most famous Thonet chair, often referred to as the *Bistro Chair*, is quite prosaically known as the *No.14*.[1] When disassembled, it consists of only six components. 36 chairs, or in other words, 216 parts, would fit into a box holding one cubic meter (around 35 cubic feet), wherein the chairs were transported. In fact, already at the end of the 19th century, this chair had met with international success—industrially mass-produced since 1859, this piece of furniture was sold around the globe and put to good use in some of the remotest regions of the world. From both a formal and a functional point of view, the Bistro Chair has become the quintessential example of bentwood furniture: radically reduced to the most crucial elements of sitting furniture as it is, this chair symbolizes the successful transition from craftsmanship to industrial production and is thus one of the greatest role models for early 20th-century design. Its innovative designer, Michael Thonet, was born the son of a tanner in 1796, in Boppard, which lies on the Rhine River in Germany. Politically, Europe was suffering from the revolutionary wars, while economically and societally, the burgeoning industrialization was at the core of tremendous changes which also had an impact on Thonet's

La chaise Thonet la plus célèbre, la *Chaise Bistrot*, porte très communément le Numéro 14.[1] Démontée, elle se compose de 6 pièces. Des caisses d'un mètre cube, conçues pour le transport, pouvaient contenir 36 chaises, c'est-à-dire 216 pièces. Dès la fin du XIXe siècle, la chaise bistrot fut un succès à l'export, un produit de masse fabriqué en série, qui se vendait dans le monde entier jusque dans les coins les plus reculés. La chaise n° 14, qui fut produite en série dès 1859, devint certes, tant dans la forme que dans la fonction, emblématique du mobilier en bois courbé. Mais cette pièce, un siège réduit à sa plus simple expression, sera surtout le symbole d'une transition réussie, marquant le passage de l'artisanat à l'ère de la production industrielle, et servira de modèle au design du début du XXe siècle. Son inventeur, Michael Thonet, fils de tanneur, vit le jour en Allemagne en 1796, à Boppard sur les bords du Rhin. L'Europe est alors politiquement déchirée par les guerres révolutionnaires. Du point de vue économique et social, le continent est au seuil de mutations profondes qui vont amener dans leur sillage l'industrialisation. La carrière de l'artisan ébéniste Michael Thonet portera l'empreinte de ces changements. Jusqu'alors, la fabrication artisanale de pièces uniques et

Der berühmteste Thonet-Stuhl – der sogenannte *Kaffeehausstuhl* – trägt ganz prosaisch die *Nummer 14*.[1] Zerlegt besteht er aus sechs Teilen. 36 Stühle, das heißt 216 Teile, passten in die einen Kubikmeter umfassenden Transportkisten, in denen der Stuhl auf Reisen geschickt wurde. Schon Ende des 19. Jahrhunderts war er ein Exportschlager, ein serielles Massenprodukt, das weltweit verkauft wurde und in den entlegendsten Orten seine Verwendung fand. Sowohl formal als auch funktional wird der *Kaffeehausstuhl*, der 1859 in Serienproduktion ging, nicht nur zum Inbegriff eines Bugholzmöbels: Derart auf die nötigsten Elemente eines Sitzmöbels reduziert, wird er zum Symbol des gelungenen Übergangs von der handwerklichen zur industriellen Fertigung und zu einem der großen Vorbilder für das Design des frühen 20. Jahrhunderts. Sein Erfinder, der Gerbersohn Michael Thonet aus dem rheinischen Boppard, kommt 1796 zur Welt. Politisch ist Europa zu diesem Zeitpunkt von den Revolutionskriegen zerrissen, wirtschaftlich und gesellschaftlich steht es im Zeichen der gewaltigen Umwälzungen, die die einsetzende Industrialisierung mit sich bringt. Sie werden auch die Karriere des Möbelschreiners und Handwerkers Thonet prägen. Mit

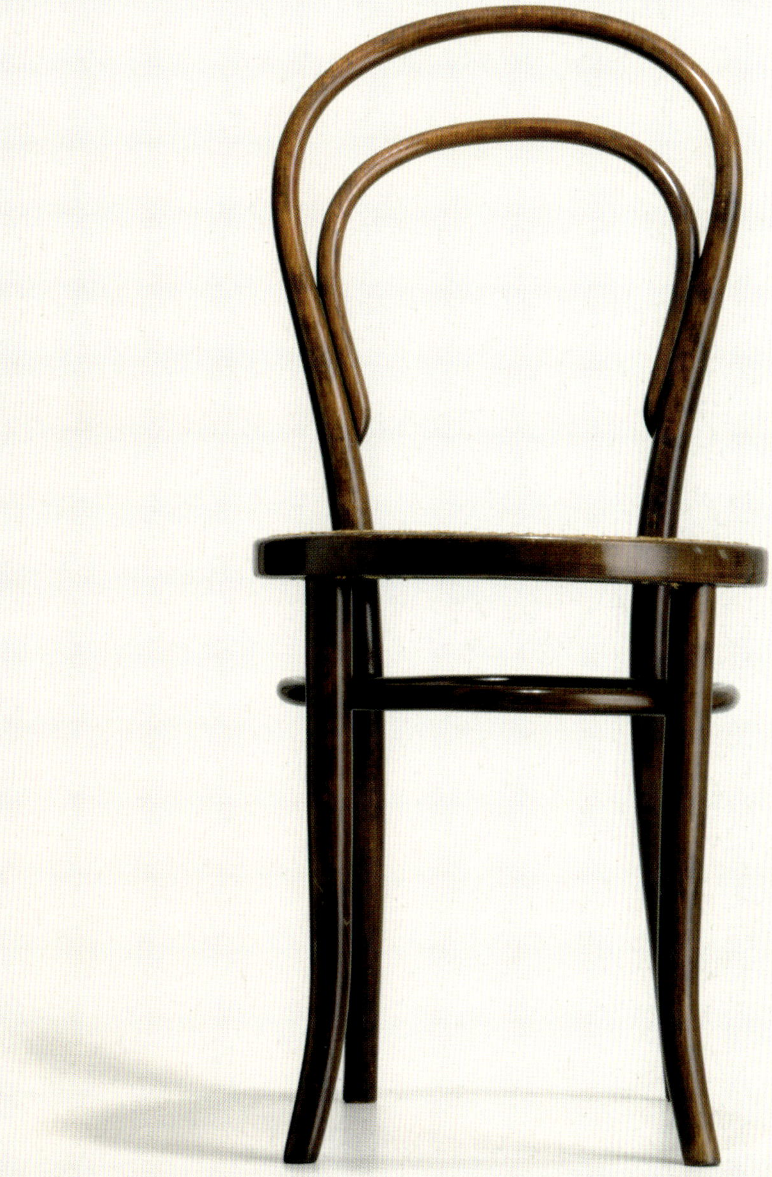

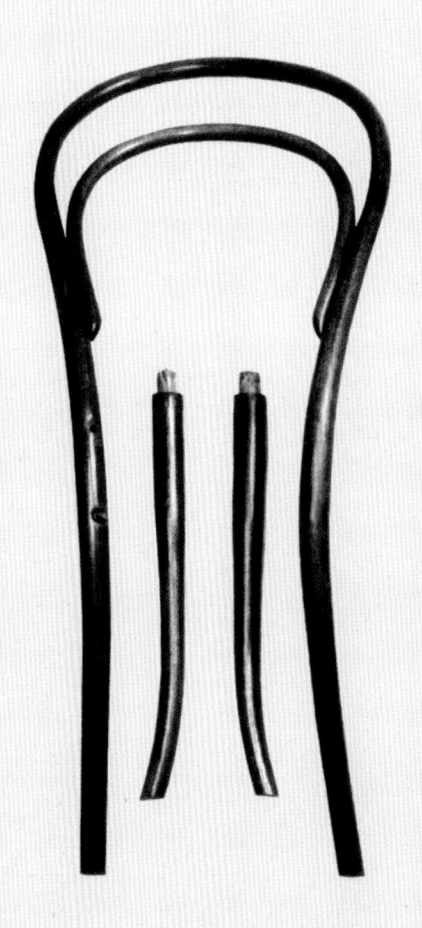

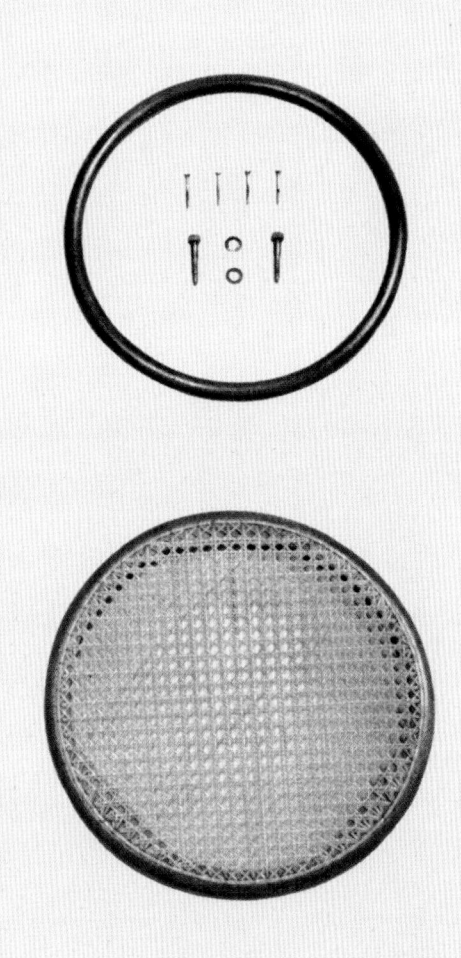

career as a cabinet-maker and craftsman. At the dawn of the 19th century, an era was ending wherein a carpenter earned his livelihood by creating unique and exquisitely made pieces of high-quality craftsmanship. With the onset of the industrial revolution, innovative types of material technology and methods of production were the rage, as were new retail strategies and innovative production processes. While Michael Thonet initially remained true to the traditional techniques of his craft, he ultimately took to the challenge of this era, and as such was unsurpassed among his peers. In around 1830 he began to experiment with new processes and techniques. In particular, the already well-known bentwood techniques, common in shipbuilding, fascinated him. Bentwood promised elegant, yet neutral lines, in addition to a solid technological basis for the industrialized production process. However, initially Thonet had to pay a high price for his eagerness to experiment — his battles for necessary patents repeatedly brought him to the verge of bankruptcy. Nonetheless, he persevered, finally establishing himself, after several turbulent years, in Vienna. Twenty-five years of perfecting the bentwood technology were needed before his efforts were crowned

nobles était le gagne-pain de l'ébéniste. Au début du XIXe siècle, ce phénomène touche à sa fin. Le processus d'industrialisation encourage l'innovation et l'apparition de technologies nouvelles, sur le plan des matériaux comme des méthodes de production et de commercialisation. Michael Thonet, qui, à ses débuts, suit encore les techniques traditionnelles de son artisanat, va relever le défi comme aucun autre de ses contemporains ne l'avait fait avant lui. Vers 1830, il se lance dans l'expérimentation de nouveaux procédés. Il est particulièrement fasciné par les techniques de bois courbé utilisées dans la construction navale. Elles sont la promesse de lignes élégantes et fonctionnelles, et peuvent surtout servir de bases à des procédés de fabrication industriels. Cependant, Thonet doit dans un premier temps payer le prix fort pour donner libre cours à ses expériences. Le combat livré pour obtenir les brevets nécessaires le conduit régulièrement au bord de la faillite. Il faudra vingt-cinq ans avant que la technique du bois courbé soit suffisamment perfectionnée pour être rentable et produire des meubles en série. Entre temps, Michael Thonet a établi sa société à Vienne. Après un début de carrière mouvementé, ses pièces sont désormais très demandées sur le

dem neuen Jahrhundert neigen sich die Zeiten, in denen die handwerkliche Fertigung exquisiter Einzelstücke die Lebensgrundlage des Tischlerhandwerks bildet, dem Ende zu. Aufgrund der Industrialisierung sind innovative Materialtechnologien und Fertigungsmethoden sowie neue Vertriebsstrategien und Produktionsabläufe gefragt. Michael Thonet, der anfänglich noch den traditionellen Techniken seines Handwerks folgte, nimmt diese Herausforderung an wie kaum ein anderer Zeitgenosse. Um 1830 beginnt er, mit neuen Verfahren zu experimentieren. Besonders fasziniert ist er von den damals schon bekannten Holzbiegetechniken, die sich vor allem im Schiffbau bewährt haben. Diese versprechen nicht nur ebenso elegante wie sachliche Linienführungen, vor allem verheißen sie eine gute technische Grundlage für industrialisierte Herstellungsverfahren. Doch zunächst zahlt Thonet für seine Experimentierlust einen hohen Preis, der Kampf um die notwendigen Patente führt ihn immer wieder an den Rand des Ruins. Es dauert ein Vierteljahrhundert, bis er – mittlerweile hat er sich nach einem bewegten Berufsleben in Wien etabliert – die Technik des Holzbiegens so weit perfektioniert hat, dass sie zu rentablen Ergebnissen in einer auf Serien angelegten Möbelpro-

> In 1830, Michael Thonet began to focus on bending and molding wood to make furniture. He used laminated veneer strips to do so and presented the results in 1836—the first bentwood chair. Countless variants of the *Bopparder Schichtholzstuhl* (Boppard layerwood chair) followed.

> Les premières tentatives pour courber le bois commencèrent vers 1830. À cette fin, Michael Thonet utilisait des lattes lamellées-collées. La première chaise en bois courbé fut présentée au public en 1936. De nombreuses variantes de la *Chaise Boppard* virent ensuite le jour.

> Um 1830 begann Michael Thonet mit Versuchen, Holz zu biegen. Er verwendet dafür schichtverleimte Furnierstreifen. Hieraus resultierte 1936 die Präsentation des ersten Bugholzstuhls, dem zahlreiche Varianten der *Bopparder Schichtholzstühle* folgten.

with success and he was capable of mass-producing series of furniture without a loss. The subsequent demand for Thonet's bentwood furniture was overwhelming. Private areas of the growing urban bourgeois society needed to be furnished, as did newly evolving bourgeois public ones—with flexible and affordable pieces of furniture. In many ways, the Viennese coffeehouse culture made Thonet's furniture famous. Thonet's Bistro Chair, in particular, has become an example of public design, unlike the majority of design chairs in modern design history.[2] No chair has been as extensively copied as the illustrious chair *No. 14*. At the same time, generations of designers and architects have drawn from this modern source of sitting inspiration.[3]

marché. Il ne s'agit pas seulement de meubler les espaces privés de la société urbaine et bourgeoise, laquelle aspire à un mobilier flexible et peu coûteux. Les lieux publics apparus dans le sillage de cette nouvelle société ont également besoin de meubles. C'est ainsi que l'institution « café » fera la célébrité des meubles Thonet. La chaise Bistrot deviendra un embléme du design public, contrairement à la plupart des incunables de l'histoire du design moderne.[2] Aucune chaise n'a été plus souvent copiée. Des générations de designers et d'architectes ont puisé l'inspiration dans cette « source moderne de toutes les réflexions sur le siège ».[3]

duktion führt. Und die Nachfrage ist groß. Es sind nicht nur die privaten Räumlichkeiten einer urbanen, bürgerlichen Gesellschaft, die nach flexiblen und günstigen Möbelstücken verlangen, auch eine neu entstandene bürgerliche Öffentlichkeit will möbliert werden: So machte das Kaffeehaus die Thonetmöbel berühmt. Vor allem der Kaffeehausstuhl von Thonet wird – anders als die meisten der hochkarätigen Inkunabel der modernen Designgeschichte – zu einem „Stück öffentlichen Designs".[2] Kein Stuhl ist so oft nachgeahmt worden. Gleichzeitig schöpfen Generationen von Designern und Architekten aus dieser „modernen Quelle aller Sitzüberlegungen".[3]

1 See also Gleiniger, Andrea (1998). *Der Kaffeehausstuhl Nr. 14 von Michael Thonet*. Frankfurt am Main.
2 Mang, Karl (1982). *Thonet Bugholzmöbel. Von der handwerklichen Fertigung zur industriellen Produktion*. Vienna.
3 Ibid., S. 58.

1 1. Voir sur ce thème : Andrea Gleiniger, *Der Kaffeehausstuhl Nr. 14 von Michael Thonet*, Francfort-sur-le-Main, 1998
2 2. Karl Mang, Thonet Burgholzmöbel. *Von der handwerklichen Fertigung zur industriellen Produktion*, Vienne, 1982
3 Ibid., p. 58

1 Siehe hierzu u. a.: Andrea Gleiniger, *Der Kaffeehausstuhl Nr. 14 von Michael Thonet*, Frankfurt am Main, 1998.
2 Karl Mang, Thonet Bugholzmöbel. *Von der handwerklichen Fertigung zur industriellen Produktion,* Wien, 1982.
3 Ebenda, S. 58.

Index Register

Designer

A

Gunnar Aagaard Andersen, Denmark: 415, 480
Alvar Aalto, Finland: 536, 564, 565, 576, 588, 589, 611
Eero Aarnio, Helsinki, Finland: 176, 342, 388, 403
Reinhold Adolf, Germany: 382
Reinhold Adolf & Hans-Jürgen Schröpfer, Germany: 316/317
Roberto Aflalo, São Paulo, Brazil: 489
Werner Aisslinger, Berlin, Germany: 82, 106, 128
Josef Albers, Germany: 616, 634
Franco Albini, Italy: 450, 492
Volker Albus, Frankfurt am Main, Germany: 94, 271, 273, 274
Philippe Allayes, Ghent, Belgium: 183
Ron Arad, London, Great Britain: 59, 127, 163, 177, 196, 199, **252-255**
Erik Gunnar Asplund, Sweden: 563, 603
Archizoom Associati, Italy: 264, 369, 374, 394, **554-559**
Antonia Astori, Milan, Italy: 330
Gae Aulenti, Milan, Italy: 187, 301, 421
Shin Azumi, London, Great Britain: 34

B

Maarten Baas, 's-Hertogenbosch, Netherlands: 63, 96, 305
Oliver Bahr, Bielefeld, Germany: 102
Gijs Bakker, Amsterdam, Netherlands: 210, 213, 229
Barber Osgerby, London, Great Britain: 19, 37, 115, 149, 160
Carlo Bartoli, Monza, Italy: 321, 364
Michael Bayer, Germany: 442
Helmut Bätzner, Karlsruhe, Germany: 303
B.B.P.R., Milan, Italy: 469
Alessandro Becchi, Florence, Italy: 346
Veronika Becker & Judith Seng, Berlin, Germany: 94
Liisi Beckmann, Finland: 398
Peter Behrens, Germany: 674
Mario Bellini, Milan, Italy: 314, 319, 332, 352, 377

Hans Bellmann, Switzerland: 527
Giandomenico Belotti, Italy: 308
Günter Beltzig, Hohenwart, Germany: 386
Ralf Bender, Sven-Anwar Bibi & Eric Degenhardt, Germany: 68
Norbert Berghof, Michael Landes & Wolfgang Rang, Frankfurt am Main, Germany: 261
Thomas Bernstrand, Stockholm, Sweden: 158
Harry Bertoia, Italy/USA: 486, 487
Jurgen Bey, Rotterdam, Netherlands: 85, 134, 135, 136
Max Bill, Germany: 472
Franco Binfarè, Milan, Italy: 120
Otto Blümel, Germany: 656
Riccardo Blumer & Matteo Borghi, Italy: 17
Cini Boeri, Milan, Italy: 391
Jörg Boner, Zurich, Switzerland: 42, 48
Rodolfo Bonetto, Italy: 353, 373
Christoph Böninger, Munich, Germany: 145
Florian Borkenhagen, Hamburg, Germany: 271
Per Borre, Denmark: 306
Osvaldo Borsani, Italy: 462
Mario Botta, Lugano, Switzerland: 267, 285
Ronan & Erwan Bouroullec, Paris, France: 14, 58-59, 71, 91, 119, 141
Cees Braakman, Netherlands: 448
Branco & Preto, Brazil: 489
Andreas Brandolini, Saarbrücken, Germany: 241, 271
Andrea Branzi, Milan, Italy: 188, **262-265**
Erich Brendel, Germany: 640
Marcel Breuer, Germany: 20, 536, 570, 577, 600, 611, 619, 627, 628, 629, **630-633**, 636, 637, 643, 644-646, 657, 662
Claude Brisson, France: 224
Carlo Bugatti, Milan, Italy: 665
Lukas Buol & Marco Zünd, Basel, Switzerland: 186, 216

C

Sergio Calatroni, Milan, Italy: 247
Fernando & Humberto Campana, São Paulo, Brazil: 69, 76, 84, 88/89, 107, 153
Mario Cananzi & Roberto Semprini, Milan, Italy: 230
Anna Castelli Ferrieri, Italy: 366, 389
Achille Castiglioni, Italy: 173, 312, 355
Achille & Pier Giacomo Castiglioni, Italy: 321, 405, 410, 426, 430, 456-457
Pierre Chareau, France: 604, 622
Norman Cherner, USA: 447

Pietro Chiesa, Italy: 580
Antonio Citterio & Glen Oliver Löw, Milan, Italy: 189
Antonio Citterio & Paolo Nava, Milan, Italy: 290
Claesson Koivisto Rune, Stockholm, Sweden: 92, 112, 114, 141, 338/339
Luigi Colani, Karlsruhe, Germany: 368, 383
Joe Colombo, Italy: 344, 354, 363, 366, 384, 392, 411, 416
Sergio Conti, Luciano Grassi & Marisa Forlani, Italy: 481
Hans Coray, Switzerland: 561
Pepe Cortés, Barcelona, Spain: 186
Matali Crasset, Paris, France: 122, 151, 159, 174

D

Pierangela d'Aniello, Aldo Jacober, Italy: 404
Robin Day, London, Great Britain: 422-425
Christophe De La Fontaine, Germany: 46
Michele De Lucchi, Milan, Italy: 280, 294
Gionatan De Pas, Donato D'Urbino & Paolo Lomazzi, Milan, Italy: 291, 320, 325, 342, 345, 372, 385
Hans de Pelsmacker, Loppem, Belgium: 116
Paolo Deganello, Milan, Italy: 286, 328
Eric Degenhardt, Cologne, Germany: 41, 68
Demakersvan, Rotterdam, Netherlands: 73
Carlo di Carli, Italy: 474
Erich Dieckmann, Germany: **590-593**, 599, 634
Design Group Italia, Milan, Italy: 179
Stefan Diez, Munich, Germany: 14, 46, 66, 90
Witton Carlyle Dinges, USA: 529
Nanna Ditzel, Copenhagen, Denmark: 229
Tom Dixon, London, Great Britain: 33, 227, 425
Dante Donegani & Giovanni Lauda, Milan, Italy: 152
Nipa Doshi & Jonathan Levien, London, Great Britain: 26, 27, 39
Guido Drocco & Franco Mello, Turin, Italy: 340
Michel Ducaroy, France: 326/327
Nathalie du Pasquier, Milan, Italy: 260, 296

E

Charles & Ray Eames, USA: 376, 423, 425, 431, 440, 449, 459, 469, 497, 498/499, 502, 512, 516, **536-541**, 550/551
Raw Edges & Shay Alkalay, London, Great Britain: 19

692

Egon Eiermann, Germany: 479, 483, 490, 504, 505, 506
Jan Eisermann, Münster, Germany: 118
El Ultimo Grito, London/Berlin, Great Britain/Germany: 155

F

Michel Feith, Karft, Germany: 268, 271
Jorge Ferrari-Hardoy, Juan Kurchan & Antonio Bonet, Argentina: 562
Johannes Foersom & Peter Hiort-Lorenzen, Copenhagen, Denmark: 172
Jean-Michel Frank & Adolphe Chanaux, France: 569, 607
Gianfranco Frattini, Italy: 400
Fremdkörper Designstudio, Cologne, Germany: 6, 11, 86, 94
Patrik Frey & Markus Boge, Hanover, Germany: 103
Front, Stockholm, Sweden: 55, 304
A. G. Fronzoni, Italy: 414
Fuchs+Funke, Berlin, Germany: 99, 117
Naoto Fukasawa, Tokyo, Japan: 49, 51, 52
FurnID, Copenhagen, Denmark: 9
Future Systems, Amanda Levete, London, Great Britain: 58

G

G14, Italy: 353
Emile Gallé, France: 681
Piero Gatti, Cesare Paolini & Franco Teodoro, Italy: 384
Antoni Gaudí, Spain: 665
Kristian Gavoille, Paris, France: 123
Frank O. Gehry, Venice, USA: 203, 335
Sigfried Giedion, Switzerland: 560
Ginbande, Frankfurt am Main, Germany: 240
Battista & Gino Giudici, Switzerland: 571
Stefano Giovannoni, Milan, Italy: 118, 164
Eileen Gray, Ireland: 570, 582, 583, 614, 615, 623, 624, 625, 635, 636, 639, 648
Konstantin Grcic, Munich, Germany: 20-23, 59-60, 77, 78, 87, 113, 138, 160, 161, 182
Walter Gropius, Germany: 649
gruppe RE, Cologne, Germany: 139
Gruppo DAM, Italy: 355
Willy Guhl, Switzerland: 471
Hector Guimard, France: 677, 682
Martí Guixé, Barcelona/Berlin, Spain/Germany: 31

H

Zaha Hadid, London, Great Britain: 53, 59
Geoffrey Harcourt, Great Britain: 350, 378
Eddi Harlis, Germany: 466
Gustav Hassenpflug, Germany: 575
Jack Heaney, USA: 522
René Herbst, France: 620
Matthew Hilton, London, Great Britain: 162
Herbert Hirche, Germany: 460, 479
Josef Hoffmann, Austria: 655, 658, 659, 660-663, 673, 682-683
Hans Hollein, Vienna, Austria: 298
René Holten, Maastricht, Netherlands: 126
Ulrike Holthöfer, Meerbusch, Germany: 273
Bohuslav Horak, Czech Republic: 147
Richard Hutten, Rotterdam, Netherlands: 18, 145, 150, 181, 210, 214
Hüttners, Karlsruhe, Germany: 62-63

I

Kho Liang Ie, Netherlands: 379
Massimo Iosa Ghini, Milan, Italy: 198, 222
James Irvine, Milan, Italy: 9

J

Arne Jacobsen, Denmark: 438/439, 454, 465, 485, 539, 559
Grete Jalk, Denmark: 419
Hella Jongerius, Rotterdam, Netherlands: 59, 210
Eric Jourdan, Saint-Etienne, France: 105
Finn Juhl, Denmark: 406, 477, 510, 527, 548, 549

K

Dejana Kabiljo, Vienna, Austria: 64
Vladimir Kagan, New York, USA: 482, 492, 502
Marcel Kammerer, Austria: 667
John Kandell, Sweden: 289
Peter Karpf, Denmark: 124
Beat Karrer, Zurich, Switzerland: 99
William Katavolos, Ross Littell & Douglas Kelley, USA: 486
Peter Keler, Germany: 646
Wilhelm Kienzle, Switzerland: 587
Frederick Kiesler, Austria: 542/543
Rodney Kinsman, London, Great Britain: 331
Toshiyuki Kita, Osaka, Japan: 223, 301
Atsushi Kitagawara, Tokyo, Japan: 234, 235

Poul Kjærholm, Denmark: 406, 417, 426, 433, 451, 460, 461, 496
Kaare Klint, Denmark: 578, 602, 654
Florence Knoll Bassett, USA: 429, 468
Donald Knorr, USA: 517
Silvia Knüppel, Hamburg, Germany: 45
Mogens Koch, Denmark: 579, 618
Ray Komai, USA: 507
Komplot Design, Copenhagen, Denmark: 15
Koppelmann, Germany: 585
Friso Kramer, Netherlands: 381
Kraud, Karlsruhe, Germany: 38
Axel Kufus, Berlin, Germany: 225, 273, 275
Kunstflug, Düsseldorf, Germany: 273-274
Shiro Kuramata, Japan: 236, 238, 318, 356

L

Joris Laarman, Amsterdam, Netherlands: 54
Gregory Lacoua, France: 40
Max Lamb, London, Great Britain: 60
Willie Landels, Italy: 410
Heinz H. Landes, Pforzheim, Germany: 273-274
Gerd Lange, Kapsweyer, Germany: 381
Larry Laske, USA: 185
Peter J. Lassen, Haarby, Denmark: 288
Wolfgang Laubersheimer, Cologne, Germany: 275, 278
Le Corbusier, Charlotte Perriand & Pierre Jeanneret, France: 56, 559, 617, 621
Kálmán Lengyel, Germany: 609
Alexander Lervik, Stockholm, Sweden: 75
Lievore Altherr Molina, Barcelona, Spain: 74
El Lissitzky, Russia: 608
Pierro Lissoni, Milan, Italy: 10
Adolf Loos, Austria: 664, 675, 684
Ross Lovegrove, London, Great Britain: 125, 163
Hans & Wassili Luckhardt, Germany: 594, 597
Gillis Lundgren, Sweden: 310-311
Xavier Lust, Brussels, Belgium: 98

M

Charles Rennie Mackintosh, Great Britain: 666, 670, 679, 685
Vico Magistretti, Italy: 202, 245, 298, 313, 328, 343, 364, 401
Philipp Mainzer, Oberursel, Germany: 172, 182
Robert Mallet-Stevens, France: 606
Peter Maly, Aumühle, Germany: 146, 165, 199, 277, 287

Mario Marenco, Rome, Italy: 349
Enzo Mari, Milan, Italy: 323, 324, 348
Javier Mariscal, Barcelona, Spain: 175, 233, 297, 299, 300
Bernard Marstaller, Germany: 654
Jean-Marie Massaud, Paris, France: 35, 71
Mathieu Mategot, France: 476, 477
Bruno Mathsson, Sweden: 545
Roberto Sebastian Matta, Chile: 395
Alberto Meda, Milan, Italy: 221, 276
Nadine Meisel & Moritz Willborn, Germany: 103
Alessandro Mendini, Milan, Italy: 281, 309
Serge Meppiel, Italy: 246
Davide Mercatali & Paolo Pedrizzetti, Milan, Italy: 246
Franz Messner, Austria: 669
Detlef Meyer-Voggenreiter, Cologne, Germany: 257, 270
Ludwig Mies van der Rohe, Germany: 20, 56, 591, 598, 610, 612, 613, **630-633**
Børge Mogensen, Denmark: 447, 500, 519, 526
Friedrich-Wilhelm Möller, Germany: 414
Carlo Mollino, Italy: 471, 510, 511, 525, 532, 539
Gino Levi Montalcini & Giuseppe Pagano Pogatschnig, Italy: 582
Nils Holger Moormann, Aschau im Chiemgau, Germany: 43
Morgen Studio, Frankfurt am Main, Germany: 140
Massimo Morozzi, Milan, Italy: 143
William Morris, Great Britain: **678-679**
Jasper Morrison, London, Great Britain: 25, 142, 148, 156, 158, 166, 206, 237, 258, 269
Koloman Moser, Austria: 671, **682-683**
Werner Max Moser, Switzerland: 574, 596
Olivier Mourgue, France: 409
Pascal Mourgue, Montreuil-Sous-Bois, France: 121
Gabriele Mucchi, Italy: 567
Reinhard Müller, Uetendorf, Switzerland: 256
Hauke Murken, Berlin, Germany: 200
Eckart Muthesius, Germany: 558, 581, 595

N

N2, Switzerland: 154
George Nelson, USA: 358-359, 449, 458, 463, 515, 524
Nendo Oki Sato, Tokyo/Milan, Japan/Italy: 24

Neuland Industriedesign, Munich, Germany: 70
Marc Newson, London, Great Britain: 50, 57, 188, 226, 232, 242
Philippe Nigro, Milan/Sanvensa, Italy/France: 29
Isamu Noguchi, Japan/USA: 474, 533
Alexandre Noll, France: 534/535
Patrick Norguet, Paris, France: 112, 130
Norway Says, Oslo, Norway: 100, 129

O

Herbert Ohl, Darmstadt, Germany: 284
Hajime Oonishi, Japan: 343
Meret Oppenheim, Germany: 553
Blasius Osko & Oliver Deichmann, Berlin, Germany: 67

P

Paolo Pallucco & Mireille Rivier, Rome, Italy: 239
Verner Panton, Denmark: 20, 303, 351, 370, 393, 417, 444, 445, 464, 539
Ico Parisi, Italy: 470
Pierre Paulin, Bassurels, France: 332, 378, 390, 397, 407, 418, 434, 435, 467
Jorge Pensi, Barcelona, Spain: 248
Pentagon, Cologne, Germany: 256, 257, 270, 273, 274
Maurizio Peregalli, Milan, Italy: 246, 247, 279
Charlotte Perriand, France: 488, 520, 552
Gaetano Pesce, New York, USA: 197, 244, 315, 334, 372
Gabriele Pezzini, Milan, Italy: 78
Giancarlo Piretti, Italy: 387
Warren Platner, USA: 396
Joseph Pohl, Germany: 646-647
Gio Ponti, Italy: 191, 455, 462, 478, 581
Pool products, Berlin/Toulouse, Germany/France: 127
Davis Pratt, USA: 507
Tom Price, Great Britain: 61-62
Jean Prouvé, France: 475, 488, 503, 508, 544, 572, 605, 638
Otto Prutscher, Austria: 656

Q

Arne Quinze, Kortrijk, Belgium: 144

R

Ernest Race, Great Britain: 528
Dieter Rams, Kronberg, Germany: 420, 432
Tejo Remy, Utrecht, Netherlands: 208-211, 212
Nick Rennie, Toorak, Australia: 16
Richard Riemerschmid, Germany: 676, 681-682
Gerrit T. Rietveld, Netherlands: 448, 568, 573, 626, 641, **650-653**, 662
Jens Risom, Denmark: 546, 547
Günter Ferdinand Ris & Herbert Selldorf, Germany: 367
Mark Robson, Lovagny, France: 104
Gilbert Rohde, USA: 561
Tina Roeder, Berlin, Germany: 305
Sergius Ruegenberg, Germany: 251

S

Eero Saarinen, USA: 452, 453, 515, 536, 550/551
Rolf Sachs, London, Great Britain: 180, 201, 304
Sam Sannia, Milan; Italy: 30
Richard Sapper, Stuttgart, Germany: 40, 443
Carlo Scarpa, Italy: 314, 325
Tobia & Afra Scarpa, Italy: 397
Eva Schildt, Stockholm, Sweden: 109
Claudia Schneider-Esleben, Hamburg, Germany: 271
Stefan Schöning, Germany: 101
Kazuyo Sejima, Tokio, Japan: 125
Inga Sempè, Paris, France. 83
Adnan Serbest, Istanbul, Turkey: 13
Jerszy Seymour, Berlin, Germany: 47, 59, 79, 81, 304
Borek Sípek, Prague, Czech Republic: 231
Soda Designers, Vienna, Austria: 31
Ettore Sottsass Jr., Italy: 56, 266, 292, 295, 296, 297, 337, **358-361**, 402, 484
Mart Stam, Netherlands: 597, **630-633**
Joachim B. Stanitzek, Germany: 271
Philippe Starck, Paris, France: 133, 137, 165, 175, 179, 204, 205, 207, 243, 249, 250, 282-283, 284
Flora Steiger-Crawford, Switzerland: 586
Carine Stelte, Düsseldorf, Germany: 12
Gustav Stickley, USA: 657
Stiletto (Frank Schreiner), Berlin, Germany: 273-275
Giotto Stoppino, Italy: 401
Nisse Strinning, Malmö, Sweden: 513

Gruppo Strum, Italy: 375
Studio 65, Italy: 341
Studio Alchymia, Italy: 264, 271, 293, 359
Studio Tetrarch, Italy: 365
Axel Stumpf, Germany: 272-273
Jörg Sturm & Susanne Wartzeck, Dipperz, Germany: 185
Superstudio, Italy: 357
George J. Swoden, Milan, Italy: 295
Siegfried Michael Syniuga, Düsseldorf, Germany: 256

T

Kazuhide Takahama, Milan, Italy: 322, 362, 408
Ezri Tarazi, Shoham, Israel: 72
Team Form AG, Hinwil, Switzerland: 329, 333
Giuseppe Terragni, Italy: 566
Mats Theselius, Tomelilla, Sweden: 132, 220
August Thonet, Germany: 557, 687
Michael Thonet, Germany: 644-646, 686, 688-691
Kurt Thut, Zurich, Switzerland: 178, 217, 248
Rud Thygesen & Johnny Sørensen, Copenhagen, Denmark: 380
Kazuhiko Tomita, Milan, Italy: 36

U

Masanori Umeda, Tokio, Japan: 218, 219, 295, 296
Oswald Mathias Ungers, Germany: 228
Klaus Uredat, Germany: 371
Patricia Urquiola, Milan, Italy: 32, 104

V

Henry van de Velde, Belgium: 558, 680-681, 686
Aldo van den Nieuwelaar, Amsterdam, Netherlands: 312
Hendrick Van Keppel, Taylor Green, USA: 523
Joep van Lieshout, Rotterdam, Netherlands: 138
Marten van Severen, Belgium: 97, 131
Danny Venlet, Brussels, Belgium: 93
Elena & Massimo Vignelli, New York, USA: 412/413
Vogt + Weizenegger, Berlin, Germany: 111, 133, 184
Poul M. Volther, Denmark: 427
Roderick Vos, Heusden, Netherlands: 95, 117

W

Otto Wagner, Austria: 668, 672, 682
Monika Wall, Stuttgart, Germany: 271
Marcel Wanders, Amsterdam, Netherlands: 65, 100, 110, 126, 167, 210
Gregori Warchavchik, Brazil: 618
Philip Webb, Great Britain: 662
Hans J. Wegner, Denmark: 251, 419, 436, 437, 472, 483, 491, 501, 509, 518, 530, 531
Thomas Wendtland, Hamburg, Germany: 271
Stefan Wewerka, Berlin, Germany: 307
Ulrich P. Wieser, Switzerland: 428
Tapio Wirkkala, Finland: 446
Frank Lloyd Wright, USA: 666
Sebastian Wrong & Richard Woods, Great Britain: 44
Dirk Wynants, Gijverinkhove, Belgium: 80, 98

Y

Sori Yanagi, Tokyo, Japan: 473, 539
Tokujin Yoshioka, Tokyo, Japan: 28
Michael Young, Hong Kong, China: 108, 156, 192

Z

Jorge Zalszupin, Brazil: 441
Marco Zanini, Milan, Italy: 259
Marco Zanuso, Italy: 443, 467, 493, 514, 521
Eva Zeisel, USA: 470
Oskar Zieta, Poland: 17
Lora Zingg, Lausanne, Switzerland: 215
Christoph Zschocke, Lohr am Main, Germany: 217

Companies
Entreprises
Hersteller

A

Adelta, Dinslaken, Germany: 342, 388, 403
Airborne International, France: 409
Akaba, Usurbil, Spain: 233
Alessi, Crusinallo, Italy: 148
Alias, Bergamo, Italy: 17, 221, 267, 276, 285, 308
Amat3, Barcelona, Spain: 186, 248
Anthologie Quartett, Bad-Essen, Germany: 147, 323, 402, 612
Apelli & Varesio, Italy: 511, 532
Arflex, Milan, Italy: 347, 349, 364, 391, 467, 469, 492, 493, 514
Arper, Monastier di Treviso, Italy: 74
Artek, Helsinki, Finland: 176, 446, 564, 565, 576, 588, 589, 611
Artek-Pascoe, USA: 562
Artemide, Pregnana Milanese, Italy: 343, 364, 401
Artifort, Schijndel, Netherlands: 126, 158, 332, 343, 350, 378, 379, 390, 397, 407, 418, 434, 435, 448, 467
Asko Lahti, Finland: 342, 388, 403
Authentics, Gütersloh, Germany: 90, 162

B

Alberto Bazzini, Italy: 365, 404
BBB emmebonacina, Meda, Italy: 30, 342, 372, 405
B&B Italia, Novedrate, Italy: 332, 372
BD Editiones, Barcelona, Spain: 300
Behr International, Osnabrück, Germany: 165
Gebrüder Beltzig Design, Germany: 386
Berliner Metallgewerbe Josef Müller, Germany: 610, 613, 632
Bernini, Ceriano Laghetto, Italy: 197, 314, 416, 430
Bernstrand & Co., Stockholm, Sweden: 158
Bieffeplast, Dammartin, France: 366

695

P. & W. Blattmann Metallwarenfabrik, Switzerland: 561
B-Line, Vincenza, Italy: 366, 373
Bulo, Mechelen, Belgium: 93
Busnelli, Misinto, Italy: 353, 355

C

Cadsana, USA: 486
Ettore Canali, Brescia, Italy: 471
Cappellini, Mariano Comense, Italy: 91, 112, 115, 119, 130, 141, 142, 149, 160, 166, 167, 206, 226, 227, 232, 258, 269, 309, 356, 414
Cassina, Meda, Italy: 71, 188, 244, 286, 298, 301, 313, 314, 315, 319, 328, 334, 352, 377, 397, 400, 455, 462, 470, 474, 478, 552, 563, 568, 617, 621, 666, 671, 685
Castelli, Bologna, Italy: 387
The Cherner Chair Company, Ridgefield, USA: 447
E. Kold Christensen, Denmark: 433, 496
ClassiCon, Munich, Germany: 37, 87, 113, 145, 182, 447, 570, 581, 582, 595, 614, 615, 623, 624, 635, 636, 639, 656
cor, Rheda-Wiedenbrück, Germany: 146, 199, 277, 287, 316/317, 329, 333, 371, 382, 383, 414, 442

D

Danese, Milan, Italy: 31
Dansk Polyether Industri, Denmark: 415
De Padova, Milan, Italy: 24, 173, 202, 245
Desalto, Cantù, Italy: 101
Jean Désert, Paris, France: 582, 583, 614, 615, 623, 624, 625, 635, 636, 639, 648
Desta Stahlmöbel Berlin, Germany: 594, 597
DIM die imaginäre Manufaktur, Berlin, Germany: 94, 133
Djob, Lynge, Denmark: 464
Domeau & Peres, La Garenne Colombes, France: 174
Domodinamica, Osteria grande, Italy: 151, 159
Drabert, Minden, Germany: 381
Draenert, Steigwiesen, Germany: 177, 228, 261
Driade, Fossadello di Caorso, Italy: 49, 95, 117, 125, 133, 163, 165, 179, 207, 243, 249, 250, 283, 324, 330, 348, 353
Droog, Amsterdam, Netherlands: 134, 135, 136, 150, 167, 181, **208-210**, 212, 213, 214, 229, 275

E

e15, Oberursel, Germany: 116, 172, 182, 183
Ecart International, Paris, France: 569, 604, 606, 607, 622, 625
Edra, Perignano, Italy: 69, 72, 76, 83, 84, 88/89, 107, 120, 125, 143, 152, 153, 218, 219, 230
Embru, Rüti, Switzerland: 560, 574, 575, 577, 586, 587, 596, 617
Emeco, Hanover, USA: 529
Emu, Marsciano, Italy: 32, 35
Established & Sons, London, Great Britain: 19, 25, 44, 58, 59
Etel, São Paulo, Brazil: 441, 489, 618
Eternit, Niederurnen, Switzerland: 471
Extremis, Gijverinkhove, Belgium: 80, 98
E&Y, Great Britain: 92

F

Finmar Ltd., Finland: 611
Flexform, Meda, Italy: 290, 363
Fontana Arte, Corsico, Italy: 187, 301, 580, 581
Formes Nouvelles, France: 620
Fredericia Furniture, Fredericia, Denmark: 9, 172, 229, 306, 380, 447, 500, 519, 526, 530

G

Gavina, Italy: 395, 408, 430, 443
Giovannetti, Casalguidi, Italy: 346
Glas Italia, Macherio, Italy: 10, 318
Gufram, Meda, Italy: 340, 341, 375

H

Habitat, London, Great Britain: 425
Carl Hansen, Odense, Denmark: 419, 437, 501
Fritz Hansen, Allerød, Denmark: 406, 417, 426, 433, 438/439, 451, 454, 460, 461, 465, 485, 491, 496, 531
Johannes Hansen, Denmark: 509, 518
Hay, Horsens, Denmark: 15, 17
Établissements René Herbst, France: 620
Hidden, Netherlands: 145, 155
Hille International, Burnley, Great Britain: 422-425
Christian Holzäpfel KG, Germany: 460
Hudson Fixtures, USA: 470
Huonekalu-ja Rakenustyötehdas, Finland: 576, 588, 589

I

iform, Malmö, Sweden: 124
IKEA, Sweden: **310-311**
Interlübke, Rheda-Wiedenbrück, Germany: 82
Ishimaru Co., Japan: 236
Isokon Plus, London, Great Britain: 149

J

J. G. Furniture Systems, USA: 507
Poul Jeppesen, Denmark: 419
Erik Jørgensen, Svendborg, Denmark: 427, 436

K

Källemo, Värnamo, Sweden: 132, 220, 289, 603
Ka Le Möbel Berlin, Germany: 609
Kartell, Noviglio, Italy: 97, 137, 163, 175, 189, 196, 321, 366, 389, 392, 401, 411
Knoll International, East Greenville, USA: 185, 186, 203, 395, 396, 408, 423, 429, 450, 452, 453, 468, 474, 486, 487, 515, 517, 546, 547, 562, 598, 610, 612, 613, 636
Jacob & Josef Kohn, Vienna, Austria: 658, 659, 668, 672, 673, 684
Kusch + Co, Hallenberg, Germany: 368

L

Richard Lampert, Stuttgart, Germany: 418, 479, 506
Lange Production, Copenhagen, Denmark: 419
Laverne International, USA: 486
Ligne Roset, Paris, France: 29, 40, 71, 105, 121, 123, 224, 326/327

M

Magis, Mota di Livenza, Italy: 34, 40, 50, 51, 78, 79, 106, 118, 164, 179
Atelier Mategot, France: 476, 477
maxdesign, Bagnaria Arsa, Italy: 78
MDF Italia, Milan, Italy: 70
Memphis, Milan, Italy: 56, 259, 260, 264, 266, 273, 280, **292-297**, 359
Metz & Co., Amsterdam, Netherlands: 573, 568, 626
Herman Miller, Zeeland, USA: 422, 431, 440, 449, 458, 459, 463, 469, 497, 498/499, 502, 512, 515, 524, 533, 538, 539, 541

Montana, Haarby, Denmark: 288
Moooi, Breda, Netherlands: 67, 96, 100, 110, 126, 138
Nils Holger Moormann, Aschau im Chiemgau, Germany: 43, 102, 103, 138, 160, 161, 185, 186, 200, 225, 275, 278
Morgen Studio, Frankfurt am Main, Germany: 140
Moroso, Cavalicco, Italy: 26, 27, 28, 36, 39, 46, 77, 104, 127, 175, 188, 198, 222, 223, 255
Möbel Perdu, Germany: 268

N

Atelier Noll, France: 534/535

O

object design solutions, Düsseldorf, Germany: 12
Olivetti, Ivrea, Italy: 258, 259
OMK, London, Great Britain: 331
onecollection, Ringkøbing, Denmark: 406, 477, 510, 527, 548, 549

P

Clemens Pacher, Austria: 669
Pallucco, Rome, Italy: 239
Paoli, Italy: 481
Pastoe, Utrecht, Netherlands: 312, 448
Plank, Ora, Italy: 20-23
Plus-linje, Denmark: 444, 445
Plycraft, USA: 447
Poltrona Frau, Tolentino, Italy: 430, 601
Poltronova, Montale, Italy: 298, 345, 358-361, 369, 374, 394, 402, 412/413, 421
Porro, Montesolaro, Italy: 16
PP Møbler, Allerød, Denmark: 251, 472, 483, 501, 509, 518, 531
Prag-Rudniker Korbwarenfabrik, Vienna: 671
Atelier Jean Prouvé, France: 475, 488, 503, 508, 544, 572, 605, 638

Q

Quinze & Milan, Kortrijk, Belgium: 144

R

Race Furniture, Bourton on the Water, Great Britain: 528

Rud. Rasmussen, Copenhagen, Denmark: 578, 579, 602, 618, 654
Rosenthal, Selb, Germany: 354, 367

S

Sawaya & Moroni, Milan, Italy: 156
sdr+, Cologne, Germany, 420, 432
Adnan Serbest Furniture, Istanbul, Turkey: 13
Simon International, Calcinelli di Saltara, Italy: 322, 325, 362, 395, 553
Standard Möbel Lengyel & Co., Berlin, Germany: 627, 628, 629
Staatliche Bauhochschule Weimar, Germany: 634
String, Malmö, Sweden: 513
Swedese, Vaggeryd, Sweden: 100, 108, 114, 141

T

Tecta, Lauenförde, Germany: 157, 251, 307, 475, 572, 600, 608, 619, 627, 628, 631, 638, 640, 649
Tecno, Milan, Italy: 462
Thonet Frankenberg GmbH, Frankenberg, Germany: 9, 66, 217, 466, 570, 584, 597, 610, 611, 633, 637, 674
Gebrüder Thonet, Boppard, Frankenberg, Paris, Vienna: 570, 584, 585, 609, 610, 617, 619, 667, 674, 686, 687, 688-691
Thonet Vienna, Tolentino, Italy: 166
Thut Möbel, Möriken, Switzerland: 178, 217, 248
Treitel-Gratz, New York, USA: 522

V

C. A. van de Groenekant, Netherlands: 640
Van Keppel-Green, USA: 523
Vereinigte Werkstätten für Kunst und Handwerk München, Germany: 676
Vitra, Weil am Rhein, Germany: 14, 52, 53, 59, 131, 204, 205, 231, 237, 238, 252-254, 304, 335, 351, 370, 376, 393, 417, 431, 440, 444, 445, 449, 458, 459, 463, 469, 472, 473, 474, 475, 497, 498/499, 502, 503, 508, 512, 515, 516, 524, 527, 533, 538, 541, 544, 550/551, 572, 605, 634
Vitsœ, Germany: 420, 432
Niels Vodder, Denmark: 510, 527, 548, 549

W

wb engros, Allschwil, Switzerland: 215, 216, 428
Hubert Weinzierl, Paris, France: 156
Wilde+Spieth, Stuttgart, Germany: 483, 490, 504, 505
Wilkhahn, Bad Münder, Germany: 14, 284, 381
Wittmann, Etsdorf/Kamp, Austria: 31, 542/543, 655, 659, 671
Wogg AG, Baden-Dättwil, Switzerland: 42
Wohnbedarf-AG Basel, Switzerland: 428, 571

X

XO, Servon, France: 284

Z

Zanotta, Nova Milanese, Italy: 104, 128, 281, 291, 312, 320, 321, 325, 344, 355, 357, 384, 385, 398, 410, 426, 456-457, 472, 510, 511, 521, 525, 532, 561, 566, 567, 582, 654
Zeus Noto, Milan, Italy: 199, 246, 247, 279

Credits
Crédits photographiques
Bildnachweis

A
© **Adelta**, Dinslaken: 342, 388, 403
© **Alias**, Bergamo: 17, 267, 285, 308
© **Anthologie Quartett**, Bad-Essen: 147, 323, 612 above
© **Arcaid.co.uk**: 670, 679 (photos Marc Fiennes)
© **Arflex**, Milano: 347, 349, 391, 467, 469, 492, 493, 514
© **Arper**, Monastier di Treviso, 74
© **Artek**, Helsinki: 5, 176, 576 (photo Marco Melander), 446, 564, 565, 589, 611
© **Artifort**, Schijndel: 126, 158, 332, 343, 350, 378, 379, 390, 397, 407, 418, 434, 435, 467
© **Authentics**, Gütersloh: 162

B
© **Marten Baas**, 's-Hertogenbosch: 63 (photo: Maarten van Houten), 305 (courtesy of Contrasts Gallery, Shanghai
© **Gijs Bakker**, Amsterdam: 213, 229
© **Barber Osgerby**, London: 19, 115, 149, 160, 702
© **Bauhaus Archiv**, Berlin: 647
© **BBB emmebonacina**: 30, 342, 372, 405
© **B&B Italia**, Novedrate: 332, 372
© **Behr International**, Osnabrück: 165 above
© **bel etage, Wolfgang Bauer**, Wien: 5, 656, 658 above, 660, 664, 667, 669, 672, 673, 675, 683, 684
© **Ralf Bender, Sven-Anwar Bibi & Eric Degenhardt**: 68
© **Bernini**, Ceriano Laghetto: 197, 314 below, 416, 430
© **Thomas Bernstrand**, Stockholm: 158 (photo Fredrik Sandin Carlson)
© **Jurgen Bey**, Rotterdam: 85, 134, 135 (photo Bob Goedewaagen), 136 (photo Marcel Loermans)
© **Jörg Boner**, Zürich: 42 (photo: Milo Keller), 48 (photo: Kai Uwe Gundlach), 154 (photo Friederike Baetcke)
© **Ronan & Erwan Bouroullec**, Paris: 14, 58 (photos: Paul Tahon and R & E Bouroullec), 71, 119 (photo Paul Tahon), 141 (photo Feintrenie)
© **Andreas Brandolini**, Saarbrücken: 241
© **Andrea Branzi**, Milano: 265
© **Bulo**, Mechelen: 93

C
© **Cappellini**, Mariano Comense: 4, 91, 112, 130, 167, 414
© **Cassina**, Meda: 71, 286, 313, 319, 352, 377, 400, 470, 474, 568, 621 (photos Nicola Zocchi), 188, 455, 563 (photos: Ruy Teixeira), 244, 552 (photos Tommaso Sartori), 298, 685 above (photos Mario Carrieri), 4, 301, 328 (photos Tommaso Sartori), 314 (photo Andrea Ferrari), 328, 666
© **Claesson Koivisto Rune**, Stockholm: 92, 114, 141, 338/339
© **ClassiCon**, München: 37, 87, 113, 145, 182, 447, 570, 581, 582, 595, 614, 615, 624, 635, 636, 639, 656 (photos Felix Holzer)
© **cor**, Rheda-Wiedenbrück: 4, 146, 199, 277, 287, 316/317, 329, 333, 371, 382, 383, 414, 442
© **Cosmit**, Milano: 191 left (photo Alessandro Russotti)
© **Matali Crasset**, Paris: 122, 174 (photos Patrick Gries), 151, 159 (photo Lucas Castelli)

D
© **Danese**, Milano: 31
© **Demakersvan**, Rotterdam: 73 (photo Sotheby's)
© **De Padova**, Milano: 24, 173, 202, 245
© **Desalto**, Cantù: 101
© **Stefan Diez**, München: 90
© **Tom Dixon**, London: 33

© **Djob**, Lynge: 464
© **Drabert**, Minden: 381
© **Draenert**, Steigwiesen: 177, 228, 261
© **Driade**, Fossadello di Caorso: 49, 95, 117, 125, 133, 163, 165, 179, 207, 243, 249, 250, 283, 324, 330, 353
© **Nathalie du Pasquier**, Milano: 260, 297

E
© **e15**, Oberursel: 116, 172, 182, 183
© **Ecart International**, Paris: 569, 604, 606, 607, 622, 625
© **Edra**, Perignano: 69, 72, 76, 83, 84, 88/89, 107, 120, 125, 143, 152, 153, 218, 219, 230
© **Jan Eisermann**, Münster: 118
© **El Ultimo Grito**, London/Berlin: 155
© **Embru Archiv**, Rüti: 560, 574, 575, 586, 587
© **Emeco**, Hanover: 529
© **Emu**, Marsciano: 32, 35
© **Established & Sons**, London: 19, 25, 44, 58
© **Etel**, São Paulo, Brazil: 441, 489, 618
© **Extremis**, Gijverinkhove: 80, 98

F
© **galerie ulrich fiedler**, Berlin: 4, 239, 240, 268, 270, 274, 337, 354, 367, 448, 460, 481, 484, 573 left, 585, 594, 596, 609 above, 627 below, 634, 641, 686 above (photos Andreas Jung), 411, 471, 520, 573 right, 583, 594, 597, 599, 609 below, 617, 626, 629, 632, 641, 643, 674, 685 below (photos Florian Schwinge)
© **Flexform**, Meda: 290
© **Fontana Arte**, Corsico: 187, 301 below, 580, 581 below
© **Fredericia Furniture**, Fredericia: 9, 172, 229, 306, 380, 447, 500, 519, 526, 530
© **Fremdkörper Designstudio**, Köln: 6 (photo Guido Löhrer), 11, 86 (photo Julia Wellner)
© **Front**, Stockholm: 55, 304 below
© **Fuchs+Funke**, Berlin: 99, 117

G
© **Getty Images**: 191 right
© **Glas Italia**, Macherio: 10, 318
© **Konstantin Grcic**, München: 161
© **gruppe RE**, Köln: 139
© **Gufram**, Meda: 340, 341, 375

H
© **Carl Hansen**, Odense: 419, 437, 501
© **Fritz Hansen**, Allerød: 406, 417, 426, 433, 438/439, 451, 454, 460, 461, 465, 485, 491, 496
© **Hay**, Horsens: 15, 16
© **Hille International**, Burnley: 423, 424
© **Hüttners**, Karlsruhe: 63
© **Richard Hutten**, Rottertdam: 18, 145, 150, 181, 214

I
© **iform**, Malmö: 124
© **IKEA**: 310
© **Interlübke**, Rheda-Wiedenbrück: 82

J
© **Erik Jørgensen**, Svendborg: 427, 436

698

K

© Dejana Kabiljo, Wien: 64 (photo: Christian Maricic)
© Vladimir Kagan, New York, USA: 482, 492, 502
© Källemo, Värnamo: 289, 603
© Beat Karrer, Zurich: 99
© Kartell, Noviglio: 97, 137, 163, 175, 189, 196, 321, 366, 389, 392
© Atsushi Kitagawara, Tokyo: 234, 235
© Knoll International, East Greenville: 185, 186, 203, 396, 408, 429, 450, 452, 453, 468, 486, 487, 515, 546, 547, 598, 610, 636
© Silvia Knüppel, Hamburg: 45 (photo: Michael Anhalt)
© Koelnmesse GmbH, Köln: 195
© Idris Kolodziej, Berlin: 273 left
© Kraud, Karlsruhe: 38 (photo: Horst Bernhard)
© Axel Kufus/Ulrike Holthöfer, Berlin/Meerbusch: 273 right
© Kusch + Co., Hallenberg: 368

L

© Joris Laarman, Amsterdam: 54
© Max Lamb, London: 60
© Richard Lampert, Stuttgart: 41, 479, 506
© Alexander Lervik, Stockholm: 75
© Ligne Roset, Paris: 29, 40, 71, 105, 121, 123, 224, 326/327
© Michele De Lucchi, Milano: 280 (photo Luca Tamburlini), 294 (photos Studio Azzurro)

M

© Archiv Dr. Otakar Máčel, Delft: 653 left
© Magis, Mota di Livenza: 34, 40, 51, 78, 79, 106, 118, 164, 179
© Studio Makkink & Bey, Rotterdam: 85
© Javier Mariscal, Barcelona: 175, 233, 297, 299, 300
© MDF Italia, Milano: 70
© Alberto Meda, Milano: 221, 276
© Nadine Meisel & Moritz Willborn: 103
© Memphis, Milano: 259, 266 (photos Roberto Gennari), 292, 295, 296 below (photo Aldo Ballo, Guido Cegani, Peter Ogilvie), 296 above (photo Studio Azzurro)
© Alessandro Mendini, Milano: 281, 309
© Detlef Meyer-Voggenreiter, Köln: 257
© Montana, Haarby: 288
© Moooi, Breda: 67, 96, 100, 110, 126, 138 (photos: Maarten van Houten)
© Nils Holger Moormann, Aschau im Chiemgau: 43, 102, 103, 138, 160, 185, 186, 200, 225, 278
© Morgen Studio, Frankfurt am Main: 140
© Moroso, Cavalicco: 4, 26, 27, 28, 36, 39, 46, 77, 104, 127, 188 below, 198, 222, 223, 255
© Jasper Morrison, London, 142 (photo above Bitetto & Chimenti, below Walter Gumiero), 148 (photo Stefan Kirchner), 156, 166 (photo Walter Gumiero), 206 (photo Santi Caleca), 258 (photo James Mortimer), 269
© Reinhard Müller, Uetendorf: 256

N

© Marc Newson, London: 4, 50, 57, 226, 232, 242
© Norway Says, Oslo: 129

O

© object design solutions, Düsseldorf: 12
© Galerie Objekt Wolfgang F. Maurer, München: 386
© OMK, London: 331 (photo Paul Childs)
© onecollection, Ringkøbing: 406, 477, 510, 527, 548, 549

P

© Verner Panton Design, Basel: 370
© Pastoe, Utrecht: 5, 312, 448
© Jorge Pensi, Barcelona: 248 below
© Gabriele Pezzini, Milano: 78
© Plank, Ora: 21, 22, 23
© Phillips de Pury & Company, London: 209, 263, 462, 476, 476, 478, 488, 534/535, 613, 616
© Poltrona Frau, Tolentino, Italy: 601
© Poltronova, Montale: 298, 345, 359, 360, 361, 369, 374, 394, 402, 412/413, 421
© Pool products, Berlin/Toulouse: 129 (photo Sebastian Ahlers)
© Porro, Montesolaro: 16, 702
© PP Møbler, Allerød: 251, 472, 483, 501, 509, 518, 531
© Tom Price: 61 (photos Christoph Bolton)

Q

© Quinze & Milan, Kortrijk: 144

R

© Rud. Rasmussen, Copenhagen: 578, 579, 602, 618, 654 above
© Remy & Veenhuizen, Utrecht: 211 (photo Mels v. Zuphten), 212
© bpk/RMN: 665, 681 right (photos Konstantinos Ignatiadis), 680 (photo Jean Schormans), 681 left (photo René-Gabriel Ojéda)
© Tina Roeder, Berlin: 303 left, 305 above (photos Guido Mieth)

S

© Rolf Sachs, London: 180, 304 (photos Bryan Slater), 201 (photo Richard Bryant)
© Photo Scala/© 2008 Digital image, The Museum of Modern Art, New York/Scala, Florence: 5, 205, 227, 236, 250, 315, 334, 343, 346, 348, 353, 354 above, 355, 356, 363, 364, 365, 366, 373, 387, 393, 395, 397, 401, 404, 409, 415, 419, 443, 462 below, 470, 485, 486 above, 491, 499 below, 507, 516, 517, 522, 523, 528, 537, 540, 545, 554, 561, 562, 577, 588, 612, 619, 620, 638, 648, 651, 653 right, 657, 658 below, 665 above, 666 below, 668, 674, 676, 677, 691
© Eva Schildt, Stockholm: 109
© sdr+, Cologne, Germany: 420, 432
© Adnan Serbest Furniture, Istanbul: 13
© Jerszy Seymour, Berlin: 47 (photo: Thomas Dix), 81, 304 above right (photo: Hansjörg Walter)
© Simon International, Calcinelli di Saltara: 322, 325, 362, 553
© Stadtarchiv Halle, Germany: 590, 593
© String, Malmö, Sweden: 513 (photo Petra Svensson)
© Swedese, Vaggeryd: 100
© George J. Swoden, Milano: 295 above left
© Siegfried Michael Syniuga, Düsseldorf: 256

T

© Technisches Museum Wien: 687
© Tecta, Lauenförde: 5, 157, 251, 307, 480, 600, 608, 619, 627 above, 628, 631, 640, 649
© Mats Theselius, Tomelilla: 132, 220
© Thonet Frankenberg GmbH, Frankenberg: 9, 66, 217, 466, 557, 570, 584 686, 687, 689, 597, 611, 633, 637, 686 below, 689, 690
© Thut Möbel, Möriken: 178, 217, 248

V

© Vitra, Weil am Rhein: 52, 53, 131, 204, 205, 231, 237, 238, 252, 335, 351, 376, 417, 431, 440, 444, 445, 449, 458, 459, 463, 469, 472, 473, 474, 475, 497, 498/499, 502, 503, 508, 512, 515, 524, 527, 533, 538, 541, 550/551 (photo Isabel Truniger) 572, 605, 634
© Vogt + Weizenegger, Berlin: 94, 111 (photo Markus Garb), 133 (photo Carsten Eisfeld), 184 (photo Stefan Geiser)

W

© Stefan Wewerka, Berlin: 307
© Marcel Wanders, Amsterdam: 65
© wb engros, Allschwil: 215, 216, 428, 471
© Wilde+Spieth, Stuttgart, Germany: 483, 490, 504, 505
© Wilkhahn, Bad Münder: 14, 284, 381
© Wittmann, Etsdorf/Kamp: 31, 542/543, 655, 659, 671
© Wohnbedarf-AG Basel, Switzerland: 571

X

© XO, Servon: 284

Y

© Michael Young, Hong Kong: 108, 156, 192

Z

© Zanotta, Nova Milanese: 104, 128, 291, 312 below, 320, 321, 325, 344, 357, 384, 385, 398, 399, 410, 426, 457, 510, 511, 521, 525, 532, 566, 567, 582, 654 below
© Zeus Noto, Milano: 199, 246, 247, 279

© VG Bild-Kunst, Bonn 2008 for the works by: El Lissitzky, 608; Mathieu Mategot, 476, 477; Alexandre Noll, 534/535; Charlotte Perriand, 520, 552, 617, 620; Jean Emile Victor Prouvé, 475, 488, 503, 508, 544, 572, 605, 638; Richard Riemerschmid, 676; Gerrit T. Rietveld, 448, 568, 573, 626, 641, 651, 653; Henry Van de Velde, 680, 686 above; Ludwig Mies van der Rohe, 598, 610, 612, 613, 632; Stefan Wewerka, 307; Frank Lloyd Wright, 666 below

© The Isamu Noguchi Foundation and Garden Museum/VG Bild-kunst, Bonn 2008 for the works by Isamu Noguchi, 474, 533

© The Josef and Anni Albers Fundation/VG Bild-Kunst, Bonn 2008 for the works by Josef Albers: 616, 634

© PLC/ VG Bild-Kunst, Bonn 2008 for the works by Le Corbusier: 617, 621

699

Authors
Auteurs
Autoren

Volker Albus studied architecture at the RWTH Aachen, Germany, and began working as an independent architect after his graduation in 1976. Since 1982 he has worked as a furniture designer and as an interior architect. He began his journalistic and publishing activities in 1984 and has since written countless contributions for architecture and design magazines, catalogs, as well as various books. In 1994 he was appointed professor of product design at the Karlsruhe University of Arts and Design in Germany.

Volker Albus a étudié l'architecture à Aix-la-Chapelle (Rheinisch-Westfälische Technische Hochschule) et travaille comme architecte depuis l'obtention de son diplôme en 1976. Il est également designer de mobilier et architecte d'intérieur depuis 1982, auteur depuis 1984 ayant signé de nombreuses publications pour des magazines d'architecture et design, des catalogues et des ouvrages. En 1994, il a été nommé professeur de design industriel à la Hochschule für Gestaltung de Karlsruhe.

Volker Albus studierte Architektur an der RWTH Aachen und ist seit seinem Abschluss 1976 freiberuflich als Architekt tätig. Seit 1982 betätigt er sich als Möbeldesigner und Innenarchitekt. Seine publizistische Tätigkeit begann 1984 und umfasst zahlreiche Beiträge für Architektur- und Designmagazine, diverse Katalogbeiträge und Buchpublikationen. 1994 wurde er zum Professor für Produktdesign an der Staatlichen Hochschule für Gestaltung, Karlsruhe, berufen.

Thomas S. Bley studied design in Aachen and Hamburg, Germany, and in New York. At Michele De Lucchi's invitation, he presented designs for the Memphis collection in 1982, of which one, the lamp *Astor*, was ultimately produced. He established himself with his first company, Zebra Design, in New York and later was General Manager at frogdesign in California. He is currently professor and head of the Department of Design Studies at the University of Otago in New Zealand.

Thomas S. Bley a étudié le design à Aix-la-Chapelle, Hambourg et New York. En 1982, répondant à l'invitation de Michele De Lucchi, il présente des ébauches pour la collection Memphis, parmi lesquelles le luminaire *Astor* qui fut finalement réalisé. Avec Zebra Design, il créé sa première société à New York. Après avoir été directeur général de frogdesign en Californie, il est désormais professeur à l'université d'Otago en Nouvelle-Zélande.

Thomas S. Bley studierte Design in Aachen, Hamburg und New York. Auf Einladung von Michele De Lucchi präsentierte er 1982 Entwürfe für die Memphis-Kollektion, einer dieser Entwürfe – die Leuchte *Astor* – kam schließlich zur Ausführung. Mit Zebra Design etablierte er seine erste Firma in New York. Er war General Manager bei frogdesign in Kalifornien. Zurzeit ist er als Professor an der University of Otago, Neuseeland, tätig.

Max Borka has worked as a recognized art and design critic for over two decades. He is the author of countless design publications, including books on Martí Guixé, Arne Quinze and Danny Venlet. From 1999 to 2002 he was the director of the Interieur Foundation, organizing the Interieur Biennale in Kortrijk, Belgium, and later art director of designbrussels. In 2008, Max Borka curated the exhibition *Nullpunkt. Nieuwe German Gestaltung* (Zero point. New German Design) at the MARTa Museum Herford, which gave an unorthodox overview of contemporary design in Germany. He currently teaches at the Ghent Univerity in Belgium.

Max Borka est critique d'art et de design depuis plus de deux décennies. Il est l'auteur de nombreuses publications sur le design, en particulier sur Martí Guixé, Arne Quinze et Danny Venlet. De 1999 à 2002, il a été directeur de la Fondation Interieur, organisateur de la Biennale Interieur de Courtrai, puis directeur artistique de designbrussels. En 2008, il a été le curateur de l'exposition *Nullpunkt. Nieuwe German Gestaltung* présentée dans le Musée d'art MARTa à Herford. L'exposition proposait un aperçu peu conventionnel du design contemporain allemand. Il est actuellement enseignant à l'université de Gand.

Max Borka ist seit mehr als zwei Jahrzehnten als Kunst- und Designkritiker tätig. Er ist Autor zahlreicher Designpublikationen, unter anderem über Martí Guixé, Arne Quinze, Danny Venlet. Von 1999 bis 2002 war er Direktor der Stiftung Interieur, Organisator der Interieur Biennale in Kortrijk und später künstlerischer Leiter von designbrussels. 2008 kuratierte Max Borka die Ausstellung *Nullpunkt. Nieuwe German Gestaltung* am MARTa Museum Herford, die einen unorthodoxen Überblick über zeitgenössisches Design aus Deutschland bot. Zurzeit lehrt an der Universität Gent.

Michael Erlhoff was a board member of the documenta 8 (1987), particularly responsible for architecture and design. From 1987 to 1991 he was the CEO of the German Design Council. Michael Erlhoff is the author and publisher of countless books, including *Designed in Germany since 1949*, *4: 3 – Fünfzig Jahre Italienisches und Deutsches Design*, and *Design Dictionary* (with Tim Marshall). From 1991 to 1997, he was the founding dean of the Cologne Department of Design (now the Köln International School of Design/KISD, where he still teaches design theory and design history.

Michael Erlhoff fut membre du comité directeur de la documenta 8 (1987), responsable de l'architecture et du design. De 1987 à 1991, il fut directeur du German Design Council. Michael Erlhoff est l'auteur et le directeur de publication de nombreux ouvrages, parmi lesquels *Deutsches Design nach 1949*, *4: 3 – Fünfzig Jahre Italienisches und Deutsches Design*, *Design-Wörterbuch* (avec Tim Marshall). Il fut de 1991 à 1997 le doyen fondateur de l'actuelle Köln International School of Design (KISD). Il y enseigne aujourd'hui la théorie et l'histoire du design.

Michael Erlhoff war als Mitglied des Beirats der documenta 8 (1987) verantwortlich für Architektur und Design. Von 1987 bis 1991 war er Geschäftsführer des Rats für Formgebung/German Design Council. Michael Erlhoff ist Autor und Herausgeber zahlreicher Bücher, unter anderem *Deutsches Design nach 1949*, *4:3 – Fünfzig Jahre Italienisches und Deutsches Design*, *Design-Wörterbuch* (mit Tim Marshall). Von 1991 bis 1997 war er Gründungsdekan des Kölner Fachbereichs Design (heute Köln International School of Design/KISD), an der er bis heute Designtheorie und -geschichte lehrt.

Karianne Fogelberg works as a freelance author for various international design and interior magazines. From 2003 to 2007 she was the editor of the magazine *form* in Neu-Isenburg near Frankfurt. A design journalist, Karianne Fogelberg studied political sciences, history and sociology at the London School of Economics and at the Institut de Sciences Politiques in Paris, as well as design history at the Royal College of Art and at the Victoria & Albert Museum in London.

Karianne Fogelberg signe des articles pour des magazines internationaux de design et d'habitat. De 2003 à 2007, elle fut rédactrice de la revue *form* à Neu-Isenburg, près de Francfort. Journaliste spécialisée dans le design, elle a étudié les sciences politiques, l'histoire et la sociologie à la London School of Economics et à l'Institut des Sciences Politiques de Paris ainsi que l'histoire du design au Royal College of Art et au Victoria & Albert Museum de Londres.

Karianne Fogelberg arbeitet als freie Autorin für verschiedene internationale Design- und Wohnmagazine. Von 2003 bis 2007 war sie Redakteurin der Zeitschrift *form* in Neu-Isenburg bei Frankfurt. Die Designjournalistin studierte Politikwissenschaften, Geschichte und Soziologie an der London School of Economics und am Institut de Sciences Politiques in Paris sowie Designgeschichte am Royal College of Art und am Victoria & Albert Museum in London.

Fremdkörper®Designstudio, **Andrea Mehlhose** and **Martin Wellner** graduated from the Cologne Department of Design (now the Köln International School of Design/KISD) in 1997. Since then, they have worked as freelance designers and advisers. Their work ranges from interior and graphic design to corporate design and corporate identity. Countless exhibition platforms of European furniture and accessory trade fairs aimed to promote young design have chosen to display and highlight their freelance works and projects. Andrea Mehlhose and Martin Wellner published the volume *Echt wahr? Kuriose Meldungen der (dpa)* with h.f.ullmann.

Fremdkörper®Designstudio, **Andrea Mehlhose** et **Martin Wellner** ont obtenu en 1997 le diplôme de la Köln International School of Design (KISD). Ils travaillent depuis comme designer et conseiller. L'étendue de leurs travaux va du design d'intérieur et design graphique jusqu'à l'esthétique et l'identité d'enterprise. Leurs travaux ont retenu l'attention dans le cadre de la promotion du jeune design, ce à l'occasion de nombreux salons européens de mobilier et d'accessoires. Ils ont publié chez h.f.ullmann l'ouvrage *Echt wahr ? Kuriose Meldungen der (dpa)* .

Fremdkörper®Designstudio, **Andrea Mehlhose** und **Martin Wellner** diplomierten 1997 am Kölner Fachbereich Design (heute Köln International School of Design/KISD). Seitdem sind sie als freischaffende Designer und Berater tätig. Das Spektrum ihrer Arbeit reicht von Interieur- und Grafikdesign bis hin zu Corporate Design und Corporate Identity. Ihre freien Arbeiten wurden für zahlreiche Ausstellungsplattformen europäischer Möbel- und Accessoiremessen zur Förderung von jungem Design ausgewählt. Bei h.f.ullmann haben sie den Band *Echt wahr? Kuriose Meldungen der (dpa)* veröffentlicht.

Andrea Gleiniger is an art and architecture historian and, after various teaching positions as a visiting professor at universities in Karlsruhe, Stuttgart and the ETH Zurich, obtained a teaching position at the Zurich University of the Arts, Switzerland, in 2007. She studied art history, comparative literature and archaeology in Bonn and Marburg and wrote her dissertation on general urban principles in large-scale residential complexes in the post-war period. From 1983 to 1993 she worked as the curator at the German Architecture Museum in Frankfurt am Main. Her journalistic and publishing activity mainly comprises the areas architecture, urban design, art and new media in the 20th century.

Andrea Gleiniger est historienne d'art et d'architecture. Après avoir été en poste à Karlsruhe, Stuttgart et à l'École polytechnique de Zurich, elle enseigne depuis 2007 à l'école des Beaux-arts de Zurich (Hochschule der Künste). Elle a étudié l'histoire de l'art, la littérature comparée et l'archéologie à Bonn et à Marburg et a présenté une thèse de doctorat sur les lignes directrices de l'urbanisme des grands ensembles de l'après-guerre. De 1983 à 1993, elle fut conservatrice au musée d'Architecture (Deutsches Architektur Museum) de Francfort-sur-le-Main. Ses travaux éditoriaux couvrent les thèmes de l'architecture, de l'urbanisme, de l'art et des nouveaux médias au XXe siècle.

Andrea Gleiniger ist Kunst- und Architekturhistorikerin und nach Lehraufträgen und Gastprofessuren an Hochschulen in Karlsruhe, Stuttgart und der ETH Zürich seit 2007 Dozentin an der Hochschule der Künste, Zürich. Sie hat Kunstgeschichte, vergleichende Literaturwissenschaft und Archäologie in Bonn und Marburg studiert und wurde mit einer Arbeit über städtebauliche Leitbilder in Großsiedlungen der Nachkriegszeit promoviert. Von 1983 bis 1993 war sie Kuratorin am Deutschen Architekturmuseum in Frankfurt am Main. Ihre publizistische Tätigkeit umfasst vor allem die Bereiche Architektur, Städtebau, Kunst und neue Medien im 20. Jahrhundert.

Günter Horntrich is professor for ecology and design at the Köln International School of Design (KISD). He is the founder and CEO of the design agency yellow design | yellow circle in Cologne and Pforzheim, which has been awarded countless international design awards and is also the partner of yellow too in Berlin.

Günter Horntrich est professeur d'écologie & design à la Köln International School of Design (KISD). Il est le fondateur et le directeur de l'agence de design yellow design | yellow circle à Cologne et à Pforzheim, laquelle a reçu de nombreux prix de design, et partenaire de yellow too à Berlin.

Günter Horntrich ist Professor für Ökologie & Design an der Köln International School of Design (KISD). Er ist Gründer und Geschäftsführer der Designagenturen yellow design | yellow circle in Köln und Pforzheim, die mit zahlreichen internationalen Designpreisen ausgezeichnet sind, sowie Partner von yellow too in Berlin.

Otakar Máčel studied art history from 1960 to 1965 at the University of Brno. In 1968 he moved to the Netherlands, where he currently works at the Architecture Faculty at the TU Delft. He wrote his doctoral thesis in 1992 on the cantilever chair and qualified to assume a professorship in 1996 at the TU in Prague. Otakar Máčel has published works on a variety of subjects, including Russian and Czech architecture, socialist realism and furniture design.

Otakar Máčel a étudié de 1960 à 1965 l'histoire de l'art à l'université de Brno. Domicilié depuis 1968 aux Pays-Bas, il enseigne aujourd'hui à la faculté d'architecture de l'université technologique de Delft. En 1992, il a présenté une thèse de doctorat sur le porte-à-faux et devint professeur à l'université technologique de Prague en 1996. Otakar Máčel a publié entre autres sur le thème de l'architecture russe et tchèque, sur le réalisme socialiste et le design des meubles.

Otakar Máčel studierte von 1960 bis 1965 Kunstgeschichte an der Universität in Brno. 1968 ging er in die Niederlande, wo er heute an der Architekturfakultät der TU Delft tätig ist. Er promovierte 1992 über den Freischwinger und habilitierte sich 1996 an der TU Prag. Otakar Máčel publizierte unter anderem über russische und tschechische Architektur, sozialistischen Realismus und Möbeldesign.

Marco Siebertz studied design at the Köln International School of Design (KISD). Since 2007 he has worked as the editorial designer and brand strategist at Deutsche Welle. He is the Editor-in-Chief of the design magazine *ROGER*.

Marco Siebertz a étudié le design à la Köln International School of Design. Depuis 2007, il est responsable du design éditorial et d'enterprise à la Deutsche Welle. Il est rédacteur en chef du magazine de design *ROGER*.

Marco Siebertz studierte Design an der Köln International School of Design. Seit 2007 ist er Editorial und Corporate Designer bei der Deutschen Welle. Er ist Chefredakteur des Designmagazins *ROGER*.

Kathrin Spohr is a freelance author for diverse magazines, publications and design projects. She worked as a content developer for frogdesign and was involved with David Lynch's first furniture series. Kathrin Spohr was a visiting professor at the Art Center College of Design, Los Angeles, and is currently teaching language and text at the Department of Design at the Düsseldorf University of Applied Sciences.

Kathrin Spohr travaille comme auteur pour divers magazines, publications et projets de design. Elle a travaillé en tant que développeur de contenu chez frogdesign et a collaboré à la première série de meubles de David Lynch. Kathrin Spohr fut invitée à donner des cours à l'Art Center College of Design de Los Angeles, et enseigne actuellement à l'Institut technique supérieur (Fachhochschule) de Düsseldorf la linguiatique au sein du département design.

Kathrin Spohr ist als freischaffende Autorin für diverse Magazine, Veröffentlichungen und Designprojekte tätig. Sie hat als Content Developer bei frogdesign gearbeitet und war an der ersten Möbelserie von David Lynch beteiligt. Kathrin Spohr war Gastdozentin am Art Center College of Design, Los Angeles, und unterrichtet zurzeit am Fachbereich Design der Fachhochschule Düsseldorf Sprache und Text.

Charlotte van Wijk graduated in 2005 from the Architecture School of the TU Delft, in the Netherlands. She is currently the curator of the school's furniture collection and is a researcher at the IHAAU (Institute of History of Art, Architecture & Urbanism) in Delft. Her contributions include articles on chairs, bars and cafés.

Charlotte van Wijk est depuis 2005 diplômée de la faculté d'architecture de l'université technique de Delft. Elle est actuellement chargée de la conservation des meubles de la collection de la faculté, et effectue des recherches au sein du IHAAU (Institute of History of Art, Architecture & Urbanism) de Delft. Elle a entre autres publié des artticles sur le thème des chaises ainsi que sur celui des bars et des cafés.

Charlotte van Wijk diplomierte 2005 an der Architekturfakultät der TU Delft. Derzeit kuratiert sie die fakultätseigene Möbelkollektion und forscht am IHAAU (Institute of History of Art, Architecture & Urbanism) in Delft. Sie schrieb unter anderem Beiträge über Stühle sowie Bars und Cafés.

Anke von Heyl studied art history, German philology and pedagogics at the University of Cologne. From 1990 to 1991, she was art editor of the teNeues publishing house. From 1995 to 2001 she worked as research associate for the Museumsdienst in Cologne. She is the author of diverse books, including some on the city history of Cologne and on Art Nouveau. Anke von Heyl works as museum consultant for public relations and has worked as a trainer for methods of museum education programs since 2008..

Anke von Heyl a étudié l'histoire de l'art, les lettres et la pédagogie à l'université de Cologne. De 1990 à 1991, elle a dirigé le département éditorial « art » de la maison d'édition teNeues. Elle a travaillé de 1995 à 2001 comme chargée de mission scientifique auprès des musées de la ville de Cologne. Elle est l'auteur de divers ouvrages, entre autres sur l'histoire de la ville de Cologne et sur l'Art nouveau. Anke von Heyl est consultante en relations publiques dans le domaine du musée. Elle enseigne depuis 2008 les méthodes de transmission du savoir dans les musées.

Anke von Heyl studierte Kunstgeschichte, Germanistik und Pädagogik an der Universität zu Köln. Von 1990 bis 1991 leitete sie die Kunstredaktion des teNeues Verlags. Als wissenschaftliche Angestellte arbeitete sie von 1995 bis 2001 für den Museumsdienst Köln. Sie ist Autorin diverser Bücher, unter anderem über die Kölner Stadtgeschichte sowie den Jugendstil. Anke von Heyl ist als Museum Consultant für Public Relations und seit 2008 Trainerin für Methoden der Wissensvermittlung in Museen tätig.

> The De La Warr Pavilion Chair, BarberOsgerby, Established & Sons, 2006

V Truffle, Jean Marie Massaud, Porro, 2005

Acknowledgments
Remerciements
Danksagung

We would like to thank all the designers and firms who obligingly supported us with research and pictorial material as well as the authors whose expertise contributed to this work's many complex layers.

Our special thanks goes to art dealers Ulrich Fiedler in Berlin and Wolfgang Bauer (bel etage) in Vienna as well as Phillips de Pury & Company in London, all of whom generously provided us with extensive pictorial material.

In addition, we would like to thank Bauhaus Archiv, Gerald Behrendt, Max Borka, Wolfgang F. Maurer (Galerie Objekte Munich), Yvonne Schmitz, Halle City Archives, the Vienna Technical Museum, and Manfred Wöber as well as Dania D'Eramo and Lucas Lüdemann for their editorial project management and Ralf Büttgenbach and Kathrin Kleinewächter for production management.

Nous souhaitons remercier tous les designers et les sociétés qui nous ont apporté leur soutien au cours de nos recherches, avec notamment des documents iconographiques. Nous remercions également les auteurs, dont les connaissances ont contribué à la richesse de cet ouvrage.

Nous souhaitons tout particulièrement remercier le galeriste Ulrich Fiedler à Berlin, le marchand d'art Wolfgang Bauer (bel etage) à Vienne et Phillips de Pury & Company à Londres. Ils ont mis très généreusement à notre disposition leur matériel iconographique.

Enfin, nous remercions : Bauhaus Archiv, Gerald Behrendt, Max Borka, Wolfgang F. Maurer (Galerie Objekte München), Yvonne Schmitz, les archives de la ville de Halle, le Musée technique de Vienne (Technisches Museum Wien), Manfred Wöber ainsi que Dania D'Eramo et Lucas Lüdemann pour le suivi rédactionnel et Ralf Büttgenbach et Kathrin Kleinewächter pour la production.

Wir möchten uns bei allen Designern und Firmen bedanken, die uns bereitwillig bei der Recherche sowie mit Bildmaterial unterstützt haben. Wir möchten uns bei den Autoren bedanken, die mit ihrem Know-How zur inhaltlichen Vielschichtigkeit des Buches beigetragen haben.

Unser Besonderer Dank gilt dem Galeristen Ulrich Fiedler, Berlin, dem Kunsthändler Wolfgang Bauer (bel etage), Wien und Phillips de Pury & Company, London, die uns generös und in großem Umfang ihr Bildmaterial zur Verfügung gestellt haben.

Weiterhin danken wir dem Bauhaus Archiv, Gerald Behrendt, Max Borka, Wolfgang F. Maurer (Galerie Objekte München), Yvonne Schmitz, Stadtarchiv Halle, Technisches Museum Wien, Manfred Wöber. Dania D'Eramo und Lucas Lüdemann danken wir für die redaktionelle sowie Ralf Büttgenbach und Kathrin Kleinewächter für die Produktionsbetreuung.